UPPSC

उत्तर प्रदेश लोक सेवा आयोग

अपर निजी सचिव

APS

(ADDITIONAL PRIVATE SECRETARY)

प्रथम चरण

भर्ती परीक्षा

UPPSC

उत्तर प्रदेश लोक सेवा आयोग

अपर निजी सचिव

APS

(ADDITIONAL PRIVATE SECRETARY)

प्रथम चरण

भर्ती परीक्षा

15 प्रैक्टिस सेट्स

टीम प्रभात

प्रभात एग्जाम

www.prabhatexam.com

प्रकाशक

प्रभात एग्जाम

प्रभात प्रकाशन प्रा. लि. का उपक्रम

4/19 आसफ अली रोड, नई दिल्ली-110002

फोन— 23289555 • 23289666 • 23289777 • हेल्पलाइन/ 7827007777

इ-मेल : prabhatbooks@gmail.com ❖ वेब ठिकाना : www.prabhatexam.com

मूल्य

एक सौ पचानवे रुपए

अ.मा.पु.स. 978-93-5488-960-8

मुद्रक

सीता फाइन आर्ट, दिल्ली

★

UPPSC

APAR NIJEE SACHIV (APS) BHARTI PAREEKSHA

15 PRACTICE SETS

by Team Prabhat

ISBN 978-93-5488-960-8

₹ 195.00

विषय-सूची

- प्रैक्टिस सेट-1 1-13
- प्रैक्टिस सेट-2 14-26
- प्रैक्टिस सेट-3 27-39
- प्रैक्टिस सेट-4 40-51
- प्रैक्टिस सेट-5 52-64
- प्रैक्टिस सेट-6 65-75
- प्रैक्टिस सेट-7 76-87
- प्रैक्टिस सेट-8 88-99
- प्रैक्टिस सेट-9 100-110
- प्रैक्टिस सेट-10 111-121
- प्रैक्टिस सेट-11 122-133
- प्रैक्टिस सेट-12 134-145
- प्रैक्टिस सेट-13 146-156
- प्रैक्टिस सेट-14 157-167
- प्रैक्टिस सेट-15 168-178

1 प्रैक्टिस सेट

सामान्य ज्ञान

1. भारतीय स्वतंत्रता संग्राम के संबंध में 'वैगन ट्रैजडी' घटना किस आंदोलन/विद्रोह से संबंधित है ?
(a) मोपला विद्रोह (b) संथाल विद्रोह
(c) मुंडा विद्रोह (d) नील विद्रोह

2. भारतीय संविधान की 'मूल संरचना' का सिद्धांत निम्नलिखित में से किस मामले में स्थापित किया गया ?
(a) मिनर्वा मिल्स बनाम भारत संघ
(b) गोलकनाथ बनाम पंजाब सरकार वाद
(c) इंदिरा साहनी बनाम भारत सरकार
(d) केशवानंद भारती बनाम केरल राज्य

3. निम्नलिखित शासकों में से किसके शासनकाल के दौरान हिंदी साहित्य की शानदार कृतियों में से एक, 'पद्मावत' संकलित किया गया था ?
(a) बाबर (b) हुमायूँ
(c) शेरशाह सूरी (d) अकबर

4. निम्नलिखित में से कौन-सा देश खाड़ी सहयोग परिषद का हिस्सा नहीं है ?
(a) बहरीन (b) कतर
(c) यमन (d) ओमान

5. शब्द डेनिसोवन्स का संबंध है-
(a) मानव वंश से
(b) डायनासोर से
(c) पर्वत श्रृंखला से
(d) दक्षिण भारत की एक गुफा से

6. डेब्रीगढ़ वन्यजीव अभयारण्य अवस्थित है-
(a) मध्य प्रदेश में (b) ओडिशा में
(c) राजस्थान में (d) असम में

7. भारतीय संस्कृति के संदर्भ में "दीपमालिका" से आशय है-
(a) योगासन क्रिया से
(b) मंदिर के स्थापत्य लक्षण से
(c) एक त्यौहार से
(d) नाट्य कला के एक रूप से

8. निम्नलिखित में से कौन-सा संगठन वैश्विक नवाचार सूचकांक (GII) जारी करता है ?
(a) विश्व आर्थिक मंच
(b) एशियाई विकास बैंक
(c) विश्व बौद्धिक संपदा संगठन
(d) विश्व बैंक

9. निम्नलिखित में से कौन-सा युग्म सही सुमेलित नहीं है ?

(योजना)		(प्रावधान)
(a) गति शक्ति	-	समग्र बुनियादी ढाँचे के विकास के लिए 100 लाख करोड़ रुपए का प्रावधान
(b) प्रोडक्शन लिंक्ड इंसेंटिव योजना	-	कंपनियों को घरेलू इकाइयों में निर्मित उत्पादों की बिक्री में वृद्धि पर प्रोत्साहन देना
(c) पोषण 2.0	-	प्रत्येक परिवार को 5 लाख रुपए तक की चिकित्सा सुविधा प्रदान करना
(d) स्वामित्व योजना	-	गाँवों के सर्वेक्षण और ग्रामीण क्षेत्रों का बेहतर प्रौद्योगिकी के साथ मानचित्रण

10. मुग़ल काल में 'पित्रा दूरा' किससे संबंधित था ?
(a) चित्रकला
(b) गुंबद निर्माण शैली
(c) संगमरमर पर अलंकृत सजावट की विधि
(d) मस्जिद बनाने में प्रयुक्त गारा

11. 'तबकात-ए-अकबरी' का लेखक कौन है ?
(a) अबुल फजल
(b) अब्दुल कादिर बदायूँनी
(c) अब्बास खान सारवानी
(d) निजामुद्दीन अहमद

12. राष्ट्रीय नाट्य विद्यालय स्थित है -
(a) कोलकाता में (b) नई दिल्ली में
(c) औरंगाबाद में (d) प्रयागराज में

13. निम्नलिखित में से भारत की कौन-सी झील हिमालय में ऊँचाई पर स्थित झील है, जो हिंदू और बौद्ध दोनों के लिए पवित्र है ?
(a) लोकटक झील
(b) त्सोंग्मो झील
(c) नैनीताल झील
(d) फतेह सागर झील

14. टीकाकरण कार्यक्रमों के माध्यम से किस वायरल रोग को सफलतापूर्वक समाप्त किया गया है ?
(a) खसरा (b) क्षय रोग
(c) पोलियो (d) हैजा

15. 'लेबांग बूमानी' नृत्य का संबंध किस भारतीय राज्य से है ?
(a) पंजाब (b) त्रिपुरा
(c) पश्चिम बंगाल (d) असम

16. 'स्थल सेतु परिकल्पना' का प्रतिपादन किसने किया है ?
(a) जोली
(b) आर्थर होम्स
(c) ग्रेगरी और जेफ़रीज
(d) डटन

17. भारतीय संविधान का निम्नलिखित में से कौन-सा अनुच्छेद किसी राज्य के राज्यपाल की पद की शर्तें निर्धारित करता है ?
(a) अनुच्छेद 153 (b) अनुच्छेद 155
(c) अनुच्छेद 156 (d) अनुच्छेद 158

18. सरकार की एक योजना, 'प्रधानमंत्री भारतीय जनऔषधि परियोजना (पीएमबीजेपी)' का उद्देश्य निम्नलिखित में से कौन-सा है ?
(a) ओवर-द-काउंटर दवा बिक्री को नियमित करने के लिए

(b) आयुर्वेदिक औषधियों की पैठ बढ़ाने के लिए
(c) जेनरिक दवाएं बहुत कम कीमत पर उपलब्ध कराना
(d) औषधीय अनुसंधान में निजी निवेश को बढ़ाना

19. 'पीएम-प्रणाम' योजना निम्नलिखित में से किससे संबंधित है ?
(a) धार्मिक सर्किट में पर्यटन को बढ़ावा देने के लिए
(b) पुरातात्विक स्थलों को पुनर्स्थापित करने के लिए
(c) वैकल्पिक उर्वरक को बढ़ावा देना और रासायनिक उर्वरक के संतुलित उपयोग को बढ़ावा देना
(d) किसानों को कृषि ऋण पर लाभ प्रदान करना

20. शब्द "MIMO (मल्टीपल इनपुट, मल्टीपल आउटपुट)" निम्नलिखित में से किससे संबंधित है ?
(a) वायरलेस संचार
(b) जैव प्रौद्योगिकी
(c) पावर ग्रिड प्रौद्योगिकी
(d) हाइब्रिड प्रौद्योगिकी

21. निम्नलिखित युग्मों पर विचार कीजिए:

(एसिड का नाम)	(में पाया जाता है)
1. एसिटिक अम्ल	- कच्चे आम
2. ऑक्सालिक एसिड	- पालक
3. टार्टरिक एसिड	- सिरका

उपर्युक्त दिए गए युग्मों में से कौन-सा/से सही सुमेलित है/हैं ?
(a) केवल 1 (b) केवल 1 और 3
(c) केवल 2 (d) 1, 2 और 3

22. "लोकतंत्र और समाजवाद लक्ष्य पाने के साधन हैं, स्वयं में लक्ष्य नहीं!"
यह व्यक्तव्य किस महापुरुष का है ?
(a) महात्मा गांधी
(b) जवाहरलाल नेहरू
(c) रवीन्द्रनाथ टैगोर
(d) डॉ. भीमराव अंबेडकर

23. निम्नलिखित युग्मों पर विचार कीजिये:

(भौगोलिक संकेतक)	(संबंधित राज्य)
1. चंदेरी साड़ी	- मध्य प्रदेश
2. सांगली हल्दी	- महाराष्ट्र
3. खोला मिर्च	- गोवा

उपर्युक्त युग्मों में से कौन-से सही हैं ?
(a) केवल 1 और 2
(b) केवल 2 और 3
(c) केवल 1 और 3
(d) 1, 2 और 3

24. निम्नलिखित में से कौन-सा पक्षी अभयारण्य उत्तर प्रदेश में नहीं है ?
(a) नवाबगंज पक्षी अभयारण्य
(b) समसपुर पक्षी विहार
(c) पटना पक्षी विहार
(d) कांवर झील पक्षी विहार

25. सितारा देवी एवं गिरजा देवी निम्नलिखित में से किस संगीत घराने से संबंधित हैं ?
(a) बनारस घराना (b) आगरा घराना
(c) किराना घराना (d) लखनऊ घराना

26. निम्नलिखित युग्मों में कौन-सा सुमेलित नहीं है ?

	मेला	- जिला/स्थान
(a)	देवी पाटन मेला	- बलरामपुर
(b)	शाकम्भरी देवी मेला	- सहारनपुर
(c)	कालिंजर मेला	- बांदा
(d)	देवा शरीफ मेला	- मेरठ

27. राष्ट्रीय एकता दिवस कब मनाया जाता है ?
(a) 25 सितंबर (b) 18 अगस्त
(c) 31 अक्तूबर (d) 20 मार्च

28. 'भारत के सिविल सेवकों के संरक्षक संत' के रूप में किसे स्मरण किया जाता है ?
(a) सरदार वल्लभभाई पटेल
(b) भीमराव अम्बेडकर
(c) महात्मा गांधी
(d) रबीन्द्रनाथ टैगोर

29. रामधारी सिंह 'दिनकर' निवासी थे-
(a) सिमरिया के (b) देवीपाटन के
(c) कुशीनगर के (d) जगदीशपुर के

30. 'द मदरलैंड' नामक पत्र के प्रकाशन का श्रेय किसे दिया जाता है ?
(a) मजहरुल हक (b) महेश नारायण
(c) अली इमाम (d) डॉ.सच्चिदानंद सिन्हा

31. मानव शरीर के किस अंग में वसा का संश्लेषण होता है ?
(a) माइटोकॉन्ड्रिया (b) केंद्रक
(c) गोल्जीबॉडी (d) रक्त

32. ग्राम उजाला योजना की शुरुआत कहाँ से की गई थी ?
(a) वाराणसी (b) सुल्तानपुर
(c) पटना (d) राँची

33. निम्नलिखित में से कौन-सा तत्त्व उर्वरक में नहीं पाया जाता है ?
(a) नाइट्रोजन (b) हाइड्रोजन
(c) क्लोरीन (d) फॉस्फोरस

34. कर्णम मल्लेश्वरी किस ओलंपिक खेल में ओलंपिक पदक जीतने वाली भारत की पहली महिला बनीं ?
(a) सिडनी ओलंपिक खेल 2000
(b) अटलांटा ओलंपिक खेल 1996
(c) लंदन ओलंपिक खेल 2012
(d) ब्राजील ओलंपिक खेल 2016

35. होलकर ट्रॉफी का संबंध किस खेल से है ?
(a) बैडमिंटन (b) ब्रिज
(c) क्रिकेट (d) कबड्डी

36. निम्नलिखित में से कौन-सा भारतीय नागरिक सेवाओं की श्रेणियों से संबंधित नहीं है ?
(a) आईसीएस (b) आईपीएस
(c) आईएफएस (d) आईएएस

37. KIC-7340288b क्या है ?
(a) नासा का एक अंतरिक्षयान
(b) एक क्रिप्टो मुद्रा
(c) एक ग्रह
(d) इसरो द्वारा निर्मित एक सुपर कंप्यूटर

38. निम्नलिखित में से कौन-सा देश फाइव आइज अलायंस का भाग नहीं है ?
(a) संयुक्त राज्य अमेरिका
(b) कनाडा
(c) न्यूजीलैंड
(d) जापान

39. निम्नलिखित संक्षेपों में से कौन भारत में खुदरा भुगतान और निपटान प्रणाली के संचालन के लिए मुख्य रूप से एक छत्र संगठन है ?
(a) SIDBI (b) NPCI
(c) NABARD (d) IRDAI

40. IMPS इलेक्ट्रॉनिक बैंक फंड ट्रांसफर का एक तरीका है। उसमें 'I' का क्या अर्थ है ?
(a) इंडियन (b) इंटरनेशनल
(c) इमीडिएट (d) इमेन्स

41. भारत में पहला मुक्त विश्वविद्यालय कब स्थापित किया गया था ?
(a) 1980 (b) 1982
(c) 1985 (d) 1986

42. धोलावीरा यूनेस्को की विश्व विरासत सूची में शामिल होने वाला _______ भारतीय स्थल है।

(a) 38वां (b) 39वां
(c) 40वां (d) 41वां

43. एक चुनाव में, दो उम्मीदवारों A और B ने भाग लिया, जिसमें 30% मतदाताओं ने अपना वोट नहीं डाला। कुल वोटों में से A को 254 वोट प्राप्त हुए और 326 वोट अवैध हुए। यदि A को कुल वोट का 25.4% वोट प्राप्त होता है, तो B को प्राप्त वोटों की संख्या ज्ञात कीजिए।
(a) 60 (b) 80
(c) 100 (d) 120

44. एक ट्रेन 72 किमी/घंटे की गति से 2 मिनट में 500 मीटर लंबे प्लेटफार्म को पार करती है, तो ज्ञात कीजिए कि कितनी देर में यह विपरीत दिशा में 108 किमी/घंटे की गति से यात्रा करते हुए उसी लंबाई की एक अन्य ट्रेन को पार करेगी।
(a) 76 सेकंड (b) 84 सेकंड
(c) 96 सेकंड (d) 120 सेकंड

45. एक नाव एक नदी के प्रवाह के साथ बहती है और 2 घंटे में अपने गंतव्य तक पहुंचती है, यदि पूरी यात्रा को तय करने के लिए नाव द्वारा लिया गया कुल समय 5 घंटे है, तो धारा की गति और नाव की गति का अनुपात ज्ञात कीजिये।
(a) 1 : 5 (b) 4 : 3
(c) 3 : 5 (d) 8 : 5

46. A और B क्रमशः ₹ 15000 और ₹ 18000 के पूंजी निवेश के साथ एक व्यवसाय शुरू करते हैं। छः महीने के बाद A ने अपने निवेश को दोगुना कर दिया जबकि B ने अपने निवेश को आधा कर दिया। यदि वर्ष के अंत में A को ₹ 12500 का लाभ प्राप्त हुआ, तो A और B को मिलाकर अर्जित कुल लाभ ज्ञात कीजिये।
(a) ₹ 7500 (b) ₹ 10000
(c) ₹ 15000 (d) ₹ 20000

47. कोई व्यक्ति अपने 6 दोस्तों को कितने प्रकार से निमंत्रण कार्ड भेज सकता है यदि उसके पास चार नौकर हैं?
(a) 24 (b) 120
(c) 36 (d) 4^6

48. एक डीलर एक वस्तु की कीमत उसके लागत मूल्य से 40% अधिक अंकित करता है और एक ग्राहक अंकित मूल्य पर 20% और 25% के दो क्रमिक छूट पर बेचता है। यदि उसे ₹ 140 की हानि उठानी पड़ती है, तो वस्तु की लागत मूल्य (₹ में) कितनी है?
(a) 840 (b) 900
(c) 872 (d) 875

49. यदि $a + b + c = 6$ तथा $ab + bc + ca = 12$ तो $a^3 + b^3 + c^3 - 3abc$ का मान ज्ञात कीजिये।
(a) 18 (b) 1
(c) 24 (d) 0

50. 300 और 700 के बीच की कितनी संख्या 5, 6 और 8 से विभाज्य है?
(a) 3 (b) 2
(c) 20 (d) 5

सामान्य हिंदी

निम्नलिखित अनुच्छेद को पढ़कर पूछे गए प्रश्नों (प्र. 51 से 55) के उत्तर दीजिए।

पुराने समय में जो लोग देश की सेवा करना चाहते थे, वे ही राजनीति में आते थे। वे अपने भविष्य की चिंता छोड़कर देश की नि:स्वार्थ सेवा में लग जाते थे। आजादी की लड़ाई के समय तक लोगों के अंदर सच्चा देश प्रेम था। बहुत से लोगों ने आजादी के आंदोलन में जुड़कर सरकारी नौकरी तक छोड़ दी थी, परिवार का सुख त्याग दिया था और यहाँ तक कि अपने प्राणों का मोह तक छोड़ दिया था। कितने ही सच्चे देशभक्त इस आजादी की नींव में समा गए और इतिहास में इनका नाम तक नहीं है। आज भी हमारे देश में अनगिनत नेता हैं जो अलग-अलग पार्टी के साथ जुड़े हुए हैं। आवश्यकता पड़ने पर ये लोग तुरंत पार्टी बदलकर दूसरी पार्टी में चले जाते हैं। नेतागिरी का लोभ नि:संदेह मनुष्य को पतित बनाता जा रहा है। सारा देश नेतृत्व की अभिलाषा का शिकार होता जा रहा है। भाषण, गर्जन, तिकड़म और छल के झूठे वायदों और धोखे की कसमों से सारा सार्वजनिक वातावरण कोलाहलपूर्ण हो गया है। जहाँ देखो वहीं नेताजी नजर आएँगे। लगता है कि समाज का प्रत्येक व्यक्ति अब नेता बनना चाहता है, भले ही उसका कोई अनुगमन करने वाला न हो। देश की सारी सुविधाओं का उपयोग करते हुए ये अपने आप को किसी राजा-महाराजा से कम नहीं समझते। विदेश जाकर महँगा इलाज कराते हैं। सत्ता में आने के लिए लम्बे-लम्बे भाषण दिए जाते हैं, गर्जना की जाती है, तिकड़म और छल के झूठे वायदे और धोखे की कसमें खाई जाती हैं, दूसरी पार्टियों पर कीचड़ उछाला जाता है येन-केन प्रकारेण साम, दाम, दंड और भेद नीतियों का प्रयोग करके अपने गंतव्य तक पहुँच जाते है। ऐसे राजनेता देश के युवकों को गलत दिशा दिखाते हैं, परन्तु अपने बच्चों को विदेश में पढ़ने भेजते हैं। ये अच्छी तरह समझते हैं कि मुफ्त की चीजों के लालच में जनता उनको वोट दे ही देगी। ये कभी नहीं चाहेंगे कि लोग शिक्षित होकर अपने अधिकारों के प्रति जागरुक बनें।

51. नेता क्यों नहीं चाहते कि लोग शिक्षित होकर अपने अधिकारों के प्रति जागरूक बनें? सबसे सही तर्कयुक्त उत्तर कौन-सा है?
(a) लोगों के शिक्षित हो जाने पर लोग वोट के लिए किए गए झूठे वायदों को पूरा करने के लिए दबाव डालेंगे।
(b) शिक्षित हो जाने पर लोग रोजगार की माँग करेंगे।
(c) लोगों के शिक्षित हो जाने पर नेताओं के पास कुछ भी करने योग्य कार्य नहीं बचेगा।
(d) शिक्षित लोग अपने वोट की असली कीमत पहचानते हैं और जाति व धर्म के आधार पर बनाए गए नेताओं के समीकरणों को बिगाड़ देते हैं।

52. निम्नलिखित में आजादी से पूर्व नेताओं की कौन-सी विशेषता थी, जो आज के नेताओं में दिखाई नहीं पड़ती? सबसे सही तर्कयुक्त उत्तर कौन-सा है?
(a) आजादी से पूर्व के नेता सुभाषचंद्र बोस को अपना आदर्श मानते थे।
(b) आजादी से पूर्व के नेता अनपढ़ और निर्धन जनता से झूठे वायदे करते थे।
(c) आजादी से पूर्व के नेता अपने व्यक्तिगत स्वार्थों के कारण राजनीति में आते थे।
(d) आजादी से पूर्व के नेता देश की सेवा करने के लिए राजनीति में आते थे।

53. ये नेता येन-केन प्रकारेण साम, दाम, दंड और भेद नीतियों का प्रयोग करके अपने गंतव्य तक पहुँच जाते हैं। नेताओं का गंतव्य कौन-सा है? सबसे सही तर्कयुक्त उत्तर कौन-सा है?
(a) राष्ट्र की निश्छल सेवा।
(b) जनता द्वारा दिए गए वोटों से चुना जाना।
(c) महँगे इलाज के लिए विदेश जाना।
(d) देश की उन्नति।

54. अनुच्छेद के आधार पर बताइए कि आजकल के अधिकांश नेतागण वोट पाने के लिए जनता की कौन-सी दुर्बलता का फायदा उठाते हैं? सबसे सही उत्तर कौन-सा है?
(a) गरीब जनता को कपड़े और पैसे बाँटते हैं।
(b) अपने स्वार्थ के लिए दल बदलते रहते हैं।
(c) गुंडों और भ्रष्टाचारियों के साथ मिलकर तिकड़म करते हैं।
(d) चुनाव जीतने के लिए जनता को मुफ्त की चीजें देने का वायदा करते हैं।

55. नेता लोग पार्टी क्यों बदलते हैं? सबसे सही तर्कयुक्त उत्तर कौन-सा है?
(a) नेताओं के सिद्धांत से पिछली पार्टी के सिद्धांतों का मेल नहीं खाना।
(b) स्वार्थ सिद्धि के लिए पुरानी पार्टी छोड़कर नई पार्टी में आना।
(c) देश की समस्याओं का हल खोजने के लिए नए-नए प्रयास करना।
(d) नई पार्टी के विचारों से नेताओं के विचारों का मेल खाना।

निम्नलिखित अनुच्छेद को पढ़कर पूछे गए प्रश्नों (प्र. 56 से 60) के उत्तर दीजिए।

विचारों का हमारे जीवन में सर्वाधिक महत्त्व होता है। हम जैसे विचार करते हैं, उसी प्रकार की घटनाओं को अपने जीवन में आकर्षित करते हैं। यदि हम उत्साह और आनंद के विचारों में रहते हैं, तो जीवन में अच्छी घटनाओं को आकर्षित करने लगते हैं और इसके विपरीत निराशा और चिंता के विचार जीवन में दुर्घटनाओं को अपनी ओर खींचते हैं। दूसरी बात विश्वास करने की है। यदि हम स्वयं पर या अपने बनाने वाले पर सच्चा विश्वास करते हैं, तो स्थिति अलग होती है और यदि हम इस जीवन में नकारात्मक सोच भरते रहते हैं, तो हमारा जीवन निराशा के अंधकार से भर जाएगा। क्या आपने कभी जीवन में घटने वाली घटनाओं और अपने अंदर की उस समय की मानसिक विचारात्मक स्थिति का अध्ययन किया है? यदि आप आशा, उत्फुल्लता और आत्मविश्वास की ऊर्जा से ओतप्रोत हैं, तो कार्य सिद्धि और सफलता के बहुत पास हैं। इसके विपरीत निराशा, कुंठा, भय और संदेह के साथ लिए गए निर्णय सदैव गलत और सफलता के विपरीत होंगे। हमारे अंदर मनोवेग सर्वदा ही विद्यमान रहते हैं और उन्हीं के कारण हमारी मानसिक स्थिति बदलती रहती है। कुछ मनोवेग जैसे क्रोध, शोक, चिरकालीन ईर्ष्या, गहरी चिंता, भय, निराशा आदि के भाव सदा घातक होते हैं और लम्बे समय तक इनकी तीव्रता हमें शारीरिक मानसिक और भावनात्मक रूप से पंगु बना सकती है। आशा, उत्फुल्लता, प्रसन्नता, मुस्कान, निश्चिंतता, शांति, संतुष्टि, विश्वास, आनंद आदि भाव रचनात्मक होते हैं और लम्बे समय तक इनके अभ्यास द्वारा नीरोगता, समृद्धि और सफलता प्राप्त की जा सकती है। कई वैज्ञानिकों ने प्रयोगों द्वारा इन तथ्यों की पुष्टि की है। आज हम यदि इन विचारों पर ध्यान देना शुरू कर दें तो दुर्भाग्य को सौभाग्य में बदल सकते हैं। वेदों में परमात्मा से यही प्रार्थना की गई है "आ नो भद्राः क्रतवो यन्तु विश्वतः।" सभी दिशाओं से नेक विचार मेरी ओर आएँ।

56. हमारा जीवन कब निराशा के अंधकार से भर जाता है?
(a) जब हम क्रोध, शोक, ईर्ष्या, चिंता, भय, आदि घातक मनोभावों से दूर होते हैं।
(b) जब हम बड़ों का सम्मान करते हैं और उनका आशीर्वाद लेते हैं।
(c) जब क्रोध, शोक, ईर्ष्या, चिंता, भय आदि घातक मनोभाव लम्बे समय तक अपनी तीव्रता से हमें प्रभावित करते हैं।
(d) जब हम आशा, उत्फुल्लता, प्रसन्नता, मुस्कान, रचनात्मक भावों में खोए रहते हैं।

57. प्रिय घटनाओं को अपने जीवन में आकर्षित करने के लिए हमें क्या करना चाहिए?
(a) ईश्वर का लगातार ध्यान और चिंतन करना चाहिए।
(b) नीरोगता, समृद्धि और सफलता के विचारों से दूर रहना चाहिए।
(c) हमारा मनोमस्तिष्क प्रिय विचारों से सदा परिपूरित रहना चाहिए।
(d) नकारात्मक सोच वाले विचारों का चिंतन करना चाहिए।

58. अपने दुर्भाग्य को सौभाग्य में कैसे बदला जा सकता है?
(a) ज्योतिषी को अपनी जन्मपत्री दिखाकर।
(b) सुबह उठकर चींटियों को आटा और चीनी खिलाने से।
(c) अपने मस्तिष्क के विचारों पर ध्यान देकर लगातार रचनात्मक विचारों द्वारा।
(d) शनिवार और मंगलवार को हनुमान जी के मंदिर जाकर।

59. निम्नलिखित में किस वर्ग के सभी भाव रचनात्मक हैं?
(a) प्रेम, स्नेह, भाईचारा, अशांति, ईमानदारी, मुस्कान, क्रोध, शोक
(b) सहानुभूति, कर्त्तव्यपालन, संतुष्टि, विश्वास, क्रोध, शोक, ईर्ष्या
(c) क्रोध, शोक, ईर्ष्या, चिंता, भय, निराशा, भाईचारा, कर्त्तव्यशीलता
(d) आशा, उत्फुल्लता, प्रसन्नता, मुस्कान, निश्चितता, संतुष्टि आत्मविश्वास

60. हम कार्य सिद्धि और सफलता के बहुत पास कब होते हैं?
(a) जब हम जीवन में नकारात्मक सोच भर देते हैं।
(b) जब हम परिश्रम के स्थान पर चतुराई का सहारा लेकर जीवन में आगे बढ़ते हैं।
(c) जब हम क्रोध, शोक, ईर्ष्या, चिंता, भय आदि घातक मनोभावों को आश्रय देते हैं।
(d) जब हम आशा, उत्फुल्लता और आत्मविश्वास की ऊर्जा से ओत-प्रोत होते हैं।

61. 'निरीक्षण' का अंग्रेजी समानार्थी शब्द हो सकता है-
(a) Supervision (b) Inspection
(c) Checking (d) Examination

62. अंग्रेजी शब्द 'ADMISSION' का कौन-सा हिन्दी अर्थ सही नहीं है?
(a) दाखिला (b) स्वीकृति
(c) बहिर्गमन (d) प्रवेश

63. परिपत्र कब जारी किया जाता है?
(a) संबद्ध या अधीनस्थ कार्यालयों के साथ पत्राचार के समय।
(b) बैठक में लिए गए महत्त्वपूर्ण निर्णयों को कार्यान्वित करने के उद्देश्य से।
(c) किसी अधिकारी की लिखित शिकायत प्राप्त होने पर।
(d) पुराने भेजे गए पत्र के अनुपालन के लिए पुनः निर्देश देते समय।

64. किसी छात्र द्वारा अपने विद्यालय में मनाए गए वार्षिक उत्सव की उत्साहपूर्ण जानकारी अपने प्रिय मित्र को देनी है। यह किस प्रकार का पत्र कहलाएगा?
(a) कार्यालयीय पत्र (b) वैयक्तिक पत्र
(c) निमंत्रण पत्र (d) सूचना पत्र

65. यदि पूर्व पत्र के संदर्भ को दुबारा उद्धत करते हुए पुनः उसी सूचना को दोहराया जाता है तो यह किस विकल्प में आएगा?
(a) परिपत्र (b) अनुस्मारक
(c) अधिसूचना (d) कार्यालय आदेश

66. 'DO लेटर' का पूर्ण रूप है-
(a) District - Officers Letter / डिस्ट्रिक्ट ऑफिसर्स लेटर
(b) Demi Official Letter / डेमी-ऑफिसियल लेटर
(c) Dear - Officers Letter / डियर ऑफिसर्स लेटर
(d) Dual Official Letter / ड्यूअल ऑफिसियल लेटर

67. वर्तनी की दृष्टि से शुद्ध शब्द है-
(a) परिच्छा (b) परीच्छा
(c) परीक्षा (d) परिक्षा

68. 'बिना पलक झपकाए' के लिए एक शब्द होगा-
(a) चकित (b) देखते रहना
(c) विपलक (d) निर्निमेष

69. 'अनुरक्ति' का विपरीतार्थक शब्द है-
(a) आसक्ति (b) प्रशस्ति
(c) विरक्ति (d) प्रकृति

70. निम्नांकित में एक वाक्य जो शुद्ध है, वह है-
(a) मैं अनेकों बार विदेश गया।
(b) इस हीरे का मूल्य नापा नहीं जा सकता।
(c) बिना टिकट यात्रा दण्डनीय है।
(d) आप केवल इतना ही काम कर दीजिए।

71. 'जो ईश्वर में विश्वास रखता हो' के लिए एक शब्द है-
(a) आस्थावान (b) आस्तिक
(c) विश्वासी (d) आसुरी

72. किस विकल्प में अंग्रेजी पारिभाषिक शब्द का समकक्ष हिन्दी पारिभाषिक शब्द सही है?
(a) Review-पुनर्विलोकन
(b) Enforcement-अप्रभावशील होना
(c) Maladministration-व्यवस्थित प्रशासन
(d) Overdraft-अतिमात्रा

73. 'अनुग्रह' का उपयुक्त विपरीतार्थक शब्द होगा-
(a) विग्रह (b) आग्रह
(c) परिग्रह (d) संग्रह

74. इनमें से विलोम शब्दों का एक सही युग्म है-
(a) आपत्ति-विपत्ति
(b) अवर्षण-अनावर्षण
(c) गणतन्त्र-जनतन्त्र
(d) आदृत-तिरस्कृत

75. किस विकल्प में अंग्रेजी पारिभाषिक शब्द का समकक्ष हिन्दी पारिभाषिक शब्द सही है?
(a) Contravention-पालन
(b) Authentication-स्पष्टीकरण
(c) Custodian-अभिरक्षक
(d) Promotion-पदावनति

76. 'आधुनिक' का विलोम है-
(a) समीचीन (b) अर्वाचीन
(c) प्राचीन (d) समसामयिक

77. 'जो युद्ध में स्थिर रहता है' इन अनेक शब्दों के लिए एक शब्द है-
(a) युद्ध स्थित (b) युद्ध स्थिरी
(c) युधिष्ठिर (d) युद्ध प्रेमी

78. जीभ का पर्यायवाची है-
(a) वचन (b) रसना
(c) ध्वनि (d) जीव

79. निम्न में से विलोम शब्द का कौन-सा युग्म असंगत है?
(a) बंधन - मुक्ति
(b) उन्नति - अवनति
(c) आरोह - अवरोह
(d) धनी - भिक्षुक

80. गरल का विलोम शब्द है-
(a) सरल (b) सुधा
(c) पानी (d) आग

81. 'तिमिर' का पर्यायवाची है-
(a) प्रकाश (b) रात्रि
(c) सूर्य (d) अन्धकार

82. 'हुताशन' पर्यायवाची है-
(a) निर्धन (b) अग्नि
(c) अगणित (d) अखंड

83. निम्नलिखित में से किस शब्द की वर्तनी अशुद्ध है?
(a) याज्ञवल्क (b) सदृश
(c) हस्तक्षेप (d) गृहिणी

84. 'उत्तम वस्तु थोड़ी भी अच्छी' के अर्थ में किस लोकोक्ति का प्रयोग होता है?
(a) चिकने मुँह को सब चूमते हैं
(b) चक्की में कौर डालोगे तो चून पाओगे
(c) 'चन्दन की चुटकी भली, गाड़ी भरा न काठ
(d) चमड़ी जाए पर दमड़ी न जाए

85. निम्नलिखित प्रश्न में, दिए गए चार विकल्पों में से उस विकल्प का चयन करें, जो मुहावरे का अर्थ व्यक्त करता है।
कथा के बैंगन
(a) मनगढ़ंत बातें
(b) कृपण व्यक्ति
(c) असंभव वस्तु
(d) केवल दूसरो के लिए उपदेश

86. 'आवर्तक' का विपरीतार्थक शब्द है-
(a) प्रवर्तक (b) अनावर्तक
(c) आवृत (d) प्रकर्षक

87. 'जो किसी विषय का ज्ञाता हो' के लिए एक शब्द है-
(a) अभिज्ञ (b) चैतन्य
(c) विशिष्ट (d) विशेषज्ञ

88. 'बिजली' का पर्याय है-
(a) शर्वरी (b) तनया
(c) रमणी (d) दामिनी

89. 'अपर्णा' शब्द का पर्यावाची है-
(a) औरत (b) देवांगना
(c) आराधना (d) पार्वती

90. निम्नलिखित विकल्पों में से 'चंचरीक' शब्द का पर्यायवाची चुनिए-
(a) हवा (b) भ्रमर
(c) मित्र (d) पुत्र

91. निम्नलिखित प्रश्न में, चार विकल्पों में से उस विकल्प का चयन करें, जो दिए गए मुहावरे का सही अर्थ हो।
दो से चार बनाने का गणित
(a) मन में प्रकट होना
(b) धन को जल्दी-जल्दी बढ़ाने की कला
(c) ऊपरी बातें करना
(d) किसी धुन पर अड़े होना

92. निम्नलिखित में से वाक्य के पूर्णतः शुद्ध रूप (त्रुटि रहित वाक्य) का चयन कीजिए-
(a) आपकी अवज्ञा के अनुकूल कार्य होगा।
(b) आपकी अवज्ञा के अनुकूल कार्य रहेगा।
(c) आपकी आज्ञा के अनुसार कार्य होगा।
(d) आपकी आज्ञा के अनुकूल कार्य होगा।

93. 'गौरव' का विपरीतार्थक शब्द है-
(a) वैभव (b) लाघव
(c) पराभव (d) निर्मोक

94. 'अमृत' का विलोम है
(a) अर्क (b) पीयूष
(c) मधुर (d) विष

95. 'सदाचार' का विलोम है-
(a) आचार (b) कदाचार
(c) अपराध (d) अन्याय

96. दिए गये वाक्य में रेखांकित खंड को प्रतिस्थापित करने के लिए सबसे उपयुक्त विकल्प का चयन करें, यदि इसे प्रतिस्थापित करने की आवश्यकता नही है तो विकल्प 'किसी बदलाव की आवश्यकता नही है' का चयन करें -
प्राणी मात्र के प्रति दया भाव सभी धर्मों का तत्त्व आधार है।
(a) धर्मों का सभी तत्त्व आधार है
(b) किसी बदलाव की आवश्यकता नही है
(c) सभी धर्मों का आधार तत्त्व है
(d) सभी तत्वों का धर्म आधार है

97. 'जो तोला जा सके' के लिए एक शब्द होगा-
(a) अपरिमेय (b) अनुमेय
(c) परिमेय (d) विनिमय

98. 'कम बोलने वाला' वाक्यांश के लिए एक शब्द है-
(a) मितभाषी (b) मृदुभाषी
(c) बहुभाषी (d) अभाषी

99. दिए गए वाक्य में वह भाग ज्ञात करे जिसमें कोई त्रुटि है, यदि कोई त्रुटि नही है, तो 'कोई त्रुटि नहीं है' चुने-
प्रतिभाशाली बच्चे की हर जगह उलाहना होती है।
(a) प्रतिभाशाली बच्चे की
(b) कोई त्रुटि नहीं है

(c) हर जगह
(d) उलाहना होती है

100. 'जिसकी आशा न की गई हो' के लिए उपयुक्त एक शब्द है-
(a) आशातीत (b) अप्रत्याशित
(c) आशान्वित (d) प्रत्याशा

कंप्यूटर ज्ञान

101. BIOS का अर्थ है–
(a) बूटस्ट्रैप प्रारंभिक ऑपरेटिंग सिस्टम
(b) बेसिक इनपुट आउटपुट शुरुआत
(c) बूट प्रारंभिक परिचालन शुरुआत
(d) बेसिक इनपुट आउटपुट सिस्टम

102. किस प्रकार के कनेक्टर को एक मॉडल में एक टेलीफोन लाइन प्लग करने के लिए प्रयोग किया जाता है?
(a) COM 1 (b) आरजे 45
(c) आरजे 11 (d) आरजे 10

103. एक कंप्यूटर प्रणाली के चार बुनियादी कार्य क्या हैं?
(a) इनपुट, प्रोसेसिंग, उत्पादन और भंडारण
(b) की-बोर्ड, प्रदर्शन, स्मृति और डिस्क ड्राइव
(c) वर्ड प्रोसेसिंग, स्प्रेडशीट, डाटाबेस और संपर्क प्रबंधन
(d) पढ़ना, लिखना, गणना और प्रदर्शन

104. ....स्मृति कम-से-कम अभिगम काल (Access time) है?
(a) कैश (Cache)
(b) आभासी (Virtual)
(c) माध्यमिक (Secondary)
(d) बाहरी (External)

105. कौन-सा दूसरे से अलग है?
(a) एंड्रॉयड (b) उबांटू
(c) विंडोज (d) लिनक्स

106. कम्प्यूटिंग में ....जो गणित और तार्किक कार्रवाई करता है, उसे एक गणित और तर्क इकाई (ALU) कहा जाता है।
(a) इलेक्ट्रॉनिक सर्किट
(b) अनुभवजन्य सर्किट
(c) इलेक्ट्रॉनिक अनुरूप सर्किट
(d) डिजिटल सर्किट

107. डीवीडी का मतलब है-
(a) डाटा बहुमुखी डिस्क
(b) डबल वीडियो डिस्क
(c) डिजीटल वर्सेटाइल डिस्क
(d) डिस्क वीडियो डिजिटल

108. ओ.एस.आई का पूरा नाम क्या है?
(a) ओपन सिस्टम इंटर कनेक्शन
(b) ऑपरेटिंग सिस्टम इंटरफेस
(c) ऑप्टिकल सर्विस इम्प्लीमेन्टेशन
(d) ऑप्टिकल स्टेटस आइडेन्टिफिकेशन

109. निम्न में से कौन-से कंप्यूटर के सी.पी.यू. (केन्द्रीय प्रसंस्करण यूनिट) के तीन अंग हैं?
(a) सी.यू., ए.एल.यू. एंड आउटपुट
(b) आउटपुट, एम.यू. एंड सी.यू.
(c) इनपुट, एम.यू. एंड ए.एल.यू.
(d) ए.एल.यू., एम.यू. एंड सी.यू.

110. निम्न में से कौन-सा इनपुट डिवाइस नहीं है?
(a) माउस (b) स्पीकर
(c) माइक्रोफोन (d) जॉयस्टिक

111. निम्न में से कौन-सी इलेक्ट्रॉनिक डिवाइस प्रथम पीढ़ी के कंप्यूटर में प्रयोग की गई थी?
(a) माइक्रोप्रोसेसर (b) वैक्यूम ट्यूब
(c) ट्रांजिस्टर (d) इंटीग्रेटेड सर्किट

112. हर एनआईसी (नेटवर्क इंटरफेस कार्ड) नेटवर्क पर...........एड्रेस सहायता से पी सी को पहचानती है?
(a) एम ए डी (b) पी ए सी
(c) एम ए सी (d) एम ए टी

113. प्रोग्राम अनुवाद किए बिना कंप्यूटर द्वारा आसानी से समझने वाली लैंग्वेज को क्या कहते हैं?
(a) मशीन लैंग्वेज (b) हार्डवेयर लैंग्वेज
(c) इंटर लैंग्वेज (d) सॉफ्ट लैंग्वेज

144. निम्नलिखित में से कौन-सा एम.एस. वर्ड डॉक्यूमेन्ट का एक्स्टेन्शन है?
(a) .doc (b) .exe
(c) .txt (d) .dll

115. वह कंप्यूटर निर्देश जो कि बाइनरी मशीन कोड के बदले अंग्रेजी शब्दों में लिखा जाता है, क्या कहलाता है?
(a) ओपकोड (b) सिम्बालिक कोड
(c) न्यूमोनिक (d) ग्रे-कोड

116. एमएम एक्सेल ....का उदाहरण है।
(a) एक वर्ड प्रोसेसर
(b) स्प्रेडशीट सॉफ्टवेयर
(c) (a) और (b)
(d) (a) और (b) दोनों नहीं

117. MICR का पूरा नाम क्या है?
(a) मैग्नेटिक इंक कैसा रिकगनिशन
(b) मैग्नेटिक इंक कैरेक्टर रिकगनिशन
(c) मैग्नेटिक इंक कोड रिकगनिशन
(d) मेन इंक कोड रिकगनिशन

118. कॉम्पेक्ट-डिस्क में कौन-सी तकनीक उपयोग की जाती है?
(a) लेजर (b) मैकेनिकल
(c) इलेक्ट्रिकल (d) इलेक्ट्रोमैग्नेटिक

119. पर्सनल कंप्यूटर यूनिट के मदर बोर्ड के अलग-अलग कम्पोनेन्ट (घटक), कन्सीक्यूटिव समानांतर इलेक्ट्रिकल संचालित तार आपस में किसके द्वारा जुड़े होते हैं?
(a) कन्डक्टर (b) बस
(c) कनेक्टर (d) कन्सीक्यूटिव

120. पहला इलेक्ट्रॉनिक कंप्यूटर कौन-सा था?
(a) ENIAC (b) MARK1
(c) Z3 (d) ABC

121. निम्न में से कौन-सा पहला माइक्रोप्रोसेसर इंटेल कॉर्पोरेशन द्वारा बनाया गया?
(a) 8008 (b) 8080
(c) 4004 (d) 8800

122. निम्न में से कौन-सी नॉन-वॉलेटाइल मेमोरी है?
(a) DRAM (b) SRAM
(c) ROM (d) RAM

123. एम.एस. वर्ड में पूरे दस्तावेज को चुनने के लिए किसका उपयोग किया जाता है?
(a) Alt + A (b) Shift + A
(c) Ctrl + A (d) Enter + A

124. कौन-से कुंजी युग्म (key combination) को विन्डो बंद करने के लिए उपयोग किया जाता है?
(a) Ctrl + F1 (b) Alt + F2
(c) Ctrl + F4 (d) Alt + F4

125. एक से अधिक व्यक्ति को एक कॉमन संदेश भेजने के लिए क्या उपयोग किया जाता है?
(a) एन्वेलप (b) मेलमर्ज
(c) लेबल (d) मर्ज एंड फिनिश

126. निम्न में कौन-सा इम्पेक्ट प्रिंटर हैं?
(a) डेजी व्हील प्रिंटर
(b) इंक जेट प्रिंटर
(c) लेजर प्रिंटर
(d) थर्मल प्रिंटर

127. एम.एस. एक्सेल में कौन-सी शार्टकट की पूरे कॉलम को चुनने के लिए उपयोग होती है?
(a) Ctrl + Enter (b) Ctrl + Space
(c) Ctrl + Alt (d) Ctrl + Shift

128. निम्न में से कौन-सा कंप्यूटर स्मृति को मापने के लिए इस्तेमाल नहीं किया जाता है?
(a) Nibble (b) Byte
(c) MIPS (d) Bit

129. निम्न में से कौन-सा प्रथम नेटवर्क है?
(a) CNNET (b) NSF NET
(c) ASAPNET (d) ARPANET

130. इंटरनेट कनेक्शन के लिए कौन-सी डिवाइस उपयोग की जाती है?
(a) माउस (b) मोडेम
(c) प्रिंटर (d) स्कैनर

131. ऑक्टल नंबर प्रणाली का आधार क्या है?
(a) 2 (b) 4
(c) 10 (d) 8

132. कंप्यूटर का कौन-सा भाग प्रयोग के सम्पादन को सिलेक्ट, इंटरप्रेट और मॉनीटर करता है?
(a) मॉनीटर
(b) अर्थमेटिक लॉजिक यूनिट
(c) कन्ट्रोल यूनिट
(d) सेंट्रल प्रोसेसिंग यूनिट

133. MSI का संक्षिप्त रूप क्या है?
(a) मिडियम स्केल इंटीग्रेटेड
(b) माइक्रो स्टार इंटीग्रेटेड
(c) मिडियम स्केल इंटेलीजेंट
(d) मिडियम स्केल इंटीग्रेशन

134. निम्न में से कौन-सा ऑप्शन इंटरप्रेटर के साथ सही है?
(a) यह एक समय में एक निर्देश में परिवर्तन करता है
(b) यह एक समय में पूरे कार्यक्रम में परिवर्तन करता है
(c) बार-बार व्याख्या आवश्यक नहीं है
(d) इनमें से कोई भी नहीं

135. निम्न में से कौन-सी मेमोरी को कुछ समय के बाद रिफ्रेश करना पड़ता है?
(a) SRAM (b) DRAM
(c) ROM (d) PROM

136. की-बोर्ड ....डिवाइस का एक प्रकार है।
(a) आउटपुट (b) इनपुट
(c) स्टोरेज (d) मेमोरी

137. ....कंप्यूटर प्रोसेसर का एक ऐसा स्थान है, जहाँ डाटा को छोटे-छोटे सेट्स में रखा जाता है?
(a) वी.एल.एल.आई (b) रजिस्टर
(c) हार्ड डिस्क (d) मैग्नेटिक डिस्क

138. डिस्क के लिए वर्तमान दस्तावेज की एक प्रति बनाने के लिए–
(a) सेव कमांड का प्रयोग करें
(b) सेव एस कमांड का प्रयोग करें
(c) डुप्लीकेट कमांड का प्रयोग करें
(d) क्रियेट कॉपी कमांड का प्रयोग करें

139. एम. एस. एक्सेल में हाइपरलिंक के लिए शॉर्टकट की क्या है?
(a) Ctrl + R (b) Ctrl + O
(c) Ctrl + T (d) Ctrl + K

140. कौन-सी शॉर्टकट की एमएस वर्ड में स्पेलिंग की जाँच के लिए प्रयोग की जाती है–
(a) F5 (b) F12
(c) F7 (d) F8

141. ....एक से अधिक प्रोग्राम एक साथ चलाने की अनुमति देता है?
(a) मल्टी यूजर (b) मल्टी प्रोसेसिंग
(c) स्वीचिंग सिस्टम (d) मल्टी टास्किंग

142. निम्न कमाण्ड में से कौन-सी आईपी स्तर कनेक्टिविटी की जाँच करने के लिए प्रयोग की जाती है?
(a) डेलट्री (b) डी.आई.आर.
(c) चेकडिस्क (d) पिंग

143. आईपी संस्करण 4 एक.................को संबोधित प्रणाली है।
(a) 32 बीट (b) 16 बीट
(c) 128 बीट (d) 14 बीट

144. निम्न में से कौन-सा प्राइवेट नेटवर्क को सार्वजनिक नेटवर्क में फैलाता है?
(a) लोकल एरिया नेटवर्क
(b) वर्चुअल प्राइवेट नेटवर्क
(c) एण्टरप्राइज प्राइवेट नेटवर्क
(d) स्टोरेज एरिया नेटवर्क

145. नेटवर्क भीड़ होती है–
(a) ट्रैफिक ओवरलोडिंग के मामले में
(b) जब एक प्रणाली समाप्त हो जाती हैं
(c) जब दो नोड्स के बीच संबंध समाप्त हो जाता है।
(d) इनमें से कोई भी नहीं

146. EEPROM का पूरा नाम क्या है?
(a) ईजली इरेजेबल प्रोग्रामेबल रीड ओनली मेमोरी
(b) इलेक्ट्रिकली इरेजेबल प्रोग्रामेबल रीड ओनली मेमोरी
(c) इलेक्ट्रोनिकली इरेजेबल प्रोग्रामेबल रीड ओनली मेमोरी
(d) इलेक्ट्रिकली इरेजेबल प्रोग्राम रिकॉर्ड ओनली मेमोरी

147. इंटरनेट पर हर कंप्यूटर की .... द्वारा पहचान करते हैं?
(a) स्कैनर
(b) मदरबोर्ड
(c) आई.पी. एड्रेस
(d) कंट्रोल यूनिट

148. आधुनिक मेग्नेटिक टेप में कौन-सा डाटा रिकॉडिंग फॉमेट हैं?
(a) 7 bit ASCII
(b) 7 bit EBCDIC
(c) 8 bit ASCII
(d) 8 bit EBCDIC

149. कंप्यूटर को कितनी पीढ़ियों में वर्गीकृत किया जा सकता है?
(a) 2 (b) 3
(c) 5 (d) 4

150. ....वह इनपुट डिवाइस है, जो कि ध्वनि इनपुट का डिजिटल रूप में भंडारण करता है।
(a) स्पीकर (b) ट्रैंक बाल
(c) माइक्रोफोन (d) लाइट पेन

व्याख्या सहित उत्तर

1. (a) वैगन ट्रैजडी (Wagon Tragedy) ब्रिटिश सरकार द्वारा भारतीयों के खिलाफ अपनाई गई दमनकारी घटनाओं में से एक प्रमुख घटना थी। वैगन ट्रैजडी का संबंध मोपला विद्रोह से है। इस घटना में लगभग 60 मोपला कैदियों को रेल के मालवाहक डिब्बे/वैगन में बंद करके मौत के घाट उतार दिया गया था।

2. (d) केशवानंद भारती बनाम केरल राज्य वाद (वर्ष 1973) में दिये गए निर्णय को सर्वोच्च न्यायालय के सबसे महत्त्वपूर्ण निर्णयों में से एक माना जाता है क्योंकि इसके माध्यम से भारतीय संविधान की उस 'मूल संरचना' को निर्धारित किया गया, जिसे संसद द्वारा संशोधित नहीं किया जा सकता है। इस मामले में सर्वोच्च न्यायालय की 13 सदस्यीय खंडपीठ ने 7-6 के बहुमत से निर्णय दिया कि संसद को संविधान की मूल संरचना में परिवर्तन करने से रोका जाना चाहिये। जिसमें यह स्पष्ट किया कि संविधान के कुछ हिस्से इतने अंतर्निहित एवं महत्त्वपूर्ण हैं कि उन्हें संसद द्वारा संशोधित नहीं किया जा सकता है। सर्वोच्च न्यायालय ने कहा कि अनुच्छेद-368 जो कि संसद को संविधान में संशोधन करने की शक्तियाँ प्रदान करता है, के तहत संविधान की आधारभूत संरचना में बदलाव नहीं किया जा सकता है।

3. (c) शेरशाह सूरी वर्ष 1540 ई. में दिल्ली के सिंहासन पर आरूढ़ हुआ और वर्ष 1555 तक शासन किया। शेर खान की उपाधि उसे उसके संरक्षक द्वारा बाघ को मारने के लिए दी गई थी। वह न केवल एक योग्य प्रशासक और योद्धा था, बल्कि कला और साहित्य का महान संरक्षक भी था। मलिक मुहम्मद जायसी ने शेरशाह सूरी (वर्ष 1540) के शासनकाल के दौरान हिंदी साहित्य

पर बेहतरीन कार्यों में से एक पद्मावत को पूर्ण किया। यह अवधी में महत्त्वपूर्ण कार्यों में सबसे पुराना कार्य है। अत: विकल्प (c) सही है।

4. (c) खाड़ी सहयोग परिषद (GCC) की स्थापना वर्ष 1981 में बहरीन, कुवैत, ओमान, कतर, सऊदी अरब और संयुक्त अरब अमीरात के बीच उनके विशेष संबंधों, भौगोलिक निकटता, इस्लामी मान्यताओं पर आधारित समान राजनीतिक व्यवस्थाओं, संयुक्त नियति और सामान्य उद्देश्यों के मद्देनजर एक समझौते द्वारा की गई थी। खाड़ी सहयोग परिषद (GCC) की संरचना में सर्वोच्च परिषद (उच्चतम प्राधिकरण), मंत्रिस्तरीय परिषद और सेक्रेटेरियेट जनरल आदि शामिल हैं। अपने चार्टर के अनुसार यह एक राजनीतिक, आर्थिक, सामाजिक और क्षेत्रीय संगठन है।

5. (a) डेनिसोवन्स एक विशिष्ट मानव वंश का प्रतिनिधित्व करते हैं, जिसे मुख्य रूप से साइबेरिया और तिब्बत में खोजे गए अवशेषों से पहचाना जाता है। ये सैकड़ों-हजारों वर्ष पहले रहते थे और कुछ समान क्षेत्रों में निएंडरथल और प्रारंभिक आधुनिक मनुष्यों के साथ अंतर-प्रजनन जैसी गतिविधियाँ भी हुई जिस कारण वर्तमान मानव आबादी में उनके आनुवंशिक गुण देखे जा सकते हैं। डेनिसोवन्स की पहचान साइबेरिया में डेनिसोवन गुफा में पाए गए लगभग 40,000 वर्ष पुराने खंडित उँगली की हड्डी और दाँतों की खोज के बाद की गई थी।

6. (b) ओडिशा के बरगढ़ जिले में स्थित डेब्रीगढ़ वन्यजीव अभयारण्य को आसपास रहने वाली मानव बस्ती से पूरी तरह मुक्त कर दिया गया है। राज्य वन और पर्यावरण विभाग के अनुसार, डेब्रीगढ़ अभयारण्य, जिसे एक बाघ अभयारण्य बनाने का प्रस्ताव है, में बड़े एवं मांसाहारी पशुओं के लिए शिकार की बहुत संभावना है। यह अभयारण्य भारतीय बाइसन, जंगली सुअर, सांभर और मोर जैसे जानवरों का निवास स्थान है। इस अभयारण्य में चार सींग वाला मृग, जो IUCN की रेड लिस्ट में सुभेद्य के रूप में सूचीबद्ध है, भी पाया जाता है। इस अभयारण्य की प्रसिद्धि का एक अन्य कारण प्रसिद्ध स्वतंत्रता सेनानी वीर सुरेंद्र साई हैं, जिन्होंने अंग्रेजों के खिलाफ विद्रोह के दौरान इसी अभयारण्य के अंदर स्थित 'बारापथारा' में अपना ठिकाना बनाया था।

7. (c) दीपमलिका जैन धर्म का एक महत्त्वपूर्ण आध्यात्मिक पर्व (त्यौहार) है। यह पर्व जैन धर्म के 24वें तीर्थंकर 'महावीर' के निर्वाण महोत्सव के रूप में मनाया जाता है। मान्यता है कि तीर्थकर श्री महावीर स्वामी का कार्तिक कृष्ण चतुर्दशी की रात्रि को अवसान और अमावस्या के प्रात: काल निर्वाण हुआ था। इस दिन श्रद्धालु भगवान महावीर की पूजा करते हैं और उनका अभिषेक करते हैं।

8. (c) विश्व बौद्धिक संपदा संगठन (WIPO) द्वारा वैश्विक नवाचार सूचकांक (GII) जारी किया जाता है। सूचकांक की गणना के मानकों में 'संस्थान', 'मानव पूंजी और अनुसंधान', 'आधारभूत ढाँचे', बाजार' संरचना', 'व्यापार संरचना', 'ज्ञान तथा प्रौद्योगिकी आउटपुट' शामिल हैं।

9. (c) गति शक्ति 'समग्र बुनियादी ढाँचे' के विकास के लिए 100 लाख करोड़ रुपए की परियोजना है। प्रोडक्शन लिंक्ड इंसेंटिव (PLI) योजना का उद्देश्य कंपनियों को घरेलू इकाइयों में निर्मित उत्पादों की बिक्री में वृद्धि पर प्रोत्साहन देना है। महिला एवं बाल विकास मंत्रालय ने पोषण 2.0 का उद्घाटन किया और सभी आकांक्षी जिलों से आग्रह किया कि वे पोषण माह (पोषण माह) के दौरान एक पोषण वाटिका (पोषण उद्यान) स्थापित करें। स्वामित्व योजना (SVAMITVA) का मतलब गाँवों के सर्वेक्षण और ग्रामीण क्षेत्रों का बेहतर प्रौद्योगिकी के साथ मानचित्रण है।

10. (c) जहाँगीर के शासनकाल के अंतिम वर्षों से संगमरमर की इमारतें बनवाने और दीवारों को अर्द्ध-मूल्यवान पत्थरों से बनी फूल-पत्तियों की आकृतियों से सजाने का चलन प्रारंभ हुआ जिसे 'पित्रा दूरा' कहते हैं। शाहजहाँ ने इसका प्रयोग ताजमहल में भी किया था।

11. (d) 'तबक़ात-ए-अकबरी' के लेखक ख्वाजा निजामुद्दीन अहमद थे। वह मध्ययुगीन भारत के एक मुस्लिम इतिहासकार थे। वह अकबर के मीर बख़्शी थे। 'तबक़ात-ए-अकबरी' को 'तारीख़ निजामी' भी कहा जाता है। ख़्वाजा निजामुद्दीन अहमद ने इस महत्त्वपूर्ण इतिहास ग्रंथ में अकबर के 39वें सनजलूस (1593-94 ई.) तक का हाल लिखा है। यह पुस्तक सल्तनत काल में बंगाल के इतिहास के पुनर्निर्माण के लिए बहुत महत्त्वपूर्ण है। तबक़ात-ए-अकबरी 9 भागों में विभाजित है, इसके शुरुआती भागों में सल्तनत-ए-दिल्ली के सभी मुगल शासकों का विवरण मिलता है साथ ही इसके अन्य खंडों में दक्कन, मालवा, गुजरात, बंगाल, सिंध, मुल्तान व कश्मीर के बारे में भी लिखा गया है। इसमें न केवल बाबर, हुमायूँ और अकबर का वर्णन है अपितु देश के प्रांतीय मुसलमान राज्यों का भी वर्णन शामिल है।

12. (b) राष्ट्रीय नाट्य विद्यालय, रंगमंच का प्रशिक्षण देने वाली सबसे महत्त्वपूर्ण संस्था है, जो नई दिल्ली में स्थित है। इसकी स्थापना संगीत नाटक अकादमी ने वर्ष 1959 में की थी। यह भारत सरकार के अंतर्गत एक स्वशासी संस्थान है। राष्ट्रीय नाट्य विद्यालय विश्व के अग्रणी रंगमंच प्रशिक्षण संस्थानों में से एक है और भारत में अपनी तरह का एकमात्र संस्थान है। वर्ष 1975 में यह भारत सरकार के संस्कृति मंत्रालय के अधीन एक स्वतंत्र इकाई और एक स्वायत्त संगठन बन गया। इस विद्यालय की दो क्रियाशील शाखाएँ हैं - रिपर्टरी कंपनी और थिएटर-इन-एजुकेशन कंपनी (संस्कार रंग टोली)। वर्ष 1999 में स्थापित किया गया 'भारत रंग महोत्सव' (राष्ट्रीय रंगमंच महोत्सव) राष्ट्रीय नाट्य विद्यालय (NSD) का नई दिल्ली में आयोजित किया जाने वाला वार्षिक रंगमंच महोत्सव है। इसे पूरी तरह से रंगमंच को समर्पित एशिया का सबसे बड़ा रंगमंच महोत्सव माना जाता है।

13. (b) त्सोंगमो झील, जिसे चांगु झील के नाम से भी जाना जाता है, सिक्किम हिमालय में ऊँचाई पर स्थित झील है, इसे हिंदू और बौद्ध दोनों ही पवित्र मानते हैं। अत: विकल्प (b) सही है।

14. (c) पोलियो, जिसे पोलियोमाइलाइटिस के नाम से भी जाना जाता है, टीकाकरण प्रयासों के माध्यम से दुनिया के कई हिस्सों में सफलतापूर्वक उन्मूलन किया गया है। पोलियो अपंगता का कारक और एक संभावित घातक वायरल संक्रामक रोग है जो तंत्रिका तंत्र को प्रभावित करता है। प्रतिरक्षात्मक रूप से मुख्यत: पोलियो वायरस के तीन अलग-अलग उपभेद हैं: वाइल्ड पोलियो वायरस 1 (WPV1) वाइल्ड पोलियो वायरस 2 (WPV2) वाइल्ड पोलियो वायरस 3 (WPV3) लक्षणात्मक रूप से तीनों उपभेद समान होते हैं और पक्षाघात तथा मृत्यु का कारण बन सकते हैं।

15. (b) 'लेबांग बूमानी' नृत्य त्रिपुरा का फसल कटाई नृत्य है। यह त्रिपुरियों से जुड़े दो नृत्यों में से एक है। गरिया के बाद, त्रिपुरी मानसून ऋतु की प्रतीक्षा करते हैं। इस अवधि के दौरान बड़ी संख्या में लेबांग नामक रंग-बिरंगे कीट बोये गए बीजों की तलाश में पहाड़ी ढलानों पर उतरते हैं। नर्तक दर्शाते हैं कि उन्हें पकड़ने के लिए कैसे बांस से बने क्लैपर का उपयोग किया जाता है। त्रिपुरियों का मानना है कि पकड़े गए लेबांगों की संख्या से पता चलता है कि फसल कितनी अच्छी होगी।

16. (c) स्थल सेतु परिकल्पना (Land Bridge Hypothesis) का प्रतिपादन जेफ़रीज ने किया है। इनके अनुसार,'प्रारंभ में सभी स्थल भाग स्थल सेतुओं के माध्यम से एक दूसरे से जुड़े हुए थे, एक भाग से दूसरे भाग तक जीवों एवं वनस्पतियों का निर्बाध संचरण होता था। कालांतर में इन स्थल सेतुओं के जलीय भाग के नीचे डूब जाने के कारण विभिन्न महासागर अस्तित्व में आए, जिसके परिणामस्वरूप जल तथा स्थल भागों का अलगाव हो गया।'

17. (d) अनुच्छेद 158: राज्यपाल पद के लिए शर्तें:

• राज्यपाल संसद के किसी सदन का या पहली अनुसूची में विनिर्दिष्ट किसी राज्य के विधान-मण्डल के किसी सदन का सदस्य नहीं होगा और यदि संसद के किसी सदन का या ऐसे किसी राज्य के विधान-मण्डल के किसी सदन का कोई सदस्य राज्यपाल नियुक्त हो जाता है तो यह समझा जाएगा कि उसने उस सदन में अपना स्थान राज्यपाल के रूप में अपने पद ग्रहण की तारीख से रिक्त कर दिया है।

• राज्यपाल अन्य कोई लाभ का पद धारण नहीं करेगा।

• राज्यपाल, बिना किराया दिये, अपने शासकीय निवासों के उपयोग का हकदार होगा और ऐसी उपलब्धियों, भत्तों और विशेषाधिकारों का भी, जो संसद, विधि द्वारा,

अवधारित करे और जब तक इस निमित्त इस प्रकार उपबन्ध नहीं किया जाता है तब तक ऐसी उपलब्धियों, भत्तों और विशेषाधिकारों का, जो दूसरी अनुसूची में विनिर्दिष्ट हैं, हकदार होगा।

- जहाँ एक ही व्यक्ति को दो या अधिक राज्यों का राज्यपाल नियुक्त किया जाता है वहाँ उस राज्यपाल को संदेय उपलब्धियाँ और भत्ते उन राज्यों के बीच ऐसे अनुपात में आवंटित किये जायेंगे जो राष्ट्रपति आदेश द्वारा अवधारित करे।
- राज्यपाल की उपलब्धियाँ और भत्ते उसकी पदावधि के दौरान कम नहीं किये जायेंगे।

18. (c) प्रधानमंत्री भारतीय जनऔषधि परियोजना (पीएमबीजेपी) केंद्रीय फार्मा सार्वजनिक क्षेत्र के उपक्रमों के सहयोग से फार्मास्यूटिकल्स विभाग द्वारा शुरू किया गया एक अभियान है। यह बहुत कम कीमत पर जेनेरिक दवाएं उपलब्ध कराता है। अत: कथन (c) सही है।

19. (c) बजट में वित्त मंत्री ने 'पीएम-प्रणाम' योजना की घोषणा की - वैकल्पिक उर्वरकों और रासायनिक उर्वरकों के संतुलित उपयोग को बढ़ावा देने के लिए राज्यों और केंद्र शासित प्रदेशों को प्रोत्साहित करने के लिए "पृथ्वी की बहाली, जागरूकता, पोषण और सुधार के लिए पीएम प्रणाम कार्यक्रम" शुरू किया जाएगा। अत: विकल्प (c) सही है।

20. (a) MIMO (मल्टीपल इनपुट, मल्टीपल आउटपुट) वायरलेस संचार के लिए एक एंटीना तकनीक है जिसमें स्रोत (ट्रांसमीटर) और गंतव्य (रिसीवर) दोनों पर कई एंटेना का उपयोग किया जाता है। संचार सर्किट के प्रत्येक छोर पर एंटेना को त्रुटियों को कम करने, डेटा गति को अनुकूलित करने और डेटा को एक ही समय में कई सिग्नल पथों पर यात्रा करने में सक्षम करके रेडियो प्रसारण की क्षमता में सुधार करने के लिए जोड़ा जाता है। अत: विकल्प (a) सही है।

21. (c) युग्मों का सही मिलान नीचे दिया गया है-

1. साइट्रिक एसिड - कच्चे आम
2. ऑक्सालिक एसिड - पालक
3. एसिटिक एसिड - सिरका

22. (b) लोकतंत्र और समाजवाद लक्ष्य पाने के साधन हैं, स्वयं में लक्ष्य नहीं! यह वक्तव्य जवाहरलाल नेहरू से संबंधित है। अत: विकल्प (b) सही है।

23. (d) चंदेरी साड़ी मध्य प्रदेश, सांगली हल्दी महाराष्ट्र तथा खोला मिर्च गोवा राज्य के 'भौगोलिक संकेतक' हैं। अत: विकल्प (d) सही है।

24. (d) उत्तर प्रदेश के प्रमुख पक्षी विहार एवं संबंधित जिले इस प्रकार हैं-

पक्षी विहार	**- जिला**
नवाबगंज पक्षी विहार	- उन्नाव (सबसे पुराना, 1984)
बखीरा पक्षी विहार	- बस्ती/संत कबीर नगर
समान पक्षी विहार	- मैनपुरी
पार्वती अरंगा पक्षी विहार	- गोंडा (जय प्रकाश नगर)
पटना पक्षी विहार	- एटा (सबसे छोटा, 1 वर्ग किमी.)
लाख बहोशी पक्षी विहार	- कन्नौज (सबसे बड़ा, 80 वर्ग किमी.)
समसपुर पक्षी विहार	- रायबरेली
सूर सरोवर पक्षी विहार	- आगरा

कांवर झील पक्षी विहार, बिहार राज्य में स्थित है। अत: विकल्प (d) सही सुमेलित नहीं है।

25. (a) प्रमुख संगीत घराने एवं उनसे संबंधित कलाकारों को निम्नलिखित सारणी के माध्यम से प्रस्तुत किया गया हैं-

- आगरा घराना: अलख दास, मलूकदास
- लखनऊ घराना: खुर्शीद अली खाँ (लखनऊ ख्याल गायकी के पितामह), बिन्दा दीन, कोदऊ सिंह, शम्भू महाराज, बिरजू महाराज।
- किराना घराना (मुजफ्फरनगर में स्थान): बंदे अली खाँ, गंगू बाई हंगल, हीरा बाई बडोदकर, भीमसेन जोशी
- बनारस घराना: छन्नू मिश्र, राजन-साजन मिश्र, गुरु प्रसाद मिश्र, सितारा देवी, गिरजा देवी, किशन महाराज, गुदई महाराज (समता प्रसाद मिश्र), मोतीबाई, रसूलन बाई, सिद्धेश्वरी देवी। अत: विकल्प (a) सही है।

26. (d)उत्तर प्रदेश में आयोजित होने वाले प्रमुख मेले एवं उनसे संबंधित जिला/स्थान इस प्रकार है-

मेला	- जिला/स्थान
• बटेश्वर मेला (पशु मेला)	- आगरा
• नौचंदी मेला	- मेरठ
• देवी पाटन मेला	- बलरामपुर
• देवा शरीफ मेला	- बाराबंकी
• शाकम्भरी देवी मेला	- सहारनपुर
• माघ मेला	- प्रयागराज (इलाहाबाद)
• कालिंजर मेला	- बांदा

अत: विकल्प (d) सही सुमेलित नहीं है।

27. (c) भारत में प्रतिवर्ष 31 अक्तूबर को सरदार वल्लभभाई पटेल के जन्मदिवस को राष्ट्रीय एकता दिवस के रूप में मनाया जाता है। इसे राष्ट्रीय एकता दिवस भी कहते हैं। यह वर्ष 2014 में पहली बार 'भारत के लौह पुरुष' को श्रद्धांजलि देने के उद्देश्य से मनाया गया था। इस दिन सरदार पटेल के राष्ट्रीय अखंडता और एकता में योगदान के विषय में जागरूकता फैलाने के लिए 'रन फॉर यूनिटी (Run For Unity)' जैसे विभिन्न आयोजन किये जाते हैं। वर्ष 2018 में भारत सरकार ने सरदार वल्लभभाई पटेल के सम्मान में गुजरात में स्टैच्यू ऑफ यूनिटी (Statue Of Unity) का अनावरण किया था। गौरतलब है कि यह विश्व की सबसे ऊँची प्रतिमा है। अत: विकल्प (c) सही है।

28. (a) सरदार वल्लभभाई पटेल का जन्म 31 अक्तूबर, 1875 को नाडियाड गुजरात में हुआ था।

वे भारत के प्रथम गृहमंत्री और उप-प्रधानमंत्री थे। भारतीय राष्ट्र को एक संघ बनाने तथा भारतीय रियासतों के एकीकरण में उनकी महत्त्वपूर्ण भूमिका थी। बारडोली की महिलाओं ने उन्हें 'सरदार' की उपाधि दी। जिसका अर्थ 'प्रमुख या नेता' होता है। उन्होंने आधुनिक अखिल भारतीय सेवा प्रणाली की स्थापना भी की। जिसके कारण उन्हें 'भारत के सिविल सेवकों के संरक्षक संत' (Patron saint of India's civil servants) के रूप में भी याद किया जाता है। अत: विकल्प (a) सही है।

29. (a) रामधारी सिंह 'दिनकर' हिन्दी के एक प्रमुख लेखक, कवि व निबन्धकार थे। वे आधुनिक युग के श्रेष्ठ वीर रस के कवि के रूप में स्थापित हैं। 'दिनकर' जी का जन्म 24 सितंबर, 1908 को बिहार के बेगूसराय जिले के सिमरिया गाँव में हुआ था। अत: विकल्प (a) सही है।

30. (a) मजहरुल हक का जन्म पटना जिले के 'बाहपुरा' गाँव में हुआ था। उन्होंने इग्लैंड में 'अंजुमन इस्लामिया' का गठन किया। उन्होंने पटना से 'द मदरलैंड' नामक पत्र का भी प्रकाशन किया। बिहार विद्यापीठ और सदाकत आश्रम की स्थापना की। अत: विकल्प (a) सही है।

31. (a) वसा ग्लिसरॉल और वसीय अम्लों का एस्टर होती है जिनमें कार्बन, हाइड्रोज और ऑक्सीजन विभिन्न मात्राओं में उपस्थित होते हैं। शरीर में इनका संश्लेषण माइटोकॉन्ड्रिया में होता है। अत: विकल्प (a) सही है। 1 ग्राम वसा से 9.3 कैलोरी ऊर्जा प्राप्त होती है।

32. (a) सरकार द्वारा उत्तर प्रदेश के वाराणसी में ग्राम उजाला कार्यक्रम (Gram UJALA Programme) की शुरुआत की गई थी। यह सरकार की एक महत्त्वाकांक्षी योजना है जिसके तहत कार्यशील पुराने तापदीप्त बल्बों के बदले मात्र 10 रुपए में (विश्व में सबसे सस्ते) ग्रामीण क्षेत्रों में एलईडी बल्बों का वितरण किया गया। इस कार्यक्रम का प्रथम चरण में आरा (बिहार), वाराणसी (उत्तर प्रदेश), विजयवाड़ा (आंध्र प्रदेश), नागपुर (महाराष्ट्र), और पश्चिमी गुजरात के गाँवों में 15 मिलियन एलईडी बल्बों का वितरण किया जाएगा। अत: विकल्प (a) सही है।

33. (b) उर्वरक ऐसे रसायन होते हैं जो पेड़-पौधों की वृद्धि में सहायक होते हैं। उर्वरक में मुख्यत: उपस्थित होते हैं:

स्थूल पोषक तत्त्व : (i) नाइट्रोजन, (ii) फॉस्फोरस, (iii) पोटैशियम, (iv) कैल्शियम, (v) मैग्नीशियम एवं (vi) सल्फर

सूक्ष्म पोषक तत्त्व : (i) बोरॉन, (ii) क्लोरीन, (iii) कॉपर, (iv) आयरन, (v) मैंगनीज, (vi) मॉलीब्डेनम व (vii) जस्ता।

34. (a) सिडनी ओलंपिक खेल 2000 में, कर्णम मल्लेश्वरी ओलंपिक पदक जीतने वाली भारत की पहली महिला बनीं। वह एक भारोत्तोलक हैं। उन्होंने कांस्य पदक जीता और ओलंपिक पदक जीतने वाली भारत की पहली महिला बनीं। उनका पदक एकमात्र ऐसा पदक था जिसे भारत ने 2000 के ओलंपिक में हासिल किया था। 1994

में, उन्हें अर्जुन पुरस्कार मिला और 1999 में, उन्हें राजीव गांधी खेल रत्न पुरस्कार मिला। उन्होंने 1999 में पद्मश्री भी जीता था। 1994 में, उन्होंने इस्तांबुल में विश्व चैंपियनशिप में रजत जीता और 1995 में उन्होंने 54 किलोग्राम वर्ग में कोरिया में एशियाई भारोत्तोलन चैंपियनशिप जीती।

35. (b) होल्कर ट्रॉफी का संबंध ब्रिज स्पोर्ट्स से है। ब्रिज अंतिम मुश्किल कार्ड खेल है जिसे चार लोग 52 कार्ड के पैक के साथ खेल सकते हैं। यह आनंद का सबसे बड़ा स्रोत है। कॉन्ट्रैक्ट ब्रिज एक ट्रिक-टेकिंग कार्ड खेल है जिसमें मानक 52-कार्ड डेक का उपयोग किया जाता है।

36. (a) अखिल भारतीय नागरिक सेवा की तीन श्रेणियां हैं : भारतीय प्रशासनिक सेवा (IAS) भारतीय पुलिस सेवा (IPS) भारतीय वन सेवा (IFoS)।

37. (c) ब्रिटिश कोलंबिया विश्वविद्यालय के खगोलविदों द्वारा 17 नए ग्रहों की खोज की गई है, जो सौरमंडल के गोल्डीलॉक जोन (Goldilock Zone) में स्थित हैं। खोजे गए 17 नए ग्रहों में एक दुर्लभ ग्रह 'KIC-7340288b' भी शामिल है। अत: विकल्प (c) सही है।

38. (d) फाइव आइज एक खुफिया गठबंधन है जिसमें ऑस्ट्रेलिया, कनाडा, न्यूजीलैंड, यूनाइटेड किंगडम और संयुक्त राज्य अमेरिका शामिल हैं। ये देश बहुपक्षीय UK-USA समझौते के पक्षकार हैं, जो सिग्नल इंटेलिजेंस में संयुक्त सहयोग के लिए एक संधि है। ये भागीदार राष्ट्र सहयोग के हिस्से के रूप में विश्व के सबसे घनिष्ठ बहुपक्षीय समझौतों में से एक इस गठबंधन के अंतर्गत खुफिया जानकारी का व्यापक आदान-प्रदान करते हैं। अपनी स्थापना के बाद एजेंसी ने अपने मुख्य समूह का 'नाइन आइज' और 14 आइज गठबंधनों के रूप में विस्तार किया तथा अधिक देशों को सुरक्षा भागीदार के रूप में शामिल किया। 'नाइन आइज' समूह नीदरलैंड, डेनमार्क, फ्रांस और नॉर्वे तक विस्तृत है, जबकि 14 आइज गठबंधन के अंतर्गत बेल्जियम, इटली, जर्मनी, स्पेन तथा स्वीडन शामिल हैं।

39. (b) भारतीय राष्ट्रीय भुगतान निगम भारत में भारतीय रिजर्व बैंक के स्वामित्व के तहत खुदरा भुगतान और निपटान प्रणाली के संचालन के लिए एक छत्र संगठन है। NPCI की स्थापना 2008 में हुई थी।

40. (c) IMPS (आईएमपीएस) का विस्तृत रुप इमीडिएट पेमेंट सर्विस (तत्काल भुगतान सेवा) है। यह एक इलेक्ट्रॉनिक बैंक फंड ट्रांसफर विधि है जो उपयोगकर्ताओं को मोबाइल फोन के माध्यम से तुरंत पैसे भेजने और प्राप्त करने की अनुमति देती है। यह सेवा चौबीसों घंटे और छुट्टियों में भी उपलब्ध है। यह सेवा भारतीय राष्ट्रीय भुगतान निगम (एनपीसीआई) द्वारा प्रदान की गई है और इसे 2010 में शुरू किया गया था।

41. (b) भारत में पहली ओपन यूनिवर्सिटी की स्थापना 1982 में भीमराव अंबेडकर ओपन यूनिवर्सिटी, हैदराबाद द्वारा की गई, जिसके बाद 1985 में भारत की संसद द्वारा राष्ट्रीय स्तर पर इंदिरा गांधी नेशनल ओपन यूनिवर्सिटी की स्थापना की गई।

42. (c) यूनेस्को की विश्व धरोहर सूची में शामिल 40वीं भारतीय धरोहर गुजरात में स्थित है। धोलावीरा, कच्छ के रण, गुजरात में हड़प्पा शहर के लिए भारत का नाम यूनेस्को की विश्व धरोहर सूची में शामिल हुआ है। दो स्थलों के शामिल होने के बाद भारत में विश्व धरोहरों की संख्या 40 हो गई है। जबकि धोलावीरा इस सूची में शामिल गुजरात का चौथा और भारत का 40वां स्थल है, लेकिन भारत की प्राचीन सिन्धु घाटी सभ्यता (IVC) से शामिल होने वाला पहला स्थल है।

43. (d) कुल मत = 100%
नहीं डाला = 30%
बचा = 70%
वैध मत = (70% - 326) मत
A का मत, 25.4% = 254 मत
1% = 10 मत
70% = 700 मत
B को प्राप्त मत = (700 – 326) – 254
= 120 मत

44. (a) चाल $= \frac{\text{दूरी}}{\text{समय}}$

$$72 \times \frac{5}{18} = \frac{500 + \text{ट्रेन की लम्बाई}}{120}$$

ट्रेन की लम्बाई = 1900 मीटर

$$\text{समय} = \frac{1900 + 1900}{(72 + 108) \times \frac{5}{18}}$$

$$= \frac{3800}{50} = 76 \text{ सेकंड}$$

45. (a) प्रवाह के साथ समय = 2h
प्रवाह के विपरीत समय = 5h – 2h = 3h
Hot trick

$$\frac{\text{नाव की चाल}}{\text{धारा की चाल}} = \frac{t_1 + t_2}{t_1 - t_2}$$

$$= \frac{3 + 2}{3 - 2} \times \frac{5}{1}$$

धारा की गति : नाव की गति = 1 : 5

46. (d) लाभ = पूंजी × समय

A और B के लाभ का अनुपात = (15000 × 6 + 30000 × 6) : (18000 × 6 + 9000 × 6)
= 5 : 3
∵ 5 = ₹ 12500
∴ 1 = ₹ 2500
कुल लाभ = 8 × 2500 = ₹ 20000

47. (d) 16 निमंत्रण कार्ड भेजने के लिए 4 नौकर हैं।

निमंत्रण कार्ड भेजने के तरीकों की कुल संख्या $= 4 \times 4 \times 4 \times 4 \times 4 \times 4 = 4^6$

48. (d) लागत मू. — अंकित मू. — विक्रय मू.
100(माना) — 140 → 112 → 84
(–20%, –25%)

$$\text{लागत मूल्य} = \frac{140}{16} \times 100 = ₹\ 875$$

49. (d) $(a + b + c)^2 = a^2 + b^2 + c^2 + 2(ab + bc + ca)$

$$6^2 = a^2 + b^2 + c^2 + 2 \times 12$$
$$a^2 + b^2 + c^2 = 12$$
$$a^3 + b^3 + c^3 - 3abc = (a + b + c)(a^2 + b^2 + c^2 - ab - bc - ca)$$
$$= 6(12 - 12)$$
$$= 0$$

50. (a) 5, 6, 8 का ल.स. = 120
300 और 700 के बीच
⇒ 301 से 699 तक

$$\Rightarrow \frac{699}{120} - \frac{301}{120}$$

⇒ 5 – 2 = 3

51. (d) उपर्युक्त अनुच्छेद के अनुसार 'नेता नहीं चाहते कि लोग शिक्षित होकर अपने अधिकारों के प्रति जागरूक बनें क्योंकि शिक्षित लोग अपने वोट की असली कीमत पहचानते हैं और जाति और धर्म के आधार पर बनाए गए नेताओं के समीकरणों को बिगाड़ देते हैं।

52. (d) उपर्युक्त अनुच्छेद के अनुसार आजादी से पूर्व नेता देश की सेवा करने के लिए राजनीति में आते थे जबकि आज के नेताओं में ये विशेषता दिखाई नहीं पड़ती।

53. (b) उपर्युक्त अनुच्छेद के अनुसार आज के नेता येन-केन प्रकारेण साम, दाम, दंड और भेद नीतियों का प्रयोग करके अपने गंतव्य तक पहुँच जाते हैं। ध्यातव्य है कि जनता द्वारा दिए गए वोटों चुना जाना ही इनका गंतव्य है।

54. (d) उपर्युक्त अनुच्छेद के आधार पर आजकल के अधिकांश नेतागण वोट पाने के लिए जनता की लालच रूपी दुर्बलता का फायदा उठाते हैं इसलिए चुनाव जीतने के लिए जनता को मुफ्त की चीजें देने का वायदा करते हैं।

55. (b) उपर्युक्त अनुच्छेद के आधार पर आजकल के नेतागण आवश्यकता पड़ने पर स्वार्थ सिद्धि के लिए पुरानी पार्टी को छोड़कर नई पार्टी में चले जाते हैं। अतः विकल्प (b) सबसे सही तर्कयुक्त उत्तर है।

56. (c) उपर्युक्त अनुच्छेद के अनुसार जब क्रोध, शोक, ईर्ष्या, चिंता, भय आदि घातक मनोभाव लम्बे समय तक अपनी तीव्रता से हमें प्रभावित करते हैं तब हमारा जीवन निराशा के अंधकार से भर जाता है।

57. (c) उपर्युक्त अनुच्छेद के अनुसार प्रिय घटनाओं को अपने जीवन में आकर्षित करने के लिए हमारा मनोमस्तिष्क प्रिय विचारों से सदा परिपूरित रहना चाहिए।

58. (c) उपर्युक्त अनुच्छेद के अनुसार अपने मस्तिष्क के विचारों पर ध्यान देकर लगातार रचनात्मक विचारों द्वारा अपने दुर्भाग्य को सौभाग्य में बदला जा सकता है।

59. (d) उपर्युक्त अनुच्छेद के अनुसार विकल्प (d) के सभी भाव (आशा, उत्फुल्लता, प्रसन्नता, मुस्कान, निश्चितता, संतुष्टि, आत्मविश्वास) रचनात्मक हैं।

60. (d) उपर्युक्त अनुच्छेद के अनुसार जब हम आशा, उत्फुल्लता और आत्मविश्वास की ऊर्जा से ओत-प्रोत होते हैं तब हम कार्यसिद्धि और सफलता के बहुत पास होते हैं। अत: विकल्प (d) सही है।

61. (b) 'निरीक्षण' का अंग्रेजी समानार्थी शब्द Inspection होता है। शेष विकल्प में दिये गये अंग्रेजी शब्दों के हिंदी समानार्थी शब्द इस प्रकार हैं-

Supervision - पर्यवेक्षण

Checking - जाँच

Examination - परीक्षण

62. (c) अंग्रेजी शब्द 'ADMISSION' का हिन्दी अर्थ होता है- प्रवेश, स्वीकृति, दाखिला इत्यादि। दिये गये विकल्पों में 'बहिर्गमन' शब्द ADMISSION का सही हिंदी अर्थ नहीं है।

63. (b) परिपत्र संबद्ध या अधीनस्थ कार्यालयों के साथ पत्राचार के समय तथा बैठक में लिए गए महत्त्वपूर्ण निर्णयों को कार्यान्वित करने के उद्देश्य से जारी किया जाता है।

64. (b) किसी छात्र द्वारा अपने विद्यालय में मनाए गये वार्षिक उत्सव की उत्साहपूर्ण जानकारी अपने प्रिय मित्र को देनी हैं, तो यह पत्र वैयक्तिक पत्र कहलाएगा। वैयक्तिक पत्र अनौपचारिक पत्र की श्रेणी में आते हैं, जिन्हें व्यक्तिगत मामलों के सम्बन्ध में पारिवारिक सदस्यों, मित्रों एवं अन्य प्रियजनों को लिखा जाता है।

65. (b) यदि पूर्व पत्र के संदर्भ को दुबारा उद्धत करते हुए पुन: उसी सूचना को दोहराया जाता है तो यह पत्र 'अनुस्मारक' की श्रेणी में आता है। अनुस्मारक पत्र का उद्देश्य सम्बन्धित अधिकारी को किसी पूर्व पत्र का स्मरण कराना और उसमें लिखित मामले का महत्त्व दर्शाते हुए शीघ्र उत्तर माँगना होता है। अनुस्मारक पत्र प्राय: मूल पत्र लिखने के एक महीने बाद लिखा जाता है। दूसरा अनुस्मारक पहले अनुस्मारक के दस दिन बाद लिखा जाना चाहिए।

66. (b) DO लेटर का पूर्ण रूप Demi Official Letter होता है।

DO लेटर अर्द्धशासकीय पत्र होता है। यह सरकारी पत्र का एक उपभेद है। जब किसी आवश्यक कार्य की ओर सम्बन्धित अधिकारी का ध्यान तुरन्त आकृष्ट कराना हो, सरकार के किसी आदेश का पालन शीघ्रता से कराना हो, किसी विभाग से कोई जानकारी अविलम्ब लेनी हो तब अर्द्धसरकारी पत्र भेजे जाते हैं। इन पत्रों में औपचारिकता का पालन नहीं किया जाता है।

67. (c) परीक्षा वर्तनी की दृष्टि से शुद्ध शब्द है।

68. (d) 'बिना पलक झपकाए' के लिए एक शब्द निर्निमेष होगा।

69. (c) 'अनुरक्ति' का विपरीतार्थक शब्द 'विरक्ति' होगा। जिस शब्द से किसी दूसरे विशिष्ट शब्द का उल्टा अर्थ निकले उसे विलोम शब्द कहते हैं।

70. (c) 'बिना टिकट यात्रा दण्डनीय है', शुद्ध वाक्य है।

71. (b) 'जो ईश्वर में विश्वास रखता हो' के लिए एक शब्द आस्तिक है।

72. (a) Review-पुनर्विलोकन, सही समकक्ष शब्द है। अन्य सभी अर्थ असंगत हैं।

73. (a) 'अनुग्रह' का उपयुक्त विपरीतार्थक शब्द 'विग्रह' है।

74. (d) आदृत-तिरस्कृत विलोम शब्दों का एक सही युग्म है। आपत्ति-विपत्ति, अवर्षण-अनावर्षण तथा गणतन्त्र-जनतन्त्र एक ही शब्द के दो रूप हैं। आदृत अर्थात् सम्मान करना, आदर देना तथा तिरस्कृत अर्थात् अपमानित करना।

75. (b)'Custodian' का अर्थ - अभिरक्षक। अन्य विकल्प - उल्लंघन - Contravention, प्रमाणीकरण-Authentication, पदोन्नति - Promotion।

76. (c)

77. (c) 'जो युद्ध में स्थिर रहता है' उसके लिए एक शब्द युधिष्ठिर है।

78. (b) 'जीभ' का पर्यायवाची रसना है। जिह्वा तथा रसज्ञा इसके अन्य पर्यायवाची शब्द हैं।

79. (d) दिए गए विकल्पों में से विलोम शब्द का "धनी-भिक्षुक" युग्म असंगत है। धनी का विलोम शब्द-निर्धन, दरिद्र। अत: सही विलोम शब्द युग्म होगा- धनी -निर्धन। भिक्षुक का विलोम शब्द- नृप।

80. (b) गरल का अर्थ जहर या विष होता है। सुधा का अर्थ अमृत होता है।

81. (d) 'तिमिर' का पर्यायवाची अंधकार है। अंध कार को तम और अंधेरा भी कहा जाता है।

82. (b) 'हुताशन' अग्नि का पर्यायवाची हैं। आग, अनल अग्नि के अन्य पर्यायवाची शब्द हैं।

83. (a) याज्ञवल्क की वर्तनी अशुद्ध है। सही वर्तनी याज्ञवल्क्य है।

84. (c) 'चन्दन की चुटकी भली, गाड़ी भरा न काठ' लोकोक्ति का अर्थ- 'उत्तम वस्तु थोड़ी भी अच्छी'। वाक्य प्रयोग- बिना नक़ल के पास होने पर रोहन के नम्बर कम आने पर वह उदास था तभी उसकी माँ ने उसको समझाया और कहा 'चन्दन की चुटकी भली, गाड़ी भरा न काठ'

85. (d) कथा के बैंगन मुहावरे का सही अर्थ है - "केवल दूसरों के लिए उपदेश।"

86. (b) **87.** (d) **88.** (d)

89. (d) 'अपर्णा' शब्द का पर्यायवाची पार्वती है।

90. (b) चंचरीक शब्द का पर्यायवाची भ्रमर है। इसके अन्य पर्यायवाची शब्द हैं- भौंरा, अलि, मधुकर, मिलिंद और भृंग।

91. (b) दो से चार बनाने का गणित मुहावरे का अर्थ धन को जल्दी-जल्दी बढ़ाने की कला है।

92. (c) "आपकी आज्ञा के अनुसार कार्य होगा।" यह वाक्य शुद्ध है। अन्य विकल्प असंगत हैं।

93. (b) 'गौरव' का विपरीतार्थक शब्द 'लाघव' है।

94. (d) अमृत का विलोम विष है।

95. (b)

96. (c) रेखांकित भाग को प्रतिस्थापित करने के लिए उपयुक्त विकल्प - "सभी धर्मों का आधार तत्त्व है।"

97. (c) **98.** (a)

99. (d) उपरोक्त वाक्य में त्रुटिपूर्ण भाग है - 'उलाहना होती है।' यहाँ 'उलाहना' सार्थक शब्द नही है और इससे सही अर्थ प्रकट नही हो रहा है। इसलिए यहाँ 'उलाहना' के स्थान पर सार्थक शब्द 'सराहना' होगा।

100. (b)

101. (d) BIOS का मतलब "बेसिक इनपुट आउटपुट सिस्टम" (Basic Input Output system) है। जब कंप्यूटर को चालू किया जाता है, तो रॉम (ROM) में संगृहित बायोस (BIOS) सॉफ्टवेयर कंप्यूटर के प्रत्येक हार्डवेयर की जाँच करता है। ऑपरेटिंग सिस्टम को प्रारंभ करता है तथा विभिन्न हार्डवेयर युक्तियों के बीच समन्वय स्थापित करता है।

102. (c) आरजे-11 या (RJ-11 या Registered Jack-11) कनेक्टर को एक मॉडम में टेलीफोन लाइन प्लग करने के लिए प्रयोग किया जाता है।

103. (a) एक कंप्यूटर प्रणाली के चार बुनियादी कार्य होते हैं जैसे- इनपुट (Input), प्रोसेसिंग (processing), उत्पादन (Production) और भंडारण (Storage)

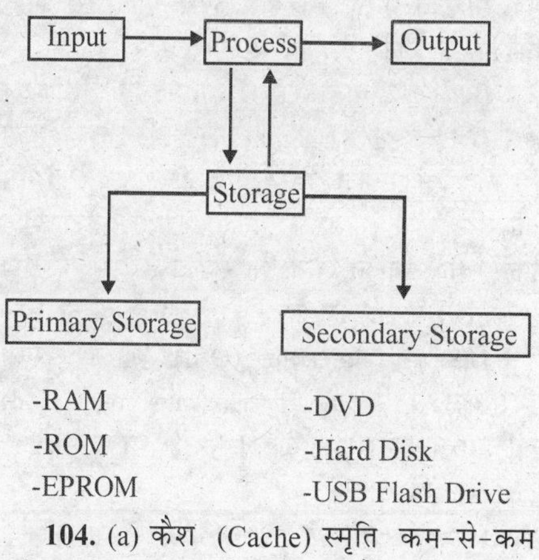

104. (a) कैश (Cache) स्मृति कम-से-कम अभिगम काल (Access time) है। यह केन्द्रीय प्रोसेसिंग इकाई (CPU) तथा मुख्य मेमोरी के बीच का भाग है, जिसका उपयोग बार-बार उपयोग में आने वाले डेटा और निर्देशों को संगृहित करने में किया जाता है। जिस कारण मुख्य मेमोरी तथा प्रोसेसर के बीच गति अवरोध दूर हो जाता है, क्योंकि मेमोरी से डेटा पढ़ने की गति CPU के प्रोसेस करने की गति से काफी मंद होती है।

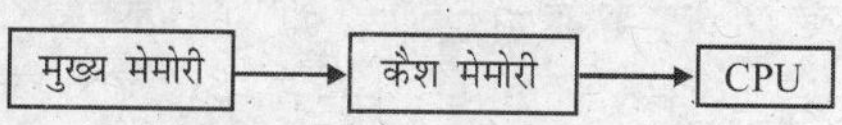

जबकि आभासी (Virtual Memory) स्मृति एक प्रकार की कंप्यूटर प्रणाली है, जो एक कंप्यूटर (एप्लीकेशन) प्रोग्राम को यह धारणा प्रदान करती है कि इसके पास एक सन्निहित कार्य क्षमता वाली मेमोरी है। माध्यमिक स्मृति (Secondary Memory) मुख्यत: चुम्बकीय डिस्क या ऑप्टिकल डिस्क होता है, जिसमें बड़ी मात्रा में सूचनाओं को संगृहित किया जा सकता है। यह स्थायी (Non-Volatile) मेमोरी है जिसमें विद्युत उपलब्ध न होने पर भी सूचनाओं का ह्रास नहीं होता।

105. (a) एंड्रायड (Android)–एक मोबाइल ऑपरेटिंग सिस्टम है, जो लिनक्स पर आधारित है। इसका विकास गूगल द्वारा किया गया है। एंड्रायड का विकास मुख्य रूप से टचस्क्रीन मोबाइल के लिए किया गया है। उबांटू एक लिनक्स डिस्ट्रीब्यूशन है, जो अक्टूबर 2004 में आया था। यह डेबियन लिनक्स पर आधारित है। लिनक्स (Linux) व्यक्तिगत कंप्यूटर के लिए बनाया गया ऑपरेटिंग सिस्टम है। जिसका विकास लिनक्स टॉरवेल्ड्स (Linux Torvalds) ने सन् 1991 में किया। माइक्रोसॉफ्ट कंपनी ने एक नया प्रोग्राम विकसित किया, जिसका नाम विंडोज है। यह प्रोग्राम ग्राफिकल यूजर इंटरफेस (Graphical User Interface) की सुविधा प्रदान करता है।

106. (d) कंप्यूटिंग में डिजिटल सर्किट जो गणित और तार्किक कार्रवाई करता है। उसे एक गणित और तर्क इकाई (ALU) कहा जाता है। इसका कार्य मूलभूत अंकगणितीय गणनाएँ करना (जोड़, घटाव, गुणा, भाग आदि) तथा कुछ लॉजिकल कार्य (बराबर है, बराबर नहीं, कम है या अधिक है) संपादित करता है। यह कंट्रोल यूनिट से प्राप्त निर्देशों के अनुसार कार्य करता है।

107. (c) डीवीडी (DVD) का मतलब ''डिजिटल वेर्सटाइल डिस्क'' (Digital Versatile Disk) होता है। यह ऑप्टिकल डिस्क तकनीक के CD-रॉम की तरह होता है, इसमें न्यूनतम 4.7 GB डेटा यानि फिल्म को संगृहित किया जा सकता है। इसका मुख्य उपयोग वीडियो और डेटा का भंडारण करना है।

108. (a) ओ.एस.आइ (OSI) 'ओपन सिस्टम इंटर कनेक्शन' (Open system inter connection) का पूरा नाम है। OSI मॉडल में सात लेयर (Seven layers) होते हैं।

109. (d) ए.एल.यू. (ALU) अरिथमैटिक लॉजिक यूनिट (Arithmetic Logic Unit) का संक्षिप्त रूप है जो कंप्यूटर के प्रोसेसर में रहता है तथा मूलभूत गणनाएँ (जोड़, घटाव, गुणा, भाग) और कुछ लॉजिकल कार्य (बराबर है, बराबर नहीं, कम है, अधिक है) करता है, जबकि एम.यू. (MU-Memory Unit) CPU की यह यूनिट प्रयोगकर्ता द्वारा प्राप्त निर्देशों एवं डाटा को सुरक्षित रखता है तथा आवश्यकतानुसार इन्हें प्रक्रिया इकाई (process unit) तक भेजता है। सी.यू. (CU-Control Unit) सी.पी.यू. (CPU) का अति महत्त्वपूर्ण भाग होता है, जो विभिन्न यूनिटों में होने वाली प्रक्रियाओं Processing पर पूर्ण नियंत्रण रखता है। यह कंप्यूटर का नाड़ी तंत्र कहलाता है।

110. (b) स्पीकर (Speaker) एक आउटपुट डिवाइस है, जिसका प्रयोग ध्वनि रूपी डाटा को परिणाम के रूप में प्राप्त करने के लिए होता है, जबकि माउस (Mouse) एक प्वाइंटिंग इनपुट डिवाइस होता है, जिसका प्रयोग निर्देशों को कंप्यूटर में डालने हेतु होता है। माउस का मुख्य कार्य स्क्रीन पर कर्सर अथवा प्वाइंटर को चलाना होता है। माइक्रोफोन (Micro phone) तथा माइक (Mic) ऐसी इनपुट युक्तियाँ हैं, जो आवाज रूपी डाटा को कंप्यूटर में प्रविष्ट (Enter) कराती हैं। जॉयस्टिक (Joystick) एक प्वाइंटिंग डिवाइस है, जो ट्रैकबाल की तरह ही कार्य करता है।

111. (b) प्रथम पीढ़ी के कंप्यूटर (First Generation Computer) (1942-1955) में वैक्यूम ट्यूब (Vaccum Tube) का प्रयोग किया गया था, जबकि दूसरी पीढ़ी के कंप्यूटर (Second Generation Computer) में वैक्यूम ट्यूब (Vaccum Tube) की जगह ट्रांजिस्टर (transistor) का प्रयोग किया गया था। तीसरी पीढ़ी के कंप्यूटर (Third Generation Computer) (1964-1975) में ट्रांजिस्टर की जगह इंटीग्रेड सर्किट (IC-Integrated Circuit) का प्रयोग शुरू हुआ था। चौथी पीढ़ी के कंप्यूटर (Fourth Generation Computer) (1975-1989) में माइक्रो प्रोसेसर के विकास से कंप्यूटर के आकार में कमी तथा क्षमता में वृद्धि हुई। माइक्रो प्रोसेसर का विकास एम ई हॉफ ने 1971 में किया था।

112. (c) एन.आई.सी. (NIC-Network Interface Card) किसी कंप्यूटर को नेटवर्क से जोड़ने के लिए प्रयुक्त हार्डवेयर है। एन.आई.सी. (NIC) नेटवर्क पर एम.ए.सी. (MAC) एड्रेस की सहायता से पी.सी. (PC) को पहचानता है।

113. (a) मशीनी भाषा (Machine Language) बाइनरी नम्बर (0 या 1) में लिखी भाषा है, जिसे कंप्यूटर द्वारा बिना ट्रांसलेशन प्रोग्राम के समझा और क्रियान्वित किया जा सकता है। इस भाषा में ट्रांसलेटर प्रोग्राम की आवश्यकता नहीं होती है। प्रोग्राम भाषा को मुख्यत: तीन भागों में विभाजित किया जा सकता है मशीनी भाषा (Machine Language), असेम्बली भाषा (Assembly Language) और उच्च स्तरीय भाषा (High level Language)।

114. (a) .doc एम.एस.वर्ड (MS-Word) डॉक्यूमेंट का एक्स्टेन्शन है।

115. (b) सिम्बॉलिक कोड (Symbolic Code) वह कंप्यूटर निर्देश है, जो कि बाइनरी मशीन कोड के बदले अंग्रेजी शब्दों में लिखा जाता है। ग्रे-कोड (Gray Code) संख्याओं को बाइनरी में कोड करने की एक प्रणाली है।

116. (b) एम.एस. एक्सेल स्प्रेड शीट सॉफ्टवेयर का उदाहरण है। एम.एस. एक्सेल एम.एस. ऑफिस का डाटाबेस प्रोग्राम है। जिसमें सारणी (Table) के रूप में डाटा को संगृहित व व्यवस्थित किया जा सकता है, उनमें परिवर्तन किया जा सकता है।

117. (b) MICR का पूरा नाम 'मैग्नेटिक इंक कैरेक्टर रिकॉग्निशन' (Magnetic Ink character recognition) है। बैंकों में चेक तथा ड्राफ्ट के शीघ्र भुगतान तथा नकल रोकने के लिए माइकर (MICR) कोड का प्रयोग किया जाता है।

118. (a) काम्पेक्ट डिस्क (Compact Discs) में लेजर (laser) तकनीक उपयोग की जाती है। लेजर (Laser-Light Amplification by Simulated Emission of Radiation) का संक्षिप्त रूप है। यह एक उच्च क्षमता का प्रकाशीय बीमा है जिसका आविष्कार थियोडर मैमेन ने किया।

119. (b) बस (BUS) डाटा या इलेक्ट्रॉनिक सिग्नल के एक स्थान के दूसरे स्थान पर जाने का मार्ग है। यह विभिन्न उपकरणों को एक साथ जोड़ता है।

120. (a) 1946 में अमेरिकी वैज्ञानिक जे.पी. एकर्ट (J.P. Eckert) तथा जॉन मुचली (John Mauchly) ने सामान्य कार्यों के लिए प्रथम पूर्ण इलेक्ट्रॉनिक (Fully Electronic) कंप्यूटर का आविष्कार किया, जिसे एनिएक (ENIAC-Electronic Numerical Integrator and Calculator) नाम दिया गया है। वैज्ञानिक हावर्ड आइलेन (Haward Ailan) के निर्देशन में विश्व के प्रथम पूर्ण स्वचालित विद्युत यांत्रिक गणना यंत्र का आविष्कार किया गया। इसे MARK-1 नाम दिया गया। सन् 1939 में जॉन एटनासॉक और क्लिफोई बेरी नामक वैज्ञानिकों ने मिलकर संसार का पहला 'इलेक्ट्रॉनिक डिजिटल कंप्यूटर' का आविष्कार किया। इन्हीं के नाम पर इसे एबीसी (ABC) का नाम दिया गया।

121. (c) माइक्रोप्रोसेसर का विकास एम ई हॉफ ने 1871 में किया। इस माइक्रोप्रोसेसर के आविष्कार का श्रेय इंटेल-4004 नामक माइक्रोप्रोसेसर को जाता है। इंटेल-4004 (Intel-4004) का आविष्कार 1969 में हुआ था। यह 4-bit प्रोसेसर था। 8008 (8-bit) माइक्रोप्रोसेसर का आविष्कार सन् 1972 में इंटेल कंपनी द्वारा किया गया।

122. (c) ROM (Read only Memory) एक स्थायी (Non Volatile) मेमोरी है जिसमें संगृहित डाटा व सूचनाएँ स्वयं नष्ट नहीं होती हैं तथा उन्हें बदला भी नहीं जा सकता है, जबकि रैम (RAM Random Access Memory) एक अस्थायी (Volatile) मेमोरी है। जहाँ डाटा और सूचनाओं को अस्थायी तौर पर रखा जाता है। इसमें संगृहित सूचनाओं को बदला जा सकता है।

123. (c) एम.एस.वर्ड (MS Word) में Crtl + A का उपयोग पूरे दस्तावेज को चुनने के लिए जाता है।

124. (c) Ctrl + F4 कुंजी युग्म (key combination) को विन्डो बंद करने के लिए उपयोग किया जाता है।

125. (b) मेलमर्ज (Mail merge) का उपयोग एक से अधिक व्यक्तियों को एक कॉमन अक्षर भेजने के लिए किया जाता है।

126. (a) डेसी व्हील प्रिंटर (Daisy wheel Printer) एक धीमी गति का इम्पैक्ट प्रिंटर है, जो एक बार में एक कैरेक्टर प्रिंट करता है। इसमें प्रिंट हेड की जगह डेजी व्हील लगा रहता है, जबकि इंक जेट प्रिंटर (Ink jet Printer) एक नॉन इम्पैक्ट कैरेक्टर प्रिंटर है जिसमें स्याही की बॉटल (Cartridge) लगाई जाती है। लेजर प्रिंटर (Laser Printer) एक उच्च गति वाला पेज प्रिंटर है।

127. (b) एम.एस. एक्सेल में Ctrl + Space की शॉर्टकट (key) की पूरे कालम को चुनने के लिए उपयोग होती है।

128. (c) MIPS (Millions of instructions per second) का उपयोग कंप्यूटर की स्मृति को मापने के लिए इस्तेमाल किया जाता है, जबकि (Nibble) भी डाटा मापने की इकाई होती है। 4 बिट = 1 निबल होता है। बाइट (Byte) सूचना की इकाई होती है। 8 बिट = 1 बाइट होती है। बिट (Bit) सूचना की सबसे छोटी इकाई होती है। 0 अथवा 1 = बिट।

129. (d) ARPANET एक वाइड एरिया नेटवर्क है। जिसे सन् 1969 में प्रारंभ में किया गया था। प्रारंभ में इस नेटवर्क का उपयोग सरकारी सूचना एजेंसियों तथा रक्षा क्षेत्र में किया जाता था। ARPANET प्रथम नेटवर्क, जबकि ERNET (Education and Research Network) भारत में शिक्षा के लिए स्थापित वैन (WAN) है।

130. (b) मॉडम (Modem) एक डिवाइस होती है जिसका उपयोग इंटरनेट कनेक्शन के लिए किया जाता है। ये एनालॉग सिग्नल को डिजिटल तथा डिजिटल सिग्नल को वापस एनालॉग सिग्नल में परिवर्तित करती है, जबकि माउस (Mouse) और स्कैनर (Scanner) एक इनपुट डिवाइस है। प्रिंटर (Printer) एक आउटपुट डिवाइस है।

131. (d) ऑक्टल नम्बर प्रणाली वह संख्या पद्धति है जिसमें 0 से लेकर 7 तक कुल आठ संख्याएँ होती हैं। आठ संख्याओं का उपयोग होने के कारण इन्हें ऑक्टल संख्या कहते हैं। इन संख्याओं का आधार (Base) 8 होता है।

132. (d) सीपीयू (CPU) सेन्ट्रल प्रोसेसिंग यूनिट को कंप्यूटर का हृदय या मस्तिष्क भी कहा जाता है। यह कंट्रोल यूनिट, अरिथमेटिक लॉजिक यूनिट (ALU) और प्राइमरी मेमोरी (Primary Memory) से मिलकर बना होता है।

133. (d) MSI का संक्षिप्त रूप 'मीडियम स्केल इंटीग्रेशन' (Medium Scale Integration) है।

134. (a) इंटरप्रेटर (Interpreter) एक ट्रांसलेटर प्रोग्राम है, जो उच्च स्तरीय भाषा में लिखे प्रोग्राम को एक-एक लाइन करके मशीनी भाषा में परिवर्तित करता है। जबकि कम्पाइलर (Compiler) एक समय में पूरे कार्यक्रम को तब्दील करता है।

135. (b) DRAM (डायनमिक रैम) में डेटा अस्थायी समय के लिए स्टोर रहता है। इस मेमोरी को कुछ समय के बाद रिफ्रेश करना पड़ता है। जबकि SRAM (स्टैटिक रैम) वह मेमोरी होती है, जिसमें डाटा तभी तक स्टोर रहता है। जब तक कंप्यूटर ऑन है, आपूर्ति बंद होते ही वह डाटा नष्ट हो जाता है। ROM (रीड ऑनली मेमोरी) में डाटा पढ़ा जा सकता है। परन्तु उसे परिवर्तित नहीं किया जा सकता है। PROM (प्रोग्रामेबल रीड ऑनली मेमोरी) में डाटा एक बार परिवर्तित किया जा सकता है।

136. (b) कीबोर्ड (keyboard) एक मुख्य इनपुट डिवाइस है, जिसका प्रयोग कंप्यूटर में डाटा डालने के लिए किया जाता है। आजकल 104 बटनों वाले 'QWERTY' की-बोर्ड का प्रयोग किया जाता है। माउस, स्कैनर, जॉय, बार-कोड रीडर, लाइटपेन, ब्लूटूथ और माइक आदि इनपुट डिवाइस हैं, जबकि प्रिन्टर, प्लाटर, साउंड बॉक्स और मॉनीटर आदि आउटपुट डिवाइस हैं।

137. (b) रजिस्टर (Register) कंप्यूटर प्रोसेसर का एक ऐसा स्थान है जहाँ डेटा को छोटे-छोटे सेट्स में रखा जाता है। रजिस्टर (Register) कंप्यूटर के CPU में एक मेमोरी लोकेशन होती है। जो पानी को सुरक्षित रखने हेतु प्रयुक्त होती है। जबकि वी.एल.एस.आई. (VLSI) एक तकनीक है, जिसके द्वारा उच्च श्रेणी के माइक्रोप्रोसेसर डिजाइन किये जाते हैं। इसका पूरा नाम 'वेरी लार्ज स्केल इन्टीग्रेटेड' तकनीक है। हार्ड डिस्क (Hard-Disk) एक द्वितीयक स्टोरेज युक्ति होती है। यह सी.पी.यू. (CPU) के अंदर होती हैं।

138. (b) डिस्क के लिए वर्तमान दस्तावेज की एक प्रति बनाने के लिए Save as कमांड का प्रयोग करते हैं।

139. (d) एम.एस. एक्सेल में हाइपरलिंक के लिए Ctrl + K शॉर्टकट की (key) है।

140. (c) F7 शॉर्टकट की (shortcut key) का उपयोग एम.एस. वर्ड में स्पेलिंग की जाँच के लिए किया जाता है।

141. (d) मल्टी टास्किंग (Multi-Tasking) एक से अधिक प्रोग्राम एक साथ चलाने की अनुमति देता है।

142. (d) पिंग (ping) कमांड का प्रयोग आई पी (IP) स्तर कनेक्टीविटी की जाँच करने के लिए प्रयोग किया जाता है।

143. (a) आई पी एड्रेस (IP Address) नेटवर्क में सर्वर और उससे जुड़े प्रत्येक मोड को एक पहचान कोड दिया जाता है, जो आई पी एड्रेस कहलाता है। IP एड्रेस 32 अंकों से मिलकर बना होता है। इसमें 0 से 255 तक की संख्याओं का प्रयोग किया जाता है। ऐसी चार संख्याओं को बिन्दुओं द्वारा जोड़कर एक IP एड्रेस बनता है। जैसे- 230, 110, 11, 10

144. (a) लोकल एरिया नेटवर्क (LAN) एक ऐसा नेटवर्क है, जो एक सीमित क्षेत्र के लिए प्रयुक्त होता है, जैसे किसी भवन में उपस्थित कंप्यूटरों के मध्य नेटवर्क। LAN में कंप्यूटरों को जोड़ने के लिए बस टोपोलॉजी (Bus Topology) तथा को-एक्सियल (Co-axial) केबल का प्रयोग किया जाता है।

145. (a) ट्रैफिक ओवरलोडिंग के मामले में नेटवर्क भीड़ (Network Congestion) होती है।

146. (b) EEPROM का पूरा नाम (Electrically Erasable Programmable Read only Memory है। यह ऐसी रीड ओनली मेमोरी (ROM) है, जिसके डाटा कन्टेन्ट को इलेक्ट्रॉनिक विधि से मिटाया जा सकता है। पेन ड्राइव (Pen Drive) इसका अच्छा उदाहरण है।

147. (c) आई.पी. एड्रेस (IP Address) एक 32 bit बाइनरी नंबर होता है जिसके द्वारा इंटरनेट पर उपस्थित किसी कंप्यूटर को एकीकृत रूप से पहचाना जाता है। प्रत्येक कंप्यूटर जो इंटरनेट से जुड़ा होता है उसका अपना एक IP एड्रेस होता है, जबकि स्कैनर (Scanner) एक इनपुट युक्ति होती है, जिसके माध्यम से हम चित्रों को स्कैन करके कंप्यूटर के अंदर डाल सकते हैं। मदरबोर्ड (Mother Board) कंप्यूटर सिस्टम का मुख्य पटल होता है जिसमें सभी उपकरण लगाये जाते हैं। कंट्रोल यूनिट (Control Unit) सीपीयू (CPU) का वह भाग होता है जो कंप्यूटर के कार्यों और उससे जुड़े उपकरणों पर नियंत्रण रखता है तथा उनके बीच समन्वय स्थापित करता है।

148. (d) EBCDIC (एब्सडिक) का पूरा नाम 'एक्सटेन्डेड बाइनरी कोडेड डेसिमल इंटरचेंज कोड' है। ये एक ऐसी डाटा कोडिंग तकनीक है, जो 256 स्टैंडर्ड कैरेक्टर प्रदर्शित करती है। IBM का मेनफ्रेम कंप्यूटर इन कोड का प्रयोग करता है, जबकि पर्सनल कंप्यूटर ASCII (एस्की) कोड का प्रयोग करते हैं। 8 bit EBCDIC आधुनिक मैग्नेटिक टेप में डाटा रिकार्डिंग फार्मेट है।

149. (c) कंप्यूटर को पाँच पीढ़ियों में वर्गीकृत किया जा सकता है। पहली पीढ़ी के कंप्यूटर (1942-1955), दूसरी पीढ़ी के कंप्यूटर (1955-1964), तीसरी पीढ़ी के कंप्यूटर (1964-1975), चौथी पीढ़ी के कंप्यूटर (1975-1989) और पाँचवीं पीढ़ी के कंप्यूटर (1989-अब तक)

150. (c) माइक्रोफोन एक इनपुट डिवाइस है, जो ध्वनि इनपुट का डिजिटल रूप से भंडारण करता है, जबकि स्पीकर (Speaker) एक आंउटपुट डिवाइस होता है। ट्रैक बॉल (Track Ball) माउस का ही प्रारूप है, जिसमें रबर बॉल नीचे न होकर ऊपर होता है। यह एक इनपुट डिवाइस है। लाइट पेन (Light pen) पेन के आकार का इनुपट उपकरण होता है जिसका प्रयोग स्क्रीन पर लिखकर कंप्यूटर को इनपुट देने के लिए किया जाता है।

❑❑❑

2 प्रैक्टिस सेट

सामान्य ज्ञान

1. जब प्रोटीन विकृतीकरण से गुजरता है तो-
(a) यह अधिक संरचित हो जाता है।
(b) वह अपनी जैविक क्रियाशीलता खो देता है।
(c) यह अतिरिक्त कार्य प्राप्त करता है।
(d) यह जल में अधिक घुलनशील हो जाता है।

2. निम्नलिखित भू-आकारिकी में 'सर्क' किससे संबंधित है ?
(a) कार्स्ट भू-आकारिकी
(b) तटीय भू-आकारिकी
(c) हिमानी भू-आकारिकी
(d) जलीय भू-आकारिकी

3. मध्यकालीन भारत के इतिहास के संदर्भ में निम्नलिखित में से कौन-सा 'बरीद' शब्द का सही अर्थ है ?
(a) राजस्व संग्रहकर्त्ता
(b) राज्य पत्राचार अधिकारी
(c) गुप्तचर
(d) सैन्य अधिकारी

4. निम्नलिखित में से कौन बौद्ध धर्म की प्रमुख शाखा/शाखाएँ है /हैं ?
(a) थेरवाद
(b) वज्रयान
(c) जैन
(d) उपर्युक्त सभी

5. 'इमोशनल इंटेलिजेंस' नामक पुस्तक के लेखक हैं-
(a) डेनियल गोलमेन (b) नोलन
(c) ओटो किरचिमर (d) अरस्तु

6. निम्नलिखित में से कौन-सा एक द्वितीयक क्षेत्र का क्रियाकलाप नहीं है ?
(a) इस्पात प्रगलन (b) वस्त्र निर्माण
(c) मत्स्यन (d) टोकरी बुनना

7. निम्नलिखित में से कौन-सा मौलिक अधिकार भारत में रहने वाले विदेशी नागरिकों को प्राप्त नहीं है ?
(a) समानता का अधिकार
(b) वाक् एवं अभिव्यक्ति की स्वतंत्रता का अधिकार
(c) संवैधानिक उपचारों का अधिकार
(d) लोक नियोजन के विषय में अवसर की समता।

8. PM-SHRI योजना का आरंभ निम्नलिखित में से किस क्षेत्र में सुधार हेतु किया गया है ?
(a) रक्षा क्षेत्र (b) शिक्षा क्षेत्र
(c) स्वास्थ्य क्षेत्र (d) संचार क्षेत्र

9. निम्नलिखित में से कौन-सी अलकनंदा की एक सहायक नदी है ?
(a) पिंडार (b) सतलुज
(c) जास्कर (d) सिंधु

10. निम्न व्यापार समूहों में से भारत किसका एक सह-सदस्य है ?
(a) साफ्टा (SAFTA)
(b) आसियान (ASEAN)
(c) ओपेक (OPEC)
(d) ओईसीडी (OECD)

11. निम्नलिखित भारतीय शासकों में से कौन था, जिसने विदेशों में आधुनिक पद्धति से दूतावास स्थापित किये थे ?
(a) हैदर अली
(b) मीर कासिम
(c) शाह आलम द्वितीय
(d) टीपू सुल्तान

12. क्वार पनबिजली परियोजना किस नदी से संबंधित है ?
(a) रावी (b) सिंधु
(c) सतलज (d) चिनाब

13. स्टैंड-अप इंडिया योजना कब शुरू की गई थी ?
(a) 5 अप्रैल 2016
(b) 15 अगस्त 2016
(c) 25 अप्रैल 2014
(d) 15 अप्रैल 2014

14. पंचायतें अध्यारोपित कर सकती हैं-
(i) उपकर
(ii) कर
(iii) टोल शुल्क
कूट:
(a) केवल (i)
(b) केवल (ii) और (iii)
(c) केवल (ii)
(d) (i), (ii) और (iii)

15. उनकी साहित्यिक कृतियों में कविताएँ, लघु कथाएँ, उपन्यास, निबंध और नाटक शामिल हैं। उनके कुछ उल्लेखनीय कार्यों में "द होम एंड द वर्ल्ड," "गोरा," गीतांजलि, घरे-बाहिरे, मानसी, बालका, सोनार तोरी और "काबुलीवाला" शामिल हैं।
निम्नलिखित में से कौन उपर्युक्त विवरण से संबंधित है ?
(a) रबींद्रनाथ टैगोर
(b) स्वामी दयानंद सरस्वती
(c) स्वामी विवेकानंद
(d) राजा राम मोहन राय

16. विश्व आत्महत्या रोकथाम दिवस कब मनाया जाता है ?
(a) 10 सितंबर (b) 10 अक्तूबर
(c) 10 अगस्त (d) 10 जनवरी

17. IFRS का पूर्ण रूप क्या है ?
(a) इंडियन फाइनेंशियल रिपोर्टिंग स्टैंडर्ड्स
(b) इंडियन फाइनेंशियल रिपोर्टिंग सिस्टम्स
(c) इंटरनेशनल फाइनेंशियल रिपोर्टिंग स्टैंडर्ड्स
(d) इंटरनेशनल फाइनेंशियल रिपोर्टिंग सिस्टम्स

18. 'विश्वास स्वरूपम' .... की प्रतिमा है।
(a) भगवान शिव (b) भगवान राम
(c) भगवान कृष्ण (d) भगवान विष्णु

19. संक्षेपाक्षर "HIV" का अभिप्राय क्या है ?
(a) ह्यूमन इम्यून डायरेक्ट वायरस
(b) ह्यूमन इम्यूनोडेफिसिएंसी वायरस
(c) ह्यूमन इम्यूनोट्रांसमिशन वायरस
(d) ह्यूमन इम्यूनो वायरस

20. भारतीय लोक सेवा का प्रवर्तन किया गया?
(a) बेंटिक के शासनकाल में
(b) कॉर्नवालिस के शासनकाल में
(c) कर्जन के शासनकाल में
(d) डलहौजी के शासनकाल में

21. निम्नलिखित में से रचनाकार, रचना और साहित्यिक विधा का कौन-सा युग्म सुमेलित नहीं है-
(a) दयाप्रकाश सिन्हा, सम्राट अशोक, नाटक
(b) अनामिका, टोकरी में दिगंत- थेरी गाथा: 2014, कविता
(c) नंदकिशोर आचार्य, छिलते हुए अपने को, उपन्यास
(d) चित्रा मुद्गल, पोस्ट बॉक्स न. 203- नाला सोपारा, उपन्यास

22. भारतीय विदेश सेवा (IFS) दिवस प्रतिवर्ष किस दिन मनाया जाता है?
(a) 19 अगस्त (b) 8 नवंबर
(c) 21 जनवरी (d) 9 अक्तूबर

23. संगम साहित्य 'मणिमेकलै' की रचना किसने की थी?
(a) लांगो (b) सीतलैसत्तनार
(c) नक्कीरर (d) तिरुत्तक्कदेवर

24. जलयोजन या हाइड्रेशन की क्रिया द्वारा फेल्सपार नामक खनिज का परिवर्तन किस मृत्तिका में होता है?
(a) कओलिन मृत्तिका
(b) मृत्तिका-अभ्रक
(c) स्मेकटाइट मृत्तिका
(d) इनमें से कोई नहीं

25. राष्ट्रकवि मैथिलीशरण गुप्त का जन्म किस स्थान पर हुआ था?
(a) आगरा (b) वाराणसी
(c) झाँसी (d) अयोध्या

26. जनगणना 2011 के अनुसार उत्तर प्रदेश का सर्वाधिक जनघनत्व वाला जिला निम्नलिखित में से कौन-सा है?
(a) लखनऊ (b) गौतमबुद्ध नगर
(c) वाराणसी (d) गाजियाबाद

27. A-HELP कार्यक्रम किस उद्देश्य से प्रेरित है?
(a) पशुधन के स्वास्थ्य एवं उत्पादन के विस्तार हेतु महिलाओं को प्रशिक्षण
(b) छोटे बच्चों द्वारा भीख मांगने की विवशता को दूर करने के लिए
(c) अंतर्राष्ट्रीय स्तर पर मानव तस्करी की रोकथाम के लिए पहल
(d) शहीद जवानों के परिवारों की वित्तीय सुरक्षा हेतु उठाया गया कदम

28. राष्ट्रीय सामाजिक सहायता कार्यक्रम को किस वर्ष लॉन्च किया गया था?
(a) वर्ष 1993 (b) वर्ष 1995
(c) वर्ष 1997 (d) वर्ष 1999

29. भारत का प्रथम रात्रि वन्य जीव पार्क (नाइट सफारी पार्क) उत्तर प्रदेश में कहाँ स्थित है?
(a) प्रयागराज (b) बलिया
(c) ग्रेटर नोएडा (d) हापुड़

30. पार्टिसिपेटरी गांरटी सिस्टम किसकी पहल है-
(a) नीति आयोग
(b) वित्त मंत्रालय
(c) नागरिक और उड्डयन मंत्रालय
(d) कृषि, सहकारिता और किसान कल्याण विभाग

31. किस चित्रकार को ब्रिटिश सरकार की ओर से कैसर-ए-हिंद गोल्ड मेडल से सम्मानित किया गया?
(a) राजा रवि वर्मा (b) एम.एफ. हुसैन
(c) नंदलाल बोस (d) जैमिनी रॉय

32. निम्नलिखित में से कौन-सा उत्तर प्रदेश का सबसे दक्षिणी जिला है?
(a) सोनभद्र (b) ललितपुर
(c) चित्रकूट (d) झाँसी

33. निम्नलिखित में से किस अधिनियम द्वारा कार्यपालिका एवं न्यायपालिका के बीच शक्ति पृथक्करण की दिशा में बड़ा कदम उठाया गया?
(a) पिट्स इंडिया एक्ट, 1784
(b) 1781 का संशोधात्मक अधिनियम
(c) चार्टर अधिनियम, 1813
(d) रेग्युलेटिंग एक्ट, 1773

32. महिलाओं एवं बालिकाओं की सुरक्षा, सम्मान और स्वावलंबन के उद्देश्य से उत्तर प्रदेश में निम्न में से किस अभियान की शुरुआत की गई है?
(a) मिशन दुर्गा (b) मिशन नारी
(c) मिशन शक्ति (d) मिशन जननी

33. 'ट्रेंड्स इन वर्ल्ड मिलिट्री एक्सपेंडेचर' नामक रिपोर्ट किस संस्था द्वारा जारी की जाती है?
(a) विश्व बैंक
(b) विश्व व्यापर संगठन
(c) स्टॉकहोम इंटरनेशनल पीस रिसर्च इंस्टीट्यूट
(d) अंतर्राष्ट्रीय मुद्रा कोष

34. Fncas9 क्या है?
(a) एक पादप जीन।
(b) आनुवंशिक रूप से संशोधित बैंगन।
(c) जीन एडिटिंग में प्रयुक्त होने वाला एक प्रकार का प्रोटीन।
(d) नासा द्वारा खोजा नवीनतम खोजा गया एक क्षुद्र ग्रह।

35. विश्व की सबसे बड़ी आर्द्रभूमि है-
(a) कैमरगे (फ्रांस)
(b) ओकावंगी (बोत्सवाना)
(c) पैंटानल (दक्षिण अमेरिका)
(d) एवरग्लेड्स (फ्लोरिडा, अमेरिका)

36. किस बजट में वित्त मंत्री ने उदारीकृत विनिमय दर प्रबंधन प्रणाली की घोषणा की?
(a) यूनियन बजट, 1993-1994
(b) यूनियन बजट, 1991-1992
(c) यूनियन बजट, 1992-1993
(d) यूनियन बजट, 1996-1997

37. हिस्ट्री ऑफ गढ़वाल के लेखक हैं?
(a) डॉ. अजय सिंह रावत
(b) डॉ. शिवप्रसाद डबराल
(c) देवकी नंदन पांडे
(d) एच. जी. वाल्टन

38. एक बेसबॉल में .... टाँके होते हैं।
(a) 108 (b) 261
(c) 226 (d) 186

39. चुक्कर शब्द का संबंध निम्नलिखित में से किस खेल से है?
(a) गोल्फ (b) टेबल टेनिस
(c) पोलो (d) टेनिस

40. संघीय सरकार का अर्थ ऐसी सरकार से है जिसमें-
(a) केंद्र और राज्य सरकारों के बीच शक्तियों का विभाजन है; और संघीय और राज्य न्यायपालिकाओं के बीच भी
(b) सभी शक्तियाँ राष्ट्रीय सरकार में निहित हैं और क्षेत्रीय सरकारें राष्ट्रीय सरकार से अपना अधिकार प्राप्त करती हैं।
(c) बड़ी संख्या में शक्तियां राष्ट्रीय सरकार में निहित हैं और क्षेत्रीय सरकारें, कुछ स्वतंत्र शक्तियों के साथ, राष्ट्रीय सरकार से अपना अधिकार प्राप्त करती हैं
(d) संविधान द्वारा शक्तियों को राष्ट्रीय सरकार और क्षेत्रीय सरकारों के बीच विभाजित किया गया है और दोनों अपने-अपने अधिकार क्षेत्र में स्वतंत्र रूप से काम करते हैं

41. 'भोरमदेव वन्यजीव अभयारण्य' स्थित है-
(a) छत्तीसगढ़ (b) पश्चिम बंगाल
(c) राजस्थान (d) झारखंड

42. भौगोलिक दृष्टि से निम्नलिखित में से सबसे बड़ी प्रणाली कौन-सी है?
(a) पारिस्थितिकी तंत्र
(b) समुदाय
(c) जनसंख्या
(d) बायोम

43. कुछ राशि पर 75% की दर से 2 वर्ष और 3 वर्ष के लिए चक्रवृद्धि ब्याज और साधारण ब्याज के बीच अंतर का अनुपात ज्ञात कीजिए।
(a) 4 : 15 (b) 2 : 15
(c) 4 : 25 (d) 2 : 25

44. शुद्ध घी की कीमत ₹ 100 प्रति किग्रा है। ₹ 50 प्रति किग्रा की लागत वाले वनस्पति तेल के साथ मिलावट करने के बाद, एक दुकानदार इस मिश्रण को ₹ 96 प्रति किग्रा की दर से बेचता है, इसलिए 20% का लाभ होता है। किस अनुपात में वह दोनों को मिलाता है?
(a) 3 : 5 (b) 3 : 7
(c) 3 : 2 (d) 5 : 3

45. k के किस मान के लिए समीकरण $3x - ky - 20 = 0$ और $6x - 10y + 40 = 0$ के आलेख में कोई हल नहीं है?
(a) 10 (b) 6
(c) 5 (d) 3

46. यदि $a^x = b$ तथा $b^y = a$ हो, तो xy का मान है।
(a) 1 (b) –2
(c) –1 (d) 2

47. यदि a और b का म.स. 12 हो और a और b धनात्मक पूर्णांक हों तथा $a > b > 12$ हों, तो a तथा b के न्यूनतम मान क्रमशः क्या होंगे?
(a) 12, 24 (b) 24, 12
(c) 24, 36 (d) 36, 24

48. यदि $a * b = (2a + 3b - ab)$ हो, तो $(3 * 5 + 5 * 3)$ का मान होगा।
(a) 0 (b) 2
(c) 4 (d) 10

49. 1010 को रोमन पद्धति में लिखें।
(a) MX (b) MIX
(c) MXI (d) MCX

50. AB और CD दो समांतर जीवायें हैं जो वृत्त के केन्द्र से विपरीत ओर है। यदि AB = 10 सेमी, CD = 24 सेमी और वृत्त की त्रिज्या 13 सेमी है, तब जीवाओं के बीच की दूरी क्या है?
(a) 17 सेमी (b) 15 सेमी
(c) 16 सेमी (d) 18 सेमी

सामान्य हिंदी

निम्नलिखित अनुच्छेद को ध्यानपूर्वक पढ़कर पूछे गये प्रश्नों (प्र. 51 से 55) के उत्तर दीजिए।

मादक पदार्थों के प्रयोग की लत आज के युवाओं में तेजी से फैल रही हैं। कई बार फैशन की खातिर दोस्तों के उकसावे पर लिए गए ये मादक पदार्थ अक्सर जानलेवा होते हैं। स्कूल-कॉलेजों या पास-पड़ोस में गलत संगति के दोस्तों के साथ ही गुटखा, सिगरेट, शराब, गाँजा, भाँग, अफीम और धूम्रपान सहित चरस, स्मैक, कोकीन, ब्राउन शुगर जैसे घातक मादक पदार्थों के सेवन की ओर अपने आप कदम बढ़ जाते हैं। पहले उन्हें मादक पदार्थ फ्री में उपलब्ध कराकर इसका लती बनाया जाता है और फिर लती बनने पर वे इसके लिए चोरी से लेकर अपराध तक करने को तैयार हो जाते हैं। नशे के लिए उपयोग में लाई जानी वाली सूइयाँ एच.आई.वी. का कारण भी बनती हैं, जो अंततः एड्स का रूप धारण कर लेती हैं। कई बार तो बच्चे घर के ही सदस्यों से नशे की आदत सीखते हैं। उन्हें लगता है कि जो बड़े कर रहे हैं, वह ठीक है और फिर वे भी घर में ही चोरी आरंभ कर देते हैं। चिकित्सकीय आधार पर देखें तो अफीम, हेरोइन, चरस, कोकीन तथा स्मैक जैसे मादक पदार्थों से व्यक्ति वास्तव में अपना मानसिक संतुलन खो बैठता है एवं पागल तथा सुषुप्तावस्था में हो जाता है। ये ऐसे उत्तेजना लाने वाले पदार्थ हैं, जिनकी लत के प्रभाव में व्यक्ति अपराध तक कर बैठता है। ऐसे युवा उच्छृंखल, हिंसक, अनुशासनहीन, झगड़ालू, स्वास्थ्य के प्रति लापरवाह और शारीरिक एवं मानसिक रूप से कमजोर होते हैं। मामला सिर्फ स्वास्थ्य से नहीं अपितु अपराध से भी जुड़ा हुआ है। कहा भी गया है कि जीवन अनमोल है। नशे के सेवन से यह अनमोल जीवन समय से पहले ही मौत का शिकार हो जाता है। भारत के अनेक राज्यों में युवा वर्ग में इन नशीली वस्तुओं का प्रयोग बढ़ता जा रहा है। कॉलेज ही नहीं स्कूलों तक ये बीमारी पहुँच चुकी है। भारत के कई राज्यों में गाँजा व अफीम की खेती होती है और हेरोइन आदि का व्यापार खुले आम चल रहा है। कहाँ जा रही है हमारी युवा पीढ़ी?

51. आज की युवा पीढ़ी में मादक पदार्थों के प्रयोग की लत पड़ रही है। दिए गए कारणों में से इस लत का कौन-सा कारण उचित नहीं लगता?
(a) यदा-कदा पान-सुपारी का सेवन।
(b) परिवार का धनी होना और बच्चों को अनियंत्रित जेब खर्च मिलना।
(c) स्कूल कॉलेज के आस-पास मादक पदार्थों की उपलब्धता।
(d) नशा करने वाले साथियों की संगति।

52. मादक पदार्थों का सेवन करने वाले युवाओं को किस बीमारी का खतरा होता है?
1. शारीरिक अक्षमता
2. पागलपन और सुषुप्ति
3. एच.आई.वी. और एड्स
4. मानसिक असंतुलन
(a) 1-2-3 (b) 2-3-4
(c) यह सभी (b) इनमें से कोई नहीं

53. आपकी दृष्टि में मादक द्रव्यों का सेवन करने वाले बच्चों के लिए सबसे ज्यादा कौन दोषी है?
(a) राज्य पुलिस (b) बच्चों के माँ-बाप
(c) बच्चों के मित्र (d) राज्य सरकार

54. भारत के अनेक राज्यों में युवा वर्ग में इन नशीली वस्तुओं का प्रयोग बढ़ता जा रहा है। इसके पीछे सबसे प्रबल कारण कौन-सा है?
(a) राज्य सरकारें अपने राज्य में नशीली वस्तुओं के उत्पादन और प्रयोग को रोकने में समर्थ नहीं हैं और इसी कारण से नशे की प्रवृत्ति बढ़ रही है।
(b) ऊँची फीस वसूलने वाले शहर के अच्छे-अच्छे स्कूल और कॉलेज बच्चों पर बिल्कुल ध्यान नहीं देते।
(c) माँ-बाप बच्चों पर ध्यान नहीं देते कि उनके बच्चे क्या कर रहे हैं, किन लोगों के साथ रहते हैं और किन लोगों के साथ उनका उठना-बैठना है।
(d) स्कूलों और कॉलेजों के आस-पास स्मैक सप्लाई होती है और पुलिस कुछ नहीं करती। इसी कारण ये प्रवृत्ति बढ़ रही है।

55. मादक द्रव्यों की लत पड़ने के बाद युवकों में कौन-सी प्रवृत्ति प्रमुखता से दिखाई देती है?
(i) अनुशासनहीनता और हिंसा में शामिल होना।
(ii) स्वास्थ्य के प्रति सजगता।
(iii) मानसिक संतुलन खो देना।
(iv) चोरी करने की आदत।
(a) (i), (ii), (iii)
(c) (i), (iii), (iv)
(b) यह सभी
(d) इनमें से कोई नहीं

निम्नलिखित अनुच्छेद को ध्यानपूर्वक पढ़कर पूछे गये प्रश्नों (प्र. 56 से 60) के उत्तर दीजिए।

लोग नियमित बचत करते रहने के बावजूद अपने वित्तीय लक्ष्यों को पूरा करने के लिए संघर्ष करते रह जाते हैं अपने जीवन के वित्तीय लक्ष्यों को पूरा करने के लिए

यह जानना जरूरी है कि हम उन लक्ष्यों को पूरा करने के लिए कितनी बचत कर रहे हैं और उसे कहाँ निवेश कर रहे हैं, जिससे कि हम अपने निर्धारित उद्देश्य के अनुसार पैसा जोड़ सकें। साधारण भाषा में समझा जाए तो बचत और निवेश में अंतर इतना ही है कि जो राशि आप अपनी नियमित आय से बचा कर अलग रख लेते हैं, वह बचत है और यदि आप अपनी उस बचत का कुछ रिटर्न प्राप्त करने के लिए ऐसा कुछ खरीदते हैं जो कि भविष्य में आपकी सम्पत्ति बन सके, वह निवेश है। बचत अल्पकालिक लक्ष्यों के लिए है। बैंक और पोस्ट ऑफिस के बचत खातों या अन्य किसी जगह पर सीमित समय तक रखा गया पैसा बचत होता है, जो सुरक्षित होता है और आवश्यकता पड़ने पर आसानी से निकाला जा सकता है। गृहिणियों द्वारा बचाकर किचन में चावल के मर्तबान में रखा पैसा या साड़ियों की परतों के बीच छिपाकर रखा गया पैसा भी बचत की श्रेणी में ही आएगा। बचत में रखा पैसा जब चाहिए हो तब सहजता से उपलब्ध होता है। अक्सर यह बचत अल्पकालीन लक्ष्यों या आपातकालीन जरूरतों के लिए होती। बचत में रखा गया आपका पैसा निवेश के मुकाबले अधिक सुरक्षित रहता है। इसमें बहुत कम या ना के बराबर जोखिम होता है। बचत में आपको रिटर्न बहुत कम मिलता है। क्योंकि सभी बचत योजनाओं में ब्याज की दर कम होती है। इसमें आपको बहुत ही कम रिटर्न मिलता है जिससे मुद्रास्फीति भी कवर नहीं हो पाती है दीर्घकालिक आर्थिक लक्ष्यों के लिए निवेश किया जाता है। मुख्य बचत और निवेश में अंतर यही है कि निवेश में आप उच्च रिटर्न प्राप्त कर सकते हैं। निवेश में ऊंचे रिटर्न की सम्भावना के साथ रिस्क भी रहता है। निवेश से आप लंबे समय तक मुद्रास्फीति को पछाड़ कर अपने धन में वृद्धि कर सकते हैं। म्यूचूअल फंड और एस.आई.पी. आदि निवेश के प्रारंभिक तरीके हैं। जमीन, सोना, कमोडिटीज या शेयर आदि में निवेश करने के लिए अधिक धन और अनुशासन की आवश्यकता होती है और रिस्क भी ज्यादा रहता है, परन्तु सही तरीके से किया गया निवेश सम्पदा में कई गुनी वृद्धि कर सकता है। निवेश किया गया पैसा एकदम में उपलब्ध नहीं रहता है और इसे बेचकर दुबारा पैसा बनाने में समय भी लग सकता है। उन लक्ष्यों को प्राप्त करने के लिए समय सीमा निर्धारित करनी चाहिए। कोई सपना ऐसा नहीं होता जो पूरा ना किया जा सके।

56. रमेश ने पाँच हजार रुपए के शेयर खरीदे। इस आधार पर निम्नलिखित में से कौन-से विकल्प सही हैं ?

1. रमेश ने जोखिम रहित निवेश किया है।
2. रमेश की यह बचत जोखिम वाली है।
3. शेयर खरीदना बचत है।
4. शेयर खरीदना निवेश है।

(a) 4 (b) 2,4
(c) 1, 4 (d) 1, 2, 3

57. अनुच्छेद के आधार पर बताइए कि दीर्घकालीन लक्ष्यों को पाने के लिए, निवेश के विषय में निम्नलिखित में से कौन-सा तथ्य अशुद्ध है ?

1. दीर्घकालीन लक्ष्यों की प्राप्ति लघु बचत द्वारा ही संभव हो सकती है।
2. दीर्घकालीन लक्ष्यों की प्राप्ति दीर्घकालीन अच्छे निवेश द्वारा ही संभव हो सकती है।
3. दीर्घकालीन लक्ष्यों की प्राप्ति संभव नहीं है, क्योंकि दीर्घकालीन निवेश में धन हानि का जोखिम (खतरा) होता है।
4. बचत निवेश की तुलना में ज्यादा अच्छी है, क्योंकि निवेश में जोखिम शामिल है जो गाँठ के पैसे को भी ले जाएगा।

(a) 1, 3, 4 (b) 1, 2, 3
(c) 1, 2, 4 (d) सभी अशुद्ध है।

58. निम्नलिखित में से बताइए कि कौन-सा विकल्प निवेश का उदाहरण नहीं है ?

(a) म्युचूअल फंड और एस.आई.पी.
(b) कमोडिटीज और शेयर की खरीद-बेच
(c) जमीन या सोना खरीदना
(d) सेविंग बैंक खाते में रखा धन

59. अनुच्छेद के आधार पर बताइए कि निम्नलिखित में निवेश की कौन-सी सही विशेषताएँ हैं ?

(i) निवेश से दीर्घकालिक आर्थिक लक्ष्य प्राप्त किए जा सकते हैं।
(ii) निवेश अल्पावधि में धनार्जन का तरीका होता है।
(iii) गृहिणियों द्वारा परिवार के खर्चों से बचाई गई राशि अच्छा निवेश है।
(iv) निवेश में ऊँचे रिटर्न की सम्भावना के साथ रिस्क भी रहता है।

(a) (i) और (iv) (b) (i) और (iii)
(c) (ii) और (iii) (d) (ii) और (iv)

60. निम्नलिखित में से बताइए कि कौन-सा विकल्प निवेश का उदाहरण है ?

(a) पोस्ट ऑफिस में पाँच वर्ष की अवधि तक के लिए रखा गया धन।
(b) बच्चों के पिग्गी बॉक्स में रखा पैसा।
(c) सेविंग बैंक खाते में रखा धन।
(d) सोने के गहने खरीदना।

61. किसी विकल्प में अंग्रेजी पारिभाषित शब्द का समकक्ष हिन्दी पारिभाषित शब्द सही नहीं है ?

(a) Workshop – कार्यशाला
(b) Preservation – संक्षारण
(c) Unauthorized – अनाधिकृत
(d) Memorandum – ज्ञापन

62. किस विकल्प में 'Deputation' शब्द का समकक्ष हिन्दी पारिभाषित शब्द सही है ?

(a) विभाग (b) प्रतिनियुक्ति
(c) स्थगत (d) प्रशासन

63. DO पत्र में अधिक्रमण लिखने का सही तरीका क्या है ?

(a) भवदीय (b) अपना
(c) आभारी (d) इनमें से कोई नहीं

64. ऑफिस मेमोरेंडम में इस्तेमाल किया जाने वाला सही अभिवादन क्या है ?

(a) Dear sir / madam / प्रिय महोदय/ महोदया
(b) Sir / madam /सर/मैडम
(c) Respected sir / madam / आदरणीय महोदय/ महोदया
(d) No salutation is used / किसी अभिवादन का उपयोग नहीं किया जाता है।

65. नीति के महत्त्वपूर्ण मामलों, जैसे कि औद्योगिक लाइसेंस की नीति में सरकार के निर्णयों की सार्वजनिक घोषणा करने के लिए किस प्रकार के संचार का उपयोग किया जाता है ?

(a) Notification / अधिसूचना
(b) Minutes /मिनट्स
(c) Office order / कार्यालय आदेश
(d) Resolution / प्रस्ताव

66. विदेशी सरकारों के साथ पत्राचार के लिए निर्देश जारी करने के लिए कौन-सा सरकारी कार्यालय जिम्मेदार है ?

(a) Ministry of Personnel Public Grievances and Pensions/ कार्मिक, लोक शिकायत और पेंशन मंत्रालय
(b) Department of Personnel and Training / कार्मिक और प्रशिक्षण विभाग
(c) Ministry of External Affairs / विदेश मंत्रालय
(d) Cabinet Secretariat कैबिनेट सचिवालय

67. 'Recurring' का अर्थ है:

(a) अनावर्ती (b) आवर्ती
(c) समाजवर्ती (d) परिवर्ती

68. 'रिक्ति' को अंग्रेजी में कहते हैं:

(a) VACSEEN (b) VACATION
(c) VACCUM (d) VACANCY

69. दिए गए वाक्य का वह भाग ज्ञात करें जिसमें कोई त्रुटि है। यदि कोई त्रुटि नहीं है, तो 'कोई त्रुटि नहीं है' चुनें। प्रधानाचार्य ने (1) / हिन्दी अध्यापक (2) / को बुलाये। (3) / कोई त्रुटि नहीं है (4)

(a) 3 (b) 4
(c) 2 (d) 1

70. दिए गए वाक्य में रेखाकित खंड को प्रतिस्थापित करने के लिए सबसे उपयुक्त विकल्प का चयन करें। यदि इसे प्रतिस्थापित करने की आवश्यकता नहीं है, तो विकल्प 'किसी बदलाव की आवश्यकता नहीं है' पिताजी मेरे लिए कुछ कपड़े ले आये।

(a) मेरे को
(b) मुझे
(c) किसी बदलाव की आवश्यकता नहीं है।
(d) मेरे के लिए

71. दिए गए वाक्य में रेखांकित खंड को प्रतिस्थापित करने के लिए सबसे उपयुक्त विकल्प का चयन करें। यदि इसे प्रतिस्थापित करने की आवश्यकता नहीं है, तो विकल्प ' किसी बदलाव की आवश्यकता नहीं है' का चयन करें।
वह मुझे अनन्तकाल से नहीं मिला।

(a) पुरातन काल से
(b) प्राचीन काल से
(c) चिरकाल से
(d) किसी बदलाव की आवश्यकता नहीं है।

72. इनमें से मुहावरे तथा उसके अर्थ को सुमेल कीजिए तथा सही विकल्प का चयन कीजिए।

मुहावरा	अर्थ
(क) छाती लगाना	(अ) प्रसन्नता से फूले न समाना।
(ख) छाती पर साँप लोटना	(ब) बहुत अधिक दु:ख या वेदना होना।
(ग) छाती उमड़ना	(स) ईर्ष्या के कारण व्यथित होना।
(घ) छाती फटना	(द) आलिंगन करना।

(a) क-द, ख-स, ग-अ, घ-ब
(b) क-ब, ख-द, ग-अ, घ-स
(c) क-अ, ख-स, ग-द, घ-ब
(d) क-द, ख-अ, ग-ब, घ-स

73. निम्न में से किस मुहावरे का अर्थ सही नहीं है?

(a) नहले पर दहला मारना - करारा जवाब देना
(b) बत्तीसी बंद होना - चुप हो जाना
(c) सिर का पसीना पाँव तक आना - कठिन परिश्रम करना
(d) थाली का बैंगन होना - सर्व सुलभ होना

74. "जिन ढूँढ़ा तिन पाइयाँ गहरे पानी पैठ" लोकोक्ति का अर्थ है ________।

(a) परिश्रम का फल अवश्य मिलता है
(b) पानी में ढूंढना
(c) परिश्रम करते रहना
(d) जल-समाधि ले लेना

75. निम्नलिखित में से किस मुहावरे का अर्थ 'अत्यन्त प्रसन्न होना' नहीं है?

(a) दिल बाग-बाग होना
(b) पेट फूलना
(c) फूलकर कुप्पा होना
(d) फूला न समाना

76. 'मीमांसा' का सही पर्यायवाची शब्द है-

(a) स्वरूप (b) सुविज्ञता
(c) समालोचन (d) निष्क्रिय

77. 'बिजली' का पर्यायवाची शब्द है-

(a) चमक (b) सौदामिनी
(c) प्रकाश (d) इनमें से कोई नहीं

78. निम्नलिखित में से कौन-सा शब्द 'लक्ष्मी' का पर्यायवाची नहीं है?

(a) रमा (b) इंदिरा
(c) कमला (d) भारती

79. निम्नलिखित में से कौन-सा शब्द 'कपड़ा' का पर्यायवाची नहीं है?

(a) वस्त्र (b) पट
(c) वसन (d) वासन

80. निम्नलिखित में से कौन-सा शब्द 'मेघ' का पर्यायवाची नहीं है?

(a) पयोधर (b) जलधर
(c) वारिधर (d) दामोदर

81. 'आविर्भूत' का सही विलोम शब्द है-

(a) अनास्था (b) अनेकता
(c) तिरोभूत (d) अनावृष्टि

82. 'क्षणिक' का सही विलोम शब्द है-

(a) अल्प (b) शाश्वत
(c) क्षर (d) विमुख

83. 'अग्रज' का विलोम शब्द है-

(a) अक्षत (b) अतुल
(c) अनुज (d) अटल

84. निम्नलिखित में से विलोम शब्दों की दृष्टि से एक युग्म गलत है, वह है-

(a) मौन-मुखर (b) शानदार-शर्मनाक
(c) बर्बर-सभ्य (d) अनुचर-परिचर

85. विलोम शब्दों की दृष्टि से इनमें एक युग्म गलत है, वह है-

(a) अमित-परिमित
(b) सत्कार -तिरस्कार
(c) आच्छादित-परिच्छन्न
(d) सुख-दु:ख

86. वर्तनी की दृष्टि से शुद्ध शब्द है-

(a) चिन्ह (b) विवर्त
(c) अनुग्रहीत (d) विरहणी

87. शुद्ध वर्तनी वाले शब्द का चयन करें।

(a) ज्योतिसना (b) ज्योत्सना
(c) ज्योतसना (d) ज्योत्स्ना

88. वर्तनी की दृष्टि से कौन-सा शब्द अशुद्ध है?

(a) कोमलांगी (b) सम्मिलित
(c) उत्कर्षता (d) अनुगृहीत

89. निम्नलिखित में से एक शुद्ध वाक्य है, वह है-

(a) प्रत्येक विद्यार्थी को चाहिए कि वह हिन्दी की अनेक पुस्तकें पढ़े।
(b) हरेक विद्यार्थियों को चाहिए कि वह हिन्दी की अनेक पुस्तकें पढ़े।
(c) हरेक विद्यार्थी को चाहिए कि वह हिन्दी की अनेकों पुस्तकें पढ़े।
(d) हरेक विद्यार्थियों को चाहिए कि वह हिन्दी की अनेकों पुस्तकें पढ़े।

90. निम्नलिखित में से एक वाक्य अशुद्ध है, वह है-

(a) मोहन गेहूँ पिसवाने चक्की पर गया है।
(b) निर्दय व्यक्ति से मित्रता नहीं करनी चाहिए।
(c) उसके घर के पास एक मिठाई की दुकान है।
(d) उपर्युक्त कथन असत्य है।

91. 'जिसका कोई शत्रु नहीं जन्मा है' वाक्यांश के लिए एक शब्द है-

(a) अजेय (b) शत्रुजयी
(c) अजातशत्रु (d) शत्रुविहीन

92. 'खोज करने वाला' इस वाक्यांश के लिए एक शब्द है-

(a) अन्वेषक (b) अनुपम
(c) अन्विति (d) निवेशक

93. 'जिसकी ग्रीवा सुन्दर हो' वाक्यांश के लिए एक शब्द है-

(a) पार्थिव (b) सुग्रीव
(c) सुधीर (d) सुनील

94. 'जिसका अनुभव इन्द्रियों द्वारा न हो सके' इस वाक्यांश के लिए एक शब्द है-

(a) जीतेन्द्र (b) अतीन्द्रिय
(c) एन्द्रिक (d) इनमें से कोई नहीं

95. वाक्यांशों और उनके लिए प्रयुक्त शब्दों के निम्नलिखित युग्मों में सही युग्म का चयन कीजिए।

(a) जो स्त्री अभिनय करे - अभिनेता
(b) जो व्याकरण जानता हो - व्याकरणिक
(c) आँखों से परे - प्रत्यक्ष
(d) लौटकर आया हुआ - प्रत्यागत

96. दिये गये वाक्यांश के लिए एक सार्थक शब्द का चयन कीजिए।

उसी समय में होने वाला या रहने वाला
(a) समदर्शी (b) समसामयिक
(c) सार्वजनिक (d) सामुदायिक

97. 'जिसका उत्तर देकर खण्डन किया गया हो।' इस वाक्यांश के लिए एक शब्द है
(a) विवृत्ति (b) प्रत्युक्त
(c) प्रत्युच्चार (d) प्रत्युत्तर

98. 'वह (व्यक्ति) जिसने संन्यास ग्रहण किया हो' - इस वाक्यांश के लिए एक शब्द है
(a) प्रशमित (d) प्रव्रजित
(d) प्रवजित (d) प्रव्राज

99. दिए गए पर्याय समूहों में से कौन सा सुमेलित नहीं है?
(a) पक्षी - खग, अण्डज
(b) मेघ - निरद, अम्बुद
(c) रात्रि - कृष्णा, इला
(d) वृक्ष - तरु, गाछ

100. पर्यायवाची शब्दों के संदर्भ में असंगत विकल्प चुनिए :
(a) जीभ - वाचा, रसना, वाणी
(b) अहंकार - दंभ, दर्प, मद
(c) किरण - रश्मि, मयूख, प्रभा
(d) कौआ - प्रियक, मधुदूत, अतिसौरभ

कंप्यूटर ज्ञान

101. डीएनएस (DNS) का विस्तृत रूप क्या है?
(a) प्रक्षेत्र नाम प्रणाली (डोमेन नेम सिस्टम)
(b) प्रक्षेत्र तंत्रजाल प्रणाली (डोमेन नेटवर्क सिस्टम)
(c) गतिशील नाम प्रणाली (डायनामिक नेम सिस्टम)
(d) वितरित नाम प्रणाली (डिस्ट्रिब्यूटेड नेम सिस्टम)

102. वी.जी.ए. (VGA) का विस्तृत रूप क्या है?
(a) दृश्यमान चित्रित प्रदर्शनी (विजुअल ग्राफिक डिस्प्ले)
(b) चलचित्र चित्रित प्रदर्शनी (वीडियो ग्राफिक डिस्प्ले)
(c) चलचित्र अनुकूलन प्रदर्शनी (विजुअल एडाप्टर डिस्प्ले)
(d) उपरोक्त में से कोई नहीं

103. 3.5 इंच नमनीय चक्रिका (फ्लॉपी डिस्क) की क्षमता कितनी होती है?
(a) 2 जीबी (b) 1.44 एमबी
(c) 1.44 एमबी (d) 1 एमबी

104. निम्नलिखित में से कौन-सी लघुपथ कुंजियों का उपयोग संकेतक को आलेख के अंत में ले जाने के लिए किया जा सकता है?
(a) कंट्रोल + एंड
(b) कंट्रोल + शिफ्ट
(c) कंट्रोल + शिफ्ट + डेल
(d) उपरोक्त में से कोई नहीं

105. एसएमटीपी (SMTP) का विस्तृत रूप क्या है?
(a) सामान्य डाक स्थानांतरण क्रमाचार (सिंपल मेल ट्रांसफर प्रोटोकॉल)
(b) सामान्य डाक परिवहन क्रमाचार (सिंपल मेल ट्रांसपोर्ट प्रोटोकॉल)
(c) सामान्य डाक अवरोध क्रमाचार (सिंपल मेल इंटरप्ट प्रोटोकॉल)
(d) सामान्य डाक प्रशिक्षण क्रमाचार (सिंपल मेल ट्रेनिंग प्रोटोकॉल)

106. निम्नलिखित में से कौन-सी एक साधारण व्यापारनिष्ठ भाषा (कॉमन बिजनेस ओरिएंटेड लैंग्वेज) हैं?
(a) कोबोल (b) पास्कल
(c) फोरट्रॉन (d) सी

107. निम्नलिखित में से कौन-सा मिसिल व्यवस्थापन सर्वाधिक कार्यक्रम व्यवस्थापन का प्रकार है?
(a) वीएएसएम
(b) क्रमबद्ध
(c) बी-वृक्ष मिसिल
(d) उपरोक्त में से कोई नहीं

108. गिनतारा का उपयोग सर्वप्रथम कहाँ हुआ था?
(a) भारत (b) चीन
(c) जापान (d) यूएसए

109. सी भाषा में आयताकार कोष्ठकों का उपयोग कहाँ होता है?
(a) प्रकार्य (b) सारणी
(c) मिसिल (d) उपरोक्त सभी

110. निम्नलिखित में से क्या सी भाषा में एक प्रारूपबद्ध निवेश/निर्गम कथन है?
(a) प्रिंटएफ (printf) एंव स्कैनएफ (scanf)
(b) गेट्स एवं पुट्स
(c) उपरोक्त में से कोई नहीं
(d) उपरोक्त सभी

111. कौन-सा संचार माध्यम न्यूनतम गतिसम्पन्न है?
(a) प्रकाशित तंतु (b) समाक्षीय तार
(c) विकृत युग्म (d) उपग्रह माध्यम

112. निम्नलिखित में से क्या पारितंत्र विपत्तियाँ (सिस्टम थ्रेट्स) कहलाते हैं?
(a) कीट (वर्म)
(b) विषाणु (वायरस)
(c) गुप्त योद्धा (ट्रोजन्स)
(d) उपरोक्त में से कोई नहीं

113. एक प्रधान मिसिल (file) में समाविष्ट होते हैं?
(a) अस्थायी तथ्य
(b) स्थायी तथ्य
(c) उपरोक्त दोनों
(d) उपरोक्त में से कोई नहीं

114. एक क्रमादेश संगणक में निर्देशों का पालन कैसे किया जाता है?
(a) क्रमबद्ध (अनुक्रमिक) रूप में
(b) यादृच्छिक (अव्यवस्थित) रूप में
(c) समयांतराल रूप
(d) इनमें से कोई नहीं

115. संगणक विषाणु (कंप्यूटर वाइरस) में क्या करने की क्षमता होती है?
(a) स्वयं को द्विधाविभक्त करना
(b) स्वयं का प्रतिरूपण करना
(c) स्वयं को समाप्त करना
(d) स्वयं को गुप्त करना

116. अर्धचालक स्मृति है–
(a) ह्रासी (उदवायी)
(b) अनह्रासी
(c) उपरोक्त दोनों
(d) उपरोक्त में से कोई नहीं

117. एक किलोबाइट में, 'k' से तात्पर्य है–
(a) 2000 बाइट (b) 1000 बाइट
(c) 1024 बाइट (d) 1020 बाइट

118. PASACAL भाषा इनके द्वारा बनाई गई–
(a) निकलॉस वर्थ
(b) जॉन मार्क
(c) डेनिस एम. रिची
(d) अहो

119. दशमलव संख्या 80 को बीसीडी (BCD) कूट में किस प्रकार दर्शाया जा सकता है?
(a) 0100 0101 (b) 1100 0011
(c) 1000 0000 (d) 1111 1111

120. अंकीय (डिजिटल) से अनुरूप (एनालॉग) संकेतों के लिए कौन-से यंत्र का उपयोग किया जा सकता है?
(a) मोडेम
(b) डी मोडेम
(c) अधिमिश्रक (मॉड्युलेटर)
(d) पुलिंदा (पैकेट)

121. अर्ध द्विस्तर दर्शाता है कि सूचना इसमें संचारित होती है–
(a) उभय दिशा में एक ही समय में
(b) उभय दिशा में परंतु एक ही समय में नहीं
(c) उपरोक्त दोनों
(d) उपरोक्त में से कोई नहीं

122. वैद्युतिक डाक (ई-मेल) में, निम्नलिखित में से कौन-सा क्रमाचार संदेशों के लिए व्यवहृत होता है–
(a) आईपीसी (IPC)
(b) एसएमटीपी (SMTP)

(c) एफटीपी (FTP)
(d) एचटीटीपी (HTTP)

123. टीसीपी/आईपी (TCP/IP) क्रमाचार कौन-से प्रतिष्ठान द्वारा विकसित किया गया?
(a) बेल (BELL).
(b) दर्प (DARPA)
(c) एटी & टी (AT & T)
(d) हायेस

124. निम्नलिखित में से क्या एक संबंधपरक संकारक है?
(a) < (b) +
(c) ++ (d) /

125. किसी सारणी के तत्वों का उपागम किसके द्वारा होता है:
(a) अनुक्रमणिका संख्या
(b) कोष्ठक
(c) + संकारक
(d) बिन्दु सदस्य (हॉट मेम्बर) संकारक

126. निम्नलिखित में से कौन-सी क्रिया का उपयोग कुंजीपटल (कीबोर्ड) से एकल अक्षर (संकेत) प्रविष्टि हेतु किया जा सकता है?
(a) गेच
(b) गेचर
(c) गेचे
(d) उपरोक्त में से कोई नहीं

127. द्रुतिका (कैचे) स्मृति है–
(a) द्रुततम रैम (RAM)
(b) रैम (RAM)
(c) आभासी स्मृति
(d) अनम्य चक्रिका (हार्ड डिस्क)

128. छद्म कूट इस हेतु व्यवहृत होता है–
(a) क्रमादेश प्रवाह को दर्शाना
(b) संरचना सारणी निर्माण हेतु
(c) क्रमादेश को कूटबद्ध करने के लिए
(d) क्रमादेश चरण लिखने हेतु

129. रैम के प्रकार है–
(a) डीडीआर (b) डीडीआर-3
(c) डीडीआर-1 (d) उपरोक्त सभी

130. सीपीयू इनसे बना होता है–
(a) एएलयू + सीयू (b) रॉम + एएलयू
(c) रैम + रॉम (d) इनमें से कोई नहीं

131. ....को मान्य भण्डारण प्रकार के रूप में भी जाना जाता है।
(a) सी पी यू
(b) कुंजीपटल
(c) एसडी/(सुरक्षित अंकीय पत्रक)
(d) जिप (संकुचित) मिसिल

132. सीपीयू की पश्चातवर्ती पट्टिका में यह सम्मिलित नहीं होता–
(a) आरएस-322 संयोजक
(b) तंत्रजाल संयोजक
(c) यूएसबी संयोजक
(d) भाषक (स्पीकर) संयोजक

133. ....कुंजी पटल पर उपलब्ध क्रिया कुंजी है।
(a) ऑल्टर (b) ऑल्टर
(c) पॉइंटर (d) इंटर

134. ....एक परितंत्र तन्त्रांश नहीं है।
(a) संकलक (अनुभाषक)
(b) पावर पॉइंट
(c) त्रुटिनाशक (डिबगर)
(d) भारक (लोडर)

135. ....संगणक कृत्रिम मेधा के अवधारण का उपयोग करता है।
(a) द्वितीय प्रजन्म (b) तृतीय प्रजन्म
(c) चतुर्थ प्रजन्म (d) पंचम प्रजन्म

136. ....को संगणकों के प्रसिद्ध निर्माता के रूप में जाना जाता है।
(a) आईबीएम एवं एचपी
(b) ऑनिडा
(c) ड्वेल
(d) ओएसिस

137. ....संभाव्य संख्या निरूपण प्रपत्र नहीं है।
(a) अष्टक
(b) षढ़-अष्टक
(c) दशमलव
(d) द्विचरक कूटबद्ध दशमलव

138. मैन (एमएएन) से अभिप्राय है–
(a) महानगरीय क्षेत्र तंत्रजाल (मेट्रोपॉलिटन एरिया नेटवर्क)
(b) मेरा क्षेत्र संजाल (माय एरिया नेटवर्क)
(c) मध्य क्षेत्र तंत्रजाल (मीन एरिया नेटवर्क)
(d) भूमिगत क्षेत्र तंत्रजाल (मेट्रो एरिया नेटवर्क)

139. प्रचालन तंत्र है–
(a) यंत्रांश
(b) तन्त्रांश जो तंत्र के स्रोतों का प्रबंधन करे
(c) तन्त्रांश जो संगणन करे
(d) इनमें से कोई नहीं

140. .... एक अक्षर संवेदनशील भाषा है।
(a) सी ++ (b) पास्कल
(c) बेसिक (d) उपरोक्त सभी

141. .... प्रवाह सचित्र (फ्लो चार्ट) के संकेतों का उपयोग योग, वियोग, गुणन एवं विभाजन जैसी सभी अंकगणितीय प्रक्रियाओं को दर्शाने के लिए होता है।
(a) निवेश/परिणाम (b) छोर
(c) प्रक्रिया (d) निर्णय

142. हेतु (फॉर) पाश (लूप) में स्थित तीन विशेषताओं को किसके द्वारा पृथक किया जाता है?
(a) अर्धविराम (b) अल्पविराम
(c) अपूर्ण विराम (d) समास चिन्ह

143. गूगल क्रोम है एक ....।
(a) परितंत्र तंत्रांश (सॉफ्टवेयर)
(b) विचरक (ब्राउज़र)
(c) संकलक
(d) उपरोक्त में से कोई नहीं

144. ....सूक्ष्म प्रक्रमकों का उपलब्ध संस्करण है।
(a) जे-3 (b) एल-3
(c) आई-3 (d) व्ही-3

145. कंप्यूटर जो उभय अंकीय एवं अनुरूप तथ्य को प्रसंस्कृत करता है, वह कहलाता है–
(a) अनुरूप संगणक
(b) अंकीय संगणक
(c) वर्ण-संकर संगणक
(d) वृहत् अभिकलित्र (अधिसंसाधित्र)

146. निम्नलिखित में से क्या स्मरणशक्ति का एक अमान्य प्रकार है?
(a) आरएएम (यादृच्छ/अनियमित उपागम स्मृति)
(b) आरओएम (केवल पठनीय स्मृति)
(c) ईपीआरओएम (विलोपनयोग्य क्रमादेशयोग्य केवल पठनीय स्मृति)
(d) पीआरएएम (क्रमादेशयोग्य केवल पठनीय उपागम स्मृति)

147. सीपीयू एवं स्मृति इस पर उपलब्ध है–
(a) विस्तार पटल (b) मुख्य पटल
(c) भंडारण यंत्र (d) परिणाम यंत्र

148. चित्रात्मक उपयोगकर्ता परिवेश में व्यवहृत .... एक मानक संकेतक यंत्र है।
(a) कुंजी पटल (की बोर्ड)
(b) ट्रैकबॉल
(c) जॉयस्टिक
(d) माउस

149. एलएसआई, वीएलएसआई एवं यूएलएसआई चिप साधारणतः किस प्रजन्म में व्यवहृत होते थे?
(a) पंचम (b) द्वितीय
(c) तृतीय (d) चतुर्थ

150. आधुनिक संगणक में उपलब्ध संभाव्य .... है।
(a) एलपीटी
(b) यूएसबी
(c) (a) एवं (b)
(d) उपरोक्त में से कोई नहीं

व्याख्या सहित उत्तर

1. (b) विकृतीकरण एक ऐसी प्रक्रिया है जिसमें एक प्रोटीन ऊष्मा, pH में परिवर्तन या रासायनिक अभिकर्मक जैसे कारकों के कारण अपनी जैविक क्रियाशीलता और अक्सर अपनी त्रि-आयामी संरचना खो देता है। अत: विकल्प (b) सही है।

2. (c) सर्क (Cirque) एक प्रकार की अपरदनात्मक भू-आकृति है, जो हिमनदों द्वारा निर्मित होती है, इसलिए इसे हिमानी भू-आकारिकी में गिना जाता है। यह प्रमुख रूप से उच्च पर्वतीय क्षेत्रों में पाई जाती है। सर्क को स्कॉटलैंड में "कोरी" और वेल्स, इंग्लैंड में "सीडब्ल्यूएम" के रूप में भी जाना जाता है। हिमानीकृत पर्वतीय भागों में हिमनद द्वारा उत्पन्न स्थलरंध्रों में सर्क सर्वाधिक महत्त्वपूर्ण है। अधिकतर सर्क हिमनद घाटियों के शीर्ष पर पाए जाते हैं। एकत्रित हिम पर्वतीय क्षेत्रों से नीचे आती हुई सर्क को काटती है। सर्क गहरे, लंबे व चौड़े गर्त हैं जिनकी दीवार तीव्र ढाल वाली सीधी या अवतल होती है। हिमनद के पिघलने पर जल से भरी झील भी प्राय: इन गर्तों में देखने को मिलती है। इन झीलों को सर्क झील या टार्न झील कहते हैं।

3. (c) दिल्ली सुल्तानों ने प्रशासन को सुचारू रूप से चलाने के लिए कई विभागों की स्थापना की। सबसे महत्त्वपूर्ण विभाग थे- दीवान-ए-अर्ज (सैन्य विभाग), दीवान-ए-रिसालत और दीवान-ए-इंशा क्रमश: धार्मिक मामलों और राज्य पत्राचार से संबंधित हैं। बरीद दिल्ली के सुल्तानों द्वारा साम्राज्य के विभिन्न हिस्सों में नियुक्त किये गए खुफिया एजेंट थे जो सुल्तान को गुप्त सूचना देने के लिए तैनात किये जाते थे। केवल अमीरों को मुख्य बरीद के रूप में नियुक्त किया जा सकता था, जिसे सुल्तान का पूर्ण विश्वास प्राप्त होता था।

4. (d) भारत में बौद्ध धर्म की शुरुआत लगभग 2600 वर्ष पूर्व हुई थी। बौद्ध धर्म की मुख्य शिक्षाएँ चार महान आर्य सत्य और अष्टांगिक मार्ग की मूल अवधारणा में समाहित हैं। दुख (पीड़ा) और उसका विलुप्त होना बुद्ध के सिद्धांत के केंद्र में है। बौद्ध धर्म का सार आत्मज्ञान या निर्वाण की प्राप्ति में है, जिसे इस जीवन में प्राप्त किया जा सकता है। बौद्ध धर्म में कोई सर्वोच्च देवता या देवी नहीं है। बौद्ध धर्म की शाखाएँ: महायान (मूर्ति पूजा), हीनयान, थेरवाद, वज्रयान (तांत्रिक बौद्ध धर्म), जेन। अत: विकल्प (d) सही है। बौद्ध धर्म ग्रंथ (त्रिपिटक): विनयपिटक (मठवासी जीवन पर लागू नियम), सुत्तपिटक (बुद्ध की मुख्य शिक्षाएँ या धम्म), अभिधम्मपिटक (एक दार्शनिक विश्लेषण और शिक्षण का व्यवस्थापन)।

5. (a) 'इमोशनल इंटेलिजेंस' नामक पुस्तक के लेखक डेनियल गोलमेन हैं। अत: विकल्प (a) सही है। इस पुस्तक को उन्होंने इस प्रकार परिभाषित किया है कि - "इमोशनल इंटेलिजेंस या भावनात्मक समझ या संवेगात्मक बुद्धि किसी व्यक्ति की भावनाओं को जानने, उसे प्रबंध करने, खुद के अहम् को अभिप्रेरित करने, दूसरे की भावनाओं को पहचानने तथा दूसरों के साथ संबंधों को बनाए रखने की क्षमता है।" इमोशनल इंटेलिजेंस या भावनात्मक बुद्धि का उल्लेख सर्वप्रथम अरस्तु द्वारा 350 ई. पू. में ही कर दिया गया था लेकिन तब यह शब्द प्रचलित नहीं हो पाया था। 'इमोशनल इंटेलिजेंस' शब्द सर्वप्रथम येल विश्वविद्यालय के दो सहकर्मियों पीटर सालोवे और जॉन मेयर द्वारा वर्ष 1990 में प्रतिपादित किया गया। हालाँकि इस पद को व्याख्यायित करने का श्रेय डेनियल गोलमेन को है।

6. (c) वह क्षेत्र जो कच्चे माल को निर्मित माल में परिवर्तित करता है, द्वितीयक क्षेत्र कहलाता है। जैसे- सूती धागे का सूती वस्त्र के रूप में परिवर्तित करना, गन्ने से चीनी का उत्पादन करना, लकड़ी से फर्नीचर बनाना आदि। इसे विनिर्माण क्षेत्र भी कहा जाता है। इसके अंतर्गत ऐसे उद्योग आते हैं, जो प्राथमिक क्षेत्र से कच्चे माल लेकर अंतिम वस्तुओं का निर्माण करते हैं। हालाँकि मत्स्यन इस क्षेत्र से संबंधित नहीं है। अत: विकल्प (c) सही है। प्राथमिक क्षेत्र वह क्षेत्र होता है, जिसके अंतर्गत वस्तुओं के उत्पादन में प्राकृतिक साधनों का प्रयोग किया जाता है। प्राथमिक क्षेत्र कहलाता है। इसमें कृषि एवं उससे संबंधित क्रियाएँ, जैसे- फसलोत्पादन, पशुपालन, मछली पालन/मत्स्यन, वन, खनन एवं उत्खनन आदि क्रियाएँ आती हैं।

7. (d) **समानता का अधिकार:** यह मौलिक अधिकार भारत में रहने वाले विदेशी नागरिकों सहित सभी व्यक्तियों के लिए उपलब्ध है। यह सुनिश्चित करता है कि धर्म, नस्ल, जाति, लिंग या जन्म स्थान के आधार पर कोई भेदभाव न हो। **वाक् एवं अभिव्यक्ति की स्वतंत्रता का अधिकार:** यह मौलिक अधिकार भारत में रहने वाले विदेशी नागरिकों के लिए भी उपलब्ध है। यह उचित प्रतिबंधों के अधीन, किसी के विचारों, राय और अभिव्यक्ति को व्यक्त करने की स्वतंत्रता की गारंटी देता है। **संवैधानिक उपचारों का अधिकार:** इस मौलिक अधिकार को भारतीय संविधान का हृदय और आत्मा माना जाता है तथा यह नागरिकों एवं विदेशी नागरिकों दोनों के लिए उपलब्ध है। यह व्यक्तियों को उनके मौलिक अधिकारों का उल्लंघन होने पर अदालत जाने की अनुमति देता है। **लोक नियोजन के विषय में अवसर की समता:** यह अधिकार केवल भारतीय नागरिकों को प्राप्त मौलिक अधिकार है, जो विदेशियों को प्राप्त नहीं है। अत: विकल्प (d) सही है

8. (b) यह नई राष्ट्रीय शिक्षा नीति (National Education Policy NEP) के लिए एक प्रयोगशाला होगी और पहले चरण के तहत कुल 14,500 विद्यालयों को अद्यतन किया जाएगा। ये विद्यालय अपने आसपास के अन्य विद्यालयों को मेंटरशिप उपलब्ध कराएँगे। इसलिए, PM- SHRI योजना शिक्षा क्षेत्र में सुधार हेतु नियोजित है। अत: विकल्प (b) सही है।

9. (a) देवप्रयाग में भागीरथी, अलकनंदा से मिलती है जिसके उपरांत यह गंगा के रूप में जानी जाती है। अलकनंदा नदी का स्रोत बद्रीनाथ के ऊपर सतोपथ हिमनद है। अलकनंदा में धौली तथा विष्णु गंगा शामिल हैं जो जोशीमठ या विष्णुप्रयाग में मिलती है। अलकनंदा की सहायक नदी पिंडार है जो इससे कर्ण प्रयाग में मिलती है जबकि मंदाकिनी या काली गंगा इससे रूद्रप्रयाग में मिलती हैं।

10. (a) दक्षिण एशियाई मुक्त व्यापार क्षेत्र (SAFTA) दक्षिण एशियाई क्षेत्रीय सहयोग संगठन (SAARC) की मुक्त व्यापार व्यवस्था है। यह समझौता वर्ष 2006 में लागू हुआ। SAFTA हस्ताक्षरकर्त्ता देश अफगानिस्तान, बांग्लादेश, भूटान, भारत, मालदीव, नेपाल, पाकिस्तान और श्रीलंका हैं। अत: विकल्प (a) सही है। दक्षिण एशिया मुक्त व्यापार समझौते (साफ्टा) का उद्देश्य भारत, पाकिस्तान, बांग्लादेश, श्रीलंका, नेपाल, भूटान एवं मालदीव के बीच वस्तुओं की मुफ्त आवाजाही में आने वाली बाधाओं को दूर करना और दक्षिण एशियाई देशों की अर्थव्यवस्था को एकीकृत करना है। इस समझौते को लागू करने की समय सीमा 1 जुलाई, 2006 को तय की गई।

11. (d) भारतीय शासक टीपू सुल्तान ने विदेशों में आधुनिक तर्ज पर दूतावासों की स्थापना की थी। अत: विकल्प (d) सही है। टीपू सुल्तान ने अपने समकालीन विदेशी राज्यों से संबंध बनाने तथा अंग्रेजों के विरुद्ध उनकी सहायता प्राप्त करने के उद्देश्य से अरब, कुस्तुंतुनिया, काबुल और मॉरीशस में दूतावासों की स्थापना की।

12. (d) प्रधानमंत्री की अध्यक्षता में मंत्रिमंडल की आर्थिक कार्यसमिति ने जम्मू-कश्मीर के किश्तवाड़ जिले में चिनाब नदी पर 45 अरब रुपए से अधिक लागत की 540 मेगावाट की क्वार पनबिजली परियोजना के निर्माण की स्वीकृति दे दी है। अत: विकल्प (d) सही है।

13. (a) अप्रैल 2016 को भारत सरकार द्वारा शुरू की गई स्टैंड-अप इंडिया योजना ने 5 अप्रैल, 2022 को छह वर्ष पूरे कर लिए हैं। इस योजना को 5 अप्रैल, 2016 में आर्थिक सशक्तीकरण और रोजगार सृजन पर ध्यान केंद्रित करते हुए जमीनी स्तर पर उद्यमिता को बढ़ावा देने के लिए लॉन्च किया गया था। अत: विकल्प (a) सही है।

14. (d) केंद्र और राज्य सरकार दोनों ही पंचायतों के वित्त में योगदान करते हैं। इसके अलावा, पंचायतों को स्थानीय स्रोतों से राजस्व एकत्र और उत्पन्न करने का अधिकार दिया गया है। इस उद्देश्य के लिए, वे अपने अधिकार क्षेत्र में उपकर, कर और टोल शुल्क आदि लगा सकती हैं। अत: विकल्प (d) सही है।

15. (a) विवरण रबींद्रनाथ टैगोर से संबंधित है। वर्ष 1915 में रबींद्रनाथ टैगोर को ब्रिटिश किंग जॉर्ज पंचम द्वारा नाइटहुड की उपाधि से सम्मानित किया गया। वर्ष 1919 में जलियाँवाला बाग हत्याकांड के बाद उन्होंने

नाइटहुड की उपाधि का त्याग कर दिया। उन्होंने दो देशों के राष्ट्रगान लिखे, "जन गण मन" (भारत का राष्ट्रगान) और "आमार शोनार बांग्ला" (बांग्लादेश का राष्ट्रगान)। उनकी साहित्यिक कृतियों में कविताएँ, लघु कथाएँ, उपन्यास, निबंध और नाटक शामिल हैं। उनके कुछ उल्लेखनीय कार्यों में "द होम एंड द वर्ल्ड," "गोरा," गीतांजलि, घरे-बाहिरे, मानसी, बालका, सोनार तोरी और "काबुलीवाला" शामिल हैं। उन्हें उनके गाने 'एकला चलो रे (Ekla Chalo Re)' के लिए भी याद किया जाता है। अत: विकल्प (a) सही है।

16. (a) विश्व आत्महत्या रोकथाम दिवस प्रत्येक वर्ष 10 सितंबर को मनाया जाता है। इसकी शुरुआत वर्ष 2003 में WHO और इंटरनेशनल एसोसिएशन फॉर सुसाइड प्रिवेंशन (IASP) द्वारा की गई थी। यह आत्महत्या संबंधी पूर्वाग्रहों को कम करने और संगठनों, सरकार तथा जनता के बीच जागरूकता बढ़ाने के साथ आत्महत्या को रोकने का संदेश देता है। वर्ष 2021-2023 तक के लिए विश्व आत्महत्या रोकथाम दिवस की थीम "कार्रवाई के माध्यम से उम्मीद बढ़ाना" (Creating hope through action) है। इस थीम का उद्देश्य सभी में आत्मविश्वास और प्रबुद्धता की भावना को प्रेरित करना है।

17. (c) अंतर्राष्ट्रीय वित्तीय सूचना मानक प्रतिष्ठान या IFRS फाउंडेशन का मुख्यालय लंदन, ग्रेट ब्रिटेन में है। यह एक गैर-लाभकारी लेखा संगठन है, जिसने अंतर्राष्ट्रीय लेखा मानक बोर्ड (IASB) के माध्यम से अंतर्राष्ट्रीय वित्तीय रिपोर्टिंग मानक (IFRS मानक) बनाया है। यह वित्तीय बाजारों में पारदर्शिता लाना चाहता है। 2001 में इसका नाम बदलने तक इसे पहली अंतर्राष्ट्रीय लेखा मानक समिति (IASC) कहा जाता था। अंतर्राष्ट्रीय वित्तीय रिपोर्टिंग मानक या IFRS नियमों का एक समूह है जो अंतरराष्ट्रीय सीमाओं के पार किसी कंपनी के वित्तीय विवरणों को समझने में मदद करता है। IFRS मानक भारत सहित 140 देशों में उपयोग किए जाते हैं।

18. (a) विश्वास स्वरूपम' (स्टेचू ऑफ़ बिलीफ) भारत के राजस्थान में नाथद्वारा में निर्मित हिंदू भगवान शिव की एक मूर्ति है। प्रतिमा 29 अक्टूबर, 2022 को अनावरित की गई। वर्तमान में, स्टेचू ऑफ़ बिलीफ विश्व में भगवान शिव की सबसे ऊंची मूर्ति है।

19. (b)"HIV" एक जानलेवा वायरस है। HIV का अर्थ ह्यूमन इम्यूनोडेफिसिएंसी वायरस है। यह मानव प्रतिरक्षा तंत्र को खराब करता है। यह वायरस जीवन भर रहता है। यह AIDS (एक्वायर्ड इम्यूनो-डेफिशिएंसी सिंड्रोम) की ओर जाता है।

20. (b) लॉर्ड कॉर्नवालिस के शासनकाल में भारतीय लोक सेवा का प्रवर्तन किया गया था। अत: विकल्प (b) सही है। लॉर्ड कॉर्नवालिस फोर्ट विलियम प्रेसिडेंसी के गवर्नर जनरल रहे थे। उन्होंने 1793 ईस्वी में बंगाल में स्थायी बंदोबस्त के रूप में एक नवीन राजस्व पद्धति की शुरुआत की। इनके शासनकाल में भारतीय न्यायाधीश युक्त जिला न्यायालयों को समाप्त कर उसके स्थान पर चार अस्थायी न्यायालय, जिनमें तीन बंगाल के लिए और एक बिहार के लिए नियुक्त किये गए। इन्होंने वर्ष 1793 में प्रसिद्ध कॉर्नवालिस कोड का निर्माण करवाया,जो शक्तियों के पृथक्करण सिद्धांतों पर आधारित थे।

21. (c) नंदकिशोर आचार्य की रचना 'छिलते हुए अपने को' कविता संग्रह है।

22. (d) प्रत्येक वर्ष 9 अक्तूबर को भारतीय विदेश सेवा (IFS) दिवस मनाया जाता है।

23. (b) संगम साहित्य शिल्पादिकारम के पश्चात मणिमेकलै की रचना हुई थी एवं इस पर शिल्पादिकारम का प्रभाव भी है। इसकी रचना मदुरै के बौद्ध व्यापारी सीतलैसत्तनार द्वारा की गयी थी। इसकी अधिकाँश कविताएं हिन्दू तथा अन्य धर्म विरुद्ध सम्प्रदाय और दूसरे धर्मानुयायियों एवं मतावलम्बियों के मध्य वाद-विवाद संबंधी विचारों से परिपूर्ण हैं।

24. (a) जलयोजन या हाइड्रेशन की क्रिया द्वारा फेल्सपार नामक खनिज का परिवर्तन कओलिन मृत्तिका में हो जाता है। आग्नेय चट्टानों पर हाइड्रेशन की क्रिया का अधिक प्रभाव पड़ता है तथा इस प्रकार के अपक्षय से आग्नेय चट्टान टूटकर परतदार शैलों में परिवर्तित हो जाती है। जिप्सम की संरचना का मुख्य कारण जलयोजन की क्रिया ही मानी जाती है।

25. (c) मैथिलीशरण गुप्त का जन्म उत्तर प्रदेश के झाँसी के चिरगाँव नामक स्थान में 1886 ई. में हुआ था। इनकी प्रारंभिक रचनाएँ कोलकाता से प्रकाशित होने वाली वैश्योपकारक नामक पत्र में छपती थीं। इनकी प्रसिद्ध रचनाएँ- भारत भारती, रंग में भंग, जयद्रथ वध, पंचवटी, यशोधरा, साकेत, जय भारत, विष्णु प्रिया आदि हैं।

26. (d) जनगणना 2011 के अनुसार उत्तर प्रदेश का सर्वाधिक जनघनत्व वाला जिला गाजियाबाद है। वर्ष 2001-11 के दौरान उत्तर प्रदेश की जनसंख्या वृद्धि दर-20.22 प्रतिशत रही।

27. (a) A-HELP कार्यक्रम का उद्देश्य पशुधन के स्वास्थ्य और उत्पादन के विस्तार हेतु महिलाओं को प्रशिक्षित एजेंट के रूप में सशक्त बनाना है। इसके तहत पशुओं के रोग नियंत्रण कृत्रिम गर्भाधान, पशु टैगिंग और पशुधन बीमा हेतु प्रशिक्षित महिला एजेंटों को सूचीबद्ध किया गया है।

28. (b) राष्ट्रीय सामाजिक सहायता कार्यक्रम को 15 अगस्त, 1995 को केंद्र प्रायोजित योजना के रूप में लॉन्च किया गया था। इस कार्यक्रम का उद्देश्य गरीबी रेखा से नीचे के परिवारों से संबंधित प्राथमिक आय उत्पादक की मृत्यु पर वृद्ध व्यक्तियों, विधवाओं, विकलांग व्यक्तियों और शोक संतप्त परिवारों को सहायता प्रदान करना है।

29. (c) भारत का प्रथम रात्रि वन्य जीव पार्क (नाइट सफारी पार्क) ग्रेटर नोएडा में स्थित है। अत: विकल्प (c) सही है।

30. (d) घरेलू जैविक बाजार संवर्द्धन को बढ़ावा देने और लघु व मध्यम किसानों को जैविक उत्पादों के प्रमाणीकरण तक सुगम पहुँच सुनिश्चित करने हेतु कृषि, सहकारिता और किसान कल्याण विभाग द्वारा पार्टिसिपेटरी गारंटी सिस्टम की पहल की गई थी। अत: विकल्प (d) सही है।

31. (a) वर्ष 1904 में ब्रिटिश सरकार की ओर से वायसराय लॉर्ड कर्जन ने राजा रवि वर्मा को कैसर-ए-हिंद गोल्ड मेडल से सम्मानित किया। अत: विकल्प (a) सही है।

32. (a) सहारनपुर उत्तर प्रदेश का सबसे उत्तरी जिला है। सोनभद्र प्रदेश का सबसे दक्षिणी जिला है। अत: विकल्प (a) सही है। बलिया प्रदेश का सबसे पूर्वी जिला है। शामली प्रदेश का सबसे पश्चिमी जिला है।

33. (b) वर्ष 1781 के संशोधात्मक अधिनियम का प्रमुख प्रावधान गवर्नर जनरल की परिषद तथा सर्वोच्च न्यायालय के बीच के संबंधों का सीमांकन करना था। इसके अंतर्गत कंपनी के अधिकारी शासकीय रूप से किये गए अपने कार्यों के लिए सर्वोच्च न्यायालय के कार्यक्षेत्र से बाहर हो गए। अत: विकल्प (b) सही है।

32. (c) उत्तर प्रदेश सरकार द्वारा राज्य में महिलाओं के सशक्तिकरण और उत्थान के लिए मिशन शक्ति अभियान की शुरूआत वर्ष 2021 में की गई थी।

33. (a) 'ट्रेंड्स इन वर्ल्ड मिलिट्री एक्सपेंडेचर' रिपोर्ट स्टॉकहोम में स्थित 'स्टॉकहोम इंटरनेशनल पीस रिसर्च इंस्टीट्यूट' नामक संस्थान द्वारा वार्षिक रूप से जारी की जाती है। अत: विकल्प (c) सही है।

34. (c) वैज्ञानिकों ने COVID-19 महामारी परीक्षण के लिए कम लागत वाली 'पेपर स्ट्रिप टेस्ट' तकनीक 'फेलुदा' (Feluda) को विकसित किया है। इस परीक्षण तकनीक में 'इंस्टिट्यूट ऑफ जेनॉमिक्स एंड इंटिग्रेटिव बायोलॉजी' (IGIB) द्वारा Cas9 का विशिष्ट प्रोटीन FnCas9 विकसित किया गया है, जो अनुक्रम को निर्धारित करता है। Cas9 प्रोटीन, टारगेटेड जीन एडिटिंग में प्रयुक्त आण्विक कैंची है। अत: विकल्प (c) सही है।

35. (c) दक्षिण अमेरिका का पैंटानल विश्व का सबसे बड़ा आर्द्रभूमि/दलदली भूमि वाला क्षेत्र है। यह मुख्यत: ब्राजील में स्थित है लेकिन इसके कुछ हिस्से ब्राजील की सीमा पार बोलीविया और पराग्वे तक भी फैले हुए हैं। यह लगभग 140,000 और 195,000 वर्ग किलोमीटर के क्षेत्रफल में फैला हुआ विशालकाय क्षेत्र है। अत: विकल्प (c) सही है।

36. (c) उदारीकृत विनिमय दर प्रबंधन प्रणाली एक नई विनिमय दर प्रबंधन प्रणाली थी। भारतीय रिजर्व बैंक (RBI) ने इस योजना के तहत आधिकारिक उपयोग के लिए आधिकारिक विनिमय दर पर निर्यात और आवक प्रेषण की आय का 40 प्रतिशत खरीदा। सी. रंगराजन समिति की सिफारिशों के बाद, दोहरी विनिमय दर के साथ उदारीकृत विनिमय दर प्रबंधन प्रणाली (LERMS) को लागू किया गया। मार्च 1992 में, भारत सरकार ने उदारीकृत विनिमय दर प्रबंधन प्रणाली (LERMS) को लागू किया। डॉ. मनमोहन सिंह ने अपने 1992-1993 के बजट में नए

दृष्टिकोण का खुलासा किया, और भारतीय रिजर्व बैंक ने मार्च की शुरुआत में इसकी घोषणा की (RBI)। अतः विकल्प (c) सही है।

37. (a) हिस्ट्री ऑफ गढ़वाल के लेखक डॉ. अजय सिंह रावत हैं। इनका जन्म उत्तरखंड के पिथौरागढ़ जिले में हुआ था। अतः विकल्प (a) सही है।

38. (a) कुल मिलाकर, बेसबॉल को आच्छादित करने के लिए 108 हाथ से सिले हुए डबल टांके का उपयोग किया जाता है। टांके, सिलाई और उनके अभिविन्यास इन गेंदों को जटिल और अप्रत्याशित बना सकते हैं। MLB (मेजर लीग बेसबॉल) स्तर पर, इन लाल टांको और बेसबॉल में उपयोग की जाने वाली बाकी चीजों को तापमान-नियंत्रित सुविधाओं में संगृहीत किया जाता है।

39. (c) एक खेल में 7.5 मिनट की छह अवधि होती है जिन्हें चक्कर, चुक्कर या चुक्का कहा जाता है। पोलो के खेल में बाएं हाथ से खेलने की अनुमति नहीं है। पोलो घुड़सवारी के खेलों में सबसे पुराना है। यह प्रत्येक टीम चार खिलाड़ियों की दो टीमों के बीच घोड़े की पीठ पर बैठ कर खेला जाने वाला खेल है। खिलाड़ी घास के मैदान और दो गोल पोस्ट के बीच गेंद को मारने के लिए लकड़ी के लंबे, लचीले हैंडल वाले मैलेट (लकड़ी की छड़ी या बैट) का उपयोग करते हैं। पोलो 160 गज चौड़े और 300 गज (274.3 मीटर) लंबे बाहरी घास के मैदान पर खेला जाता है। प्रत्येक छोर पर केंद्रित हल्के गोलपोस्ट 8 गज की दूरी पर रहते हैं। गोलपोस्ट के बीच गेंद को मारकर एक स्कोर बनाया जाता है। प्रत्येक टीम स्कोर करने की कोशिश करती है वहीं प्रतिद्वंद्वी स्कोर को रोकने की कोशिश करते हैं।

40. (d) संघीय सरकार वह होती है जिसमें संविधान द्वारा ही राष्ट्रीय सरकार और क्षेत्रीय सरकारों के बीच शक्तियों का विभाजन किया जाता है और दोनों अपने-अपने अधिकार क्षेत्र में स्वतंत्र रूप से कार्य करती हैं। संघीय मॉडल में, राष्ट्रीय सरकार को संघीय सरकार या केंद्र सरकार या संघ सरकार के रूप में जाना जाता है और क्षेत्रीय सरकार को राज्य सरकार या प्रांतीय सरकार के रूप में जाना जाता है। अतः विकल्प (d) सही है।

41. (a) 'भोरमदेव वन्यजीव अभयारण्य' छत्तीसगढ़ के कवर्धा जिले में स्थित है। इसका नाम अभयारण्य के पास स्थित 11वीं शताब्दी के प्रसिद्ध भोरमदेव मंदिर के नाम पर रखा गया है। इसकी सीमा मध्य प्रदेश में कान्हा राष्ट्रीय उद्यान के साथ लगती है, जो इसे मध्य भारत में बाघों का एक महत्त्वपूर्ण निवास स्थान बनाती है। अतः विकल्प (a) सही है।

42. (c) पारिस्थितिक तंत्र भौतिक (अजैविक) पर्यावरण के समुच्चयन के साथ सभी जैविक डोमेन वाले जीवों का समूह होता है। बायोम महाद्वीपीय स्तर (समान जलवायु परिस्थितियों वाले जलवायु और भौगोलिक रूप से सन्निहित क्षेत्र) के पारिस्थितिक तंत्रों का समूह होता है। बायोस्फीयर या इकोस्फीयर सभी जीवों एवं भौतिक (अजैविक) पर्यावरण का समूह होता है।

43. (a)

Concept

$$2 \text{ वर्ष } C.I - S.I = P \times \left(\frac{r}{100}\right)^2$$

$$3 \text{ वर्ष का } C.I - S.I = P \times \left(\frac{r}{100}\right)^2 \times \left(\frac{300 + r}{100}\right)$$

2 वर्ष : 3 वर्ष

$$\text{अंतर} \rightarrow P \times \left(\frac{75}{100}\right)^2 : P \times \left(\frac{75}{100}\right)^2 \times \frac{375}{100}$$

$$\Rightarrow \quad 1 : \frac{375}{100}$$

$$\Rightarrow \quad 100 : 375$$

$$\Rightarrow \quad 4 : 15$$

44. (c) मिश्रण का विक्रय मूल्य = ₹ 96 प्रति/किग्रा

20% का लाभ होता है।

$$\text{तो मिश्रण का क्रय मूल्य} = 96 \times \frac{100}{120}$$

$$= 96 \times \frac{5}{6}$$

= ₹ 80 प्रति/किग्रा

Alligation विधि से,

शुद्ध घी वनस्पति घी

100 50

80

30 : 20

3 : 2

45. (c) कोई हल नहीं होने के लिए

$$\frac{a_1}{a_2} = \frac{b_1}{b_2} \neq \frac{c_1}{c_2}$$

$$3x - ky - 20 = 0 \quad \ldots(i)$$

$$6x - 10y + 40 = 0 \quad \ldots(ii)$$

$$\frac{3}{6} = \frac{-k}{-10} \neq \frac{-20}{40}$$

$$\frac{3}{6} = \frac{-k}{-10} \neq \frac{-20}{40}$$

$$\Rightarrow \quad \frac{3}{6} = \frac{k}{10}$$

$$\Rightarrow \quad k = 5$$

46. (a) $a^x = b, b^y = a$

$$\Rightarrow \quad a^x = b$$

$$\Rightarrow \quad (b^y)^x = b$$

$$\Rightarrow \quad b^{xy} = b^1$$

$$xy = 1$$

47. (d) विकल्प देखकर उत्तर स्पष्ट हो रहा है।

a & b का न्यूनतम मान = 36, 24

48. (d) $a * b = (2a + 3b - ab)$

$$3 \ \ 5 + 5 \ \ 3$$

$$\downarrow \ \downarrow + \downarrow \ \downarrow$$

$$a \ \ b + a \ \ b$$

$$(6 + 15 - 15) + (10 + 9 - 15)$$

$$6 + 4 \Rightarrow 10$$

49. (a) $1010 \Rightarrow 1000 + 10$

$$\Rightarrow MX$$

50. (a)

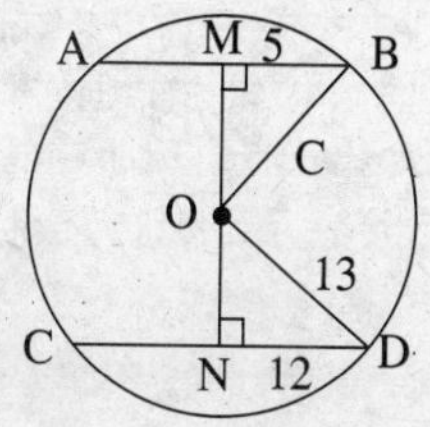

AB = 10 सेमी

CD = 24 सेमी

Triplets से,

OM = 12

ON = 5

दोनों जीवाओं के बीच की दूरी

(MN) = OM + ON

= 12 + 5

= 17 सेमी

51. (b) उपर्युक्त अनुच्छेद के अनुसार आज की युवा पीढ़ी में मादक पदार्थों के प्रयोग की लत पड़ने के निम्न कारण हैं- यदाकदा पान-सुपारी का सेवन करना, स्कूल कॉलेज के आसपास मादक पदार्थों की उपलब्धता, नशा करने वाले साथियों की संगति आदि। अतः स्पष्ट है कि परिवार का धनी होना और बच्चों को अनियंत्रित जेब खर्च मिलना लत का कारण नहीं है।

52. (c) उपर्युक्त अनुच्छेद के अनुसार मादक पदार्थों का सेवन करने वाले युवाओं को विकल्पों में दिये गये 'शारीरिक अक्षमता, पागलपन और सुषुप्ति, एच.आई.वी. और एड्स तथा मानसिक असंतुलन' इन सभी बीमारियों का खतरा होता है।

53. (d) उपर्युक्त अनुच्छेद के अनुसार मादक द्रव्यों का सेवन करने वाले बच्चों के लिए सबसे ज्यादा दोषी राज्य सरकार है।

54. (a) उपर्युक्त अनुच्छेद के अनुसार राज्य सरकारें अपने राज्य में नशीली वस्तुओं के उत्पादन और प्रयोग को रोकने में समर्थ नहीं हैं और इसी कारण से भारत के अनेक राज्यों में युवा वर्ग में इन नशीली वस्तुओं का प्रयोग बढ़ता जा रहा है।

55. (c) उपर्युक्त अनुच्छेद के अनुसार मादक द्रव्यों की लत पड़ने के बाद युवकों में अनुशासनहीनता और हिंसा में शामिल होना, मानसिक संतुलन खो देना, स्वास्थ्य के

प्रति लापरवाह तथा चोरी करने की आदत आदि प्रवृत्तियाँ प्रमुखता से दिखाई देती हैं।

56. (a) रमेश ने पाँच हजार रुपये के शेयर खरीदे। इस आधार पर कथन 'शेयर खरीदना निवेश है' सही है। उपर्युक्त अनुच्छेद के अनुसार अन्य विकल्पों में दिये गये कथन सही नहीं हैं।

57. (a) उपर्युक्त अनुच्छेद के आधार पर दीर्घकालीन लक्ष्यों को पाने के लिए, निवेश के विषय में दिये गये विकल्पों में कथन 1, 3 एवं 4 अशुद्ध है। अत: विकल्प (a) सही उत्तर होगा।

58. (d) उपर्युक्त अनुच्छेद के अनुसार सेविंग बैंक खाते में रखा धन निवेश का उदाहरण नहीं है। शेष विकल्पों में दिये गये म्युचूअल फण्ड और एस.आई.पी., कमोडिटीज और शेयर की खरीद-बेच, जमीन या सोना खरीदना आदि निवेश के उदाहरण हैं।

59. (a) उपर्युक्त अनुच्छेद के आधार पर दिये गये विकल्पों में निम्न कथन निवेश की सही विशेषताएँ हैं- निवेश में दीर्घकालिक आर्थिक लक्ष्य प्राप्त किए जा सकते हैं तथा निवेश में ऊँचे रिटर्न की सम्भावना के साथ रिस्क भी रहता है। अत: कथन (i) और (iv) निवेश की सही विशेषताएँ हैं।

60. (d) उपर्युक्त अनुच्छेद के अनुसार दिये गये विकल्पों में कथन 'सोने के गहने खरीदना' निवेश का उदाहरण है। शेष विकल्पों में दिए गए कथन बचत के उदाहरण हैं।

61. (c) Unauthorized का सही अर्थ 'अनाधिकृत' होता है।

Workshop - कार्यशाला
Preservation – संरक्षण
Memorandum – ज्ञापन

62. (b) 'Deputation' शब्द का समकक्ष हिन्दी पारिभाषित शब्द 'प्रतिनियुक्ति' है।

63. (a) DO पत्र (अर्द्धसरकारी पत्र) का उपयोग विभिन्न सरकारी अधिकारी आपस में विचार विनिमय या किसी विषय की जानकारी प्राप्त करने के लिए करते हैं। इस पत्र में सम्बोधन के स्थान पर प्रिय या भवदीय शब्द का प्रयोग किया जाता है।

64. (d) ऑफिस मेमोरेंडम (कार्यालय ज्ञापन)- कार्यालय ज्ञापन पत्र व्यवहार का वह रूप है जिसके माध्यम से किसी सरकारी कार्यालय में किसी विशिष्ट अथवा सामान्य मामले में एक कार्यालय अथवा विभाग से दूसरे कार्यालय अथवा विभाग के अन्तर्विभागीय अथवा अन्तर अनुभागीय औपचारिक सन्देश अथवा अनुदेश प्रसारित किये जाते हैं अथवा एक कार्यालय से किसी व्यक्तिगत मामलें में किसी व्यक्ति को औपचारिक सूचना भेजी जाती है।

कार्यालय ज्ञापन अन्य पुरुष की शैली में लिखा जाता है और इसमें अभिवादन को बताने वाले शब्द महोदय, प्रिय महोदय आदि जैसे शब्दों का इस्तेमाल नहीं किया जाता है।

65. (d) नीति के महत्त्वपूर्ण मामलों, जैसे कि औद्योगिक लाइसेंस नीति में सरकार के निर्णयों को सार्वजनिक घोषणा करने के लिये Resolution / प्रस्ताव का उपयोग किया जाता है। नियुक्ति, नियम, आदेश, छुट्टी, प्रशिक्षण तथा स्थानांतरण आदि की सरकारी सूचना को अधिसूचना या विज्ञप्ति कहते हैं।

66. (c) विदेशी सरकारों के साथ पत्राचार के लिए निर्देश जारी करने के लिए विदेश मंत्रालय जिम्मेदार है।

67. (b) Recurring का अर्थ होता है आवर्ती। आवर्ती यानी बार - बार होने वाला जैसे - तुलसी की माला के दिए जाने और ग्रहण किए जाने की घटनाएँ उपन्यास के गठन को आवर्ती स्वरुप प्रदान करती हैं।

68. (d) 'रिक्ति' को अंग्रेजी में 'VACANCY' कहते है. इसीलिए सही उत्तर विकल्प 3 VACANCY है. अन्य विकल्प गलत उत्तर हैं.

69. (a) प्रधानाचार्य एकवचन संज्ञा है इसलिए इसके साथ उपयोग की जाने वाली क्रिया भी एकवचन होनी चाहिए इसलिए "को बुलाये" की जगह 'को बुलाया' होना चाहिए अत: हम कहा सकते है की (3) में त्रुटि है। सही वाक्य: प्रधानाचार्य ने हिन्दी अध्यापक को बुलाया।

70. (c) विकल्प (c) सही है। वाक्य में किसी बदलाव की आवश्यकता नहीं है। पिताजी मेरे लिए कुछ कपड़े ले आये। रेखाकित खंड को प्रतिस्थापित करने की आवश्यकता नहीं है, क्योंकि इसमें कोई त्रुटि नहीं है। यहाँ सम्प्रदान कारक है। पिताजी मेरे लिए कुछ कपड़े ले आये। यहाँ पर मेरे लिए काम किया जा रहा है। इस वाक्य में सम्प्रदान कारक का उपयोग किया गया है। अत: वाक्य सही है।

71. (c) चिरकाल से सही उत्तर है। चिरकाल का अर्थ - बहुत समय। चिरकाल का पर्याय - दीर्घकाल, बहुत समय आदि। चिरकाल का वाक्य प्रयोग - चिरकाल से यह प्रथा चली आई है।

72. (a) छाती लगाना- आलिंगन करना। वाक्य प्रयोग- माँ अपने बच्चों को छाती से लगाकर रखती है। छाती पर साँप लोटना- ईर्ष्या के कारण व्यथित होना। वाक्य प्रयोग - भारत के वैज्ञानिकों का मंगल मिशन सफलता पूर्वक पूर्ण होने पर शत्रुओं की छाती पर साँप लोट गया। छाती उमड़ना - प्रसन्नता से फूले न समाना। वाक्य प्रयोग - जब रमेश को पता चला कि उसके बेटे ने IAS की परीक्षा उत्तीर्ण कर ली है तो वह फूला नहीं समाया। छाती फटना - बहुत अधिक दुःख या वेदना होना। वाक्य प्रयोग- अचानक पुत्र की मौत की खबर सुनकर माँ की छाती फट गयी।

73. (d) थाली का बैंगन होना - सर्व सुलभ होना,मुहावरे का अर्थ संगत नहीं है।

74. (a) सही उत्तर है - परिश्रम का फल अवश्य मिलता है। जो परिश्रमी होते हैं भले ही सफलता उन्हें देर से मिले लेकिन एक दिन अवश्य अपनी मंजिल पाने में सफल होते हैं। इसलिए परिश्रम का फल अवश्य मिलता है।

75. (b) 'पेट फूलना' मुहावरे का अर्थ 'अत्यन्त प्रसन्न होना' नहीं है। पेट फूलना - किसी बात के कहने के लिए अत्यंत विकल या उत्सुक होना। वाक्य प्रयोग - गीता को कुछ बताने लायक नहीं है उसका तो सबको बताने के लिए "पेट फूलने लगता है"।

76. (c) 'मीमांसा' का सही पर्यायवाची शब्द समालोचन है। इसके अन्य पर्यायवाची शब्द 'विवेचना', 'समीक्षा', 'आलोचना', 'निरूपण' आदि हैं।

77. (b) बिजली का सही पर्यायवाची शब्द सौदामिनी है। इसके अन्य पर्यायवाची शब्द चपला, चंचला, दामिनी, तड़ित, विद्युत आदि हैं।

78. (d) 'भारती' सरस्वती का पर्यायवाची शब्द है। इसके अन्य पर्यायवाची शब्द गिरा, शारदा, वीणापाणि, विमला आदि हैं। लक्ष्मी के पर्यायवाची शब्द रमा, इंदिरा, कमला, श्री, पद्मा आदि हैं।

79. (d) इस प्रश्न का सही उत्तर विकल्प (d) वासन को माना है।

80. (d) 'दामोदर' मेघ का पर्यायवाची नहीं है। 'मेघ' के पर्यायवाची शब्द 'घन, 'बादल', 'वारिद', 'नीरद', 'पयोद', 'जलधर' आदि हैं।

81. (c) 'आविर्भूत' शब्द का विलोमार्थी शब्द 'तिरोभूत' है। अनास्था का आस्था, अनेकता का एकता तथा अनावृष्टि का वृष्टि विलोम शब्द है।

82. (b) 'क्षणिक' शब्द का विलोमार्थी शब्द 'शाश्वत' है। अल्प का अति, क्षर का अक्षर तथा विमुख का उन्मुख विलोम शब्द है।

83. (c) 'अग्रज' का विलोम शब्द अनुज है। अक्षत का क्षत, अतुल का तुल्य तथा अटल का विलोम डाँवाँडोल है।

84. (d) प्रश्नगत विपरीतार्थक शब्द युग्मों में से विकल्प (d) गलत है। परिचर का विलोमार्थी शब्द 'परिचारिका' होता है।

85. (c) प्रश्नगत विपरीतार्थक शब्द युग्मों में से विकल्प (c) असंगत हैं आच्छादित का विलोम 'अनाच्छादित' तथा परिच्छिन्न का विलोम 'अपरिच्छिन्न' होता है।

86. (b) 'विवर्त' शब्द वर्तनी की दृष्टि से शुद्ध है। चिन्ह, अनुग्रहीत व विरहणी शब्दों के शुद्ध रूप क्रमश: चिह्न, अनुगृहीत व विरहिणी हैं।

87. (d)

88. (c) विकल्प (c) उत्कर्षता वर्तनी की दृष्टि से अशुद्ध शब्द है। शुद्ध शब्द होगा उत्कृष्टता।

89. (a)

90. (c) प्रश्नगत विकल्पों में से विकल्प (c) 'उसके घर के पास एक मिठाई की दुकान है।' अशुद्ध है; इसका शुद्ध वाक्य होगा। 'उसके घर के पास मिठाई की एक दुकान है।' प्रस्तुत वाक्य में पदक्रम संबंधी दोष है।

91. (c) **वाक्यांश** **एक शब्द**

(a) जिसे जीता न जा सके - अजेय

(b) जिसने शत्रुओं को जीत लिया हो - शत्रुजयी

(c) जिसका कोई शत्रु नहीं जन्मा है - अजातशत्रु

(d) जिसका कोई शत्रु न हो - शत्रुविहीन

92. (a) **वाक्यांश** **एक शब्द**

(a) खोज करने वाला - अन्वेषक

(b) जिसकी उपमा न दी जा सके - अनुपम

(c) अन्वित होने की अवस्था - अन्विति

(d) निवेश करने वाला - निवेशक

93. (b) **वाक्यांश** **एक शब्द**

(a) जो पृथ्वी से संबंधित हो - पार्थिव

(b) जिसकी ग्रीवा सुंदर हो - सुग्रीव

(c) जो बहुत धैर्यवान हो - सुधीर

(d) जो अत्यधिक नीला हो - सुनील

94. (b) **वाक्यांश** **एक शब्द**

(a) जिसने इंद्रियों को जीत लिया हो - जीतेन्द्र

(b) जिसका अनुभव इंद्रियों द्वारा न हो सके - अतीन्द्रिय

(c) इंद्रियों से संबंधित - ऐंद्रिक

95. (d) **वाक्यांश** **एक शब्द**

(a) जो स्त्री अभिनय करे - अभिनेत्री

(b) जो व्याकरण जानता हा - वैयाकरण

(c) आँखों से पर - अप्रत्यक्ष

(d) लौटकर आया हुआ - प्रत्यागत

96. (b) उसी समय में होने वाला या रहने वाला वाक्यांश के लिए सार्थक शब्द है - समसामयिक। अन्य विकल्प :- समदर्शी - वह जो सभी को समान दृष्टि से देखता हो। सार्वजनिक - सब से संबंध रखने वाला। सामुदायिक - किसी समुदाय विशेष का।

97. (b) उत्तर द्वारा खण्डन करके कहा हुआ शब्द प्रत्युक्त है।

98. (b) 'वह (व्यक्ति) जिसने संन्यास ग्रहण किया हो' वाक्यांश के लिए सार्थक शब्द 'प्रव्रजित' है।

99. (c) दिए गये शब्दों में से 'रात्रि' के पर्यायवाची शब्द 'कृष्णा, इला' नहीं है। अत: सही उत्तर विकल्प (c) 'रात्रि - कृष्णा, इला' होगा।

100. (d) कौआ - प्रियक, मधुदूत, अतिसौरभ पर्यायवाची शब्दों के संदर्भ में असंगत विकल्प है।

101. (a) डीएनएस (DNS) का पूरा नाम प्रक्षेत्र नाम प्रणाली (डोमेन नेम सिस्टम) है। यह कंप्यूटर सेवाओं या किसी इंटरनेट या एक निजी नेटवर्क से जुड़े संसाधन के लिए एक क्रमिक नामकरण प्रणाली है।

102. (b) वीडियो डिस्प्ले कार्ड (VDC) दृश्य तथा चित्र को मॉनीटर पर दिखाने के लिए मदरबोर्ड पर लगाया जाता है। इसमें वीजीए (VGA-वीडियो ग्राफिक डिस्प्ले) का प्रयोग किया जाता है।

103. (b) फ्लॉपी डिस्क एक प्लास्टिक का बना वृत्ताकार डिस्क होता है। जिस पर चुम्बकीय पदार्थ की लेप चढ़ी रहती है। वर्तमान में प्रयुक्त फ्लॉपी की लम्बाई 3.5 इंच होती है। उच्च क्षमता वाली फ्लॉपी की भंडारण क्षमता 1.44 MB होती है।

104. (a) कंट्रोल + एंड (Ctrl + End) लघुपथ कुंजियों का उपयोग संकेतक को आलेख के अंत में ले जाने के लिए किया जा सकता है।

105. (a) एसएमटीपी (SMTP) का विस्तृत रूप सामान्य डाक स्थानांतरण क्रमाचार (सिम्पल मेल ट्रांसफर प्रोटोकॉल) है। यह इंटरनेट पर ई-मेल के लिए प्रयुक्त सर्वाधिक लोकप्रिय प्रोटोकॉल है। उपयोगकर्त्ता के कंप्यूटर से मैसेज को ई-मेल सर्वर तक और पुन:सर्वर से प्राप्तकर्ता तक भेजने के लिए इस प्रोटोकॉल का प्रयोग किया जाता है।

106. (a) कोबोल (COBOL-Common Business Oriented Language) का प्रयोग सरकारी या वाणिज्यिक दफ्तरों में व्यावसायिक आंकड़ों के संशोधन में किया जाता है। जबकि पास्कल भाषा का प्रयोग प्रशिक्षुओं में प्रोग्रामिंग की अवधारणा को स्पष्ट करने में किया जाता है। फोरट्रॉन (FORTRAN) को प्रथम उच्च स्तरीय भाषा माना जाता है। जिसका प्रयोग वैज्ञानिक और इन्जीनियरों द्वारा गणितीय सूत्रों को आसानी से हल करने तथा जटिल वैज्ञानिक गणनाओं में किया जाता है।

107. (c) क्रमबद्ध (Sequential) मिसिल व्यवस्थापन सर्वाधिक कार्यक्रम व्यवस्थापन का प्रकार है।

108. (b) गिनतारा (एबेकस) जिसे गणक सांचा भी कह सकते हैं। यह एक गणन उपकरण होता है, जिसका प्रयोग एशिया के विभिन्न भागों में अंकगणितीय प्रकार्यों के लिए किया जाता था। गिनतारा का सर्वप्रथम उपयोग चीन में हुआ था।

109. (b) 'सी' भाषा का आविष्कार 'एंटी एण्ड टी बेल्स' प्रयोगशाला में डेनिस रिची ने किया था। 'सी' भाषा में आयताकार कोष्ठकों का उपयोग सारणी में होता है।

110. (a) सी भाषा (C language) हमें Print function की सहायता से output display करने की अनुमति देती है जबकि अगर आपको कोई भी value कीबोर्ड से insert करानी होती है तो input function का use होता है। इसके लिए scanf function का उपयोग करते हैं।

111. (c) विकृत युग्म (twisted pair wire) के माध्यम का प्रयोग ऐसी व्यवस्था में किया जाता है जहाँ ट्रांसमीटर (भेजने वाला) एवं रिसीवर (प्राप्त करने वाला) के बीच अधिकतम दूरी 1 किमी. से अधिक न हो।

112. (d) कीट (वर्म), विषाणु (वायरस) और गुप्त योद्धा (ट्रोजन्स) आदि पारितंत्र विपत्तियाँ (सिस्टम थ्रेट्स) कहलाते हैं।

113. (b) एक प्रधान मिसिल (Master file) में स्थायी तथ्य समाविष्ट होते हैं।

114. (a) क्रमादेश संगणक (कंप्यूटर प्रोग्राम) किसी कार्य विशेष को संगणक द्वारा कराने अथवा करने के लिए संगणक को समझ आने वाली भाषा में दिए गए निर्देशों का समूह होता है। एक क्रमादेश संगणक में निर्देशों का पालन क्रमबद्ध (अनुक्रमिक) रूप में होता है।

115. (b) वायरस एक द्वेषपूर्ण प्रोग्राम है जो किसी उपयोगी प्रोग्राम के साथ जुड़कर या इंटरनेट द्वारा विभिन्न कंप्यूटरों की मेमोरी में प्रवेश करता है। यह डाटा को मिटाने या उसे खराब करने या उसमें परिवर्तन करने का कार्य कर सकता है। वायरस स्वयं को कंप्यूटर के बूट से जोड़ लेता है। कंप्यूटर जितनी बार बूट करता है। वायरस उतना ही अधिक फैलता है।

116. (a) रैम (रैण्डम एक्सेस मेमोरी) अस्थायी मेमोरी है जिसमें डाटा और सूचना को अस्थायी तौर पर रखा जाता है। इसमें अस्थायी निर्देशों और अंतरिम परिणामों को भी रखा जाता है। ह्रासी (उदवायी) अर्धचालक स्मृति है।

117. (c) किलोबाइट मेमोरी की इकाई है, जो 1024 बाइट के बराबर होती है। इसका संक्षिप्त नाम kB, kb, k byte आदि है।

118. (a) पास्कल (Pascal) भाषा का विकास 1971 में स्विट्जरलैण्ड के प्रोफेसर निकलॉस वर्थ द्वारा किया गया। इसका नामकरण कंप्यूटर के जनक कहे जाने वाले ब्लेज पास्कल के नाम पर किया गया है। जबकि 'सी' भाषा का विकास डेनिस एम. रिची ने किया था।

119. (c) बीसीडी (BCD-Binary Coded Decimal) में संपूर्ण डेसिमल संख्या को बाइनरी में बदलने की बजाय डेसिमल संख्या के प्रत्येक अंक को उसके चार अंकीय बाइनरी तुल्यांक से प्रतिस्थापित कर दिया जाता है। इससे दशमलव अंक 80 का बीसीडी कूट 10000000 होगा।

120. (a) मॉडेम एक ऐसा डिवाइस (युक्ति) होता है जिसका प्रयोग इंटरनेट के प्रयोग करने हेतु होता है। ये एनालॉग सिग्नल को डिजिटल तथा डिजिटल सिग्नल को वापस एनालॉग सिग्नल में परिवर्तित करता है।

121. (b) अर्ध डुप्लेक्स में सूचनाओं का संचरण दोनों दिशाओं में किया जा सकता है, पर एक बार में एक ही दिशा में सूचनाएँ जा सकती हैं।

122. (b) E-mail (ई-मेल) इंटरनेट की वह सुविधा है जिसके माध्यम से हम सूचना एवं पत्रों का आदान-प्रदान तीव्र गति से कर सकते हैं। इसका पूरा नाम इलेक्ट्रॉनिक मेल होता है। ई-मेल में एसएमटीपी (SMTP) क्रमाचार संदेशों के लिए व्यवहृत होती है। जबकि एचटीटीपी (HTTP) एक प्रोटोकॉल है जिसका पूरा नाम हाइपरटेक्स्ट ट्रांसफर प्रोटोकॉल है।

123. (b) टीसीपी/आईपी (TCP/IP) का पूरा नाम ट्रांसफर कंट्रोल इंटरनेट प्रोटोकॉल होता है। यह इंटरनेट का एक मानक प्रोटोकाल है, जिसके आधार पर सूचना एवं जानकारियों का आदान-प्रदान होता है। टीसीपी/आईपी (TCP/IP) क्रमाचार दर्प (DARPA) प्रतिष्ठान द्वारा विकसित किया गया है।

124. (a) '<' एक संबंधपरक संकारक है जबकि +, ++ और / एक अंकगणितीय संकारक (ऑपरेटर) हैं।

125. (a) किसी सारणी (श्रम) के तत्त्वों तक उपागम अनुक्रमणिका संख्या के द्वारा होता है।

126. (b) गेचर क्रिया का उपयोग कुंजीपटल (की-बोर्ड) से एकल अक्षर (संकेत) प्रविष्टि हेतु किया जा सकता है।

127. (a) द्रुतिका (कैचे) स्मृति उच्च गति वाली छोटी सेमी कण्डक्टर मेमोरी है जिसमें क्रियान्वयन से पूर्व डाटा को रखा जाता है ताकि प्रोसेसिंग की गति बढ़ाई जा सके। द्रुतिका (कैचे) स्मृति एक द्रुततम रैम (Faster Ram) है।

128. (d) छद्म कूट (Predo code) किसी प्रोग्राम को लिखने का तरीका है जिसमें चिन्हों का प्रयोग न कर प्रोग्राम और उसके तर्कों को साधारण व संक्षिप्त भाषा में लिखा जाता है। छद्म कूट क्रमादेश चरण लिखने हेतु व्यवहृत होता है।

129. (d) रैम (रैंडम एक्सेज मेमोरी) वोलाटाइल मेमोरी होती है। इसे कंप्यूटर की मुख्य मेमोरी कहते हैं। इस मेमोरी के डाटा विद्युत बाधा की स्थिति में समाप्त हो जाते हैं। इसीलिए इसे वोलाटाइल मेमोरी कहते हैं। रैम डीडीआर, डीडीआर-1 और डीडीआर-3 प्रकार की होती है।

130. (a) सीपीयू (CPU-Central Processing Unit) को कंप्यूटर का हृदय या मस्तिष्क कहा जाता है। यह कंट्रोल यूनिट (Cu) एरिथमैटिक लॉजिक यूनिट (ALU) तथा प्राथमिक मेमोरी से मिलकर बना होता है।

131. (c) एसडी (सुरक्षित अंकीय पत्रक) को मान्य भण्डारण के रूप में भी माना जाता है। जबकि सीपीयू (सेंट्रल प्रोसेसिंग यूनिट) कंप्यूटर का केन्द्रीय भाग होता है। इसे हम कंप्यूटर का दिमाग भी कहते हैं। की-बोर्ड की सहायता से हम डाटा अथवा सूचना को कंप्यूटर के अंदर प्रविष्ट कराते हैं। यह एक इनपुट डिवाइस है।

132. (a) आरएस-322 संयोजक (RS-322 Connector) संगणक सीपीयू के पश्चातवर्ती पट्टिका में सम्मिलित नहीं होता।

133. (a) ऑल्टर कुंजी पटल पर उपलब्ध क्रिया कुंजी है।

134. (b) पावर पॉइंट एक परितंत्र नहीं है। पावर पॉइंट प्रस्तुतिकरण का एक सॉफ्टवेयर पैकेज है। जबकि कम्पाइलर (संकलक) एक ट्रांसलेटर प्रोग्राम है।

135. (d) पाँचवीं पीढ़ी में कुछ अन्य अत्याधुनिक कंप्यूटर तकनीकों का भी समावेश किया गया। जिससे कंप्यूटर की गति, क्षमता तथा भंडारण क्षमता में अभूतपूर्व वृद्धि हुई। लैपटॉप, पामटॉप एवं अन्य अत्याधुनिक शक्तिशाली कंप्यूटर जैसे सुपर कंप्यूटर आदि पाँचवी पीढ़ी की देन हैं। पांचवीं पीढ़ी के संगणक कृत्रिम मेधा की अवधारणा का उपयोग करता है।

136. (a) आईबीएम (IBM) कंप्यूटर निर्माण के क्षेत्र में एक प्रतिष्ठित अमेरिकी कम्पनी है। इसे पर्सनल कंप्यूटर तथा विश्व के सबसे तेज सुपर कंप्यूटर के विकास का श्रेय है। आईबीएम और एचपी को संगणकों के प्रसिद्ध निर्माता के रूप में जाना जाता है।

137. (b) षढ़-अष्टक संभाव्य संख्या निरूपण प्रपत्र नहीं है, जबकि अष्टक, दशमलव और द्विचर कूलबद्ध दशमलव (BCD) संभाव्य संख्या निरूपण प्रपत्र हैं।

138. (a) मैन (मेट्रोपोलिटन एरिया नेटवर्क) किसी बड़े भौगोलिक क्षेत्र में स्थित कंप्यूटरों का नेटवर्क है। इसका उपयोग एक ही शहर में स्थित निजी या सार्वजनिक कंप्यूटर को जोड़ने में किया जाता है। जबकि एक निश्चित और छोटे भौगोलिक क्षेत्र के कंप्यूटर को आपस में जोड़ने का जाल लैन (लोकल एरिया नेटवर्क) कहलाते हैं।

139. (b) प्रचालन तंत्र (ऑपरेटिंग सिस्टम) प्रोग्रामों का वह समूह है जो कंप्यूटर सिस्टम और उसके विभिन्न संसाधनों को नियंत्रित करता है तथा हार्डवेयर और उपयोगकर्ता के बीच संबंध स्थापित करता है।

140. (c) बेसिक (BASIC) एक लोकप्रिय व सरल प्रोग्रामिंग भाषा है जिसका विकास 1964 में प्रोफेसर जॉन केमेनी तथा थॉमस कुर्ट्ज ने किया। यह एक अक्षर-संवेदनशील भाषा है। बेसिक पर्सनल कंप्यूटर में व्यवहार में लाई जाने वाली प्रथम उच्चस्तरीय भाषा है। जबकि पास्कल को शिक्षापरक भाषा भी कहते हैं, जबकि C++ प्रोग्रामिंग लैंग्वेज वास्तव में C लैंग्वेज के विस्तार के रूप में देखी जा सकती है। यह Object Oriented Language है।

141. (c) प्रक्रिया (Processing) प्रवाह सचित्र (फ्लोचार्ट) के संकेतों का उपयोग योग, वियोग, गुणन एवं विभाजन जैसी सभी अंकगणितीय प्रक्रियाओं को दर्शाने के लिए होता है। यह एक आयताकार चिन्ह होता है जिसमें प्रोसेसिंग के निर्देश या सूत्र होते हैं। जबकि निवेश/परिणाम (इनपुट/आउटपुट) समानान्तर चतुर्भुज का चिन्ह होता है जो इनपुट या आउटपुट आदि को दर्शाता है। छोर (टर्मिनल) एक अण्डाकार चिन्ह है जो प्रक्रिया के आरंभ, अंत या विराम के लिए प्रयुक्त होता है। निर्णय तार्किक क्रिया को दर्शाता है। इससे तर्क या प्रश्न और उनके परिणाम दिखाये जाते हैं।

142. (a) हेतु (फॉर) पाश (लूप) में स्थित तीन विशेषताओं को अर्धविराम (Semicolon) द्वारा पृथक् किया जाता है।

143. (b) किसी जानकारी को वर्ल्ड वाइड वेब में लिंक द्वारा खोजना ही ब्राउजर कहलाता है। गूगल क्रोम एक विचरक (ब्राउजर) है।

144. (d) माइक्रोप्रोसेसर (सूक्ष्मप्रक्रमक) एक ऐसी डिजिटल इलेक्ट्रॉनिक युक्ति है जिसमें लाखों ट्रांजिस्टरों को एकीकृत परिपथ के रूप में प्रयोग कर तैयार किया जाता है। व्ही-3 (v-3) सूक्ष्म प्रक्रमकों (माइक्रोप्रोसेसर) के उपलब्ध संस्करण हैं।

145. (c) वर्ण-संकर संगणक (हाइब्रिड कंप्यूटर) डिजिटल व एनालॉग कंप्यूटर का मिश्रित रूप है। इसमें गणना तथा प्रोसेसिंग के लिए डिजिटल रूप का प्रयोग किया जाता है। जबकि अनुरूप संगणक (एनालॉग कंप्यूटर) में विद्युत के एनालॉग रूप का प्रयोग किया जाता है। अंकीय संगणक (डिजिटल कंप्यूटर) इलेक्ट्रॉनिक संकेतों पर चलते हैं तथा गणना के लिए द्विआधारी अंक पद्धति (0 या 1) का प्रयोग किया जाता है।

146. (d) ईप्रॉम (इरेजेबल प्रोग्रामेबल रीड ओनली मेमोरी) में आवश्यकता पड़ने पर हम डाटा को मिटाकर पुन: लिख सकते हैं। EPROM को इलेक्ट्रिक सिग्नल द्वारा नियंत्रित शृंखला द्वारा पुन: प्रोग्राम किया जा सकता है। PRAM स्मरण शक्ति का एक अमान्य प्रकार है।

147. (b) मुख्य पटल (Mother Board) प्लास्टिक का बना पीसीबी होता है। धातु की पतली रेखाओं द्वारा यह दो उपकरणों के बीच संबंध स्थापित करता है। यह कंप्यूटर का मुख्य पटल होता है। जबकि जॉयस्टिक एक प्वाइंटिंग डिवाइस है जो टैकबॉल की तरह कार्य करता है।

148. (d) माउस एक इनपुट डिवाइस है जिसे प्वाइंटिंग डिवाइस भी कहा जाता है। ग्राफिकल यूजर इंटरफेस के प्रयोग से इसका महत्त्व बढ़ गया है। जबकि की-बोर्ड एक मुख्य इनपुट डिवाइस है जिसका प्रयोग कंप्यूटर में डाटा डालने के लिए किया जाता है। ट्रैकबॉल माउस का ही प्रारूप है जिसमें रबर बाल नीचे न होकर ऊपर होती है।

149. (c) तृतीय पीढ़ी के कंप्यूटर में ट्रांजिस्टर की जगह इंटीग्रेटेड सर्किट (IC) का प्रयोग शुरू हुआ जिसमें सैकड़ों इलेक्ट्रॉनिक उपकरण जैसे ट्रांजिस्टर, प्रतिरोधक और संधारित्र एक छोटे चिप पर बने होते हैं। प्रारंभ में SSI (Small Scale Integration) और बाद में MSI (Medium Scale Integration) का प्रयोग किया गया।

150. (c) आधुनिक कंप्यूटर में उपलब्ध संभाव्य एलपीटी और यूएसबी है। यूएसबी पोर्ट एक एक्सटर्नल बस है जो लगभग सभी पेरीफेरल डिवाइसेस को कंप्यूटर से जोड़ने में सक्षम है।

□□□

3 प्रैक्टिस सेट

सामान्य ज्ञान

1. राष्ट्रीय सांख्यिकी आयोग की स्थापना किस समिति की अनुशंसा पर की गई ?
(a) बासवान समिति
(b) वी.एम. तारकुंडे समिति
(c) पी.सी. होता समिति
(d) डॉ. सी. रंगराजन समिति

2. निम्नलिखित में से कौन अभ्युदय, लीडर और हिंदुस्तान से संबंधित था ?
(a) गोपाल कृष्ण गोखले
(b) एनी बेसेंट
(c) शचींद्र नाथ सान्याल
(d) मदन मोहन मालवीय

3. किंगरी-बिंगरी संबंधित है ?
(a) नदी (b) पहाड़
(c) दर्रा (d) बाँध

4. किस समिति द्वारा पंचायतों को आर्थिक रुप से आत्मनिर्भर बनाने की सिफारिश की गई ?
(a) बलवंत राय मेहता समिति
(b) अशोक मेहता समिति
(c) राव समिति
(d) सिंघवी समिति

5. पॉवर सेक्टर में साइबर सिक्योरिटी लागू करने वाला देश का पहला राज्य है-
(a) मध्य प्रदेश (b) उत्तर प्रदेश
(c) केरल (d) तमिलनाडु

6. अंतर्राष्ट्रीय लोकतंत्र दिवस कब मनाया जाता है ?
(a) 15 सितंबर (b) 11 अगस्त
(c) 13 जनवरी (d) 24 अप्रैल

7. निम्नलिखित युग्मों में से कौन-सा सही सुमेलित नहीं है ?
(a) गेराल्ड आन्गियार - बंबई का संस्थापक
(b) कैप्टन हॉकिंस - प्रथम अंग्रेज दूत जिसने सम्राट जहाँगीर से भेंट की
(c) जॉब चार्नाक - कलकत्ता का संस्थापक
(d) फ्रैंको मार्टिन - फोर्ट विलियम (कलकत्ता) का प्रथम संस्थापक

8. मिशियो सुजिमुरा का संबंध निम्नलिखित में से किस क्षेत्र से है ?
(a) बायोकेमिस्ट
(b) चिकित्सक
(c) अंतरिक्ष वैज्ञानिक
(d) सैन्य अधिकारी

9. क्रिपलिंग स्कल्टन फ्लोरोसिस रोग किससे संबंधित है ?
(a) त्वचा (b) बाल
(c) अस्थि विकृति (d) आँखों से

10. किस राज्य ने 'बाजरा मिशन' की शुरुआत की है ?
(a) गुजरात (b) छत्तीसगढ़
(c) मध्य प्रदेश (d) उत्तर प्रदेश

11. मनोरमा महापात्रा का संबंध किस क्षेत्र से है ?
(a) साहित्य (b) चिकित्सा
(c) सैन्य (d) कला

12. मुख्यमंत्री कृषक दुर्घटना कल्याण योजना किस राज्य से संबंधित है ?
(a) महाराष्ट्र (b) उत्तर प्रदेश
(c) हरियाणा (d) बिहार

13. उत्तर प्रदेश का पहला जनजातीय संग्रहालय कहाँ स्थापित किया गया ?
(a) महोबा (b) सोनभद्र
(c) बलरामपुर (d) कानपुर

14. इंसुलिन स्त्रावित होता है-
(a) छोटी आंत से (b) बड़ी आंत से
(c) अग्नाशय से (d) अमाशय से

15. मांझी पंचायत का अध्यक्ष होता है ?
(a) मांझी (b) परगनैत
(c) कुडाम नायके (d) नायके

16. निम्न में से कौन-सा सही सुमेलित नहीं है ?
(a) नील हरित शैवाल- धान
(b) राइजोबियम लेग्यूमिनिसेरम- मटर
(c) एजोटोबैक्टर- गेंहू
(d) अजोला- मक्का

17. निम्नलिखित में से कौन-सा युग्म सही सुमेलित नहीं है ?

प्रमुख संस्थान	- अवस्थिति (उत्तर प्रदेश)
(a) आलू अनुसंधान केंद्र	- बाबूगंज (गाजियाबाद)
(b) लेदर टेक्नोलॉजी पार्क	- बंथरा (उन्नाव)
(c) टॉय सिटी	- इटावा
(d) राज्य का प्रथम सेटेलाइट टाउन	- पिलखुवा (हापुड़)

18. मालपुरी, चोकला, सोनाडी किसकी नस्लें है ?
(a) भेड़ (b) भैंस
(c) बकरी (d) ऊँट

19. निम्नलिखित में से किसका संबंध शून्य अभियान से है ?
(a) नीति आयोग
(b) पर्यावरण, वन एवं जलवायु परिवर्तन मंत्रालय
(c) राष्ट्रीय सूचना विज्ञान केंद्र
(d) इलेक्ट्रॉनिकी और सूचना प्रौद्योगिकी मंत्रालय

20. कार्टोग्राफी में, संक्षिप्त नाम 'RF' का अर्थ है-
(a) रिस्पेक्टिव फ्रैक्शन
(b) रेशनल फैक्टर
(c) रिप्रेजेंटेटिव फ्रैक्शन
(d) रियल फंक्शन

21. भारत की जनगणना 2011 के अनुसार भारत में अनुसूचित जनजातियों की जनसंख्या का प्रतिशत कितना था ?
(a) 9.3% (b) 8.6%
(c) 7.5% (d) 12.2%

22. कोपेन की वर्गीकरण योजना के अनुसार उत्तर प्रदेश और बिहार किस प्रकार की जलवायु प्रदेश में आते हैं ?
(a) Dfc (b) Cwg
(c) Aw (d) Cvg

23. निम्न में से कौन एक बहिर्कक्ष खेल नहीं है ?
(a) रग्बी लॉन (b) टेनिस
(c) क्रिकेट (d) बैडमिंटन

24. निम्नलिखित खिलाड़ियों में से कौन एक पैरा-एथलीट हैं जो धैर्य और दृढ़-निश्चय का प्रतीक हैं ?
(a) नीरज चोपड़ा (b) लवलीना बोरगोहेन
(c) साक्षी मलिक (d) दीपा मलिक

25. 'स्टॉर्म शैडो' क्या है ?
(a) परमाणु ऊर्जा से चलने वाली पनडुब्बी
(b) मैलवेयर का प्रकार
(c) क्रूज मिसाइल
(d) मकड़ी की प्रजाति

26. निम्नलिखित में से किस एक समूह में चारों देश G20 के सदस्य हैं ?
(a) मेक्सिको, रूस, सऊदी अरब और सिंगापुर
(b) तुर्किये, यूनाइटेड किंगडम, संयुक्त राज्य अमेरिका और यूरोपीय संघ
(c) अर्जेंटीना, ऑस्ट्रेलिया, ब्राजील और दक्षिण कोरिया
(d) चीन, फ्रॉंस, जर्मनी और मलेशिया

27. मानव शरीर में श्वेत रक्त कोशिकाओं (WBC) का मुख्य कार्य क्या है ?
(a) ऑक्सीजन का परिवहन करना।
(b) पोषक तत्त्व का निर्गमन करना।
(c) संक्रमण से लड़ना।
(d) हार्मोन का उत्पादन करना।

28. निम्नलिखित में से किस मुगल शासक को सख्त इस्लामी कानून और नीतियाँ लागू करने के प्रयासों के लिए जाना जाता है ?
(a) बाबर (b) अकबर
(c) औरंगजेब (d) हुमायूँ

29. कोशिका में माइटोकॉन्ड्रिया का प्राथमिक कार्य क्या है ?
(a) प्रोटीन संश्लेषण (b) ऊर्जा उत्पादन
(c) डीएनए प्रतिकृति (d) अपशिष्ट उन्मूलन

30. कौन-सा उपपरमाण्विक कण किसी तत्त्व के रासायनिक गुणों के लिए जिम्मेदार है ?
(a) न्यूट्रॉन (b) इलेक्ट्रॉन
(c) प्रोटॉन (d) पॉजिट्रॉन

31. निम्नलिखित में से कौन-सा संगठन 'विश्व सामाजिक संरक्षण रिपोर्ट' प्रकाशित करता है ?
(a) अंतर्राष्ट्रीय श्रम संगठन
(b) विश्व स्वास्थ्य संगठन
(c) अंतर्राष्ट्रीय मुद्रा कोष
(d) विश्व आर्थिक मंच

32. एक ग्राम जल को वाष्पीकरण द्वारा वाष्प में परिवर्तित करने के लिए कितने कैलोरी ऊर्जा की आवश्यकता होती है ?
(a) 209 कैलोरी (b) 326 कैलोरी
(c) 415 कैलोरी (d) 607 कैलोरी

33. प्राचीन काल में 'कामन्दकीय नीतिसार' की रचना किस राजवंश के काल में हुई थी ?
(a) मौर्य काल (b) गुप्त काल
(c) शुंग काल (d) राजपूत काल

34. कृषि अवसंरचना कोष को किस वर्ष लॉन्च किया गया था ?
(a) वर्ष 2018 (b) वर्ष 2019
(c) वर्ष 2020 (d) वर्ष 2021

35. प्रत्येक वर्ष किस दिन विश्व हेपेटाइटिस दिवस मनाया जाता है ?
(a) 12 मई (b) 17 जून
(c) 22 अगस्त (d) 28 जुलाई

36. आर.ए.सी.ई. का संक्षिप्त रूप है-
(a) रेस्क्यू, अलर्ट, कवर, एक्सटिंग्विश
(b) रेस्क्यू, अलार्म, कवर, एग्जिट
(c) रेस्क्यू, अलार्म, कन्टेन, एक्सटिंग्विश
(d) रेस्क्यू, अलार्म, कन्टेन, एग्जिट

37. भारतीय संविधान का कौन-सा अनुच्छेद अंतर्राज्यीय परिषद के गठन से संबंधित है ?
(a) अनुच्छेद 262 (b) अनुच्छेद 263
(c) अनुच्छेद 264 (d) अनुच्छेद 265

38. गुटनिरपेक्ष आंदोलन का मुख्य उद्देश्य क्या था ?
(a) सदस्य देशों के बीच एक सैन्य गठबंधन स्थापित करना
(b) सदस्य राष्ट्रों के बीच आर्थिक सहयोग को बढ़ावा देना
(c) उपनिवेशवाद, साम्राज्यवाद और जातिवाद का विरोध करना
(d) अमेरिका या सोवियत संघ की शीत युद्ध नीतियों का समर्थन करना

39. निम्नलिखित में से कौन-सा शासक गुर्जर-प्रतिहार वंश से संबंधित नहीं है ?
(a) वत्सराज (b) महिपाल प्रथम
(c) नागभट्ट प्रथम (d) ध्रुव

40. निम्नलिखित में से भारत के किस राज्य में चिटे लुई नदी अवस्थित है ?
(a) असम (b) मिजोरम
(c) नागालैंड (d) मणिपुर

41. निम्नलिखित में से किस राज्य में देश का पहला स्लेंडर लॉरिस अभ्यारण का गठन किया गया ?
(a) तेलंगाना (b) तमिलनाडु
(c) केरल (d) आंध्र प्रदेश

42. गिनी गुणांक में सामान्य वृद्धि संकेत कर सकती है-
(a) सरकारी नीतियां समावेशी नहीं हैं और गरीबों की तुलना में अमीरों को अधिक लाभ पहुंचा रही हैं।
(b) उच्च निर्यात क्षमता के कारण विदेशी मुद्रा भंडार में वृद्धि।
(c) लगातार वित्तीय वर्षों में बजट अधिशेष।
(d) सरकारी नीतियां समावेशी हैं और वंचित समूहों को लाभान्वित कर रही हैं।

43. पानी की एक टंकी 5 मी. लम्बी, 3 मी. चौड़ी और 1 मी. गहरी है। उसमें कितने लीटर पानी भरा जा सकता है?
(a) 810 लीटर (b) 15000 लीटर
(c) 720 लीटर (d) 729 लीटर

44. x और y, 2 दशमलव स्थान तक सही दिया गया है, क्रमशः 4.51 और 2.48 के रूप में लिखे जाते हैं। $x+y$ के मान की ऊपरी सीमा क्या है?
(a) 7.000 (b) 6.990
(c) 6.995 (d) 7.010

45. एक जौहरी एक सोने की पैंडेंट बनाता है। वह उसे बनाने के लिए 50 ग्राम ताँबे का उपयोग करता है। यदि 1 किग्रा. ताँबे की कीमत ₹ 420 है, तो आभूषणों में उपयोग किए गए ताँबे की कीमत क्या है?
(a) ₹ 22 (b) ₹ 21
(c) ₹ 20 (d) ₹ 19

46. रवि के बैंक खाते में ₹ 713.39 थे। उसने अपने बैंक खाते में ₹ 450.75 जमा किए और पाँच शर्टों के लिए भुगतान करने के लिए राशि निकाली। यदि उसके खाते में शेष राशि ₹ 545.19 है, तो प्रत्येक शर्ट की कीमत क्या है?
(a) ₹ 113.75 (b) ₹ 125.50
(c) ₹ 123.79 (d) ₹ 120.79

47. $x, x \in N, (x-4)^2 - 36 = 0$ हल करें।
(a) -10 (b) 2
(c) -2 (d) 10

48. यदि 70 किमी. के लिए 910 किग्रा. सामान का किराया ₹ 45 है, उससे आधी दर पर 63 किमी. के लिए 940 किग्रा. सामान का किराया कितना होगा?
(a) ₹ 21 (b) ₹ 24.20
(c) ₹ 55 (d) ₹ 12.56

49. 3, 4 और 5 सेमी. भुजा वाले तीन घन एक धातु के बने हैं। इनको गलाकर एक नया

घन तैयार किया जाता है। तो इस घन की भुजा कितनी होगी?

(a) 6 सेमी. (b) 8 सेमी.
(c) 7 सेमी. (d) 7.5 सेमी.

50. एक परीक्षा में, (+5) अंक हर सही उत्तर के लिए दिए जाते हैं और (–2) प्रत्येक गलत उत्तर के लिए अंक दिए जाते हैं। राकेश ने सभी सवालों के जवाब दिए और 30 अंक प्राप्त किए, हालाँकि उसे 10 सही उत्तर मिले। उसने कितने गलत उत्तरों का चयन किया था?

(a) –10 (b) 12
(c) 10 (d) –12

सामान्य हिंदी

निम्नलिखित अनुच्छेद को पढ़कर पूछे गए प्रश्नों (प्र. 51 से 55) के उत्तर दीजिए:

आजकल पढ़े-लिखे नवयुवकों को विदेशी संस्कृति और जीवन अपनी ओर सर्वाधिक आकर्षित कर रहे हैं। इसके लिए कई माता-पिता का भी सपना होता है कि उनकी संतान विदेशों में पढ़ने जाए, वहां की सुख-चैन की जिन्दगी बसर करे और समाज में उनका नाम ऊँचा हो। इसमें कुछ गलत भी नहीं है। भारत में बेकारी है, गरीबी है, गंदगी है, प्रदूषण है, भ्रष्टाचार है, लूट-पाट है और विदेशों में इससे सर्वथा विपरीत स्वर्गीय आनंद है। माँ-बाप के अथक प्रयासों एवं प्रेरणा के फलस्वरूप बच्चे विदेशों में पढ़ने-लिखने चले जाते हैं। शुरू में तो माँ-बाप, सगे-सम्बन्धी सभी याद आते हैं पर कालांतर में बच्चे वहाँ की जिन्दगी और वहाँ की तथाकथित सभ्यता में इतने रच-बस जाते हैं कि धीरे-धीरे वे पड़ोसियों, सगे-सम्बन्धियों, अपने भारतीय मित्रों और माँ-बाप को भी भूलने लगते हैं। पहले वर्ष में एक-दो बार इसके बाद क्रमश: धीरे-धीरे भारत में आना कम होने लगता है। अगर विदेशी मेम से शादी हो जाए तो कहने ही क्या? कुछेक को छोड़कर, ज्यादातर के ये ही हाल हैं। इसमें उन बच्चों का उतना दोष भी नहीं है और न विदेश भेजने वाले अभिभावक ही कदाचित उतने दोषी हैं। शायद उनके संस्कारों में ही कोई कमी रह गई हो। पीढ़ियों के अंतराल के प्रभाव की समझ न रखने वाले ज्यादातर माँ-बाप-दो-चार महीने तक संतान के पास जाकर इसके बाद वापस स्वदेश आ जाते हैं क्योंकि उनके कमाऊ पूत स्वदेश में आकर बसना नहीं चाहते। बच्चों की शिकायत हैं कि माँ-बाप उनकी पत्नी और जमाने की चीजों को यहाँ थोपना चाहते हैं। इस प्रकार के व्यवहार से वे हमारे साथ कैसे रह पाएँगे? अपने द्वारा भोगे जाने वाले कष्टों और दुश्चिन्ताओं की चर्चा, वे माँ-बाप किसी से नहीं करते। उनके द्वारा लिए गए निर्णय पर जगहँसाई के डर के साथ रहने वाले वे बुढ़ापे के कष्टों और बीमारियों को अकेले ही झेलते, बच्चों के वियोग में अनकही पीड़ाओं के साथ एक-एक करके दोनों अंतत: इस दुनिया से विदा हो जाते हैं।

51. आजकल पढ़े-लिखे नवयुवक विदेश क्यों जाते हैं? सर्वाधिक सबल तर्क कौन-सा लगता है?

(a) बुढ़ापे में माँ-बाप को अपने पास बुलाकर उनकी सेवा करने के उद्देश्य से जाते हैं।
(b) माँ-बाप का सपना पूरा करने, सुख-चैन की जिन्दगी बसर करने तथा समाज में प्रतिष्ठा बढ़ाने के लिए जाते हैं।
(c) माँ-बाप की गरीबी दूर करने एवं उनके बुढ़ापे के लिए सुख-साधन जुटाने के लिए जाते हैं।
(d) अपने पड़ोसियों पर रौब गाँठने के उद्देश्य से जाते हैं

52. 'इस प्रकार के व्यवहार से वे हमारे साथ कैसे रह पाएँगे?' यहां ऐसे कौन-से व्यवहार की ओर संकेत है जिससे उनकी संतान उन्हें अपने साथ नहीं रख पाती?

(a) विदेश के पड़ोसियों के साथ गाली-गलौज और दुर्व्यवहार करते होंगे।
(b) बच्चों से पैसे की माँग करते होंगे।
(c) बच्चों के खान-पान पर ऐतराज करते होंगे।
(d) बच्चों के परिवार के सदस्यों (पत्नी और उनके बच्चों) के रहन-सहन, खान-पान, पहनावे और चाल-चलन पर ऐतराज और कटाक्ष करते होंगे।

53. विदेश में जा बसे बच्चों के व्यवहार परिवर्तन के लिए कौन दोषी है? अनुच्छेद को ध्यान में रखते हुए सर्वाधिक प्रबल तर्क को चुनिए।

(a) अधूरे संस्कार
(b) विदेश में जा बसे बच्चे
(c) बच्चों के माँ-बाप
(d) बच्चों के मन में बचपन में माँ-बाप द्वारा बोए गए सपने

54. विदेश में जा बसे बच्चों के माँ-बाप अपने द्वारा भोगे जाने वाले कष्टों और दुश्चिन्ताओं की चर्चा किसी से क्यों नहीं करते?

(a) गरीबी और अभावों के कारण।
(b) जगहँसाई से बचने के लिए।
(c) बच्चों के प्रति उपजी नाराजगी के कारण।
(d) भाग्य और अपने भवितव्यता का खेल समझकर।

55. बच्चों की शिकायत है कि माँ-बाप पत्नी और बच्चों के साथ एडजस्ट नहीं करते और अपनी पुराने जमाने की चीजों को यहां थोपना चाहते हैं। इसके लिए कौन सही में दोषी है?

(a) माता-पिता का बिना बात का हठ और जिद।
(b) नए माहौल में नए देश में बसने वाले बच्चे।
(c) पुराने जीवन मूल्यों और परम्पराओं के साथ विदेश में बच्चों के साथ बसने के इच्छुक माँ-बाप।
(d) दो पीढ़ियों का अंतराल।

निम्नलिखित अनुच्छेद को पढ़कर पूछे गए प्रश्नों (प्र. 56 से 60) के उत्तर दीजिए।

आज परिवारों का विघटन होता जा रहा है। परिवार सीमित और छोटे होते जा रहे हैं। पढ़े-लिखे परिवारों में एक या दो बच्चे ही होते हैं। माँ-बाप अपने उपलब्ध संसाधनों से बड़े लाड़-प्यार से बच्चों को अच्छी शिक्षा दिलवाते हैं और दुलार के साथ बड़ा करते हैं। पुराने समय का 'लालयेत् पश्च वर्षाणि दश वर्षाणि ताडयेत्' वाला फार्मूला अब बदल चुका है। इतना लाड़ मिलने के बावजूद आज की नई पीढ़ी के बच्चे असहनशील होते जा रहे हैं। अगर शिक्षक कक्षा में उनसे कुछ भी कह दें, घर में माँ-बाप या कोई रिश्तेदार कुछ भी कह दें, तो वे तुरंत प्रतिक्रियाशील हो जाते हैं। ग्रहणशीलता समाप्त होती जा रही है और जैसे वे चाहें वैसा करने की आजादी उन्हें चाहिए। अस्तु, येन-केन प्रकारेण बच्चे पढ़-लिखकर नौकरी पा जाते हैं या अपना काम संभाल लेते हैं। माता-पिता धीरे-धीरे बूढ़े होते जाते हैं। उनके द्वारा बचपन के प्यार से लेकर उस समय तक के त्याग और बलिदान उन्हीं के अपने बच्चों द्वारा भुला दिए जाते हैं। अब माँ-बाप बूढ़े और शक्तिहीन हैं और बच्चों पर बोझ। आज के बूढ़े माँ-बाप पिछली पीढ़ी के बूढ़े मां-बाप की तुलना में अधिक दयनीय से होते जा रहे हैं। उन्हीं के द्वारा पालित-पोषित बच्चे उन्हें अपने परिवार का सदस्य मन से स्वीकार नहीं कर रहे हैं। यही कारण है कि बुढ़ापे में या तो माँ-बाप अकेले रहते हैं या अपने ही घर में दीन-हीन से होकर बच्चों का मुँह ताकते हैं। पीढ़ियों के अंतराल से जीवन मूल्यों में तेजी से बदलाव हो रहा है। अच्छी भावना से भी यदि मां-बाप वयस्क बच्चों या उनके परिवार के विषय में कुछ सलाह देते हैं, तो उनकी सलाह का सम्मान नहीं होता। यह संभवत: पीढ़ियों के अंतराल का परिणाम है। अब समय बदल गया है और अनुभवपूर्ण सलाह की इस नई पीढ़ी को आवश्यकता नहीं है। अपेक्षा की जाती है कि यदि उन्हें साथ रहना है तो एडजस्ट करके चले, अन्यथा वृद्धाश्रम में हम उम्र लोगों के बीच समय बिताएँ। खुद भी चैन से रहें और उन्हें भी अपनी तरह से चैन से रहने दें। क्या वास्तव में इस सबके लिए युवा पीढ़ी ही दोषी हैं या कुछ दोष वृद्धों का भी है?

56. आज के बुजुर्गों के लिए बदलते समय की कौन-सी सर्वोचित माँग है जिससे वे चैन से अपना बुढ़ापा काट सकें?

(a) बुजुर्ग अपने हेकड़ी से भरे स्वभाव में बदलाव लाएँ।
(b) बुजुर्ग अपनी जुबान पर संयम रखें।
(c) बुजुर्ग अगली पीढ़ी से सम्मान की अपेक्षा नहीं रखें।

(d) बुजुर्ग बुढ़ापे के लिए कुछ अर्जित करके रखें और अगली पीढ़ी के सदस्यों पर न बोझ बनें और न अपनी राय थोपें।

57. कौन-से माँ-बाप अपने ही घर में दीन-हीन से होकर बच्चों का मुँह नहीं ताकते हैं?

(a) इनमें से कोई नहीं
(b) जिनके पास अब आमदनी का कोई स्रोत नहीं है।
(c) जिनके बच्चे संस्कारहीन हैं और माँ-बाप समझदार नहीं
(d) जो माता-पिता बदलते समय के साथ अपने आप को बदल लेते हैं और बह-बेटों और उनके परिवार को उन्नित सम्मान देते ह

58. माता-पिता द्वारा प्यार-दुलार एवं समस्त संसाधनों के दिए जाने के बावजूद आज की युवा पीढ़ी से वह आत्मीयता गायब है, जो पुरानी पीढ़ी तक विद्यमान थी। इसका सबसे उचित कारण क्या हो सकता है?

(a) पीढ़ियों के अंतरण के कारण जीवन मूल्यों के बदलने से युवा पीढ़ी अदूरदर्शी और असहनशील होती जा रही है और उसकी ग्रहणशीलता कम होती जा रही है।
(b) आज के युवा स्वावलम्बी और स्वतंत्र रहना चाहते हैं। वे स्वयं की और परिवार और नौकरी / व्यवसाय की परेशानियों से जूझ रहे हैं।
(c) युवा पीढ़ी ने दूसरों के कष्टों के बारे में सोचना बंद कर दिया है।
(d) सभी युवा एक जैसे नहीं होते। कई युवा अभी भी पुराने लोगों को यथोचित सम्मान देते हैं।

59. संतान के साथ रहने की इच्छा होते हुए भी कई माँ-बाप के अकेले रहने का कारण कौन-सा है? सबसे सबल तर्क कौन-सा है?

(a) इनमें से कोई नहीं
(b) माँ-बाप का संतान और उसके परिवार के प्रति रूखा व्यवहार, वाणी का असंयम और बहू-बेटों की जिन्दगी में ज्यादा दखलंदाजी।
(c) माँ-बाप का बीमार और लाचार होना और अपने द्वारा संतान पर किए अहसानों का लगातार गुणगान करते रहना।
(d) माँ बात की आर्थिक स्थिति अच्छी होना।

60. कौन-से बच्चे अपने माता-पिता को वृद्धाश्रम में भेज देने की बात करते हैं?

(a) जो माँ-बाप बहू-बेटों के परिवार का सहारा बनकर रहते हैं और अपना अभिमत उन पर नहीं थोपते हैं।
(b) जिनके माँ-बाप बच्चों और उनके परिवार को यथोचित सहारा और सम्मान देते हुए अपना जीवन शांति से बिताते हैं।
(c) जो बच्चे संस्कारहीन और अविवेकी हैं और जो अपने भविष्य को नहीं देख पाते।
(d) जिन माता-पिता द्वारा बच्चों को सही संस्कार दिए गए हैं और जो स्वयं संपन्न हैं।

61. 'आदेश' का अंग्रेजी अनुवाद क्या होगा?

(a) ORDER (b) REQUEST
(c) GUIDE (d) DIRECTION

62. TEACHING का हिन्दी अनुवाद होगाः

(a) अध्ययन (b) अध्यापन
(c) निरीक्षण (d) शिक्षण

63. एक 'पत्र' में विषय... ... तुरंत लिखा जाता है।

(a) Before salutation / अभिवादन से पहले
(b) After salutation / अभिवादन के बाद
(c) After salutation / हस्ताक्षर के बाद written
(d) The first line of the letter / पत्र की पहली पंक्ति

64. आंतरिक प्रशासन के लिए निर्देश जारी करने के लिए आमतौर पर संचार के किस माध्यम का उपयोग किया जाता है, उदाहरण के लिए, नियमित छुट्टी का अनुदान?

(a) Notification / अधिसूचना
(b) Minutes / मिनट्स
(c) Office order / कार्यालय आदेश
(d) Resolution / प्रस्ताव

65. केंद्र सरकार में आधिकारिक संचार के लिए लिखित संचार के कितने रूपों का उपयोग किया जाता है?

(a) 7 (b) 11
(c) 21 (d) इनमें से कोई नहीं

66. केंद्र सरकार में 'पत्र' लिखते समय इस्तेमाल किया जाने वाला अभिवादन है-

(a) Sir / Madam / सर/मैडम
(b) Dear Sir / Madam / प्रिय सर / मैडम
(c) My dear Sir / Madam /मेरे प्रिय सर / मैडम
(d) Respected Sir / Madam / आदरणीय सर / मैडम

67. निम्नलिखित में विलोम शब्दों का सही युग्म है-

(a) ईप्सित - अभीप्सित
(b) अमित - समित
(c) हया - बेहया
(d) अघी - निरघ

68. इनमें से विलोम शब्दों का एक गलत युग्म है-

(a) दक्षिण - वाम
(b) उद्यम - निरुद्यम
(c) विधि - निषेध
(d) बर्बर - सभ्य

69. निम्नलिखित में विलोम की दृष्टि से शुद्ध युग्म है-

(a) अल्पज्ञ - बहुज्ञ
(b) संयुक्त - संधियुक्त
(c) समस्त - अभ्यस्त
(d) अज्ञ - अनभिज्ञ

70. विलोमार्थक दृष्टि से एक युग्म अशुद्ध है-

(a) सचल - चल
(b) निरपेक्ष - सापेक्ष
(c) मौलिक - अनूदित
(d) बंधन - मोक्ष

71. पारिभाषिक शब्द APPLICATION का क्या अर्थ है?

(a) चिट्ट (b) प्रारूप
(c) प्रत्यावेदन (d) आवेदन

72. 'MEMORANDUM' के लिए सही पारिभाषिक शब्द है-

(a) सूचना (b) ज्ञापन
(c) विज्ञप्ति (d) अधिसूचना

73. 'Judicial' शब्द के समानार्थक हिंदी पारिभाषिक शब्द है-

(a) न्यायिक (b) वैध
(c) कानूनी (d) अनुज्ञप्ति

74. दिए गये वाक्यांशों को पढ़कर सही विकल्प का चयन कीजिए। पाँच विकल्प में से सिर्फ एक सही विकल्प हैं, अन्य विकल्प सही नहीं है। अच्छा समझिए या बुरा, मेरे अंदर एक गुण है, जिसे आप बालू में से तेल निकालना समझ सकते हैं। मैं सचमुच ही बालू में से तेल निकालने का प्रयत्न करता हूं, बशर्ते वह बालू मुझे अच्छी लग जाए। 'बालू में से तेल निकालना' मुहावरे का अर्थ है?

(a) बालू की ख़राबी को दूर करना
(b) बालू में से तेल को अलग करना
(c) असत्य को सत्य बताना
(d) असंभव को संभव कर दिखाना

75. निम्नलिखित में कौन सा मुहावरा सही नहीं है ?
(a) लाल पीला होना
(b) सब्ज बाग दिखाना
(c) पीला मुँह करना
(d) हरा ही हरा सूझना

76. 'पगड़ी रख, घी चख' लोकोक्ति का अर्थ है
(a) मान सम्मान से ही जीवन का आनन्द है
(b) पढ़-लिख कर भी अनुभवहीन
(c) निर्लज्ज होकर कुछ पाना
(d) बदनामी से बुरा नेकनामी

77. 'नष्ट होने के करीब होना' अर्थ के लिए सही मुहावरा कौन सा है ?
(a) चार दिन की चाँदनी
(b) चिराग तले अँधेरा होना
(c) चींटी के पर निकलना
(d) चोटी का पसीना एड़ी तक आना

78. 'साझे की हाँड़ी चौराहे फूटी' कहावत का अर्थ है
(a) सभी बिना जवाबदेही के कार्य करें तो सफलता हाथ लगती है।
(b) सावधानी से कार्य करना।
(c) जिम्मेदारी एक व्यक्ति की हो, अन्यथा कार्य बिगड़ जाता है।
(d) भ्रमण पर जाने से कार्य बिगड़ जाता है।

79. विलोम शब्दों की दृष्टि से इनमें से एक युग्म अशुद्ध है, वह है
(a) आतप - निरातप
(b) उदय - अस्त
(c) कुटिल - जटिल
(d) गहरा - छिछला

80. 'चिरन्तन' का सही विलोम शब्द है
(a) नश्वर (b) अचिन्तन
(c) अचर (d) अचेतन

81. विलोम शब्द का चयन कर रिक्त स्थान की पूर्ति कीजिए
"सम्पन्न व्यक्ति _______ की व्यथा नहीं जान पाता।"
(a) आसन्न (b) विपन्न
(c) निष्पक्ष (d) विषण्ण

82. निम्नलिखित में 'यमुना' का पर्यायवाची शब्द नहीं है–
(a) हंससुता (b) अर्कजा
(c) कृष्णा (d) कूलंकषा

83. 'विशिख' किस शब्द का पर्यायवाची है?
(a) बुध (b) बाण
(c) तरु (d) सरोवर

84. निम्नलिखित में 'खर' का पर्याय शब्द नहीं है–
(a) दुष्ट (b) गदहा
(c) तिनका (d) खोता

85. कौन-सा शब्द 'घोड़ा' का पर्यायवाची नहीं है?
(a) बाजि (b) तुरंग
(c) शार्दूल (d) हय

86. निम्नलिखित में से 'कामदेव' का पर्यायवाची शब्द है–
(a) विडौजा (b) पिशुन
(c) मार (d) अश्म

87. 'धनंजय' का पर्याय है–
(a) गुडाकेश (b) धनुर्धर
(c) मृत्युंजय (d) सारथी

88. निम्नलिखित में से 'मीन' का समानार्थी है–
(a) क्षख (b) शिलीमुख
(c) अलि (d) षट्पद

89. निम्नलिखित में से 'केतु' का पर्याय नहीं है–
(a) झंडा (b) पताका
(c) निशान (d) ग्रह

90. 'तलवार' का पर्यायवाची शब्द है–
(a) हलवार (b) करवाल
(c) धरवार (d) धारदार

91. 'मसृण' का विलोम है
(a) कम (b) रुक्ष
(c) साबुत (d) गाफिल

92. नीचे दिये गये शब्दों में से 'विषयी' शब्द के विलोम का चयन कीजिए।
(a) महान (b) जितेंद्रिय
(c) भोगी (d) मूर्ख

93. पर्यायवाची शब्दों के संदर्भ में अनुचित युग्म छांटिए-
(a) किरण - रश्मि, मयूख, अंशु
(b) कृष्ण - मुरारि, कंसारि, वार्ष्णेय
(c) कौआ - करठ, पिशुन, बलिभुक
(d) स्वर्ण - कुन्दन, हिरण्य, पारावत

94. निम्नलिखित में 'देवता' का पर्यायवाची शब्द है-
(a) किंकर (b) विबुध
(c) विपुल (d) लोकेश

95. पर्यायवाची शब्दों के संबंध में असंगत युग्म चुनिए-
(a) तरणी, द्रौणी, उडुप - नाव
(b) पाशहस्त, सावित्रेय, कृतांत - बलराम
(c) अंभसार, इंदुमणि, प्रवाल - मोती
(d) सलिलेश, क्षीरधि, अर्णव - समुद्र

96. 'वपु' का पर्यायवाची है-
(a) द्रव्य (b) मन
(c) तन (d) धन

97. निम्नलिखित वाक्यों में से एक शुद्ध वाक्य है-
(a) जो लोग बाहर जाना चाहते हैं, वह जा सकते हैं।
(b) कृपया एक गिलास पानी दीजिए।
(c) सरयू नदी का पाट बहुत लम्बा है।
(d) वह सातवें कक्षा में पढ़ता है।

98. उसकी आँख से आँसू बह रहा था - अशुद्ध वाक्य उसकी आँखों से आँसू बह रहे थे - शुद्ध वाक्य
उपर्युक्त अशुद्ध वाक्य के रेखांकित अंश में कौनसी अशुद्धि है-
(a) वचन संबंधी अशुद्धि
(b) लिंग संबंधी अशुद्धि
(c) कारक संबंधी अशुद्धि
(d) विशेषण संबंधी अशुद्धि

99. निम्नलिखित प्रश्न में, चार विकल्पों में से, उस विकल्प का चयन करें जो दिए गए मुहावरे का सही अर्थ वाला विकल्प है।
निन्यानबे के फेर में पड़ना।
(a) पूरी गिनती न आता।
(b) परेशां होना।
(c) सदैव रूपया बटोरने के चक्कर में पड़ना।
(d) गिनती पूरी करना।

100. "जिन ढूँढ़ा तिन पाइयाँ गहरे पानी पैठ" लोकोक्ति का अर्थ है __________ ।
(a) परिश्रम का फल अवश्य मिलता है
(b) पानी में ढूंढना
(c) परिश्रम करते रहना
(d) जल-समाधि ले लेना

कंप्यूटर ज्ञान

101. Excel वर्कशीट के प्रथम सैल को ऐसे लेबल किया जाता है–
(a) AA (b) A1
(c) Aa (d) A0

102. Ctrl+R को _______ के लिए प्रयुक्त किया जाता है।
(a) आखिर में बंद किये गये डाक्यूमैंट को पुन: खोलने के लिए
(b) अन्तिम मुद्रित पृष्ठ को पुन: मुद्रित करने के लिए
(c) पैराग्राफ की अन्तिम फार्मेटिंग को पुन: लागू करने के लिए
(d) चुने गये पैराग्राफ को राइट एलाइन करने के लिए

103. MS Word में Ctrl+S होता है–
(a) सिनेरियो के लिए
(b) साइज के लिए
(c) सेव करने के लिए
(d) स्पैलिंग जाँचने के लिए

104. कौन-सा अनुप्रयोग (एप्लीकेशन) प्रदर्शन तैयार करने के लिए प्रयुक्त होता है?
(a) फोटोशॉप
(b) पावर पाइंट
(c) आउटलुक एक्सप्रेस
(d) इंटरनेट एक्सप्लोरर

105. कितने बिट 1 बाइट के बराबर होते हैं?
(a) 32 (b) 1024
(c) दस लाख (d) 8

106. ए _______ पिक्सल होता है–
(a) एक कंप्यूटर प्रोग्राम जो तस्वीर बनाता है।
(b) द्वितीयक स्मृति में संग्रहित तस्वीर
(c) तस्वीर का सबसे छोटा ढूँढने वाला भाग
(d) उपर्युक्त में से कोई नहीं

107. डिजिटल सिग्नेचर है–
(a) कंप्यूटर पर स्कैन किये हुए हस्ताक्षर (सिग्नेचर)
(b) हस्ताक्षर (सिग्नेचर) को पहचानने वाला अनुप्रयोग
(c) पब्लिक की कुँजी इनक्रप्शन
(d) सेन्डर का कोड नम्बर

108. ब्लूटूथ एक उदाहरण है–
(a) व्यक्तिगत क्षेत्र नेटवर्क (पर्सनल एरिया नेटवर्क)
(b) स्थानीय क्षेत्र नेटवर्क (लोकल एरिया नेटवर्क)
(c) वर्चुअल प्राइवेट नेटवर्क
(d) उपर्युक्त में से कोई नहीं

109. नेटवर्क में कन्जैशन घटित होता है–
(a) जब सिस्टम टर्मिनेट होता है।
(b) जब दो नोड के बीच कनैक्शन टर्मिनेट होता है।
(c) ट्रैफिक (यातायात) ओवर लोडिंग की स्थिति में।
(d) उपर्युक्त में से कोई नहीं

110. Wi-Fi का विस्तार है–
(a) वायरलैस फ्लो
(b) वायरलैस फिडीलिटी
(c) वाइड फिडीलिटी
(d) उपर्युक्त सभी

111. एक DVD उदाहरण है–
(a) हार्ड-डिस्क
(b) आउटपुट डिवाइस
(c) ऑप्टिकल डिस्क डिवाइस
(d) सॉलिड (solid) स्टेट डिवाइस

112. FORTRAN है–
(a) फाइल ट्रांसमिशन
(b) फॉर्मेट ट्रांसलेशन
(c) फॉर्मूला ट्रांसलेशन
(d) फ्लॉपी ट्रांसलेशन

113. Ctrl + * कुंजियाँ .... के लिए प्रयोग की जाती हैं।
(a) एलाइनमेंट
(b) प्रिंट न होने वाले कैरेक्टर को दिखाने या छुपाने
(c) सर्च
(d) हेल्प

114. सामान्यतः प्रयोग होने वाली कमांड और टूल का प्रयोग आप निम्न में से किस बार द्वारा कर सकते हैं?
(a) स्टेटस बार (b) टूलबार
(c) मेन्यूबार (d) टाइटल बार

115. वर्कशीट में आपस में अलग-अलग सैल जो निकटवर्ती नहीं हैं, को सिलेक्ट करने के लिए प्रयोग करेंगे–
(a) Ctrl कुंजी (b) Alt कुंजी
(c) Shift कुंजी (d) Ctrl + Shift कुंजी

116. मॉनीटर एक TV सेट की तरह होता है, लेकिन यह–
(a) TV सिग्नल प्राप्त नहीं करता है
(b) साफ पिक्चर नहीं देता है
(c) ग्राफिक्स नहीं दर्शाता है
(d) उपर्युक्त में से कोई नहीं

117. फाइबर ऑप्टिकल डाटा ट्रांसमिशन के प्रयोग से निम्न में से क्या लाभ है?
(a) डाटा की चोरी की रोकथाम
(b) डाटा ट्रांसमिशन की तेज गति
(c) कम शोर होता है
(d) उपर्युक्त सभी

118. विंडोज एक्सप्लोरर एक फाइल मैनेजमेंट प्रोग्राम है, जिसका प्रयोग आप कर सकते हैं–
(a) फाइल/फोल्डर के डिस्क पर उपस्थित ढाँचे (Structure) को देखने व बदलने के लिए
(b) फाइल व फोल्डर के कन्टेन्ट को देखने व बदलने के लिए
(c) फाइल व फोल्डर को मूव, कॉपी करने व उनके नाम बदलने के लिए
(d) उपर्युक्त सभी

119. U.S. सरकार के किस विभाग ने इंटरनेट को शुरुआती स्तर पर बनाया था?
(a) वाणिज्य विभाग (b) रक्षा विभाग
(c) फौज विभाग (d) न्यायिक विभाग

120. एक सैल को किसके द्वारा परिभाषित किया जा सकता है?
(a) कॉलम व रो को अलग करने वाला भाग
(b) एक इनपुट बॉक्स
(c) एक आयताकार मार्कर
(d) उपर्युक्त सभी

121. एक रिसीविंग होस्ट सभी सेग्मेंट्स को प्राप्त करने में असफल रहा है। जिसके लिए इसे एकनॉलेज करना है होस्ट इस कम्युनिकेशन सेशन की विश्वसनीयता में सुधार के लिए क्या कर सकता है?
(a) विभिन्न सोर्स पोर्ट नंबर भेजना
(b) वर्चुअल सर्किट रिस्टार्ट करना
(c) क्रम संख्या में कमी करना
(d) विंडो साइज में कमी करना

122. कौन-सी कमांड फाइल्स तथा डायरेक्टरी के नाम को बिना आकार, तिथि तथा समय संबंधी सूचना के डिस्प्ले करती है?
(a) Dir/w (b) Dir/a
(c) Dir/b (d) Dir/s

123. वह कौन-सी कमांड है जो सिस्टम डेट को प्राप्त करने के लिए MSDOS. यूनिक्स कमांड लाइन इंटरफेसेज़ में प्रयुक्त होती है?
(a) GETSYSDATE
(b) GETDATE
(c) DATE
(d) GETSYSDATETIME

124. HTML 5 में वह कौन-सा टैग होता है जिसका उपयोग youtube वीडियो प्ले करने के लिए किया जाना चाहिए।
(a) <iframe ></iframe>
(b) <video><video>
(c) <obj></obj>
(d) <url></url>

125. (SQL) में, निम्न में से कौन-सी कमांड डाटा डेफ्टिशन लैंग्वेज (DDL) नहीं है?
(a) CREATE (b) ALTER
(c) DROP (d) SELECT

126. ऑपरेटिंग सिस्टम के कर्नेल तथा शेल के विषय में निम्न में से कौन-सा तथ्य सही है?
(a) कर्नेल ऑपरेटिंग सिस्टम का मुख्य भाग है, यह प्रोग्राम्स को समय तथा मेमोरी आवंटित करता है, कम्यूनिकेशन तथा फाइल स्टोर हैंडल करता है। शेल प्रयोक्ता तथा कर्नेल के मध्य इंटरफेस होता है।
(b) कर्नेल सेंट्रल प्रोसेसिंग यूनिट है। शेल सिस्टम के लिए GUT है।

(c) कर्नेल ऑपरेटिंग सिस्टम होता है, उदाहरण के लिए विंडोज, लिनक्स इत्यादि। शेल एक एप्लीकेशन होता है जो सिस्टम पर रन करता है, उदाहरण के लिए कैल्कुलेटर, वेब ब्राउजर इत्यादि।
(d) उपरोक्त में से कोई नहीं।

127. वह कौन-सा प्रोटोकॉल है जिसका उपयोग सर्वर से फाइल डाउनलोड करने के लिए किया जाता है?
(a) फाइल ट्रांसफर प्रोटोकॉल
(b) पोस्ट ऑफिस प्रोटोकॉल
(c) यूजर डाटाग्राम प्रोटोकॉल
(d) हाइपरटेक्स्ट ट्रांसफर प्रोटोकॉल

128. वह प्रोग्राम रिलेशनशिप जिसमें एक प्रोग्राम सर्विस या रिसोर्स के लिए दूसरे से अनुरोध करता है, जो कि मांगी गई सेवा प्रदान करने के लिए तत्पर होता है, वह कहलाता है–
(a) क्लाउड कंप्यूटिंग
(b) क्लाइंट सर्वर
(c) पियर-टू-पियर
(d) इनमें से कोई नहीं

129. निम्न में से क्या कोर ऑपरेटिंग सिस्टम (OS) कम्पोनेंट नहीं है?
(a) प्रोसेस मैनेजमेंट (b) मेमोरी मैनेजमेंट
(c) I/O मैनेजमेंट (d) डाटाबेस मैनेजमेंट

130. निम्न में से कौन-सी शॉर्टकट-की MS Word (वर्जन 2007 तथा इससे आगे वाले) में वाक्य के कैपिटलाइजेशन को टॉगल करने के लिए है?
(a) Ctrl + Shift + A
(b) Ctrl + Alt + A
(c) Shift + Alt + A
(d) Ctrl + Shift + Alt + A

131. निम्न में से क्या नॉन-वोलाटाइल मेमोरी का उदाहरण नहीं है?
(a) EEPROM (b) फ्लैश मेमोरी
(c) SDRAM (d) हार्ड डिस्क

132. किसका उपयोग टेक्स्ट या ग्राफिक्स के अनेक टुकड़ों में समान फॉर्मेटिंग त्वरित रूप से अप्लाई करने के लिए किया जाता है, जैसे कि कलर, फॉन्ट स्टाइल तथा साइज तथा बॉर्डर स्टाइल?
(a) स्टाइल्स
(b) फॉन्ट इफेक्ट
(c) कॉपी टु क्लिपबोर्ड/पेस्ट
(d) फॉमेंट पेंटर

133. निम्न में से क्या ऑपरेटिंग सिस्टम नहीं है?
(a) सिम्बियन
(b) एंड्रोयड
(c) बर्कले साफ्टवेयर डिस्ट्रीब्यूशन
(d) MS आउटलुक

134. 64-बिट कम्प्यूटिंग का क्या अर्थ है?
(a) 64-बिट, प्रोसेसर में शब्द के आकार का संकेतक है।
(b) इसका अर्थ है कि माइक्रोप्रोसेसर और अधिक RAM सपोर्ट करने में सक्षम हैं।
(c) 64-बिट से प्रोसेसर मशीन में गणनाएँ तेज होती हैं।
(d) उपरोक्त सभी।

135. MS Excel (वर्जन 2007 तथा इससे आगे वाले) में 'नेम मैनेजर' फीचर क्या करता है?
(a) यह रोज़ (rows) एवं कॉलम्स के नाम बदलता है (उदाहरण के लिए कॉलम (AA) को 'प्राइस', या Row 16 को 'टोटल' नाम दिया जा सकता है)
(b) यह फीचर में प्रदान की गई विशिष्ट स्थितियों के आधार पर वर्कशीट्स के नाम बदलता है
(c) यह नेम्ड रेंज, फंक्शन, कॉन्सटैंट या फंक्शन, फॉर्मूला में रेफरेंस के लिए टेबल क्रिएट करता है
(d) उपरोक्त सभी

136. h1 टैग को Right Alignment में एलाइन करने के लिए निम्न से कौन-सा विकल्प सही है?
(a) <h1align = "right">,,,,,,</h1>
(b) <h1alignment = "right">,,,,,</h1>
(c) <h1tagalign = "right">,,,,,,</h1>
(d) नहीं बना सकता है

137. फाइल सिस्टम को उस तरीके के रूप में समझा जा सकता है जिस तरीके से फाइल डिस्क पर व्यवस्थित होती हैं। निम्न में से क्या फाइल सिस्टम का विनिर्देश नहीं है?
(a) NTFS (b) MFS
(c) ISO 9660 (d) ISO 27000

138. MS Excel 2003 में, आप डाटा या फॉर्मूलाज को कॉपी कर सकते हैं–
(a) एडिट मेनू से कॉपी, पेस्ट तथा कट कमांडस के द्वारा
(b) शॉर्टकट मेनू से कमांडर के द्वारा
(c) स्टैंडर्ड टूलबार के बटन्स के द्वारा
(d) उपरोक्त सभी

139. MS Word में, किस व्यू के साथ आप यह देख सकते हैं कि टेक्स्ट तथा ग्राफिक्स प्रिंटेड पेज पर कैसे दिखेंगे?
(a) प्रिंट लेआउट
(b) आउटलाइन
(c) वेब लेआउट
(d) उपरोक्त सभी

140. मॉडेम के विषय में निम्न में से क्या सत्य नहीं है?
(a) मॉडेम एक डिवाइस है जो डाटा ट्रांसमिट करने के लिए कैरियर वेब्ज को डिजिटल इन्फॉर्मेशन के साथ मॉडुलेट/डिमॉडुलेट करता है।
(b) मॉडेम को निर्धारित समय में अपने द्वारा भेजे गए डाटा की मात्रा की स्पीड से मापा जाता है।
(c) मॉडेम इन्फॉर्मेशन के पैकेट डिस्पैच करते हुए अनेक डिवाइसेज के साथ इंटरनेट कनेक्शन साझा करता है।
(d) मॉडेम इंटरनेट सर्विस प्रोवाइडर के साथ कम्युनिकेट करता है।

141. MS Word में, End key का प्रयोग–
(a) कर्सर को लाइन के अंत में लाता है
(b) कर्सर को डॉक्यूमेंट के अंत में लाता है
(c) कर्सर को पैराग्राफ के अंत में लाता है
(d) कर्सर को स्क्रीन के अंत में लाता है

142. MS Power Point (वर्जन 2007 तथा इससे आगे वाले) में हैंडआउट मास्टर क्या होता है?
(a) स्पीकर द्वारा अनुरक्षित नोट्स का मास्टर
(b) मास्टर, जो कि प्रिंटेड हैंडआउट की दिखावट को नियंत्रित करता है
(c) पूरे प्रजेंटेशन का मास्टर प्रिंट आउट
(d) उपरोक्त में से कोई नहीं।

143. MS Excel में सेल में कमेंट्स रखना कहलाता है?
(a) स्मार्ट टिप
(b) सेल टिप
(c) वेब टिप
(d) सॉफ्ट टिप

144. सर्वाधिक सामान्य HTML लिस्ट्स है–
(a) ऑर्डर्ड लिस्ट्स
(b) अनआर्डर्ड लिस्ट्स
(c) रैंडम लिस्ट्स
(d) ऑर्डर्ड लिस्ट्स और रैंडम लिस्ट्स

145. निम्न में से क्या सबनेट 255, 255, 255, 192 के लिए मान्य होस्ट रेंज है, जिस पर IP एड्रेस 192, 168, 168, 188 रहता है?
(a) 192, 168, 168, 129-190
(b) 192, 168, 168, 129, -191
(c) 192, 168, 168, 128-190
(d) 192, 168, 168, 128-192

146. फर्स्ट जनरेशन के कम्प्यूटर्स से पहले निर्मित कम्प्यूटर्स .... थे।

(a) इलेक्ट्रिकल

(b) इलेक्ट्रो मैकेनिकल

(c) मैकेनिकल

(d) उपरोक्त में से कोई नहीं

147. Excel (2007 के बाद के वर्जन) में डाटा टैब के तहत What-if analysis परफॉर्म करने के लिए निम्न में से किसका उपयोग किया जाता है?

(a) डाटा टेबल

(b) गोल सीक

(c) सिनैरियो मैनेजर

(d) उपरोक्त सभी

148. विंडोज नेमिंग सर्विस (Wins)–

(a) क्लाइंट कंप्यूटर्स को डायनेमिक रूप से IP एड्रेस एलीफेट करती है।

(b) विंडोज NT W/S पर रन करती है।

(c) IP एड्रेस के लिए कंप्यूटर नेम्स का निराकरण करती है

(d) ब्रॉडकास्ट ट्रैफिक की वृद्धि करती है

149. HTML में कमेंट करने के लिए निम्न में क्या सही HTML टैग है?

(a) <!/and/>

(b) <!.and.>

(c) <! # and # #>

(d) <! "/" and "/" "/">

150. लिनक्स में, आप फाइल ipchains 1.3.9.5.i386.rpm कैसे इंस्टाल करेंगे?

(a) rpm-qip ipchains

(b) rpm-Uvh ipehains

(c) rpm-ipchains* .368. rpm

(d) rpm-e ipchains-1.3.9.5-i386 rpm

व्याख्या सहित उत्तर

1. (d) जनवरी, 2000 में सरकार ने डॉ. सी. रंगराजन की अध्यक्षता में एक समिति का गठन किया जिसका उद्देश्य देश की समस्त सांख्यिकी प्रणाली तथा सरकार के सांख्यिकी आँकड़ों की समीक्षा करना था। अगस्त, 2000 में डॉ. सी. रंगराजन द्वारा प्रस्तुत रिपोर्ट में सांख्यिकी के लिए एक राष्ट्रीय आयोग के गठन की बात कही गई। इसका कार्य देश की सभी प्रमुख सांख्यिकी गतिविधियों की निगरानी, विकास तथा इनके लिए उत्तरदायी विभिन्न संस्थाओं के मध्य सहयोग स्थापित करना था। रंगराजन समिति का सुझाव था कि शुरुआत में इस आयोग का गठन सरकार के आदेश द्वारा किया जाए। समिति की अनुशंसा पर 1 जून, 2005 को राष्ट्रीय सांख्यिकी आयोग का गठन किया गया। अत: विकल्प (d) सही है।

2. (d) मदन मोहन मालवीय अभ्युदय, लीडर और हिंदुस्तान के प्रकाशन से संबंधित थे। गोपाल कृष्ण गोखले नेशन और सुधारक के प्रकाशन से संबंधित थे। एनी बेसेंट 'कॉमनविल' और 'न्यू इंडिया' से संबंधित थीं। अत: विकल्प (d) सही है।

3. (c) किंगरी-बिंगरी उत्तराखंड में एक दर्रा है। उत्तराखंड के प्रमुख दर्रे इस प्रकार हैं- माना, नीति, किंगरी-बिंगरी, डुंगरी ला, बालचा, घाटरलिया, मुलिंग ला, थांगला, सांगचोकला, नेलंग। अत: विकल्प (c) सही है।

4. (d) वर्ष 1986 में राजीव गाँधी सरकार ने एम.एल. सिंघवी की अध्यक्षता में एक समिति गठित की, जिसने पंचायतों के पुनर्गठन तथा उन्हें आर्थिक रूप से आत्मनिर्भर बनाने हेतु वित्तीय संसाधनों उपलब्ध कराने की सिफारिश प्रस्तुत की। अत: विकल्प (d) सही है।

5. (a) 9 सितंबर, 2021 को मध्य प्रदेश राज्य लोड डिस्पैच सेंटर जबलपुर पॉवर सेक्टर में साइबर क्राइसिस प्रबंधन योजना लागू करने वाला देश का पहला राज्य है।

6. (a) प्रत्येक वर्ष 15 सितंबर को विश्व भर में 'अंतर्राष्ट्रीय लोकतंत्र दिवस' का आयोजन किया जाता है। यह दिवस आम जनमानस को विश्व भर में लोकतंत्र की स्थिति की समीक्षा करने का अवसर प्रदान करता है। संयुक्त राष्ट्र के अनुसार, लोकतंत्र समावेश, समान व्यवहार और भागीदारी पर बनाया गया है और केवल अंतर्राष्ट्रीय समुदाय, राष्ट्रीय शासी निकाय, नागरिक समाज व आम जनमानस की पूर्ण भादीगारी के माध्यम से ही जीवंत लोकतंत्र का निर्माण किया जा सकता है। अत: विकल्प (a) सही है।

7. (d)

1.	गेराल्ड आन्गियार	-	बंबई का संस्थापक
2.	कैप्टन हॉकिंस	-	प्रथम अंग्रेज दूत जिसने सम्राट जहाँगीर से भेंट की
3.	जॉब चार्नाक	-	कलकत्ता का संस्थापक
4.	फ्रैंको मार्टिन	-	पॉन्डिचेरी का प्रथम फ्राँसिसी गवर्नर

अत: विकल्प (d) सही है।

8. (a) वैश्विक सर्च इंजन 'गूगल' ने हाल ही में जापानी शिक्षक और बायोकेमिस्ट 'मिशियो सुजिमुरा' के 133वें जन्मदिन पर डूडल बनाकर उन्हें श्रद्धांजलि दी। वर्ष 1888 में जापान के सैतामा प्रांत में जन्मी 'मिशियो सुजिमुरा' को 'ग्रीन टी' के पोषण लाभों से संबंधित अपने अभूतपूर्व शोध के लिए जाना जाता है। अत: विकल्प (a) सही है।

9. (c) अत्यधिक फ्लोराइड के उपभोग से डेंटल फ्लोरोसिस (दाँतों की सड़न) या क्रिपलिंग स्कल्टन फ्लोरोसिस (Crippling Skeletan Fluorosis) हो सकता है जो अस्थि विकृति से संबंधित है। अत: विकल्प (c) सही है।

10. (b) छत्तीसगढ़ सरकार ने राज्य को देश का 'बाजरा हब' बनाने हेतु 'बाजरा मिशन' लॉन्च किया है। 'बाजरा मिशन' का उद्देश्य किसानों को मोटे अनाज की फसलों का सही मूल्य देना, इनपुट सहायता, खरीद व्यवस्था और प्रसंस्करण सुविधा प्रदान करना तथा यह सुनिश्चित करना है कि किसानों को विशेषज्ञों की सहायता का लाभ मिल सके। अत: विकल्प (b) सही है।

11. (a) 'मनोरमा महापात्रा' एक प्रतिष्ठित ओड़िया साहित्यकार थी। 10 जून, 1934 को जन्मीं मनोरमा महापात्रा को वर्ष 1998 में अपने पिता डॉ. राधानाथ रथ से 'ओड़िया दैनिक' का संपादकीय दायित्व प्राप्त हुआ था। इससे पूर्व उन्होंने 'झिटिपिटि कहे सतक्षी' नामक कॉलम के तहत समकालीन मुद्दों के आलोचनात्मक विश्लेषण के साथ 'ओड़िया दैनिक' में एक स्तंभकार के रूप में योगदान दिया था। अत: विकल्प (a) सही है।

12. (b) मुख्यमंत्री कृषक दुर्घटना कल्याण योजना उत्तर प्रदेश सरकार द्वारा राज्य के किसानों को आर्थिक सहयोग प्रदान करने के लिए जारी की जाने वाली योजना है। इसके अंतर्गत आक्समिक दुर्घटना में मृत्यु हो जाने वाले किसानो के परिवारों को सरकार योजना के माध्यम से मुआवजे के तौर पर 5 लाख रूपये की आर्थिक सहायता प्रदान करती है। अत: विकल्प (b) सही है।

13. (c) उत्तर प्रदेश सरकार द्वारा 'बलरामपुर' जिले के थारू प्रधान ग्राम 'इमिलिया कोडर' में थारू जनजातीय संग्रहालय का निर्माण किया जा रहा है। सरकार के अनुसार, इस संग्रहालय में थारू जनजाति के उद्विकास से लेकर उनकी संस्कृति, परंपराएँ, धर्म, जीवनशैली आदि सभी आयामों को प्रदर्शित किया जाएगा। थारू जनजाति के लोगों को शिक्षा प्रदान करने के उद्देश्य से लखीमपुर खीरी में एक महाविद्यालय स्थापित किया गया है। साथ ही इनके विकास के लिए वर्ष 1980 में 'थारू विकास परियोजना' प्रारंभ की गई थी। अत: विकल्प (c) सही है।

14. (d) इंसुलिन अग्नाशय के एक भाग लैंगर हैंड्स की द्विपिका के बीटा कोशिकाओं द्वारा स्रावित होता है। इसकी खोज वर्ष 1921 में हुई थी। यह ग्लूकोज से ग्लाइकोजन बनाने की क्रिया को नियंत्रित करता है। इंसुलिन के अल्प स्रवण से मधुमेह नामक रोग हो जाता है। अत: विकल्प (d) सही है।

15. (b) जिस प्रकार से कुछ गाँवों को मिलाकर एक पंचायत बनती है, उसी प्रकार मांझी पंचायत में 15-20 गाँव का एक परगनैत होता है। यह गाँव के मांझियों का प्रधान होता है। जिस मामले को मांझी नहीं निपटा सकते उस मामले को परगनैत के पास संबंधित गाँव के मांझी द्वारा लाया जाता है। अत: विकल्प (b) सही है।

16. (d) एजोला, एनाबिना, नास्टॉक, नील-हरित शैवाल आदि धान की फसल में नत्रजन स्थिरीकरण को बढ़ावा देते हैं। ये जैव उर्वरक की तरह कार्य करते हैं। राइजोबियम लेग्यूमिनिसेरम मटर (पाइसम सेटाइवम) की फसल में, जबकि एजोटोबैक्टर गेहूं की फसल में नत्रजन स्थिरीकरण कारक (Nitrogen fixing agent) है। सामान्यत: एजोला मक्का की फसल में नत्रजन स्थिरीकरण कारक के रूप में प्रयुक्त नहीं होता है। अत: विकल्प (d) सही है।

17. (c)

	प्रमुख संस्थान (उत्तर प्रदेश)	-	अवस्थिति
(a)	आलू अनुसंधान केंद्र	-	बाबूगंज (गाजियाबाद)
(b)	लेदर टेक्नोलॉजी पार्क	-	बंथरा (उन्नाव)
(c)	टॉय सिटी	-	इटावा
(d)	राज्य का प्रथम सेटेलाइट	-	पिलखुवा टाउन (हापुड़)

18. (a) मालपुरी, चोकला, सोनाडी, नाली, पूगल मगरा, मारवाड़ी, जैसलमेरी, राजस्थान में पाई जाने वाली भेड़ की प्रमुख नस्लें हैं। अत: विकल्प (a) सही है। चोकला नस्ल छापर और शेखावटी के नाम से भी जानी जाती है यह झुंझनु, सीकर,चुरू,बीकानेर तथा जयपुर के कुछ हिस्सों में पाई जाती है। चोकला को भारत की मेरिनो भी कहा जाता है।

19. (a) नीति आयोग और रॉकी माउंटेन इंस्टीट्यूट (RMI) तथा आरएमआई इंडिया द्वारा शून्य अभियान शुरू किया गया है। यह उपभोक्ताओं और उद्योग के एक साथ मिलकर शून्य-प्रदूषण वितरण वाहनों (Zero-Pollution Delivery Vehicles) को बढ़ावा देने की एक पहल है। इस अभियान का उद्देश्य शहरी क्षेत्र में डिलीवरी के मामले में इलेक्ट्रिक वाहनों (EV) को अपनाने में तेजी लाना और शून्य-प्रदूषण वाहनों की डिलीवरी से होने वाले लाभों के बारे में उपभोक्ताओं के मध्य जागरूकता पैदा करना है। वर्ष 1982 में स्थापित RMI एक स्वतंत्र गैर-लाभकारी संगठन है।

20. (c) कार्टोग्राफी भौगोलिक क्षेत्रों का प्रतिनिधित्व करने के लिए मानचित्र बनाने का विज्ञान और तकनीक है। मानचित्रों का उपयोग अनुसंधान उपकरण और सूचना के स्रोत के रूप में किया जाता है। मिस्र के समय से मानचित्र मौजूद हैं।

21. (b) जनगणना किसी दी गई आबादी के सदस्यों के बारे में व्यवस्थित रूप से गणना प्राप्त करने और जानकारी दर्ज करने की एक प्रक्रिया है। 2011 की जनगणना के अनुसार भारत में अनुसूचित जनजातियों की जनसंख्या 10,42,81,034 थी, जो भारत की कुल जनसंख्या का 8.6% था। अनुसूचित जातियों की संख्या 20,13,78,086 थी, जो कि 16.6% था।

22. (b) कोपेन की वर्गीकरण प्रणाली के अनुसार, उत्तर प्रदेश और बिहार को Cwg प्रकार के जलवायु क्षेत्रों के रूप में वर्गीकृत किया गया है। कोपेन वर्गीकरण जलवायु को वर्गीकृत करने के लिए सबसे लोकप्रिय प्रणालियों में से एक है। जर्मन-रूसी जलवायु विज्ञानी व्लादिमीर कोपेन ने शुरुआत में इसे 1884 में प्रकाशित किया था। उन्होंने 1918 और 1936 में इसमें बदलाव भी किए थे।

23. (d) बहिर्कक्ष खेल आम तौर पर ऐसा खेल होता है जिसे बाहर खेला जाना चाहिए, या जिसके लिए एक बड़े खेल क्षेत्र की आवश्यकता होती है। बैडमिंटन को हमेशा एक अंतर्कक्ष खेल के रूप में ही माना जाता है। बैडमिंटन रैकेट से खेले जाने वाला खेल है, जिसमें रैकेट का उपयोग करके एक शटलकॉक को नेट के आर-पार मारा जाता है।

24. (d) दीपा मलिक एक भारतीय पैरा-एथलीट हैं। उन्होंने 30 साल की उम्र में अपने करियर की शुरुआत की थी। वह पैरालंपिक में पदक जीतने वाली पहली भारतीय महिला हैं। उन्होंने 2016 ग्रीष्मकालीन पैरालिंपिक में गोला फेंक खेल में रजत पदक अर्जित किया। उन्होंने F-53/54 भाला प्रतियोगिता में 2018 दुबई पैरा एथलेटिक ग्रैंड प्रिक्स में स्वर्ण पदक अर्जित किया। दीपा मलिक एक पैरा-एथलीट हैं जो धैर्य और दृढ़ संकल्प की प्रतीक हैं।

25. (c)स्टॉर्म शैडो/एससीएएलपी स्टील्थ क्षमताओं वाली लंबी दूरी की क्रूज मिसाइल है , जिसे यूके और फ्रांस द्वारा संयुक्त रूप से विकसित किया गया है। मिसाइल का उद्देश्य उच्च-मूल्य वाली स्थिर संपत्तियों जैसे एयरबेस, रडार प्रतिष्ठानों, संचार केंद्रों और बंदरगाह सुविधाओं पर हमला करना है।

26. (b) G20 की स्थापना वर्ष 1999 में एशियाई वित्तीय संकट के बाद वित्त मंत्रियों और केंद्रीय बैंक के गवर्नरों के लिए वैश्विक आर्थिक और वित्तीय मुद्दों पर चर्चा करने के लिए एक मंच के रूप में की गई थी। ग्रुप ऑफ ट्वेंटी (G20) अंतर्राष्ट्रीय आर्थिक सहयोग का प्रमुख मंच है। यह सभी प्रमुख अंतर्राष्ट्रीय आर्थिक मुद्दों पर वैश्विक संरचना और अधिशासन निर्धारित करने तथा उसे मजबूत करने में महत्त्वपूर्ण भूमिका निभाता है। ग्रुप ऑफ ट्वेंटी (G20) में 19 देश (अर्जेंटीना, ऑस्ट्रेलिया, ब्राजील, कनाडा, चीन, फ्राँस, जर्मनी, भारत, इंडोनेशिया, इटली, जापान, कोरिया गणराज्य, मैक्सिको, रूस, सऊदी अरब, दक्षिण अफ्रीका, तुर्किये, यूनाइटेड किंगडम और संयुक्त राज्य अमेरिका) और यूरोपीय संघ शामिल हैं। अत: विकल्प (b) सही है।

27. (c) श्वेत रक्त कोशिका, जिसे ल्यूकोसाइट या श्वेत कणिका भी कहा जाता है। यह रक्त का एक कोशिकीय घटक है जिसमें हीमोग्लोबिन की कमी होती है, यह एक नाभिक है, जो गतिशीलता में सक्षम होता है, और संक्रामक एजेंटों, विदेशी सामग्रियों और सेलुलर मलबे को नष्ट करने में सक्षम होता है। यह कैंसर कोशिकाओं को अवशोषित करके, या एंटीबॉडी का उत्पादन करके शरीर को संक्रमण और बीमारी से बचाता है। वयस्कों में, अस्थि मज्जा 60 से 70 प्रतिशत सफेद कोशिकाओं (यानी, ग्रैन्यूलोसाइट्स) का उत्पादन करती है। लसीका ऊतक, विशेष रूप से थाइमस, प्लीहा और लिम्फ नोड्स, लिम्फोसाइट्स (20 से 30 प्रतिशत सफेद कोशिकाओं से युक्त) का उत्पादन करते हैं। प्लीहा, यकृत, लिम्फ नोड्स और अन्य अंगों के रेटिकुलोएन्डोथेलियल ऊतक मोनोसाइट्स (सफेद कोशिकाओं का 4 से 8 प्रतिशत) का उत्पादन करते हैं। एक स्वस्थ्य वयस्क मनुष्य के रक्त में प्रति घन मिलीमीटर 4,500 से 11,000 श्वेत रक्त कोशिकाएँ होती हैं। श्वेत कोशिका संख्या में उतार-चढ़ाव दिन के दौरान होता है; इनकी संख्या आराम के दौरान निम्न और व्यायाम के दौरान उच्च होती है। लिम्फोसाइट्स, जो आगे बी कोशिकाओं और टी कोशिकाओं में विभाजित हैं, विदेशी एजेंटों की विशिष्ट पहचान, मुख्य कार्य करने और निष्कासन के लिए जिम्मेदार हैं। ग्रैन्यूलोसाइट्स, सफेद कोशिकाओं में सबसे अधिक, शरीर को प्रोटोजोअन या हेल्मिंथ जैसे बड़े रोगजनक जीवों से छुटकारा दिलाते हैं और एलर्जी और सूजन के अन्य रूपों के प्रमुख मध्यस्थ भी हैं। विशिष्ट प्रकार की कोशिकाएँ विभिन्न बीमारियों से जुड़ी होती हैं और शरीर की रक्षा में उस कोशिका प्रकार के विशेष कार्य को दर्शाती हैं। सामान्य तौर पर, नवजात शिशुओं में श्वेत रक्त कोशिका की संख्या अधिक होती है जो बचपन के दौरान धीरे-धीरे वयस्क होते होते कम हो जाती है। एक अपवाद लिम्फोसाइट, जो जन्म के समय कम होती है, जीवन के पहले चार वर्षों में अपने उच्चतम स्तर तक पहुँच जाती है, और उसके बाद धीरे-धीरे व्यस्क होते होते कम हो जाती है। श्वेत रक्त कोशिका संख्या में असामान्य कमी को ल्यूकोपेनिया कहा जाता है। कुछ प्रकार के संक्रमणों या दवाओं के बदले में या कुछ स्थितियों, जैसे क्रोनिक एनीमिया, कुपोषण, या एनाफिलेक्सिस के कारण इनकी संख्या कम हो सकती है। अत: विकल्प (c) सही है।

28. (c) 1559 ई. में औरंगजेब ने बनारस के पुजारियों को एक चार्टर दिया था जिसमें पुराने मंदिरों को न गिराने, ब्राह्मणों एवं दूसरे हिन्दुओं को परेशान न करने का उल्लेख था। 1666 ई. के पश्चात् 'जजिया' पुन: लगाया गया, गैर मुस्लिमों पर तीर्थयात्रा कर भी आरोपित किया गया एवं उन पर आयात कर बढ़ाया गया। अंधविश्वास एवं इस्लाम के विरुद्ध होने के आधार पर झरोखा दर्शन एवं सिर्फ अल्लाह के सामने सिजदा किये जाने के आधार पर बादशाह के सामने सिजदा किये जाने पर रोक और होली व मुहर्रम को सार्वजनिक रूप से मनाने पर रोक लगा दी

गई। आयात कर को लागू करने के पीछे बहुत सख्ती नहीं दिखाई गई और तीर्थयात्रा कर के पीछे धार्मिक कट्टरता से ज्यादा आर्थिक लक्ष्य नजर आता है। मंदिरों को गिराने का आदेश सभी मंदिरों की बजाय कुछ खास मंदिरों के लिए ही था और ज्यादातर आदेश कागज पर ही रहे तथा जजिया के पीछे धार्मिक कट्टरता के अतिरिक्त आर्थिक कारण भी मौजूद था। औरंगजेब के काल में हिंदू मनसबदारों की संख्या में तीव्र वृद्धि हुई जिसमें पूर्व की तुलना में हिंदू उमरा की संख्या का 31.6% होना, हिन्दुओं के प्रति स्पष्ट नीति का परिचायक है। राजपूतों के प्रति नीति को 1665 ई. में सामान्य तौर पर शाही खानदान को मिलने वाले दक्षिण के सूबे का भार जयसिंह को सौंपे जाने के आधार पर समझा जा सकता है। औरंगजेब की धार्मिक नीति काफी सख्त थी, जिसके कारण राजपूत, सिख, जाट और मराठों ने विद्रोह किया। औरंगजेब की दक्कन नीति पूर्णत: विफल रही और मुग़ल साम्राज्य के पतन का एक महत्त्वपूर्ण कारण थी। अत: विकल्प (c) सही है।

29. (b) माइटोकॉन्ड्रिया को अक्सर कोशिका के "पावरहाउस" के रूप में जाना जाता है क्योंकि उनका प्राथमिक कार्य सेलुलर श्वसन के माध्यम से एडेनोसिन ट्राइफॉस्फेट (एटीपी) के रूप में ऊर्जा का उत्पादन करना है। अत: विकल्प (b) सही है।

30. (b) इलेक्ट्रॉन किसी तत्त्व के रासायनिक गुणों के लिए जिम्मेदार होते हैं क्योंकि वे यह निर्धारित करते हैं कि रासायनिक प्रतिक्रियाओं में परमाणु एक-दूसरे के साथ कैसे संपर्क करते हैं और बॉण्ड बनाते हैं। अत: विकल्प (b) सही है

31. (a) 'वर्ल्ड सोशल प्रोटेक्शन रिपोर्ट' अर्थात् विश्व सामाजिक संरक्षण रिपोर्ट को अंतर्राष्ट्रीय श्रम संगठन (ILO) के द्वारा प्रकाशित किया जाता है। अंतर्राष्ट्रीय श्रम संगठन (ILO) संयुक्त राष्ट्र की एक विशेष एजेंसी है। यह संयुक्त राष्ट्र की एकमात्र त्रिपक्षीय एजेंसी है। यह 187 सदस्य राज्यों की सरकारों, नियोक्ताओं और श्रमिकों को श्रम मानकों को स्थापित करने, नीतियों को विकसित करने तथा सभी महिलाओं एवं पुरुषों के लिए अच्छे काम को बढ़ावा देने वाले कार्यक्रम तैयार करने हेतु एक साथ लाती है। अत: विकल्प (a) सही है। सामाजिक संरक्षण नुकसान में कमी या उसे रोकने, व्यक्ति और उसके आश्रितों के लिए एक बुनियादी न्यूनतम आय का आश्वासन देने तथा किसी भी अनिश्चितता से व्यक्ति की रक्षा करने हेतु डिजाइन किया गया एक व्यापक दृष्टिकोण है। सामाजिक संरक्षण में विशेष रूप से वृद्धावस्था, बेरोजगारी, बीमारी, विकलांगता, कार्य के दौरान चोट, मातृत्व अवकाश , स्वास्थ्य देखभाल तथा आय सुरक्षा उपायों तक पहुँच के साथ-साथ बच्चों वाले परिवारों हेतु अतिरिक्त सहायता शामिल है।

32. (d) एक ग्राम जल को वाष्पीकरण द्वारा वाष्प में परिवर्तित करने के लिए 607 कैलोरी ऊर्जा की आवश्यकता होती है । एक ग्राम बर्फ को जल में परिवर्तित करने हेतु 79 कैलोरी ऊर्जा की आवश्यकता होती है । इस प्रकार हिम से जल तथा जल से वाष्प में स्थित ऊर्जा अधिक होती है । अत: विकल्प (d) सही है।

33. (b) प्राचीन काल में 'कामन्दकीय नीतिसार' की रचना गुप्त काल में हुई थी। यह कौटिल्य के अर्थशास्त्र का संक्षेपीकरण है एवं इसकी रचना अनुष्टुप छंद में की गयी है। इसमें राजा तथा उसके परिवार का सिर्फ विवरण मिलता है एवं शासन व्यवस्था का विवरण इसमें नहीं मिलता। अत: विकल्प (b) सही है।

34. (c) वर्ष 2020 में कृषि अवसंरचना कोष की स्थापना की गयी थी। यह फसल कटाई के बाद बुनियादी ढाँचा प्रबंधन एवं सामुदायिक कृषि परिसंपत्तियों में निवेश के लिए मध्यम एवं दीर्घकालिक ऋण वित्तपोषण की सुविधा प्रदान करेगा। इस योजना के माध्यम से किसान फसल की कटाई के उपरांत उसकी सही कीमत मिलने तक सुरक्षित रख सकेंगे। अत: विकल्प (c) सही है।

35. (d) प्रत्येक वर्ष 28 जुलाई को विश्व हेपेटाइटिस दिवस मनाया जाता है। वर्ष 2023 की थीम - एक जिंदगी, एक यकृत है। अत: विकल्प (d) सही है।

36. (c) R = रेस्क्यू, आग से तत्काल खतरे में किसी को भी बचाएं, अगर यह आपके जीवन को खतरे में नहीं डालता है (A) = अलार्म: "2600" (केवल परिसर के स्थानों पर) पर कॉल करके और पुल स्टेशन अलार्म बॉक्स को सक्रिय करके अलार्म बजाएं (C) = कनफाइन, सभी दरवाजे और खिड़कियां बंद करके आग को नियंत्रित करें E = एक्सटीनगुइश, आग बुझाने वाले यंत्र से आग बुझाएं या आग बुझाने में असमर्थ होने पर उस क्षेत्र को खाली कर दें।

37. (b) अनुच्छेद 263 के अनुसार परिभाषित अधिदेश के अनुसरण में परामर्श करने हेतु एक स्वतंत्र राष्ट्रीय फोरम के रूप में अंतर्राज्यीय परिषद स्थापित किये जाने की महत्त्वपूर्ण सिफारिश की गई थी। इस सिफारिश के अनुसरण में संविधान के अनुच्छेद 263 के तहत राष्ट्रपति द्वारा दिनांक 28 मई, 1990 को जारी आदेश के माध्यम से अंतर्राज्यीय परिषद का गठन किया गया था, जिसकी पहली बैठक 10 अक्तूबर, 1990 को हुई थी। अत: विकल्प (b) सही है।

38. (c) गुटनिरपेक्ष आंदोलन (NAM) का गठन वर्ष 1961 में राष्ट्रों के एक समूह द्वारा किया गया था जो शीत युद्ध के दौरान किसी भी प्रमुख सत्ता गुट के साथ गठबंधन नहीं कर रहे थे। इसका मुख्य उद्देश्य उपनिवेशवाद, साम्राज्यवाद और जातिवाद का विरोध करना एवं सदस्य देशों के बीच आर्थिक विकास और सहयोग को बढ़ावा देना था। अत: विकल्प (c) सही है।

39. (d) नागभट्ट प्रथम: गुर्जर-प्रतिहार राजवंश का पहला प्रमुख शासक था और इसकी कई उपलब्धियों में एक प्रमुख उपलब्धि अरबों पर इसकी जीत थी। वत्सराज (780-800 ई.) साम्राज्य को मजबूत किया और पश्चिमी एवं उत्तरी भारत पर नियंत्रण बढ़ाया। उसने उज्जैन को अपनी राजधानी बनाया। उसने कन्नौज को राजपुताना शासकों से छीन लिया तथा उसे अपनी राजधानी बनाया। इनको कन्नौज के संघर्ष में ध्रुव (राष्ट्रकूट शासक) और धर्मपाल (पाल शासक) का सामना करना पड़ा। हालाँकि धर्मपाल को पराजित कर दोआब क्षेत्र के साथ-साथ गंगा घाटी पर कब्जा कर लिया था किंतु बाद में इसे राष्ट्रकूट शासक राजा ध्रुव द्वारा पराजित कर दिया गया था। अत: विकल्प (d) सही है।

40. (b) मिजोरम में चिटे लुई नदी पहाड़ी पूर्वोत्तर राज्य के लोगों के लिए महत्त्वपूर्ण सांस्कृतिक और भावनात्मक महत्त्व रखती है। चिटे लुई नदी लगभग 1,000 मीटर की ऊँचाई पर एक जलोढ़ घाटी में स्थित है। यह नदी उत्तर आइजोल में बावंगकॉन रेंज से निकलती है और तुइरियल नदी में मिलने से पहले लगभग 20 कि.मी. तक बहती है। अत: विकल्प (b) सही है।

41. (b) तमिलनाडु सरकार ने लुप्तप्राय स्लेंडर लोरिस के लिए कडावुर फॉरेस्ट रिजर्व में भारत के पहला स्लेंडर लॉरिस अभ्यारण को अधिसूचित किया है। अभयारण्य प्रजातियों के संरक्षण में एक महत्त्वपूर्ण भूमिका निभाएगा। अत: विकल्प (b) सही है। यह अभयारण्य राज्य के करूर और डिंडीगुल जिलों में 11,806 हेक्टेयर क्षेत्र में फैला हुआ है। सिलेंडर लॉरिस एक छोटा, रात्रिचर प्राणी है, जो आमतौर पर दक्षिणी भारत और श्रीलंका के उष्णकटिबंधीय झाड़ियों और पर्णपाती जंगलों में पाया जाता है।

42. (a) अमीर-गरीब आय या धन विभाजन को मापने के लिए गिनी गुणांक एक लोकप्रिय सांख्यिकीय उपाय है। यह राष्ट्रों या राज्यों के भीतर वितरण की असमानता को मापता है - चाहे वह आय या धन की हो। इसका मान शून्य से 1 तक कहीं भी भिन्न होता है; शून्य पूर्ण समानता को दर्शाता है और एक पूर्ण असमानता को दर्शाता है। गिनी गुणांक का उपयोग समय के साथ किसी देश के आय वितरण की तुलना करने के लिए भी किया जा सकता है। बढ़ती प्रवृत्ति से संकेत मिलता है कि आय असमानता पूर्ण ढंग से स्वतंत्र रूप से बढ़ रही है। गिनी गुणांक में सामान्य वृद्धि से संकेत मिलता है कि सरकारी नीतियां समावेशी नहीं हैं और गरीबों की तुलना में अमीरों को अधिक लाभ पहुंचा सकती हैं।

43. (b) पानी की टंकी का आयतन

= लम्बाई × चौड़ाई × ऊँचाई

= 5 × 3 × 1 मी^{3}

= 15 मी^{3}

= 15 × 1000

= 15000 लीटर

44. (a) प्रश्नानुसार,

$x + y$ = 4.51 + 2.48

= 6.99

= 7.000 (ऊपरी सीमा)

45. (b) 1 किग्रा ताँबे का मूल्य = ₹ 420

∴ 50 ग्राम ताँबे की कीमत

$= \frac{420}{1000} \times 50 = ₹\, 21$

46. (c) खाते में रुपये जमा करने के पश्चात् कुल धनराशि = ₹ (713.39 + 450.75)

= ₹ 1164.14

रवि द्वारा पाँच शर्टों के लिए भुगतान की गई राशि = ₹ (1164.14 – 545.19)

= ₹ 618.95

∴ प्रत्येक शर्ट की कीमत

$= \frac{618.95}{5} = ₹\, 123.79$

47. (d) $(x-4)^2 - 36 = 0$

$\Rightarrow (x-4)^2 = 36$

$\Rightarrow x - 4 = \sqrt{36}$

$\Rightarrow x - 4 = 6$

$\Rightarrow x = 6 + 4$

$\therefore x = 10$

48. (a) माना सामान का किराया $= x$

दूरी	मात्रा	किराया
70	910	45
63 ↓	940 ↓	x ↓

$\frac{63}{70} \times \frac{940}{910} = \frac{x}{45}$

$x = \frac{63 \times 940 \times 45}{70 \times 910}$

$x = \frac{2264900}{63700}$

$x = 41.83$

अत: किराए को आधा करने पर मूल्य

$= \frac{41.83}{2} = ₹\, 21$ (लगभग)

49. (a) यहाँ $a = 3$ सेमी., $b = 4$ सेमी., $c = 5$ सेमी.,

बड़े घन की भुजा

$= \sqrt[3]{a^3 + b^3 + c^3}$

$= \sqrt[3]{3^3 + 4^3 + 5^3}$

$= \sqrt[3]{27 + 64 + 125}$

$= \sqrt[3]{216}$

= 6 सेमी.

50. (c) 10 सही सवालों के लिए प्राप्तांक

$= 10 \times 5 = 50$

परंतु वास्तविक प्राप्तांक = 30

∴ गलत उत्तरों के लिए काटे गए अंक

$= (50 - 30) = 20$

∴ गलत प्रश्नों की संख्या

$= 20 \div 2 = 10$

51. (b) उपर्युक्त गद्यांश के अनुसार आजकल पढ़े-लिखे नवयुवक माँ-बाप का सपना पूरा करने, सुख-चैन की जिन्दगी बसर करने तथा समाज में प्रतिष्ठा बढ़ाने के लिए विदेश जाते हैं।

52. (d) उपर्युक्त अनुच्छेद के अनुसार विदेश में बसी संतानें अपने माँ-बाप को साथ में इसलिए नहीं रख पाते क्योंकि उन्हें ऐसा लगता है कि माँ बाप का व्यवहार उसके परिवार के सदस्यों (पत्नी और उनके बच्चों के रहन-सहन, खान-पान, पहनावे और चाल-चलन पर ऐतराज और कटाक्ष करते होंगे।

53. (a) उपर्युक्त अनुच्छेद के अनुसार विदेश में जा बसें बच्चों के व्यवहार परिवर्तन के लिए उनके अधूरे संस्कार को ही सर्वाधिक प्रबल तार्किक दोषी माना जाएगा।

54. (b) उपर्युक्त गद्यांश के अनुसार जगहँसाई से बचने के लिए विदेश में जा बसे बच्चों के माँ-बाप अपने द्वारा भोगे जाने वाले कष्टों और दुश्चिन्ताओं की चर्चा किसी से नहीं करते।

55. (d) उपर्युक्त प्रश्न 'बच्चों की शिकायत है कि माँ-बाप पत्नी और बच्चों के साथ एडजस्ट नहीं करते और अपनी पुराने जमाने की चीजों को यहाँ थोपना चाहते हैं।' उपर्युक्त गद्यांश के अनुसार इसके लिए माँ-बाप और बच्चों के इन दो पीढ़ियों का अंतराल ही दोषी है।

56. (d) उपर्युक्त गद्यांश के अनुसार आज के बुजुर्गों के लिए बदलते समय की सर्वोचित माँग है कि बुजुर्ग बुढ़ापे के लिए कुछ अर्जित करके रखें और अगली पीढ़ी के सदस्यों पर न बोझ बनें और न अपनी राय थोपें, जिससे वे चैन से अपना बुढ़ापा काट सकें।

57. (d) उपर्युक्त गद्यांश के अनुसार जो माता-पिता बदलते समय के साथ अपने आप को बदल लेते हैं और बेटों और उनके परिवार को उचित सम्मान देते हैं, वे माँ-बाप अपने ही घर में दीन- हीन से होकर बच्चों का मुँह नहीं ताकते हैं।

58. (a) उपर्युक्त गद्यांश के अनुसार पीढ़ियों के अंतरण के कारण जीवन मूल्यों के बदलने से युवा पीढ़ी अदूरदर्शी और असहनशील होती जा रही है और उसकी ग्रहणशीलता कम होती जा रही है। यही कारण है कि माता-पिता द्वारा प्यार-दुलार एवं समस्त संसाधनों के दिए जाने के बावजूद आज की युवा पीढ़ी से वह आत्मीयता गायब है, जो पुरानी पीढ़ी तक विद्यमान थी।

60. (b) उपर्युक्त गद्यांश के अनुसार माँ-बाप का संतान और उसके परिवार के प्रति रूखा व्यवहार, वाणी का असंयम और बहू- बेटों की जिन्दगी में ज्यादा दखलंदाजी के कारण ही संतान के साथ रहने की इच्छा होते हुए भी कई माँ-बाप अकेले रहते हैं।

60. (c) उपर्युक्त गद्यांश के अनुसार जो बच्चे संस्कारहीन और अविवेकी हैं और जो अपने भविष्य को नहीं देख पाते, वे ही अपने माता-पिता को वृद्धाश्रम में भेज देने की बात करते हैं।

61. (a) दिये गये विकल्पों में 'आदेश' का अंग्रेजी अनुवाद ORDER होता है। अन्य विकल्प के हिन्दी अनुवाद निम्नवत है-

अंग्रेजी शब्द	- अर्थ
REQUEST	- निवेदन
GUIDE	- दिग्दर्शक
DIRECTION	- संचालन/निर्देशन

62. (b) TEACHING का हिन्दी अनुवाद 'अध्यापन' होगा। विकल्प में उपस्थित अन्य शब्दों के अंग्रेजी अनुवाद निम्नवत् हैं:

अध्ययन - Study

निरीक्षण - Inspection

शिक्षण - Education/pedagogy

63. (a) एक पत्र में विषय अभिवादन से तुरन्त पहले लिखा जाता है। विषय औपचारिक पत्रों में अभिवादन से पूर्व लिखा जाता है जबकि अनौपचारिक पत्रों में विषय महत्त्वपूर्ण नहीं होता है।

64. (c) आन्तरिक प्रशासन के लिए निर्देश जारी करने के लिए आमतौर पर कार्यालय आदेश का उपयोग किया जाता है। कार्यालय आदेश वह कार्यालयी पत्र जिसमें किसी मंत्रालय विभाग एवं कार्यालय के कर्मचारियों को उनकी नियुक्ति, स्थायीकरण, स्थानान्तरण, पदोन्नति, अवकाश स्वीकृति अस्वीकृति आदि के विषय में आन्तरिक प्रशासन सम्बन्धी आदेश प्रसारित किये जाते हैं।

65. (b) केन्द्र सरकार में आधिकारिक संचार के लिए लिखित संचार के 11 रूपों का उपयोग किया जाता है।

66. (a) सरकारी पत्र लिखते समय इस्तेमाल किया जाने वाला अभिवादन महोदय/ महोदया (Sir/Madam) होता है, जबकि अर्द्ध सरकारी पत्र मित्रतापूर्ण भाषा में लिखा जाता है, तथा इसमें सम्बोधन के लिए 'प्रिय' लिखा जाता है। जैसे- प्रिय नरेन्द्र जी।

67. (d) अघी – निरघ

ईप्सित – अनीप्सित

अमित – परिमित

68. (b) उद्यम का विलोम आलस्य होता है, अन्य विकल्प सही सुमेलित हैं।

69. (a) संयुक्त – असंयुक्त

समस्त – कतिपय

अज्ञ – विज्ञ

70. (a) सचल का विलोम अचल होता है। अन्य विकल्प सही हैं।

71. (d) दिए गए विकल्पों में सही उत्तर विकल्प 4 'आवेदन' है। अन्य विकल्प इसके अनुचित उत्तर हैं। अन्य विकल्प: चिट्ट - CHIT, प्रारूप - FORMAT, प्रत्यावेदन - REPORT

72. (b)'MEMORANDUM' के लिए सही पारिभाषिक शब्द है- ज्ञापन, सूचना- Information, विज्ञप्ति- Releases, अधिसूचना- Notification

73. (a) 'Judicial' शब्द के समानार्थक हिंदी पारिभाषिक शब्द है- न्यायिक, वैध-Valid, कानूनी-Legal, अनुज्ञप्ति-License

74. (d) बालू में से तेल निकालना' मुहावरे का अर्थ है - 'असंभव को संभव कर दिखाना' वाक्य प्रयोग - मुर्गी से अंडा आया या अंडे से मुर्गी यह सिद्ध करना तो "बालू से तेल निकालने" के बराबर है।

75. (c) 'पीला मुँह करना' मुहावरा नहीं है। अतिरिक्त विकल्पों के मुहावरे सही हैं। अत: सही विकल्प 'पीला मुँह करना' है।

76. (c) 'पगड़ी रख, घी चख' लोकोक्ति का सही अर्थ निर्लज्ज होकर कुछ पाना है।

77. (c) चीटियों के पर निकलना अर्थात नष्ट होने के करीब होना वाक्य प्रयोग: चुनाव में विरोधियों को देखकर नेताजी बोले कि अब तो चींटियों को भी पर निकल आये हैं।

78. (c) 'साझे की हाँड़ी चौराहे फूटी' कहावत का अर्थ है, "जिम्मेदारी एक व्यक्ति की हो, अन्यथा कार्य बिगड़ जाता है।" वाक्य प्रयोग- रमेश का अरुण के साथ मिलकर दुकान चलाना सम्भव नहीं है, क्योंकि साझे की हांडी चौराहे पर फूटती है

79. (c) उपर्युक्त विकल्पों में से विकल्प "कुटिल-जटिल" सही है तथा अन्य विकल्प असंगत हैं। कुटिल व जटिल दोनों का विलोम "सरल" होगा।

80. (a) 'चिरन्तन' का अर्थ - बहुत दिनों से चला आता रहनेवाला, पुरातन। विलोम शब्द 'नश्वर' है।

81. (b) विपन्न का अर्थ दरिद्र होता है। संपन्न का विलोम- विपन्न, दरिद्र।

82. (d) कूलंकषा– नदी का पर्यायवाची है; इसे अतिरिक्त अन्य विकल्प यमुना के पर्यायवाची हैं।

83. (b) बाण का पर्यायवाची– विशिख, तोमर, नाराच, शर, सायक, इषु आदि हैं। सरोवर तालाब का पर्यायवाची तथा तरु वृक्ष का पर्यायवाची है।

84. (a) खर का पर्याय 'दुष्ट' नहीं है।

85. (c) 'घोड़ा' का पर्यायवाची तुरंग, बाजि, हय, घोटक, रविसुत, अश्व व सैंधव है। 'शार्दूल' सिंह का पर्यायवाची है।

86. (c) 'कामदेव' का पर्यायवाची है– मार, मनसिज, अनंग, मदन, कन्दर्प इत्यादि। 'विडौजा' इंद्र देव का, 'पिशुन' चुगलखोर का तथा 'अश्म' पत्थर का पर्यायवाची है।

87. (a) धनंजय का पर्याय है गुडाकेश, पार्थ, अर्जुन, कौन्तेय इत्यादि। अन्य विकल्प असंगत हैं।

88. (a) मीन का समानार्थी शब्द 'झख' होता है। शिलीमुख, अलि, षट्पद भौरा के पर्यायवाची हैं।

89. (d) ग्रह शब्द केतु का पर्याय नहीं है, बल्कि अन्य विकल्प केतु के पर्याय हैं।

90. (b) तलवार का पर्यायवाची करवाल होता है। तलवार के अन्य पर्यायवाची शब्द हैं– असि, खड्ग, चंद्रहास, कृपाण, शमशीर आदि।

91. (b) मसृण का अर्थ - मुलायम रुक्ष का अर्थ - सूखा।

92. (b) विषयी विशेषण शब्द है जिसका अर्थ होता है - भोगनेवाला, इंद्रिय सुखभोग की इच्छा करनेवाला, विषयासक्त, भोगी, व्यसनी। जितेन्द्रिय अथवा योगी का अर्थ है आत्मज्ञानी, योग साधना करने वाला व्यक्ति।

93. (d) पारावत शब्द स्वर्ण का पर्यायवाची शब्द नहीं है। पारावत का पर्यायवाची शब्द -कपोत , कबूतर , रक्तलोचन , कलरव , हारिल। स्वर्ण का पर्यायवाची शब्द -सुवर्ण, कंचन, कुंदन, हेन, हारक, जातरूप, सोना, तामरस, हिरण्य।

94. (b) देवता का संस्कृत भाषा में पर्यायवाची विबुध माना जाता है, और लोकेश शब्द का अक्सर प्रयोग विष्णु के सन्दर्भ में और लोगो के राजा के सन्दर्भ में होता है। 'किंकर', 'विपुल', 'लोकेश' आदि शब्द देवता के पर्यायवाची नहीं हैं, 'विबुध' 'देवता' का पर्यायवाची शब्द है।

95. (b) पाशहस्त, सावित्रेय, कृतांत आदि शब्द बलराम के पर्यायवाची नहीं हैं। पाशहस्त के पर्यायवाची- वरुणेश, शतभिषा, वरुण-दैवत, शतभिषा नक्षत्र। सावित्रेय के पर्यायवाची- यमराज, यम। कृतांत के पर्यायवाची- यम,सूर्यपुत्र, जीवितेश, श्राद्धदेव, अन्तक, धर्मराज, दण्डधर, कीनाश, यमराज। बलराम के पर्यायवाची- बलभद्र, बलदेव, संकर्षण, गर्व, आकर्षण, घमंड, शेषनाग, अहंकार, राम, ईश्वर, भगवान, बलदेव, बलदाऊ।

96. (c) वपु के अन्य पर्यायवाची शब्द हैं - शरीर, देह, काया, बदन।

97. (b) कृपया एक गिलास पानी दीजिए। शुद्ध वाक्य है।

98. (a) उसकी आँख से आँसू बह रहा था - अशुद्ध वाक्य - के रेखांकित अंश में वचन संबंधी अशुद्धि अशुद्धि है। आँख के स्थान पर 'आँखों' शब्द आएगा।

99. (c) निन्यानबे के फेर में पड़गा ,मुहावरे का सही अर्थ है,सदैव रूपया बटोरने के चक्कर में पड़ना।

100. (a) जो परिश्रमी होते हैं भले ही सफलता उन्हें देर से मिले लेकिन एक दिन अवश्य अपनी मंजिल पाने में सफल होते हैं। इसलिए परिश्रम का फल अवश्य मिलता है।

101. (b) **102.** (d) **103.** (c)

104. (b)

105. (d) 8 बिट 1 बाइट के बराबर होती है।

106. (c) ए-पिक्सल एक कंप्यूटर प्रोग्राम होता है, जो तस्वीर बनाता है।

107. (c) **108.** (a) **109.** (c)

110. (b) **111.** (c) **112.** (c)

113. (b) **114.** (b) **115.** (a)

116. (d) **117.** (d) **118.** (d)

119. (c) **120.** (d)

121. (d) जब एक रिसीविंग होस्ट सभी सेग्मेंट्स को प्राप्त करने में असफल रहता है, जिनके लिए इसे एकनॉलेज करना है। होस्ट इस कम्युनिकेशन सेशन की विश्वसनीयता में सुधार के लिए विंडो साइज में कमी कर सकता है।

122. (c) Dir/b कमांड फाइल्स तथा डायरेक्ट्री के नाम को बिना आकार, तिथि तथा समय संबंधी सूचना के डिस्प्ले करती है।

123. (c) DATE कमांड सिस्टम डेटा को प्राप्त करने के लिए MSDOS. यूनिक्स कमांड लाइन इंटरफेसेज में प्रयुक्त होती है।

124. (a) HTML 5 में टैग <iframe></iframe> है, जिसका उपयोग वीडियो प्ले करने के लिए किया जाना चाहिए।

125. (d) डाटा मैनेजमेंट सिस्टम (DMS) के स्ट्रकचर क्वेरी लैंग्वेज (SQL) में SELECT कमांड डाटा डेक्टिशन लैंग्वेज (DDL) नहीं है। SELECT कमाण्ड का उपयोग दी गई टेबल से रिकॉर्ड्स को पुन: प्राप्त करने के लिए किया जाता है। SELECT कमांड के स्टेटमेंट को क्वेरी भी कहा जाता है।

126. (a) कर्नेल ऑपरेटिंग सिस्टम का वह भाग है, जिस पर अन्य कार्य आधारित होते हैं तथा जिसमें यूजर स्वयं कोई परिवर्तन नहीं कर सकता। कर्नेल ऑपरेटिंग सिस्टम का मुख्य भाग है, जो प्रोग्राम्स को समय तथा मेमोरी आवंटित करता है। कम्यूनिकेशन तथा फाइल स्टोर हैंडल करता है। शेल प्रयोक्ता तथा कर्नेल के मध्य इंटरफेस होता है।

127. (a) फाइल ट्रांसफर प्रोटोकॉल (FTP) इंटरनेट पर प्रयुक्त एक प्रोटोकॉल है, जिसका प्रयोग नेटवर्क से जुड़े किसी कंप्यूटर तथा सर्वर के बीच फाइल स्थानांतरित करने के लिए किया जाता है। मूलत: प्रोटोकॉल कुछ विशेष नियमों का समूह होता है, जिसके आधार पर FTP में फाइलों को स्थानान्तरित किया जाता है। जबकि पोस्ट ऑफिस प्रोटोकॉल (POP) एक ऐसा प्रोटोकॉल है, जो एक पर्सनल कंप्यूटर को एक मेल सर्वर से इंटरनेट द्वारा जोड़ता है।

128. (b) क्लाइंट सर्वर वह प्रोग्राम रिलेशनशिप हैं, जिसमें एक प्रोग्राम सर्विस या रिसोर्स के लिए दूसरे से अनुरोध करता है, जो कि मांगी गई सेवा प्रदान करने के लिए तत्पर होता है जबकि पियर-टू-पियर नेटवर्क दो अथवा दो से अधिक ऐसे कंप्यूटरों का नेटवर्क है जो आपस में कम्युनिकेशन के लिए एक जैसे प्रोग्राम का उपयोग करते हैं।

129. (d) डाटा बेस मैनेजमेंट सिस्टम एक सॉफ्टवेयर प्रोग्राम है जो कंप्यूटर का उपयोग कर डिजिटल डाटा को व्यवस्थित करने, उसमें परिवर्तन करने, डाटा का साझा उपयोग करने, पुराने डाटा को

मिटाने तथा नया डाटा स्टोर करने का कार्य करता है।

130. (a) MS Word-2007 में शार्टकट-की Ctrl + Shift + A का उपयोग वाक्य के कैपिटलाइजेशन को टॉगल करने के लिए होता है।

131. (c) स्टैटिक रैम (SRAM) में डाटा तब तक संचित रहता है जब तक विद्युत सप्लाई ऑन (ON) रहती है। SDRAM नॉन-वोलाटाइल मेमोरी का उदाहरण नहीं है, जबकि फ्लैश मेमोरी एक प्रकार की सेमीकण्डक्टर आधारित नॉन-वॉलेटाइल अर्थात् विद्युत सप्लाई बंद होने पर भी चिप में भरी सूचनाएँ संरक्षित रहती हैं।

132. (d) फॉर्मेट पेंटर का उपयोग टेक्स्ट या ग्राफिक्स के अनेक टुकड़ों में समान फॉमेंट त्वरित रूप से अप्लाई करने के लिए किया जाता है जैसे कि कलर, फॉन्ट स्टाइल तथा साइज तथा बॉर्डर स्टाइल।

133. (d) MS आउटलुक (माइक्रोसॉफ्ट आउटलुक) एक प्रकार का पर्सनल इन्फॉर्मेशन मैनेजर और ई-मेल कम्यूनिकेशन सॉफ्टवेयर है। इसे माइक्रोसॉफ्ट कंपनी ने बनाया था और यह एम एस ऑफिस का एक सॉफ्टवेयर है। जबकि सिम्बियन मोबाइल यंत्रों और स्मार्टफोनों के लिए बनाया गया एक ऑपरेटिंग सिस्टम है। एंड्रायड एक मोबाइल ऑपरेटिंग सिस्टम है, जो लिनक्स पर आधारित है।

134. (d) 64 बिट कम्प्यूटिंग, प्रोसेसर में शब्द के आकार का संकेतक है। इसका अर्थ है कि माइक्रोप्रोसेसर और अधिक RAM सपोर्ट करने में सक्षम है 64-बिट प्रोसेसर मशीन में गणनाएँ तेज होती हैं।

135. (c) MS Exeel-2007 या इससे आगे वाले वर्जन में 'नेम मैनेजर' फीचर नेम्ड सेल रेंज, फंक्शन, कॉन्सटैंट या फॉर्मूला में रेफरेंस के लिए टेबल क्रिएट करता है।

136. (a) HTML में h1 को Right Alignment में एलाइन करने के लिए < h1 aligh = "right">,,,,, </h1> का उपयोग करते हैं।

137. (d) फाइल सिस्टम को उस तरीके के रूप में समझा जा सकता है। जिस तरीके से फाइल डिस्क पर व्यवस्थित होती है। इसमें ISO 27000 फाइल सिस्टम का विनिर्देश नहीं है।

138. (d) MS Exeel-2003 में एडिट मेनू से कॉपी, पेस्ट तथा कट कमांड्स के द्वारा, शॉर्टकट मेनू के कमांड्स के द्वारा और स्टैंडर्ड टूलबार के बटन्स के द्वारा डाटा या फॉर्मूलाज को कॉपी कर सकते हैं।

139. (b) MS Word में आउटलाइन व्यू के साथ आप यह देख सकते हैं कि टेक्स्ट तथा ग्राफिक्स प्रिंटेड होने पर कैसे दिखेंगे।

140. (c) मॉडेम एक एनालॉग सिग्नल्स को डिजिटल में तथा डिजिटल सिग्नल्स को एनालॉग सिस्टम में बदलता है। डिजिटल सिग्नल को एनालॉग सिग्नल्स में बदलने की प्रक्रिया को मॉड्यूलेशन तथा एनालॉग सिग्नल्स को डिजिटल सिग्नल्स में बदलने की प्रक्रिया को डीमॉड्यूकेशन कहते हैं। मॉडेम इन्फॉर्मेशन के पैकेट डिस्पैच करते हुए अनेक डिवाइसेज के साथ इंटरनेट कनेक्शन साझा करता है।

141. (a) MS Word में End Key का प्रयोग कर्सर को लाइन के अंत में लाता है।

142. (c) MS Power Point (वर्जन 2007 तथा इससे आगे वाले) में पूरे प्रेजेंटेशन का मास्टर प्रिंट आउट हैंडआउट मास्टर होता है।

143. (b) सेल एक प्रकार का कंटेनर होता है, जो संख्याओं, सूत्रों और टेक्स्ट को होल्ड करता है। MS-Excel में सेल में कमेंट्स रखना सेल टिप कहलाता है।

144. (d) HTML (हाइपर टेक्स्ट मार्कअप लैंग्वेज) मुख्यत: वेबसाइट तथा डिजाइनिंग के लिए प्रयुक्त हाइपर टेक्स्ट लैंग्वेज है। ऑर्डर्ड लिस्ट्स और रैंडम लिस्ट्स सर्वाधिक सामान्य (HTML) लिस्ट्स है।

145. (a) 192, 168, 168, 129-190 सबनेट 255, 255, 255, 192 के लिए मान्य होस्ट रेंज है, जिस पर IP एड्रेस 192, 168, 168, 188 रहता है।

146. (b) वैज्ञानिक हावर्ड आइकेन के निर्देशन में सन् 1937 से 1944 के बीच आईबीएम नामक कंपनी के सहयोग से विश्व का प्रथम स्वचालित इलेक्ट्रो मैकेनिकल (विद्युत यांत्रिकी) गणना यंत्र का आविष्कार किया गया। इसे सार्क-I नाम दिया गया।

147. (d) MS-Excel 2007 में डाटा टैब के तहत What-if analysis परफॉर्म करने के लिए डाटा टेबल, गोल सीक और सिनैरियो मैनेजर का उपयोग किया जाता है।

148. (c) विंडोज नेमिंग सर्विस (WINS) IP (Internet Protocal) एड्रेस के लिए कंप्यूटर नेम्स का निराकरण करती है।

149. (b) HTML (Hypertext Markup Language) में कमेंट करने के लिए <!and> सही HTML टैग है।

150. (c) लिनक्स में हम फाइल ipehains-1.3.g.5.1386. rpm को rpm-1 ipchains* 3.6.8. rpm से इंस्टाल करेंगे।

❑❑❑

4 प्रैक्टिस सेट

सामान्य ज्ञान

1. "उसके अनुसार यहाँ अधिकांश शहरों में भीड़-भाड़ वाली सड़कें तथा चमक-दमक वाले रंगीन बाजार थे, जो विविध प्रकार की वस्तुओं से भरे रहते थे, दिल्ली एक विशाल आबादी वाला शहर था जो भारत में सबसे बड़ा था"
उपर्युक्त पंक्तियाँ निम्नलिखित में से किस यात्री के यात्रा वृतांत से संबंधित हैं ?
(a) बर्नियर (b) टेवर्नियर
(c) मनूची (d) इब्नबतूता

2. निम्नलिखित में से कौन-सी बीमारी मस्तिष्क की तंत्रिका कोशिकाओं को नष्ट करती है ?
(a) तपेदिक (b) अल्जाइमर रोग
(c) इंफ्लुएंजा (d) मधुमेह

3. लोथल के संदर्भ में निम्नलिखित कथनों में से कौन-सा/से सही है/हैं ?
1. यह सिंधु घाटी सभ्यता (IVC) के सबसे दक्षिणी स्थलों में से एक था।
2. इसे मोतियों, रत्नों और गहनों के व्यापार के लिए जाना जाता था।
नीचे दिये गए कूट का प्रयोग कर सही उत्तर चुनिये:
(a) केवल 1 (b) केवल 2
(c) 1 और 2 दोनों (d) न तो 1 और न ही 2

4. निम्नलिखित में से कौन-सा एक हड़प्पा स्थल नहीं है ?
(a) चन्हुदड़ो (b) कोटदीजी
(c) सोहगौरा (d) देसलपुर

5. मध्यकालीन भारतीय इतिहास के संदर्भ में 'मणिग्रामम' और 'नंदेसी' निम्नलिखित में से किसके लिए प्रयोग किये जाते थे ?
(a) ग्राम प्रधान और अमीरों
(b) व्यापारियों की श्रेणी या संघ
(c) बौद्ध उपदेशक
(d) ब्राह्मणों को दिया गया भूमिदान

6. मुगल प्रशासन में 'मुहतसिब' था-
(a) सेना अधिकारी
(b) विदेश विभाग का मुख्य
(c) लोक आचरण अधिकारी
(d) पत्र व्यवहार विभाग का अधिकारी

7. भारत के सांस्कृतिक इतिहास के संदर्भ में, निम्नलिखित में से कौन-सा कथन ईश्वरकृष्ण का सबसे अच्छा वर्णन करता है ?
(a) प्रारंभिक मध्ययुगीन उड़ीसा के एक शैव संत
(b) आठवीं शताब्दी ईस्वी में असम का एक राजा
(c) दर्शनशास्त्र के छह भारतीय दर्शनों में से एक के दार्शनिक
(d) मध्यकाल का एक विधि निर्माता

8. 'उड़ान परियोजना' संबंधित है-
(a) इंजीनियरिंग पाठ्यक्रम में भाषा की बाधा की समाप्ति से
(b) प्राथमिक शिक्षा के स्तर में सुधार से
(c) टीकाकरण लक्ष्य की प्राप्ति से
(d) उपरोक्त में से कोई नहीं

9. 'क्राइम इंडिया' रिपोर्ट किस संस्था द्वारा जारी की जाती है ?
(a) राष्ट्रीय अपराध रिकार्ड ब्यूरो
(b) इंटेलिजेंस ब्यूरो
(c) गृह मंत्रालय की सुरक्षा समिति
(d) सी.बी.आई.

10. राष्ट्रपति की अध्यादेश शक्ति का वर्णन किस अनुच्छेद में किया गया है ?
(a) अनुच्छेद 122 (b) अनुच्छेद 113
(c) अनुच्छेद 132 (d) अनुच्छेद 123

11. देश का पहला ग्रीन म्युनिसिपल बॉण्ड किस नगर निगम ने जारी किया ?
(a) गाजियाबाद नगर निगम ने
(b) उत्तरी दिल्ली नगर निगम ने
(c) अंबिकापुर नगर निगम ने
(d) प्रयागराज नगर निगम ने

12. निम्नलिखित में से किसे 'मिसाइल वुमन' के नाम से जाना जता है ?
(a) संजल गांवड़े (b) प्रतिमा अग्रवाल
(c) टेसी थॉमस (d) स्वाति मोहन

13. भारतीय वायु सेना के राफेल विमान को उड़ाने वाली देश की पहली महिला पायलट हैं ?
(a) शिवांगी सिंह (b) रोहानी सिंह
(c) अवनी चतुर्वेदी (d) सृष्टि गोस्वामी

14. 'सागु-बागू' परियोजना किस राज्य से संबंधित है ?
(a) तमिलनाडु (b) मध्य प्रदेश
(c) तेलंगाना (d) केरल

15. भारतीय गुणवत्ता परिषद किस वर्ष स्थापित किया गया था ?
(a) 1997 (b) 1998
(c) 1999 (d) 2000

16. 'गिल्टी मैन ऑफ इंडियाज पार्टीशन' पुस्तक किसने लिखी है ?
(a) जवाहर लाल नेहरू
(b) डॉ. राम मनोहर लोहिया
(c) अबुल कलाम आजाद
(d) सरोजिनी नायडू

17. विश्व ब्रेल दिवस कब मनाया जाता है ?
(a) 1 जनवरी (b) 2 जनवरी
(c) 3 जनवरी (d) 4 जनवरी

18. उत्तर प्रदेश के किस जिले में चितौरा झील स्थित है ?
(a) बस्ती (b) आजमगढ़
(c) बहराइच (d) सहारनपुर

19. उस्ताद बिस्मिल्ला ख़ाँ का जन्मस्थान है-
(a) डुमराँव (b) जगदीशपुर
(c) जलालगढ़ (d) तारापुर

20. 'सच कहूँ तो' किसकी आत्मकथा है ?
(a) मंदिरा बेदी (b) नीलम सिंह
(c) रेखा वर्मा (d) नीना गुप्ता

21. 'एचआरएमएन 99' (HRMN 99) किसकी एक किस्म है ?
(a) आम (b) अंगूर
(c) सेब (d) गेहूँ

22. 'बिलीव-व्हाट लाइफ एंड क्रिकेट टॉट मी' किसकी आत्मकथा है ?

(a) महेंद्र सिंह धोनी (b) राहुल द्रविड़
(c) सुरेश रैना (d) वीरेंदर सहवाग

23. स्पिन (स्ट्रेंथनिंग द पोटेंशियल ऑफ इंडिया) नामक विशिष्ट योजना किससे संबंधित है ?

(a) चित्रकार (b) अभिनेता
(c) क्रिकेटर (d) कुम्हार

24. 'सुडोकू पहेली के गॉडफादर' के नाम से किसे जाना जाता है ?

(a) उसेन बोल्ट (b) माकी काजी
(c) राबिया सुजैन (d) मोहम्मद युसूफ

25. उत्तर प्रदेश इंस्टीट्यूट ऑफ डिजाइन कहाँ स्थित है ?

(a) प्रयागराज (b) वाराणसी
(c) कानपुर (d) नोएडा

26. उत्तर प्रदेश पुलिस एवं आर्म्ड फोर्सेज सहायता संस्थान कहाँ स्थित है ?

(a) लखनऊ (b) गोरखपुर
(c) कानपुर (d) रामपुर

27. सेला सुरंग का विस्तार किन दो राज्य के मध्य है ?

(a) उत्तराखंड एवं हिमाचल प्रदेश
(b) हिमाचल प्रदेश एवं पंजाब
(c) अरुणाचल प्रदेश एवं असम
(d) सिक्किम एवं पश्चिम बंगाल

28. पुस्तक 'द ड्रीम ऑफ रेवोल्यूशनः ए बायोग्राफी ऑफ जयप्रकाश नारायण' किसने लिखी है ?

(a) प्रो. विमल प्रसाद एवं सुजाता प्रसाद
(b) प्रो. विमल कुमार एवं मनोरमा देवी
(c) मनोज यादव एवं हरिवंश सिंह
(d) नीतिश कुमार एवं जयप्रकाश सिंह

29. निम्नलिखित में से किस वर्ष तक भारत को 'ऊर्जा स्वतंत्र' बनाने का लक्ष्य रखा गया है ?

(a) 2047 (b) 2035
(c) 2070 (d) 2030

30. 'मेरा गाँव मेरा गौरव' किसकी पहल है ?

(a) भारतीय कृषि अनुसंधान परिषद
(b) भारतीय इतिहास अनुसंधान परिषद
(c) भारतीय विरासत अनुसंधान परिषद
(d) भारतीय आयुर्विज्ञान अनुसंधान परिषद

31. मोनपा जनजाति किस प्रदेश में पाई जाती है ?

(a) मेघालय (b) असम
(c) अरुणाचल प्रदेश (d) नागालैंड

32. मोनपा हस्तनिर्मित कागज किस राज्य से संबंधित है ?

(a) मेघालय (b) असम
(c) अरुणाचल प्रदेश (d) नागालैंड

33. भारतीय खिलाड़ी तूलिका मान पेशेवर, खिलाड़ी हैं-

(a) जूडो (b) टेबल टेनिस
(c) हॉकी (d) बैडमिंटन

34. वॉकर कप किस खेल से संबंधित है ?

(a) क्रिकेट (b) फुटबॉल
(c) फेंसिंग (d) गोल्फ

35. भारत सरकार द्वारा शुरू किए गए इलेक्ट्रॉनिक पोर्टल 'PENCIL' का पूरा नाम है-

(a) पैराडाइम फॉर एनफोर्समेंट ऑफ़ इक्वलिटी फॉर नीडी चाइल्ड लेबोरेर्स
(b) प्लेटफार्म फॉर इफेक्टिव एनफोर्समेंट फॉर नो चाइल्ड लेबर
(c) प्रोमालगेशन ऑफ़ एक्सहॉस्टिव एजुकेशन फॉर नार्मल एंड कम्प्रेहैन्सिव लर्निंग
(d) प्रोटोकॉल फॉर इजी एजुकेशन एंड नावेल क्रिएटिव लर्निंग

36. निम्नलिखित में से कौन-सा कथन 'डोलड्रम्स' का सबसे अच्छा वर्णन करता है ?

(a) पृथ्वी का ठंडा क्षेत्र जहां वायुमंडलीय परिसंचरण बहुत कम है।
(b) उपोष्णकटिबंधीय क्षेत्र में उच्च दबाव क्षेत्र जहां पछुआ हवाएं उत्पन्न होती हैं।
(c) हिंद महासागर में उष्णकटिबंधीय क्षेत्र जहां अक्सर चक्रवात उत्पन्न होते हैं।
(d) भूमध्यरेखीय क्षेत्र में शांत क्षेत्र की बेल्ट जहां प्रचलित व्यापारिक हवाएं मिलती हैं।

37. गुप्त काल में 'सार्थवाह' पदनाम का प्रयोग किसके लिए किया जाता था ?

(a) युद्ध और शांति मंत्री
(b) मुख्य न्यायिक अधिकारी
(c) मुख्य बैंकर
(d) व्यापारी कारवां के नेता

38. 'स्टोइकवाद' का जन्मदाता निम्नलिखित में से किसे कहा जाता है ?

(a) जेनो (b) पाइरो
(c) प्लोटिनस (d) ऑगस्टिकस

39. सांसदों को प्राप्त निम्नलिखित में से कौन-सा उपचार है, जो विधिवत निर्धारित नहीं है ?

(a) प्रश्नकाल
(b) शून्यकाल
(c) आधे घंटे की बहस
(d) अल्पकालीन बहस

40. निम्नलिखित में से किस राज्य में पाँचवीं अनुसूची क्षेत्र नहीं है ?

(a) मध्य प्रदेश (b) ओडिशा
(c) तेलंगाना (d) पश्चिम बंगाल

41. लिंगायत संप्रदाय के संस्थापक कौन थे ?

(a) कपिल (b) बासवन्ना
(c) बादरायण (d) रामानुज

42. निम्नलिखित युग्मों में से कौन-सा एक सही सुमेलित नहीं है ?

अनुच्छेद - संबंधित विषय

(a) 243A - पंचायतों का गठन
(b) 243D - पंचायतों में आरक्षित सीटें
(c) 243J - पंचायतों का लेखा परीक्षण
(d) 243N - मौजूदा कानूनों और पंचायतों की निरंतरता

43. यदि α और β द्विघात समीकरण $x^2 + kx - 15 = 0$ के मूल हैं, कि $\alpha - \beta = 8$, तो k का धनात्मक मान क्या है?

(a) 2 (b) 3
(c) 4 (d) 5

44. दो अवलोकनों के लिए योग S है और गुणनफल P है। इन दो अवलोकनों का हरात्मक माध्य क्या है?

(a) $\frac{2S}{P}$ (b) $\frac{S}{(2P)}$
(c) $\frac{2P}{S}$ (d) $\frac{P}{(2S)}$

45. निम्नलिखित में से किस समीकरण के युग्म का कोई हल नहीं है?

(a) $x - 2y = 0$ और $3x + 4y - 20 = 0$
(b) $x + 2y + 1 = 0$ और $2x + 4y + 2 = 0$
(c) $2x - y = 0$ और $x - 2y = 0$
(d) $x + 2y - 5 = 0$ और $2x + 4y - 12 = 0$

46. एक मीनार के शीर्ष का आधार से p और q की दूरी और समान सीधी रेखा पर स्थित दो बिन्दुओं से उन्नयन कोण क्रमशः 27° और 63° है। मीनार की ऊँचाई क्या है?

(a) pq (b) $\sqrt{pq}$
(c) $\frac{pq}{2}$ (d) $\frac{\sqrt{pq}}{2}$

47. यदि 5 अंकीय संख्या $457xy$, 3, 7 और 11 द्वारा विभाज्य है, तो $(2x + 5y)$ का मान क्या है?

(a) 48 (b) 21
(c) 17 (d) 46

48. दिन में 6 घंटे काम करने वाले 30 व्यक्ति 28 दिनों में एक काम पूरा कर सकते हैं। 28 व्यक्तियों को किसी दूसरे काम को पूरा करने में कितने दिन लगेंगे जोकि वर्तमान काम से दोगुना है, यदि वे दिन में 9 घंटे काम करते हैं?

(a) 36 (b) 45
(c) 42 (d) 40

49. यदि $\left(x^8 + \frac{1}{x^8}\right) = 47$ तो $\left(x^6 + \frac{1}{x^6}\right)$ का मान ज्ञात कीजिए।

(a) 36 (b) 27
(c) 18 (d) 9

50. 676 को 5 से भाग देने पर शेष क्या आएगा?

(a) 2 (b) 0
(c) 1 (d) 3

सामान्य हिंदी

निम्नलिखित अनुच्छेद को ध्यानपूर्वक पढ़कर पूछे गए प्रश्नों (प्र. 51 से 55) के उत्तर दीजिए।

ज्ञान राशि के संचित कोश को ही साहित्य कहा जाता है। साहित्य जहाँ समाज को प्रभावित करता है, वहीं वह समाज से प्रभावित भी होता है। व्यक्ति समाज और साहित्य दोनों की रचना करता है। साहित्य से ही हमें अपने गौरवशाली इतिहास की जानकारी मिलती हैं। प्रत्येक युग का साहित्य अपने युग के प्रगतिशील विचारों द्वारा किसी न किसी रूप में अवश्य प्रभावित होता है। साहित्य हमारी कौतूहल एवं जिज्ञासा वृत्तियों और ज्ञान की पिपासा को तृप्त करता है। साहित्य से ही किसी राष्ट्र का इतिहास, गरिमा संस्कृति और सभ्यता, वहां के पूर्वजों के विचारों और अनुसंधानों, प्राचीन रीति-रिवाजों, रहन-सहन और परंपराओं आदि की जानकारी प्राप्त होती है। किस काल में देश के किस भाग में कौन-सी भाषा बोली जाती थी, उस समय की वेशभूषा क्या थी, रहन-सहन कैसा था, सामाजिक और धार्मिक विचार कैसे थे, यह सब कुछ उस समय के साहित्य अध्ययन से ज्ञात होता है। साहित्य समाज का दर्पण है इससे अभिप्राय यही है कि साहित्य समाज का न केवल चित्र प्रस्तुत करता है, अपितु समाज के प्रति वह अपना दायित्व निर्वाह भी करता है। समाज में फैली अनैतिकता, अराजकता, निरंकुशता जैसे अवांछनीय तत्त्वों के दुष्प्रभावों को साहित्य बड़े ही मर्मस्पर्शी रूप में हमारे समक्ष लाता है। हिंदी साहित्य की आदिकाल से लेकर आधुनिक काल तक रचित प्राय: सभी रचनाओं द्वारा तत्कालीन समाज की परिस्थिति, विचार व कार्य व्यापार की पूरी जानकारी प्राप्त होती है। यह भी सही है कि यदि साहित्य वास्तव में केवल समाज का दर्पण होता तो कवि या साहित्यकार समाज की विसंगतियों या विडंबनाओं पर प्रहार नहीं करता और उसे अपेक्षित दिशा बोध देने के लिए भी प्रयत्नशील नहीं रहता। समाज के प्रति साहित्यकार का दायित्व आशा का संचार करना, उत्साह व कर्त्तव्यबोध को दिशा देना आदि है। प्राचीन काल से लेकर आज तक के साहित्यकारों की यही गौरवशाली परंपरा रही है कि समाज की रूपरेखा को कल्याणकारी व सुखद मार्ग द्वारा प्रस्तुत करने से साहित्य का रचनाकार कभी पीछे नहीं हटता है। साहित्य में वह शक्ति है जो तोप तथा तलवारों में भी नहीं होती।

51. साहित्य अपने दायित्व का निर्वाह किस प्रकार पूरा करता है ?

(a) दर्पण के माध्यम से
(b) दुष्प्रभावों को सामने लाकर
(c) पूरी जानकारी देकर
(d) इतिहास बताकर

52. साहित्यकार समाज के प्रति अपने उद्देश्य को कैसे परिपूर्ण करता है ?

(a) साहित्यकार समाज में अपनी कृतियों द्वारा आशा का संचार करता है और उत्साह एवं कर्त्तव्यवाद का संदेश देता है।
(b) साहित्यकार तोपों और तलवारों की शक्ति का प्रयोग करता है।
(c) साहित्यकार समाज की रूपरेखा को कल्याणकारी व सुखद मार्ग द्वारा प्रस्तुत करने से सदा पीछे ही रहता है।
(d) इनमें से कोई नहीं

53. साहित्य हमें किस तरह से पुरानी पीढ़ियों की जानकारी देता है ?

(a) साहित्य समाज का दर्पण होता है, इसलिए साहित्य द्वारा पुराने समाज की बुराइयों का परिचय प्राप्त होता है।
(b) राष्ट्र का इतिहास, गरिमा, संस्कृति-सभ्यता, पूर्वजों के विचार, अनुसंधान आदि तत्कालीन साहित्य द्वारा ही जाने जा सकते हैं।
(c) साहित्य समाज का दर्पण मात्र नहीं है, अतएव साहित्य द्वारा राष्ट्र का इतिहास, गरिमा, संस्कृति-सभ्यता, पूर्वजों के विचार, अनुसंधान आदि नहीं जाने जा सकते।
(d) समाज में फैली अनैतिकता, अराजकता, निरंकुशता जैसे अवांछनीय तत्त्वों के दुष्प्रभावों को साहित्य द्वारा ही जाना जा सकता है।

54. साहित्य केवल समाज का दर्पण क्यों नहीं है ?

(a) क्योंकि साहित्य द्वारा समाज की विडंबनाओं और विसंगतियों पर प्रहार करके उनमें सुधार लाने की कोशिश की जाती है।
(b) क्योंकि साहित्यकार केवल समाज की विडंबनाओं और विसंगतियों को दर्शाता है।
(c) क्योंकि साहित्य समाज की प्राचीन परंपराओं से जुड़कर अंधविश्वास जैसे दूषणों को स्वीकार करना सिखाता है।
(d) क्योंकि साहित्य समाज में फैली अनैतिकता, अराजकता, निरंकुशता जैसे अवांछनीय तत्त्वों के दुष्प्रभावों को हमसे छिपाता है।

55. प्रस्तुत गद्यांश का सर्वाधिक उचित शीर्षक क्या हो सकता है ?

(a) साहित्य और समाज
(b) समाज
(c) साहित्य और शिक्षा
(d) साहित्य का भविष्य

निम्नलिखित अनुच्छेद को ध्यानपूर्वक पढ़कर पूछे गए प्रश्नों (प्र. 56 से 60) के उत्तर दीजिए।

सत्य की आराधना भक्ति है और भक्ति सिर हथेली पर लेकर चलने का सौदा है, अथवा वह 'हरि का मार्ग' है, जिसमें कायरता की गुंजाइश नहीं है, जिसमें हार नाम की कोई चीज है ही नहीं। वह तो 'मर कर जीने का मंत्र है। सब बालक, बड़े, स्त्री-पुरुष चलते-फिरते, उठते-बैठते, खाते-पीते, खेलते-कूदते सारे काम करते हुए यह रटन लगाए रहें और ऐसा करते-करते निर्दोष निद्रा लिया करें तो कितना अच्छा हो। यह सत्य रूपी परमेश्वर मेरे लिए रत्न-चिन्तामणि सिद्ध हुआ है। हम सभी के लिए वैसा ही सिद्ध हो। सत्य और अहिंसा का मार्ग जितना सीधा है उतना ही तंग भी, "असि की धार पर चलने के समान है।" नट जिस डोर पर सावधानी से नजर रख कर चल सकता है, सत्य और अहिंसा की डोर उससे भी पतली है। जरा चूके कि नीचे गिरे। पल-पल साधना से ही उसके दर्शन होते हैं। लेकिन सत्य के सम्पूर्ण दर्शन तो इस देह से असंभव है। उसकी केवल कल्पना ही की जा सकती है। क्षणभंगुर देह द्वारा शाश्वत धर्म का साक्षात्कार सम्भव नहीं होता। अत: अंत में श्रद्धा के उपयोग की आवश्यकता तो रह ही जाती है। इसी से अहिसा जिज्ञासु के पल्ले पड़ी। जिज्ञासु के सामने यह सवाल पैदा हुआ कि अपने मार्ग में आने वाले संकटों को सहे या उसके निमित्त जो नाश करना पड़े, वह करता जाए और आगे बढ़े। उसने देखा कि नाश करते चलने पर वह आगे नहीं बढ़ता, दर का दर पर ही रह जाता है। संकट सहकर आगे तो बढ़ता है लेकिन पहले ही नाश में उसने देखा कि जिस सत्य की उसे तलाश है वह बाहर नहीं है, बल्कि भीतर है। इसीलिए जैसे-जैसे नाश करता जाता है वैसे-वैसे वह पीछे रहता जाता है और सत्य दूर हटता जाता है।

56. गद्यांश में "चिरस्थायी" शब्द का कौन-सा विलोम शब्द प्रयुक्त हुआ है ?

(a) निमित्त (b) शाश्वत
(c) श्रद्धा (d) क्षणभंगुर

57. सत्य की तलाश कैसे की जानी चाहिए ?

(a) सोते-जागते समय राम-नाम का सुमिरण करते रहें।

(b) सत्य की तलाश इस शरीर द्वारा असंभव है।
(c) श्रद्धापूर्वक अंत: विद्यमान सत्य के मार्ग पर आगे बढ़ते हुए इस सत्य का साक्षात्कार करें।
(d) इनमें से कोई नहीं

58. जिज्ञासु को सत्य व अहिंसा के पथ पर चलते समय संकटों का सामना कैसे करना चाहिए ?
(a) संकटों को सहते हुए निमित्त नाश किये बिना आगे बढ़ना चाहिए।
(b) संकटों के निमित्त को नाश करते हुए आगे बढ़ना चाहिए।
(c) असत्य और अहिंसा के मार्ग पर चलना चाहिए।
(d) सत्य और अहिंसा के मार्ग पर नहीं चलना चाहिए, क्योंकि वह मार्ग बहुत तंग है।

59. सत्य और अहिंसा के मार्ग को 'असि की धार पर चलने के समान' क्यों बताया गया है ?
(a) क्योंकि सत्य और अहिंसा का मार्ग जितना सीधा है उतना ही तंग है और इस मार्ग पर चलना अत्यंत कठिन
(b) क्योंकि वह हरि का मार्ग है।
(c) सत्य और अहिंसा की डोर पर चलना सीधा और सरल है।
(d) सभी उत्तर ठीक हैं।

60. सत्यरूपी परमेश्वर की रत्न-चिंतामणि को प्राप्त करने के लिए हम क्या कर सकते हैं ?
(a) सत्य की आराधना करें।
(b) हरि के मार्ग पर चलें।
(c) अन्तर्निहित सत्य का साक्षात्कार करें।
(d) ये सभी।

61. मूलपाठ की व्याख्या के साथ अनुवाद कहलाता है-
(a) शब्दानुवाद (b) भावानुवाद
(c) सारानुवाद (d) व्याख्यानुवाद

62. 'AMENDMENT' के लिए सटीक हिन्दी अनुवाद है:
(a) शोधन (b) संशोधन
(c) प्रशोधन (d) समावेशन

63. जब कोई सरकारी पत्र कार्यालय ज्ञापन या ज्ञापन एक साथ अनेक प्रेषितियों को भेजा जा रहा हो, तब उसे क्या कहा जाता है ?
(a) कार्यालय आदेश
(b) अधिसूचना
(c) अनुस्मारक
(d) परिपत्र

64. अपने विद्यालय की किसी मनोरंजक घटना का वर्णन करते हुए मित्र को लिखा गया पत्र किस कोटि के अंतर्गत आएगा ?
(a) शासकीय (b) अर्धशासकीय
(c) वैयक्तिक (d) व्यावसायिक

65. पत्र के संबंध में निम्नलिखित में से किसको 'अभिवादन' कहते हैं ?
(a) पिता-पुत्र (b) शुभाशीष
(c) प्रिय पुत्र (d) आपका स्नेहाकांक्षी

66. निम्नलिखित में से किसका प्रयोग अधिकतर भारतीय गजटों में प्रकाशित सरकारी नियम, आदेश आदि की सूचना के प्रसंग में होता है ?
(a) पत्र (b) परिपत्र
(c) अधिसूचना (d) कार्यालय आदेश

67. निम्नलिखित में से एक 'विष्णु' का पर्यायवाची शब्द नहीं है-
(a) कमलेश (b) कमलाकान्त
(c) कमलापति (d) कमलासन

68. एक की वर्तनी शुद्ध है-
(a) षट्दर्शन (b) अनापेक्षित
(c) किलिष्ट (d) पर्यवसान

69. निम्नलिखित में से एक 'स्वर्ण' का पर्यायवाची शब्द नहीं है-
(a) हेम (b) हाटक
(c) हिरण्या (d) कलधौत

70. 'पोषक' का उपयुक्त विपरीतार्थक शब्द होगा-
(a) चूषण (b) अनपोषक
(c) शोषक (d) क्षीणकारी

71. पर्यायवाची की दृष्टि से एक वर्ग शुद्ध है-
(a) इन्द्र, रतीश, सहस्राक्ष, मघवा
(b) घर, निकेतन, आयतन, निलय
(c) यमुना, कालिन्दी, भानुतनया, जाहवी
(d) वस्त्र, पाटक, अम्बर, चीर

72. एक की वर्तनी शुद्ध है-
(a) उनन्यन (b) उन्नयन
(c) उन्यन (d) उन्नयन

73. निम्नलिखित में से एक 'समुद्र' का पर्यायवाची शब्द नहीं है-
(a) जलधि (b) जलधाम
(c) जलनिधि (d) जलाधिप

74. एक की वर्तनी शुद्ध है-
(a) आविष्कार (b) देवार्षि
(c) निशब्द (d) जमाता

75. एक वाक्य शुद्ध है-
(a) पर्वतीय प्रदेश में प्रात: काल का दृश्य बहुत एचित्ताकर्षक होता है।
(b) प्रत्येक धर्म के लिए अच्छा सद्भाव रखना हमारा कर्त्तव्य है।
(c) मेरे वेतन का अधिकांश भाग बच्चों की पढ़ाई में ही खर्च हो जाता है।
(d) इस बात का स्पष्टीकरण करना आवश्यक है।

76. 'मदिरा पीने का प्याला' के लिए एक शब्द है-
(a) चश्म (b) चशक
(c) चश्क (d) चषक

77. एक की वर्तनी शुद्ध है-
(a) राज्य महल (b) कोमलांगिनी
(c) निरोग (d) अक्षौहिणी

78. जो स्त्री के वशीभूत है, के लिए एक शब्द है-
(a) स्त्री प्रेम (b) स्त्रैण
(c) स्त्रियोचित (d) त्रियावशी

79. एक वाक्य शुद्ध है-
(a) यह तो अच्छा हुआ कि चोरों का पर्दापण होते ही मैं जाग गया।
(b) अच्छे लेखन के लिए शब्द संयम आवश्यक है।
(c) कक्ष में असंख्य जनसमूह उपस्थित था।
(d) 'रामचरित मानस' तुलसी की सबसे सुन्दरतम कृति है।

80. एक वाक्य शुद्ध है-
(a) भारतवर्ष के अतीत के कई निर्दयी शासक हुए है।
(b) एकत्रित भीड़ जयजयकार कर रही है।
(c) गांधीजी चरखा चलाते थे।
(d) एक-एक करके प्रत्येक छात्र कक्षा से निकल गए।

81. एक वाक्य शुद्ध है-
(a) खेत जोतने के पारम्परिक उपादान हल का स्थान अब ट्रैक्टर ने ले लिया है।
(b) निरपराधी के विरूद्ध दंडात्मक कार्यवाही का किया जाना दुर्भाग्यपूर्ण है।
(c) श्रीमती रेड्डी जिस स्तर की नृत्यांगना है उनके पति उस स्तर के नृत्यांगन नहीं है।
(d) शिक्षा प्रणाली सुनापयोगी होनी चाहिए।

82. 'सवाल-जवाब' 'बहस-हुज्जत' या 'दिए गए उत्तर का उत्तर' के लिए एक शब्द है-
(a) उत्तरापेक्षी (b) उत्तरण
(c) प्रत्युत्तर (d) उत्तरोत्तर

83. एक वाक्य शुद्ध है-
(a) स्वामी विवेकानंद का भाषण सुनकर उपहास उड़ाने वाले अमरीकियों पर घड़ों पानी पड़ गया।
(b) बाजार का साप्ताहिक अवकाश सोमवार में रहता है।

(c) वह दुखी स्त्री वैधत्यता का जीवन बिता रही है।
(d) मैं सपरिवार सानन्दित हूं।

84. 'Ad hoc' शब्द के समानार्थक हिंदी पारिभाषिक शब्द है-
(a) कार्यकारी (b) अतिरिक्त
(c) तदर्थ (d) सार

85. वह कन्या जिसके साथ विवाह का वचन दिया गया है- के लिए एक शब्द है
(a) वाग्दता (b) वाग्दान
(c) वाग्बद्ध (d) वाग्बिद्ग्ध

86. 'Horticulturist' का हिंदी पारिभाषिक शब्द है:
(a) पदपालय (b) पादपशास्त्री
(c) उद्यान विशेषज्ञ (d) पादपविज्ञानी

87. 'ऐसी जीविका जिसका कुछ ठीक-ठिकाना न हो' के लिए एक शब्द है
(a) आकाश कुसुम (b) आकाशवृत्ति
(c) आकाश सलिल (d) आकाशफल

88. किस विकल्प में विलोम-युग्म है ?
(a) आकुल - व्याकुल
(b) कटु - तिक्त
(c) हताश - निराश
(d) सुरति - विरति

89. मरणासन्न अवस्था वाला के लिए एक शब्द है–
(a) मैम्तर्य (b) मुमूर्ष
(c) मृतगामी (d) निर्विकारी

90. 'युद्ध की इच्छा रखने वाला' के लिए एक शब्द है–
(a) योद्धा (b) युद्धरत
(c) युद्धवीर (d) युयुत्सु

91. जिसे अपनी जगह से अलग कर दिया गया हो, के लिए एक शब्द है–
(a) विस्थापित (b) अवस्थापित
(c) संस्थापित (d) संस्थाजित

92. 'तैरने या पार होने के इच्छुक' के लिए एक है–
(a) तैराक (b) तितीर्षु
(c) तारक (d) तारणक

93. 'बुरे उद्देश्य से की गई गुप्त मंत्रणा' के लिए एक शब्द है–
(a) दुरतिक्रम (b) दुरधिगम
(c) दुरभिसंधि (d) दुरभियोजन

94. निम्नलिखित प्रश्न में, चार विकल्पों में से, उस विकल्प का चयन करें जो दिए गए शब्द के पर्यायवाची शब्द का सही विकल्प नहीं है।
धनुष
(a) पामर (b) कादंड
(c) कमान (d) शरासन

95. विलोम शब्द की दृष्टि से अनुचित युग्म का चयन कीजिए-
(a) आभ्यन्तर - बाह्य
(b) अथ - इति
(c) अर्पण - समर्पण
(d) अस्त - उदय

96. विलोम शब्द की दृष्टि से अनुचित युग्म पहचानिए :
(a) बद - नेक
(b) दुश्चरित्र - निश्चरित्र
(c) विस्तृत - संक्षिप्त
(d) मधुर - कटु

97. 'उत्तर व पूर्व के मध्य की दिशा' वाक्यांश के लिए सार्थक शब्द है -
(a) ईशान (b) वायव्य
(c) आग्नेय (d) नैर्ऋत्य

98. 'ईप्सित' शब्द का विलोम बताइए-
(a) अनीप्सित (b) अईप्सित
(c) अवप्सित (d) अनईप्सित

99. किस वाक्यांश के लिए प्रयुक्त शब्द सार्थक नहीं है ?
(a) जिसे जीता न जा सके - अजेय
(b) बिना वेतन काम करने वाला - अवैतनिक
(c) दोपहर के बाद का समय - पूर्वाह्न
(d) जिसका अनुभव किया जा चुका हो - अनुभूत

100. विलोम शब्द की दृष्टि से कौन-सा विकल्प अनुचित है ?
(a) प्रसाद - विषाद
(b) तेजस्वी - यशस्वी
(c) उद्विग्न - अनुद्विग्न
(d) दैवी - आसुरी

कंप्यूटर ज्ञान

101. लिनक्स में, आप अपने सिस्टम में नए यूजर कैसे एड कर सकते हैं?
(a) useradd का उपयोग करते हुए
(b) adduser का उपयोग करते हुए
(c) linuxconf का उपयोग करते हुए
(d) उपरोक्त सभी

102. MS Word में "Ctrl + Home" का उपयोग किया जाता है–
(a) कर्सर को डॉक्यूमेंट के आरंभ में पहुँचाने के लिए
(b) कर्सर को लाइन के आरंभ में पहुँचाने के लिए
(c) कर्सर को पैराग्राफ के आरंभ में पहुँचाने के लिए
(d) उपरोक्त सभी

103. सामान्य रूप से किसका उपयोग प्रोसेसर स्पीड के मापन की इकाई रूप में किया जाता है?
(a) गीगा हर्ट्ज
(b) गीगा बाइट प्रति सेकंड
(c) गीगा बाइट
(d) उपरोक्त सभी

104. PPP नेटवर्क लेयर प्रोटोकॉल को चिन्हित करने के लिए किस प्रोटोकॉल का उपयोग करता है?
(a) NCP (b) ISDN
(c) HDLC (d) LCP

105. MS Word में, कौन-सी विशेषता क्लिपबर्ड के कंटेन्ट को बिना किसी फॉर्मेटिंग के टेक्स्ट के रूप में इन्सर्ट करने में सहायक होती है?
(a) पेस्ट स्पेशल (b) फॉर्मेट पेंटर
(c) पेज सेटअप (d) स्टाइल

106. Excel वर्कबुक .... का संग्रह होती है।
(a) वर्कबुक्स
(b) वर्कशीट्स लेकिन चार्ट नहीं
(c) चार्ट, लेकिन वर्कशीट नहीं
(d) वर्कशीट्स तथा चार्ट

107. किस IP एड्रेस में डिफॉल्ट के आधार पर सर्वाधिक होस्ट एड्रेस उपलब्ध होते हैं?
(a) A (b) B
(c) C (d) A और B

108. MS Word में Ctrl + T क्या करने के लिए प्रयोग किया जाता है?
(a) हैंगिंग इंडेन्ट
(b) लेफ्ट इंडेन्ट
(c) टैब्स डायलॉग बॉक्स ओपन
(d) समस्त खुले हुए डायलॉग बॉक्स बंद करना

109. निम्न में से क्या प्रचलित DOS आधारित स्प्रेडशीट पैकेज है?
(a) Word (b) Smart Cell
(c) Excel (d) Lotus 1-2-3

110. लिनक्स में, फाइल सेव (रक्षित) करने तथा एडिटिंग मोड में बने रहने के लिए, Vi एडिटर के साथ किस कमांड का उपयोग किया जाता है?
(a) x (b) q!
(c) :w (d) :q

111. कम्प्यूटिंग टर्मिनोलॉजी में किस शब्द का उपयोग उस कम्यूनिकेशन सिस्टम के प्रकटन

के लिए किया जाता है, जो कंप्यूटर के भीतर के कम्पोनेंट्स के मध्य डाटा ट्रांसफर के लिए होता है?
(a) ड्राइव (b) सिंक
(c) बस (d) फील्ड

112. MS Word 2007 में, पोट्रेट तथा लैंडस्केप हैं–
(a) पेज ओरिएंटेशन (b) पेपर साइज
(c) पेज लेआउट (d) उपरोक्त सभी

113. MS-DOS में, कमांड "TIME" के संदर्भ में निम्न में से कौन-सा तथ्य सही है?
(a) टाइम कमांड का उपयोग सिस्टम टाइम को डिस्प्ले करने तथा उसमें हुए बदलावों को लागू करने के लिए किया जाता है
(b) टाइम फॉर्मेट को config.sys file में कंट्री सेटिंग में बदलाव करके परिवर्तित किया जा सकता है।
(c) MS-DOS टाइम को 12 घंटे के प्रारूप में डिस्प्ले करता है
(d) उपरोक्त सभी

114. नया वर्ड टेम्प्लेट डॉक्यूमेंट (वर्जन-MS ऑफिस, वर्जन 2007 तथा इससे आगे) क्रिएट करने के लिए आपको डॉक्यूमेंट को वांछित स्टाइल में फॉर्मेट तथा .... होगा।
(a) डॉक्यूमेंट को .domx फाइल के रूप में रक्षित करना
(b) डॉक्यूमेंट को .dotx फाइल के रूप में रक्षित करना
(c) डॉक्यूमेंट को .doct फाइल के रूप में रक्षित करना
(d) डॉक्यूमेंट को .docm फाइल के रूप में रक्षित करना

115. विंडोज में टास्क मैनेजर ओपन करने के लिए की-कॉम्बिनेशन है–
(a) Ctrl + Alt + Del
(b) Ctrl + Alt + Tab
(c) Ctrl + Shift + Del
(d) Shift + Alt + Del

116. ....कंप्यूटर का मस्तिष्क होता है।
(a) एएलयू (b) मेमोरी
(c) सीपीयू (d) कंट्रोल यूनिट

117. MS-DOS में रिक्त डाइरेक्टरी डिलीट करने के लिए किस कमांड का उपयोग किया जाता है?
(a) Del*, * (b) RD
(c) Erase (d) MD

118. MS-DOS के साथ कार्य करते समय कौन-सी कमांड, किसी विशिष्ट फाइल को एक दूसरी फाइल में ट्रांसफर करती है?
(a) कॉपी (b) डिस्ककॉपी
(c) टाइम (d) रिनेम

119. इंटरनेट मूल रूप से किस एजेंसी का प्रोजेक्ट था?
(a) ARPA (b) NSF
(c) NSA (d) इनमें से कोई नहीं

120. आप MS-Excel में, पूरे कॉलम का चयन कैसे करते हैं–
(a) एडिट सेलेक्ट करें > सेलेक्ट > मेन्यू में कॉलम
(b) कॉलम हेडिंग लेटर्स पर क्लिक करें
(c) जब ऑप कॉलम में कहीं और क्लिक करें तब Shift key दबाये रखें।
(d) जब ऑप कॉलम में कहीं और क्लिक करें तब Ctrl key दबाये रखें।

121. लिनक्स में कर्सर के तहत किसी सिंगल कैरेक्टर (एक अक्षर) को डिलीट करने के लिए vi एडीटर के साथ किस कमांड का उपयोग किया जाता है?
(a) x (b) y
(c) a (d) z

122. एक IPv6 एड्रेस कितना लंबा होता है?
(a) 32 बिट्स (b) 128 बाइट्स
(c) 64 बिट्स (d) 18 बिट्स

123. Excel 2007 में, टेक्स्ट फॉर्मूला–
(a) सेल रेफरेंस को रिप्लेस करता है।
(b) कैरेक्टर्स की ASCII वैल्यू रिटर्न करता है।
(c) टेक्स्ट को जोड़ता और मैनिपुलेट करता है।
(d) फॉर्मूला एरर वैल्यू प्रदर्शित करता है।

124. MS-DOS में कौन-सी कमांड, ब्लैक डिस्क की सरफेस को सेक्टर्स में विभाजित करती है तथा प्रत्येक को एक यूनिक एड्रेस आवंटित करती है?
(a) Ver (b) Format
(c) Fat (d) Chkdsk

125. MS-Word में, ऑटोकरेक्ट को मूल रूप से टाइप किए जाने वाले ....शब्दों को बदलने के लिए डिजाइन किया गया था।
(a) छोटे, संक्षिप्त
(b) व्याकरण के आधार पर गलत
(c) गलत स्पेलिंग वाले
(d) उपरोक्त में से कोई नहीं

126. MS-Excel (सभी वर्जन) में फंक्शन लिस्ट उत्पन्न करने के लिए आपको सेल में क्या टाइप करना पड़ेगा?
(a) + (b) &
(c) # (d) =

127. लिनक्स में डायरेक्टरी को रिमूव करने के लिए किस कमांड का उपयोग किया जाता है?
(a) Rdir (b) Remove
(c) rd (d) Rmdir

128. HTML <img> tag के दो आवश्यक गुण क्या हैं?
(a) src तथा alt
(b) alt तथा mark
(c) canvas तथा src
(d) caption तथा src

129. निम्नलिखित में से क्या रियल टाइम ऑपरेटिंग सिस्टम का एक उदाहरण है?
(a) लिनक्स
(b) नॉवेल नेटवेयर
(c) माइक्रोसॉफ्ट विंडोज सर्वर 2008
(d) XP एम्बेडेड

130. MS Word (वर्जन 2007 तथा इससे आगे वाले) में, ...लीगल डॉक्यूमेंट में रेफरेंसेज या अथॉरिटीज के साथ-साथ अवतरणों पर आधारित उन पेजों की संख्या को भी सूचीबद्ध करता है, जिन पर रेफरेंसेज दिखाई देते हैं।
(a) टेबल ऑफ कंटेंट
(b) टेबल ऑफ फिगर्स
(c) टेबल ऑफ अथॉरिटीज
(d) उपरोक्त सभी

131. निम्न में से क्या एसोसिएटिव मेमोरी से संबंधित है?
(a) CPU द्वारा निर्मित डाटा का एड्रेस
(b) प्रयोक्ताओं द्वारा प्रेषित डाटा का एड्रेस
(c) किसी प्रकार के एड्रेस की जरूरत नहीं होती है अर्थात् डाटा या कंटेंट एक एड्रेस के रूप में उपयोग किया जाता है
(d) डाटा क्रमिक रूप से एक्सेस किया जाता है

132. लिनक्स में, किस कमांड का उपयोग एक फाइल में स्टैंडर्ड आउटपुट सेव (रक्षित) करने के साथ-साथ इसे टर्मिनल पर डिस्प्ले करने के लिए किया जाता है?
(a) tee (b) grep
(c) cat (d) more

133. वह स्पेशलाइज्ड प्रोग्राम जो प्रयोक्ता को विशिष्ट एप्लीकेशन उपयोग करने की सुविधा प्रदान करता है, निम्न के रूप में वर्गीकृत किया जाता है।
(a) रिलेटिव प्रोग्राम (b) एप्लीकेशन प्रोग्राम
(c) रेफरेंस प्रोग्राम (d) रेप्लीकेट प्रोग्राम

134. प्रोग्राम...................में प्रायोरिटी नंबर के आधार पर एग्जिक्यूट किए जाते हैं।
(a) बैच प्रोसेसिंग सिस्टम
(b) टाइम शेयरिंग सिस्टम
(c) मल्टीप्रोग्रामिंग सिस्टम
(d) इनमें से कोई नहीं

135. MS एक्सेल में सेल में डाटा एंटर करने के लिए निम्न में से किस विधि का उपयोग नहीं किया जा सकता है?
(a) arrow key दबाना
(b) Tab key दबाना
(c) Esc key दबाना
(d) फॉर्मूला बार पर क्लिक करना

136. जब आप कंप्यूटर ऑन करते हैं तो हर बार यह कंट्रोल फाइल ....पर चेक करता है।
(a) command.com, io-sys
(b) command.com, dir.com
(c) command.com, io-sys, msdos, sys
(d) chkdsk.exe

137. विंडोज NT में, प्रिंटिंग टूल को कैसे कॉन्फिगर करेंगे?
(a) एक प्रिंट डिवाइस को अनेक प्रिंटर्स के साथ संबंद्ध करके
(b) अनेक प्रिंट डिवाइसेज को एक प्रिंटर से संबद्ध करके
(c) अनेक प्रिंट डिवाइसेज को अनेक प्रिंटर्स से संबद्ध करके
(d) एक फिजिकल प्रिंट गियर पोर्ट को अनेक प्रिंटर्स के साथ संबद्ध करके

138. MS-Word में, अगर आप कीबोर्ड से Home key दबाते हैं, तो यह–
(a) कर्सर को डॉक्यूमेंट के आरंभ में बढ़ाती है
(b) कर्सर को पैराग्राफ के आरंभ में बढ़ाती है
(c) कर्सर को स्क्रीन के आरंभ में बढ़ाती है
(d) कर्सर को लाइन के आरंभ में बढ़ाती है

139. Excel में कोई फॉर्मूला क्रिएट करने के लिए आप सबसे पहले क्या करेंगे?
(a) उस सेल को सेलेक्ट करेंगे जिसमें आप फॉर्मूला लगाना चाहते हैं।
(b) एक्सेल को बताने के लिए आप उसमें एक फॉर्मूला एंटर करना चाहते हैं बराबर का चिन्ह (=) टाइप करेंगे।
(c) किसी इनपुट वैल्यू तथा उपयुक्त मैथमेटिकल ऑपरेटर्स का उपयोग करते हुए फॉर्मूला एंटर करेंगे जो फार्मूला बनाते हैं।
(d) फाइल मेन्यु से नई कमांड चुनेंगे।

140. एक ग्राफिक को समस्त स्लाइड्स में साथ रखने का सर्वाधिक आसान तरीका क्या है?
(a) ग्राफिक को नोट्स मास्टर में रखें
(b) ग्राफिक को स्लाइड मास्टर में रखें
(c) ग्राफिक को हैंडआउट मास्टर में रखें
(d) ग्राफिक को सभी स्लाइड्स में मैनुअली (मानवीय रूप से) रखें

141. किस शार्टकट कुंजी (की) द्वारा वर्तमान प्रेजेन्टेशन में नई स्लाइड इन्सर्ट (डाली) की जा सकती है?
(a) Ctrl+N
(b) Ctrl+M
(c) Ctrl+S
(d) उपर्युक्त में से कोई नहीं

142. ALU है–
(a) अर्थमैटिक लाजिक यूनिट
(b) ऐरे लाजिक यूनिट
(c) एप्लीकेशन लाजिक यूनिट
(d) उपर्युक्त में से कोई नहीं

143. सैल सीमा G2 से M12 के लिए सैल संदर्भ होगा–
(a) G2.M12 (b) G2;M12
(c) G2:M12 (d) G2-M12

144. अगर कोई कंप्यूटर दूसरे को डाटाबेस सुविधा प्रदान करता है तो वह जाना जाता है–
(a) वेब सर्वर
(b) एप्लीकेशन सर्वर
(c) डाटाबेस सर्वर
(d) FTP सर्वर

145. दिनांक एवं समय प्रदर्शित होता है–
(a) टास्कबार पर (b) स्टेटस बार पर
(c) सिस्टम ट्रे पर (d) लॉन्च पैड पर

146. निम्न में कौन-सा फॉन्ट स्टाइल (अंदाज) नहीं है?
(a) बोल्ड (b) इटैलिक
(c) रेग्यूलर (d) सुपरस्क्रिप्ट

147. कॉम्पैक्ट डिस्क में किस तकनीकी का इस्तेमाल होता है–
(a) यांत्रिक (मैकेनिकल)
(b) वैद्युतिक (इलेक्ट्रिकल)
(c) इलेक्ट्रोमैग्नेटिक
(d) लेज़र

148. URL से तात्पर्य है–
(a) यूनिवर्सल रिसर्च लिस्ट
(b) यूनिवर्सल रिसोर्स (संसाधन) लिस्ट
(c) यूनिफॉर्म रिसोर्स लोकेटर
(d) यूनिफॉर्म रिसर्च लोकेटर

149. आप अपने हैंडआउट में हैडर एवं फुटर जोड़ने के लिए प्रयोग कर सकते हैं–
(a) टाइटल मास्टर (b) स्लाइड मास्टर
(c) हैंडआउट मास्टर (d) उपर्युक्त सभी

150. कस्टम एनिमेशन टास्क पैन का कौन-सा विकल्प आपको प्रीसैट अथवा कस्टमघूर्णन पथ (मोशन पाथ) लागू करने की अनुमति प्रदान करता है?
(a) एड इफैक्ट (b) एमफैसिस
(c) एनिमैट नाऊ (d) उपर्युक्त सभी

व्याख्या सहित उत्तर

1. (d) प्रश्न में दी गयी पंक्तियाँ इब्नबतूता के यात्रा वृतांत से संबंधित हैं। उसके वर्णन के अनुसार यहाँ अधिकांश शहरों में भीड़-भाड़ वाली सड़कें तथा चमक-दमक वाले रंगीन बाजार थे, जो विविध प्रकार की वस्तुओं से भरे रहते थे, दिल्ली एक विशाल आबादी वाला शहर था जो भारत में सबसे बड़ा था। उल्लेखनीय है कि उसने दौलताबाद (महाराष्ट्र) के विषय में लिखा था कि यह ऐसा शहर था, जो आकार में दिल्ली को चुनौती देता था।

2. (b) अल्जाइमर रोग एक न्यूरोलॉजिकल डिसऑर्डर (Neurological Disorder) है जो मस्तिष्क की तंत्रिका कोशिकाओं को नष्ट करता है। इसमें रोगी की शारीरिक और मानसिक स्थिति कमजोर हो जाती है, उसे कुछ भी याद नहीं रहता है, उसकी निर्णय लेने की क्षमता घट जाती है, स्वभाव में लगातार परिवर्तन होता रहता है आदि। प्रारंभ में ये लक्षण कम मात्रा में होते हैं लेकिन समय रहते इसका उपचार न कराया जाए तो यह गंभीर और असाध्य हो जाता है। 55-60 वर्ष की आयु वर्ग के लोगों में अल्जाइमर, डिमेंशिया (dementia) का प्रमुख कारण है। अत विकल्प (b) सही है।

3. (c) लोथल सिंधु घाटी सभ्यता (IVC) के सब दक्षिणी स्थलों में से एक था, जो अब गुजरात राज्य के भाल क्षेत्र में स्थित है। माना जाता है कि इसका निर्मा लगभग 2,200 ईसा पूर्व हुआ था। अतः कथन 1 सह है। यह 2,200 ईसा पूर्व के आसपास एक व्यापार केंद्र के रूप में विकसित हुआ, जिसके व्यापारिक संबंध पश्चि एशिया और अफ्रीका तक थे। यह मोतियों, रत्नों और गह

के व्यापार के लिए जाना जाता है। अत: कथन 2 सही है। गुजराती में लोथल का अर्थ है "मृतकों का टीला"।

4. (c) कोटदीजी (अब पाकिस्तान के सिंध क्षेत्र में) सिंधु नदी के पूर्वी तट पर एक प्रारंभिक हड़प्पा स्थल था तथा इसकी खुदाई वर्ष 1955 और वर्ष 1957 के बीच की गई थी। पाकिस्तान में चन्हुदड़ो और गुजरात में देसलपुर विकसित हड़प्पा स्थल हैं। उत्तर प्रदेश के गोरखपुर में सोहगौरा (जो ताम्रपत्र शिलालेख के लिए विख्यात है) को मौर्य काल का माना जाता है। यह हड़प्पाकालीन स्थल नहीं है। अत: विकल्प (c) सही है।

5. (b) दक्षिण भारत और दक्षिण पूर्व एशिया के अन्य देशों के बीच व्यापारिक संबंध छठी शताब्दी से शुरू हो गए थे। देशों के बीच बढ़ता भौगोलिक ज्ञान उस समय के साहित्य में परिलक्षित होता है। हरिसेण द्वारा लिखित 'बृहत्कथा-कोश' में अन्य देशों की भाषाओं की विशिष्ट विशेषताएँ और उनके पहनावे आदि का उल्लेख है। भारतीय व्यापारियों के कारनामों के बारे में कई कहानियाँ हैं। भारतीय व्यापारियों को श्रेणियों या संघों में संगठित किया गया था, जिनमें से सबसे प्रसिद्ध मणिग्रामम और नंदेसी थे। ये श्रेणियाँ उद्यमी होती थीं क्योंकि ये कई देशों से खुदरा और थोक व्यापार में संलग्न थीं। उन्होंने मंदिरों को अनुदान दिया, जो सामाजिक और सांस्कृतिक जीवन के केंद्र बन गए। अत: विकल्प (b) सही है।

6. (c) मुगल प्रशासन में मुहतसिब का प्रमुख कार्य लोगों के आचरण पर नजर रखना था तथा दरबारी शिष्टाचार को बनाये रखना उसकी अन्य जिम्मेदारी थी।

मुगल बादशाह औरंगजेब के शासन काल में यह पद काफी महत्त्वपूर्ण हो गया था। इस पद पर कार्यरत सरकारी कर्मचारी के निम्न कार्य थे-

'शरियत' के प्रतिकूल कार्य करने वालों को रोकना,
आम जनता को दुश्चरित्रता से बचाना,
सार्वजनिक सदाचार की देखभाल करना,
शराब, भांग के उपयोग पर रोक लगाना,
जुए के खेल को प्रतिबंधित करना,
बादशाह के आदेश से मंदिरों को तुड़वाना (औरंगजेब के समय में) आदि।

अत: विकल्प (c) सही है।

7. (c) ईश्वरकृष्ण एक भारतीय दार्शनिक और ऋषि थे। वह सांख्यकारिका के लेखक थे, जो हिंदू दर्शन के छह दर्शनों में से एक सांख्य दर्शन पर आधारित है जिसका अर्थ है-ब्रह्मांड और उसके घटकों (तत्वों) का लेखा-जोखा। सांख्यकारिका शास्त्रीय सांख्य दर्शन पर लिखा गया सबसे प्राचीन व बचा हुआ आधिकारिक ग्रंथ है। सांख्य दर्शन का शास्त्रीय सूत्रीकरण ईश्वरकृष्ण की सांख्यकारिका में पाया जाता है। सांख्य दर्शन ज्ञान के स्रोत के रूप में धारणा, अनुमान और शाब्दिक साक्ष्य को महत्त्व देता है। कार्य-कारण के सांख्य विश्लेषण को सत्कार्यवाद कहा जाता है, जिसके अनुसार उसके कारण में ही प्रभाव मौजूद होता है। इसे आमतौर पर इस दृष्टिकोण के रूप में समझाया जाता है कि प्रभाव, कारण की उत्पति से पहले ही इसके कारण में मौजूद है।

8. (a) भारतीय प्रौद्योगिकी संस्थान-बॉम्बे (IIT-B) द्वारा 'उड़ान' परियोजना शुरू की गई है, जिसका उद्देश्य भारतीय संस्थानों में इंजीनियरिंग पाठ्यक्रम के दौरान भाषा की बाधा को समाप्त करना है। अत:विकल्प (a) सही है। यह इंजीनियरिंग की पाठ्यपुस्तकों का भारतीय भाषाओं में अनुवाद करने हेतु एक एंड-टू-एंड ट्रांसलेशन इकोसिस्टम के विकास पर ध्यान केंद्रित करेगी, जो शिक्षार्थियों की आगामी पीढ़ी को अपनी मातृभाषा में इंजीनियरिंग का अध्ययन करने में सक्षम बनाएगी।

9. (a) राष्ट्रीय अपराध रिकॉर्ड ब्यूरो (NCRB) द्वारा वार्षिक 'क्राइम इंडिया' रिपोर्ट जारी की जाती है। अत: विकल्प (a) सही है। वर्ष 2020 की 'क्राइम इंडिया' रिपोर्ट के अनुसार, देश में वर्ष 2020 में "सड़क दुर्घटनाओं से संबंधित लापरवाही के कारण मौतों" के 1.20 लाख मामले दर्ज किये गए। सांप्रदायिक दंगों में पिछले वर्ष की तुलना में वर्ष 2020 में 96% की वृद्धि हुई। 'राज्य के खिलाफ अपराध' में वर्ष 2019 की तुलना में वर्ष 2020 में 27% की गिरावट आई है , लेकिन उत्तर प्रदेश इस श्रेणी में वृद्धि दर्ज करने वाला एकमात्र प्रमुख राज्य था।

10. (d) संविधान के अनुच्छेद 123 के अनुसार, कार्यपालिका अर्थात् राष्ट्रपति को यह अधिकार प्राप्त है कि कुछ विशेष परिस्थितियों में अध्यादेश जारी कर सकती है। अत: विकल्प (d) सही है। अध्यादेश तभी जारी किया जा सकता है जब संसद (या राज्य विधायिका) के दोनों सदनों में से कोई एक सदन सत्र में नहीं हो एवं राष्ट्रपति इस बात से संतुष्ट हो कि तत्काल कार्रवाई करना आवश्यक है।

11. (a) वर्ष 2021 में गाजियाबाद नगर निगम ने देश का पहला ग्रीन म्युनिसिपल बॉण्ड जारी किया। इस बॉण्ड के जरिये 150 करोड़ रुपए का फंड जुटाया गया। अत: विकल्प (a) सही है।

12. (c) टेसी थॉमस भारत की एक प्रक्षेपास्त्र वैज्ञानिक हैं। वे रक्षा अनुसंधान एवं विकास संगठन में अग्नि चतुर्थ की परियोजना निदेशक एवं एरोनॉटिकल सिस्टम्स की महानिदेशक थीं। भारत में प्रक्षेपास्त्र परियोजना का प्रबंधन करने वाली वे पहली महिला हैं। उन्हें 'भारत की मिसाइल वुमन' कहा जाता है। अत: विकल्प (c) सही है।

13. (a) फ्लाइट लेफ्टिनेंट शिवांगी सिंह भारतीय वायु सेना के राफेल विमान को उड़ाने वाली भारत की पहली महिला फाइटर पायलट हैं। उत्तर प्रदेश के वाराणसी की रहने वाली शिवांगी सिंह वर्ष 2017 में भारतीय वायुसेना में शामिल हुईं थीं और अब तक वे मिग-21 बाइसन विमान उड़ा चुकी हैं। अत: विकल्प (a) सही है।

14. (c) तेलंगाना सरकार ने कृषि, बागवानी में नवाचार को बढ़ावा देने के लिए 'सागु-बागू' परियोजना शुरू की है। अत: विकल्प (c) सही है।

15. (a) वर्ष 1997 में स्थापित भारतीय गुणवत्ता परिषद (Quality Council of India- QCI) भारतीय उद्योग के साथ साझेदारी में संगठनों की स्थापना हेतु भारत सरकार का एक अग्रणी प्रयोग है। भारत सरकार ने भारतीय गुणवत्ता परिषद की स्थापना एक स्वायत्त निकाय के तौर पर की थी। अत: विकल्प (a) सही है।

16. (b) राम मनोहर लोहिया ने वर्ष 1960 में 'गिल्टी मैन ऑफ इंडियाज पार्टीशन' नामक एक पुस्तक लिखी। अत: विकल्प (b) सही है।

17. (d) विश्व ब्रेल दिवस ब्रेल लिपि के जनक फ्राँस के लुई ब्रेल की जयंती के अवसर पर 4 जनवरी को मनाया जाता है। अत: विकल्प (d) सही है।

18. (c) चित्तौरा झील, उत्तर प्रदेश के बहराइच जिले में चित्तौड़ गाँव के पास स्थित है। झील से निकलने वाली 'तेरी नदी' (Teri Nadi) कई प्रवासी पक्षियों का निवास स्थान मानी जाती है। फरवरी 2021 में प्रधानमंत्री ने महाराजा सुहेलदेव स्मारक और उत्तर प्रदेश के बहराइच जिले में चित्तौरा झील के विकास कार्य का शिलान्यास किया है। अत: विकल्प (c) सही है।

19. (a) उस्ताद बिस्मिल्ला ख़ाँ का जन्म डुमराँव (बक्सर, बिहार) में हुआ था। यह हिन्दुस्तान के प्रख्यात शहनाई वादक थे। अत: विकल्प (a) सही है।

20. (d) सच कहूँ तो (Sach Kahun Toh) बॉलीवुड अभिनेत्री नीना गुप्ता की आत्मकथा है। अत: विकल्प (d) सही है।

21. (c) हिमाचल प्रदेश के बिलासपुर जिले के पनियाला गाँव के एक किसान हरिमन शर्मा ने सेब की एक नई किस्म 'एचआरएमएन 99' (HRMN 99) विकसित की है। अत: विकल्प (c) सही है।

22. (c) 'बिलीव- व्हाट लाइफ एंड क्रिकेट टॉट मी (Believe - What Life and Cricket Taught Me)' नामक पुस्तक सुरेश रैना (Suresh Raina) की बहुप्रतीक्षित आत्मकथा है। अत: विकल्प (c) सही है।

23. (d) खादी और ग्रामोद्योग आयोग (KVIC) ने प्रधानमंत्री नरेन्द्र मोदी के जन्मदिन, 'सेवा दिवस' के मौके पर 17 सितंबर, 2021 को स्पिन (स्ट्रेंथनिंग द पोटेंशियल ऑफ इंडिया) (Strengthening the Potential of India: SPIN) नामक एक विशिष्ट योजना शुरू की और हाशिए पर रहने वाले कुम्हार समुदाय के 1,100 से अधिक लोगों को सशक्त बनाने के लिए वाराणसी में स्फूर्ति योजना के तहत एक पॉटरी कलस्टर स्थापित किया। अत: विकल्प (d) सही है।

24. (b) सुडोकू पहेली के गॉडफादर 'माकी काजी' (Maki Kaji) का निधन 10 अगस्त, 2021 को हो गया। काजी ने नंबर पहेली सुडोकू को 1980 के दशक में अपनी पत्रिका 'निकोली' में प्रकाशित किया था। जापानी भाषा में 'सुडोकू' का अर्थ होता है 'हर संख्या एकल (single) होनी चाहिये। अत: विकल्प (b) सही है।

25. (d) यूपी इंस्टीट्यूट ऑफ डिजाइन (नोएडा) की स्थापना डॉ. एपीजे अब्दुल कलाम तकनीकी

विश्वविद्यालय (लखनऊ) द्वारा नोएडा विश्वविद्यालय के परिसर में की गई है। यह भारत का पहला एआईसीटीई अनुमोदित डिजाइन संस्थान है जो बैचलर ऑफ डिजाइन (B.Des.) प्रोग्राम और मास्टर ऑफ डिजाइन (M.Des.) प्रोग्राम प्रदान करता है। अत: विकल्प (d) सही है।

26. (a) उत्तर प्रदेश पुलिस एवं आर्म्ड फोर्सेज सहायता संस्थान लखनऊ में स्थित है। इस संस्थान का उद्देश्य भारत-चीन सीमा पर अथवा किसी अन्य बाह्य आक्रमण के समय अथवा बाह्य तत्त्वों के द्वारा प्रेरित इन्सरजेन्सी/आतंकवाद की घटनाओं/आपातकालीन स्थिति आदि घटनाओं पर अंकुश लगाना है। अत: विकल्प (a) सही है।

27. (c) सेला सुरंग (Sela Tunnel) एक निर्माणाधीन सड़क सुरंग है। इसे असम में गुवाहाटी और अरुणाचल प्रदेश के तवांग के बीच बारहमासी संपर्क प्रदान करने के लिए बनाया जा रहा है। अत: विकल्प (c) सही है।

28. (a) 11 अक्तूबर, 2021 को बिहार के मुख्यमंत्री द्वारा लोकनायक जयप्रकाश नारायण के जीवन पर आधारित पुस्तक 'द ड्रीम ऑफ रेवोल्यूशन' का लोकार्पण किया गया। लोकनायक जयप्रकाश नारायण के सहयोगी रहे प्रो. विमल प्रसाद ने 'द ड्रीम ऑफ रेवोल्यूशन ए-बायोग्राफी ऑफ जयप्रकाश नारायण' पुस्तक के लेखन की शुरुआत की थी। किन्तु उनके निधन के बाद पुस्तक अधूरी रह गई। जिसे उनकी पुत्री सुजाता प्रसाद ने पूर्ण किया। अत: विकल्प (a) सही है।

29. (a) प्रधानमंत्री नरेंद्र मोदी ने 15 अगस्त को राष्ट्र को संबोधित करते हुए, वर्ष 2047 तक भारत के 'ऊर्जा स्वतंत्र' (Energy Independent) बनने के लक्ष्य पर प्रकाश डाला। अत: विकल्प (a) सही है।

30. (a) भारतीय कृषि अनुसंधान परिषद (ICAR) की पहल 'मेरा गाँव मेरा गौरव' (Mera Gaon, Mera Gaurav) के तहत गोवा के कुछ गाँवों में कचरा निपटान हेतु ग्राम पंचायतों के मार्गदर्शन में अभियान चलाया गया। इस योजना की शुरुआत वर्ष 2015 में की गई थी। अत: विकल्प (a) सही है।

31. (c)

32. (c) हाल ही में खादी और ग्रामोद्योग आयोग (KVIC) द्वारा अरुणाचल प्रदेश के मोनपा हस्तनिर्मित कागज (Monpa Handmade Paper) के पुनरुद्धार का प्रयास किया गया है। मोनपा हस्तनिर्मित कागज विरासत निर्माण कला की शुरुआत 1000 वर्ष पूर्व हुई थी। यह उम्दा बनावट वाला हस्तनिर्मित कागज, जिसे स्थानीय बोली में मोन शुगु कहा जाता है, तवांग में स्थानीय जनजातियों की जीवंत संस्कृति का अभिन्न अंग है। अत: विकल्प (c) सही है।

33. (a) तूलिका मान एक पेशेवर भारतीय जूडो खिलाड़ी हैं जो 78 किग्रा भार वर्ग में प्रतिस्पर्धा करती हैं। उन्होंने 2022 राष्ट्रमंडल खेलों में रजत पदक जीता। उनका जन्म 9 सितंबर 1998 को सोनीपत, हरियाणा में हुआ था।

34. (d) वॉकर कप का नाम 1920 में संयुक्त राज्य गोल्फ संगठन (USGA) के अध्यक्ष जॉर्ज हर्बर्ट वॉकर के नाम पर रखा गया है।

35. (b) 'PENCIL' प्लेटफॉर्म फॉर इफेक्टिव एनफोर्समेंट फॉर नो चाइल्ड लेबर का एक संक्षिप्त नाम है, जो भारत सरकार द्वारा सितंबर 2017 में लॉन्च किया गया एक इलेक्ट्रॉनिक पोर्टल है।

36. (d) डोलड्रम, जिसे भूमध्यरेखीय शांति भी कहा जाता है, अंतर-उष्णकटिबंधीय अभिसरण क्षेत्र (आईटीसीजेड) के भीतर हल्की समुद्री धाराओं और हवाओं के भूमध्यरेखीय क्षेत्र, भूमध्य रेखा के पास पृथ्वी को घेरने वाली हवाओं और बढ़ती हवा की एक पेटी। उत्तर-पूर्व और दक्षिण-पूर्व व्यापारिक हवाएँ वहाँ मिलती हैं; यह मिलन हवा के उत्थान का कारण बनता है और अक्सर संवहनी तूफानों के समूह उत्पन्न करता है। वे भारतीय और पश्चिमी प्रशांत महासागरों में भूमध्य रेखा के किनारे और अफ्रीकी और मध्य अमेरिकी पश्चिमी तटों पर भूमध्य रेखा से थोड़ा उत्तर में पाए जाते हैं। अत: विकल्प (d) सही है।

37. (d) राजाओं ने उन लोगों का समर्थन हासिल करने के लिए कई कदम उठाए जो या तो आर्थिक रूप से, या सामाजिक रूप से, या अपनी राजनीतिक और सैन्य ताकत के कारण शक्तिशाली थे। उदाहरणार्थ: कुछ महत्त्वपूर्ण प्रशासनिक पद वंशानुगत होते थे। इसका मतलब यह है कि पिता के बाद बेटे इन पदों पर आसीन हुए। उदाहरण के लिए, कवि हरिषेण अपने पिता की तरह महा-दंडनायक, या मुख्य न्यायिक अधिकारी थे। इसके अलावा, संभवत: महत्त्वपूर्ण व्यक्तियों का स्थानीय प्रशासन में दखल होता था। इनमें नगरश्रेष्ठी या शहर के मुख्य बैंकर या व्यापारी, सार्थवाह या व्यापारी कारवां के नेता, प्रथम-कुलिका या मुख्य शिल्पकार, और कायस्थों या शास्त्रियों के प्रमुख शामिल थे। अत: विकल्प (d) सही है।

38. (a) स्टोइकवाद का जन्मदाता जेनो (zeno) को कहा जाता है, जिनका समय लगभग 340-265 ई.पू. माना जाता है। अत: विकल्प (a) सही है। स्टोइकवाद में सिनिकवाद और हिराक्लिट्स के दर्शन का सम्मिश्रण देखा जाता है। सिनिकवाद के समान स्टोइकवाद में भी उपेक्षावाद माना जाता है। दोनों में नैतिक दर्शन ही विशेष है। जेनो के स्टोइकवाद में भौतिकी, न्यायदर्शन, तथा नीतिविज्ञान तीनों पाए जाते हैं, पर नीतिविज्ञान ही इसका प्रमुख दर्शन है। जेनो के अनुसार स्टोइकवाद एक बगीचा है, जिसमें नीतिशास्त्र इसकी चौहद्दी दीवार है, भौतिकी इसके पेड़-पौधे हैं।

39. (b) शून्यकाल वह समय होता है जब सांसद, तत्कालीन सार्वजनिक महत्त्व के मुद्दे उठा सकते हैं। शून्यकाल (Zero Hour) के दौरान मामलों को उठाने के लिए, सांसदों को बैठक के दिन सुबह 10 बजे से पहले अध्यक्ष/सभापति को नोटिस देना होता है। नोटिस में उस विषय का उल्लेख होता है, जिसे वे सदन में उठाना चाहते हैं। उसके बाद ही अध्यक्ष या लोकसभा/राज्यसभा के सभापति किसी सदस्य को संबंधित मामले को उठाने की अनुमति दे सकते हैं या अस्वीकार कर सकते हैं। यह प्रश्नकाल के अंत और नियमित कार्य की शुरुआत के बीच का समय अंतराल है। यह दोपहर 12 बजे शुरू होता है। अत: विकल्प (b) सही है।

40. (d) वर्तमान में, दस राज्यों में पांचवीं अनुसूची क्षेत्र हैं और ये राज्य हैं- आंध्र प्रदेश, तेलंगाना, छत्तीसगढ़, गुजरात, हिमाचल प्रदेश, झारखंड, मध्य प्रदेश, महाराष्ट्र, ओडिशा तथा राजस्थान। अत: विकल्प (d) सही है। सभी दस राज्यों ने संबंधित पंचायती राज अधिनियमों में संशोधन करके अपेक्षित अनुपालन कानून बनाया है। संविधान के अनुच्छेद 244(1) में वर्णित अनुसूचित क्षेत्रों का तात्पर्य ऐसे क्षेत्रों से है जिन्हें राष्ट्रपति आदेश जारी कर अनुसूचित क्षेत्र घोषित कर सकता है।

41. (b) लिंगायत संप्रदाय की स्थापना 12वीं शताब्दी में समाज सुधारक बासवन्ना ने कर्नाटक में की थी। इन्होंने हिंदू धर्म की कई कुरीतियों को दूर करने के लिए लिंगायत समुदाय की स्थापना की थी। अत: विकल्प (b) सही है।

42. (a) निम्न तालिका में पंचायतों से संबंधित अनुच्छेदों का उल्लेख है-

अनुच्छेद	विषय-वस्तु
243	परिभाषाएँ
243क	ग्राम सभा
243ख	पंचायतों का गठन
243ग	पंचायतों की संरचना
243घ	स्थानों का आरक्षण
243घ	पंचायतों की अवधि आदि
243च	सदस्यता के लिए निरर्हताएँ
243छ	पंचायतों की शक्तियाँ, प्राधिकार और उत्तरदायित्व
243ज	पंचायतों द्वारा कर अधिरोपित करने की शक्तियाँ और उनकी निधियाँ
243झ	वित्तीय स्थिति के पुनर्विलोकन के लिए वित्त आयोग का गठन
243ञ	पंचायतों के लेखाओं की संपरीक्षा
243ट	पंचायतों के लिए निर्वाचन
243ठ	संघ-राज्य क्षेत्रों में लागू होना
243ड	इस भाग का कतिपय क्षेत्रों पर लागू न होना
243ढ	विद्यमान विधियों और पंचायतों का बने रहना

243ण निर्वाचन संबंधी मामलों में न्यायालयों के हस्तक्षेप का वर्जन

अत: विकल्प (a) सही है।

43. (a) α और β द्विघात समीकरण $x^2 + kx - 15 = 0$ के मूल हैं–

$$\alpha + \beta = -k$$
$$\alpha - \beta = 8$$
$$\alpha . \beta = -15$$

हम लोग जानते हैं–

$$(\alpha + \beta)^2 - (\alpha - \beta)^2 = 4\alpha.\beta$$
$$(-k)^2 - (8)^2 = 4\alpha - 15$$
$$k^2 - 64 = -60$$
$$k^2 = 4$$
$$k = 2$$

44. (c) a और b का हरात्मक माध्य H.M.

$$= \frac{2ab}{a + b}$$
$$= \frac{2 \times \text{गुणनफल}}{\text{योगफल}}$$
$$= \frac{2 \times P}{S}$$

45. (d) युग्म हल नहीं होने के लिए,

$\frac{a_1}{a_2} = \frac{b_1}{b_2} \neq \frac{c_1}{c_2}$ होना चाहिए

विकल्प (a) $\frac{1}{3} \neq \frac{-2}{4}$

विकल्प (b) $\frac{1}{2} = \frac{2}{4} = \frac{1}{2}$

विकल्प (c) $\frac{2}{1} \neq \frac{-1}{-2}$

विकल्प (d) $\frac{1}{2} = \frac{2}{4} \neq \frac{-5}{12}$

अत: अभीष्ट उत्तर = (d)

46. (b)

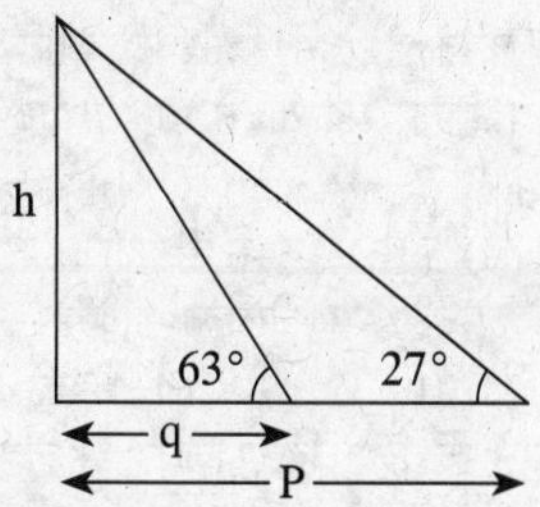

$$\tan 63° = \frac{h}{q} \quad ...(i)$$
$$\tan 27° = \frac{h}{p}$$
$$\tan (90° - 63°) = \frac{h}{p}$$
$$\cot 63° = \frac{h}{p} \quad ...(ii)$$

समीकरण (i) और (ii) से,

$$\tan 63°, \cot 63° = \frac{h}{q} \times \frac{h}{p}$$
$$\Rightarrow \quad 1 = \frac{h^2}{pq}$$
$$\Rightarrow \quad h^2 = pq$$
$$\Rightarrow \quad h = \sqrt{pq}$$

> Direct याद रखें
> यदि द्रव्यमान कोण पूरक हों तो मीनार की ऊँचाई $= \sqrt{p \times q}$

47. (d) 3, 7, 11 का ल. स. = 231

अंक x और y का मान अधिकतम लेने पर बनी 5 अंकीय संख्या = 45799

```
231) 45799 (198
     231
     ----
     2269
     2079
     ----
     ×1909
      1848
     ----
     ××61 शेष
```

231 से विभाज्य होने वाली संख्या

$= 45799 - 61 = 45738$

$x \; y$

$$x = 3$$
$$y = 8$$
$$2x + 5y \Rightarrow 6 + 40 = 46$$

48. (d)

> M-D-H-W वाले Concept से,
> $$\frac{M_1 D_1 H_1}{W_1} = \frac{M_2 D_2 H_2}{W_2}$$

M = आदमी

D = दिन

H = घंटा

W = काम

$$\frac{30 \times 28 \times 6}{1} = \frac{28 \times D_2 \times 9}{2}$$

दुगुना काम

$D_2 = 40$ दिन

49. (c) $x^8 + \frac{1}{x^8} = 47$

$$x^4 + \frac{1}{x^4} = \sqrt{47 + 2} = 7$$
$$x^2 + \frac{1}{x^2} = \sqrt{7 + 2} = 3$$
$$x^6 + \frac{1}{x^6} = (a^3 - 3a)$$
$$= 3^3 - 3 \times 3$$
$$= 27 - 9$$
$$= 18$$

50. (c) $\frac{676}{5} \xrightarrow{\text{शेष}} 1$

क्योंकि इकाई अंक 0 और 5 वाली संख्या 5 से पूर्णत: विभाज्य होती है।

51. (b) उपर्युक्त अनुच्छेद के अनुसार साहित्य अपने दायित्व का निर्वाह समाज में फैली अनैतिकता, अराजकता, निरंकुशता जैसे अवांछनीय तत्वों के दुष्प्रभावों को हमारे समक्ष लाकर पूरा करता है।

52. (a) उपर्युक्त अनुच्छेद के अनुसार साहित्यकार समाज में अपनी कृतियों द्वारा आशा का संचार करता है और उत्साह एवं कर्त्तव्यवाद का संदेश देता है। इस प्रकार के कृत्यों द्वारा साहित्यकार समाज के प्रति अपने कर्त्तव्य को पूर्ण करता है।

53. (b) उपर्युक्त अनुच्छेद के अनुसार राष्ट्र का इतिहास, गरिमा, संस्कृति-सभ्यता, पूर्वजों के विचार, अनुसंधान आदि तत्कालीन साहित्य द्वारा ही जाने जा सकते हैं। इस प्रकार यह हमें पुरानी पीढ़ियों की जानकारी देता है।

54. (a) उपर्युक्त अनुच्छेद के अनुसार साहित्य द्वारा समाज की विडंबनाओं और विसंगतियों पर प्रहार करके उनमें सुधार लाने की कोशिश की जाती हैं। अत: ये कहना कि साहित्य केवल समाज का दर्पण है उचित नहीं है।

55. (a) प्रस्तुत गद्यांश का सर्वाधिक उचित शीर्षक 'साहित्य और समाज' हो सकता है।

56. (d) गद्यांश में 'चिरस्थायी' शब्द का विलोम शब्द 'क्षणभंगुर' प्रयुक्त हुआ है। अन्य विकल्प त्रुटिपूर्ण हैं।

57. (c) उपर्युक्त गद्यांश के अनुसार श्रद्धापूर्वक अंत: विद्यमान सत्य के मार्ग पर आगे बढ़ते हुए इस सत्य का साक्षात्कार करके सत्य की तलाश की जानी चाहिए।

58. (a) अनुच्छेद के अनुसार जिज्ञासु को सत्य व अहिंसा के पथ पर चलते समय संकटों का सामना करने के लिए संकटों को सहते हुए निमित्त नाश किये बिना आगे बढ़ना चाहिए।

59. (a) उपर्युक्त गद्यांश में सत्य और अहिंसा के मार्ग को 'असि की धार पर चलने के समान' बताया गया है, क्योंकि सत्य और अहिंसा का मार्ग जितना सीधा है उतना ही तंग है और इस मार्ग पर चलना अत्यंत कठिन है।

60. (d) अनुच्छेद के अनुसार सत्यरूपी परमेश्वर की रत्न-चिंतामणि को प्राप्त करने के लिए हम विकल्पों में दिए गए सभी कृत्य कर सकते हैं।

61. (d) मूलपाठ की व्याख्या के साथ अनुवाद 'व्याख्यानुवाद' कहलाता है।

62. (b)

हिन्दी		अंग्रेजी
शोधन	-	Clearing/Refinement
संशोधन	-	Amendment
प्रशोधन	-	Evacuation
समावेशन	-	Inclusion

63. (d) जब कोई सरकारी पत्र या ज्ञापन एक साथ अनेक विभागों, अधिकारियों या कर्मचारियों को भेजा जाता है, तो उसे परिपत्र या गश्तीपत्र कहते हैं। इसमें प्रेषक एक ही अधिकारी होता है, तथा पाने वाले अनेक होते हैं।

64. (c) अपने विद्यालय की किसी मनोरंजक घटना का वर्णन करते हुए मित्र को लिखा गया पत्र वैयक्तिक पत्र के अन्तर्गत आएगा। वैयक्तिक पत्र से तात्पर्य ऐसे पत्रों से हैं, जिन्हें व्यक्तिगत मामलों के सम्बन्ध में पारिवारिक सदस्यों, मित्रों एवं अन्य प्रियजनों को लिखा जाता है।

65. (b) पत्र के संबंध में शुभाशीष को अभिवादन कहते हैं।

66. (c) अधिसूचना (Notification) भारतीय गजटों में प्रकाशित सरकारी नियम आदेश आदि की सूचना के प्रसंग में होता है, अधिसूचना में प्रत्येक विभाग के लिए विशिष्ट विषय निश्चित होता है अर्थात् प्रकाशनार्थ सामग्री का पूर्ण विवरण आवश्यक है कि वह किस भाग में प्रकाशित होनी हैं।

67. (d)

68. (d) पर्यवसान की वर्तनी शुद्ध है। शेष निम्नवत हैं–

शुद्ध	अशुद्ध
षडदर्शन	षट्दर्शन
अनपेक्षित	अनापेक्षित
क्लिष्ट	किलिष्ट

69. (c) कंचन, कनक, सोना, हेम, हाटक, हिरण्य कलधौत स्वर्ण के पर्यायवाची शब्द है।

70. (c) 71. (b)

72. (b) 'उन्नयन' की वर्तनी शुद्ध है, शेष की वर्तनी अशुद्ध है। उन्नयन का तात्पर्य है ऊपर की ओर उठना या ले जाना।

73. (d) 74. (a) 75. (a)

76. (d) 'मदिरा' पीने का प्याला' के लिए एक शब्द 'चषक' प्रयुक्त होता है। चषक एक विशेष प्रकार का प्याला होता है जिससे मदिरा या अन्य द्रवों को पिया जाता है। इसमें अक्सर बीच में एक तंग गर्दन होती है और नीचे एक चौड़ा हिस्सा होता है जिस पर इसे टिकाया जाता है।

77. (d) 'अक्षौहिणी' शब्द की वर्तनी शुद्ध है– शेष निम्नवत हैं–

अशुद्ध	विशुद्ध
राज्य महल	राजमहल
कोमलांगिनी	कोमलांगी
निरोग	निःरोग

78. (b) 'जो स्त्री के वशीभूत है' के लिए एक शब्द 'स्त्रैण' प्रयुक्त होता है। स्त्रियोचित का तात्पर्य स्त्रियों के समान गुण वाले से है। जबकि जो स्त्री से प्रेम करता है उसे 'स्त्री प्रेमी' कहा जाता है।

79. (b) 'अच्छे लेखन के लिए शब्द संयम आवश्यक है' शुद्ध वाक्य है।

80. (c) 81. (d)

82. (c) 'सवाल-जवाब', 'बहस-हुज्जत' या दिये गये उत्तर का उत्तर' के लिए एक शब्द 'प्रत्युत्तर' प्रयुक्त किया जाता है। 'उत्तरण' का तात्पर्य तैरकर या नाव आदि के द्वारा जलाशय पार करना होता है जबकि 'उत्तरोत्तर' का तात्पर्य है क्रमागत रूप से आगे बढ़ते जाना।

83. (a)

84. (d) 'Ad hoc' शब्द के समानार्थक हिंदी पारिभाषिक शब्द है- तदर्थ

85. (a)

86. (c) 'Horticulturist' का हिंदी पारिभाषिक शब्द है- उद्यान विशेषज्ञ। हॉर्टिकल्चर विज्ञान की वह शाखा है, जिसमें अनाज, फूलों और पौधों को उगाने से लेकर उनकी मार्केटिंग तक का अध्ययन किया जाता है। हॉर्टिकल्चर, मानव उपयोग के लिए इस्तेमाल होने वाले पौधों के विज्ञान, तकनीक और विपणन से जुड़ा क्षेत्र है। इसके अंतर्गत खाद्य और अखाद्य, दोनों तरह की फसलें आती हैं।

87. (b) 'ऐसी जीविका जिसका कुछ ठीक-ठिकाना न हो' के लिए एक शब्द 'आकाशवृति' प्रयुक्त होता है। 'आकाश फल' शब्द 'संतान' अथवा 'संतति' के लिए प्रयुक्त होता है जबकि 'अनहोनी' या अंसभव बात के लिए 'आकाश कुसुम' शब्द प्रयुक्त होता है।

88. (d) यहाँ सुरति- विरति मे विलोम युग्म है। यहाँ सुरति-विरति एक दूसरे के विरोधी अर्थ वाले शब्द है, सुरति का अर्थ 'काम-क्रीडा' तथा विरति का अर्थ इसके विपरीत 'उदासीन' होता है।

89. (b)

90. (d) ''युद्ध की इच्छा रखने वाले' के लिए एक शब्द 'युयुत्सु' प्रयुक्त किया जाता है जबकि 'जो युद्ध में लगा हुआ हो' के लिए एक शब्द 'युद्धरत' प्रयुक्त किया जाता है।

91. (a) 'जिसे अपनी जगह से अलग कर दिया गया हो' के लिए एक शब्द 'विस्थापित' प्रयुक्त होता है जबकि 'संस्थापित' का आशय 'संचित' या 'इकट्ठा करना' अथवा 'चलाया या प्रचलित किया हुआ' से है।

92. (b) 93. (c)

94. (a) पामर शब्द धनुष का पर्यायवाची नहीं है।

95. (c) विकल्प अर्पण – समर्पण अनुचित युग्म है।

96. (b) दुश्चरित्र – निश्चरित्र विलोम शब्द की दृष्टि से अनुचित युग्म है।

97. (a) 'उत्तर व पूर्व के मध्य की दिशा' वाक्यांश के लिए सार्थक शब्द ईशान होगा। वाक्य प्रयोग: दवा हमेशा ईशान कोण में रखनी चाहिए।

98. (a) ईप्सित शब्द का विलोम शब्द अनीप्सित है। अत: उपर्युक्त विकल्पों में से विकल्प (a) अनीप्सित सही है तथा अन्य विकल्प असंगत हैं।

99. (c) 'दोपहर के बाद का समय' वाक्यांश के लिए एक शब्द 'मध्याह्न' होगा। 'सबेरे से दोपहर तक का समय' वाक्यांश के लिए एक शब्द 'पूर्वाह्न' होगा।

100. (b) तेजस्वी का विलोम है-निस्तेज। उदाहरण-राम बहुत तेजस्वी है इसका विलोम होगा-राम बहुत निस्तेज है। यशस्वी का विलोम है-अयशस्वी। उदाहरण-रहीम के युद्ध में जाते समय सभी ने उसके यशस्वी होने की कामना की।

101. (d) लिनक्स में आप अपने सिस्टम में नए यूजर को useradd, adduser को उपयोग करते हुए और linuxconf का उपयोग करते हुए एड कर सकते हैं।

102. (a) MS Word में Ctrl + Home का उपयोग कर्सर को डॉक्यूमेंट के आरंभ में पहुँचाने के लिए किया जाता है।

103. (a) सामान्य रूप से गीगा हर्ट्ज का उपयोग प्रोसेसर स्पीड के मापन की इकाई के रूप में किया जाता है। यह आवृत्ति मापने की एक इकाई है, जो प्रति सेकण्ड एक अरब तक होती है, जबकि एक गीगाबाइट का अर्थ एक अरब बाइट है।

104. (a) PPP नेटवर्क लेयर प्रोटोकॉल को चिन्हित करने के लिए NCP प्रोटोकॉल का उपयोग करता है। जबकि ISDN (Integrated Service Digital Network) में ध्वनि और डाटा स्थानान्तरण के लिए स्थापित डिजिटल टेलीफोन सेवा में मॉडेम की आवश्यकता नहीं होती है।

105. (b) MS Excel-2007 में आप फॉर्मेट पेंटर को फॉर्मेट पेंटर बटन पर डबल क्लिक करके ऑफ करने से पहले इसका अनेक बार उपयोग कर सकते हैं।

106. (d) एम.एस. एक्सेल एक इलेक्ट्रॉनिक स्प्रेडशीट होती है, जिसका प्रयोग अकाउंटिंग उद्देश्य के लिए, गणितीय कार्यों में, बजट बनाने तथा बिल बनाने में करते हैं। इसे वर्कशीट कहते हैं। एमएस एक्सेल वर्कबुक वर्कशीट्स तथा चार्ट का संग्रह होती है।

107. (a) A IP एड्रेस में डिफॉल्ट के आधार पर सर्वाधिक होस्ट एड्रेस उपलब्ध होते हैं।

108. (a) MS Word में Ctrl + T का प्रयोग हैंगिंग इंडेन्ट करने के लिए किया जाता है। जबकि Ctrl + M टैब मूवमेन्ट (लेफ्ट इन्डेन्ट) और Ctrl + W फाइल क्लोज करने में किया जाता है।

109. (d) Lotus 1-2-3 प्रचलित DOS आधारित स्प्रेडशीट पैकेज हैं।

110. (c) लिनक्स में :w कमांड का उपयोग फाइल सेव (रक्षित) करने तथा एडिटिंग मोड में बने रहने के लिए Vi एडिटर के साथ करते हैं।

111. (c) बस डाटा या इलेक्ट्रॉनिक सिग्नल को एक स्थान से दूसरे स्थान तक ले जाती है। कंप्यूटिंग टर्मिनोलॉजी में बस शब्द का उपयोग उस कम्यूनिकेशन सिस्टम के प्रकटन के लिए किया जाता है, जो कंप्यूटर के भीतर के कम्पोनेंट्स के मध्य डाटा ट्रांसफर के लिए होता है।

112. (a) पेज ओरिएंटेशन का प्रयोग किसी टाइप किए गए टेक्स्ट को एक क्षैतिज पेज में या ऊर्ध्वाधर पेज में प्रिंट करने के लिए किया जाता है। MS Word-2007 में पोट्रेट और लैंडस्केप पेज ओरिएंटेशन हैं।

113. (d) MS-Dos में कमांड TIME मौजूद समय को दर्शाता है, इसे बदलने के लिए विकल्प उपलब्ध कराता है। इस कमांड के द्वारा टाइम को 12 घंटे या 24 घंटे के प्रारूप में डिस्प्ले करता है। जबकि MS-DOS में कमांड DATE सिस्टम में मौजूद तारीख दर्शाता है।

114. (b) नया वर्ड टेम्प्लेट डॉक्यूमेंट (वर्जन-MS ऑफिस, वर्जन 2007 तथा इससे आगे) क्रिएट करने के लिए आपको डॉक्यूमेंट को वांछित स्टाइल में फॉर्मेट तथा डॉक्यूमेंट को .dotx फाइल के रूप में रक्षित करना होगा।

115. (b) विंडोज में शार्टकट की (key) Ctrl + Alt + Tab का प्रयोग टास्क मैनेजर ओपन करने के लिए की-कॉम्बिनेशन है।

116. (c) सीपीयू कंप्यूटर के सभी क्रियाकलापों को नियंत्रित करता है तथा अन्य उपकरणों को निर्देश देता है। यह मूलभूत गणनाएँ भी करता है। अत: इसे कंप्यूटर का मस्तिष्क कहा जाता है, जबकि एएलयू (अरिथमैटिक लॉजिक यूनिट) कंप्यूटर के प्रोसेस में रहता है तथा मूलभूत गणनाएँ (जोड़,घटाव, गुणा, भाग) और कुछ लॉजिकल कार्य भी करता है।

117. (b) MS-DOS में कमांड RD का प्रयोग पूर्व में बनी किसी डायरेक्टरी को मिटाने के लिए किया जाता है, जबकि MD कमांड का प्रयोग नई डायरेक्टरी बनाने के लिए होता है।

118. (a) MS-DOS के साथ कार्य करते समय कॉपी (Copy) कमांड, किसी विशिष्ट फाइल को एक दूसरी फाइल में ट्रांसफर करती है। जबकि MS-DOS में TIME कमांड मौजूदा समय को दर्शाता है। DISK COPY कमांड का प्रयोग किसी डिस्क की दूसरी प्रति बनाने के लिए होता है।

119. (a) इंटरनेट का प्रारंभ 1969 ई. में अमेरिकी रक्षा विभाग द्वारा अर्पानेट (ARPANET-Advanced Research Project Agency Net) के सहयोग से किया गया। अर्पानेट को दुनिया का पहला नेटवर्क कहा जाता है।

120. (b) MS-Excel में पूरे कॉलम का चयन करने के लिए कॉलम हेडिंग लेटर्स पर क्लिक कर सकते हैं।

121. (a) लिनक्स में कर्सर के तहत किसी सिंगल कैरेक्टर (एक अक्षर) को डिलीट करने के लिए vi एडीटर के साथ x कमांड का उपयोग किया जाता है।

122. (d) इंटरनेट उपयोगकर्ताओं की बढ़ती संख्या के कारण 32 बिट एड्रेस कम पड़ने लगा। इसी कारण IPv6 का विकास किया गया, जिसमें एड्रेस के लिए 128 बिट नंबर का प्रयोग किया जाता है। इस व्यवस्था में कुल 2^{128} IP Address प्रदान किए जा सकते हैं।

123. (c) MS-Excel 2007 में टेक्स्ट फॉर्मूला टेक्स्ट को जोड़ता और मैनिपुलेट करता है।

124. (b) MS-DOS में FORMAT कमांड, ब्लैक डिस्क की सरफेस को सेक्टर्स में विभाजित करता है तथा प्रत्येक को एक यूनिक एड्रेस आंवटित करता है। जबकि CHKDSK कमांड का प्रयोग इस्तेमाल की जा रही डिस्क में खाली स्थान तथा मेमोरी के विषय में सूचना प्राप्त करने के लिए किया जाता है।

125. (c) MS-Word में ऑटोकरेक्ट को मूल रूप से टाइप किए जाने वाले गलत स्पेलिंग वाले शब्दों को बदलने के लिए डिजाइन किया गया था।

126. (d) MS-Excel में फंक्शन लिस्ट उत्पन्न करने के लिए आपको सेल में = टाइप करना पड़ेगा।

127. (d) लिनक्स में डायरेक्ट्री को रिमूव करने के लिए Rmdir कमांड का उपयोग किया जाता है। इसका प्रारूप rmdir directory name है।

128. (a) HTML (Hyper Text Markup Language) <img> tag के दो आवश्यक गुण src तथा alt हैं।

129. (d) XP एम्बेडेड एक रियल टाइम ऑपरेटिंग सिस्टम का उदाहरण है। जबकि लिनक्स एक ऑपरेटिंग सिस्टम होता है जिसमें ग्राफिक यूजर इंटरफेस की सुविधा होती है।

130. (c) MS-Word (वर्जन 2007 तथा इससे आगे वाले) में, टेबल ऑफ अथॉरिटीज लीगल डॉक्यूमेंट में रेफरेंसेज या अथॉरिटीज के साथ-साथ अवतरणों पर आधारित उन पेजों की संख्या को भी सूचीबद्ध करता है, जिन पर रेफरेंसेज दिखाई देते हैं।

131. (c) एसोसिएटिव मेमोरी में किसी प्रकार के एड्रेस की जरूरत नहीं होती है अर्थात् डेटा या कटेंट एक एड्रेस के रूप में उपयोग किया जाता है।

132. (a) लिनक्स में tee कमांड का उपयोग एक फाइल में स्टैंडर्ड आउटपुट सेव (रक्षित) करने के साथ-साथ इसे टर्मिनल पर डिस्प्ले करने के लिए किया जाता है।

133. (b) एप्लीकेशन प्रोग्राम प्रयोक्ता को विशिष्ट एप्लीकेशन उपयोग करने की सुविधा प्रदान करता है।

134. (c) प्रोग्राम मल्टीप्रोग्रामिंग सिस्टम में प्रायोरिटी नंबर के आधार पर एग्जिक्यूट किए जाते हैं, जबकि बैच प्रोसेसिंग ऑपरेटिंग सिस्टम में एक प्रकार के सभी कार्यों को एक बैच के रूप में संगठित करके साथ में क्रियान्वित किया जाता है। टाइम शेयरिंग ऑपरेटिंग सिस्टम में एक साथ एक से अधिक उपयोगकर्ता या प्रोग्राम कंप्यूटर के संसाधनों का उपयोग करते हैं।

135. (c) एमएस एक्सेल में सेल में डेटा एंटर करने के लिए Esc key का उपयोग नहीं किया जा सकता है।

136. (c) जब आप कंप्यूटर ऑन करते हैं, तो हर बार यह कंट्रोल फाइल command.com, io.sys, msdos, sys पर चेक करता है।

137. (b) विंडोज NT (windows NT) माइक्रोसॉफ्ट द्वारा बनाया गया ऑपरेटिंग सिस्टम है, जो वर्ष 1993 में प्रस्तुत हुआ। विंडोज NT में प्रिंटिंग टूल को प्रिंटर से संबद्ध करके कॉन्फिगर करेंगे।

138. (d) जब हम MS-Word में कीबोर्ड (key board) से Home key दबाते हैं, तो यह कर्सर को लाइन के आरंभ में बढ़ाती है। जबकि MS-Word में Ctrl + Home कर्सर को डॉक्यूमेंट के आरंभ में पहुँचाने के लिए उपयोग होता है।

139. (a) MS-Excel में कोई फॉर्मूला क्रिएट करने के लिए आप सबसे पहले उस सेल को सेलेक्ट करेंगे, जिसमें आप फॉर्मूला लगाना चाहते हैं।

140. (b) एक ग्राफिक को समस्त स्लाइड्स में साथ रखने का सर्वाधिक आसान तरीका ग्राफिक को स्लाइड मास्टर में रखें।

141. (b) Ctrl + M द्वारा प्रेजेन्टेशन में नई स्लाइड इन्सर्ट (डाली) की जा सकती है।

142. (a) ALU का अर्थ है- अर्थमैटिक लॉजिक यूनिट

143. (c) **144.** (c) **145.** (c)
146. (d) **147.** (d) **148.** (c)

149. (c) हैंडआउट मास्टर का

150. (a)

□□□

5 प्रैक्टिस सेट

सामान्य ज्ञान

1. निम्न में से कौन-सी समिति केवल निचले सदन की है ?
   (a) आश्वासन समिति
   (b) प्रत्यायोजित विधान संबंधी समिति
   (c) लोक उपक्रम समिति
   (d) प्राक्कलन समिति

2. पोर्टफोलियो प्रणाली को संवैधानिक मान्यता किस अधिनियम द्वारा प्रदान की गई थी ?
   (a) भारतीय परिषद् अधिनियम, 1892
   (b) भारतीय परिषद् अधिनियम, 1871
   (c) भारतीय परिषद् अधिनियम, 1861
   (d) भारतीय परिषद् अधिनियम, 1882

3. शीतकाल के प्रारम्भ में तमिलनाडु के तटीय क्षेत्रों में वर्षा का क्या कारण है ?
   (a) दक्षिण-पश्चिम मानसून
   (b) उत्तर-पूर्वी मानसून
   (c) समशीतोष्ण चक्रवात
   (d) दक्षिण-पूर्वी मानसून

4. युवावस्था में नदी कौन-सी स्थलाकृति का निर्माण करती है ?
   (a) डेल्टा (b) विसर्पण
   (c) बाढ़ के मैदान (d) प्लंज पूल

5. "जल विद्युत एवं सौर ऊर्जा" के संयोजन से संचालित होने वाला भारत का पहला हवाई अड्डा कौन-सा है ?
   (a) कोचीन अंतरराष्ट्रीय हवाई अड्डा
   (b) इंदिरा गांधी अंतरराष्ट्रीय हवाई अड्डा
   (c) राजीव गांधी अंतरराष्ट्रीय हवाई अड्डा
   (d) विशाखापट्टनम अंतराष्ट्रीय हवाई अड्डा

6. निम्नलिखित में से कौन-सा एक जैन धर्मग्रंथ है जिसमें भगवान महावीर की शिक्षाएँ शामिल हैं-
   (a) उपनिषद (b) त्रिपिटक
   (c) आगम (d) वेद

7. पॉलीमेटैलिक ग्रंथियों को अन्य किस नाम से भी जाना जाता है ?
   (a) निकल ग्रंथियाँ
   (b) क्रोमियम ग्रंथियाँ
   (c) कोबाल्ट ग्रंथियाँ
   (d) मैंगनीज ग्रंथियाँ

8. निम्नलिखित पहाड़ियों पर विचार कीजिये-
   1. पटकाई पहाड़ियाँ
   2. मणिपुर पहाड़ियाँ
   3. मिजो पहाड़ियाँ
   4. नागा पहाड़ियाँ
   उपर्युक्त में से किन पहाड़ियों को सम्मिलित रूप से पूर्वांचल श्रेणी कहा जाता है ?
   (a) केवल 1 और 2
   (b) केवल 1, 2 और 3
   (c) 1, 2, 3 और 4
   (d) केवल 2, 3 और 4

9. उत्तर प्रदेश के किस स्थान पर दूरसंवेदन उपयोग केंद्र की स्थापना की गयी थी ?
   (a) लखनऊ (b) ग्रेटर नोएडा
   (c) बरेली (d) वाराणसी

10. आइजनहावर कप निम्नलिखित में से किस खेल से संबंधित है ?
   (a) टेनिस (b) शतरंज
   (c) फुटबॉल (d) गोल्फ

11. विश्व महासागर दिवस कब मनाया जाता है ?
   (a) 7 जून (b) 9 जून
   (c) 8 जून (d) 10 जून

12. निम्नलिखित में से किस अधिनियम के तहत, ईस्ट इंडिया कंपनी के नियंत्रण बोर्ड और निदेशक मंडल को समाप्त कर दिया गया था ?
   (a) 1813 का चार्टर एक्ट
   (b) 1833 का चार्टर एक्ट
   (c) 1853 का चार्टर एक्ट
   (d) 1858 का भारत सरकार अधिनियम

13. निम्नलिखित में से कौन-कौन से दर्रे भारत के पश्चिमी घाट में आते हैं ?
   1. अंबा घाट दर्रा
   2. भोर घाट दर्रा
   3. पलक्कड़ दर्रा
   4. नानेघाट दर्रा
   5. अंबोली घाट दर्रा
   उपर्युक्त विकल्पों में से कौन-सा/से सही है/हैं ?
   (a) 1 और 2 (b) 1, 2 और 3
   (c) 3, 4 और 5 (d) उपरोक्त सभी

14. निम्नलिखित में से कौन-सा समरूपी संकर और विद्युत् वाहनों को बढ़ावा देने के लिए भारत के राष्ट्रीय स्तर के कार्यक्रम का प्रतिनिधित्व करता है ?
   (a) UDAAN (b) BREATHE
   (c) FAME (d) HAVE

15. आर. प्रज्ञानन्दा किस खेल के प्रसिद्ध खिलाड़ी हैं ?
   (a) बिलियड्‌र्स (b) क्रिकेट
   (c) शतरंज (d) हॉकी

16. भारतीय स्वतंत्रता संग्राम के संदर्भ में निम्नलिखित घटनाओं पर विचार कीजिये:
   1. रॉयल इंडियन नेवी में विद्रोह
   2. भारत छोड़ो आंदोलन की शुरुआत
   3. द्वितीय गोलमेज सम्मेलन
   उपरोक्त घटनाओं का सही कालानुक्रमिक क्रम क्या है ?
   (a) 1 - 2 - 3 (b) 2 - 1 - 3
   (c) 3 - 2 - 1 (d) 3 - 1 - 2

17. 'एकरूपतावाद की संकल्पना' किसके द्वारा दी गई थी ?
   (a) जेम्स हटन (b) जीन डी कार्पेन्टियर
   (c) वॉल्टर पेंक (d) चार्ल्स ल्येल

18. निम्नलिखित में से कौन-सा सिद्धांत डेविस द्वारा प्रतिपादित किया गया है ?
   (a) अपघर्षण सिद्धांत
   (b) टू साइकल थ्योरी
   (c) स्थैतिक जलमंडल सिद्धांत
   (d) भौम जल स्तर सिद्धांत

19. निम्नलिखित में से किस वर्ष में 'केंद्रीय प्रदूषण नियंत्रण बोर्ड' (CPCB) की स्थापना की गई थी ?

(a) 1966 (b) 1974
(c) 1980 (d) 1986

20. निम्नलिखित में से किस संस्थान द्वारा मालवीय मिशन की शुरुआत की गई है ?
(a) राष्ट्रीय शैक्षिक अनुसंधान और प्रशिक्षण परिषद
(b) विश्वविद्यालय अनुदान आयोग
(c) केंद्रीय माध्यमिक शिक्षा बोर्ड
(d) राष्ट्रीय मुक्त विद्यालयी शिक्षा संस्थान

21. किसने 1834-35 में टिप्पणी की थी कि "दुःख शायद ही कभी वाणिज्य के इतिहास में एक समानांतर स्थान पाता है। कपास बुनकरों की हड्डियां भारत के मैदानी इलाकों को विरंजित कर रही हैं।"
(a) दादाभाई नौरोजी
(b) लॉर्ड रिपन
(c) आर पी दत्त
(d) लॉर्ड विलियम बेंटिक

22. निम्नलिखित में से 1930 के दशक में लंदन में आयोजित गोलमेज सम्मेलन का परिणाम क्या था ?
(a) भारतीय संविधान को अंगीकृत करना।
(b) भारत को डोमिनियन दर्जा प्रदान करना।
(c) पूर्ण स्वतंत्रता की घोषणा करना।
(d) सविनय अवज्ञा आन्दोलन का स्थगन।

23. निम्नलिखित इतिहासकारों में से किसने 'द वंडर दैट वाज इंडिया' नामक पुस्तक लिखी थी ?
(a) ए.एल बाशम
(b) एलिसन बैशफोर्ड
(c) आर. सी. मजूमदार
(d) सतीश चंद्रा

24. निम्नलिखित में से किस क्रिकेटर ने 'स्ट्रेट फ्रॉम द हार्ट: एन ऑटोबायोग्राफी' पुस्तक लिखी है ?
(a) सुनिल गावस्कर (b) सौरव गांगुली
(c) सचिन तेंदुलकर (d) कपिल देव

25. 'केरल: गॉड्स ओन कंट्री' पुस्तक के लेखक कौन हैं ?
(a) शशि थरूर
(b) जीत थायिल
(c) सुधा मूर्ति
(d) तकषी शिवशंकर पिल्लई

26. उत्तर प्रदेश में पहला "दिव्यांग विश्वविद्यालय" कहाँ स्थापित हैं ?
(a) रायबरेली (b) बलिया
(c) चित्रकूट (d) मथुरा

27. भारत कला भवन स्थित है ?
(a) वाराणसी में (b) मथुरा में
(c) कानपुर में (d) आगरा में

28. पारीछा बाँध किस नदी पर बनाया गया है ?
(a) गंगा (b) चंबल
(c) यमुना (d) बेतवा

29. प्राचीन भारत में सबसे पहला गणराज्य कौन था ?
(a) कपिलवस्तु (b) कुशीनारा
(c) पावा (d) वैशाली

30. निम्नलिखित युग्मों में सुमेलित नहीं है-

	संस्थान	स्थान
(a)	भारतीय गन्ना अनुसंधान संस्थान	- लखनऊ
(b)	भारतीय दलहन अनुसंधान संस्थान	- कानपुर
(c)	वी.वी. गिरि नेशनल लेबर इंस्टीट्यूट	- नोएडा
(d)	उत्तर प्रदेश ग्रामीण आयुर्विज्ञान विश्वविद्यालय	- मिर्जापुर

31. उत्तर प्रदेश में सबसे कम शिशु लिंगानुपात वाला जिला है-
(a) बागपत (b) बलरामपुर
(c) मेरठ (d) हरदोई

32. राष्ट्रीय गंगा डॉल्फिन दिवस कब मनाया जाता है ?
(a) 23 सितंबर (b) 13 जून
(c) 5 अक्तूबर (d) 25 फरवरी

33. देश के पहले ट्रांसमैन सिपाही कौन थे ?
(a) अनु राज (b) रचित राज
(c) मलिक शेख (d) आशीष यादव

34. निम्नलिखित युग्मों में से कौन-सा सही सुमेलित नहीं है ?

	(वाक्य)	(आयोग)
(a)	स्त्री सम्मान स्वाभिमान	- हरियाणा राज्य महिला आयोग
(b)	शक्ति सुरक्षा और मुस्कान	- उत्तर प्रदेश राज्य महिला आयोग
(c)	यत्र नार्यस्तु पूज्यन्ते रमन्ते तत्र देवता	- छत्तीसगढ़ राज्य महिला आयोग
(d)	स्त्री शक्तिरतुल्या सदा	- राजस्थान राज्य महिला आयोग

35. निम्नलिखित में से किस मिशन की घोषणा प्रधानमंत्री द्वारा 75वें स्वतंत्रता दिवस के अवसर पर गई है ?
(a) राष्ट्रीय हाइड्रोजन मिशन
(b) हर घर जल मिशन
(c) शिक्षा सबके द्वारा मिशन
(d) डिजिटल ट्रांजिक्शन मिशन

36. 'बेगम समरू का सच' किसकी रचना है ?
(a) ओम प्रकाश पाण्डेय
(b) राज गोपाल सिंह वर्मा
(c) महावीर प्रसाद द्विवेदी
(d) मुंशी प्रेमचंद

37. अर्जुन सहायक परियोजना किस नदी पर निर्मित की जा रही है ?
(a) बेतवा (b) यमुना
(c) चंबल (d) धसान

38. देश में पहला 'पशु युद्ध स्मारक' कहाँ स्थापित किया जा रहा है ?
(a) नई दिल्ली (b) बरेली
(c) मेरठ (d) करनाल

39. निम्नलिखित में से उत्तर प्रदेश डिफेंस इंडस्ट्रियल कॉरिडोर कहाँ से नहीं गुजरता है ?
(a) आगरा (b) अलीगढ़
(c) कानपुर (d) वाराणसी

40. उत्तर प्रदेश के सभी स्कूलों में प्रतिवर्ष किस तारीख को साहिबजादा दिवस के रूप में मनाए जाने की घोषणा की गई ?
(a) 24 जनवरी (b) 25 अगस्त
(c) 27 दिसंबर (d) 29 जुलाई

41. उत्तर प्रदेश सरकार द्वारा काकोरी कांड का नया नाम क्या रखा गया है ?
(a) काकोरी ट्रेन डकैती
(b) काकोरी ट्रेन एक्शन
(c) काकोरी स्वतंत्रता ट्रेन
(d) इनमें से कोई नहीं।

42. रसिन बाँध परियोजना किस नदी पर निर्मित किया है ?
(a) बाणगंगा (b) गंगा
(c) धौलीगंगा (d) रामगंगा

43. रोशेल ने किसी वस्तु को 26% की हानि पर ₹ 999 में बेचा था। वस्तु का लागत मूल्य क्या था?
(a) ₹ 1,350 (b) ₹ 1,325
(c) ₹ 1,300 (d) ₹ 1,400

44. A और B की वर्तमान आयु का योग 77 साल है। सात साल पहले, A की आयु B का 2.5 गुणा थी। तो A की वर्तमान आयु कितनी हैं?
(a) 52 वर्ष (b) 48 वर्ष
(c) 50 वर्ष (d) 54 वर्ष

45. 48 किमी./घंटा की गति से ड्राइव करने पर वरुण, गंतव्य पर समय से 2 मिनट पहले पहुँचा। यदि वह 42 किमी./घंटा की गति से ड्राइविंग करता है, तो वरुण

समय से 1 मिनट देर से पहुँचेगा। वरुण को कितनी दूरी के लिए ड्राइव करना हैं?

(a) 16.8 किमी. (b) 17.6 किमी.

(c) 16.4 किमी. (d) 17.2 किमी.

46. एक समकोण त्रिभुज, जिसकी भुजाएँ 2 सेमी. $2\sqrt{3}$ सेमी. और 4 सेमी. दी गई है, के परिवृत्त का क्षेत्रफल .... होता है।

(a) 4π सेमी.^{2} (b) 16π सेमी.^{2}

(c) 12π सेमी.^{2} (d) 6π सेमी.^{2}

47. यदि किसी घन की कोर को 4 सेमी बढ़ा दिया जाए, तो इसका आयतन 988 सेमी^{3} बढ़ जाता है। तो घन की प्रत्येक कोर की मूल लम्बाई कितनी हैं?

(a) 6 सेमी (b) 8 सेमी

(c) 7 सेमी (d) 9 सेमी

48. दो संख्याएँ एक तीसरी संख्या की तुलना में 40% और 50% कम है। दूसरी संख्या को पहली संख्या के बराबर करने के लिए कितने प्रतिशत से बढ़ाना होगा?

(a) 16.67 प्रतिशत (b) 20 प्रतिशत

(c) 10 प्रतिशत (d) 25 प्रतिशत

49. एक त्रिभुज का आधार त्रिभुज के बराबर क्षेत्रफल वाले समानांतर चतुर्भुज के आधार पर पाँचवां हिस्सा है। समानांतर चतुर्भुज से त्रिभुज की ऊँचाई का अनुपात होगा।

(a) 1 : 5 (b) 1 : 10

(c) 5 : 1 (d) 10 : 1

50. $\{39 - (19 - 44\} \div \{-4 \times 3 - (-4)\} = ?$

(a) – 5 (b) – 6

(c) – 4 (d) – 8

सामान्य हिंदी

अनुच्छेद को पढ़कर पूछे गये प्रश्नों (प्र. 51 से 54) के उत्तर दीजिए:

भारतीय मनीषी हमेशा ही इच्छा और अनिच्छा के बारे में सोचता रहा है। आज जो कुछ हम हैं उसे एक लालसा में सिमटाया जा सकता है। यानी जो कुछ भी हम हैं वह सब अपनी इच्छा के कारण से हैं। यदि हम दु:खी हैं, यदि हम दासता में हैं, यदि हम अज्ञानी हैं, यदि हम अंधकार में डूबे हैं, यदि जीवन एक लंबी मृत्यु है तो केवल इच्छा के कारण से ही है।

क्यों है यह दु:ख? क्योंकि हमारी इच्छा पूरी नहीं हुई। इसलिए यदि आपको कोई इच्छा नहीं है तो आप निराश कैसे होंगे? यदि कहीं आप निराश होना चाहते हैं तो और अधिक इच्छा करें, यदि आप और दु:खी होना चाहते हैं तो अधिक अपेक्षा करें, अधिक लालसा करें और अधिक आकांक्षा करें, इससे आप और अधिक दु:खी हो ही जाएँगे। यदि आप सुखी होना चाहते हैं तो कोई इच्छा न करें। यही आंतरिक जगत में काम करने का गणित है। इच्छा ही दु:ख को उत्पन्न करती है।

51. लेखक ने आंतरिक जगत में काम करने का गणित किसे कहा है ?

(a) भक्ति करने को

(b) इच्छा न करने को

(c) विनम्र रहने को

(d) कष्ट भोगनें को

52. भारतीय मनीषी के चिंतन का विषय क्या है ?

(a) जीवन-मृत्यु का चिंतन

(b) जीवन और आत्मा का चिंतन

(c) इच्छा और अनिच्छा का चिंतन

(d) प्रकृति पुरुष का चिंतन

53. इच्छा का जीवन में क्या प्रभाव पड़ता है ?

(a) आनंद देती है।

(b) सुख देती है।

(c) लालसा बढ़ाती है।

(d) कार्यक्षमता बढ़ाती है।

54. मानव के लिए जीवन एक लंबी मृत्यु कब बन जाता है ?

(a) सुख में (b) बीमारी में

(c) हर्ष में (d) इच्छाओं के बढ़ने से

अनुच्छेद को पढ़कर पूछे गये प्रश्नों (प्र. 55 से 58) के उत्तर दीजिए:

सच्चा उत्साह वही होता है जो मनुष्य को कार्य करने के लिए प्रेरणा देता है। मनुष्य किसी भी कारणवश जब किसी के कष्ट को दूर करने का संकल्प करता है, तब जिस सुख को वह अनुभव करता है, वह सुख विशेष रूप से प्रेरणा देने वाला होता है। जिस भी कार्य को करने के लिए मनुष्य में कष्ट, दु:ख या हानि को सहन करने की ताकत आती हैं, उन सबसे उत्पन्न आनंद ही उत्साह कहलाता है। उदाहरण के लिए दान देने वाला व्यक्ति निश्चय ही अपने भीतर एक विशेष साहस रखता है और वह है धन- त्याग का साहस। यही त्याग यदि मनुष्य प्रसन्नता के साथ करता है तो उसे उत्साह से किया गया दान कहा जाएगा। उत्साह आनंद और साहस का मिला-जुला रूप हैं। उत्साह में किसी-न-किसी वस्तु पर ध्यान अवश्य केंद्रित होता है। वह चाहे कर्म पर, चाहे कर्म के फल पर और चाहे व्यक्ति या वस्तु पर हो। इन्हीं के आधार पर कर्म करने में आनंद मिलता है। कर्म-भावना से उत्पन्न आनंद का अनुभव केवल सच्चे वीर ही कर सकते हैं, क्योंकि उनमें साहस की अधिकता होती है। सामान्य व्यक्ति कार्य पूरा हो जाने पर जिस आनंद का अनुभव करता है, सच्चा वीर कार्य प्रारंभ होने पर ही उसका अनुभव कर लेता है। आलस्य उत्साह का सबसे बड़ा शत्रु है जो व्यक्ति आलस्य से भरा होगा, उसमें काम करने के प्रति उत्साह कभी उत्पन्न नहीं हो सकता। उत्साही व्यक्ति असफल होने पर भी कार्य करता रहता है। उत्साही व्यक्ति सदा दृढ़ निश्चयी होता है।

55. सच्चे वीर वे होते हैं-

(a) जो फल पाने के लिए उत्साह दिखाते हैं।

(b) जो कर्म भाव से उत्साह दिखाते हैं।

(c) जो निष्काम भाव से उत्साह दिखाते हैं।

(d) जो आनंद विनोद के लिए उत्साह दिखाते हैं।

56. कर्म करने में आनंद किस कारण से मिलता है ?

(a) कर्म, कर्मफल, व्यक्ति या वस्तु पर ध्यान केंद्रित होने

(b) उत्साहपूर्वक कार्य करने से।

(c) आलस्य त्याग कर कार्य करने से।

(d) सहनशीलता और दृढ़ निश्चय से।

57. 'सच्चा उत्साह वही होता है जो मनुष्य को कार्य करने के लिए प्रेरणा देता है।' उपवाक्य का प्रकार है-

(a) प्रधान उपवाक्य

(b) विशेषण उपवाक्य

(c) क्रिया-विशेषण उपवाक्य

(d) संज्ञा उपवाक्य

58. उत्साह के मार्ग में सबसे बड़ी रुकावट है-

(a) दु:ख (b) निराशा

(c) वैराग्य (d) आलस्य

अनुच्छेद को ध्यान से पढ़ें और नीचे दिए गए प्रश्नों के उत्तर सही विकल्पों को चुनकर दें। (प्र. 59 से 60)

वनों की सबसे सामान्य दुर्घटना दावानल (वनाग्नि) होती है। कई दावानल प्राकृतिक कारणों से आरंभ होता है, जैसे कि आसमानी बिजली चमकने से पेड़ों में आग लग जाती है हालांकि वर्षा होने से ऐसी आग बुझ जाती है और अधिक नुकसान नहीं होता। पहाड़ों की ढालों पर आग यदि नीचे से लगती है, तो इसका प्रसार तेजी से होता है, क्योंकि ढाल के पास की गर्म हवा इसे ऊपर की ओर पहुँचा देती है और ज्वाला का विस्तार ऊपर की ओर होने लगता है। आग यदि ऊपर की ओर लगती है, तब इसकी नीचे की ओर फैलने की संभावना कम हो जाती है।

हिमालय पर्वत की सबसे नई पर्वत श्रृंखलाएँ दावानल के प्रति सबसे अधिक संवेदनशील हैं। पश्चिमी हिमालय के वनों में पूर्वी हिमालय के वनों की तुलना में बार-बार आग लगने की संभावना बनी रहती है। ऐसा इसलिए होता है, क्योंकि पूर्वी हिमालय के वन उच्च वर्षा घनत्व वाले क्षेत्र में स्थित होते हैं। चीड़ (पाइन) के वनों के गहन प्रसार के

साथ हिमालय के कई हिस्सों में दावानलों की बारंबारता तथा तीव्रता बढ़ी है। हिमालय के वन, खास तौर से गढ़वाल हिमालय के वन पिछली कुछ गर्मियों से निरंतर आग पकड़ रहे है, जिससे उस क्षेत्र की वनस्पतियों का भारी नुकसान होता है।

दावानल प्राय: मौसमी होते हैं। ये प्राय: सूखे मौसम में आरंभ होता है तथा समुचित सावधानियों द्वारा इन्हें रोका जा सकता है। सामान्यत: आग केवल तभी फैलती है, जब इसके मार्ग में ईंधन (सूखी वनस्पतियों) की निरंतर आपूर्ति होती है। इसलिए दावानल को नियंत्रित करने का सबसे अच्छा तरीका है, इसे फैलने से रोकना, जो हम वनों में छोटे-छोटे गड्डों की सफाई द्वारा हासिल कर सकते हैं। दावानल को रोकने के लिए कुछ अहम सावधानियां होती हैं। सबसे पहले, आग से स्त्रोत या ज्वलनशील स्त्रोत को दहनशील या ज्वलनशील पदार्थों से अलग करके रखना चाहिए। दूसरा, आग के खोल पर नजर रखनी चाहिए या इसे नियंत्रित रखना चाहिए। तीसरा, दहनशील या ज्वलनशील पदार्थों का अनावश्यक रूप से ढेर बनाकर या भंडारित कर नहीं रखना चाहिए।

59. निम्न में से कौन-सा एक उपाय दावानल को रोकने के लिए महत्त्वपूर्ण है?

(a) निम्न समय तक शुष्क मौसम बने रहने से रोकना
(b) वन के समीप ज्वलनशील पदार्थों का अनावश्यक ढेर न बनने देना
(c) दावानल को नियंत्रित करने में वन अग्निशामकों को प्रशिक्षित करना
(d) वन की सीमा के चारों ओर कचरा फैलाना

60. भारत में कौन-सा क्षेत्र वनाग्नि या दावानल के लिए सबसे अधिक प्रवण है?

(a) पश्चिमी घाट (b) गढ़वाल हिमालय
(c) पूर्वी हिमालय (d) पूर्वी घाट

61. 'प्राधिकारी' के लिए सटीक अंग्रेजी शब्द है-

(a) OFFICER (b) AUTHORITY
(c) LORD (d) PROPRIETOR

62. 'ORDER' के लिए सटीक हिन्दी शब्द है-

(a) निर्देश (b) निदेश
(c) आदेश (d) अनुदेश

63. निम्नलिखित में से किसके अंतर्गत नियुक्ति, छुट्टियों की स्वीकृति तथा पदवृद्धि आदि की सूचनाएँ दी जाती हैं=

(a) पत्र (b) परिपत्र
(c) प्रेस विज्ञप्ति (d) कार्यालय आदेश

64. निम्नलिखित में से किसका प्रयोग सरकारी स्तर पर अधिकतर भारतीय गजटों में प्रकाशित सरकारी नियम, आदेश, अधिकार और नियुक्तियों की सूचना के प्रसंग में होता है?

(a) कार्यालय आदेश (b) अधिसूचना
(c) ज्ञापन (d) परिपत्र

65. कक्षा दस के छात्र ने अपना अनुपस्थिति दण्ड माफ करने के लिए प्रधानाध्यापक को पत्र लिखा। उसका यह पत्र किस वर्ग में आएगा?

(a) निमंत्रण पत्र
(b) आवेदन पत्र
(c) व्यावसायिक पत्र
(d) व्यापारिक पत्र

66. कार्यालय आदेश में अधिकारी का हस्ताक्षर किस स्थान पर आएगा?

(a) नीचे दाहिनी ओर
(b) नीचे बाईं ओर
(c) ऊपर दाहिनी ओर
(d) ऊपर बाईं ओर

67. निम्नलिखित वाक्यों में शुद्ध वाक्य है-

(a) देखो! फूलों पर भौंरे भिनभिना रहे हैं
(b) देखो! फूलों पर भौंरे गुंजार कर रहे हैं
(c) देखो! फूलों के ऊपर भौंरे गुंजारते हैं
(d) देखो! फूलों के ऊपर भौंरे भिनभिना रहे हैं

68. निम्नलिखित में असंगत विलोमार्थी शब्द-युग्म है-

(a) निंदा - स्तुति
(b) ध्वंस - निर्माण
(c) ताप - शीत
(d) जीवित - पुनर्जीवित

69. असंगत विलोमता है-

(a) विख्यात - प्रख्यात
(b) स्याह - सफेद
(c) मैत्री - अमैत्री
(d) विधि - निषेध

70. 'पुरोगामी' शब्द का विलोम शब्द क्या है?

(a) पुरोधा (b) पश्चगामी
(c) अग्रगामी (d) अग्रणी

71. 'बैल का बैल गया नौ हाथ का पगहा भी गया' लोकोक्ति का अर्थ है:

(a) जैसी करनी वैसी भरनी
(b) जबरदस्ती आगे बढ़ाना
(c) बहुत बड़ा घाटा होना
(d) मूर्ख गुण की कद्र करना नहीं जानता

72. शुद्ध 'संयुक्त वाक्य' का उदाहरण है-

(a) मैं परीक्षा देने के लिए इलाहाबाद जा रहा हूं
(b) मुझे परीक्षा देनी है, अत: दिल्ली जा रहा हूं
(c) मुझे परीक्षा देनी है और मैं गोरखपुर जा रहा हूं
(d) मैं वाराणासी जा रहा हूँ क्योंकि मुझे परीक्षा देनी है

73. 'बहिरंग' का विलोम शब्द है-

(a) सर्वाङ्ग (b) अंतरंग
(c) चतुरंग (d) अभ्यङ्ग

74. निम्नलिखित में से शुद्ध वर्तनी वाला शब्द है-

(a) कलेष (b) क्लेष
(c) क्लेश (d) क्लेस

75. 'ग्रस्त' का विलोम शब्द है-

(a) सुप्त (b) ग्राह्य
(c) मुक्त (d) लुप्त

76. निम्नलिखित में से शुद्ध वर्तनी वाला शब्द है-

(a) श्रृंगार (b) श्रंगार
(c) शृंगार (d) सृंगार

77. निम्नलिखित वाक्यों में शुद्ध वाक्य है-

(a) मेरे घर के पास एक हलवाई की दुकान है।
(b) मेरे घर के पास एक हलवाई की दुकान स्थित है।
(c) मेरे घर के पास एक हलवाईयों की दुकान है।
(d) मेरे घर के पास हलवाई की एक दुकान है।

78. निम्नलिखित में से शुद्ध वर्तनी वाला शब्द है-

(a) उजवल (b) उज्जवल
(c) उत्जवल (d) उत्ज्जवल

79. निम्नलिखित में से शुद्ध वर्तनी वाला शब्द है-

(a) हिरण्यकश्यपु (b) हिरण्यकशिपु
(c) हिरण्यकश्यप (d) हिरण्यकस्यप

80. निम्नलिखित में से शुद्ध वर्तनी वाला शब्द है-

(a) कवयित्री (b) कवित्री
(c) कवियित्री (d) कवियत्री

81. जिसके हृदय पर आघात हुआ हो' वाक्यांश के लिए उपयुक्त शब्द होगा-

(a) मर्माहित (b) मर्माहत
(c) मर्माहुत (d) मर्माहूत

82. 'कनिष्ठिका और मध्यमा के बीच की अंगुली' को कहते हैं-

(a) अनामी (b) अनिमिका
(c) अनामीका (d) अनामिका

83. 'जो अपने पद से हटाया गया हो' के लिए एक उपयुक्त शब्द होगा-

(a) पदभ्रष्ट (b) पदानवत
(c) पदानुगत (d) पदच्युत

84. 'जिसके पेट में मां ने रस्सी (दाम) बांध दी हो', उसे कहते हैं–

(a) दामाद (b) दामाद इतर
(c) दाम (d) दामोदर

85. 'जिसे किसी वस्तु की स्पृहा न हो' के लिए उपयुक्त शब्द होगा–

(a) निःस्पृहा (b) निःस्पृह
(c) निस्पृह (d) निस्पृहीन

86. 'पीछे-पीछे चलने वाला' वाक्यांश के लिए एक शब्द है–

(a) अनुचर (b) अनुगामी
(c) अनुवर्ती (d) अनुगमनीय

87. 'जिसकी पूर्व से कोई आशा न हो' वाक्यांश के लिए उपयुक्त शब्द होगा–

(a) प्रत्याशित (b) अप्रत्यासित
(c) अप्रत्याषित (d) अप्रत्याशित

88. दिए गए वाक्य में रेखांकित खंड को प्रतिस्थापित करने के लिए सबसे उपयुक्त विकल्प का चयन करें। यदि इसे प्रतिस्थापित करने की आवश्यकता नहीं है, तो विकल्प "किसी बदलाव की आवश्यकता नहीं है' का चयन करें।

मेरी गाय को छूने का उत्साह कभी कोई नहीं कर सकता क्योंकि वह मारती है।

(a) मेरी गाय को छूने की मेहनत
(b) मेरी गाय को छूने का हिम्मत
(c) किसी बदलाव की आवश्यकता नहीं है।
(d) मेरी गाय को छूने का साहस

89. निम्नांकित में अशुद्ध शब्द है:

(a) द्रष्टव्य (b) अतिशयोक्ति
(c) उच्छृंखल (d) गत्यवरोध

90. 'थोड़ा नपा-तुला भोजन करने वाला' वाक्यांश के लिए उपयुक्त शब्द है–

(a) मितव्ययी (b) मितव्यय
(c) मिताहारी (d) मितहारी

91. निम्नलिखित में से एक शुद्ध वाक्य है

(a) तुम्हारे सब काम गलत होते हैं।
(b) मैं अपनी स्वेच्छा से आया हूँ।
(c) आपके साथ उचित न्याय किया जाएगा।
(d) आज वर्षा होने की संभावना की जा रही है।

92. 'गुरु के समीप रहकर अध्ययन करने वाला' के लिए एक शब्द है–

(a) शिष्य (b) आश्रमवासी
(c) विद्यार्थी (d) अन्तेवासी

93. निम्नलिखित विकल्पों में से नीचे दिए गये शब्द का पर्यायवाची शब्द चुनिए।

शुभ्र

(a) धवल (b) व्याल
(c) सर्प (d) सिंह

94. पर्यायवाची शब्दों का निम्नलिखित में से कौन सा युग्म सही नहीं है?

(a) कोप – क्रोध
(b) मयूर – शिखी
(c) यमुना – कालिंदी
(d) मंगल – बुध

95. निम्नलिखित शब्दों के सही पर्यायवाची शब्द होंगे, क्रमशः-

ब्रह्मा, सेवक, ग्रीष्म

(a) प्रजापति, चाकर, शीत
(b) नौकर, विधाता, ताप
(c) चतुरानन, भृत्य, निदाघ
(d) विधि, विप्र, गरमी

96. शुद्ध वाक्य छाँटिए:

(a) हम तो अवश्य ही जाएँगे।
(b) यह कहना आपकी भूल है।
(c) मुझसे यह काम संभव नहीं हो सकता।
(d) शास्त्रीजी की मृत्यु से हमें बड़ा दुःख हुआ।

97. इनमें से किस वाक्य में पुनरुक्ति की अशुद्धि है?

(a) समय की महत्त समझनी चाहिए।
(b) आज मैंने करना ही है।
(c) भारत में अनेक दर्शनीय स्थल देखने योग्य हैं।
(d) कौन कहा है?

98. "राहुल ने सभी मित्रों में कहानी सुनाई।" उपरोक्त वाक्य में कारक सम्बन्धी त्रुटि पहचानकर निम्नलिखित में से शुद्धतम वाक्य का चयन कीजिए।

(a) राहुल ने सभी मित्रों को कहानी सुनाई।
(b) राहुल ने सभी मित्रों के पास कहानी सुनाई।
(c) राहुल ने सभी मित्रों से कहानी सुनाई।
(d) राहुल ने सभी मित्रों के साथ कहानी सुनाई।

99. निम्नलिखित प्रश्न में, चार विकल्पों में से उस विकल्प का चयन करें जो दिए गए मुहावरे का सही अर्थ वाला विकल्प है।

तलवार मारे एक बार एहसान मारे बार - बार

(a) किसी का उपकार जीवन भर याद आता है
(b) दोनों विरोधी पक्षों से सम्पर्क रखने की चालाकी
(c) बिना बात की लड़ाई
(d) अपराधी को दण्ड मिलना ही चाहिए

100. कल पड़ना - मुहावरे का उचित अर्थ है:

(a) मशीन का पुर्जा मिलना
(b) स्वस्थ होना
(c) अगला दिन आना
(d) चैन मिलना

कंप्यूटर ज्ञान

101. MS Word (वर्जन 2007 तथा इससे आगे वाले) में, पिक्चर वॉटरमार्क इन्सर्ट करने का सर्वश्रेष्ठ तरीका क्या है?

(a) सभी पेजेज के हेडर में एक पिक्चर इन्सर्ट करना
(b) पिक्चर युक्त टेम्प्लेट निर्मित करना और उसका उपयोग डॉक्यूमेंट के लिए करना
(c) कस्टम ऑप्शंस चुनना, पेज लेआउट मेनू तथा वॉटरमार्क सबमेनू से पिक्चर सेलेक्ट करना
(d) उपरोक्त में से कोई नहीं

102. क्लाउड कंप्यूटिंग के विषय में निम्न में से कौन-सा सत्य है?

(a) यह एक इंटरनेट आधारित कंप्यूटिंग का प्रकार है जो मांग पर कंप्यूटर्स तथा अन्य डिवाइसेज को शेयर्ड कंप्यूटिंग प्रॉसेसिंग रिसोर्सेज तथा डाटा प्रदान करता है।
(b) यह क्लाउड कॉर्पोरेशन द्वारा प्रदत्त सेवाओं का समूह होता है
(c) यह आपके सिस्टम में इंस्टाल एक एप्लीकेशन की इंटरनेट आधारित सेवाओं का समूह होता है
(d) उपरोक्त में से कोई नहीं

103. हार्ड डिस्क ट्रैक्स में विभाजित होती है जो आगे .... में उपविभाजित होते हैं।

(a) क्लस्टर्स (b) सेक्टर्स
(c) वेक्टर्स (d) हेड्स

104. MS-DOS में वर्तमान में लॉग्ड ड्राइव के सबडाइरेक्टरी स्ट्रक्चर को डिस्प्ले करने तथा प्रत्येक स्क्रीन के सूचना से भर जाने के बाद स्क्रीन डिस्प्ले के ठहराव के लिए किस कमांड का उपयोग किया जाता है?

(a) Tree (b) Deltree/f
(c) Dir/more (d) Tree/more

105. MS-PPT 2007 में एक ही प्रजेंटेशन लगातार कैसे प्रदर्शित की जा सकती है?

(a) विकल्प "Loop continuously until Ese" लागू करके
(b) विकल्प "Repeat Presentation" लागू करके
(c) विकल्प "Show same Presentation" लागू करके

(d) प्रजेंटेशन एक बार पूरा होने के बाद जारी नहीं रखा जा सकता

106. वह प्राइवेट कंप्यूटर नेटवर्क जिसे पूर्ण रूप से एक संगठन द्वारा नियंत्रित किया जाता है और अनेक लोकेशंस को कनेक्ट करने के लिए प्रयुक्त किया जाता है तथा उसका इंटरनेट जैसे पब्लिक नेटवर्क तक विस्तार किया जाता है, कहलाता है–

(a) एंटरप्राइज प्राइवेट नेटवर्क
(b) वर्चुअल प्राइवेट नेटवर्क
(c) पर्सनल एरिया नेटवर्क
(d) वायरलेस लोकल एरिया नेटवर्क

107. कंप्यूटर की सहायता से की जाने वाली मौजूदा या हाइपोथेटिकल (कल्पित) सिस्टम्स की रिकॉर्डिंग व एनालाइजिंग की विधि है–

(a) डाटा ट्रांसमिशन (b) डाटा फ्लो
(c) डाटा कैप्चर (d) डाटा प्रोसेसिंग

108. Office में डाटा साझा करने पर .... डॉक्यूमेंट होता है जिसमें सबसे पहले डाटा एंटर किया गया था।

(a) सोर्स (b) डेस्टिनेशन
(c) ओरिजिनल (d) प्राइमरी

109. MS-DOS में, अन्य डाइरेक्टरीज या डिस्क्स में स्थित फाइल्स तक एक्सेस प्रदान करने के लिए किस कमांड का उपयोग किया जाता है?

(a) Tree (b) Path
(c) Dir (d) Cd

110. निम्न में से क्या सर्वाधिक प्राचीन स्प्रेडशीट पैकेज है?

(a) VisiCalc
(b) Excel
(c) StarCalc
(d) उपरोक्त में से कोई नहीं

111. MS Word में Ctrl + P..........करने के लिए प्रयोग किया जाता है?

(a) पैराग्राफ डायलॉग बॉक्स ओपन
(b) सेव डायलॉग बॉक्स ओपन
(c) पेज फॉर्मेट डायलॉग बॉक्स ओपन
(d) प्रिंट डायलॉग बॉक्स ओपन

112. निम्न में से क्या "Copyright" सिंबल के लिए सही कैरेक्टर एन्टाइटीज है?

(a) & # 149; (b) & # 159;
(c) © (d) ³

113. लिनक्स में, फाइल में डाटा की लाइन्स को एल्फाबेटिक ऑर्डर में सॉर्ट करने के लिए किस कमांड का उपयोग किया जाता है?

(a) Sort-r (b) st
(c) sh (d) sort

114. MS Excel (वर्जन (2010)) में .... से डाटा इम्पोर्ट किया जा सकता है।

(a) एक्सेस (b) वेब
(c) टेक्स्ट (d) उपर्युक्त सभी

115. Excel में, स्टेटस इंडीकेटर्स .... पर स्थित होते हैं।

(a) वर्टिकल स्क्रॉल बार
(b) होरिजेंटल स्क्रॉल बार
(c) फॉर्मूला बार
(d) स्टैंडर्ड टूलबार

116. OSI-Model के संदर्भ में राउटर्स लेयर .... पर ऑपरेट करता है LAN स्विचेज लेयर ... . पर ऑपरेट करता हैं। इंटरनेट हब्स लेयर .... पर ऑपरेट करता हैं। वर्ड प्रॉसेसिंग लेयर .... पर ऑपरेट करता है।

(a) 3, 3, 1, 7 (b) 3, 2, 1 none
(c) 3, 2, 1, 7 (d) 3, 3, 2 none

117. Excel में राउडिंग एरर्स हो सकती है–

(a) जब आप फॉर्मूला में गुणन, विभाजन या घात समीकरण का उपयोग करते है।
(b) जब आप फार्मूला में योग तथा व्यवकलन का उपयोग करते हैं
(c) क्योंकि एक्सेल संगणना में छिपे हुए दशमलव स्थानों का उपयोग करता है।
(d) जब आप फॉर्मूलाज के परिणाम संगणित परिणामों से भिन्न दशमलव स्थान वाले परिणाम प्रदर्शित करते हैं।

118. ऑपरेटिंग सिस्टम्स, एडीटर्स तथा डिबगर्स किसके अंतर्गत आते हैं?

(a) एप्लीकेशन सॉफ्टवेयर
(b) यूटिलिटीज
(c) सिस्टम सॉफ्टवेयर्स
(d) उपरोक्त में से कोई नहीं

119. MS Word डॉक्यूमेंट में बदलावों की निगरानी के लिए किस फीचर का उपयोग किया जाना चाहिए?

(a) ट्रैक चेन्जेज
(b) कम्पेयर वर्जन्स
(c) एडीशंस
(d) उपरोक्त में से कोई नहीं

120. हाइपरलिंक .... हो सकता है।

(a) टेक्स्ट (b) ड्रॉइंग ऑब्जेक्ट्स
(c) पिक्चर्स (d) उपरोक्त सभी

121. कंप्यूटर्स पर स्लॉट कवर्स न होने से हो सकता है–

(a) ओवर हीट
(b) पॉवर सर्ज
(c) EMI
(d) ESD के लिए अपूर्ण पाथ

122. जब किसी ई-मेल के सेंडर तथा रिसीवर एक ही सिस्टम पर हों, तब हमें केवल दो .... की आवश्यकता होती है।

(a) IP (b) डोमेन
(c) सर्वर्स (d) यूजर्स

123. निम्न में से किस मेमोरी क्लिप की प्रोग्रामिंग उत्पादन प्रक्रिया के दौरान की जाती है?

(a) ROM (b) PROM
(c) EPROM (d) EEPROM

124. आप लिनक्स फाइल सिस्टम क्रिएट करने के लिए किस कमांड का उपयोग करते हैं?

(a) fdisk (b) Mkfs
(c) Fsck (d) mount

125. HTML में DOCTYPE डिक्लेरेशन क्या परिभाषित करता है?

(a) यह डॉक्यूमेंट प्रॉपर्टी परिभाषित करता है
(b) यह डॉक्यूमेंट टाइप परिभाषित करता है
(c) यह डॉक्यूमेंट साइज परिभाषित करता है
(d) यह डॉक्यूमेंट स्टाइल परिभाषित करता है

126. MS Excel में प्रि-सेलेक्टेड रेंज में, प्रीवियस सेल एक्टिवेट करने के लिए .... दबाएँ।

(a) Alt key
(b) Tab key
(c) Enter key
(d) उपरोक्त में से कोई नहीं

127. निम्न में से क्या यूनिक्स ऑपरेटिंग सिस्टम का वैरिएंट नहीं है?

(a) MS DOS
(b) Mac OS
(c) लिनक्स
(d) बर्कले सॉफ्टवेयर डिस्ट्रीब्यूशन

128. MS Word में 'Ctrl + PageUp' का उपयोग किया जाता है–

(a) कर्सर को एक पेज के ऊपर पहुँचाने के लिए
(b) कर्सर को एक पैराग्राफ के ऊपर पहुँचाने के लिए
(c) कर्सर को स्क्रीन पेज के ऊपर पहुँचाने के लिए
(d) कर्सर को एक लाइन के ऊपर पहुँचाने के लिए

129. लिनक्स में, आप किसी फाइल में लाइन्स की संख्या की गणना कार्यान्वित करने के लिए निम्न में से किस कमांड का उपयोग कर सकते हैं?

(a) Lc (b) Wc-I
(c) CI (d) Count

130. निम्न में से कौन-सी HTTP मेथड्स का सर्वाधिक उपयोग किया जाता है।

(a) PRE और POST
(b) GET और SET
(c) ASK और REPLY
(d) GET और POST

131. ऑफिस में डाटा शेयर करते समय ...... डॉक्यूमेंट, वह डॉक्यूमेंट है जिसमें डाटा की सर्वप्रथम प्रविष्टी (Entry) की गयी है।
(a) सोर्स (b) डस्टीनेशन
(c) ऑरिजनल (d) प्राइमरी

132. जब आप डाटा इंपोर्ट करते हैं और आप चाहते हैं, कि वास्तविक डाटा के साथ आपकी स्लाइड में भी बदलाव आये तो आपको करना पड़ेगा–
(a) डाटा एम्बेड करके
(b) डाटा लिंक करके
(c) डाटा को ऑब्जैक्ट के तौर पर इंसर्ट करके
(d) लाइन ब्रेक करके

133. निम्न में से कौन-सी सुविधा MS-वर्ड में उपलब्ध नहीं है?
(a) मार्जिन व पेज की लम्बाई को इच्छानुसार परिवर्तित करना
(b) स्पेलिंग की जाँच व बदलने की सुविधा स्पेल चेक के द्वारा
(c) डाटा कनसोलिडेशन, गोल सीक, सिनेरियो, आदि टूल्स की उपलब्धता
(d) उपर्युक्त में से कोई नहीं

134. वह मेन्यू आइटम जो फीके रंगों/ग्रे रंग द्वारा दर्शाए होते हैं, यह बताते हैं कि–
(a) वर्तमान कार्य के लिए वह मेन्यू उपलब्ध नहीं है
(b) मेन्यू की अधिक आवश्यकता नहीं है
(c) Toggle मेन्यू है
(d) मेन्यू का अधिक प्रयोग हुआ है

135. माउस की स्क्रॉल प्रॉपर्टी को निर्धारित किया जा सकता है–
(a) हाँ
(b) नहीं
(c) हाँ, किसी भी समय
(d) हाँ, केवल इंस्टाल करते समय

136. एक डिवाइस जो CPU से नहीं जुड़ी होती है, वह कहलाती है–
(a) लैंड-लाइन डिवाइस
(b) ऑन-लाइन डिवाइस
(c) ऑफ-लाइन डिवाइस
(d) उपर्युक्त में से कोई नहीं

137. अक्षरों का केस (case) बदलने के लिए हम MS पॉवर-पॉइन्ट में प्रयोग करेंगे–
(a) Ctrl + B
(b) Ctrl + Shift
(c) Shift + F3
(d) Shift + F2

138. एक टर्मिनल जिसमें लोकल प्रोसेसिंग की क्षमता नहीं होती है, वह कहलाता है–
(a) इनपुट डिवाइस
(b) डम्ब टर्मिनल
(c) आउटपुट डिवाइस
(d) उपर्युक्त में से कोई नहीं

139. वह प्रोग्राम जिसमें LAN पर कार्य करने के लिए कुछ बदलाव किए जाते हैं– जैसे– फाइल व रिकॉर्ड लॉक के नियन्त्रण के लिए–
(a) लैन इनट्रिनसिक सॉफ्टवेयर
(b) लैन अवेयर सॉफ्टवेयर
(c) ग्रुप वेयर
(d) लैन इग्नोरेंट सॉफ्टवेयर

140. MS पावर-पॉइंट में सिलेक्ट किए हुए टेक्स्ट का आकार बढ़ाने के लिए हम प्रयोग करेंगे–
(a) Ctrl + Shift + >
(b) Ctrl + Shift + <
(c) Ctrl + Shift + V
(d) Ctrl + Shift + C

141. CPU में कंट्रोल यूनिट के कार्य हैं–
(a) प्रोगाम इंस्ट्रक्शन को डिकोड करना
(b) डाटा को प्राइमरी स्टोरेज में ट्रांसफर करना
(c) लॉजिकल ऑपरेशन को परफॉर्म करना
(d) प्रोग्राम इंस्ट्रक्शन को सुरक्षित करना

142. वर्चुअल मेमोरी है–
(a) मेन मेमोरी का वह भाग जो केवल स्वेपिंग के लिए प्रयोग होता है
(b) एक तकनीक जिसके द्वारा एक बड़े प्रोग्राम जिसका साइज मेन मेमोरी से अधिक है, उसको रन होने लायक बनाना
(c) सैकेण्डरी मेमोरी का वह भाग जो प्रोग्राम के संचालन में काम आता है
(d) उपर्युक्त में से कोई नहीं

143. एक छोटी वेबसाइट के लिए आपको स्थान (स्पेस) खरीदना पड़ेगा–
(a) नेटवर्क एडमिनिस्ट्रेटर से
(b) टेलीफोन एक्सचेंज से
(c) ISP से
(d) उपर्युक्त में से कोई नहीं

144. वह ई-कॉमर्स जो प्रारंभिक कंज्यूमर द्वारा व्यापारिक गतिविधियों में होता है, क्या कहलाता है?
(a) कंज्यूमर टू कंज्यूमर (C2C)
(b) कंज्यूमर टू बिजनेस (C2B)
(c) बिजनेस टू कंज्यूमर (B2C)
(d) बिजनेस टू कंज्यूमर (B2C)

145. ई-मेल एड्रेस maruti@gmail.com में maruti है–
(a) पासवर्ड
(b) सर्वर का नाम
(c) प्रयोक्ता (user) का नाम
(d) क्लाइंट कंप्यूटर

146. प्रोग्राम की गति बढ़ाने के लिए प्रयोग किया जाता है–
(a) डिस्क फ्रैगमेंटर
(b) डिस्क क्लीन-अप
(c) डिस्क फॉर्मेटर
(d) उपर्युक्त में से कोई नहीं

147. CPU (सेंट्रल प्रोसेसिंग यूनिट) में शामिल होता है–
(a) इनपुट, आउटपुट व प्रोसेसिंग
(b) कंट्रोल यूनिट, प्राइमरी व सैकेण्डरी स्टोरेज
(c) कंट्रोल यूनिट, अर्थमैटिक लॉजिक यूनिट व प्राइमरी स्टोरेज
(d) इनपुट, प्रोसेसिंग व स्टोरेज

148. ऑटो कंटेंट विजार्ड बनाता है–
(a) आकर्षक बैकग्राउण्ड व फॉन्ट के साथ एक नया खाली प्रेजेंटेशन
(b) सेंपल स्लाइड के साथ एक नया प्रेजेंटेशन व क्या सूचना जोड़नी है इस जानकारी के साथ
(c) पहले से बनी हुई प्रेजेंटेशन को नया प्रभाव व लुक प्रदान करता है
(d) भविष्य में प्रयोग के लिए एक नया टेम्पलैट

149. Baud Rate है–
(a) सर्वाधिक व सबसे कम ट्रांसमिटेड फ्रिक्वेंसी के बीच का अंतर
(b) ट्रांसमिशन की क्षमता
(c) चैनल के ट्रांसमिशन की गति
(d) उपर्युक्त में से कोई नहीं

150. ई-कॉमर्स द्वारा बेचने वालों को निम्न में से क्या सुविधा उपलब्ध नहीं है?
(a) ई-कॉमर्स ग्राहक की जरूरतों को पूरा करने के लिए हमेशा तैयार रहता है
(b) ई-कॉमर्स कीमत कम करने में मदद करता है
(c) ई-कॉमर्स ग्राहक से सम्बन्ध बनाने में अत्यधिक सहायक है
(d) ई-कॉमर्स कुल मूल्य में बढ़ोतरी करता है

व्याख्या सहित उत्तर

1. (d) प्राक्कलन समिति एक लोकसभा समिति है। 3 अप्रैल,1950 को अनंतिम संसद ने प्रथम प्राक्कलन समिति के चुनाव के प्रस्ताव को स्वीकार किया और 10 अप्रैल, 1950 को समिति का चयन किया गया। समिति में लोकसभा के सदस्यों की संख्या 30 से अधिक नहीं होती है, जिनका आनुपातिक प्रतिनिधित्व के सिद्धांत के अनुसार प्रत्येक वर्ष सदन द्वारा अपने सदस्यों में से एकल संक्रमणीय मत के माध्यम से चयन किया जाता है। लोकसभा अध्यक्ष (स्पीकर) को लोकसभा के सदस्यों में से समिति का अध्यक्ष मनोनीत करने का अधिकार है। समिति वित्तीय वर्ष के दौरान समय-समय पर प्राक्कलन की समीक्षा करना जारी रखती है और सदन को अपनी जाँच के साथ या परीक्षा के पूरा होने पर रिपोर्ट करती है। अत: विकल्प (d) सही है।

2. (c) भारतीय परिषद् अधिनियम, 1861 यूनाइटेड किंगडम की संसद का एक अधिनियम था जिसने पोर्टफोलियो प्रणाली पर कैबिनेट रन के रूप में कार्य करने के लिए भारत की कार्यकारी परिषद को बदल दिया। इस कैबिनेट में छह "साधारण सदस्य" थे, जिन्होंने कलकत्ता की सरकार में एक अलग विभाग का कार्यभार संभाला था: गृह, राजस्व, सैन्य, कानून, वित्त और (वर्ष 1874 के पश्चात्) सार्वजनिक कार्य। इस अधिनियम ने वर्ष 1859 में लॉर्ड कैनिंग द्वारा शुरू की गई 'पोर्टफोलियो' प्रणाली, (मंत्रालयों के समान) को भी मान्यता दी। इसने वायसराय को आपातकाल के दौरान विधान परिषद् की सहमति के बिना अध्यादेश (अनुच्छेद 123) जारी करने का अधिकार प्रदान किया। अत: विकल्प (c) सही है।

3. (b) दक्षिण-पश्चिम मानसून के मौसम में तमिलनाडु तट शुष्क रहता है। इसके लिए दो कारक उत्तरदायी हैं: तमिलनाडु तट बंगाल की खाड़ी की मानसून पवनों के समानांतर स्थित है। यह दक्षिण-पश्चिम मानसून की अरब सागर शाखा के वृष्टि-छाया क्षेत्र में स्थित है। उत्तरी भारत में शीत ऋतु नवंबर के मध्य से आरंभ होकर फरवरी तक रहती है। उत्तरी भाग में दिसंबर और जनवरी सर्वाधिक ठंडे महीने होते हैं। तापमान दक्षिण से उत्तर की ओर घटता जाता है। पूर्वी तट पर चेन्नई का औसत तापमान 24°-25° सेल्सियस के बीच होता है जबकि उत्तरी मैदानों में यह 10°C और 15° सेल्सियस के बीच रहता है। दिन गर्म और रातें ठंडी होती हैं। सामान्यत: उत्तर में पाला और हिमालय के ऊँचे ढलानों पर हिमपात होता है। इस ऋतु में देश में उत्तर-पूर्वी व्यापारिक पवनें चलती हैं। ये भूमि से समुद्र की ओर प्रवाहित होती हैं इसलिए देश के अधिकांश भाग में शुष्क मौसम रहता है। इन पवनों से कुछ मात्रा में वर्षा तमिलनाडु तट पर होती है क्योंकि यहाँ ये समुद्र से स्थल की ओर प्रवाहित होती हैं। अत: विकल्प (b) सही है।

4. (d) नदी निर्माण के युवा चरण में, नदी का वेग बहुत तीव्र होता है एवं बड़ी मात्रा में अवसाद का निर्माण होता है। इसके परिणामस्वरूप गहरी V-आकार की घाटियाँ आस-पास के परिदृश्य में कट जाती हैं। रैपिड्स और जल प्रपातों का निर्माण होता है, तथा ढालनुमा किनारों के विकास के साथ ही गड्ढों तथा प्लंज पूल जैसी कटाव संबंधी विशेषताएँ विकसित होती हैं। जैसे-जैसे नदी का प्रवाह आगे बढ़ता है, यह धीमा होना शुरू हो जाता है, अवसादों का जमाव हो जाता है तथा एक व्यापक, चपटे आकार वाली घाटी निर्मित होती है, जिससे नदी निर्माण की परिपक्व अवस्था का विकास होता है। अत: विकल्प (d) सही है।

5. (b) दिल्ली हवाई अड्डा या इंदिरा गांधी अंतर्राष्ट्रीय हवाई अड्डा पूरी तरह से जल और सौर ऊर्जा से संचालित होने वाला देश का पहला हवाई अड्डा बन गया है, यह कदम वर्ष 2030 तक 'नेट जीरो कार्बन एमिशन एयरपोर्ट' के लक्ष्य को हासिल करने का एक हिस्सा है। अत: विकल्प (b) सही है।

6. (c) आगम साहित्य:

- जैन साहित्य को 'आगम' कहते हैं। इनमें 12 अंग, 12 उपांग, 10 प्रकीर्ण, 6 छेदसूत्र, 4 मूलसूत्र, 1 नन्दी सूत्र और 1 अनुयोगद्वार होते हैं। अत: विकल्प (c) सही है।
- इन आगम ग्रन्थों की रचना श्वेताम्बर सम्प्रदाय के आचार्यों द्वारा की गई थी। इन ग्रन्थों की रचना महावीर स्वामी की मृत्यु के बाद की गई थी।
- भगवान महावीर के उपदेशों को उनके अनुयायियों ने विधिवत रूप से कई ग्रंथों में संकलित किया। इन ग्रंथों को सामूहिक रूप से जैन धर्म की पवित्र पुस्तकों, आगम के रूप में जाना जाता है।
- इसलिए, जैन धर्म में बाइबिल या कुरान जैसी एक पवित्र पुस्तक नहीं है, बल्कि इसमें कई पुस्तकें हैं जिनका कई अनुयायियों द्वारा पालन किया जाता है।

जैन धर्म से सम्बन्धित प्रमुख ग्रन्थ निम्नलिखित हैं-

1. आचारांगसूत्र- इस ग्रन्थ में जैन भिक्षुओं के आचार-नियम और विधि-निषेधों का उल्लेख है।
2. भगवती सूत्र- इस जैन ग्रन्थ में महावीर के जीवन परिचय का विवरण है।
3. न्यायधम्मकहासुत्त- इस जैन ग्रन्थ में महावीर की शिक्षाओं का उल्लेख है।
4. उवासगदसाओं- इस ग्रन्थ में हूण शासक तोरमाण के विषय में जानकारी दी गई है।
5. भद्रबाहुचरित- इस जैन ग्रन्थ में चन्द्रगुप्त मौर्य के राज्यकाल की प्रमुख घटनाओं का विवरण है।
6. कल्पसूत्र- इस जैन ग्रन्थ की रचना भद्रबाहु ने की थी। यह ग्रन्थ संस्कृत भाषा में लिखा गया था। इसमें तीर्थंकरों के जीवन चरित्र का विवरण है।
7. भगवती सूत्र- इस ग्रन्थ में महावीर के जीवन की प्रमुख घटनाओं का विवरण है। इस ग्रन्थ में 16 महाजनपदों का विवरण भी मिलता है।

7. (d) पॉलीमेटैलिक ग्रंथियाँ (जिसे मैंगनीज ग्रंथियाँ भी कहा जाता है) आलू के आकार की होती हैं, इनमें बड़े पैमाने पर छिद्रपूर्ण नलिकाएँ पाई जाती हैं। ये गहरे समुद्र में विश्व महासागरों के समुद्र तलों की ढलानों पर पाई जाती हैं। मैंगनीज और लोहे के अलावा, इनमें निकिल, तांबा, कोबाल्ट, सीसा, मोलिब्डेनम, कैडमियम, वैनेडियम, टाइटेनियम आदि धातुएँ पाई जाती हैं। इन सभी में निकिल, कोबाल्ट और तांबे को सबसे अधिक आर्थिक एवं सामरिक महत्त्व की धातुएँ माना जाता है। अत: विकल्प (d) सही है।

8. (c) ब्रह्मपुत्र महाखड्ड के पार भारत के उत्तर-पूर्वी राज्यों में फैली पहाड़ियों का सम्मिलित नाम पूर्वांचल है। इन पहाड़ियों की औसत ऊँचाई समुद्रतल से 500 से 3000 मी. तक है। ये पहाड़ियाँ दक्षिणी-अरुणाचल प्रदेश, नागालैंड, मिजोरम, मेघालय और त्रिपुरा में स्थित हैं। मिश्मी, पटकाई बुम, नागा, मणिपुर और मिजो (लुशाई) तथा त्रिपुरा इस क्षेत्र की प्रमुख पहाड़ियाँ हैं। मेघालय का पठार उत्तर-पूर्वी पहाड़ियों का ही एक भाग है। इस पठार में गारो, खासी और जयन्तिया पहाड़ियाँ हैं। संरचनात्मक दृष्टि से यह प्रायद्वीपीय भारत का ही भाग माना जाता है। अत: विकल्प (c) सही है।

9. (a) उत्तर प्रदेश के वाराणसी में वर्ष 1982 में दूरसंवेदन उपयोग केंद्र की स्थापना की गयी थी। वर्ष 2014 में उत्तर प्रदेश के लिए नई जैव प्रौद्योगिकी नीति लायी गयी थी। विज्ञान के क्षेत्र में विज्ञान गौरव सम्मान, राज्य सरकार का सबसे बड़ा पुरस्कार माना जाता है।

10. (d)

11. (c) महासागरों के महत्त्व और समुद्री संसाधनों के सुरक्षा और संरक्षण के महत्त्व के बारे में लोगों में जागरूकता पैदा करने के लिए प्रतिवर्ष 8 जून को विश्व महासागर दिवस मनाया जाता है। विश्व महासागर दिवस 2023 की थीम "महासागर ग्रह: लहरें बदल रही हैं" है। महासागर ग्रह के 70% से अधिक को कवर करता है। महासागर ग्रह के कम-से-कम 50% ऑक्सीजन का उत्पादन करता है, यह पृथ्वी की अधिकांश जैवविविधता का घर है और दुनिया भर में एक अरब से अधिक लोगों के लिए प्रोटीन का मुख्य स्रोत है। वर्ष 2030 तक महासागर आधारित उद्योगों द्वारा अनुमानित 40 मिलियन लोगों को रोजगार देने के साथ महासागर हमारी अर्थव्यवस्था के लिए भी महत्त्वपूर्ण है। अपने सभी लाभों के बावजूद महासागर के संरक्षण की आवश्यकता है। 90% बड़ी मछलियों की आबादी कम हो गई है और 50% प्रवाल भित्तियाँ नष्ट हो चुकी है, हम समुद्र से अधिक ले रहे हैं जिसकी भरपाई

नहीं की जा सकती है। महासागर के साथ संतुलन बनाने के लिए एक साथ काम करने की आवश्यकता है जो इसके लाभों को कम नहीं करता है बल्कि इसकी जीवंतता को बहाल कर इसे नया जीवन देगा। अतः विकल्प (c) सही है।

12. (d) भारत सरकार अधिनियम, 1858 द्वारा नियंत्रण बोर्ड और निदेशक मंडल को समाप्त कर दिया गया था। इस अधिनियम ने भारत में द्वैध शासन व्यवस्था को समाप्त कर दिया। अतः विकल्प (d) सही है।

13. (d) भारत के पश्चिमी घाट में आने वाले दर्रे निम्नलिखित हैं - अंबा घाट दर्रा, भोर घाट दर्रा, पलक्कड़ या पालघाट दर्रा, नानेघाट दर्रा, अंबोली घाट दर्रा, थाल घाट दर्रा और भोर घाट दर्रा पश्चिमी घाट दर्रे की स्थानिक प्रजातियाँ - नीलगिरी तहर, लायन-टेल्ड मकाक या सिंह-पूंछ मकाक इस घाट के प्रमुख बाघ अभ्यारण्य- कलक्कड़-मुंडनथुराई, पेरियार।

अतः विकल्प (d) सही है।

14. (c) FAME संकर और विद्युत् वाहनों को बढ़ावा देने के लिए भारत का राष्ट्रीय स्तर का कार्यक्रम है। नेशनल इलेक्ट्रिक मोबिलिटी मिशन प्लान (NEMMP) 2020 एक राष्ट्रीय मिशन दस्तावेज है जो देश में विद्युत् वाहनों और उनके निर्माण को तेजी से अपनाने के लिए दृष्टि और सड़क मानचित्र प्रदान करता है। पहली अप्रैल 2015 से शुरू होने वाली इस योजना का चरण-I शुरू में 2 वर्ष की अवधि के लिए शुरू किया गया था। UDAAN एक नेटवर्क-केंद्रित B2B व्यापार मंच है, जिसे विशेष रूप से भारत में छोटे और मध्यम व्यवसायों के लिए प्रारूप किया गया है। BREATHE वायु प्रदूषण के विरोध के लिए एक कार्य योजना है।

15. (c) आर. प्रज्ञानन्दा शतरंज के प्रसिद्ध खिलाड़ी हैं। उन्होंने 10 साल की उम्र में अंतरराष्ट्रीय मास्टर का खिताब हासिल किया था।

16. (c) **रॉयल इंडियन नेवी विद्रोह:** यह फरवरी 1946 में शुरू हुआ, जब रेटिंग्स के नाम से जाने जाने वाले गैर-कमीशन अधिकारियों और नाविकों के एक वर्ग ने ब्रिटिश अधिकारियों के खिलाफ विद्रोह किया। यह बेहतर भोजन और आवास की मांग को लेकर हड़ताल के रूप में शुरू हुआ। सरदार वल्लभ भाई पटेल और मुहम्मद अली जिन्ना के हस्तक्षेप से विद्रोह समाप्त हो गया। विद्रोहियों ने 23 फरवरी, 1946 को आत्मसमर्पण कर दिया।

भारत छोड़ो आंदोलन: महात्मा गांधी ने अगस्त 1942 में अंग्रेजों के खिलाफ भारत छोड़ो आंदोलन नामक आंदोलन का एक नया चरण शुरू करने का फैसला किया।

द्वितीय गोलमेज सम्मेलन: सितंबर 1931 से दिसंबर 1931 के दौरान लंदन में एक द्वितीय गोलमेज सम्मेलन आयोजित किया गया था। यहाँ, गांधी ने भारतीय राष्ट्रीय कांग्रेस (INC) का प्रतिनिधित्व किया था। यह एकमात्र गोलमेज सम्मेलन था जिसमें कांग्रेस ने भाग लिया था। अतः विकल्प (c) सही है।

17. (a) एकरूपतावाद, जिसे एकरूपता के सिद्धांत या एकरूपतावादी सिद्धांत के रूप में भी जाना जाता है। भू-विज्ञान में , एकरूपतावाद ने क्रमिकतावादी अवधारणा को शामिल किया है जिसके अनुसार "वर्तमान अतीत की कुंजी है" और भूगर्भीय घटनाएँ अब उसी दर पर घटित होती हैं जैसा कि वे सदैव से रहती आई हैं, हालाँकि कई आधुनिक भूविज्ञानी अब क्रमिकवाद को नहीं मानते हैं। आकस्मिकता के विरोध में प्रमुख स्कॉटिश भूविज्ञानी जेम्स हटन ने एकरूपतावाद की संकल्पना का प्रतिपादन निम्न दो आधारभूत अवधारणाओं के आधार पर किया- 'वर्तमान भूत की कुंजी है', 'न तो आदि का पता है, न अंत का भविष्य'। अतः विकल्प (a) सही है।

18. (b) चूना पत्थर की गुफाओं के निर्माण के लिए इस प्रमुख दृष्टिकोण को डब्ल्यू.एम. डेविस ने वर्ष 1930 में प्रकाशित अपने शोधपत्र 'ओरिजिन ऑफ लाइमस्टोन कैवर्न्स' में चुनौती दी थी। डेविस ने इसके बजाय अपने टू साइकल थ्योरी को विकल्प के रूप में प्रस्तावित किया, जहाँ उन्होंने चर्चा की, कि चूना पत्थर की गुफाएँ जल स्तर के ऊपर की बजाय जल स्तर के निम्नस्तर की क्रिया से निर्मित होती हैं। यह दो चरणों या चक्रों में जल की क्रिया द्वारा होता है। पहले चक्र में, अधोभौमजल विघटन प्रक्रियाओं के लिए एक विलयन बनाता है, जो भूमिगत कंदराओं के विकास का एक प्रमुख भाग होता है। अधोभौमजल, अधोभौम क्षेत्र अर्थात् एक जलभृत में जल स्तर के नीचे का क्षेत्र जहाँ मृदा के सभी छिद्र और दरार जल से संतृप्त होते हैं, का जल होता है। डेविस ने प्रस्तावित किया कि कार्स्ट स्थलाकृतियों में यह प्रक्रिया दूसरे चक्र के बाद होती है, जिसके कारण जल स्तर के कम होने से इन क्षेत्रों में जल निकासी होती है, इससे रिक्त स्थान बच जाते हैं, जो भूमिगत गुफाओं का निर्माण करते हैं। अतः इसके लिए डेविस द्वारा चूना पत्थर की गुफाओं की उत्पत्ति पर टू साइकल थ्योरी/द्वि-चक्र सिद्धांत प्रस्तावित किया गया था। अतः विकल्प (b) सही है।

19. (b) केंद्रीय प्रदूषण नियंत्रण बोर्ड का गठन एक सांविधिक संगठन के रूप में जल (प्रदूषण निवारण एवं नियंत्रण) अधिनियम, 1974 के अंतर्गत सितंबर 1974 को किया गया। इसके पश्चात् केंद्रीय प्रदूषण नियंत्रण बोर्ड को वायु (प्रदूषण निवारण एवं नियंत्रण) अधिनियम, 1981 के अंतर्गत शक्तियाँ व कार्य सौंपे गए। यह बोर्ड पर्यावरण (सुरक्षा) अधिनियम, 1986 के प्रावधानों के अंतर्गत पर्यावरण एवं वन मंत्रालय को तकनीकी सेवाएँ भी उपलब्ध कराता है। केंद्रीय प्रदूषण नियंत्रण बोर्ड के प्रमुख कार्यों को जल (प्रदूषण निवारण एवं नियंत्रण) अधिनियम, 1974 तथा वायु (प्रदूषण निवारण एवं नियंत्रण) अधिनियम, 1981 के तहत वर्णित किया गया है। अतः विकल्प (b) सही है।

20. (b) केंद्रीय शिक्षा मंत्री ने शिक्षा मंत्रालय के सहयोग से विश्वविद्यालय अनुदान आयोग (UGC) द्वारा शुरू किये गए शिक्षक प्रशिक्षण कार्यक्रम-मालवीय मिशन का अनावरण किया। अतः विकल्प (b) सही है। कार्यक्रम का उद्देश्य उच्च शिक्षण संस्थानों में शिक्षकों के लिए अनुकूलित प्रशिक्षण प्रदान करके शिक्षा की गुणवत्ता को बढ़ाना है। इसका उद्देश्य पूरे भारत में 15 लाख शिक्षकों को राष्ट्रीय शिक्षा नीति (NEP) के लक्ष्यों को पूरा करने के लिए आवश्यक कौशल से युक्त करना है। मानव संसाधन विकास केंद्रों (HRDC) का नाम बदलकर मदन मोहन मालवीय शिक्षक प्रशिक्षण केंद्र करने की भी घोषणा की गई।

21. (d) यह लार्ड विलियम बेंटिक थे जिन्होंने यह टिप्पणी की थी कि "दुःख शायद ही वाणिज्य के इतिहास में एक समानांतर स्थान पाता है। कपास बुनकरों की हड्डियां भारत के मैदानी इलाकों को विरंजित कर रही हैं।" अतः विकल्प (d) सही है। भारतीय कपड़ा उद्योग पर उच्च कर और भारी शुल्क लगाने की ब्रिटिश नीतियों के कारण भारतीय हस्तशिल्प उद्योग के पतन के संदर्भ में यह टिप्पणी दी गयी थी। इन नीतियों ने सूरत, मुर्शिदाबाद और ढाका जैसे शहरों को लगभग खाली कर दिया था (व्यापक पलायन के कारण), जो सदियों से सूती वस्त्रों का केंद्र बने हुए थे।

22. (b) गोलमेज सम्मेलन ने भारत सरकार अधिनियम,1935 के लिए आधार तैयार किया, जिसमें महत्त्वपूर्ण संवैधानिक सुधार और भारत को डोमिनियन का दर्जा देने का प्रावधान था। अतः विकल्प (b) सही है। प्रथम गोलमेज सम्मेलन: इसका आयोजन 12 नवंबर, 1930 को लंदन में किया गया था लेकिन कांग्रेस ने इसमें भाग नहीं लिया था। मार्च, 1931 में महात्मा गांधी और लॉर्ड इरविन (भारत का वायसराय 1926-31) के मध्य गांधी-इरविन समझौता (Gandhi-Irwin Pact) संपन्न हुआ। इसमें कांग्रेस द्वारा सविनय अवज्ञा आंदोलन को समाप्त करने तथा निकट भविष्य में होने वाले गोलमेज सम्मेलन में भाग लेने पर सहमति दी गई। द्वितीय गोलमेज सम्मेलन: इसका आयोजन 7 सितंबर, 1931 को लंदन में हुआ। तृतीय गोलमेज सम्मेलन: 17 नवंबर, 1932 को समय-समय पर नियुक्त विभिन्न उप-समितियों की रिपोर्टों पर विचार करने हेतु लंदन में तीसरे गोलमेज सम्मेलन का आयोजन किया गया जिसकी परिणति अंततः भारत शासन अधिनयम, 1935 के रूप में हुई। कांग्रेस ने तीसरे गोलमेज सम्मेलन में भाग नहीं लिया क्योंकि कांग्रेस के अधिकांश प्रमुख नेता उस समय जेल में थे।

23. (a) ए. एल. बाशम का जन्म 24 मई, 1914 को हुआ था। वे एक भारतविद, प्रख्यात इतिहासकार और कई पुस्तकों के लेखक थे। उनका पूरा नाम आर्थर लेवेलिन बाशम था, उन्होंने "द वंडर दैट वाज इंडिया" पुस्तक लिखी थी। वह 1950-1960 के दशक में प्रोफेसर के रूप में स्कूल ऑफ ओरिएंटल एंड अफ्रीकन स्टडीज, लंदन, इंग्लैंड में काम किया, उन्होंने कई प्रसिद्ध भारतीय

इतिहासकारों जैसे प्रोफेसर रोमिला थापर, वी. एस. पाठक, और आर.एस. शर्मा को पढ़ाया था। आर्थर लेवेलिन बाशम ने कुछ प्रसिद्ध पुस्तकें लिखी हैं जैसे हिस्ट्री एंड डॉक्ट्रिन ऑफ आजीवक, माई गुरुजी, और प्रोब्लम्स एंड पर्सपेक्टिव्स ऑफ़ एन्सिएंट इंडियन हिस्ट्री एंड कल्चर। द वंडर दैट वाज इंडिया पुस्तक, 13वीं शताब्दी के मुस्लिम विजय से पहले के प्राचीन भारत के बारे में है। 27 जनवरी, 1986 को उनका निधन हो गया

24. (d) स्ट्रेट फ्रॉम हार्ट कपिल देव की आत्मकथा है। पूरी किताब कपिल देव के जीवन की विभिन्न घटनाओं के बारे में बात करती है। कपिल देव एक पूर्व भारतीय क्रिकेटर हैं।

25. (a) 2009 से केरल के सांसद शशि थरूर ने केरल: गॉड्स ओन कंट्री नामक पुस्तक लिखी। यह पुस्तक एम.एफ. हुसैन के चित्रण पर आधारित है।

26. (c) उत्तर प्रदेश में प्रथम दिव्यांग विश्वविद्यालय, चित्रकूट में स्थापित किया गया है। अत: विकल्प (c) सही है।

27. (a) भारत कला भवन, वाराणसी में काशी हिन्दू विश्वविद्यालय के प्रांगण में स्थित एक चित्रशाला है। यह एशिया का सबसे बड़ा विश्वविद्यालय संग्रहालय है। अत: विकल्प (a) सही है।

28. (d) पारीछा बाँध (झाँसी) बेतवा नदी पर स्थित है। बेतवा नदी मध्य प्रदेश में भोपाल के दक्षिण-पश्चिम से निकलकर भोपाल, ग्वालियर, झाँसी, औरैया और जालौन से होती हुई हमीरपुर के निकट यमुना नदी मे मिल जाती है। अत: विकल्प (d) सही है।

29. (d) प्राचीन भारत में सबसे पहला गणराज्य वैशाली था। बिहार के इस प्रांत को वैशाली गणराज्य के नाम से जाना जाता था। ऐतिहासिक प्रमाणों के मुताबिक ईसा से लगभग छठी सदी पहले वैशाली में ही विश्व का पहला गणतंत्र यानी 'गणराज्य' स्थापित हुआ। अत: विकल्प (d) सही है।

30. (d) सही सुमेलन इस प्रकार है –

संस्थान		स्थान
1. भारतीय गन्ना अनुसंधान संस्थान	–	लखनऊ
2. भारतीय दलहन अनुसंधान संस्थान	–	कानपुर
3. वी.वी. गिरि नेशनल लेबर इंस्टीट्यूट	–	नोएडा
4. उत्तर प्रदेश ग्रामीण आयुर्विज्ञान विश्वविद्यालय	–	सैफई (इटावा)

अत: विकल्प (d) सही सुमेलित नहीं है।

31. (a) वर्ष 2011 की जनगणना के अनुसार उत्तर प्रदेश का शिशु लिंगानुपात (0–6 वर्ष आयु वर्ग) –902 (2001 में शिशु लिंगानुपात 916 था) है। उत्तर प्रदेश में सर्वाधिक व सबसे कम शिशु लिंगानुपात वाले जिले क्रमश: – बलरामपुर और बागपत हैं। अत: विकल्प (a) सही है।

32. (c) राष्ट्रीय स्वच्छ गंगा मिशन द्वारा प्रतिवर्ष 5 अक्तूबर को गंगा डॉल्फिन दिवस के रूप में मनाया जाता है। बिहार के भागलपुर जिले में विक्रमशिला गंगा डॉल्फिन अभयारण्य की स्थापना की गई है। अत: विकल्प (c) सही है।

33. (b) बिहार के स्व. रचित राज, जिनकी नियुक्ति कैमूर जिले के पुलिस अधीक्षक की गोपनीय शाखा में की गई थी, देश के पहले ट्रांसमैन सिपाही थे। रचित राज बिहार पुलिस के वर्ष 2018 बैच के सिपाही थे। उल्लेखनीय है कि वर्ष 2014 में राष्ट्रीय विधिक सेवा प्राधिकरण बनाम भारत संघ मामले में सर्वोच्च न्यायालय ने ट्रांसजेंडर को तीसरे लिंग के रूप में मान्यता प्रदान की थी। अत: विकल्प (b) सही है।

34. (d) सही सुमेलन इस प्रकार है –

(वाक्य)		(आयोग)
(a) स्त्री सम्मान स्वाभिमान सशक्तीकरण	–	हरियाणा राज्य महिला आयोग
(b) शक्ति, सुरक्षा और मुस्कान	–	उत्तर प्रदेश राज्य महिला आयोग
(c) यत्र नार्यस्तु पूज्यन्ते रमन्ते तत्र देवता	–	छत्तीसगढ़ राज्य महिला आयोग
(d) स्त्री शक्तिरतुल्या सदा	–	महाराष्ट्र राज्य महिला आयोग

अत: विकल्प (d) सही सुमेलित नहीं है।

35. (a) प्रधानमंत्री नरेंद्र मोदी द्वारा 15 अगस्त, 2021 को 75वें स्वतंत्रता दिवस के अवसर पर राष्ट्रीय हाइड्रोजन मिशन (National Hydrogen Mission) को लॉन्च किया गया। इस मिशन को देश में ऊर्जा सुरक्षा को बढ़ावा देने के उद्देश्य से शुरू किया गया है। अत: विकल्प (a) सही है। इस मिशन की घोषणा भारत द्वारा अपनी ऊर्जा जरूरतों को पूरा करने हेतु सालाना 12 ट्रिलियन रुपये खर्च होने की पृष्ठभूमि को ध्यान में रखकर की गई है। यह मिशन भारत को वैश्विक स्तर पर हरित हाइड्रोजन उत्पादन और उसके निर्यात का एक प्रमुख केंद्र बनाने में साहयक होगा।

36. (b) राज गोपाल सिंह वर्मा को 2020-21 के पंडित महावीर प्रसाद द्विवेदी पुरस्कार से सम्मानित किया गया है। यह सम्मान मेरठ जिले के सरधना कस्बे की तत्कालीन जागीरदार फरजाना उर्फ़ बेगम समरू के व्यक्तित्व और कृतित्व पर लिखी किताब 'बेगम समरू का सच' पर दिया गया। अत: विकल्प (b) सही है।

37. (d) अर्जुन सहायक परियोजना केंद्र सरकार और यूपी सरकार द्वारा 2009 में शुरू की गई थी। अर्जुन सहायक परियोजना धसान नदी पर बनाई जा रही है। यह परियोजना उत्तर प्रदेश के बांदा, महोबा और हमीरपुर जिले को सिंचाई की सुविधा प्रदान करेगी। अत: विकल्प (d) सही है।

38. (c) उत्तर प्रदेश के मेरठ स्थित रेमाउंट एंड वेटरनेरी कोर (RVC) सेंटर में 'पशु युद्ध स्मारक' (War Memorial of Animal) बनाया जाएगा। यह देश में निर्मित पहला पशु युद्ध स्मारक होगा। यह स्मारक उन पशुओं के योगदान को समर्पित होगा, जिन्होंने कारगिल युद्ध के दौरान और कश्मीर में आतंकवाद विरोधी अभियानों में सेना की मदद की थी। अत: विकल्प (c) सही है।

39. (d) हाल ही में प्रधानमंत्री ने प्रस्तावित उत्तर प्रदेश डिफेंस इंडस्ट्रियल कॉरिडोर के अलीगढ़ नोड के प्रदर्शनी मॉडल का अवलोकन किया। यह एक महत्त्वाकांक्षी परियोजना है जिसका उद्देश्य भारतीय एयरोस्पेस और रक्षा क्षेत्र की विदेशी निर्भरता को कम करना है। इसमें 6 नोड्स होंगे- अलीगढ़, आगरा, कानपुर, चित्रकूट, झाँसी और लखनऊ। अत: विकल्प (d) सही उत्तर है।

40. (c) प्रतिवर्ष 27 दिसंबर को उत्तर प्रदेश के सभी स्कूलों में साहिबजादा दिवस के रूप में मनाया जाएगा तथा इस अवसर पर विद्यालयों में सिख गुरुओं की शहादत पर केंद्रित वाद-विवाद प्रतियोगिताओं का आयोजन भी किया जाएगा। अत: विकल्प (c) सही है।

41. (b) उत्तर प्रदेश सरकार ने भारत के स्वाधीनता संग्राम के इतिहास के एक अहम् अध्याय 'काकोरी कांड' का नाम बदलकर 'काकोरी ट्रेन एक्शन' कर दिया है। इसका नाम इसलिए बदल दिया गया क्योंकि 'कांड' शब्द भारत के स्वतंत्रता संग्राम के तहत इस घटना के अपमान की भावना को दर्शाता है। काकोरी ट्रेन एक्शन एक ट्रेन डकैती थी, जो 9 अगस्त, 1925 को लखनऊ के पास काकोरी नामक गाँव में ब्रिटिश राज के खिलाफ भारतीय स्वतंत्रता आंदोलन के क्रांतिकारियों द्वारा की गई थी। अत: विकल्प (b) सही है।

42. (a) 10 मार्च 2021 को उत्तर प्रदेश के चित्रकूट जिले में बाणगंगा नदी पर निर्मित रसिन बाँध परियोजना का लोकापर्ण किया गया। उल्लेखनीय है कि यह परियोजना मूलत: चौधरी चरण सिंह रसिन बाँध परियोजना नाम से शुरू हुई थी। अत: विकल्प (a) सही है।

43. (a) वस्तु का क्रय मूल्य

$$= \frac{100}{(100-26)} \times 999$$

$$= \left(\frac{100}{74} \times 999\right) = ₹\ 1350$$

44. (a) माना 7 वर्ष पहले B की आयु

$= x$ वर्ष

तब 7 वर्ष पहले A की आयु

$= 2.5x$ वर्ष

वर्तमान में दोनों की आयु का योग

$= 77$ वर्ष

प्रश्नानुसार,

$(2.5x + 7) + (x + 7) = 77$

$\Rightarrow 2.5x + x = 77 - 14$

$= 63$

$x = \dfrac{63}{3.5}$

$= 18$ वर्ष

A की वर्तमान आयु

$= (2.5x + 7)$ वर्ष

$= (45 + 7)$

$= 52$ वर्ष

45. (a) माना वरुण को x किमी. के लिए ड्राइव करना है।

प्रश्नानुसार,

$\dfrac{x}{42} - \dfrac{x}{48} = \dfrac{(2+1)}{60}$

$\Rightarrow \dfrac{48x - 42x}{42 \times 48} = \dfrac{3}{60}$

$\Rightarrow \dfrac{6x}{42 \times 48} = \dfrac{1}{20}$

$\Rightarrow 6x = \dfrac{42 \times 48}{20}$

$\Rightarrow x = \dfrac{42 \times 48}{6 \times 20}$

$= 16.8$ किमी.

46. (a) $2(\sqrt{3})$ सेमी

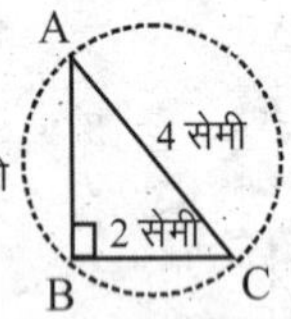

वृत्त का व्यास = समकोण त्रिभुज का कर्ण

= 4 सेमी॰

वृत्त की त्रिज्या $= \dfrac{4}{2}$ सेमी॰

= 2 सेमी॰

वृत्त का क्षेत्रफल $= \pi r^2$

$= \pi(2)^2$

$= 4\pi$ सेमी॰^{2}

47. (c) माना घन की एक कोर $= x$ सेमी॰

पहले घन का आयतन $= x^3$ सेमी॰^{3}

घन की नई भुजा $= (x + 4)$ सेमी॰

घन का नया आयतन $= (x + 4)^3$ सेमी॰

प्रश्नानुसार,

$(x + 4)^3 = x^3 + 998$

$\Rightarrow x^3 + (4)^3 + 3x^2 4 + 3(4)^2 x$

$= x^3 + 998$

$\Rightarrow 64 + 12x^2 + 48x = 998$

$\Rightarrow 12x^2 + 48x - 934 = 0$

$\Rightarrow x^2 + 4x - 77 = 0$

$\Rightarrow x^2 + 11x - 7x - 77 = 0$

$\Rightarrow (x - 7)(x + 11) = 0$

$\Rightarrow (x - 7) = 0, x = 7$

48. (b) माना तीसरी संख्या $= x$

$\therefore$ पहली संख्या $= x - x \times \dfrac{40}{100} = \dfrac{3x}{5}$

दूसरी संख्या $= x - x \times \dfrac{50}{100} = \dfrac{x}{2}$

$\therefore$ बढ़ी संख्या $= \left(\dfrac{3x}{5} - \dfrac{x}{2}\right)$

$= \dfrac{x}{10}$

बढ़त प्रतिशत $= \dfrac{\frac{x}{10}}{\frac{x}{2}} \times 100\%$

$\left(\dfrac{2}{10} \times 100\right)\% = 20\%$

49. (d) दिया गया है, त्रिभुज का क्षेत्रफल

= समान्तर चतुर्भुज का क्षेत्रफल

त्रिभुज का आधार

$= \dfrac{1}{5}$ समान्तर चतुर्भुज का आधार

$\Rightarrow b = \dfrac{1}{5}$ B

माना त्रिभुज की ऊँचाई $= h$

तथा समान्तर चतुर्भुज की ऊँचाई = H

प्रश्नानुसार,

$\Rightarrow \dfrac{1}{2} h \times b = \text{H} \times \text{B}$

$\dfrac{1}{2} h \times \dfrac{1}{5}\text{B} = \text{H} \times \text{B}$

$\Rightarrow \dfrac{h}{\text{H}} = \dfrac{10}{1}$

अत: $h : \text{H} = 10 : 1$

50. (d) व्यंजक

$= \{39 - (19 - 44)\} \div \{-4 \times 3 - (-4)\}$

$= \{39 - (-25)\} \div \{-12 + 4\}$

$= \{39 + 25\} \div (-8)$

$= 64 \div (-8) = -8$

51. (b) लेखक ने आंतरिक जगत में काम करने का गणित इच्छा न करने को कहा है।

52. (c) भारतीय मनीषी के चिंतन का विषय इच्छा और अनिच्छा का चिंतन है।

53. (c) इच्छा से जीवन में लालसा बढ़ती है।

54. (d) इच्छाओं के बढ़ने से मानव के लिए जीवन एक लंबी मृत्यु बन जाता है।

55. (b) सच्चे वीर वे होते हैं जो कर्मभाव से उत्साह दिखाते हैं।

56. (a) कर्म करने में आनंद कर्म, कर्मफल, व्यक्ति या वस्तु पर ध्यान केन्द्रित होने से मिलता है।

57. (b) विशेषण उपवाक्य जो उपवाक्य किसी दूसरे उपवाक्य में आए संज्ञा या सर्वनाम की विशेषता प्रकट करता है, उसे विशेषण उपवाक्य कहते हैं। जैसे वह विद्यार्थी जो कल अनुपस्थित था, आवश्यक कार्य के कारण नहीं आया है।

58. (d) उत्साह के मार्ग में सबसे बड़ी रुकावट आलस्य है।

59. (b) उपर्युक्त अनुच्छेद के अनुसार दावानल को रोकने के लिए महत्त्वपूर्ण उपाय यह है कि वन के समीप ज्वलनशील पदार्थों का अनावश्यक ढेर नहीं बनने देना चाहिए।

60. (b) अनुच्छेद के अनुसार गढ़वाल हिमालय के क्षेत्र वनाग्नि या दावानल के लिए सबसे अधिक प्रवण हैं क्योंकि यहाँ के वन पिछली कुछ गर्मियों से निरन्तर आग पकड़ रहे हैं, जिससे उस क्षेत्र की वनस्पतियों का भारी नुकसान होता है।

61. (b)

शब्द	अर्थ
1. OFFICER	- अफसर
2. AUTHORITY	- प्राधिकारी
3. LORD	- भगवान
4. PROPRIETOR	- मालिक/स्वामी

62. (c) ORDER का सटीक हिन्दी शब्द 'आदेश' होता है जबकि Instruction का 'अनुदेश', Direction का 'निदेश' एवं Indication 'निर्देश' का सटीक हिन्दी शब्द है।

63. (d) सरकारी कार्यालयों के कर्मचारियों से संबंधित नियम अथवा सूचना के लिए जो पत्र लिखे जाते हैं, कार्यालय आदेश कहलाते हैं।

सामान्यत: कार्यालय आदेश का प्रयोग नियुक्ति, पदोन्नति, अवकाश स्वीकृति, स्थानान्तरण एवं कार्य संपादन संबंधी नियम आदि के प्रयोग के लिए किया जाता है। इसमें संबोधन और स्वनिर्देश नहीं होता है।

64. (b) राजपत्रित अधिकारियों की नियुक्ति, पदोन्नति स्थानान्तरण और उनके अवकाश स्वीकृति की सूचनाओं को राजपत्र में प्रकाशित करने के लिए अधिसूचना का प्रयोग किया जाता है। इसके अलावा सरकारी अधिकारियों को अधिकार सौंपने, वापस लेने के लिए नए नियम, उपनियमों व आदेशों को लागू करने के लिए अधिसूचना का प्रयोग किया जाता है।

65. (b) कक्षा दस के छात्र ने अपना अनुपस्थिति दण्ड माफ करने के लिए प्रधानाध्यापक को पत्र लिखा, उसका यह पत्र आवेदन पत्र के वर्ग में आएगा।

66. (a) कार्यालय आदेश किसी कार्यालय में दिया गया आदेश पत्र होता है इसमें अधिकारी का हस्ताक्षर नीचे दाहिनी ओर होता है।

67. (b) चारों विकल्पों में शुद्ध वाक्य है– देखो! फूलों पर भौंरे गुंजार कर रहे हैं।

68. (d) जीवित का अर्थ है जीवन युक्त एवं पुनर्जीवित का अर्थ है पुन: सक्रिय किया हुआ।

69. (a) दिए गए विकल्पों में से 'विख्यात-प्रख्यात' असंगत है। विख्यात का विलोम शब्द कुख्यात होगा। प्रख्यात का विलोम शब्द अख्यात होता है।

70. (b) 'पुरोगामी' शब्द का विलोम शब्द 'पश्चगामी' है। पुरोगामी का अर्थ: आगे चलने वाला। पश्चगामी का अर्थ: पीछे की ओर जाने वाला।

71. (c) 'बैल का बैल गया नौ हाथ का पगहा भी गया' लोकोक्ति का अर्थ-बहुत बड़ा घाटा होना है। वाक्य प्रयोग-श्याम लाल की दुकान जली सो जली 2 साल का एग्रीमेंट भी जलकर खाक हो गया बैल का बैल गया नौ हाथ का पगहा भी गया।

72. (c) उक्त चारों विकल्पों में संयुक्त वाक्य का सही उदाहरण है– मुझे परीक्षा देनी है और मैं गोरखपुर जा रहा हूं।

73. (b) बहिरंग का विलोम अंतरंग है।

74. (c) शुद्ध वर्तनी वाला शब्द है–क्लेश

75. (c) ग्रस्त का विलोम मुक्त है। ग्राह्य का विलोम अग्राह्य और लुप्त का विलोम व्यक्त होता है। इसी प्रकार मुक्त का विलोम बद्ध होता है।

76. (c) विकल्पों में शुद्ध वर्तनी वाला शब्द है–शृंगार

77. (d) चारों वाक्यों में शुद्ध वाक्य है– मेरे घर के पास हलवाई की एक दुकान है।

78. (b) विकल्पों में शुद्ध वर्तनी वाला शब्द है– उज्जवल।

79. (b) विकल्पों में शुद्ध वर्तनी वाला शब्द है– हिरण्यकशिपु।

80. (a) विकल्पों में शुद्ध वर्तनी वाला शब्द है–कवयित्री

81. (b) 'जिसके हृदय पर आघात हुआ हो' वाक्यांश के लिए उपयुक्त शब्द होगा- मर्माहत।

82. (d) कनिष्ठिका और मध्यमा के बीच की अंगुली को अनामिका कहते हैं।

83. (d) जो अपने पद से हटाया गया हो' के लिए एक उपयुक्त शब्द होगा–पदच्युत। जो अपने पद का दुरुपयोग करता है। उसे पदभ्रष्ट कहा जाता है।

84. (d) 'जिसके पेट में मां ने रस्सी (दाम) बांध दी हो' उसे कहते हैं– दामोदर।

85. (b) 'जिसे किसी वस्तु की स्पृहा न हो' के लिए उपयुक्त शब्द होगा- नि:स्पृह।

86. (b) 'पीछे-पीछे चलने वाला' वाक्यांश के लिए एक शब्द है - अनुगामी।

87. (d)

88. (d) दिए गए विकल्पों में विकल्प (d) "मेरी गाय को छूने का साहस" सही है। अन्य विकल्प अनुचित उत्तर हैं।

89. (c) दिए गए विकल्पों में 'उछृंखल' अशुद्ध शब्द हैं। उछृंखल शब्द का शुद्ध शब्द 'उच्छृंखल' हैं। उछृंखल शब्द का अर्थ: जो दूसरों के साथ धृष्टतापूर्वक व्यवहार करता हो या धृष्टता से पेश आता हो।

90. (c) 'थोड़ा नपा-तुला भोजन करने वाला' वाक्यांश के लिए उपयुक्त शब्द है– मिताहारी।

91. (a) "तुम्हारे सब काम गलत होते हैं।" वाक्य सही है। वाक्य के अंत में "हैं" में लगने वाली अनुस्वार बिंदु बहुवचन के लिए प्रयुक्त की जाती है। किसी व्यक्ति को सम्मान देने अथवा किसी बड़े व्यक्ति को इज्जत देने के लिए भी "है" में अनुस्वार बिंदु का प्रयोग किया जाता है।

92. (d) 'गुरु के समीप रहकर अध्ययन करने वाला' के लिए एक शब्द है– अन्तेवासी। इसी प्रकार जो विद्या को चाहने वाला हो, वह विद्यार्थी है। गुरु का अनुकरण करने वाला शिष्य होता है।

93. (a) दिए गए विकल्पों में 'शुभ्र' शब्द का पर्यायवाची 'धवल' है। 'शुभ्र' के अन्य पर्यायवाची शब्द 'गौर, श्वेत, सफ़ेद, अमल, वलक्ष, शुक्ल, अवदात' हैं। अन्य विकल्पों के अर्थ भिन्न हैं। अत: सही विकल्प 'धवल' है।

94. (d) मंगल के सभी पर्यायवाची शब्द कल्याण, भलाई, हित, कुशल आदि हैं। बुध के पर्यायवाची शब्द: विद्वान्, विज्ञ ,मर्मज्ञ, पंडित ,ज्ञानी ,कोविद ,धीमान्, धीरप्रज्ञ, बुद्धिमान।

95. (c) ब्रह्मा के पर्यायवाची- विधि, विधाता, स्वयंभू, प्रजापति, आत्मभू, लोकेश, पितामह, चतुरानन, विरंचि, अज, कर्तार, कमलासन, नाभिजन्म, हिरण्यगर्भ,निर्माता,धाता, प्रजाधिप।

सेवक के पर्यायवाची - अनुचर, आश्रित, दास, नौकर, चाकर, परिचारक,भृत्य , किंकर , मुलाजिम , खादिम , टहलुआ , खिदमतगार, ख़वास, खादिम, मुलाज़िम, गुलाम, किंकर, अर्दली।

ग्रीष्म के पर्यायवाची- ताप, निदाघ, ऊष्मा, गरमी।

96. (d) सही उत्तर विकल्प 4 'शास्त्रीजी की मृत्यु से हमें बड़ा दु:ख हुआ।' है। अन्य विकल्प सही उत्तर नहीं हैं।

97. (c) भारत में अनेक दर्शनीय स्थल देखने योग्य है- वाक्य में पुनरुक्ति की अशुद्धि है।

98. (a) राहुल ने सभी मित्रों में कहानी सुनाई। वाक्य में कारक सम्बन्धी त्रुटि है। इसका शुद्धतम वाक्य राहुल ने सभी मित्रों को कहानी सुनाई है। अन्य विकल्प असंगत है।

99. (a) 'तलवार मारे एक बार एहसान मारे बार-बार' यह एक प्रसिद्ध लोकोक्ति है- किसी का उपकार जीवन भर याद आता है वाक्य प्रयोग- मोहन एक स्वभिमानी व्यक्ति है वह राम की मदद को नहीं भुला है इसलिए कहते है- 'तलवार मारे एक बार एहसान मारे बार-बार' है।

100. (d) 'कल पड़ना' मुहावरे का अर्थ है- चैन मिलना। वाक्य प्रयोग-कल रात वर्षा हुई, तो थोड़ी कल पड़ी।

101. (c) MS Word-2007 (या इससे आगे वाले वर्जन) में, पिक्चर वॉटरमार्क इन्सर्ट करने के लिए कस्टम ऑप्शंस चुनना, पेज लेआउट मेनू वॉटरमार्क सबमेनू से पिक्चर सलेक्ट करना सर्वश्रेष्ठ तरीका है।

102. (a) क्लाउड कंप्यूटिंग वास्तव में इंटरनेट-आधारित प्रक्रिया और कंप्यूटर्स एप्लिकेशन का इस्तेमाल है। गूगल एप्स क्लाउड कंप्यूटिंग का एक उदाहरण है जो मांग पर कंप्यूटर्स तथा अन्य डिवाइसेज को शेयर्ड कंप्यूटर प्रोसेसिंग रिसोर्सेज तथा डेटा प्रदान करता है।

103. (b) मेमोरी डिस्क की सबसे छोटी इकाई जिस पर डाटा को लिखा जाता है, सेक्टर कहलाता है। हार्ड डिस्क ट्रैक्स में विभाजित होती है, जो आगे सेक्टर्स में उपविभाजित होती है।

104. (d) MS-DOS में वर्तमान में लॉग्ड ड्राइव के सबडाइरेक्ट्री स्ट्रक्चर को डिस्प्ले करने तथा प्रत्येक स्क्रीन के सूचना से भर जाने के बाद स्क्रीन डिस्प्ले के ठहराव के लिए Tree/more कमांड का उपयोग किया जाता है।

105. (a) MS-PPT 2007 में एक ही प्रेजेंटेशन को लगातार प्रदर्शित करने के लिए विकल्प "Loop continuously until Ese" का प्रयोग किया जाता है।

106. (b) वर्चुअल प्राइवेट नेटवर्क वह प्राइवेट कंप्यूटर नेटवर्क है, जिसे पूर्ण रूप से एक संगठन द्वारा नियंत्रित किया जाता है और अनेक लोकेशंस से कनेक्ट करने के लिए प्रयुक्त किया जाता है तथा इंटरनेट जैसे पब्लिक नेटवर्क तक विस्तार किया जाता है।

107. (b) डेटा फ्लो (Data Flow) कंप्यूटर की सहायता से की जाने वाली मौजूदा या हाइपोथेटिक (कल्पित) सिस्टम की रिकॉर्डिंग व एनालाइजिंग की विधि है। जबकि डाटा प्रोसेसिंग डाटा या निर्देशों को आवश्यकतानुसार प्रयोग में लाकर आउटपुट प्राप्त करना अथवा डाटा को व्यवस्थित करना है।

108. (a) MS-Office में डेटा साझा करने पर सोर्स डॉक्यूमेंट होता है, जिसमें सबसे पहले डेटा एंटर किया गया था।

109. (b) MS-DOS में Path कमांड का उपयोग अन्य डाइरेक्ट्रीज या डिस्क में स्थित फाइल्स तक एक्सेस प्रदान करने के लिए किया जाता है। जबकि dir कमांड का प्रयोग वर्तमान में प्रयोग की जा रही ड्राइव में उपस्थित फाइलों की सूची उपलब्ध कराने में होता है। Cd कमांड द्वारा हम वर्तमान डायरेक्ट्री से अन्य डायरेक्ट्री में जा सकते हैं।

110. (a) स्प्रेडशीट एक कंप्यूटर अनुप्रयोग है, जो कार्यपत्रक का हिसाब करने वाले एक कागज की नकल है। VisiCalc (वीसीकैल्क) को प्रथम

इलेक्ट्रॉनिक स्प्रेडशीट माना जाता है और इसने Apple II कंप्यूटर की सफलता में योगदान दिया है।

111. (d) MS-Word में शार्टकट की Ctrl + P का उपयोग प्रिंट डायलॉग बॉक्स ओपन करने के लिए किया जाता है।

112. (c) सिम्बल © "copyright" के लिए सही कैरेक्टर एन्टाइटीज है।

113. (d) लिनक्स में sort कमांड का उपयोग फाइनल में डेटा की लाइन्स को एल्फाबेटिक ऑर्डर में सॉर्ट करने के लिए किया जाता है।

114. (d) MS-Excel 2010 में एक्सेस, वेब और टेक्स्ट से डेटा इम्पोर्ट किया जा सकता है।

115. (c) MS-Excel में फॉर्मूला बार रिबन के नीचे होता है। इसके दो भाग होते हैं। पहला नेम बॉक्स जो किसी सेल के रेफरेंस को दिखाता है तथा दूसरा फॉर्मूला, जिसमें कुछ टाइप करते हैं। Excel में स्टेटस इंडीकेटर्स फॉर्मूला बार पर स्थित होते हैं। जबकि स्टेटस बार विण्डो टास्क बार के ठीक ऊपर और स्क्रीन के बॉटम में होता है।

116. (b) OSI (ऑपन सिस्टम इण्टरनेक्शन) मॉडल में कुल सात लेयर होती हैं। OSI Model के संदर्भ में राउटर्स लेयर तीसरी (नेटवर्क लेयर) पर ऑपरेटर करते हैं। LAN स्विचेस लेयर दूसरी (डाटा लिंक लेयर) पर ऑपरेट करते हैं। इंटरनेट हब लेयर पहली (फिजिकल लेयर) पर ऑपरेटर करते हैं।

117. (c) MS-Excel में राउडिंग एरर्स होते हैं, जब आप फॉर्मूला में गुणन, विभाजन या घात समीकरण का उपयोग करते हैं।

118. (c) सिस्टम सॉफ्टवेयर ऐसे प्रोग्रामों के समूह को कहा जाता है जिनका काम सिस्टम अर्थात् कंप्यूटर को चलाना तथा उसे काम करने लायक बनाए रखना है। सिस्टम सॉफ्टवेयर ही कंप्यूटर के हार्डवेयर को चलाते हैं। ऑपरेटिंग सिस्टम्स, एडीटर्स तथा डिबगर्स सिस्टम सॉफ्टवेयर्स के अन्तर्गत आते हैं।

119. (a) MS Word में डॉक्यूमेंट में बदलावों की निगरानी के लिए ट्रेक चेन्जेज फीचर का उपयोग किया जाना चाहिए।

120. (d) हाइपरलिंक किसी पेज या दस्तावेज को किसी अन्य पेज या दस्तावेज से जोड़ना है। हाइपरलिंक टेक्स्ट, ड्राइंग ऑब्जेक्ट्स और पिक्चर्स हो सकते हैं।

121. (a) कम्प्यूटर्स पर स्लॉट कवर्स न होने से ओवर हीट हो सकता है। जबकि हीट सिंक (Heat Sink) मदरबोर्ड के ऊपर लगा होता है जो कि मदरबोर्ड पर उत्पन्न ऊष्मा को अवशोषित कर लेता है।

122. (d) जब किसी ई-मेल के सेंडर तथा रिसीवर एक ही सिस्टम पर हैं, तब हमें केवल दो यूजर्स की अवधारणा की आवश्यकता होती है। जबकि सर्वर नेटवर्क पर एक कंप्यूटर द्वारा दूसरे कंप्यूटर पर रिर्सोस तथा सूचनाओं को शेयर करना है।

123. (a) रोम (रीड ओनली मेमोरी) एक स्थायी मेमोरी है, जिसे केवल पढ़ा जा सकता है। कंप्यूटर बंद होने पर इसमें संचित डाटा समाप्त नहीं होता। ROM मेमोरी क्लिप की प्रोग्रामिंग उत्पादन प्रक्रिया के दौरान की जाती है।

124. (b) लिनक्स में Mkfs कमांड का उपयोग फाइल सिस्टम क्रिएट करने के लिए करते हैं।

125. (b) HTML में DOCTYPE डिक्लेरेशन डॉक्यूमेंट टाइप परिभाषित करता है।

126. (d) MS-Excel में प्रि-सेलेक्टेड रेंज में, प्रीवियस सेल एक्टिवेट करने के लिए हम Go To फंक्शन Ctrl + G का उपयोग करते हैं।

127. (a) MS-DOS (माइक्रोसॉफ्ट डिस्क ऑपरेटिंग) एक टेक्स्ट यूजर इंटरफेस (TVI) ऑपरेटिंग सिस्टम होता है, जिसमें किसी कार्य को करने के लिए कमाण्ड को टाइप करना पड़ता है। Mac OS, लिनक्स और बर्कले सॉफ्टवेयर डिस्ट्रीब्यूशन यूनिक्स ऑपरेटिंग सिस्टम का वैरिएंट है।

128. (a) MS Word में Ctrl + page up का उपयोग कर्सर को एक पेज ऊपर पहुँचाने के लिए किया जाता है। जबकि MS-Word में Ctrl + up Arrow का उपयोग कर्सर को एक पैराग्राफ ऊपर पहुँचाने के लिए किया जाता है।

129. (b) लिनक्स में कमांड Wc-I का उपयोग किसी फाइल में लाइन्स की संख्या की गणना कार्यान्वित करने के लिए किया जाता है।

130. (d) GET और POST HTTP (Hypertext markup language) मेथड्स (विधि) का सर्वाधिक सामान्य रूप से उपयोग किया जाता है।

131. (a)	**132.** (b)	**133.** (c)
134. (a)	**135.** (c)	**136.** (c)
137. (c)	**138.** (b)	**139.** (a)
140. (a)	**141.** (b)	**142.** (b)
143. (c)	**144.** (c)	**145.** (c)
146. (a)	**147.** (c)	**148.** (b
149. (c)	**150.** (d)	

❑❑❑

6 प्रैक्टिस सेट

सामान्य ज्ञान

1. जनसंख्या का गणितीय घनत्व होता है–
   (a) सम्पूर्ण भूमि और कुल जनसंख्या का अनुपात
   (b) सम्पूर्ण ग्रामीण भूमि और कुल जनसंख्या के बीच का अनुपात
   (c) सम्पूर्ण कृषि भूमि और कुल ग्रामीण जनसंख्या के बीच का अनुपात
   (d) सम्पूर्ण भूमि और कुल ग्रामीण जनसंख्या के बीच का अनुपात
2. ''भारतीय प्रेस की स्वतंत्रता का प्रणेता'' किसे कहा जाता है?
   (a) आगस्टस हिक्की
   (b) चार्ल्स मेटकॉफ
   (c) मैकग्रेथ
   (d) डिजारेली
3. जवाहरलाल नेहरू भारतीय राष्ट्रीय कांग्रेस के पहली बार अध्यक्ष कब बने?
   (a) 1929 (b) 1927
   (c) 1921 (d) 1932
4. 'चौखंभा सिद्धांत' के अग्रणीय सिद्धांतकार कौन थे?
   (a) एम.जी. रानाडे
   (b) महात्मा गांधी
   (c) राम मनोहर लोहिया
   (d) एनी बेसेंट
5. न्यूनतम वृद्धि काल वाला बायोम है–
   (a) सवाना (b) टैगा
   (c) चपारल (d) टुंड्रा
6. निम्न में से कौन-सा बायोम प्राय: मरुस्थलीकरण का कारण है?
   (a) उष्ण कटिबंधीय घास के मैदान
   (b) भूमध्यसागरीय वन
   (c) पर्वत
   (d) बोरियल वन
7. 2011 की जनगणना के अनुसार किस राज्य की जनसंख्या सर्वाधिक है?
   (a) उत्तर प्रदेश (b) बिहार
   (c) पश्चिम बंगाल (d) केरल
8. भारतीय संविधान के अनुच्छेद 70 के अंतर्गत राष्ट्रपति एवं उप-राष्ट्रपति की अनुपस्थिति में कौन राष्ट्रपति होगा?
   (a) लोकसभा अध्यक्ष
   (b) भारत का प्रधानमंत्री
   (c) भारत का मुख्य निर्वाचन आयुक्त
   (d) भारत का मुख्य न्यायाधीश
9. भारत में राजनीतिक दलों को मान्यता दी जाती है–
   (a) केंद्र सरकार द्वारा
   (b) राज्य सरकार द्वारा
   (c) भारत के उच्चतम न्यायालय द्वारा
   (d) भारतीय निर्वाचन आयोग द्वारा
10. भारत में सूचना का अधिकार किस वर्ष में पारित किया गया?
    (a) 2004 में (b) 1999 में
    (c) 2005 में (d) 2009 में
11. 93वां संविधान संशोधन किससे संबंधित है?
    (a) पंचायती राज संस्था से
    (b) मौलिक कर्तव्यों से
    (c) भारत के उत्तर-पूर्वी राज्यों से
    (d) शिक्षण संस्थानों में OBC के आरक्षण से
12. 'निर्धनता का दुश्चक्र' की अवधारणा संबंधित है-
    (a) कार्ल मार्क्स
    (b) आर. नर्कसे
    (c) एडम स्मिथ
    (d) उपर्युक्त में से कोई नहीं
13. भारत में पहली औद्योगिक नीति कब अस्तित्व में आई?
    (a) मार्च, 1942 (b) मई, 1946
    (c) अप्रैल, 1948 (d) जून, 1952
14. भारत के किस क्षेत्र से ''अधिकतम कुल घरेलू बचत'' प्राप्त होती है?
    (a) सार्वजनिक क्षेत्र (b) घरेलू क्षेत्र
    (c) निजी क्षेत्र (d) इनमें से कोई नहीं
15. ग्रामीण अवस्थापना विकास कोष का सृजन किसके अधीन किया गया है?
    (a) आर.बी.आई.
    (b) नाबार्ड
    (c) कृषि मंत्रालय
    (d) ग्रामीण विकास मंत्रालय
16. राष्ट्रीय सांख्यिकी आयोग की स्थापना कब हुई थी?
    (a) 1 जून, 2000 (b) 10 जून, 2002
    (c) 24 मई, 2004 (d) 12 जुलाई, 2006
17. निम्नलिखित में से किसमें कार्बन नहीं होता है?
    (a) हीरा (b) ग्रेफाइट
    (c) कोयला (d) बलुआ पत्थर
18. पहाड़ियों में रहने वाली डोंगरिया कोंध जनजाति किस राज्य में निवास करती है ?
    (a) मध्य प्रदेश (b) ओडिशा
    (c) आन्ध्र प्रदेश (d) छत्तीसगढ़
19. वर्षा ऋतु में लकड़ी से बने दरवाजों के फूलने का कारण है-
    (a) वाष्पोत्सर्जन (b) अन्त: शोषण
    (c) बहि: परासरण (d) बिंदुस्रावण
20. पादपों द्वारा वायुमंडल में जल परिवर्धन की प्रक्रिया कहलाती है-
    (a) संघनन (b) अवक्षेपण
    (c) बहना (d) वाष्पोत्सर्जन
21. अरक्तता निम्न में से किन विटामिन की अल्पता के कारण होती है?
    (a) $ए_1$ एवं $बी_2$ (b) $बी_6$ एवं $बी_{12}$
    (c) ए एवं डी (d) ई एवं के
22. वायुमण्डल में पाये जाने वाले धूलकणों को आर्द्रताग्राही कण कहते हैं, क्योंकि–
    (a) ये अच्छे संघनन केन्द्र होते हैं
    (b) ये जल का अवशोषण करते हैं
    (c) इनके इर्द-गिर्द हवा के ठंडी होने से संघनन की प्रक्रिया होती है
    (d) उपरोक्त सभी सही हैं
23. जब जहाज अन्तर्राष्ट्रीय तिथि रेखा को पश्चिम से पूरब पार करता है तो उसकी तारीख–
    (a) एक दिन बढ़ जाती है
    (b) एक दिन घट जाती है
    (c) आधा दिन बढ़ जाती है
    (d) आधा दिन घट जाती है

24. जीव मिल्खा सिंह किस खेल से जुड़े हैं?

(a) शतरंज (b) मुक्केबाजी
(c) गोल्फ (d) कुश्ती

25. निम्नलिखित में से किस शासक ने भारत में सर्वप्रथम 'इक्ता व्यवस्था' प्रारंभ की थी?

(a) इल्तुतमिश
(b) बलबन
(c) अलाउद्दीन खिलजी
(d) रजिया

26. वहाबी आन्दोलन का मुख्य उद्देश्य क्या था?

(a) अंग्रेजों से अच्छे सम्बन्ध
(b) इस्लाम का शुद्धीकरण
(c) अंग्रेजी शिक्षा का समर्थन
(d) सामाजिक सुधारों का विरोध

27. निम्न में से कौन-सा वृक्ष जो कभी सामाजिक वानिकी में लोकप्रिय था, अब एक पारिस्थितिक आतंकवादी माना गया है?

(a) बबूल (b) अमलतास
(c) नीम (d) यूकेलिप्टस

28. दक्षिण अफ्रीका में रहने की अवधि में महात्मा गांधी ने निम्न में से जिस पत्रिका का प्रकाशन किया, उसका नाम था-

(a) नवजीवन (b) इंडिया गजट
(c) अफ्रीकन (d) इंडियन ओपीनियन

29. 'ए शॉट एट हिस्ट्रीः माई ऑब्सेसिव जर्नी टू ओलंपिक गोल्ड' निम्नलिखित में से किस प्रसिद्ध खिलाड़ी की आत्मकथा है?

(a) अभिनव बिंद्रा
(b) पी.वी. सिंधु
(c) मीराबाई चानू
(d) लवलीना बोर्गोहेन

30. जीनोम चित्रण का सम्बन्ध है-

(a) रक्त वर्गीकरण से
(b) जीन्स के चित्रण से
(c) स्नायु केन्द्रों के चित्रण से
(d) मस्तिष्क के चित्रण से

31. स्वामी विवेकानंद जी की जयंती के उपलक्ष्य में हर साल किस दिन को राष्ट्रीय युवा दिवस के रूप में मनाया जाता है?

(a) 12 जनवरी (b) 06 जनवरी
(c) 08 जनवरी (d) 04 जनवरी

32. .... वाई-फाई का पूर्ण रूप है।

(a) वायरलेस फोकस
(b) वायरलेस फिडेलिटी
(c) वायर्ड फिडेलिटी
(d) वायर्ड फोकस

33. निम्नलिखित में से कौन-सा राज्य रेड कॉरिडोर के अंतर्गत नहीं आता है?

(a) पश्चिम बंगाल (b) उत्तर प्रदेश
(c) तेलंगाना (d) बिहार

34. दृश्य प्रकाश के किस रंग का विकिरण सबसे कम होता है?

(a) लाल (b) हरा
(c) नीला (d) बैंगनी

35. चोल राजवंश किस क्षेत्र में अपनी उल्लेखनीय उपलब्धियों के लिये जाना जाता था?

(a) साहित्य और दर्शन
(b) समुद्री व्यापार
(c) वास्तुकला और मूर्तिकला
(d) सैन्य विजय

36. कुंभ मेले को यूनेस्को की अमूर्त सांस्कृतिक धरोहर सूची में कब शामिल किया गया?

(a) वर्ष 2017 (b) वर्ष 2018
(c) वर्ष 2012 (d) वर्ष 2015

37. स्तंभ I में दिए गए दिनों का स्तंभ II में दी गई तिथियों के साथ मिलान कीजिए और नीचे दिए गए कूट का प्रयोग करके सही उत्तर चुनिए:

	स्तंभ-I	स्तंभ-II
A.	विश्व जल दिवस	- i 5 जून
B.	ओजोन दिवस	- ii 22 अप्रैल
C.	विश्व पर्यावरण दिवस	- iii 22 मई
D.	अंतर्राष्ट्रीय जैव विविधता दिवस	- iv 22 मार्च
E.	पृथ्वी दिवस	- v 16 सितंबर

(a) A-iv, B-v, C-i, D-iii, E-ii
(b) A-i, B-iii, C-ii, D-v, E-iv
(c) A-iii, B-iv, C-v, D-i, E-ii
(d) A-v, B-i, C-iii, D-ii, E-iv

38. निम्नलिखित में से कौन उत्तर प्रदेश का सीमावर्ती राज्य नहीं है?

(a) झारखंड (b) पंजाब
(c) बिहार (d) राजस्थान

39. विश्व विरासत दिवस .... को मनाया जाता है।

(a) 8 अप्रैल (b) 18 अप्रैल
(c) 28 अप्रैल (d) 18 मई

40. कन्नौज जिले के संदर्भ में कौन-सा विकल्प सही नहीं है?

(a) यह इत्र की राजधानी के नाम से प्रसिद्ध है।
(b) यहाँ सुगंध एवं सुरस विकास केंद्र परिचालित है।
(c) यह गुड़ उद्योग के लिये प्रसिद्ध है।
(d) यहाँ लाख-बहोसी पक्षी विहार स्थित है

41. पुस्तक 'काशीः सीक्रेट ऑफ द ब्लैक टेंपल' के लेखक कौन हैं?

(a) विनीत बाजपेयी (b) वैंकेया नायडू
(c) विवेकानंद झा (d) बाबूलाल मरांडी

42. निम्नलिखित में से "झाँसी की रानी" कविता की लेखिका हैं-

(a) सुभद्रा कुमारी चौहान
(b) सरोजिनी नायडू
(c) महादेवी वर्मा
(d) अनामिका सिंह

43. k की वह शर्त ज्ञात करें, जिससे समीकरण $x + 3y = 5$ और $2x + ky = 8$ के विशिष्ट हल हों।

(a) $k = 6$ (b) $k \neq 6$
(c) $k \neq 4$ (d) $k = 4$

44. यदि किसी वृत्त की एक जीवा की लम्बाई 6 सेमी है, यह जीवा के अंतिम बिन्दु पर खींची गई स्पर्शक के साथ 45 डिग्री का कोण बनाती है, तो वृत्त की त्रिज्या कितनी है?

(a) $6\sqrt{2}$ सेमी (b) 5 सेमी
(c) $3\sqrt{2}$ सेमी (d) 6 सेमी

45. यदि एक सम अष्टभुज की प्रत्येक भुजा 5 सेमी है, तो उसका क्षेत्रफल ज्ञात कीजिए।

(a) $25(\sqrt{2}+1)$ (b) $50(\sqrt{2}+1)$
(c) $75(\sqrt{2}+1)$ (d) इनमें से कोई नहीं

46. दो खम्भों की ऊँचाई क्रमशः 25 और 16 सेमी है और उनके बीच की दूरी x सेमी है। यदि उनके अक्षों से झुकाव Q_1 तथा Q_2 हैं। $Q_1 + Q_2 = 90°$ है, तो x का मान ज्ञात कीजिए।

(a) 20 (b) 18
(c) 400 (d) 10

47. यदि $x + y - 7 = 0$ और $3x + y - 13 = 0$ है, तो $4x^2 + y^2 + 4xy$ किसके तुल्य है?

(a) 75 (b) 85
(c) 91 (d) 100

48. यदि एक समय बहुभुज का प्रत्येक आंतरिक कोण इसके बाहरी कोण से दो गुना है, तो बहुभुज की भुजाओं की संख्या है-

(a) 5 (b) 6
(c) 7 (d) 8

49. यदि $3 \sin\theta + 4 \cos\theta = 5, (0 < \theta < 90°)$; तो $\sin\theta$ का मान क्या होगा?

(a) $\frac{1}{5}$ (b) $\frac{2}{5}$
(c) $\frac{3}{5}$ (d) $\frac{4}{5}$

50. ₹ 400 की एक धनराशि 4 वर्षों में ₹ 480 हो जाती है। यह धनराशि कितनी हो जाएगी यदि इसी समयावधि के लिए ब्याज की दर को 2% बढ़ा दिया जाए?

(a) ₹ 512 (b) ₹ 520
(c) ₹ 490 (d) ₹ 515

सामान्य हिंदी

प्रस्तुत गद्यांश को पढ़िए और उचित विकल्पों का चयन करके उत्तर दीजिये (51 से 56):

रास्ते पर खड़ा ये आम का पेड़, सदा से ठूंठ नहीं है। दिन थे जब वह हरा-भरा था और उस जनसंकुल चौराहे पर अपनी छतनार डालियों से बटोहियों की थकान अनजाने दूर करता था। पर मैंने उसे सदा ठूंठ ही देखा है। पत्रहीन, शाखाहीन, निरलंब, जैसे पृथ्वी रूपी आकाश से सहसा निकलकर अधर में ही टंग गया हो। रात में वह काले भूत-सा लगता है, दिन में उसकी छाया इतनी गहरी नहीं हो पाती जितना काला उसका जिस्म है और अगर चितेरे को छायाचित्र बनाना हो तो शायद उसका सा 'अभिप्राय' और न मिलेगा। प्रचंड धूप में भी उसका सूखा शरीर उतनी ही गहरी छाया जमीन पर डालता जैसे रात की उजियारी चाँदनी में। जब से होश संभाला है, जब से आँख खोली है, देखने का अभ्यास किया है, तब से बराबर मुझे उसका निस्पंद, नीरस, अर्थहीन शरीर ही दिख पड़ा है।

पर पिछली पीढ़ी के जानकार कहते हैं कि एक जमाना था जब पीपल और बरगद भी उसके सामने शरमाते थे और उसको पत्तों से, उसकी टहनियों और डालों से टकराती हवा की सरसराहट दूर तक सुनाई पड़ती थी। पर आज वह नीरव हैं, उस चौराहे का जवाब जिस पर उत्तर दक्षिण, पूरब पश्चिम चारों ओर की राहें मिलती हैं और जिनके सहारे जीवन अविरल बहता है। जिसने कभी जल को जीवन की संज्ञा दी, उसने निश्चय जाना होगा कि प्राणवान जीवन भी जल की ही भांति विकल, अविरल बहता है सो प्राणवान जीवन, मानव संस्कृति का उल्लास उपहार लिए उन चारों राहों की संधि पर मिलता था जिसके एक कोण में उस प्रवाह से मिल एकांत शुष्क आज वह ठूंठ खड़ा है। उसके अभाग्यों की परंपरा में संभवत: एक ही सुखद अपवाद है उसके अंदर का स्नेहरस सूख जाने से संज्ञा का लोप हो जाना। संज्ञा लुप्त हो जाने से कष्ट की अनुभूति कम हो जाती है।

51. आम के वृक्ष के सामने पीपल और बरगद के शरमाने का कारण कौन-सा है ?

(a) आम के वृक्ष का अधिक हरा-भरा और सघन होना।
(b) आम की टहनियों से टकराती हवा की सरसराहट की आवाज दूर तक सुनाई देना।
(c) पीपल और बरगद की मजबूती और सघनता आम के विशाल वृक्ष की तुलना में फीकी पड़ना।
(d) पीपल और बरगद के सामने ही आम के पेड़ का ठूंठा हो जाना।

52. प्रस्तुत गद्यांश का उपयुक्त शीर्षक हो सकता है-

(a) निस्पंद और नीरस वृक्ष
(b) नीरस एवं अर्थहीन जीवन
(c) ठूँठा आम
(d) जंगल के वृक्ष

54. जनसंकुल का क्या आशय है ?

(a) जनसंपर्क युक्त
(b) भीड़-भाड़ से भरे
(c) जनसमूह से रहित
(d) जनजीवन से हीन

55. आम की छतनार डालियों के कारण क्या होता था ?

(a) यात्रियों को आम के फल खाने को मिलते थे।
(b) चारों ओर अँधेरा होता था।
(c) यात्रियों की थकान मिटती थी और विश्राम मिलता था।
(d) यात्रियों को प्राणवायु मिलती थी।

56. शाखाहीन, रसहीन, शुष्क वृक्ष को क्या कहा गया है ?

(a) नीरस वृक्ष (b) जड़ वृक्ष
(c) ठूँठा वृक्ष (d) हीन वृक्ष

निम्नलिखित गद्यांश को पढ़कर पूछे गए प्रश्नों (57 से 60) के उत्तर दें।

साहस की जिन्दगी सबसे बड़ी जिन्दगी होती है। ऐसी जिन्दगी की सबसे बड़ी पहचान यह है कि वह बिल्कुल निडर, बिल्कुल बेख़ौफ होती है। साहसी मनुष्य की पहली पहचान यह है कि वह इस बात की चिंता नहीं करता कि तमाशा देखने वाले उसके बारे में क्या सोच रहे हैं। जनमत की उपेक्षा करके जीने वाला आदमी दुनिया की असली ताकत होता है और मनुष्यता को प्रकाश भी उसी आदमी से मिलता हैं। अड़ोस-पड़ोस को देखकर चलना, यह साधारण जीव का काम है। क्रांति करने वाले लोग अपने उद्देश्य की तुलना न तो पड़ोसी के उद्देश्य से करते हैं और न अपनी चाल को ही पड़ोसी की चाल देखकर मद्धिम बनाते हैं।

साहसी मनुष्य उन सपनों में भी रस लेता है जिन सपनों से कोई व्यावहारिक अर्थ नहीं है।

साहसी मनुष्य सपने उधार नहीं लेता; वह अपने विचारों में रमा हुआ अपनी ही किताब पढ़ता है।

झुण्ड में चलना और झुण्ड में चरना, यह भैंस और भेड़ का काम है। सिंह तो बिल्कुल अकेला होने पर भी मगन रहता है।

जिन्दगी को ठीक से जीना हमेशा ही जोखिम झेलना है और जो आदमी सकुशल जीने के लिए जोखिम का हर जगह एक घेरा डालता है वह अंततः अपने ही घेरों के बीच कैद हो जाता है और जिन्दगी का कोई मजा उसे नहीं मिल पाता क्योंकि जोखिम से बचने की कोशिश में, असल में जिन्दगी को ही आने से रोक रखा है। जिन्दगी से, अंत में, हम उतना ही पाते हैं जितनी कि उसमें पूँजी लगाते हैं। यह पूँजी लगाना जिन्दगी के संकटों का सामना करना है, उसके उस पन्ने को उलटकर पढ़ना है जिसके सभी अक्षर फूलों से ही नहीं, कुछ अंगारों से भी लिखे गए हैं। जिन्दगी का भेद कुछ उसे ही मालूम जो यह जानकर चलता है कि जिन्दगी कहीं भी खत्म न होने वाली चीज है।

57. गद्यांश का सबसे उचित शीर्षक हो सकता है-

(a) जिन्दगी एक सफर है सुहाना
(b) जिन्दगी का आनंद
(c) साहस की जिन्दगी
(d) भेड़ों और भैंसों की जिन्दगी

58. लेखक के अनुसार साहसी व्यक्ति का कौन-सा लक्षण नहीं है ?

1. **साहसी की जिन्दगी निडर और बेखौफ होती है**
2. **साहसी जनमत की उपेक्षा नहीं करता है**
3. **साहसी आस-पड़ोस को भली-भाँति देखकर चलता है**
4. **साहसी जोखिमों से नहीं डरता है**

(a) 1, 4 (b) 2, 3
(c) 1, 3 (d) 2, 4

59. निम्नलिखित में से कौन-सा संक्षेपण (सार) लेखक के विचारों से मेल खाता है ?

(a) साहसी व्यक्ति फूल और अंगारों को समान मानते हैं और समाप्त हो जाने वाली इस जिन्दगी में अपनी पूँजी खूब सोच-समझ कर लगाते हैं।
(b) साहसी व्यक्ति जनमत की उपेक्षा नहीं करते और आस-पड़ोस के लोगों की प्रतिक्रिया पर भी ध्यान देते हैं। उनके बुने हुए सपने सोचे-समझे और व्यावहारिक होते है।
(c) साहसी व्यक्ति समाज के अधिकांश लोगों की तरह सबसे मिल-जुल कर चलते हैं और जोखिमों का ध्यान रखते हुए एक सुरक्षित और आनंद-पूर्ण जीवन व्यतीत करते है।
(d) साहसी व्यक्ति निडर और बेख़ौफ रहते हुए आस-पड़ोस के लोगों की परवाह किए बिना अपने बुने हुए सपनों को साकार करने में लगे रहते हैं, सिंह के समान अकेले जिन्दगी के जोखिमों को देखकर अपने पथ से नहीं डिगते।

अनुच्छेद को पढ़कर पूछे गए प्रश्न का उत्तर दीजिए।

यदि हम किसी के बोझ को हल्का कर सकें, यदि हम किसी के खेद को कम कर सकें, यदि हम किसी के कष्ट को नष्ट कर सकें, यदि हम किसी के दुःख में सहानुभूति की शीतल कोमल वर्षा कर सकें तो इस प्रकार

की मानसिक शक्ति से हमें जो लाभ प्राप्त होगा, वह अन्य किसी भी प्रकार की योग्यता से प्राप्त नहीं हो सकता।

आशा का सूर्योदय होते ही निराशा की निशा लुप्त हो जाती है, मुस्कान तथा हँसी के प्रकट होते ही खिन्नता तथा उदासी दूर हो जाती है। उल्लास की भावना मन में आते ही चिंता नष्ट हो जाती है और दयालुता तथा परोपकार की भावना मन में आते ही अपना दुःख दूर हो जाता है।

आनंद से परिपूर्ण आत्मा वाले मनुष्य के आते ही लोग मुस्कान द्वारा उसका स्वागत करते हैं, उनसे वार्तालाप करते हुए असीम प्रसन्नता का अनुभव करते हैं और सम्पूर्ण वातावरण में हर्ष और प्रसन्नता की सुरभि-सी प्रसारित हो जाती है।

यदि आप अपने काम-धंधे का भला और विकास करना चाहते हैं तो इससे अधिक अच्छा अन्य उपाय कोई नहीं हो सकता कि आप अपना स्वभाव प्रसन्नतामय, उल्लासमय और हर्ष समन्वित बना लें। चित्त में दूसरों की सेवा की भावना जाग्रत कर लें। सामाजिक संबंधों में सौमनस्य लाने के लिए इससे उत्तम उपाय है ही नहीं उल्लास तथा परोपकार मन में लाते ही आपको व्यापार के पीछे नहीं भागना पड़ेगा, अपितु वह स्वयं आपकी ओर उमड़ा आएगा। मित्र आपसे मिलने के लिए लालायित रहेंगे और आपका व्यवसाय दिन दूनी रात-चौगुनी गति से उन्नति करेगा।

60. आपको व्यापार के पीछे नहीं भागना पड़ेगा, यदि आप-
(a) व्यापार में चतुराई से काम करेंगे
(b) आनंद से परिपूर्ण आत्मा वाले मनुष्य से मिलेंगे।
(c) अपना स्वभाव प्रसन्नतामय, उल्लासमय और हर्ष-समन्वित बना लेंगे।
(d) जीवन में निराशा के कारणों का विश्लेषण करेंगे।

61. पृष्ठांकन का अंग्रेजी अनुवाद होगा।
(a) Amendment (b) Verification
(c) Specimen (d) Endorsement

62. Affidavit का हिन्दी अनुवाद होगा।
(a) शपथपत्र (b) प्रस्ताव
(c) समायोजन (d) विवरण

63. शासकीय पत्र में पत्र संख्या के नीचे बायीं ओर क्या लिखा जाता है ?
(a) दिनांक
(b) सेवा में
(c) प्राप्तकर्ता का पदनाम
(d) प्रेषक पदाधिकारी का नाम, पदनाम

64. अधिसूचना के संदर्भ में कौन-सा कथन गलत है ?
(a) सामान्यत: यह गजट में प्रकाशित होती है
(b) इनमें प्रेषक का उल्लेख होता है
(c) ये राष्ट्रपति अथवा राज्यपाल की ओर से जारी की गई मानी जाती हैं
(d) इसे विज्ञप्ति भी कहा जाता है।

65. निम्नलिखित पत्रों में अभिनिवेदन के रूप में लिखा जाता है-
(a) आपका (b) भवदीय
(c) शुभेच्छु (d) शुभचिंतक

66. संक्षेपण कितने शब्दों में लिखना चाहिये ?
(a) एक तिहाई शब्दों में
(b) आधे शब्दों में
(c) दो तिहाई शब्दों में
(d) तीन चौथाई शब्दों में

67. 'नैसर्गिक' का पर्यायवाची है–
(a) सत्कृत (b) चमत्कृत
(c) प्राकृतिक (d) चतुर्दिक

68. 'नौ बजने को दस मिनट है।' इस वाक्य का शुद्ध रूप क्या होगा ?
(a) नौ बज कर दस मिनट है।
(b) नौ बजने में दस मिनटे हैं।
(c) नौ बजने में दस मिनट हैं।
(d) नौ बजने पर दस मिनट हैं।

69. निम्नलिखित में कौन-सा शब्द 'हाथ' का पर्यायवाची नहीं है?
(a) कटि (b) हस्त
(c) पाणि (d) कर

70. निम्न वाक्य में किस प्रकार की अशुद्धि है ? 'रामचरितमानस के रचियता तुलसीदास हैं'
(a) लिंग संबंधी अशुद्धि
(b) वचन संबंधी अशुद्धि
(c) कारक संबंधी अशुद्धि
(d) वर्तनी संबंधी अशुद्धि

71. निम्नलिखित में से किसी एक मुहावरे का अर्थ, 'नाक पर सुपारी तोड़ना' मुहावरे से भिन्न है ? उस भिन्नार्थक मुहावरे का चयन कीजिये।
(a) चुल्लुओं लहू पीना
(b) नाक पर दिया बाल कर आना
(c) नाकों चने चबवाना
(d) नाक में दम करना

72. "जिन ढूँढ़ा तिन पाइयाँ गहरे पानी पैठ" लोकोक्ति का अर्थ है __________।
(a) परिश्रम का फल अवश्य मिलता है
(b) पानी में ढूंढना
(c) परिश्रम करते रहना
(d) जल-समाधि ले लेना

73. निम्नलिखित वाक्य के शुद्ध रूप का चयन करें। गत रविवार को वह शिमला जाएगा।
(a) गत रविवार को वह शिमला अवश्य जाएगा।
(b) गत रविवार वह शिमला जा रहा है।
(c) गत रविवार को वह शिमला गया था।
(d) इनमें से कोई नहीं

74. किस विकल्प में अंग्रेजी पारिभाषिक शब्द का समकक्ष हिन्दी पारिभाषिक शब्द सही है ?
(a) Review - पुनर्विलोकन
(b) Enforcement - अप्रभावशील होना
(c) Maladministration - व्यवस्थित प्रशासन
(d) Overdraft - अतिमात्रा

75. निम्नलिखित में कौन-सा शब्द 'सरस्वती' का पर्यायवाची नहीं है?
(a) वीणापाणि (b) महाश्वेता
(c) पद्मा (d) भारती

76. 'Nebula' का हिंदी पारिभाषिक शब्द है-
(a) आदर्शात्मकता (b) निहारिका
(c) अमिश्रित (d) तट-संबंधी

77. 'जनार्दन' किसका पर्यायवाची है?
(a) राम (b) कृष्ण
(c) विष्णु (d) ब्रह्म

78. 'जीभ' का पर्यायवाची है–
(a) वचन (b) रसना
(c) ध्वनि (d) जीव

79. निम्नलिखित में कौन-सा शब्द 'समुद्र' का पर्यायवाची नहीं है?
(a) पयोधि (b) जलद
(c) जलधि (d) वारिधि

80. 'विग्रह' का विलोम–
(a) सन्धि (b) अविग्रह
(c) आग्रह (d) ग्रहण

81. निम्नलिखित में 'शिव' का पर्यायवाची शब्द है–
(a) शिवालय (b) रुद्र
(c) रुद्राक्ष (d) हरि

82. निम्नलिखित में कौन-सा विलोम युग्म त्रुटिपूर्ण है?
(a) अपेक्षा-उपेक्षा (b) अग्रज- अनुज
(c) उन्नत- अवगत (d) आदान-प्रदान

83. 'जिन खोजा तिन पाइया, गहरे पानी पैठ' लोकोक्ति का निकटतम सही अर्थ है-
(a) संकल्पशील व्यक्ति कठिन परिश्रम द्वारा लक्ष्य प्राप्त कर ही लेते हैं।
(b) पानी में गहरे उतर कर खोजना।
(c) पानी में साँस रोक कर अंदर तक पहुँच जाना।
(d) संकल्पशील व्यक्ति पानी में तैर सकता है।

84. 'यथार्थ' का विलोम है–
(a) कृत्रिम (b) आदर्श
(c) उचित (d) अनुचित

85. 'अभिज्ञ' का विलोम है–
(a) अज्ञ (b) तज्ञ
(c) प्रज्ञ (d) चतुर

86. 'साधु' का विलोम शब्द है–
(a) साधुनी (b) सन्यासिनी
(c) साध्वी (d) असाधु

87. 'कृतज्ञ' का विलोम है–
(a) अकृतज्ञ (b) संवेदनहीन
(c) कृतघ्न (d) जड़

88. किस शब्द की वर्तनी अशुद्ध है?
(a) लंगड़ (b) बुझक्कड़
(c) कोंकण (d) भुख्खड़

89. 'संकीर्ण' का विलोम है–
(a) संक्षेप (b) विस्तार
(c) विकीर्ण (d) विस्तीर्ण

90. निम्नलिखित में कौन-सा पत्र औपचारिक पत्र नहीं है ?
(a) अंकतालिका की नई प्रति प्राप्त करने के लिए केन्द्रीय माध्यमिक शिक्षण बोर्ड को लिखा जाने वाला पत्र
(b) कक्षा में प्रथम स्थान प्राप्त करने वाले पुत्र के लिए पिता द्वारा लिखा जाने वाला बधाई पत्र
(c) पुस्तकें मँगवाने के लिए पुस्तक विक्रेता को लिखा जाने वाला पत्र
(d) अवकाश के लिए विद्यालय प्राचार्य को लिखा गया आवेदन पत्र

91. 'अनुरक्ति' का विलोम है–
(a) विराग (b) विरक्ति
(c) तिरोभाव (d) संसक्ति

92. कौन-सा वाक्य शुद्ध है?
(a) आपका शासन सम्बन्धी कार्य अधिक विख्यातपूर्ण है
(b) आपको भूमि-भवन-वाहन का अभिनव सुख की प्राप्ति होगी।
(c) यह समाचार पूरे देश भर में तुरन्त फैल गया
(d) तुम्हें कल कुछ हो जाये तो कहीं का नहीं रहूंगा

93. 'सापेक्ष' का विलोम शब्द है–
(a) असापेक्ष (b) निष्पक्ष
(c) निरपेक्ष (d) आपेक्ष

94. कौन-सा वाक्य शुद्ध है?
(a) रोगी अपनी कमजोरियों के कारण उठ तक नहीं पा रहा था
(b) राजपथ की सड़क से झांकियां वापस लौट गई
(c) शिकारी उस पर गोली चलाई पर वह शेर बच निकला
(d) उस समय चरखा चलाना भी एक अनुशासन था

95. निम्नलिखित में शुद्ध वर्तनी वाला शब्द है–
(a) कवयित्री (b) कवियित्री
(c) कवियत्री (d) कवित्री

96. 'जिसे बुलाया न गया हो' वाक्य के लिए प्रयुक्त होने वाला शब्द है–
(a) अतिथि (b) अभ्यागत
(c) अनाहुत (d) रिश्तेदार

97. निम्नलिखित में शुद्ध वर्तनी वाला शब्द है–
(a) शुश्रुषा (b) सुश्रूषा
(c) सुश्रुषा (d) श्रुशुषा

98. 'मोक्ष की इच्छा रखने वाला' वाक्यांश के लिए उपयुक्त शब्द है–
(a) योगी (b) मुक्तिकामी
(c) मुमुक्षु (d) तपस्वी

99. शुद्ध वर्तनी वाला शब्द है–
(a) ईर्शा (b) ईर्षा
(c) इर्षा (d) ईर्ष्या

100. रंगमंच के पर्दे के पीछे का स्थान कहा जाता है–
(a) पृष्ठभूमि (b) नेपथ्य
(c) मंचपृष्ठ (d) गुह्यमंच

कंप्यूटर ज्ञान

101. फेसबुक क्या है ?
(a) सोशल नेटवर्किंग वेबसाइट
(b) एक पुस्तक वाला पृष्ठ
(c) कोई पुस्तक
(d) इंटरनेट

102. वेब ब्राउजर कुकीज क्या है ?
(a) यह इंटरनेट से डाउनलोड किया गया एक वायरस
(b) यह एक छोटी फाइल है जिसमें यूजर ब्राउजिंग डाटा है।
(c) यह श्रव्य या दृश्य फाइल को चलाने वाली एक एप्लीकेशन है।
(d) यह वायरस के लिए डाउनलोड हुई फाइलों की पुष्टि करता है।

103. वीडियो फाइलें ...... फॉरमेट में उपलब्ध होती हैं।
(a) AVI (b) PNG
(c) JPG (d) PDF

104. एमएस एक्सेल में, वर्कशीट में सभी रो और कॉलम को सेलेक्ट करने के लिए ....कुंजी दबाएँ।
(a) Ctrl + A (b) Ctrl + C
(c) Ctrl + B (d) Ctrl + D

105. एक एमएस वर्ड डॉक्यूमेंट में, टेक्स्ट या स्थितियों का नाम निरूपण .... कहलाता है।
(a) वर्ड काउंट (b) नामक शब्द
(c) बुकमार्क (d) क्रॉस-रिफरेंस

106. जब एक प्रणाली में इनपुट, प्रोसेस व आऊटपुट पहले से पूर्णतः ज्ञात होते है, वह प्रणाली क्या कहलाती है ?
(a) प्रोबबिलिस्टिक (b) डेटर्मीनिस्टिक
(c) ओपन (d) क्लोज

107. वेबसाइट एड्रेस https://www.google.com/ में 'कॉम' का उपयोग किसके लिए होता है ?
(a) संचार (कम्यूनिकेशन)
(b) घटक (कम्पोनेंट)
(c) वाणिज्यिक (कॉमर्शियल)
(d) समुदाय (कम्युनिटी)

108. निम्न में से क्या सेंट्रल प्रोसेसिंग यूनिट का भाग है ?
(a) अर्थमैटिक एवं लॉजिक यूनिट
(b) की-बोर्ड
(c) स्कैनर
(d) माउस

109. एमएस वर्ड 2007 में, कैरेक्टर्स के फॉर्मेट कॉपी करने के लिए किस आइकॉन का उपयोग किया जाता है ?
(a) फॉर्मेट पेंटर (b) पेंटर
(c) फॉर्मेट बटन (d) कैरेक्टर पेंटर

110. ASCII का पूरा नाम हैं ?
(a) अमेरिकन स्टैन्डर्ड कोड फॉर इन्फॉर्मेशन इन्टरचेंज
(b) अमेरिकन सिक्रेट क्रामि इन्फॉर्मेशन
(c) अमेरिकन सोर्स सीक्रेट इन्टेलीजेंसी इन्फॉर्मर
(d) आमेरिकन सब्जेक्ट कोर्ड इन्फॉर्मेशन इन्चार्ज

111. एमएस वर्ड 2007 डॉक्यूमेंट में हेल्प विंडो खोलने के लिए कुंजी दबायी जाती है-
(a) F 1 (b) F9
(c) F2 (d) F11

112. विषम ज्ञात कीजिए-
(a) जावा (b) C++
(c) C (d) लाईनेक्स

113. एमएस वर्ड 2007 में, मार्जिन तथा पैराग्राफ के आरंभ के मध्य छूटा हुआ अंतराल .... कहलाता है।
(a) स्पेसिंग (b) गटर
(c) इन्डेंटेशन (d) एलाइनमेंट

114. कम्प्यूटर माउस किस प्रकार का यंत्र (डिवाइस) है ?

(a) स्टोरेज (b) इनपुट

(c) आउटपुट (d) सॉफ्टवेयर

115. एक .... संसाधनों और डेटा को साझा करने के लिए कई कम्प्यूटरों से जुड़ा होता है।

(a) इंटरनेट (b) बैकबोन

(c) नेटवर्क (b) हाइपरलिंक

116. कम्प्यूटर एक है-

(a) मैकेनिकल डिवाइस

(b) इलेक्ट्रिकल डिवाइस

(c) इलेक्ट्रॉनिक डिवाइस

(d) नेटवर्किंग टूल

117. एमएस एक्सेल में, सेल कंटेंट को एडिट करने में निम्न में से कौन सही विधि नहीं है ?

(a) Alt कुंजी दबाना

(c) F2 कुंजी दबाना

(b) सेल में डबल क्लिक करना

(d) Ctrl कुंजी दबाना

118. एमएस एक्सेल में, एक रो और एक कॉलम के प्रतिच्छेदन को .... कहा जाता है।

(a) वर्ग (b) सेल

(c) रो (d) वर्कशीट

119. GB का विस्तृत रूप क्या है ?

(a) जेनराबाइट (b) गैंतबाइट

(c) गीगाबाइट (d) जेनबाइट

120. एमएस एक्सेल 2007 में, सेल में लंबे टेक्स्ट को अनेक में विभाजित किया जा सकता है। आप ऐसा ...... के माध्यम से कर सकते हैं।

(a) होम टैब में रैंप टेक्स्ट पर क्लिक करके

(b) पेज लेआउट टैब में एलाइन पर क्लिक करके

(c) व्यू टैब में अरेंज ऑल पर क्लिक करके

(d) उपरोक्त में से कोई नहीं

121. HTML का उपयोग निम्न के निर्माण के लिए किया जाता है-

(a) वेब सर्वर (b) वेब पेज

(c) वर्ड डॉक्यूमेंट (d) डाटाबेस

122. प्राइवेट नेटवर्क को बाहरी हमले से बचाने वाली क्रियाविधि कहलाता है।

(a) एंटीवायरस (b) सर्च इंजन

(c) फायरवॉल (d) साइबर क्राइम

123. आप एक वर्कबुक की तीन प्रतियों को कैसे प्रिंट कर सकते हैं ?

(a) मेनू से प्रिंट पर क्लिक करें और 1 से 3 तक प्रिंट पेज को सिलेक्ट करें

(b) Ctrl + P +3 दबाएं

(c) मेनू से प्रिंट पर क्लिक करें और प्रतियों की संख्या वाले टेक्स्ट बॉक्स में 3 टाइप करें

(d) उपरोक्त सभी

124. एमएस वर्ड 2007 में, प्रिंट प्रिव्यू, मेनू में निम्न में से कौन-सी कमांड उपलब्ध नहीं होती है ?

(a) जूम (b) पेज सेटअप

(c) प्रिव्यू (d) पैराग्राफ

125. एक स्टोरेज लोकेशन में डाटा रखने की प्रक्रिया .... कहलाती है।

(a) रीडिंग (b) हैंड शेकिंग

(c) कंट्रोलिंग (d) राइटिंग

126. स्टैंडर्ड कीबोर्ड में फंक्शन कुंजियों की संख्या होती है।

(a) 0 (b) 11

(c) 8 (d) 12

127. MAC एड्रेस ..... बिट होता है।

(a) 24 (b) 48

(c) 36 (d) 42

128. कुकीज को ट्रांजिएंट कुकीज के नाम से भी जाना जाता है।

(a) थर्ड पार्टी (b) सेशन

(c) फर्स्ट- पार्टी (d) पसिस्टेंट

129. कम्प्यूटर्स की मूल भाषा क्या कहलाती है।

(a) मशीन लैंग्वेज (b) फ्लो चार्ट

(c) अल्गोरिथम (d) हाई लेवल लैंग्वेज

130. एमएस एक्सेल में वर्कशीट डेटा का चित्रात्मक निरूपण क्या है ?

(a) चार्ट (b) वर्डशर्ट

(c) क्लिपआर्ट (d) उपरोक्त सभी

131. एमएस वर्ड फाइल के लिए एक्सटेंशन निम्न होता है-

(a) txt (b) .rtf

(c) .docx (d) odt

132. LAN का विस्तृत रूप क्या है ?

(a) लो- लेवल ऐक्सेस नेटवर्क

(b) लोड एडजस्टिंग नेटवर्क

(c) लोकल एरिया नेटवर्क

(d) लोअर एरिया नेटवर्क

133. कितने बाइट एक गीगाबाइट के बराबर होते हैं ?

(a) 210 बाइट (b) 230 बाइट

(c) 220 बाइट (d) 240 बाइट

134. एक्सेल में, "Qtr 1, Qtr 2, Qtr, 3" निम्न का उदाहरण है-

(a) फॉर्मूला (b) सीरीज

(c) फंक्शन (d) सिंटेक्स

135. एमएस वर्ड डॉक्यूमेंट 2007 में निम्न में से कौन-सी शॉर्टकट कुंजी, डॉक्यूमेंट में से किसी भाग को कट करने के लिए प्रयुक्त होती है ?

(a) CTRL+C (b) CTRL+X

(c) CTRL+N (d) CTRL+V

136. ASCII एक कोडिंग सिस्टम है जो .... विभिन्न कैरेक्टर प्रदान करता है।

(a) 128 (b) 1024

(c) 357 (d) 2024

137. वर्ड डॉक्यूमेंट (एमएस वर्ड 2007 में) को निर्दिष्ट लोकेशन में सेव करने के लिए, आपको ऑफिस बटन में...... पर क्लिक और सिलेक्ट करना होगा।

(a) सेव (b) ओपन

(c) सेव एज (d) न्यू

138. एम. एस. वर्ड में सेलेक्टेड टेक्स्ट पर align center का इस्तेमाल करने के लिए किस शॉर्टकट की का इस्तेमाल करना होता है ?

(a) Ctrl + R (b) Ctrl + U

(c) Ctrl + I (d) Ctrl+E

139. जब हम किसी फाइल को केवल डिलीट कुंजी का उपयोग कर डिलीट करते हैं, तब फाइल ...... में चली जाती है।

(a) माइ कम्प्यूटर (b) डाउनलोड

(c) रिसायकल बिन (d) नेटवर्क नेबरहुड

140. स्प्रेडशीट का निर्माण करने और फॉर्मेट करने के लिए प्रयुक्त होने वाला एक टूल है।

(a) एडॉब फोटोशॉप सीएस

(b) माइक्रोसॉफ्ट एक्सेल

(c) माइक्रोसॉफ्ट पॉवर प्वाइंट

(d) इंटरनेट एक्सप्लोरर

141. कुछ वैध प्रोग्राम में अंत:स्थापित कोड होता है जो निश्चित स्थितियाँ पूरी होने पर 'एक्सप्लोड' होने के लिए सेट किया जाता है।

(a) ट्रैप डोर्स (b) लॉजिक बॉम्ब

(c) ट्रोजन हॉर्स (d) वायरस

142. एक कम्प्यूटर में कौन-सी दो प्रकार की मेमोरी होती हैं ?

(a) हार्डवेयर मेमोरी एवं सॉफ्टवेयर मेमोरी

(b) अर्थमेटिक मेमोरी एवं लॉजिकल मेमोरी

(c) शॉर्ट टर्म मेमोरी एवं लॉन्ग टर्म मेमोरी

(d) रीड ओनली मेमोरी (रोम) एवं रैन्डम एक्सेस मेमोरी (रैम)

143. एक्सेल में, निम्नलिखित में से कौन-सी एक सेल एक्टिव सेल होती है ?

(a) करंट सेल (b) रेंज

(c) फॉर्मूला (d) सेल एड्रेस

144. एमएस वर्ड में मेल मर्ज कार्यात्मकता का क्या उपयोग होता है ?

(a) मेल मर्ज, एमएस वर्ड से जीमेल या आउटलुक शुरू करने के लिए इस्तेमाल किया जाता है।

(b) मेल मर्ज का उपयोग बल्क मेल, लेबल्स तथा एन्वेलप्स क्रिएट करने तथा प्रेषित करने के लिए किया जाता है।

(c) मेल मर्ज, एक डॉक्यूमेंट में ईमेल आईडी एंटर करने के लिए किया जाता है।

(d) मेल मर्ज का उपयोग जीमेल या आउटलुक को एमएस वर्ड के साथ कान्फिगर करने के लिए किया जाता है।

145. एक वेबसाइट में लॉगिन करने के लिए कौन-सी दो प्रविष्टियाँ आवश्यक होती हैं ?

(a) एप्लीकेशन नेम, ईमेल आईडी

(b) यूजर नेम, ईमेल आईडी

(c) एप्लीकेशन नेम, यूजर नेम

(d) यूजर नेम, पासवर्ड

146. इनमें से कौन-सा सॉफ्ट कॉपी आउटपुट डिवाइस है ?

(a) प्रिंटर

(b) प्लॉटर

(c) मॉनिटर

(d) पंच कार्ड

147. एक्सेल में "B5" जैसे अक्षरांकीय संयोजन (अल्फान्यूमेरिक कॉम्बीनेशन) का अर्थ निम्न होगा-

(a) वर्कबुक एड्रेस

(b) सेल एड्रेस

(c) वर्कशीट एड्रेस

(d) फाइल का नाम

148. ENIAC के पहले कम्प्यूटर में क्या विशेषता थी ?

(a) इनमें वैक्यूम ट्यूब का प्रयोग होता था

(b) इसमें प्रोग्राम स्टोर होता था

(c) इनमें पेपर टेप प्रयोग होता था

(d) उपरोक्त सभी

149. कम्प्यूटर में फॉयरवॉल का उद्देश्य निम्न होता है-

(a) सुरक्षा करने के लिए

(b) अधिप्रमाणन (ऑथेंटिकेशन) करने के लिए

(c) निगरानी के लिए

(d) डाटा कम्युनिकेट करने के लिए अनुसार

150. .... एमएस एक्सेल में रेंज का एक उदाहरण है।

(a) Al-B1 (b) A1 to A10

(c) A1: A10 (d) A1 - A10

व्याख्या सहित उत्तर

1. (a) जनसंख्या घनत्व का तात्पर्य जनसंख्या एवं धरातल के अनुपात से है। जनसंख्या घनत्व के 4 प्रकार हैं-

1. गणितीय घनत्व
2. फिजियोलॉजिक घनत्व
3. कृषि घनत्व
4. आर्थिक घनत्व

गणितीय जनसंख्या घनत्व के लिए कुल जनसंख्या को उसके क्षेत्रफल से विभाजित करते हैं।

अर्थात् गणितीय घनत्व = कुल जनसंख्या/क्षेत्रफल

2. (b) कार्यवाहक गवर्नर-जनरल चार्ल्स मेटकॉफ ने भारतीय प्रेस के प्रति उदारवादी दृष्टिकोण अपनाया तथा 1823 के कुत्सित अधिनियम को रद्द कर दिया। इस प्रयास के कारण चार्ल्स मेटकॉफ को भारतीय समाचार पत्रों के 'मुक्तिदाता', की संज्ञा दी गयी। मेटकॉफ ने 1835 में एक प्रेस अधिनियम बनाया जिसके अनुसार, प्रकाशक या मुद्रक को केवल प्रकाशन के स्थान की निश्चित सूचना ही सरकार को देनी थी और वह आसानी से अपना कार्य कर सकता था। यह कानून 1856 तक चलता रहा तथा अवधि में समाचार पत्रों की संख्या में उल्लेखनीय वृद्धि हुई।

3. (a) जवाहर लाल नेहरू (14 नवंबर, 1889-27 मई, 1964) भारत के प्रथम प्रधानमंत्री थे और स्वतंत्रता के पूर्व और पश्चात् की भारतीय राजनीति में केन्द्रीय व्यक्तित्व थे। महात्मा गांधी के संरक्षण में, वे भारतीय स्वतंत्रता आन्दोलन के सर्वोच्च नेता के रूप में उभरे और 1947 में भारत के स्वतंत्र राष्ट्र बनने से लेकर 1964 तक अपने निधन तक वे भारत के प्रधानमंत्री रहे। जवाहर लाल नेहरू, भारतीय राष्ट्रीय कांग्रेस के अध्यक्ष पहली बार 1929 के लाहौर अधिवेशन में बनाये गये जिसमें उन्होंने कांग्रेस के 'पूर्ण स्वराज' के लक्ष्य की घोषणा की।

4. (c)

5. (d) टुंड्रा एक प्रकार का बायोम है जहां वृक्षों की वृद्धि कम तापमान और बढ़ने के अपेक्षाकृत छोटे मौसम के कारण प्रभावित होती है। टुंड्रा शब्द फिनिश भाषा से आया है जिसका अर्थ 'ऊंची भूमि' या वृक्षविहीन पर्वतीय रास्ता होता है। टुंड्रा प्रदेश तीन प्रकार के हैं-आर्कटिक टुंड्रा, अल्पाइन टुंड्रा और अंटार्कटिका टुंड्रा। इन प्रदेशों की वनस्पतियां मुख्यतया बौनी झाड़ियां, दलदली पौधे, घास, काई और लाइकेन से मिलकर बनती हैं। अत: यह न्यूनतम वृद्धि करने वाला बायोम है।

6. (a)

7. (a) जनगणना 2011 के अंतिम आंकड़ों के अनुसार उत्तर प्रदेश राज्य की कुल जनसंख्या 19,98,12,341 है, जो कि देश के अन्य राज्यों के सन्दर्भ में सर्वाधिक है। विकल्प में दिये गये अन्य राज्यों की जनसंख्या निम्न है-

बिहार	-	10.40 करोड़
पश्चिम बंगाल	-	9.12 करोड़
केरल	-	3.34 करोड़

8. (d) भारतीय संविधान के अनुच्छेद 70 के अंतर्गत राष्ट्रपति एवं उप-राष्ट्रपति की अनुपस्थिति में भारत का मुख्य न्यायाधीश, कार्यवाहक राष्ट्रपति के रूप में कार्य करेगा।

9. (d) राजनीतिक दल, वे स्वैच्छिक संगठन अथवा लोगों के संगठित समूह होते हैं जो समान दृष्टिकोण रखते हैं तथा जो संविधान के प्रावधानों के अनुरूप राष्ट्र को आगे बढ़ाने के लिए राजनीतिक शक्ति प्राप्त करने की कोशिश करते हैं। निर्वाचन आयोग, निर्वाचन के प्रयोजनों हेतु राजनीतिक दलों को पंजीकृत करता है और उनकी चुनाव निष्पादनता के आधार पर उन्हें राष्ट्रीय या राज्य स्तरीय दलों के रूप में मान्यता प्रदान करता है। अन्य दलों को केवल पंजीकृत गैर-मान्यता प्राप्त दल घोषित किया जाता है।

10. (c) सूचना का अधिकार (Right to Information Act/RTI) भारत की संसद द्वारा पारित एक कानून है, जो 12 अक्टूबर 2005 को लागू हुआ (15 जून 2005 को इसके कानून बनने के 120वें दिन) भारत में भ्रष्टाचार को रोकने और समाप्त करने के लिए इसे बहुत ही प्रभावी कदम बताया गया है। यह कानून भारत के सभी नागरिकों को सरकारी फाइलों/रिकॉर्ड्स में दर्ज सूचना को देखने और उसे प्राप्त करने का अधिकार देता है।

11. (d) 93वां संविधान संशोधन अधिनियम, 2005 राज्यों को सामाजिक और शैक्षिक दृष्टि से पिछड़े वर्गों, अनुसूचित जातियों एवं अनुसूचित जनजातियों के लिए शैक्षणिक संस्थानों में आरक्षण करने हेतु विशेष उपबंध बनाने की शक्ति प्रदान करता है। इन शैक्षणिक संस्थानों में निजी क्षेत्र के संस्थान (अल्पसंख्यक संस्थानों को छोड़कर (खण्ड 5) अनुच्छेद 15) भी शामिल है। यह संविधान संशोधन 2005 के इनामदार केस के उच्चतम न्यायालय द्वारा दिये गये निर्णय के परिप्रेक्ष्य में लाया गया।

12. (b)

13. (c) 6 अप्रैल, 1948 को तत्कालीन उद्योग एवं वाणिज्य मंत्री डॉ. श्यामा प्रसाद मुखर्जी ने स्वतंत्रता के बाद पहली औद्योगिक नीति का प्रस्ताव रखा। इस नीति में मिश्रित अर्थव्यवस्था की आर्थिक विचारधारा स्वीकार की गयी जिसमें औद्योगिक विकास के लिए सार्वजनिक तथा निजी दोनों क्षेत्रों पर बल दिया गया।

14. (b) भारत में अधिकतम कुल घरेलू बचत 'घरेलू क्षेत्र' से प्राप्त होती है।

15. (b)

16. (d) भारत का राष्ट्रीय सांख्यिकी आयोग एक स्वायत्त संस्था है जिसकी स्थापना 12 जुलाई, 2006 में की गयी थी। 2005 में भारत सरकार ने सी. रंगराजन की अध्यक्षता वाली आर्थिक सलाहकार समिति की संस्तुति के आधार पर इसकी स्थापना का निर्णय लिया। आयोग में एक अंशकालिक अध्यक्ष, चार अंशकालिक सदस्य तथा एक पदेन सदस्य होता है।

17. (d) हीरा, ग्रेफाइट, कोयले में कार्बन होता है जबकि बलुआ पत्थर में कार्बन नहीं होता है। बलुआ पत्थर (सैंड स्टोन)ऐसी दृढ़ शिला है जो मुख्यतया बालू के कणों का दबाव पाकर जम जाने से बनती है और किसी योजक पदार्थ से जुड़ी होती है। बालू के समान इसकी रचना में अनेक पदार्थ विभिन्न मात्रा में हो सकते हैं, किंतु इसमें अधिकांश स्फटिक ही होता है। बलुआ पत्थर में वे ही धात्विक तत्व होते हैं, जो बालू में बलुआ पत्थर में स्फटिक की मात्रा अधिक होती है, फेल्सपार तथा श्वेत अभ्रक भी थोड़ी मात्रा में पाए जाते हैं।

18. (b) डोंगरिया कोंध जनजाति ओडिशा के नियामगिरी की पहाड़ियों में निवास करती है। यह जनजाति ओडिशा के 13 विशेष रूप से कमज़ोर जनजातीय समूहों में से एक है। आदिवासियों की यह जाति दक्षिण ओडिशा के दो ज़िलों रायगढ़ा और कालाहांडी में पायी जाती है। डोंगरिया के अलावा कुटिया जनजाति भी वेदांत के प्रोजेक्ट से प्रभावित हो रही है। अत: विकल्प (b) सही है।

19. (d)

20. (d) वाष्पोत्सर्जन (ट्रांसपिरेशन) पौधों द्वारा जल का वाष्प के रूप में परिवर्तन तथा इससे उत्पन्न क्षति है। मुख्यत: यह पत्तियों पर पाए जाने वाले रंध्रों से होता है। वाष्पोत्सर्जन में पानी का वाष्प बनकर उड़ने के अलावा ऑक्सीजन एवं कार्बन-डाइऑक्साइड का आदान-प्रदान भी पत्तियों में छोटे छिद्रों जिन्हें रंध्र कहते हैं, के द्वारा होता है। सामान्यत: ये रंध्र दिन में खुलते हैं और रात में बंद हो जाते हैं।

21. (b) शरीर को स्वस्थ बनाए रखने के लिए हमें कुछ विटामिन तथा जरूरी पोषक तत्वों की जरूरत होती है। उनमें से एक है विटामिन-बी। विटामिन-बी अपने आप में एक समूह है जिसे हम विटामिन-बी कॉम्प्लेक्स के नाम से जानते हैं। इस समूह में विटामिन B_1, B_2, B_3, B_5, B_6, B_7, B_8, B_9 एवं B_{12} सम्मिलित हैं। विटामिन B समूह जल में घुलनशील होता है। विटामिन B_6 एवं B_{12} की कमी से अरक्तता रोग हो जाता है। विटामिन B_6 के अच्छे स्रोत-खमीर, चावल, मटर, गेहूं, मछली, अंडे की जर्दी होते हैं। विटामिन B_{12} का अच्छे स्रोत अंडे, मांस तथा मछली होते हैं। विटामिन B_6 एवं B_{12} के रासायनिक नाम क्रमश: पायरीडॉक्सिन तथा साएनोकोबालमिन हैं।

22. (d) धूल, धुआँ एवं नमक के कण जलवाष्प को आकृष्ट करने के कारण आर्द्रताग्राही नाभिक का कार्य करते हैं जिनके चारों तरफ संघनन के कारण जल बूदों का निर्माण होता है।

23. (a) अन्तर्राष्ट्रीय तिथि रेखा के पश्चिम से पूरब (एशिया से अमेरिका) जाते समय एक दिन-घटा लिया जाता है। अर्थात पश्चिम से पूरब जाते समय सोमवार को सोमवार ही कर लिया जाता है। अर्थात हमें एक दिन का लाभ हो जाता है या एक दिन बढ़ जाता है अर्थात दो सोमवार मिल जाते हैं।

24. (c) जीव मिल्खा सिंह भारत के पहले प्रोफेशनल गोल्फर हैं। ये फ्लाइंग सिक्ख के नाम से जाने जाने वाले प्रसिद्ध भारतीय धावक मिल्खा सिंह के पुत्र हैं। उनकी माता निर्मल भारत की पहली महिला वॉलीबाल टीम की कप्तान रह चुकी हैं।

25. (a) इल्तुतमिश (1210-1236 ई.) कुतुबुद्दीन ऐबक का दामाद व उत्तराधिकारी, इलबरी तुर्क था। यह दिल्ली सल्तनत का वास्तविक संस्थापक था। इल्तुतमिश ने सुल्तान के पद को वंशानुगत बनाया। इल्तुतमिश ने इक्ता को शासन व्यवस्था का आधार बनाया। इक्ता संस्था का प्रयोग भारतीय समाज की सामंतवादी व्यवस्था को समाप्त करने तथा साम्राज्य के दूरस्थ भागों को केन्द्र के साथ संयुक्त करने के एक साधन के रूप में प्रयुक्त किया।

26. (b) **27.** (d) **28.** (d)

29. (a) "ए शॉट एट हिस्ट्री: माई ऑब्सेसिव जर्नी टू ओलंपिक गोल्ड" भारतीय पेशेवर निशानेबाज अभिनव बिंद्रा की आत्मकथा है, जिन्होंने वर्ष 2008 के बीजिंग ओलंपिक में 10 मीटर एयर राइफल स्पर्द्धा में स्वर्ण पदक जीता था।

30. (b) जीनोम चित्रण (Genome Mapping) का संबंध जींस के चित्रण से है। जीन गुणसूत्रों में स्थित होते हैं। DNA जीवन का आधार है।

31. (a) भारत में हर साल 12 जनवरी को राष्ट्रीय युवा दिवस मनाया जाता है। 1985 में, भारत सरकार ने स्वामी विवेकानंद के जन्मदिन 12 जनवरी को उनके सम्मान में इस दिन के रूप में घोषित किया। वर्ष 2022 में उनकी 159वीं जयंती थी। स्वामी विवेकानंद का जन्म नरेंद्रनाथ दत्त के रूप में 12 जनवरी, 1863 को कोलकाता, पश्चिम बंगाल में हुआ था।

32. (b) वायरलेस फ़िडेलिटी वाई-फाई का पूर्ण रूप है। वाई-फाई एक वायरलेस लोकल एरिया नेटवर्क है। यह एक इलेक्ट्रॉनिक उपकरण को रेडियो तरंगों का उपयोग करके वायरलेस तरीके से डेटा का आदान-प्रदान करने की अनुमति देता है। वाई-फाई निजी घरों, व्यवसायों, साथ ही सार्वजनिक स्थानों में सेवाएं प्रदान करता है। वाई-फाई पोजिशनिंग सिस्टम किसी डिवाइस के स्थान की पहचान करने के लिए वाई-फाई हॉटस्पॉट की स्थिति का उपयोग करते हैं।

33. (b) रेड कॉरिडोर मध्य, पूर्वी और दक्षिणी भारत के क्षेत्र में स्थित है, जिसे रेड ज़ोन भी कहा जाता है। निम्नलिखित राज्य रेड कॉरिडोर के अंतर्गत आते हैं: पश्चिम बंगाल, तेलंगाना, झारखण्ड, आंध्र प्रदेश, मध्य प्रदेश, बिहार, महाराष्ट्र, छत्तीसगढ़, केरला, ओडिशा। अत: विकल्प (b) सही है।

34. (c) दृश्य प्रकाश की किरणों में बैंगनी रंग का विकिरण सबसे कम होता है और इसकी ऊर्जा सबसे अधिक होती है। अत: विकल्प (d) सही है।

35. (d) दक्षिणी भारत का चोल राजवंश अपने व्यापक समुद्री व्यापार और नौसैनिक उपलब्धियों के लिये जाना जाता था, जिसने भारतीय उपमहाद्वीप से परे उनके प्रभाव में योगदान दिया। अत: विकल्प (d) सही है।

36. (a) वर्ष 2017 में यूनेस्को ने हिंदुओं के सबसे बड़े तीर्थ में शामिल ऐतिहासिक एवं पौराणिक 'कुंभ मेले' को अपनी 'मानवता की अमूर्त सांस्कृतिक विरासत की सूची' में शामिल किया। अत: विकल्प (a) सही है।

37. (a)

विश्व जल दिवस	(i) 22 मार्च
ओजोन दिवस	(ii) 16 सितंबर
विश्व पर्यावरण दिवस	(iii) 5 जून
अंतर्राष्ट्रीय जैव विविधता दिवस	(iv) 22 मई
पृथ्वी दिवस	(v) 22 अप्रैल

38. (b) उत्तर प्रदेश की सीमा उत्तराखंड, हिमाचल प्रदेश, हरियाणा, राजस्थान, मध्य प्रदेश, छत्तीसगढ़, झारखंड, बिहार और दिल्ली से लगती है। अत: विकल्प (b) सही है।

39. (b) विश्व विरासत दिवस 18 अप्रैल को मनाया जाता है। इसे अंतर्राष्ट्रीय स्मारक एवं स्थल दिवस के रूप में भी जाना जाता है। यह दिवस पहली बार संयुक्त राष्ट्र शैक्षिक, वैज्ञानिक और सांस्कृतिक संगठन (UNESCO) द्वारा 1983 में मनाया गया था। इसका उद्देश्य देश में सांस्कृतिक विरासत और विविधता के बारे में जागरूकता को बढ़ावा देना है।

40. (c) कन्नौज इत्र की राजधानी के नाम से प्रसिद्ध है। वर्ष 1990 से ही सुगंध एवं सुरस विकास केंद्र (FFDC) जिले में परिचालित है। कन्नौज जिला इत्र उद्योग के साथ-साथ बीड़ी उद्योग के लिये भी प्रसिद्ध है। यह जिला उत्तर प्रदेश में सबसे बड़ा बीड़ी पूर्तिकर्त्ता है। लाख-बहोसी पक्षी विहार इसी जिले में स्थित है। एक जनपद एक उत्पाद के अंतर्गत उत्तर प्रदेश में गुड़ उद्योग

के लिये फैजाबाद एवं मुज़फ्फरनगर जिला प्रसिद्ध हैं। अत: विकल्प (c) सही नहीं है।

41. (a) काशी: सीक्रेट ऑफ द ब्लैक टेंपल के लेखक विनीत वाजपेयी हैं। अत: विकल्प (a) सही है।

42. (a) सुभद्रा कुमारी चौहान एक भारतीय कवयित्री थीं। उनकी सबसे लोकप्रिय कविताओं में से एक "झाँसी की रानी" है। उनका जन्म 16 अगस्त, 1904 को उत्तर प्रदेश के इलाहाबाद (प्रयागराज) में हुआ था। अत: विकल्प (a) सही है।

43. (b) विशिष्ट हल = सिर्फ एक हल

$$\boxed{\frac{a_1}{a_2} \neq \frac{b_1}{b_2}}$$ होना चाहिए।

$x + 3y = 5$ और $2x + ky = 8$

$$\frac{1}{2} \neq \frac{3}{k}$$

$$k \neq 6$$

44. (c)

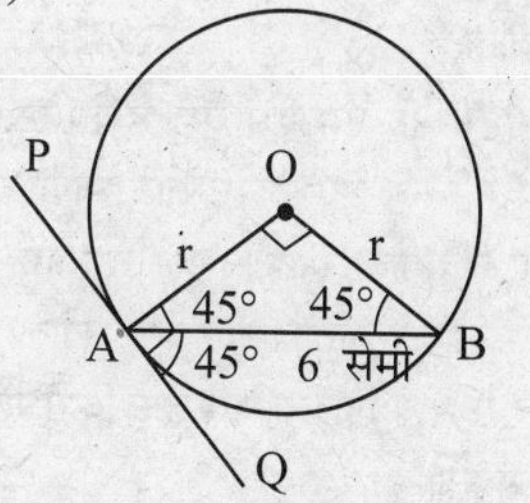

PQ स्पर्श रेखा पर त्रिज्या (OA) लम्ब होती है। ΔOAB के सापेक्ष समद्विबाहु त्रिभुज बनेगा–

$$AB = r\sqrt{2}$$

$$6 = r\sqrt{2}$$

$$r = 3\sqrt{2} \text{ सेमी}$$

45. (b) समबहुभुज का क्षेत्रफल

$$\boxed{\frac{na^2}{4} \times \cot\left(\frac{80}{n}\right)}$$

$$= 50(\sqrt{2} + 1)$$

या

सम-अष्टभुज का क्षेत्रफल

$$= 2(\sqrt{2} + 1)a^2$$

$$= 2(\sqrt{2} + 1)5^2$$

$$= 50(\sqrt{2} + 1)$$

46. (a) Concept

खंभों के बीच की दूरी $= \sqrt{h_1 \times h_2}$

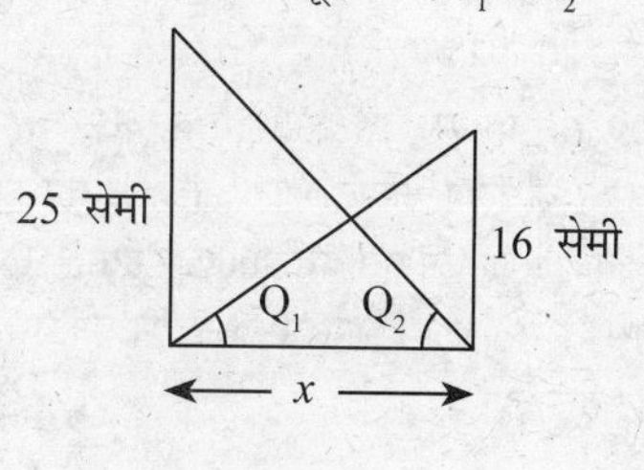

जब एक-दूसरे के आधार और शीर्ष का उन्नयन कोण पूरक हो–

$$Q_1 + Q_2 = 90°$$

$$x = \sqrt{25 \times 16}$$

$$= 5 \times 4$$

$$= 20 \text{ सेमी}$$

47. (d) $x + y - 7 = 0$ ...(i)

$3x + y - 13 = 0$ ...(ii)

समीकरण (i) एवं (ii)

$$-2x + 6 = 0$$

$$2x = 6$$

$$x = 3$$

$x = 3$ समीकरण (i) में रखने पर,

$$3 + y - 7 = 0$$

$$y = 4$$

$$4x^2 + y^2 + 4xy = 4 \times 3^2 + 4^2 + 4 \times 3 \times 4$$

$$= 36 + 16 + 48$$

$$= 100$$

48. (b) प्रत्येक आंतरिक कोण

$$= \frac{(n-2) \times 180}{n}$$

प्रत्येक बाह्य कोण

$$= \frac{360}{n}$$

$$\frac{(n-2) \times 180}{n} = \frac{360}{n} \times 2$$

$$n = 6$$

49. (c) Triplet बना रहा है

$$3 \sin\theta + 4 \cos\theta = 5$$

↓ p ↓ b ↓ h

$$\sin\theta = \frac{p}{h} = \frac{3}{5}$$

50. (a) 2% बढ़ाने से बढ़ा ब्याज

$$= \frac{400 \times 4 \times 2}{100}$$

$$= ₹\ 32$$

नया मिश्रधन = प्रारम्भिक मिश्रधन + बढ़ा ब्याज

$$= 480 + 32$$

$$= ₹\ 512$$

51. (c) आम के वृक्ष के सामने पीपल और बरगद के शरमाने का कारण पीपल और बरगद की मजबूती और सघनता आम के विशाल वृक्ष की तुलना में फीकी पड़ना है।

53. (b) प्रस्तुत गद्यांश का उपयुक्त शीर्षक नीरस एवं अर्थहीन जीवन है।

54. (b) जनसंकुल का आशय भीड़-भाड़ से है।

55. (c) आम की छतनार डालियों के कारण यात्रियों की थकान मिटती थी और विश्राम मिलता था।

56. (c) शाखाहीन, रसहीन, शुष्क वृक्ष को ठूंठा वृक्ष कहा गया है।

57. (c) 'साहस की जिन्दगी' गद्यांश का सबसे उचित शीर्षक हो सकता है।

58. (b) साहसी जनमत की उपेक्षा नहीं करता है तथा आस-पड़ोस को भली-भाँति देखकर चलता है। गद्यांश में लेखक के अनुसार ये दोनों वाक्य साहसी व्यक्ति के लक्षण नहीं हैं। अत: विकल्प (b) सही है।

59. (d) साहसी व्यक्ति निडर और बेखौफ रहते हुए आस-पास के लोगों की परवाह किए बिना अपने बुनें हुए सपनों को साकार करने में लगे रहते हैं तथा सिंह के समान अकेले रहते हुए जिंदगी के जोखिमों को देखकर अपने पथ से नहीं डिगते, विकल्प (d) में दिया गया यह संक्षेपण (सार) लेखक के विचारों से मेल खाता है।

60. (c) अनुच्छेद के अनुसार आप काम-धंधे का भला और विकास करना चाहते हैं तो इससे अधिक अच्छा अन्य उपाय कोई नहीं हो सकता कि आप अपना स्वभाव प्रसन्नतामय, उल्लासमय और हर्ष समन्वित बना लें। जिससे आपको व्यापार के पीछे नहीं भागना पड़ेगा।

61. (d) पृष्ठांकन (अनुमोदन) का अंग्रेजी अनुवाद होगा- Endorsement। जबकि Amendment का अर्थ 'संशोधन' होगा। Verification का अर्थ 'सत्यापन' और Specimen का आशय 'प्रतिरूप या नमूना' से है।

62. (a) Affidavit का हिन्दी अनुवाद 'शपथपत्र' होगा। जबकि PROPOSAL का अर्थ 'प्रस्ताव' तथा ADJUSTMENT का अभिप्राय 'समायोजन' और DESCRIPTION का अर्थ 'विवरण' है।

63. (d) शासकीय पत्र में पत्र संख्या के नीचे बायीं ओर प्रेषक पदाधिकारी का नाम व पदनाम लिखा जाता है।

64. (b) अधिसूचना के संदर्भ में इनमें प्रेषक का उल्लेख होता है कथन गलत है।

65. (b) पत्रों में अभिनिवेदन के रूप में 'भवदीय' शब्द का प्रयोग किया जाता है।

66. (a) किसी विस्तृत विवरण सविस्तार व्याख्या, वक्तव्य, पत्र व्यवहार या लेख के तथ्यों और निर्देशों के ऐसे संयोजन को 'संक्षेपण' कहते हैं, जिसमें अप्रासंगिक, असम्बद्ध, अनावश्यक बातों का त्याग और सभी अनिवार्य, उपयोगी तथा मूल तथ्यों का प्रवाहपूर्ण संक्षिप्त संकलन हो। संक्षिप्तता संक्षेपण का एक प्रधान गुण है। संक्षेपण को सामान्यतया मूल का तृतीयांश या एक तिहाई शब्दों में होना चाहिए।

67. (c) 'नैसर्गिक' का पर्यायवाची शब्द 'प्राकृतिक' होता है जबकि सत्कृत, चमत्कृत, और चतुर्दिक का नैसर्गिक शब्द से कोई लेना-देना नहीं है।

68. (c) 'नौ बजने में दस मिनट है।' शुद्ध वाक्य है क्योंकि इसमें कोई त्रुटि नहीं है। अन्य सभी विकल्पों में कारक संबंधी त्रुटि है। सभी विकल्पों में अल्प समानता देखने को मिलेगी, परन्तु उनमें कारक की दृष्टि से भेद है।

69. (a) 'हाथ' का पर्यायवाची शब्द 'कटि' नहीं होता जबकि हस्त, पाणि और कर हाथ के पर्यायवाची शब्द हैं। 'कटि' शब्द 'कमर' के लिए प्रयुक्त होता है।

70. (d) 'रामचरितमानस के रचियता तुलसीदास हैं"- वाक्य में वर्तनी की त्रुटि है- रचियता के स्थान पर रचयिता शब्द आएगा। शुद्ध वाक्य होगा- 'रामचरितमानस के रचयिता तुलसीदास हैं।'

71. (b) नाक पर दिया बाल कर आना ,'नाक पर सुपारी तोड़ना' मुहावरे से भिन्न है।

72. (a) सही उत्तर है- परिश्रम का फल अवश्य मिलता है। जो परिश्रमी होते हैं भले ही सफलता उन्हें देर से मिले लेकिन एक दिन अवश्य अपनी मंजिल पाने में सफल होते हैं। इसलिए परिश्रम का फल अवश्य मिलता है।

73. (c) दिए गए विकल्पों में से सही विकल्प है- 'गत रविवार को वह शिमला गया था।' शेष विकल्प त्रुटिपूर्ण हैं।

74. (a) Review - पुनर्विलोकन, सही समकक्ष शब्द है। अन्य सभी अर्थ असंगत हैं।

75. (c) दिये गये विकल्प में 'पद्मा' शब्द सरस्वती का पर्यायवाची नहीं है। पद्मा का अर्थ 'लक्ष्मी' से है जबकि वीणापाणि, महाश्वेता और भारती, सरस्वती के पर्यायवाची शब्द हैं।

76. (b) 'Nebula' का हिंदी पारिभाषिक शब्द 'निहारिका' है। निहारिका अंतरतारकीय माध्यम (इन्टरस्टॅलर स्पेस) में स्थित ऐसे अंतरतारकीय बादल को कहते हैं जिसमें धूल, हाइड्रोजन गैस, हीलियम गैस और अन्य आयनीकृत (आयोनाइज्ड) प्लाज्मा गैसे उपस्थित हों। पुराने जमाने में "निहारिका" खगोल में दिखने वाली किसी भी विस्तृत वस्तु को कहते थे।

77. (c) 'जनार्दन' विष्णु का पर्यायवाची शब्द है। जनार्दन के अन्य पर्यायवाची हैं–हरि, लक्ष्मीकांत आदि।

78. (b) 'जीभ' का पर्यायवाची शब्द-रसना' होता है जबकि वचन, ध्वनि और जीव का जीभ से कोई आशय नहीं है।

79. (b) दिये गये विकल्प में 'समुद्र' का पर्यायवाची पयोधि, जलधि, वारिधि होता है। जबकि 'जलद' शब्द का आशय बादल से है। समुद्र के अन्य पर्यायवाची शब्द रत्नाकर, नीरनिधि, पयोनिधि, उदधि, वारीश आदि हैं।

80. (a) 'विग्रह' का विलोम 'सन्धि' होता है न कि आग्रह, ग्रहण और अविग्रह।

81. (b) दिये गये विकल्प में 'शिव' का पर्यायवाची शब्द 'रुद्र' होता है न कि शिवालय, रुद्राक्ष और हरि। शिव के अन्य पर्यायवाची शब्द हैं-शम्भु त्रिपुरारि, महादेव, देवाधि देव, कैलाशपति, शंकर आदि।

82. (c) दिये गये विलोम युग्म में अपेक्षा- उपेक्षा, अग्रज- अनुज और आदान और प्रदान सही विलोम युग्म है। जबकि 'उन्नत' का विलोम 'अवनत' होता है न कि अवगत।

83. (a) 'जिन खोजा तिन पाइया, गहरे पानी पैठ' लोकोक्ति का निकटतम सही अर्थ है- संकल्पशील व्यक्ति कठिन परिश्रम द्वारा लक्ष्य प्राप्त कर ही लेते हैं।

84. (b) यथार्थ का विलोम कल्पना या 'आदर्श' होता है, वहीं कृत्रिम का प्राकृत अनुचित का उचित और उचित का अनुचित।

85. (a) 'अभिज्ञ' का विलोम अनभिज्ञ होता है जबकि 'अज्ञ' का 'विज्ञ' होता है। चूंकि विकल्प में अनभिज्ञ नहीं दिया गया है अत: अभिज्ञ का विलोम 'अज्ञ' ही होगा।

86. (d) 'साधु' का विलोम 'असाधु' होता है न कि साध्वी, संन्यासिनी और साधुनी।

87. (c) 'कृतज्ञ' का विलोम शब्द 'कृतघ्न' होता है जबकि जड़ का चेतन, संवेदनहीन का संवेदनशील, अकृतज्ञ का कृतज्ञ होता है।

88. (d) दिये गये विकल्पों में लंगड़, बुझक्कड़ और कोंकण शब्द शुद्ध हैं। विकल्प (d) में दिया गया शब्द 'भुखखड़' अशुद्ध है। इसका शुद्ध होगा 'भुक्खड़'।

89. (d) 'संकीर्ण' का विलोम -विस्तीर्ण' होता है।

90. (b) कक्षा में प्रथम स्थान प्राप्त करने वाले पुत्र के लिए पिता द्वारा लिखा जाने वाला बधाई पत्र। यह औपचारिक पत्र की श्रेणी में नहीं आता है।

91. (b) 'अनुरक्ति' का विलोम 'विरक्ति' होता है जबकि विराग का अनुराग तथा तिरोभाव का आविर्भाव होता है।

92. (d)

93. (c) 'सापेक्ष' का विलोम 'निरपेक्ष' होता है जबकि असापेक्ष, निष्पक्ष और आपेक्ष शब्द का आशय प्रश्न से बिल्कुल असम्बद्ध है।

94. (d) दिये गये विकल्पों में 'उस समय चरखा चलाना भी एक अनुशासन था।' वाक्य शुद्ध है।

95. (a) दिये गये विकल्पों में शुद्ध वर्तनी वाला शब्द 'कवयित्री' है।

96. (c) 'जिसे बुलाया गया न हो' वाक्य के लिए उपयुक्त शब्द है– अनाहूत। जबकि अतिथि, जिसके आने की कोई तिथि ज्ञात न हो। इसी प्रकार अभ्यागत व रिश्तेदार का प्रश्न से कोई आशय नहीं है।

97. (a) दिये गये विकल्पों में शुद्ध वर्तनी वाला शब्द 'शुश्रुषा' है।

98. (c) मोक्ष की इच्छा रखने वाला 'मुमुक्षु' कहा जाता है।

99. (d)

100. (b) रंगमंच के परदे के पीछे का स्थान 'नेपथ्य' कहा जाता है।

101. (a) फेसबुक सोशल नेटवर्किंग वेबसाइट है। इसके द्वारा हजारों लोगों के मध्य वेबसाइट की सहायता से, E- सूचना का आदान-प्रदान असीमित रूप से, कुछ ही सेकण्ड्स में किया जा सकता है।

102. (b) वेब ब्राउजर कुकीज उन छोटी-छोटी कम्प्यूटर फाइलों को कहा जाता है जिनके द्वारा कोई यूजर अपने डाटा को ब्राउज, स्थानांतरित अथवा सेव कर सकता है।

103. (a) वीडियो फाइलें AVI के रूप में उपलब्ध होती हैं। JPG, PNG तथा PDF द्वारा केवल चित्रों अथवा टेक्स्ट को उपलब्ध कराया जा सकता है। वीडियो फाइलें VLC के रूप में भी उपलब्ध हो सकती है।

104. (a) यदि एमएस-एक्सेल में शीट में उपस्थित सभी रो और कॉलम को एक साथ सिलेक्ट करना होता है तो इसकी शॉर्टकट कुंजी Ctrl + A होती है। A का अर्थ All (सभी) होता है। इसका उपयोग एमएस वर्ड फाइल के टेक्स्ट तथा चित्रों को एक साथ सिलेक्ट करने के लिए भी किया जाता है।

105. (c) यदि एम एस वर्ड डॉक्यूमेंट में फार्मेटिंग अथवा रीडिंग किये गए टेक्स्ट तक मार्क करना हो तो उसके लिए बुकमार्क ऑप्शन का उपयोग किया जाता है। जब फाइल को अगली बार पुनः खोला जाता है तो बुकमार्क द्वारा सीधे पिछली बार तक किये गए कार्य तक पहुँचा जा सकता है।

106. (b) डेटर्मीनिस्टिक सिस्टम का व्यवहार पूर्वानुमेय होता है और यह निश्चित रूप से जाना जाता है कि सिस्टम का एक कॉम्पोनेंट दूसरों के साथ कैसे संपर्क करता है। सिस्टम के इनपुट वे सिग्नल या डेटा हैं, जो इसे प्राप्त होते हैं और इसके आउटपुट सिग्नल या डेटा इसे भेजते हैं। एक एक्शन के भाग के रूप में, फ्रेज को भी लागू किया जा सकता है; उदाहरण, "I/O परफॉर्म करना" एक इनपुट या आउटपुट ऑपरेशन करना है। नियतात्मक प्रणालियों में ज्ञात इनपुट, ज्ञात मेथड और ज्ञात आउटपुट हैं।

107. (c) अलग-अलग वेबसाइटों के अपने विशिष्ट एड्रेस होते हैं जिनके द्वारा उनके कार्यक्षेत्र और उपयोगिता का पता चलता है। www.google.com में कॉम शब्द का अर्थ कॉमर्शियल अथवा वाणिज्यिक है। इसी प्रकार सूचना देने वाली वेबसाइट के लिए "इन" .in का उपयोग किया जाता है।

108. (a) अर्थमैटिक और लॉजिक यूनिट सेंट्रल प्रोसेसिंग यूनिट के भाग होते हैं जबकि स्कैनर, की-बोर्ड और माउस कम्प्यूटर के अलग-अलग हार्ड वेयर्स हैं, ये CPU के भाग नहीं होते है।

109. (a) एमएस वर्ड 2007 में केरेक्टर्स के फार्मेट कॉपी करने के लिए फार्मेट पेंटर आइकॉन का उपयोग किया जाता है। यह एम एस वर्ड 2007 में होम (Home) पर सबसे ऊपर - बायें भाग में पेन्ट ब्रश की तरह बना आइकॉन होता है।

110. (a) ASCII - American Standard Code for Information Interchange

यह English के 128 character, number को Represent करता है।

यह 0 से 127 no. assigned करता है।

111. (a) F_1 कुंजी एक प्रकार की फंक्शन कुंजी है। यह एम एस वर्ड 2007 में हेल्प विंडो को ओपन करने के लिए दबायी जाने वाली शॉर्टकर्ट कुंजी है।

112. (d) दिये गए विकल्पों में जावा, C और C^{++} कम्प्यूटर की विभिन्न प्रकार की भाषाएँ है। जबकि लाइनेक्स एक प्रकार का ऑपरेटिंग सिस्टम है। अत: लाइनेक्स अन्य तीनों से विषम है।

113. (c) एम एस वर्ड 2007 में, मार्जिन और पैराग्राफ के आरंभ में छूटा हुआ अंतराल इन्डेन्टेशन कहलाता है। इसके लिए होम के फार्मेटिंग बार में आइकॉन बने होते हैं अथवा इन्डेन्टेशन के लिए Tab - कुँजी का उपयोग भी किया जा सकता है।

114. (b) कम्प्यूटर के माउस द्वारा कम्प्यूटर में विभिन्न प्रकार की कमाण्ड्स दी जाती हैं अत: यह एक इनपुट डिवाइस है। माउस द्वारा अनेक प्रकारों की फाइलों को ओपन, क्लोज अथवा फार्मेट किया जा सकता है।

115. (c) नेटवर्क शब्द का अर्थ " जाल" होता है जब विभिन्न उद्देश्यों की पूर्ति हेतु कम्प्यूटरों को वायर अथवा बिना वायर के जोड़ा जाता है तो इसे नेटवर्क कहा जाता है। इसकी सहायता से विभिन्न कम्प्यूटरों के मध्य आसानी से डेटा का आदान-प्रदान किया जा सकता है।

116. (c) कम्प्यूटर इलेक्ट्रिक ऊर्जा द्वारा चलने वाली मशीन है। अत: यह एक इलेक्ट्रॉनिक डिवाइस है। यह विद्युत ऊर्जा को विभिन्न ऊर्जाओं के रूप में एक्सप्रेस करता है।

117. (a) एम एस एक्सेल में सेल कंटेट को एडिट करने के लिए F_2 कुंजी दबाकर या जिस सेल में एडिट करना है उसमें माउस से डबल क्लिक करके या Ctrl कुंजी को दबाकर एडिट किया जाता है। परन्तु इसके लिए Alt कुंजी का उपयोग नहीं किया जा सकता है।

118. (b) एम एस एक्सेल में अनेक आयताकार बॉक्सनुमा खण्ड बने होते हैं। इनकी क्षैतिज कतारों को रो (Row) तथा ऊर्ध्वाधर कतारों को कॉलम (Column) कहा जाता है। प्रत्येक प्रतिच्छेदन को सेल कहा जाता है।

119. (c) GB का पूरा नाम गीगाबाइट है। यह कम्प्यूटर या उसके किसी भाग के डाटा संग्रहण करने की क्षमता का मात्रक होता है। कम्प्यूटर में संग्रहित डेटा को उसकी मेमोरी कहा जाता है।

120. (a) एम एस एक्सेल 2007 में, सेल में लम्बे टेक्स्ट को अनेकों लाइनों में विभाजित करने के लिए होम टैब में रैप (Wrap Text) टेक्स्ट पर क्लिक किया जाता है। जिससे टेक्स्ट अन्य सेलों के टेक्स्ट के अंदर नहीं जाता है तथा उसे स्क्रीन पर पूरा देखा जा सकता है।

121. (c) HTML- Hyper Text Markup Language एक वेब भाषा है जिसका उपयोग वेब पेज बनाने में किया जाता है।

122. (b) फायरवॉल एक गेटवे है जो कि नेटवर्क को बाहरी हमले से बचाने के लिए एक सुरक्षा दीवार की तरह होता है।

123. (c) मेनू में प्रिंट पर क्लिक करें तथा प्रतियों की संख्या वाले टेक्स्ट बॉक्स में 3 टाइप करने से वर्क बुक की 3 प्रतियाँ प्राप्त हो जाएँगी।

124. (d) MS Word के प्रिंट Preview Menu में जूम, प्रिव्यू, पेज सेटअप ऑप्शन उपलब्ध होते हैं जो कि डाक्यूमेंट को प्रिंट करने के पूर्व उपयोग में आते हैं।

125. (d) एक स्टोरेज लोकेशन में डाटा को रखने की प्रक्रिया Writing कहलाती है तथा डाटा data को read करने या देखने को Reading कहते हैं।

126. (d) Stardard Keyboard में फंक्शन कीज की संख्या 12 होती है। ये F1 से F12 तक होती हैं तथा विशिष्ट कार्य के लिए प्रयोग की जाती हैं।

127. (c) MAC - Media access control address 48 Bit का होता है। यह unique नंबर होता है जो कि प्रत्येक डिवाइस को दिया जाता है।

128. (c) कुकीज data का छोटा रूप होता है जो कि website से send किया जाता है यह user के computer पर ब्राउजर द्वारा save कर लिया जाता है। session cookies को ही ट्रांजिएंट कुकीज कहा जाता है।

129. (a) मशीनी भाषा कम्प्यूटर की भाषा होती है जिसमें 0 और 1 का समग्र रूप से सम्मेलन होता है। सूचनाओं को समझने के लिए computer मशीनी भाषा का ही प्रयोग करता है।

130. (a) MS- Excel में वर्कशीट data को चित्रात्मक रूप से दर्शाने के लिए Chart का उपयोग किया जाता है। इसके माध्यम से सूचनाओं तथा समस्त आँकड़ों को दर्शाया जाता है।

131. (c) हर File का एक एक्सटेंशन होता है जिससे कि File Type की पहचान होती है। MS Word file का एक्सटेंशन .docx होता है।

132. (c) LAN- लोकल एरिया नेटवर्क होता है जो कि अपने आस-पास के क्षेत्र में इंटरनेट की सुविधा प्रदान करवाता है।

133. (b) bit = 8 बाइट 230 bytes = 1 गीगाबाइट

134. (b) एक्सेल में Qtr 1, Qtr2, Qtr 3 series का उदा. है।

135. (b) Document में किसी भाग को हटाने के लिए Cut का प्रयोग किया जाता है जिसके लिए CTRL + X का उपयोग किया जाता है।

136. (a) ASCII- अमेरिकंन स्टेण्डर्ड कोड फॉर इन्फारमेशन इन्टरचेज एक कोडिंग सिस्टम है जो कि 128 केरेक्टर का उपयोग करता है।

137. (c) MS Word में document को निर्दिष्ट लोकेशन पर Save करने के लिए Save As का प्रयोग करते हैं। यह ऑप्शन File Menu में उपस्थित होता है।

138. (d) MS Word में चार aligment होते हैं Left, right, Centre और जस्टीफाय। Centre का प्रयोग CTRL+E द्वारा किया जाता है।

139. (b) जब हम कोई भी File या document को delete करते हैं तो वह सब Recycle Bin में चला जाता है Recycle Bin से हम document को पुन: प्राप्त भी कर सकते हैं।

140. (b) Spread Sheet का निर्माण व Format का कार्य MS - excel द्वारा ही किया जाता है क्योंकि MS - excel में ही Spread sheet मौजूद होती है।

141. (c) लॉजिक बॉम्ब, कुछ वैध प्रोग्राम में अंत: स्थापित कोड होता है जो निश्चित स्थितियाँ पूरी होने पर एक्सप्लोड होने के लिए सेट किया जाता है।

142. (d) कम्प्यूटर में दो प्रकार की मेमोरी होती है।

(i) रीड ओनली मेमोरी

(ii) रेन्डम एक्सेस मेमोरी (रेम) RAM अस्थायी होती है और ROM स्थायी होती है।

143. (a) करंट सेल एक्टिव सेल होती है करंट सेल वह सेल है जिसमें डाटा एंटर होता है।

144. (c) मेल मर्ज का उपयोग बल्क मेल, लेबल्स तथा एनवेलप्स क्रिएट करने तथा प्रेषित करने के लिए किया जाता है।

145. (d) एक वेबसाइट में लॉगिन करने के लिए दो प्रविष्टियाँ आवश्यक होती है यूजर नेम व पासवर्ड।

146. (c) मॉनिटर सॉफ्ट कॉपी आउटपुट डिवाइस है सॉफ्ट कॉपी एक प्रकार का प्रोग्राम होता है तथा इसे छू नहीं सकते।

147. (b) एक्सेल में "B5" जैसे अक्षरांकीय संयोजन का अर्थ सेल एड्रेस होता है। सेल एड्रेस में पहले सेल को एक्टिव किया जाता है, जिसके बाद कोई-सा भी NUMBER Type किया जा सकता है।

148. (a) ENIAC - Electronic Numerical Intergretor and Computer इससे vaccum tube का प्रयोग किया गया था। यह First electronic device था।

149. (a) कम्प्यूटर में फायरवॉल का उद्देश्य "सुरक्षा" करने के लिए होता है। फायरवॉल एक प्रकार का सॉफ्टवेयर है तथा यह CPU की रक्षा करता है।

150. (b) A1 - A10 एमएस एक्सेल में रेंज का उदाहरण है। एमएस Row और Column से मिलकर बना होता है। Row और Column जहाँ पर एक-दूसरे को काटते है, इसे Cell कहते है।

❑❑❑

7 प्रैक्टिस सेट

सामान्य ज्ञान

1. निम्नलिखित चार बाहरी आक्रमणों को कालक्रमानुसार अवस्थित करें एवं नीचे दिए हुए कूट से सही उत्तर ढूंढें-

1. अहमदशाह अब्दाली
2. चंगेज खां
3. नादिरशाह
4. तैमूर

कूटः

(a) 1 2 3 4
(b) 4 3 2 1
(c) 2 4 3 1
(d) 2 4 1 3

2. सूची-I एवं सूची-II को सुमेलित करें तथा नीचे दिए गए कूट से सही उत्तर दें-

	सूची-I		सूची-II
A.	आदिलशाही	1.	हैदराबाद
B.	कुतुबशाही	2.	बीजापुर
C.	निजामशाही	3.	गोलकुंडा
D.	शर्की शाही	4.	जौनपुर

कूटः

	A	B	C	D
(a)	1	2	3	4
(b)	2	3	4	1
(c)	3	4	1	2
(d)	2	3	1	4

3. 'सूफिया कलाम' जो एक प्रकार का भक्ति संगीत है, विशेषता है-

(a) गुजरात की (b) कश्मीर की
(c) राजस्थान की (d) इनमें से कोई नहीं

4. सन् 1907 ई. में भारतीय राष्ट्रीय कांग्रेस का पहला विभाजन हुआ था–

(a) बम्बई (मुंबई) अधिवेशन
(b) कलकत्ता (कोलकाता) अधिवेशन
(c) लाहौर अधिवेशन
(d) सूरत अधिवेशन

5. सूची-I एवं सूची-II को सुमेलित कीजिए तथा नीचे दिए गए कूट से सही उत्तर का चयन कीजिए-

	सूची-I (समाचार पत्र)		सूची-II (प्रारंभ करने वाला व्यक्ति)
A.	बाम्बे क्रॉनिकल	1.	एनी बेसेन्ट
B.	कॉमनव्हील	2.	मदन मोहन मालवीय
C.	लीडर	3.	फिरोजशाह मेहता
D.	सर्चलाइट	4.	सच्चिदानंद सिन्हा

कूटः

	A	B	C	D
(a)	1	4	3	2
(b)	2	3	4	1
(c)	3	1	2	4
(d)	4	2	1	3

6. किसने कहा था, "कांग्रेस पतन के लिए लड़खड़ा रही है और जल्द ही गिरने वाली है। मेरी सबसे बड़ी अभिलाषा, जब तक मैं भारत में हूं कांग्रेस की शांतिपूर्ण समाप्ति में सहायता करना है?"

(a) लॉर्ड कर्जन (b) लॉर्ड डफरिन
(c) जॉर्ज हैमिल्टन (d) लॉर्ड मिंटो

7. भारतीय स्वतंत्रता संघर्ष के दौरान निम्न में से किसकी गिरफ्तारी के विरोध में काफी संख्या में निहत्थे लोग अमृतसर के जलियांवाला बाग में 13 अप्रैल, 1919 ई. को इकट्ठा हुए थे?

(a) मदन मोहन मालवीय तथा मोहम्मद अली जिन्ना
(b) महात्मा गांधी तथा अबुल कलाम आजाद
(c) डॉ. सैफुद्दीन किचलू तथा डॉ. सत्यपाल
(d) स्वामी श्रद्धानंद तथा मजरूल हक

8. भारत में केंद्र-राज्य संबंध प्रभावित होते हैं-

1. संविधान के प्रावधानों से
2. नियोजन प्रक्रिया से
3. राजनीतिक हितों के अंतर्विरोध से
4. राजनीतिक हितों की एकता से
5. हुक्म चलाने की इच्छा की प्रबलता से

कूटः

(a) 1 और 2 (b) 2, 3 और 4
(c) 2, 4 और 5 (d) 1, 2 और 3

9. निम्न में से किस एक की सिंफारिशों के आधार पर संघ एवं राज्यों के बीच वित्तीय वितरण होता है?

(a) वित्त आयोग
(b) अन्तर्राज्यीय काउंसिल
(c) योजना आयोग
(d) सरकारिया आयोग

10. वर्ष 2011 की जनगणना के अनुसार सबसे अधिक निरक्षरता वाला राज्य है-

(a) बिहार
(b) मध्य प्रदेश
(c) उड़ीसा (ओडिशा)
(d) उत्तर प्रदेश

11. वर्ष 2011 की जनगणना के अनुसार भारत में शहरी जनसंख्या कुल जनसंख्या का कितने प्रतिशत है–

(a) 20.5 (b) 25.5
(c) 31.16 (d) 30.5

12. 2011 की जनगणना के अनुसार लिंग अनुपात (महिला प्रति 1000 पु.) है।

(a) 941 (b) 934
(c) 927 (d) 943

13. कौन सुमेलित नहीं है?

(a) सेल्सियस-ताप
(b) किलोवाट-विद्युत
(c) आर.एच. गुणांक-रक्त
(d) रिक्टर पैमाना-आर्द्रता

14. मोटर वाहनों से निकलने वाली निम्न में से कौन-सी एक मुख्य प्रदूषक गैस है?

(a) कार्बन डाइ-ऑक्साइड
(b) कार्बन मोनोऑक्साइड
(c) मार्श गैस
(d) नाइट्रोजन ऑक्साइड

115. निम्न में से किसे शुष्क बर्फ कहते हैं?

(a) निर्जलित बर्फ
(b) पहाड़ों पर जमी बर्फ

(c) ठोस कार्बन डाइ-ऑक्साइड
(d) ठोस कार्बन मोनोऑक्साइड

16. शीरा अति उत्तम कच्चा माल है–
(a) एसीटिक एसिड के लिए
(b) ग्लिसरीन के लिए
(c) पावर एल्कोहल के लिए
(d) यूरिया के लिए

17. प्रकाश संश्लेषण में पौधों द्वारा निम्न में से कौन-सी गैस उपयोग की जाती है?
(a) अमोनिया
(b) कार्बन डाइ-ऑक्साइड
(c) क्लोरीन
(d) सल्फर डाइ-ऑक्साइड

18. निम्न में से किस एक अनाज में प्रोटीन की मात्रा सर्वाधिक होती है?
(a) लोबिया (b) मसूर
(c) अरहर (d) सोयाबीन

19. डॉ. अमर्त्य सेन को नोबेल पुरस्कार उनके निम्न में से किस एक के योगदान के अभिज्ञान में दिया गया है?
(a) श्रम अर्थशास्त्र
(b) विपणन अर्थशास्त्र
(c) मौद्रिक अर्थशास्त्र
(d) कल्याणकारी अर्थशास्त्र

20. सूची-I तथा सूची-II को सुमेलित कीजिए तथा सूचियों के नीचे दिए गए कूट का प्रयोग करते हुए सही उत्तर का चयन कीजिए-

सूची-I (पुस्तक)	सूची-II (लेखक)
A. हाफ ए लाइफ	1. अरुण शौरी
B. वर्शिपिंग फाल्स गॉड्स	2. शिव खेड़ा
C. अग्नि की उड़ान	3. वी.एस. नायपॉल
D. जीत आपकी	4. ए.पी.जे. अब्दुल कलाम
	5. जेम्स एंड जोगेवर्ड

कूटः

	A	B	C	D
(a)	1	2	3	5
(b)	2	1	4	3
(c)	3	1	4	2
(d)	1	2	3	5

21. विश्व व्यापार संगठन स्थापित हुआ-
(a) वर्ष 1990 में (b) वर्ष 1995 में
(c) वर्ष 1998 में (d) वर्ष 2000 में

22. भारत में 'स्वसंपोषित विकास' का उद्देश्य सर्वप्रथम अपनाया गया-
(a) तृतीय पंचवर्षीय योजना
(b) चतुर्थ पंचवर्षीय योजना
(c) पांचवीं पंचवर्षीय योजना
(d) छठी पंचवर्षीय योजना

23. सूची-I तथा सूची-II को सुमेलित कीजिए तथा सूचियों के नीचे दिए गए कूट से सही उत्तर का चयन कीजिए-

सूची-I	सूची-II
A. कांग्रेस का पूर्ण स्वाधीनता प्रस्ताव	1. 26 जनवरी
B. पूर्ण स्वराज दिवस	2. 31 दिसम्बर, 1929 ई.
C. डांडी मार्च	3. जुलाई 1931 ई.
D. द्वितीय गोलमेज कान्फ्रेंस	4. 12 मार्च, 1930 ई.
	5. सितम्बर 1931 ई.

कूट :

	A	B	C	D
(a)	1	2	3	4
(b)	2	1	4	3
(c)	5	4	1	3
(d)	3	4	2	5

24. निम्नलिखित में से किसने असहयोग आन्दोलन के दौरान विदेशी कपड़ों को जलाया जाना एक निष्ठुर बरबादी बताया था?
(a) लॉर्ड रीडिंग
(b) मोहम्मद अली जिन्ना
(c) मोतीलाल नेहरू
(d) रवीन्द्रनाथ टैगोर

25. निम्नलिखित में से कौन सुमेलित है?
(a) असम - शिलांग
(b) मेघालय - कोहिमा
(c) मिजोरम - आइजोल
(d) नागालैण्ड - गुवाहाटी

26. स्वर्ण जयंती ग्राम स्वरोजगार योजना का आरम्भ हुआ–
(a) अप्रैल, 1995 में
(b) अप्रैल, 1997 में
(c) अप्रैल, 1999 में
(d) अप्रैल, 2001 में

27. उत्तर प्रदेश में कौन सा जिला अवनलिका अपरदन से सर्वाधिक प्रभावित है?
(a) इटावा (b) गोरखपुर
(c) फर्रुखाबाद (d) मेरठ

28. निम्नलिखित नृत्यों में से कौन एक सुमेलित नहीं है?
(a) करमा - महोबा
(b) धुरिया - बुंदेलखंड
(c) धीवर - कहार
(d) नटवरी - पूर्वांचल

29. निम्नलिखित में से कौन सही सुमेलित नहीं है?
(a) गंगा - वाराणसी
(b) गोमती - सुल्तानपुर
(c) कोसी - गोरखपुर
(d) सरयू - अयोध्या

30. निम्नलिखित में से कौन एक सुमेलित नहीं है?
(a) देवा - बाराबंकी
(b) आल्हा - महोबा
(c) करमा - मथुरा
(d) कजरी - मिर्जापुर

31. निम्नलिखित में से किस खेल में खिलाड़ियों की संख्या 11 नहीं है ?
(a) क्रिकेट (b) हॉकी
(c) फुटबाल (d) कबड्डी

32. बॉन सम्मलेन से आप क्या समझते हैं ?
(a) प्रवासी प्रजातियों के संरक्षण की अंतरसरकारी संधि,
(b) लुप्तप्राय प्रजातियों के संरक्षण की संधि,
(c) वन्यजीवों एवं वनोत्पादों की तस्करी पर रोक हेतु एक समझौता,
(d) उपरोक्त में से कोई नहीं।

33. UPI का पूर्ण रूप क्या है ?
(a) यूनिफाइड प्रोसेसिंग इन्वेन्शन
(b) अल्ट्रा पेमेंट इंटरफेस
(c) यूज़ पेमेंट्स इन्सटेंटली
(d) यूनिफाइड पेमेंट्स इंटरफेस

34. पूर्वांचल एक्सप्रेसवे के संदर्भ में कौन-सा विकल्प सही नहीं है ?
(a) यह उत्तर प्रदेश एक्सप्रेसवे औद्योगिक विकास प्राधिकरण द्वारा विकसित किया गया है।
(b) यह लखनऊ से गाजीपुर तक विस्तृत है।
(c) इसकी कुल लंबाई लगभग 341 किमी. है।
(d) यह उत्तर प्रदेश के 14 ज़िलों से होकर गुजरेगा।

35. अंतर्राष्ट्रीय सहिष्णुता दिवस मनाया जाता है-
(a) 20 जनवरी (b) 26 जून
(c) 16 नवंबर (d) 15 जुलाई

36. फुटबॉल के मैदान के पिच का आयाम क्या होता है ?
(a) 105 मीटर लंबा और 68 मीटर चौड़ा
(b) 115 मीटर लंबा और 58 मीटर चौड़ा
(c) 125 मीटर लंबा और 70 मीटर चौड़ा
(d) 100 मीटर लंबा और 75 मीटर चौड़ा

37. 1873 में ज्योतिबा फुले ने किस भाषा में 'गुलामगिरी' लिखी थी ?

(a) अंग्रेज़ी (b) मराठी
(c) हिंदी (d) गुजराती

38. उत्तर प्रदेश में वी.वी. गिरि नेशनल लेबर इंस्टीट्यूट कहाँ स्थित है ?

(a) नोएडा (b) शामली
(c) नरौरा (d) फतेहपुर

39. 'विश्व अल्जाइमर दिवस' कब मनाया जाता है ?

(a) 25 जुलाई (b) 21 सितंबर
(c) 23 मई (d) 24 नवंबर

40. 'गीतांजलि' पुस्तक के लेखक है ?

(a) रवीन्द्रनाथ टैगोर
(b) कार्ल मार्क्स
(c) कुमार स्वामी
(d) बंकिम चन्द्र चटर्जी

41. राष्ट्रीय मतदाता दिवस कब मनाया जाता है ?

(a) 14 सितंबर (b) 25 जनवरी
(c) 3 मार्च (d) 22 दिसंबर

42. राष्ट्रीय पर्यटन दिवस कब मनाया जाता है ?

(a) 28 जनवरी (b) 27 जनवरी
(c) 25 जनवरी (d) 20 जनवरी

43. 7 सेमी. त्रिज्या वाले एक वृत्त की परिधि ज्ञात करें।

(a) 56 सेमी. (b) 44 सेमी.
(c) 16 सेमी. (d) 32 सेमी.

44. एक अर्द्ध-गोले का आयतन 89.83 घन सेमी. है, इसकी त्रिज्या ज्ञात करें।

(a) 3.5 सेमी. (b) 7 सेमी.
(c) 14 सेमी. (d) 10.5 सेमी.

45. x का मान ज्ञात कीजिए, यदि $\sqrt{1-\left(\frac{x}{289}\right)} = \left(\frac{15}{17}\right)$ है?

(a) 64 (b) 44
(c) 36 (d) 54

46. समीकरण $(153)^{144} - (115)^{123} - (111)^{510} - (216)^{25}$ में इकाई स्थान अंक निकालिये।

(a) 1 (b) 5
(c) 6 (d) 3

47. 'x' के निम्न मान में से कौन-सा समीकरण $4^{x-1} . 9^{2x-6} = 5184$ को संतुष्ट करता है?

(a) 2 (b) 3
(c) 4 (d) 6

48. यदि $s + \frac{1}{s} = 4$ है, तो $s^2 + \frac{1}{s^2}$ का मान ज्ञात करें।

(a) 14 (b) 16
(c) 20 (d) 24

49. एक वृत्त के किसी भी बिन्दु पर स्पर्श रेखा, सम्पर्क के बिन्दु के माध्यम से त्रिज्या तक .... होती है।

(a) समानान्तर (b) अन्त:विभाजक
(c) लम्बवत् (d) बराबर

50. 11 × 12 × 13 × 14 के गुणनफल को एक पूर्ण वर्ग बनाने के लिए उसमें क्या सबसे छोटी संख्या जोड़ी जानी चाहिए?

(a) 1 (b) 11
(c) 5 (d) 0

सामान्य हिंदी

निम्नलिखित अनुच्छेद को पढ़कर पूछे गए प्रश्नों के उत्तर दीजिए। (प्र. 51-55)

तकनीकी सक्रियता के बाद, अब 'सोशल मीडिया सक्रियता' आज की पीढ़ी के लिए एक पर्याय बन गई है। आज लगभग तीन में से दो भारतीय अलग-अलग सोशल नेटवर्किंग साइटों जैसे कि फेसबुक, ट्विटर, यूट्यूब, पिन्ट्रेस्ट आदि पर ऑनलाइन रहकर अपना समय बिताते हैं।

सोशल मीडिया न केवल आप और मुझ तक ही सीमित बल्कि इसके दायरे में राजनेता भी शामिल हैं। यह उम्मीद की जाती है कि सोशल मीडिया आने वाले समय के आम चुनावों को काफी हद तक प्रभावित करने में एक बेहतर भूमिका निभाएगा।

कई शोधकर्ताओं ने यह निर्देशित किया है कि टेलीविजन की तुलना में सोशल मीडिया लोगों को प्रभावित करने में एक सबसे मजबूत और अधिक प्रेरणादायक माध्यम होगा। भारत में उपभोक्ता बाजार और व्यापार में सोशल मीडिया की भूमिका को कम नहीं आँका जा सकता। फेसबुक, व्यापारिक उद्देश्यों की पूर्ति के लिए, सोशल मीडिया का सबसे महत्त्वपूर्ण प्लेटफॉर्म या मंच है जो लोगों को अपने साथ जोड़ता है क्योंकि इससे ग्राहकों द्वारा ट्विटर, यूट्यूब और ब्लागिंग आदि का अनुगमन किया जाता है।

विज्ञापनों के लिए सोशल मीडिया एक अनोखा जरिया बन गया है। ये कंपनियाँ नए कर्मचारियों और उनकी कुशलता को खोजने के लिए लिंक्डइन, फेसबुक और ट्विटर का उपयोग कर रही हैं। यह सोशल मीडिया एक ओर इतनी विशेषताओं से ओत-प्रोत है दूसरी ओर इसके नकारात्मक प्रभाव भी हम से छिपे नहीं हैं। जहाँ सोशल मीडिया आज के समय में मनुष्य की आवश्यकता बन गया है, वहीं इसके दुष्परिणाम भी बहुत दिख रहे हैं। व्यक्ति सोशल मीडिया की वर्चुअल दुनिया में जकड़ा हुआ है। इसकी वजह से परिवारों का विघटन, पति-पत्नी में आपसी कलह तक के मामले सामने आ रहे हैं। बच्चे अब मैदान में खेलने की बजाय मोबाइल पर खेल रहे हैं। बच्चे सोशल मीडिया के कारण मानसिक रूप से बीमार हो रहे हैं। कॉलेज में पढ़ाई के समय में भी बच्चे मोबाइल साथ रखते हैं, जिससे पढ़ाई में व्यवधान उत्पन्न होता है।

51. अनुच्छेद के आधार पर बताइए कि भारत में सोशल मीडिया इतना लोकप्रिय क्यों हो रहा है ? आपकी दृष्टि में इसका प्रमुख कारण है-

(a) यह मनोरंजन का बहुत ही अच्छा साधन है और इसीलिए इतना लोकप्रिय हो गया है।
(b) इसकी लोकप्रियता राजनेताओं के प्रवेश के कारण बढ़ गई है।
(c) इंटरेक्शन, लाइव चैट, स्टेटस अपडेट्स, इमेज तथा वीडियो शेयरिंग जैसे कुछ महत्त्वपूर्ण पहलुओं के कारण इसकी लोकप्रियता बढ़ गई है। यह मनोरंजन के साथ- साथ कमाई के अवसर भी देता है।
(d) स्मार्ट मोबाइल और कम्प्यूटर के आने से नई पीढ़ी में इसकी लोकप्रियता बढ़ गई है। सरकार ने नेट के चार्जेज सस्ते कर दिए हैं और समय गुजारने के लिए यह बहुत ही अच्छा साधन बन गया है।

52. उपर्युक्त अनुच्छेद के आधार पर सोशल मीडिया के विषय में आपकी दृष्टि में कौन-सा कथन सर्वोपयुक्त है ?

(a) सोशल मीडिया केवल समय की बर्बादी है और नई पीढ़ी को सबसे ज्यादा प्रभावित कर रहा है।
(b) सोशल मीडिया के द्वारा राजनेता अपने वोट बैंक को बढ़ाते हैं और भ्रष्टाचारी लोग अपने ग्रुप बनाकर हिंसा, आगजनी और तोड़फोड़ करते हैं। आतंकवाद बढ़ाने में भी इसका योगदान है।
(c) सोशल मीडिया जीवन के लगभग सभी पहलुओं को प्रभावित करता है। यह मनोरंजन के साथ-साथ कमाई के अवसर भी देता है। समय के बदलाव के साथ में हमें इसे स्वीकार कर लेना चाहिए।
(d) सोशल मीडिया बहुत ही खराब चीज है। लोगों के अकाउंट हैक होते हैं, समय की बर्बादी होती है और बिना बात में धन हानि भी होती है।

53. आपकी दृष्टि में सोशल मीडिया के सबसे अधिक नकारात्मक प्रभाव कौन-से हो सकते हैं ? सबसे प्रबल तर्क चुनिए।

(a) सोशल मीडिया सत्य और असत्य में भेद नहीं कर पाता और फॉलोवर्स की संख्या के आधार पर लोगों की चित्तवृत्ति को प्रभावित करता है।

(b) आतंकवादी और अन्य विध्वंसक तत्त्व इसका उपयोग करके देश और मानवता विरोधी गतिविधियों में शामिल हो सकते हैं।

(c) लोगों की छोटी सी भूल और लालच उनके बैंक की राशि को गायब कर सकने में समर्थ होते हैं। धोखाधड़ी की भी संभावना रहती है।

(d) मनुष्य सोशल मीडिया की वर्चुअल दुनिया में जकड़ा हुआ है। इसकी वजह से परिवारों का विघटन, पति-पत्नी में आपसी कलह तक के मामले सामने आ रहे हैं।

54. आपकी दृष्टि से विज्ञापनों के लिए सोशल मीडिया एक अनोखा जरिया कैसे बन गया है ? सबसे सबल तर्क कौन-सा हो सकता है ?

(a) आज लोग बाहर के नए उत्पादों को खरीदने में रुचि लेते हैं।

(b) समाचार-पत्रों में अब ज्यादा विज्ञापन नहीं निकलते हैं और केवल सरकारी विज्ञापन ही आते हैं।

(c) आज पूरा विश्व एक बाजार बन गया है और आप अपना सामान घर बैठे खरीद-बेच सकते हैं।

(d) आज भारत और विश्वभर की कम्पनियाँ नए कर्मचारियों और उनकी कुशलता को खोजने के लिए लिंक्डइन, फेसबुक और ट्विटर का उपयोग कर रही हैं। आर्टिफिसियल इंटेलिजेंस द्वारा कम्पनियाँ अपने ग्राहकों तक पहुँच जाती हैं।

55. आपकी दृष्टि में कॉलेजों में छात्रों को पढ़ाई के समय मोबाइल साथ में रखने की अनुमति देना कहाँ तक उचित है ? आप किस विकल्प से सहमत हैं ?

(a) अब समय में बदलाव आ रहा है और साथ रखे मोबाइल द्वारा विषयों के अध्ययन में मदद मिलती है।

(b) नहीं, यह बिल्कुल भी उचित नहीं जान पड़ता हैं, क्योंकि पढ़ाई के बीच सोशल मीडिया आ जाने पर छात्रों का ध्यान अध्यापक की बात से हटकर अन्यत्र चला जाता है।

(c) कॉलेज के छात्र पर्याप्त परिपक्व हो जाते हैं और अपना भला-बुरा समझते हैं। मोबाइल या लैपटॉप पढ़ाई के साधन हैं और उन्हें साथ में रखे जाने से कोई बाधा नहीं आएगी।

(d) मोबाइल साथ में रखे जाने से अनेक उपद्रवी छात्र भौतिक रूप से कक्षा में होते हुए भी मानसिक रूप से कक्षा में नहीं रहेंगे। पढ़ाई में ध्यान नहीं लगेगा और अनुशासनहीनता उत्पन्न होगी। छात्र यदि मोबाइल लाते हैं, तो भी पढ़ाई के समय उसे स्विच ऑफ किया जाना चाहिए।

निम्नलिखित अनुच्छेद को पढ़कर पूछे गए प्रश्नों के उत्तर दीजिए (प्र. 56-60)

आज कल मनुष्य का जीवन कुछ अलग रूप में करवट ले रहा है। शारीरिक श्रम की कमी, अनियमित जीवनशैली, अनियमित नींद, सादा खान-पान का अभाव, मोबाइल, कम्प्यूटर और टेलीविजन में व्यस्तता, समस्याएँ और तनाव, फेसबुक पर हजारों मित्र होते हुए भी सच्चे मित्रों और सम्बन्धियों की कमी अकेलापन और तनावग्रस्त जीवन-ये घर-घर की कहानी बनती जा रही है।

विज्ञापन हमारी मानसिक शांति और संतुष्टि को हम से दूर कर रहे हैं। पड़ोसियों और रिश्तेदारों के साथ होड़ भी हमारी अशांति का कारण है। आध्यात्मिकता का अभाव, ईश्वर में विश्वास का न होना, असंतोष, अतृप्ति और धोखाधड़ी हर दिन बढ़ रहे हैं। नीतिगत मूल्यों का ह्रास हो रहा है। सरलता को मूर्खता कहा जाता है और धोखाधड़ी को चतुराई।

शरीर, मन और आत्मा के मध्य का संतुलन बिगड़ता जा रहा है। दूसरों को नीचा दिखाकर हम अपना कद बढ़ा रहे हैं। योग, व्यायाम और मैदान के खेलकूद धीरे-धीरे गायब हो रहे हैं। लोगों के घर पहले से ज्यादा बड़े हुए हैं, पर हमारे दिल छोटे होते जा रहे हैं। माँ प्रकृति से हम दूर होते चले जा रहे हैं।

शिक्षकों को मोटी तनख्वाह चाहिए, परन्तु जीवन मूल्यों से अपने आपको और अपने छात्रों को दूर ही रखना है। इंजीनियर को भी घोटाले ज्यादा पसंद आते हैं जिससे ज्यादा पैसा बने। आई टी से जुड़े लोग, एम बी ए और अन्य सभी को भी व्हाइट कॉलर जॉब ही पसंद है। पैसे वालों के बच्चों की परवरिश दूसरे लोग कर रहे हैं।

माँ-बाप दोनों के पास बच्चों के लिए समय नहीं है। भ्रष्टाचार द्वारा उपार्जित धन से लोग अपने कल्याण की चाह रखते हैं। बूढ़े माँ-बाप को वृद्धाश्रम भेजने वाले लोग भविष्य में अपनी संतान द्वारा सेवा और सद्व्यवहार की कामना कर रहे हैं। रक्तचाप, मधुमेह, लिवर और किडनी के रोग, थाइरॉइड, अनेक प्रकार के कैंसर, आदि अनेक रोग अल्पायु में ही हो रहे हैं। क्या हमारे पास इतना समय नहीं है कि हम कभी इन सभी के कारणों और समाधानों के बारे में सोचें ?

56. उपरिलिखित अनुच्छेद के आधार पर अपना अभिमत बताएँ कि आज हम संतुष्ट और सुखी क्यों नहीं हैं ?

(a) हम आज जीवन जीने की कला भूल चुके हैं और जीवन की दौड़ में पिछड़ जाने का डर हमें सुख और संतुष्टि से दूर रखे हुए है।

(b) आज के समाज में गलत खान-पान और अनियमित जीवन शैली से बीमारियाँ बढ़ती जा रही हैं।

(c) आज के समय में समस्याएँ बहुत बढ़ गई हैं। इस कारण हम सुखी और संतुष्ट नहीं हो पा रहे हैं।

(d) समाज में मँहगाई और भ्रष्टाचार होने से हम सुखी और संतुष्ट नहीं हैं।

57. योग, व्यायाम और मैदान के खेलकूदों के गायब होने के कारण हमारे जीवन पर क्या प्रभाव पड़ रहा है ? अनुच्छेद के आधार पर आपकी दृष्टि में सबसे सही विकल्प कौन-सा हो सकता है ?

(a) बच्चों को शारीरिक विकास के उचित अवसर नहीं मिलते।

(b) बच्चों को शारीरिक और मानसिक विकास में परेशानी हो रही है।

(c) प्रकृति का सामीप्य न मिलने से बच्चों और बड़ों का सर्वविद विकास नहीं हो पा रहा है। अनेक प्रकार की बीमारियाँ शरीर में घर करने लगती हैं।

(d) अनिद्रा और अपचन जैसे रोग जन्म लेते हैं।

58. अनुच्छेद के अनुसार आपकी दृष्टि में जीवन में बढ़ने वाले तनाव का कौन-से कारण सबसे प्रमुख है, जो हमें सुख और संतुष्टि से दूर रखे हुए है ?

(a) महँगाई और भ्रष्टाचार

(b) पति-पत्नी की व्यस्तता और आपसी व्यवहार, जीवन की दौड़ में पिछड़ जाने का डर

(c) शरीर में होने वाले अनेक प्रकार के रोग

(d) मोबाइल और टेलीविजन का अत्यधिक प्रयोग

59. अनुच्छेद के परिप्रेक्ष्य में आज की बदलती जीवन शैली का सबसे प्रमुख कारण आपके अनुसार कौन-सा हो सकता है ?

(a) मुक्त जीवन जीने की इच्छा

(b) संवेदनहीनता ज्यादा-से-ज्यादा धनार्जन और अधिकाधिक सुख-साधन एकत्रित कर लेने की होड़

(c) परिवार को ज्यादा सुख देने की भावना

(d) जीवन में आगे बढ़ने की चाहत

60. मोबाइल, कम्प्यूटर और टेलीविजन में अत्यधिक व्यस्तता हमारे जीवन को किस रूप में सर्वाधिक प्रभावित करती है ?

(a) व्यर्थ में समय नष्ट होता है और ज़रूरी काम नहीं हो पाते हैं।

(b) लम्बे समय तक टेलीविजन कम्प्यूटर और सोशल मीडिया में व्यस्त होने पर व्यक्ति वास्तविक दुनिया से दूर की दुनिया में जीने लगता है। उसका स्वास्थ्य चौपट होने लगता है।

(c) अनेक प्रकार के शारीरिक और मानसिक रोग से मुक्ति होती है।

(d) जीवन की थकान और तनावों से मुक्ति होती है और मनोरंजन भी होता रहता है।

61. 'संलग्न' का अंग्रेजी रूपान्तरण है-
(a) ENDORSEMENT
(b) STATEMENT
(c) ENCLOSED
(d) NOTIFICATION

62. वाक्य में प्रयुक्त लोकोक्ति का उचित शाब्दिक अर्थ-
FRESH-BLOOD
(a) ताजा खून (b) स्वच्छ खून
(c) नया खून (d) साफ खून

63. वैयक्तिक-पत्र किनके मध्य लिखा जाता है?
(a) व्यसायियों के मध्य
(b) सरकारी अधिकारियों के मध्य
(c) सगे सम्बन्धियों-मित्रों के मध्य
(d) पाठक और सम्पादक के मध्य

64. निम्नलिखित में से कौन-सा अनौपचारिक पत्र का उदाहरण है?
(a) मोहल्ले में बिजली की समस्या के लिए जिलाधिकारी को लिखा गया पत्र
(b) बहन के विवाह में शामिल होने के लिए मित्र को लिखा गया पत्र
(c) गाँव में पुस्तकालय खुलवाने हेतु जिला परिषद् के अध्यक्ष को लिख गया पत्र
(d) प्रधानाचार्य को दो दिनों के अवकाश के लिए प्रार्थना पत्र

65. इनमें से कौन-सा कार्यालय आदेश का मूल गुण नहीं हैं?
(a) अनौपचारिकता (b) नपा-तुला
(c) निर्वैयक्तिक (d) बाहर भीतरी बातें

66. आयकर की माफी एवं पूर्ण मुक्ति के लिए किसे प्रार्थना-पत्र लिखेंगे?
(a) प्रशासन अधिकारी
(b) संपादक अधिकारी
(c) आयकर अधिकारी
(d) संपादन अधिकारी

67. निम्न में से वर्तनी की दृष्टि से अशुद्ध शब्द है-
(a) आनुषंगिक (b) आध्यात्मिक
(c) इतिहासिक (d) दायित्व

68. इनमें से कौन सा वाक्य शुद्ध है?
(a) मेरा गुप्त रहस्य कोई नहीं जानता
(b) श्याम सज्जन आदमी है
(c) उत्तर का अधिकांश भाग पहाड़ी है
(d) इनमें से एक भी वाक्य शुद्ध नहीं है

69. 'उन्मीलन' का विलोम शब्द है-
(a) अवमीलन (b) सुमेलन
(c) अनुमीलन (d) निमीलन

70. इनमें से वर्तनी की दृष्टि से शुद्ध है-
(a) अन्तर्धान (b) षष्ठम्
(c) सहस्त्र (d) अनुषंगिक

71. 'अधिकृत' शब्द का विलोम है-
(a) अनाधिकृत (b) अनधिकृत
(c) अनाधिकारिक (d) प्राधिकृत

72. इन नामों में से एक की वर्तनी अशुद्ध है-
(a) कौशल्या (b) मैथिलीशरण गुप्त
(c) मेघनाद (d) राहुल सांस्कृत्यायन

73. 'अनुलोम' शब्द का विलोम है-
(a) सुलोम (b) प्रतिलोम
(c) अनलोम (d) अवलोम

74. इनमें से एक शब्द की वर्तनी अशुद्ध है-
(a) अधीन (b) भागीरथी
(c) जाग्रत (d) अनुग्रहित

75. 'परिश्रम' का विलोम है-
(a) आश्रम (b) विश्रम
(c) विश्राम (d) बिश्रांत

76. निम्नलिखित में से शुद्ध वाक्य है?
(a) यह रूमाल अच्छी है
(b) उसकी दही खट्टी है
(c) कई हाथियां जा रही है
(d) उसका मकान बहुत अच्छा है

77. इनमें से शुद्ध वर्तनी का शब्द है-
(a) ज्योत्सना (b) जयोतसना
(c) ज्योत्स्ना (d) ज्यौत्सना

78. इनमें से शुद्ध वाक्य है-
(a) डॉ. गुप्ता हमारे पुभारी है
(b) आज मैं इकतिस वर्ष हो गया हूं
(c) इस वर्ष पहाड़ों पर जमकर तुषारपात हुआ है
(d) हमें कभी हतोत्साहित नहीं होना चाहिए

79. इनमें से शुद्ध वर्तनी का शब्द है-
(a) हिरण्यकशिपु (b) हिरण्यकश्यपु
(c) हिरण्यकश्यप (d) हिरण्यकस्यप

80. इनमें से अशुद्ध वर्तनी का शब्द है-
(a) महत्त्व (b) वाल्मीकि
(c) पैतृक (d) सन्यासी

81. निम्नलिखित वाक्य खण्डों में से एक के लिए प्रयुक्त होने वाला शब्द है 'स्वयंसेवक'-
(a) संबकी सेवा करने वाला
(b) स्वयं की सेवा करने वाला
(c) अपनी इच्छा से दूसरों की सेवा करने वाला
(d) बिना वेतन के काम करने वाला सेवक।

82. हाथी की पीठ पर रखे जाने वाले 'आसन' के लिए शुद्ध शब्द है-
(a) जीन (b) हौदा
(c) काठी (d) बख्तर

83. 'गुरु के समीप रह कर शिक्षा ग्रहण करने वाला' के लिए एक शब्द है?
(a) गुरुकुलवासी (b) छात्रावासी
(c) अन्तेवासी (d) आश्रमवासी

84. 'जिसे प्रमाण द्वारा सिद्ध न किया जा सके' उसके लिए सही शब्द है-
(a) अप्रमाणित (b) अनुप्रमेय
(c) अप्रमेय (d) अप्रामाणिक

85. 'अपना उद्देश्य पूर्ण होने पर संतुष्ट' ऐसे व्यक्ति के लिए एक शब्द है-
(a) चिरप्रसन्न (b) कृतज्ञ
(c) आभारी (d) कृतार्थ

86. 'उपनिवेश से सम्बन्ध हो जिसका' उसके लिए एक शब्द है-
(a) उपनिवेशिक (b) औपनिवेशक
(c) औपन्यासिक (d) उपनिवेशवाद

87. 'नियमविरुद्ध, असामाजिक कार्य करने वालों की सूची' के लिए एक शब्द है-
(a) अपराधसूची (b) कालीसूची
(c) अवैधसूची (d) श्वेतसूची

88. इनमें से एक के लिए प्रयोज्य शब्द है- 'असूर्यम्पश्या'
(a) वह स्थान जहां सूर्य दिखायी न दे
(b) वह स्थान जहां सूर्य का प्रखर प्रकाश बड़ा कष्टकारी होता है
(c) वे प्राणी जो सूर्य का दर्शन न कर पायें
(d) रनिवास में कड़े पर्दे में रहने वाली स्त्री।

89. निम्नलिखित शब्दों में से शुद्ध शब्द को पहचानिए:
(a) आर्शीवाद (b) आजीविका
(c) अध्यन (d) उनी

90. 'उत्तराधिकार में प्राप्त सम्पत्ति' के लिए एक शब्द है-
(a) रिक्थ (b) धरोहर
(c) वसीयत (d) संदाय

91. वर्तनी की दृष्टि से कौन-सा शब्द सही है?
(a) स्वतंत्रय (b) स्वातंत्र्य
(c) स्वतंत्र्य (d) स्वातंत्र्य

92. 'आँधी आवे बैठ गंवावे' लोकोक्ति का उपयुक्त अर्थ है-
(a) संकट से मुँह फेरना
(b) विपरीत परिस्थिति में उपयुक्त समय आने का इंतजार करना
(c) विपत्ति से टकराने का हौसला रखना
(d) आँधी के बाद पानी बरसने का इंतजार करना

93. 'किताब का कीड़ा होना' का उपयुक्त अर्थ है-
(a) बहुमूल्य वस्तु को नष्ट करने वाला
(b) अनुपयुक्त जगह रहने वाला
(c) बहुत अधिक पढ़ने वाला
(d) ज्ञान का दुश्मन

94. 'वक्ता' शब्द का विलोम है-
(a) आयोजक (b) प्रायोजक
(c) श्रोता (d) व्याख्याता

95. 'वह कृशकाय व्यक्ति दौड़ने लगा'– इस वाक्य में विशेष्य है–
(a) व्यक्ति (b) कृशकाय
(c) वह (d) दौड़ने लगा

96. "आवृत" शब्द का विलोम है-
(a) विमोचित (b) आच्छन्न
(c) परिच्छिन्न (d) अनावृत

97. 'बिना पलक झपकाए' के लिए एक शब्द है:
(a) निष्पलक (b) निस्पृह
(c) निर्निमेष (d) निर्विकार

98. 'प्रज्ञाचक्षु' के लिए वाक्यांश :
(a) चक्षु ही जिसकी प्रज्ञा हो
(b) बुद्धि जिसका नेत्र हो
(c) प्रज्ञा और चक्षु जिसके समान हो
(d) बुद्धि और ज्ञान होने वाली प्रज्ञा

99. निम्नलिखित में से कौन-सा शब्द 'डर' का पर्यायवाची नहीं है ?
(a) शीति (b) भीति
(c) भय (d) त्रास

100. निम्नलिखित में से कौन-सा 'कुशल' का पर्यायवाची नहीं है ?
(a) दक्ष (b) अक्ष
(c) निपुण (d) प्रवीण

कंप्यूटर ज्ञान

101. .... एप्पल के द्वारा जारी एक इंटरनेट ब्राउजर है।
(a) क्रोम (b) नेटस्केप
(c) फॉयरफॉक्स (d) सफारी

102. एमएस वर्ड 2007 में, सभी टैब (होम टैब, इन्सर्ट टैब इत्यादि) कहाँ स्थित होते हैं ?
(a) टाइटल बार (b) रिबन
(c) स्टेटस बार (d) स्क्रॉल

103. एक..... हार्डवेयर, सॉफ्टवेयर तथा डाटा को ऑथराइज्ड यूजर के बीच साझा करता है।
(a) नेटवर्क (b) डीएनएस
(c) आईपी (d) सीपीयू

104. की-बोर्ड पर ..... की का उपयोग कर्सर के बाईं ओर टाइप किए गए टेक्स्ट को मिटाने के लिए किया जाता है।
(a) कैप्स लॉक (b) डिलीट
(c) बैकस्पेस (d) कर्सर कंट्रोल

105. माइक्रोसॉफ्ट वर्ड 2007 में, बुलेटेड लिस्ट किस डायलॉग बॉक्स में उपलब्ध होता है ?
(a) फॉन्ट (b) पैराग्राफ
(c) स्टाइल्स (d) एडिटिंग

106. वाइरस, ट्रोजन हॉर्स और वॉर्म को इसके लिए जाना जाता है-
(a) कम्प्यूटर सिस्टम को हानि पहुँचाने में सक्षम होते हैं।
(b) प्रयोक्ता - मित्र एप्लीकेशन रूप में होते हैं।
(c) यदि कम्प्यूटर को दुष्प्रभावित करते हैं तो पता लगाना संभव नहीं होता है।
(d) कम्प्यूटर पर रहने वाले हानिरहित एप्लीकेशन होते हैं।

107. .... एक डिवाइस है जो टेलीकम्युनिकेशन लिंकों और समूह को एक साथ जोड़ता है।
(a) राउटर
(c) होस्ट कम्प्यूटर
(b) हाइपरमीडिया
(d) पैकेट्स

108. वर्ल्ड वाइड वेब पर उपयोग करने के लिए डॉक्यूमेंट तैयार करने हेतु इस्तेमाल की जाने वाली कोडिंग लैंग्वेज है-
(a) एचटीएमएल
(b) एटएलएमटी
(c) एचएसएमटी
(d) उपरोक्त सभी

109. www.Google.com में, www निम्न के लिए प्रयुक्त होता है-
(a) वेब वर्ल्ड वाइड
(b) वाइड वर्ल्ड वेब
(c) वर्ल्ड वाइड वेब
(d) वर्ल्ड वाइड वेबलिंक्स

110. एमएस वर्ड में, थीसॉरस टूल का उपयोग .... के लिए किया जाता है।
(a) समानार्थी शब्द ज्ञात करने
(c) विपरीत अर्थ वाले शब्द ज्ञात करने
(b) शब्द को कॉपी करने
(d) शब्द को डिलीट करने

111. ई-मेल एप्लीकेशन में संक्षिप्त अक्षर 'सीसी' का पूर्ण रूप है-
(a) कंपनी कॉपी (b) कार्बन कॉपी
(c) कॉमन कॉपी (d) कैजुअल कॉपी

112. .... एक इनपुट डिवाइस नहीं है।
(a) स्कैनर (b) प्रिंटर
(c) कीबोर्ड (d) माउस

113. गैंट चार्ट को इसमें आसानी से बनाया जा सकता है-
(a) एमएसवर्ड 2007
(b) एमएस एक्सेस 2007
(c) एमएस पॉवरपाइंट 2007
(d) एमएस एक्सेल 2007

114. एक एक्सेल डॉक्यूमेंट जो कि फाइलों के रूप में संगृहित, होता है, कहलाता है-
(a) वर्कफोर्स (b) वर्कटेबल
(c) वर्कशीट (d) वर्कग्रुप

115. एमएस वर्ड में एक वर्ड को अंडरलाइन करने के लिए कौन-सी शॉर्टकट की है-
(a) CTRL+U (b) CTRL+V
(c) CTRL + X (d) CTRL + Y

116. वह सॉफ्टवेयर जो यूजर को वेबपेज देखने की सुविधा देता है, निम्न कहलाता है-
(a) इंटरनेट ब्राउजर
(b) वेबसाइट
(c) ऑपरेटिंग सिस्टम
(d) क्लाइंट

117. एक कम्प्यूटर, 'बूट' नहीं हो सकता है, यदि इसमें .... नहीं है।
(a) कम्पाइलर (b) ऑपरेटिंग सिस्टम
(c) लोडर (d) असेम्बलर

118. एमएस वर्ड डॉक्यूमेंट में न्यूनतम कितने रो और कॉलम होते हैं-
(a) 1 और 1
(b) 2 और 2
(c) 2 और 1
(d) उपरोक्त में से कोई नहीं

119. एमएस वर्ड 2007 में, किस मेनू का उपयोग कैरेक्टर साइज और टाइफेस को बदलने के लिए किया जाता है ?
(a) व्यू (b) होम
(c) रिव्यू (d) इन्सर्ट

120. .... सीपीयू का एक हिस्सा नहीं है।
(a) स्टोरेज यूनिट (b) प्रोग्राम यूनिट
(c) एएलयू (d) कंट्रोल यूनिट

121. एक डॉक्यूमेंट में प्रिंटिंग के लिए पेज रेंज को सिलेक्ट करने हेतु किस स्पेशल कैरेक्टर का उपयोग किया जाता है ?

(a) हाइफन (b) पल्स
(c) कॉमा (d) कोलन

122. निम्नलिखित में से कौन-सा एक नेटवर्क जैसे एक कार्यक्रम, फाइल, फोल्डर आदि पर या आपके कम्प्यूटर पर किसी आइटम को एक्सेस करने के लिए एक लिंक है?
(a) आइकॉन (b) लिंक
(c) शॉर्टकट (d) पाथ

123. एमएस वर्ड 2007 में, कौन-सा शब्द, फॉन्ट, फॉन्ट ग्रुप से संबंधित नहीं है?
(a) श्रिंक फॉन्ट (b) फॉन्ट कलर
(c) फॉन्ट साइज (d) फॉन्ट ग्रामर

124. डॉट-मैट्रिक्स इसका एक प्रकार होता है- संबंधित नहीं है।
(a) फ्लॉपी डिस्क (b) प्रिंटर
(c) फाइल (d) मॉनिटर

125. अनपेक्षित कॉमर्शियल ई-मेल्स को इस नाम से भी जाना जाता है-
(a) केवल ईमेल (b) चैट
(c) स्पैम (d) बल्क मेल

126. एमएस वर्ड में आप निम्न के द्वारा एक पेज ब्रेक को फोर्स कर सकते हैं-
(a) अपने कर्सर को उचित स्थान पर रख कर और F1 कुंजी को दबा कर
(b) इन्सर्ट / सेक्शन ब्रेक का उपयोग करके
(c) अपने कर्सर को उचित स्थान पर रख कर Ctrl - Enter कुंजी को दबा कर
(d) अपने डॉक्यूमेंट का फॉन्ट साइज बदल कर

127. एक कम्प्यूटर निम्न में से क्या परिणाम, प्रदर्शित नहीं कर सकता है?
(a) इनपुट (b) थिंकिंग
(c) आउटपुट (d) प्रॉसेसिंग

128. हाई-स्पीड इंटरनेट कनेक्शन या वाइडबैंड ट्रांसमिशन इस नाम से भी जाना जाता है-
(a) डायल - अप नेटवर्क
(c) डिजिटल ट्रांसमिशन
(b) वाइड एरिया नेटवर्क
(d) ब्रॉडबैंड नेटवर्क

129. एमएस एक्सेल में पेस्ट स्पेशल कमांड का उपयोग करते हुए आप निम्नलिखित में से क्या पेस्ट कर सकते हैं?
(a) केवल वैलिडेशन (b) केवल फॉर्मूला
(c) केवल फॉर्मेट (d) उपरोक्त सभी

130. एक्सेल में "J6" जैसे एक अक्षरांकीय संयोजन का अर्थ निम्न होता है-
(a) वर्कबुक एड्रेस (b) सेल एड्रेस
(c) वर्कशीट एड्रेस (d) फाइल का नाम

131. कम्प्यूटर सिस्टम या नेटवर्क की सुरक्षा पर खतरे के प्रकार होते हैं-
(i) इंटरप्शन (व्यवधान)
(ii) इंटरसेप्शन (अवरोधन)
(iii) मॉडीफिकेशन (संशोधन)
(iv) क्रिएशन (निर्माण)
(v) संरचना (फैब्रीकेशन)
निम्नलिखित में से कौन-सा विकल्प सत्य है?
(a) केवल i, ii, iii और iv
(b) केवल i, ii, iii और v
(c) केवल ii, iii, iv और v
(d) केवल i, ii, iii, iv और v सभी

132. निम्नलिखित में से क्या विंडोज 7 सिस्टम में एक एक्सेसरीज टुल नहीं है?
(a) पेन्ट
(b) नोटपैड
(c) वर्डपैड
(d) एमएस एसक्यूएल सर्वर

133. क्या होता है जब आप एमएस वर्ड में एक रो का चयन करते हैं और CTRL, SHIFT और PLUS (+) एक साथ दबाते हैं?
(a) टास्क मैनेजर विंडो खुलती है।
(b) चयनित रो के ऊपर एक नई पंक्ति जुड़ जाती है।
(c) चयनित रो के सभी संख्यात्मक मानों का योग हो जाता है
(d) वर्कबुक में एक नयी वर्कशीट जुड़ जाती है।

134. किसने सर्वप्रथम डाटाफोन और पहले ज्ञात मॉडेम का आविष्कार किया?
(a) एटी और टी (b) जूनियर
(c) आइबीएम (d) सिसको

135. निम्न में से किसका उपयोग इंटरनेट से कनेक्ट करने के लिए नहीं किया जा सकता है?
(a) इलेक्ट्रिक लाइन
(b) सैटेलाइट
(c) केबल टीवी लाइन
(d) टेलीफोन लाइन

136. कितने बाइट एक किलोबाइट के बराबर होते है?
(a) 210 बाइट (b) 230 वाइट
(c) 220 वाइट (d) 240 बाइट

137. एमएस एक्सेल 2007 में, कौन-सा सेल प्वांइटर आपको इंगित करता है कि आप चयन कर सकते हैं?
(a) डॉक्टर का प्रतीक (बड़ा प्लस)
(b) छोटा पतला प्लस का चिन्ह
(c) नोक पर एंकर वाला माउस
(d) उपरोक्त में से कोई नहीं

138. निम्नलिखित में से हेडर और फुटर के बारे में कौन-सा कथन असत्य है?
(a) आप सम तथा विषम पेजों के लिए भिन्न हेडर व फुटर को सेट कर सकते हैं।
(b) आप एक सेक्शन के पहले पेज के लिए विभिन्न हेडर और फुटर को सेट कर सकते हैं।
(c) आप हेडर और फुटर में इमेज सेट कर सकते हैं।
(d) आप एक सेक्शन के अंतिम पेज के लिए भिन्न हेडर व फुटर सेट कर सकते हैं।

139. एमएस वर्ड में, CTRL + S की इसके लिए इस्तेमाल की जाती है-
(a) सिनैरियो (b) साइज
(c) सेव (d) स्पेल चेक

140. LAN का पूर्ण रूप क्या है?
(a) लोकल एरिया नेटवर्क
(b) लोकल एंटिना नेटवर्क
(c) लॉजिक एरिया नेटवर्क
(d) लॉजिक एंटिना नेटवर्क

141. इनमें से कौन-सा फंक्शन मूल डॉक्यूमेंट या लोकेशन में सूचना हटाता है?
(a) स्लाइड (b) कॉपी
(c) कट (d) पेस्ट

142. एमएस वर्ड 2007 में निम्नलिखित में से किस कुंजी का उपयोग पेज साइड तथा मार्जिन बदलाव करने के लिए किया जा सकता है?
(a) पेज- सेटअप (b) टूल्स
(c) व्यू (d) डाटा

143. IT का पूर्ण रूप है?
(a) इन्फॉर्मेशन टेक्नोलॉजी
(b) इन्फॉर्मेशन ट्रैकिंग
(c) इंटरनेट टेक्नोलॉजी
(d) इंटरेस्टिंग टेक्नालॉजी

144. एक टेराबाइट में......ब्राइट होते हैं?
(a) 1 मिलियन (b) 1 किलोबाइट
(c) 1 बिलियन (d) 1 ट्रिलियन

145. मैग्नेटिक स्टोरेज डिवाइस का एक उदाहरण है-
(a) ओएमआर (b) सीडी-रोम डिस्क
(c) हार्ड डिस्क (d) मेमोरी स्ट्रिप

146. एमएसएक्सेल में सेल के ग्रुप को सेलेक्ट करने के लिए उस क्रम में निम्नलिखित में से कौन-सा कथन सत्य है ?

1. एक सेल को सेलेक्ट करें, शिफ्ट की को होल्ड करें और फाइनल सेल को सेलेक्टल करें।

2. माउस की सहायता से सेल्स को ड्रैग करें।

3. एक सेल को सेलेक्ट करें, एरो की का इस्तेमाल करते शिफ्ट की को होल्ड करें

(a) सिर्फ कथन और 2
(b) सिर्फ कथन 2 और 3
(c) सिर्फ कथन और 3
(d) उपरोक्त सभी

147. कोई भी ऐसी डिवाइस है, जैसे पीसी, प्रिंटर, या अन्य सर्वर, जो एक सर्वर से सेवाओं या संसाधनों का अनुरोध करता है-

(a) नेटवर्किंग (b) क्लाइंट
(c) वर्कस्टेशन (d) लेन

148. .... को वेब भी कहा जाता है, इसमें अरबों डॉक्यूमेंट होते हैं।

(a) वर्ल्ड वाइड वेब
(b) वेब पोर्टल
(c) एचटीटीपी
(d) डोमेन

149. कम्प्यूटर को बूट करने के लिए कौन-से सॉफ्टवेयर की जरूरत होती है ?

(a) ऑपरेटिंग सिस्टम
(b) एमएस ऑफिस
(c) लोडर
(d) एप्लिकेशन प्रोग्राम

150. निम्न में से क्या हार्डवेयर नहीं है ?

(a) प्रॉसेसर चिप (b) माउस
(c) प्रिंटर (d) जावा

व्याख्या सहित उत्तर

1. (c) चार बाहरी आक्रमणों का कालक्रम इस प्रकार है–

चंगेज खां - सन् 1220-21 या 1228 ई.
तैमूर - सन् 1398 ई.
नादिरशाह - सन् 1739 ई.
अहमदशाह अब्दाली - सन् 1761 ई.

2. (d) बीजापुर नामक स्वतंत्र राज्य की स्थापना सन् 1489 ई. में यूसुफ आदिलशाह ने की थी। यह धार्मिक रूप से सहिष्णु एवं न्यायप्रिय शासक था। बहमनी वंश के कुली कुतुबशाह नामक तुर्की अधिकारी ने गोलकुंडा में कुतुबशाही वंश की स्थापना की। सन् 1394 ई. में फिरोज तुगलक के पुत्र महमूद ने अपने वजीर ख्वाजा जहान को 'मलिक उस शर्क' की उपाधि प्रदान की। उसने दिल्ली पर हुए तैमूर आक्रमण (1398 ई.) के कारण व्याप्त अस्थिरता का लाभ उठाकर जौनपुर में स्वतन्त्र शर्की राजवंश की नींव डाली।

3. (b) सूफिया कलाम भक्ति संगीत की एक भाषा है जो कश्मीर में प्रचलित है।

4. (d) सन् 1907 ई. सूरत अधिवेशन में भारतीय राष्ट्रीय कांग्रेस के नरम एवं गरम दलों के बीच मतभेद हो जाने से कांग्रेस पार्टी में विभाजन हो गया जो सन् 1916 ई. के लखनऊ अधिवेशन में पुन: एकजुट हुए। सन् 1907 ई. में सूरत अधिवेशन की अध्यक्षता रास बिहारी बोस ने की थी।

5. (c)

समाचार पत्र	**प्रारंभ करने वाला व्यक्ति**
1. बाम्बे क्रॉनिकल	फिरोजशाह मेहता
2. कॉमनवील	श्रीमती एनी बेसेंट
3. लीडर	मदन मोहन मालवीय
4. सर्चलाइट	सच्चिदानंद सिन्हा

6. (a) 19वीं सदी के 8वें व 9वें दशक में गरमपंथी विचारधारा का प्रादुर्भाव हो गया था हालांकि इस विचारधारा से कांग्रेसी नेता अपने को अलग रखते थे, परन्तु अंग्रेजी हुकूमत कांग्रेस से संतुष्ट नहीं थी और उसे कुचल देना चाहती थी। इसके दो कारण थे- (1) नरमपंथी चाहे जितने उदारवादी रहे हों, वे राष्ट्रवादी, उपनिवेशवाद विरोधी राजनीति व विचारधारा के प्रचारक थे, (2) अंग्रेज यह समझते थे कि नरमपंथी की जनता में घुसपैठ कम है अत: इस समय इसे समाप्त किया जा सकता है। इस नीति का सबसे बड़ा समर्थक लॉर्ड कर्जन था। सन् 1900 में लॉर्ड कर्जन ने कहा कि "कांग्रेस अब लड़खड़ा रही है और मेरा सबसे बड़ा मकसद भी यही है कि मेरे भारत प्रवास के दौरान ही इस पार्टी का अंत हो जाए।"

7. (c) डॉ. सैफुद्दीन किचलू और डॉ. सत्यपाल की गिरफ्तारी का विरोध करने के लिए 13 अप्रैल, 1919 ई. में बैसाखी के दिन अमृतसर के जलियांवाला बाग में एक सभा एकत्रित हुई जिस पर जनरल डायर ने बिना कोई चेतावनी दिए गोलियां चलवा दी थीं जिसमें 1000 से अधिक लोग मारे गए थे तथा 3000 घायल हुए थे।

8. (a) भारतीय संविधान में केन्द्र और राज्यों के अधिकारों का बंटवारा सातवीं अनुसूची में किया गया।

9. (a) वित्त आयोग का गठन केन्द्र तथा राज्य के बीच राजस्व वितरण के उपाय सुझाने के लिए किया गया है। अनुच्छेद 280 के अनुसार राष्ट्रपति द्वारा प्रत्येक 5 वर्ष बाद या आवश्यकता पड़ने पर समय से पूर्व एक वित्त आयोग का गठन किया जाएगा जिसमें अध्यक्ष के अलावा 4 अन्य सदस्य होंगे। प्रथम वित्त आयोग के अध्यक्ष के.सी. नियोगी थे।

10. (a) **11.** (c) **12.** (d)

13. (d) रिक्टर पैमाने से भूकंप की तीव्रता मापी जाती है, सिस्मोग्राफ से कागज पर भूकंप का अंकन किया जाता है; जबकि हाइग्रोमीटर से आर्द्रता की माप की जाती है। सेल्सियस पैमाने से ताप, किलोवाट ऑवर से विद्युत तथा आर.एच. गुणांक द्वारा रक्त की माप की जाती है।

14. (b) मोटर वाहनों से निकलने वाली गैसों में कार्बन मोनोऑक्साइड एक मुख्य प्रदूषक गैस है। कार्बन मोनोऑक्साइड हीमोग्लोबिन के साथ क्रिया करके एक स्थायी यौगिक बना लेती है जिससे हीमोग्लोबिन ऑक्सीजन को ऊतकों तक नहीं पहुंचा पाता। अत: यह मनुष्य के लिए नुकसानदायक होता है। पौधों में हीमोग्लोबिन नहीं होता। अत: कार्बन मोनोऑक्साइड पौधों के लिए नुकसानदायक नहीं होती।

15. (c) कार्बन-डाइ-ऑक्साइड एक रंगहीन, गंध हीन गैस है। वायुमंडल में कार्बन-डाइ-ऑक्साइड आयतनानुसार 0.03% पायी जाती है। इसका जलीय विलयन अम्लीय होता है। वायुमंडलीय दाब पर यह $-78^{\circ}C$ ताप पर ठोस अवस्था में परिवर्तित हो जाती है जिसे शुष्क बर्फ कहते हैं।

16. (c) शीरा का उपयोग पावर एल्कोहल में किया जाता है।

17. (b) पौधों में जल, प्रकाश, पर्णहरित तथा कार्बन डाइ-ऑक्साइड की उपस्थिति में कार्बोहाइड्रेट्स के निर्माण की प्रक्रिया को प्रकाश-संश्लेषण कहा जाता है। प्रकाश-संश्लेषण (Photosyn-thesis) में पौधों द्वारा कार्बन-डाइ-ऑक्साइड का उपयोग किया जाता है।

18. (d) सोयाबीन प्रोटीन का सबसे बड़ा स्रोत है। इसमें प्रोटीन की मात्रा 45% होती है।

19. (d) अमर्त्य सेन विश्व में कल्याणकारी अर्थशास्त्र के प्रणेता माने जाते हैं। इन्हें कल्याण अर्थशास्त्र पर कार्य करने के लिए नोबेल पुरस्कार से सम्मानित किया गया है।

20. (c) 'हाफ ए लाइफ' नामक पुस्तक वी.एस. नायपॉल ने 'वर्शिपिंग फाल्स गॉड्स' अरुण शौरी ने,

'अग्नि की उड़ान' ए.पी.जे. अब्दुल कलाम ने तथा 'जीत आपकी' शिव खेड़ा ने लिखी है।

21. (b)

22. (a) भारत में स्वसंपोषित विकास का उद्देश्य सर्वप्रथम तीसरी पंचवर्षीय योजना में अपनाया गया था। पांचवीं योजना बनाते समय मुद्रास्फीति का भारी दबाव था। इस योजना का प्रमुख उद्देश्य आत्मनिर्भरता प्राप्त करना तथा गरीबी रेखा के नीचे जीवन-यापन करने वालों के स्तर में सुधार करना था।

23. (b)

1. कांग्रेस का पूर्ण स्वाधीनता प्रस्ताव - 31 दिसंबर, 1929 ई.
2. पूर्ण स्वराज दिवस - 26 जनवरी
3. दांडी मार्च - 12 मार्च, 1930 ई.
4. द्वितीय गोलमेज कॉन्फ्रेंस - सितंबर, 1931

24. (d) रवीन्द्रनाथ टैगोर ने प्रारंभ में (बंग भंग के समक्ष) असहयोग एवं बहिष्कार की नीति का समर्थन किया था परन्तु बाद में वे गांधीजी के असहयोग एवं बहिष्कार आन्दोलन के आलोचक बन गए थे। शिक्षण संस्थाओं, न्यायालयों तथा विधानमंडलों का बहिष्कार जैसा कि गांधीजी चाहते थे, रवीन्द्रनाथ को अरचनात्मक एवं नकारात्मक प्रतीत हुआ। विदेशी वस्त्रों के सन्दर्भ में रवीन्द्र का मानना था कि विदेशी वस्त्रों के बहिष्कार की आग प्रत्येक विदेशी वस्तु एवं विचार के बहिष्कार तक फैल सकती है, ऐसी असहिष्णुता भारत के साथ अन्य देशों के संबंधों तथा पूर्व एवं पश्चिम की संस्कृतियों के मिलन में बाधक बन सकती है।

25. (c) आइजोल मिजोरम की राजधानी है। मेघालय की राजधानी शिलांग तथा नागालैण्ड की राजधानी कोहिमा है। गुवाहाटी असम राज्य का मुख्य नगर एवं राजधानी है।

26. (c) स्वर्ण जयंती ग्राम स्वरोजगार योजना केंद्रीय ग्रामीण विकास मंत्रालय ने 1 अप्रैल, 1999 ई. को पुनर्गठित 'गरीबी उन्मूलन योजना' के रूप में शुरू की थी। इस योजना का उद्देश्य देश के ग्रामीण क्षेत्रों में बड़ी संख्या में छोटे उद्यम शुरू करना है। हर परिवार को बैंक ऋण और सरकारी सब्सिडी देकर आय अर्जक संपत्ति उपलब्ध कराना है ताकि उन्हें तीन वर्षों के अन्दर गरीबी रेखा से ऊपर लाया जा सके। इस योजना के अंतर्गत जो भी काम शुरू किया जाए, उससे होने वाली आय 2000 रुपये से कम नहीं होनी चाहिए।

27. (a) उ. प्र. का इटावा जिला अवनलिका अपरदन से सर्वाधिक प्रभावित जिला है। यह यमुना एवं चंबल नदियों के मध्य स्थित है। इसमें चंबल नदी काफी घुमावदार रूप में बहती है एवं खड्डों का निर्माण करती है, जिससे यहां बीहड़ों का निर्माण होता है जो अवनलिका अपरदन के लिए मुख्य रूप से उत्तरदायी होते हैं।

28. (a) धुरिया नृत्य बुंदेलखंड की कुम्हार जाति द्वारा स्त्री वेश धारणकर किया जाता है। धीवर, कहार जाति द्वारा मांगलिक अवसर पर किए जाने वाले नृत्य को कहा जाता है। पूर्वी उत्तर प्रदेश के अहीरों तथा यादवों में नटवरी नृत्य प्रचलित है। करमा और शीला नृत्य सोनभद्र में आदिवासियों द्वारा किया जाता है। इस प्रकार विकल्प (a) सुमेलित नहीं है।

29. (c) वाराणसी गंगा नदी के किनारे, अयोध्या सरयू नदी के किनारे और सुल्तानपुर-गोमती नदी के किनारे स्थित हैं जबकि गोरखपुर राप्ती नदी (घाघरा नदी की सहायक) के किनारे स्थित है न कि कोसी नदी के किनारे।

30. (c) करमा, सोनभद्र एवं मिर्जापुर के आदिवासियों का लोकनृत्य है। आल्हा बुंदेलखंड क्षेत्र की प्रसिद्ध वीर रस कथा है। इस वीर रस कथा में महोबा के वीर भाइयों आल्हा और ऊदल की वीरता का वर्णन किया जाता है। देवा बाराबंकी से संबंधित है तथा कज़री मिर्ज़ापुर से संबंधित है। यह (कजरी) सावन के महीने में गाया जाने वाला मधुर लोकगीत है, जिसे मुख्यत: महिलाओं द्वारा गाया जाता है।

31. (d) विभिन्न खेलों में खिलाड़ियों की संख्या

खेल	खिलाड़ी की संख्या एक टीम में
बैडमिंटन	एकल में - 1 खिलाड़ी और युगल में - 2 खिलाड़ी
बेसबॉल	9
बास्केटबाल	5
बिलियर्ड्स/स्नूकर	1
मुक्केबाजी	1
शतरंज	1
क्रिकेट	11
क्रिकेट	2, 4 अथवा 6
फुटबाल (सॉकर)	11
गोल्फ	निश्चित नहीं
हॉकी	11
कबड्डी	7
खो-खो	9
लाक्रोस	10
नेटबॉल	7
पोलो	4
रग्बी फुटबॉल	15
टेबल टेनिस	एकल में 1 खिलाड़ी और युगल में 2 खिलाड़ी
टेनिस	एकल में 1 खिलाड़ी और युगल में 2 खिलाड़ी
वॉलीबॉल	6
वाटर पोलो	7

अत: विकल्प (d) सही है।

32. (a) जंगली जानवरों की प्रवासी प्रजातियों के संरक्षण पर आधारित इस सम्मेलन को CMS या बॉन सम्मेलन के रूप में जाना जाता है, बॉन समझौते का उद्देश्य स्थलीय, सागरीय और एवियन (उड़ने वाली) प्रजातियों का संरक्षण करना है। वर्ष 1979 में बॉन में इस समझौते पर हस्ताक्षर हुए थे, जबकि वर्ष 1983 में यह अस्तित्व में आया था। जब से यह अस्तित्व में आया है तब से अफ्रीका, मध्य और दक्षिण अमेरिका, एशिया, यूरोप और ओशिनिया से 100 से अधिक दलों के इसमें शामिल होने से इसमें तेजी से वृद्धि हुई है। इसके अतिरिक्त CITES (वन्य जीव और वनस्पति की लुप्तप्राय प्रजातियों में अंतर्राष्ट्रीय व्यापार पर आधारित सम्मेलन) को वाशिंगटन सम्मेलन के रूप में जाना जाता है जिसकी शुरुआत वर्ष 1963 में की गयी थी और रामसर सम्मेलन अंतर्राष्ट्रीय महत्त्व की झीलों पर आधारित सम्मेलन है। अत: विकल्प (a) सही है।

33. (d) यूनिफाइड पेमेंट्स इंटरफेस (UPI) एक नकद रहित लेनदेन प्रणाली है जिसमें बैंक विवरण जाने बिना उपयोगकर्ताओं को तुरंत पैसा भेजा जा सकता है। इसमें किसी भी क्रेडिट या डेबिट कार्ड की आवश्यकता नहीं होती है।

34. (a) 16 नवंबर, 2021 को प्रधानमंत्री नरेंद्र मोदी ने सुल्तानपुर ज़िले के करवल खीरी में 341 किमी. लंबे पूर्वांचल एक्सप्रेस-वे का उद्घाटन किया। 341 किलोमीटर लंबा पूर्वांचल एक्सप्रेस-वे पूर्वी और पश्चिमी उत्तर प्रदेश को जोड़ेगा। एक्सप्रेस-वे लखनऊ के चाँद सराय से शुरू होगा और गाज़ीपुर तक पहुँचेगा। यह एक्सप्रेस-वे 9 ज़िलों- लखनऊ, बाराबंकी, अमेठी, अयोध्या, सुल्तानपुर, अंबेडकर नगर, आज़मगढ़, मऊ और गाज़ीपुर को जोड़ेगा। इस एक्सप्रेसवे को "उत्तर प्रदेश एक्सप्रेसवे औद्योगिक विकास प्राधिकरण (UPEIDA)" द्वारा विकसित किया गया था। अत: विकल्प (d) सही नहीं है।

35. (c) प्रतिवर्ष 16 नवंबर को 'अंतर्राष्ट्रीय सहिष्णुता दिवस' का आयोजन किया जाता है। यह संयुक्त राष्ट्र द्वारा घोषित दिवस है जिसका उद्देश्य असहिष्णुता के खतरों के बारे में जन जागरूकता पैदा करना है। संयुक्त राष्ट्र द्वारा वर्ष 1995 को 'सहिष्णुता के लिये एक वर्ष' के रूप में घोषित किया गया था। अत: विकल्प (c) सही है।

36. (a) खेल का मैदान आयताकार होता है और रेखाओं से चिह्नित होता है जिसे सीमा रेखाएं कहते हैं। दो लंबी सीमा रेखाएँ स्पर्श रेखाएँ हैं और दो छोटी रेखाएँ लक्ष्य रेखाएँ हैं। यह एक आधी रेखा द्वारा दो हिस्सों में

बांटा गया है, जो दो स्पर्श रेखाओं के मध्यबिंदुओं से जुड़ता है। केंद्र चिह्न आधी रेखा के मध्य बिंदु पर है। इसके चारों ओर 9.15 मीटर की त्रिज्या वाला एक वृत्त अंकित है। खेल के मैदान के बाहर, कॉर्नर आर्क से 9.15 मीटर की दूरी पर और गोल लाइन और टच लाइन के समकोण पर निशान बनाए जाते हैं, यह सुनिश्चित करने के लिए कि जब कोई कॉर्नर किक ली जाती है तो डिफेंडिंग खिलाड़ी इस दूरी से पीछे हट जाते हैं। स्पर्श रेखा की लंबाई लक्ष्य रेखा की लंबाई से अधिक है। सभी लाइनें 12 सेमी से अधिक चौड़ी नहीं हैं। लंबाई (टच लाइन): न्यूनतम 90 मीटर, अधिकतम 120 मीटर। चौड़ाई (लक्ष्य रेखा): न्यूनतम 45 मीटर अधिकतम 90 मीटर। सीनियर फ़ुटबॉल के लिए अनुशंसित फ़ील्ड आयाम 105 मीटर लंबा और 68 मीटर चौड़ा है।

37. (b) महात्मा ज्योतिबा फुले की गुलामगिरी को जाति व्यवस्था का विरोध करने वाले शुरुआती साहित्य में से एक माना जाता है। यह 1873 में मराठी भाषा में लिखा गया था। यह 1885 में प्रकाशित हुआ था। इसमें जाति व्यवस्था की आलोचना करने के लिए निबंध और गीतात्मक पद्यों का प्रयोग किया गया है। यह ढोंडीबा और जोतिबा नामक पात्र के बीच की बातचीत के रूप में लिखा गया है।

38. (a) वी.वी. गिरि नेशनल लेबर इंस्टीट्यूट नोएडा (उत्तर प्रदेश) में स्थित है। अत: विकल्प (a) सही है।

39. (b) विश्व अल्ज़ाइमर दिवस प्रत्येक वर्ष 21 सितंबर को मनाया जाता है। विश्व अल्ज़ाइमर दिवस 2021 का थीम है "डिमेंशिया को जानो, अल्ज़ाइमर्स को जानो" (Know dementia, know alzheimer) है। अत: विकल्प (b) सही है।

40. (a) 'गीतांजलि' गुरुदेव रवीन्द्रनाथ टैगोर की सर्वाधिक प्रशंसित और पठित पुस्तक है। 'गीतांजलि' शब्द 'गीत' और 'अञ्जलि' को मिला कर बना है जिसका अर्थ है - गीतों का उपहार। अत: विकल्प (a) सही है।

41. (b) 25 जनवरी को राष्ट्रीय मतदाता दिवस (National Voters Day-NVD) के रूप में मनाया जाता है। अत: विकल्प (b) सही है।

42. (c) 25 जनवरी, 2022 को पर्यटन मंत्रालय द्वारा 'राष्ट्रीय पर्यटन दिवस' का आयोजन किया गया। राष्ट्रीय पर्यटन दिवस के लिये इस वर्ष की थीम 'ग्रामीण और सामुदायिक केंद्रित पर्यटन' रखी गई थी। इस दिवस के आयोजन का उद्देश्य आम लोगों को राष्ट्र के विकास में पर्यटन के महत्त्व के विषय में जागरूक करना है। गौरतलब है कि प्रतिवर्ष 27 सितंबर को दुनिया भर में 'विश्व पर्यटन दिवस' मनाया जाता है। अत: विकल्प (c) सही है।

43. (b) वृत की परिधि $= 2\pi r$

$$= 2 \times \frac{22}{7} \times 7$$

$$= 44 \text{ सेमी}$$

44. (a) अर्द्धगोले का आयतन $= \frac{2}{3}\pi r^3$

$$= \frac{2}{3} \times \frac{22}{7} \times r^3 = 89.83$$

$$\Rightarrow r = 3.5 \text{ सेमी}$$

45. (a) $\sqrt{1 - \frac{x}{289}} = \frac{15}{17}$

दोनों तरफ वर्ग करने पर,

$$\frac{289 - x}{289} = \frac{225}{289}$$

$$x = 64$$

46. (a) $(153)^{144} - (115)^{123} - (111)^{510} - (216)^{25}$

$$\Rightarrow 3^4 - 5 - 1 - 6$$

$$\Rightarrow 1 - 5 - 1 - 6$$

$$= 1$$

इकाई अंक $= 1$

47. (c) विकल्प से,

$x = 4$ सेमी. समीकरण को संतुष्ट करता है।

48. (a) Hot trick

यदि $x + \frac{1}{x} = a$ तो $x^2 + \frac{1}{x^2} = a^2 - 2$

$$s^2 + \frac{1}{s^2} = 4^2 - 2$$

$$= 14$$

49. (c) प्रमेय से,

स्पर्श रेखा पर त्रिज्या लम्बवत् होती है

50. (a) $11 \times 12 \times 13 \times 14$

$156 \times 154 = (155 + 1)(155 - 1)$

$= 155^2 - 1^2$

1 जोड़ने पर पूर्ण वर्ग (155^2) बन जाएगा।

51. (c) उपर्युक्त अनुच्छेद के आधार पर भारत में सोशल मीडिया इंटरेक्शन, लाइव चैट, स्टेटस अपडेट्स इमेज तथा वीडियो-शेयरिंग तथा मनोरंजन के साधन के साथ-साथ कमाई के अवसर भी देता है जिसके कारण सोशल मीडिया तेजी से लोकप्रिय हो रहा है।

52. (c) उपर्युक्त अनुच्छेद के आधार पर सोशल मीडिया जीवन के लगभग सभी पहलुओं को प्रभावित करता है। यह मनोरंजन के साथ-साथ कमाई के अवसर भी देता है। समय के बदलाव के साथ में हमें इसे स्वीकार कर लेना चाहिये।

53. (d) उपर्युक्त अनुच्छेद के अनुसार जहाँ सोशल मीडिया आज के समय मैं मनुष्य की आवश्यकता बन गया है वहीं इसके नकारात्मक प्रभाव भी है इसकी वजह से मनुष्य सोशल मीडिया की वर्चुअल दुनिया में जकड़ा हुआ है। इसकी वजह से परिवारों का विघटन, पति-पत्नी में आपसी कलह तक के मामले सामने आ रहे हैं।

54. (d) सोशल मीडिया विज्ञापनों के लिए एक अनोखा जरिया बन गया है। आज भारत और विश्व भर की कम्पनियाँ नए कर्मचारियों और उनकी कुशलता को खोजने के लिए लिंक्डइन, फेसबुक और ट्विटर का उपयोग कर रही है। आर्टिफिसियल इंटेलिजेंस द्वारा कम्पनियाँ अपने ग्राहकों तक पहुँच जाती हैं।

55. (d) छात्रों को पढ़ाई के समय मोबाइल साथ में रखने की अनुमति देना उचित नहीं है। यदि छात्र मोबाइल लाते भी हैं तो पढ़ाई के समय स्विच ऑफ किया जाना चाहिए क्योंकि मोबाइल साथ में रखे जाने से अनेक उपद्रवी छात्र भौतिक रूप से कक्षा में होते हुए भी मानसिक रूप से कक्षा में नहीं रहेंगे। पढ़ाई में ध्यान नहीं लगेगा और अनुशासनहीनता उत्पन्न होगी। छात्र यदि मोबाइल लाते हैं, तो भी पढ़ाई के समय उसे स्विच ऑफ किया जाना चाहिए।

56. (a) उपर्युक्त अनुच्छेद के अनुसार हम आज जीवन जीने की कला भूल चुके हैं और जीवन की दौड़ में पिछड़ जाने का डर हमें सुख और संतुष्टि से दूर रखे हुए है तथा पड़ोसियों और रिश्तेदारों के साथ होड़ भी हमारी अशांति का कारण है।

57. (c) योग, व्यायाम और मैदानों के खेलकूद धीरे-धीरे गायब होते जा रहे हैं तथा प्रकृति से हम दूर होते चले जा रहे हैं जिसके कारण प्रकृति का सामीप्य न मिलने से बच्चों और बड़ों का सर्वतोन्मुखी विकास नहीं हो पा रहा है तथा शरीर में अनेक प्रकार की बीमारियाँ घर करने लगती हैं।

58. (b) उपर्युक्त अनुच्छेद के अनुसार जीवन में बढ़ते तनाव का कारण पति-पत्नी की व्यस्तता और आपसी व्यवहार तथा जीवन की दौड़ में पिछड़ जाने का डर हमें सुख और संतुष्टि से दूर रखे हुए है।

59. (b) अनुच्छेद के अनुसार आज की बदलती जीवन शैली का प्रमुख कारण संवेदनहीनता, ज्यादा-से-ज्यादा धनार्जन और अधिकाधिक सुख-साधन एकत्रित कर लेने की होड़ है।

60. (b) उपर्युक्त अनुच्छेद के अनुसार लम्बे समय तक टेलीविजन, कम्प्यूटर और सोशल मीडिया में व्यस्त होने पर व्यक्ति वास्तविक दुनिया से दूर की दुनिया में जीने लगता है तथा उसका स्वास्थ्य चौपट होने लगता है।

61. (c) 'संलग्न' का अंग्रेजी रूपान्तरण ENCLOSED है। शेष निम्नलिखित प्रकार से हैं- ENDORSEMENT - अनुमोदन, STATEMENT - कथन, NOTIFICATION-अधिसूचना।

62. (c) "FRESH-BLOOD" लोकोक्ति का उचित शाब्दिक अर्थ- 'नया खून' होता है जबकि

ताजा खून, स्वच्छ खून या साफ खून लोकोक्ति के अर्थ के दृष्टि से असंगत हैं।

63. (c) वैयक्तिक अथवा व्यक्तिगत पत्र अनौपचारिक पत्र की श्रेणी में आते हैं। वैयक्तिक पत्र से तात्पर्य ऐसे पत्रों से हैं, जिन्हें व्यक्तिगत मामलों के सम्बन्ध में पारिवारिक सदस्यों, मित्रों एवं अन्य प्रियजनों को लिखा जाता है। हम कह सकते हैं, कि वैयक्तिक पत्र का आधार व्यक्तिगत सम्बन्ध होता है। ये पत्र हृदय की वाणी का प्रतिरूप होते हैं।

64. (b) बहन के विवाह में शामिल होने के लिए मित्र को लिखा गया पत्र अनौपचारिक पत्र का उदाहरण है। अनौपचारिक पत्र एक ऐसा पत्र होता है, जिसे निजी जीवन से जुड़े लोगों जैसे परिवार के सदस्यों, रिश्तेदारों और मित्रों को लिखा जाता है।

65. (d) कार्यालय आदेश के मूल गुणों में बाहरी-भीतरी बातें सम्मिलित नहीं हैं। अनौपचारिकता, नपा-तुला, संतुलित तथा निर्वैयक्तिकता कार्यालयी आदेश के प्रमुख गुण हैं।

66. (c) आयकर की माफी तथा पूर्ण मुक्ति के लिए आयकर अधिकारी को पत्र लिखना उचित है।

67. (c) अशुद्ध शब्द 'इतिहासिक' का शुद्ध रूप 'ऐतिहासिक' होता है। शेष शब्द आनुषंगिक, आध्यात्मिक तथा दायित्व शुद्ध है।

68. (d) दिये गये विकल्पों में विकल्प (a) में गुप्त और रहस्य शब्द का प्रयोग एक ही भाव स्पष्ट करता है जो पुनरावृत्ति का द्योतक है। अत: रहस्य ही पर्याप्य आशय रखता है। इसी प्रकार श्याम सज्जन आदमी है वाक्य में श्याम सज्जन है से भाव की पूर्ति हो रही है। विकल्प (c) में अधिकांश के बाद भाग भाग शब्द का प्रयोग नहीं होगा क्योंकि अधिकांश में अंश यानी भाग शब्द पहले ही समाहित है ऐसे में भाग का प्रयोग पुनरावृत्ति होगी। अत: यह वाक्य भी दोषपूर्ण है। अत: विकल्प (d) सही उत्तर है।

69. (d) उन्मीलन का विलोम शब्द निमीलन होता है। अवमीलन, सुमेलन अनुमीलन इसका विलोम नहीं है।

70. (a) वर्तनी की दृष्टि से विकल्प (a) अन्तर्धान शुद्ध है। अन्य विकल्प षष्ठम्, सहस्त्र एवं अनुषंगिक वर्तनी की दृष्टि से त्रुटिपूर्ण हैं। शुद्ध शब्द होंगे- षष्ठ, सहस्र एवं आनुषंगिक।

71. (b) अधिकृत का विलोम अनधिकृत होता हैं।

72. (d) वर्तनी की दृष्टि से अशुद्ध शब्द विकल्प (d) है इसका शुद्ध वर्तनी रूप होगा– राहुल सांकृत्यायन। इसके अतिरिक्त अन्य विकल्प वर्तनी की दृष्टि से शुद्ध हैं।

73. (b) अनुलोम शब्द का विलोम प्रतिलोम होता है। सुलोम, अनलोम और अवलोम का आशय अनुलोम से नहीं होता है।

74. (d) दिये गये विकल्पों में (d) त्रुटिपूर्ण है। अनुग्रहित का शुद्ध रूप अनुगृहीत होगा। अन्य विकल्प, अधीन, भागीरथी और जाग्रत शुद्ध शब्द हैं।

75. (c) परिश्रम का विपरीतार्थक शब्द विश्राम होगा, जबकि दिये गये अन्य विकल्पों में प्रयुक्त शब्द आश्रम, विश्रम और विश्रान्त का अनुलोम से कोई आशय नहीं है।

76. (d)

77. (c) विकल्प (c) ज्योत्स्ना शुद्ध वर्तनी है।

78. (d)

79. (a) विकल्प (a) हिरण्यकशिपु शुद्ध वर्तनी है।

80. (d) विकल्प (d) सन्यासी अशुद्ध वर्तनी है। जबकि संयासी शुद्ध वर्तनी है।

81. (c) 'अपनी इच्छा से दूसरों की सेवा करने वाला' के लिए उपयुक्त शब्द स्वयंसेवक है। जबकि बिना वेतन के काम करने वाले को' अवैतनिक कहा जाता है।

82. (b) हाथी की पीठ पर रखे जाने वाले आसन को हौदा के नाम से जाना जाता है। जबकि काठी का उपयोग ऊंट के लिए होता है। जीन का घोड़ों के लिए गाड़ियों पर सुरक्षा के लिए बख्तर का प्रयोग किया जाता है।

83. (c) 'गुरु के समीप रह कर शिक्षा ग्रहण करने वाला' के लिए एक शब्द है 'अन्तेवासी'।

84. (c) जिसे प्रमाण द्वारा सिद्ध न किया जा सके उसके लिए उपयुक्त शब्द अप्रमेय होता है।

85. (d) 'अपना उद्देश्य पूर्ण होने पर संतुष्ट व्यक्ति' को कृतार्थ कहा जाता है। जबकि 'जो हमेशा प्रसन्न रहने वाला है', उसके लिए चिरप्रसन्न शब्द उपयुक्त होगा और 'जो किये हुए उपकार को मानता है' उसे कृतज्ञ कहते हैं।

86. (b) उपनिवेश से सम्बन्ध हो जिसका' उसके लिए एक शब्द औपनिवेशिक है।

87. (b)

88. (d) असूर्यम्पश्या का आशय है - रनिवास में कड़े पर्दे में रहने वाली स्त्री।

89. (b) आजीविका शुद्ध शब्द है।

अशुद्ध शब्द	शुद्ध शब्द
1. आर्शीवाद	आशीर्वाद
2. अध्यन	अध्ययन
3. उनी	ऊनी

90. (a) 'उत्तराधिकार में प्राप्त सम्पत्ति' के लिए एक शब्द है 'रिक्थ'।

91. (b) दिये गये विकल्पों में वर्तनी की दृष्टि से शुद्ध शब्द-स्वातंत्र्य' है।

92. (b) 'आँधी आवे बैठ गंवावे' लोकोक्ति का अर्थ है- विपरीत परिस्थिति में उपयुक्त समय आने का इन्तजार करना। अन्य विकल्प असंगत हैं।

93. (c) 'किताब का कीड़ा होना' का अर्थ है- बहुत अधिक पढ़ने वाला। वाक्य प्रयोग- वह तो किताबी कीड़ा है किसी खेल कूद में नहीं रहता। अन्य विकल्प असंगत हैं।

94. (c) 'वक्ता' शब्द का विलोम 'श्रोता है। अन्य विकल्प असंगत हैं।

95. (a) 'वह कृशकाय व्यक्ति दौड़ने लगा'। इस वाक्य में विशेष्य शब्द व्यक्ति है। जबकि कृशकाय विशेषण शब्द है।

96. (d) 'आवृत' शब्द का विलोम 'अनावृत' है। अन्य विकल्प असंगत हैं।

97. (c) दिये गये शब्दों का संगत अर्थ इस प्रकार है–

निर्निमेष- बिना पलक झपकाए।

निस्पृह- इच्छारहित।

निर्विकार- विकार रहित।

98. (b) 'प्रज्ञाचक्षु' के लिए उपयुक्त वाक्यांश है- बुद्धि जिसका नेत्र हो। शेष विकल्प इसके अर्थ की दृष्टि से असंगत हैं। सख्यभाव मिश्रित अनुराग को कहा जाता है।

99. (a) 'शीति' शब्द डर का पर्यायवाची नहीं है जबकि भीति, भय, त्रास डर के पर्यायवाची शब्द हैं। डर के अन्य पर्यायवाची शब्द हैं- आतंक, खौफ आदि।

100. (b) 'अक्ष' शब्द कुशल का पर्यायवाची नहीं है जबकि दक्ष, निपुण, प्रवीण, कुशल का पर्यायवाची है। कुशल के अन्य पर्याय हैं-होशियार, चतुर, पारंगत आदि।

101. (d) सफारी एप्पल के द्वारा जारी एक इंटरनेट ब्राउजर है।

102. (c) एमएस वर्ड 2007 में सभी टैब (होम, टैब, इनसर्ट इत्यादि) रिबन में स्थित होते हैं।

103. (a) एक नेटवर्क हार्डवेयर, सॉफ्टवेयर तथा डाटा को ऑथराइज्ड यूजर के बीच साझा करता है जबकि CPU सेन्ट्रल प्रोसेस यूनिट है।

104. (c) की-बोर्ड पर बैकस्पेस की का उपयोग कर्सर के बायीं ओर टाइप किए गए टेक्स्ट को मिटाने के लिए किया जाता है।

105. (c) माइक्रोसाफ्ट वर्ड 2007 में बुलेटेड लिस्ट पैराग्राफ डायलॉग बॉक्स में उपलब्ध होता है।

106. (a) वाइरस, ट्रोजान हार्स और वार्म को इसके लिए जाना जाता कम्प्यूटर सिस्टम को हानि पहुँचाने में सक्षम होते हैं।

107. (a) राउटर एक डिवाइस है, जो टेली कम्युनिकेशन लिंकों और कम्प्यूटरों के समूह को एक साथ जोड़ता है।

108. (a) वर्ल्ड वाइड वेब पर उपयोग करने के लिए डॉक्यूमेंट तैयार करने हेतु HTML कोडिंग लैंग्वेज का Use किया जाता है, HTML का पूरा नाम हाइपर टेक्स्ट मार्कअप लैंग्वेज है।

109. (c) www का पूरा नाम world wide web है, जिसका आविष्कार टी बर्नर्स ली ने किया।

100. (a) एमएस वर्ड में थीसॉरस टूल का उपयोग समानार्थी शब्द ज्ञात करने के लिए किया जाता है।

111. (b) E-mail में CC का पूर्ण रुप Carbon Copy है। E-mail - इलेक्ट्रॉनिक मेल

112. (c) प्रिंटर इनपुट डिवाइस नहीं है। आउटपुट डिवाइस है।

इनपुट डिवाइस - स्कैनर, की बोर्ड, माउस

आउटपुट डिवाइस - प्रिंटर, मॉनीटर

113. (d) गैंट चार्ट MS Excel 2007 में सरलता से बनाया जाता है।

114. (c) एक Excel Document जो कि फाइलों के रूप में संगृहीत होता है-

वर्कशीट - MS Excel में वर्कशीट Row और Column से मिलकर बनी होती है।

115. (a) MS Word में अंडरलाइन करने के लिए शार्टकट Key- CTRL+U है।

116. (a) वह सॉफ्टवेयर जो यूजर को वेबपेज देखने की सुविधा देता है- इंटरनेट ब्राउजर कहलाता है। यह एक सर्च इंजन है।

117. (c) एक Computer " बूट" नहीं हो सकता है यदि इसमें ऑपरेटिंग सिस्टम नहीं है।

ऑपरेटिंग सिस्टम - डिस्क ऑपरेटिंग सिस्टम

118. (a) MS Word Document में न्यूनतम 1 Row and 1 Column होते हैं।

119. (b) MS Word 2007 में Home Menu का उपयोग Character Size और टाइफेस को बदलने के लिए किया जाता है।

120. (b) Program Unit CPU का एक हिस्सा नहीं है।

121. (a) एक Document में Printing के लिए पेज रेंज को सिलेक्ट करने हेतु हाइफन स्पेशल कैरेक्टर का उपयोग किया जाता है।

122. (c) शॉर्टकट एक नेटवर्क जैसे एक कार्यक्रम फाइल फोल्डर आदि पर या आपके कम्प्यूटर पर किसी आइटम को एक्सेस करने के लिए एक लिंक है।

123. (d) MS Word 2007 में Font Grammar शब्द Font group से संबंधित नहीं है।

124 (b) प्रिंटर

प्रिंटर के प्रकार -

(1) डॉट मैट्रिक्स (2) इंक जेट प्रिंटर

(3) लेजर प्रिंटर (4) डेजी व्हील प्रिंटर

125. (c) Spam एक अनपेक्षित कॉमर्शियल ई-मेल के नाम से जाना जाता है।

126. (c) MS Word में Ctrl + Enter कुंजी दबाकर एक पेज ब्रेक को Force कर सकते हैं।

127 (b) Computer के Disadvantage-

(1) **thinking** (2) **Understanding**

128. (d) Broadband Network -

इसे High Speed Internet Connection या वाइड बैंड ट्रांसमिशन नाम से भी जाना जाता है।

129. (d) MS Excel में Paste Special Command का उपयोग करके निम्नलिखित Paste कर सकते हैं-

(1) Validation

(3) Formulas

(2) Formats

130. (b) Excel में "J6" का अर्थ - सेल एड्रेस

131. (b) एक Computer सिस्टम पर व्यवधान अवरोध संशोधन और फ्रेब्रीकेशन द्वारा उसके अन्दर उचित सूचनाओं को रूपांतरित किया जा सकता है। अत: इनके द्वारा नेटवर्क की सुरक्षा खतरे में है।

132. (d) एम.एस.एसक्यूएल सर्वर - विण्डोज 7 सिस्टम में पेन्ट, वर्डपैड तथा नोटपेड पाये जाते है जिनसे क्रमश: ड्राइंग, टाइपिंग आदि की जाती है जबकि इसमें MS SQL सर्वर नहीं पाया जाता है।

133. (b) जब एम एस वर्ड में एक रो का चयन करके उसके ऊपर कर्सर रखकर Ctrl + Shift + Plus को एक साथ दबाया जाता है तो चयनित रो के ऊपर एक नई पंक्ति जुड़ जाती है यह Shortcut कुंजी होती है।

134. (a) सर्वप्रथम डाटा फोन मोडम का आविष्कार एटी व टी ने किया था मोडेम एक मॉड्यूलेटर डिमोड्यूलेटर नेटवर्क हार्डवेयर डिवाइस है जबकि डेटाफोन माडेम की तरह अपयोग किया जाने वाला पुराना वर्जन है।

135. (a) टी.वी, केबल सेटेलाइट तथा टेलीफोन लाइन का उपयोग इन्टरनेट कनेक्ट करने के लिए किया जाता है। जबकि el लाइन द्वारा केवल विद्युत का प्रवाह होता है। इसके द्वारा इन्टरनेट कनेक्ट नहीं किया जा सकता है।

136. (a) 210 बाइट एक किलोबाइट के बराबर होता है यह किसी सॉफ्टवेयर ऊर्जा तथा सूचना संग्रहित करने की सूचना दर्शाता है।

137. (a) एम एस एक्सेल 2007 " + " साइन अथवा बड़ा धन का चिन्ह सेल प्वाइंटर को इंगित करता है। इसका उपयोग सेलों को चयन करने में किया जाता है।

138. (d) हेडर और फुटर इन्सर्ट ऑप्शन के अन्दर पेज के ऊपर तथा नीचे कुछ विशिष्ट हैडिंग अथवा पेज नंबर देने के लिए प्रस्तुत किये जाते हैं।

139. (b) Ctrl + S का उपयोग MS- वर्ड फाइलों में डाक्यूमेंट को सेव करने के लिए किया जाता है। यह एक Shortcut Key है।

140. (a) LAN का पूरा नाम लोकल एरिया नेटवर्क है इसका उपयोग एक ही स्थान पर रखे अलग-अलग कम्प्यूटर्स को परस्पर कनेक्ट करने में किया जाता है।

141. (c) Cut ऑप्शन के उपयोग द्वारा किसी डाक्यूमेंट में से सूचना को हटाया जाता है, इसे आवश्यकता पड़ने पर Paste किया जाता है इसकी शॉर्टकट की Ctrl + X होती है।

142. (a) पेज- सेटअप एम एस 2007 में होम पेज पर पाया जाता है। इसके अन्तर्गत पेज साइज, मार्जिन आदि फार्मेटिंग की जा सकती है।

143. (a) IT का पूरा नाम इन्फार्मेशन टेक्नोलॉजी है-

Computer - विज्ञान के अध्ययन की आधुनिक शाखा है जिसमें विभिन्न प्रकार के सॉफ्टवेयर के विकास से सम्बन्धित कार्य किये जाते हैं।

144. (d) एक टेराबाइट में 1 ट्रिलियन बाइट होते है- टेरा शब्द 1012 को दर्शाता है, यह ट्रिलियन शब्द का लघु रूप है।

145. (c) हार्ड डिस्क एक प्रकार की मैग्नेटिक स्टोरेज डिवाइस है- यह कम्प्यूटर की इन्टरनल अथवा एक्स्टर्नल स्टोरेज डिवाइस के रूप में उपयोग में लाई जा सकती है।

146. (d)एम एस एक्सेल में cells के ग्रुप को सिलेक्ट करने के लिए एक सेल सिलेक्ट करके शिफ्ट बटन को दबाकर उसे अन्य सेलों पर मूव करवा देते हैं जिससे सभी सिलेक्ट हो जाते हैं।

147. (b) उस डिवाइस को क्लाइंट कहा जाता है जो अन्य डिवाइस अथवा कम्प्यूटर सर्वरों से सेवाओं व संसाधनों का अनुरोध करता है।

148. (a) वर्ल्ड वाइड को सिर्फ वेब भी कहा जाता है। इसका लघु रूप www है इसमें अरबों डाक्यूमेंट होते हैं।

149. (a) Computer को बूट करने के लिए ऑपरेटिंग system सॉफ्टवेयर की आवश्यकता होती है।

150. (d) प्रोसेसर चिप, प्रिंटर और माउस computer के हार्ड parts है जबकि Java Computer का सॉफ्टवेयर प्रोग्राम है जावा Computer के प्रोग्राम की एक भाषा है।

❑❑❑

8 प्रैक्टिस सेट

सामान्य ज्ञान

1. निम्नलिखित में से कौन-सा एक लवण सागर में सर्वाधिक मात्रा में पाया जाता है?
(a) कैल्सियम कार्बोनेट
(b) सोडियम क्लोराइड
(c) पोटैशियम क्लोराइड
(d) मैग्नेशियम सल्फेट

2. 'भारत छोड़ो आन्दोलन' फल था-
1. क्रिप्स के प्रस्तावों से भारतीयों के नैराश्य का
2. भारत पर जापानी आक्रमण की धमकी का
3. गांधीजी के लेखनों में देशवासियों को हिंसक साधन अपनाने के लिए भड़काने का
4. ए.आई.सी.सी. द्वारा अगस्त 1942 में एक प्रस्ताव पारित किया गया

नीचे दिए गए कूटों का प्रयोग करके सही उत्तर का चयन कीजिए-
कूट:
(a) 1 और 2 (b) 1, 2 और 4
(c) 2, 3 और 4 (d) उपर्युक्त सभी

3. पश्चिमी हिमालय की शीतोष्ण पेटी (Temperate Zone) में निम्नलिखित में से किस एक वृक्ष का बाहुल्य है?
(a) चीड़ (b) देवदार
(c) सिल्वर फर (d) नीला पाइन

4. निम्नलिखित में से किस प्रकार की मृदा की जल-धारण क्षमता सबसे कम होती है?
(a) बलुई दोमट (b) दोमट बालू
(c) मटियार दोमट (d) दोमट

5. निम्नलिखित में से कौन एक से अधिक बार प्रधानमंत्री नियुक्त हुए?
1. पं. जवाहर लाल नेहरू
2. श्रीमती इंदिरा गांधी
3. गुलजारी लाल नंदा
4. अटल बिहारी वाजपेयी

नीचे दिए गए कूटों में से सही उत्तर का चयन कीजिए-
(a) 1 और 2 (b) 1 और 3
(c) 1, 2 और 4 (d) उपर्युक्त सभी

6. राज्य वित्त आयोग का गठन भारतीय संविधान के अंतर्गत किया जाता है-
(a) अनुच्छेद 243 (एच) के अनुसार
(b) अनुच्छेद 243 (आई) के अनुसार
(c) अनुच्छेद 243 (जे) के अनुसार
(d) अनुच्छेद 243 (के) के अनुसार

7. निम्नलिखित में से किसने 'एक्स' किरणों का आविष्कार किया है?
(a) रदरफोर्ड (b) रोयन्ट्जन
(c) मैक्सवेल (d) टोरिसेली

8. पेंसिल की लैड निम्नलिखित में से किस एक से बनती है?
(a) सीसा (b) एंटीमनी
(c) ग्रेफाइट (d) उपर्युक्त में कोई नहीं

9. अधूरे प्रज्वलन के कारण मोटर कार एवं सिगरेट से निकलने वाली रंगहीन गैस है-
(a) कार्बन डाईऑक्साइड
(b) नाइट्रस ऑक्साइड
(c) कार्बन मोनोक्साइड
(d) मीथेन

10. निम्नलिखित में से क्या जल से हल्का होता है?
(a) एल्युमीनियम (b) सोडियम
(c) मैग्नीशियम (d) मैंगनीज

11. निद्रा रोग (Sleeping Sickness) नामक बीमारी होती है-
(a) विटामिन-ए की कमी से
(b) शरीर में कैल्सियम की कमी से
(c) रक्तचाप के बढ़ने से
(d) ट्रिपैनोसोमा नामक एककोषीय जीव से

12. उस वैज्ञानिक का नाम बताइए जिसने यह खोज की थी, कि मलेरिया प्लाजमोडियम (Malaria Plasmodium) नामक परजीवी से होता है-
(a) जे.जी. मेंडल (b) हेकल
(c) सर रोनाल्ड रॉस (d) डॉर्विन

13. दूध के खराब होने का कारण होता है-
(a) लैक्टोबैसीलस (Lactobacillus)
(b) एसपरजिलस (Aspergillus)
(c) स्यूडोमोनास (Pseudomonas)
(d) स्टेफाइलोकोकस (Staphylococcus)

14. ई-व्यापार का अर्थ है-
(a) निर्यात व्यापार
(b) यूरोपीय देशों से व्यापार
(c) इंटरनेट पर व्यापार
(d) उपर्युक्त में से कोई नहीं

15. सार्वजनिक उपक्रमों द्वारा देश में विकसित किए गए नागरिक यात्री-विमान के पहले प्रोटोटाइप का नाम रखा गया है-
(a) चीतल (b) चेतक
(c) मयूर (d) सारस

16. सूची-I एवं सूची-II को सुमेलित कीजिए तथा सूची के नीचे दिये गये कूटों में से सही उत्तर का चयन कीजिए-

	सूची-I		सूची-II
A.	रंगास्वामी कप	1.	क्रिकेट
B.	रिलायंस कप	2.	नौका दौड़
C.	रोवर्स कप	3.	फुटबाल
D.	वेलिंग्टन कप	4.	हॉकी
		5.	गोल्फ

कूट:

	A	B	C	D
(a)	5	1	3	4
(b)	2	3	1	5
(c)	4	1	3	2
(d)	5	3	4	2

17. सूची-I को सूची-II से सुमेलित कीजिए तथा सूचियों के नीचे दिये हुए कूट में से सही उत्तर का चयन कीजिए-

	सूची-I (पुराना नाम)		सूची-II (नया नाम)
A.	स्याम	1.	ताइवान
B.	फारमोसा	2.	म्यांमार
C.	मेसोपोटामिया	3.	थाइलैंड
D.	बर्मा	4.	इराक

कूट:

	A	B	C	D
(a)	2	1	3	4
(b)	4	2	1	4
(c)	1	3	2	4
(d)	3	1	4	2

18. प्रांतों में द्वैध-शासन प्रणाली (Dyarchy) किस अधिनियम के अंतर्गत लागू की गयी थी?

(a) 1892 (b) 1909

(c) 1919 (d) 1935

19. सूची-I को सूची-II से सुमेलित कीजिए तथा सूचियों के नीचे दिए गए कूट का प्रयोग करते हुए सही उत्तर का चयन कीजिए-

	सूची-I		सूची-II
A.	दि रेग्यूलेटिंग एक्ट, 1773	1.	प्रदेशों की स्वायत्तता के लिए प्रावधान
B.	भारत परिषद् अधिनियम, 1909	2.	द्वैध-शासन का प्रारंभ
C.	भारत परिषद् अधिनियम, 1919	3.	सांप्रदायिक निर्वाचन मंडल का प्रारम्भ
D.	भारत परिषद् अधिनियम, 1935	4.	सुप्रीम कोर्ट की स्थापना

कूट:

	A	B	C	D
(a)	1	2	3	4
(b)	4	3	2	1
(c)	2	1	4	3
(d)	3	4	1	2

20. सूची-I तथा सूची-II को सुमेलित कीजिए तथा सूचियों के नीचे दिए गए कूट का प्रयोग करके सही उत्तर का चयन कीजिए-

	सूची-I		सूची-II
A.	मदन मोहन मालवीय	1.	होमरूल लीग के संस्थापक
B.	मोतीलाल नेहरू	2.	सर्वेंट्स ऑफ इंडिया सोसाइटी को प्रारम्भ किया
C.	श्रीमती एनी बेसेंट	3.	बनारस हिंदू विश्वविद्यालय के संस्थापक
D.	गोपालकृष्ण गोखले	4.	स्वराज पार्टी का अन्य लोगों के साथ गठन किया

कूट:

	A	B	C	D
(a)	3	4	1	2
(b)	4	3	2	1
(c)	1	2	3	4
(d)	2	1	4	3

21. सिंधु घाटी सभ्यता जानी जाती है-

1. अपने नगर नियोजन के लिए
2. मोहनजोदड़ो और हड़प्पा के लिए
3. अपने कृषि संबंधी कार्य के लिए
4. अपने उद्योगों के लिए

नीचे दिए गए कूटों में से सही उत्तर का चयन कीजिए-

कूट:

(a) 1 और 2 (b) 1, 2 और 3

(c) 2, 3 और 4 (d) उपर्युक्त सभी

22. बाबर के साम्राज्य में सम्मिलित थे-

1. काबुल का क्षेत्र
2. पंजाब का क्षेत्र
3. आधुनिक उत्तर प्रदेश का क्षेत्र
4. आधुनिक राजस्थान का क्षेत्र

नीचे दिए गए कूटों में से सही उत्तर का चयन कीजिए-

कूट:

(a) 1 और 2 (b) 2 और 3

(c) 1, 2 और 3 (d) 2, 3 और 4

23. शेरशाह सूरी द्वारा किये गये सुधारों में सम्मिलित थे-

1. राजस्व सुधार
2. प्रशासनिक सुधार
3. सैनिक सुधार
4. करेंसी प्रणाली में सुधार

नीचे दिए गए कूटों में से सही उत्तर का चयन कीजिए-

कूट:

(a) 1 और 2 (b) 1, 2 और 3

(c) 2, 3 और 4 (d) उपर्युक्त सभी

24. मोतीलाल नेहरू बाल संग्रहालय स्थित है-

(a) आगरा में (b) इलाहाबाद में

(c) लखनऊ में (d) वाराणसी में

25. निम्नलिखित में से कौन-सा अभ्यारण्य सही सुमेलित नहीं है?

	पक्षी विहार		स्थान
(a)	समसपुर	-	रायबरेली
(b)	नवाबगंज	-	इलाहाबाद
(c)	बखिरा	-	संत कबीर नगर
(d)	सांडी	-	हरदोई

26. उत्तर प्रदेश में खरीफ फसल की बुआई होती है-

(a) जनवरी-फरवरी के दौरान

(b) अप्रैल-मई के दौरान

(c) जून-जुलाई के दौरान

(d) अक्टूबर-दिसंबर के दौरान

27. सूची-I को सूची-II से सुमेलित कीजिए और नीचे दिए गए कूट से सही उत्तर का चयन कीजिए-

	सूची-I (फसलों के भारतीय संस्थान)		सूची-II (स्थान जहां स्थित हैं)
A.	आई.आई.वी.आर.	1.	कानपुर
B.	आई.आई.पी.आर.	2.	बंगलुरू
C.	आई.आई.एस.आर.	3.	वाराणसी
D.	आई.आई.एच.आर.	4.	लखनऊ

कूट:

	A	B	C	D
(a)	1	3	2	4
(b)	2	4	1	3
(c)	3	4	2	1
(d)	3	1	4	2

28. केंद्रीय ग्लास एवं सिरैमिक अनुसंधान संस्थान स्थित है-

(a) आगरा में (b) कानपुर में

(c) फिरोजाबाद में (d) खुर्जा में

29. किस लेखक ने महात्मा गाँधी को 'प्रोफेशनल रीडर्स' की संज्ञा दी थी?

(a) फ्रेडरिक बी. फिशर

(b) मर्टिन ग्रीन

(c) रोमा रोलां

(d) सुभाषचन्द्र बोस

30. पूर्ण प्रतियोगिता की कौन-सी विशेषता नहीं है?

(a) उत्पादित वस्तुएँ समरूप होती हैं।

(b) क्रेताओं एवं विक्रेताओं को बाजार का पूर्ण ज्ञान होता है।

(c) उत्पत्ति के साधनों में पूर्ण प्रतियोगिता होती है।

(d) क्रेताओं एवं विक्रेताओं की संख्या कम होती है।

31. डेटा गोपनीयता दिवस कब मनाया जाता है?

(a) 28 जनवरी (b) 15 जनवरी

(c) 14 जनवरी (d) 27 जनवरी

32. भारत का राष्ट्रीय महिला दिवस कब मनाया जाता है?

(a) 10 फरवरी (b) 11 फरवरी

(c) 12 फरवरी (d) 13 फरवरी

33. 'पाथवे टू गॉड' पुस्तक के लेखक कौन हैं?

(a) महात्मा गांधी

(b) श्री अरबिंदो

(c) जवाहर लाल नेहरू

(d) सरदार वल्लभ भाई पटेल

34. "प्लान्ड इकोनॉमी फॉर इंडिया" पुस्तक किसने लिखी है?

(a) एम. विश्वेश्वरैया

(b) सरदार पटेल

(c) जवाहर लाल नेहरू

(d) महात्मा गाँधी

35. विश्व वन्यजीव दिवस (World Wildlife Day) कब मनाया जाता है?

(a) 21 फरवरी (b) 20 जुलाई
(c) 3 मार्च (d) 5 जून

36. TDS (टीडीएस) में, D (डी) क्या दर्शाता है?
(a) डिमांडेड (b) डिमिनिश्ट
(c) डिक्लेयर्ड (d) डीडक्टेड

37. उत्तर प्रदेश के किस ज़िले में 'भारत माता मंदिर' स्थित है?
(a) प्रयागराज (b) कानपुर
(c) वाराणसी (d) रामपुर

38. 'होली हिमालय' पुस्तक के लेखक हैं:
(a) पाती राम (b) ई. शर्मन ओकले
(c) सरला बहन (d) जिम कॉर्बेट

39. उत्तर प्रदेश के किस क्षेत्र को मुख्य रूप से "सोहर और कव्वाली" के लिए जाना जाता है?
(a) ब्रज क्षेत्र
(b) रुहेल खंड क्षेत्र
(c) अवध क्षेत्र
(d) इनमें से कोई भी नहीं

40. एक माँ को अपनी बेटी के साथ खेलने के लिए इनडोर गेम चुनना पड़ता है जो पैर की चोट के कारण घर से बाहर जाने में असमर्थ है। वह चुनेगी-
(a) बैडमिंटन, शतरंज, लूडो
(b) कैरम बोर्ड, शतरंज, ताश
(c) टेनिस, शतरंज, होपस्कॉच
(d) छुपन-छुपाई, हॉप्सकॉच, सात टाइलें

41. होपमैन कप निम्नलिखित में से किस खेल से संबंधित है?
(a) टेनिस (b) हॉकी
(c) क्रिकेट (d) बैडमिंटन

42. उत्तर प्रदेश में स्थित 'मंगलगढ़ दुर्ग' (हमीरपुर) किस काल में बनवाया गया था?
(a) गुप्त काल (b) चंदेल काल
(c) मुगल काल (d) कुषाण काल

43. उमर और अविनाश ने क्रमशः ₹ 10,000 और ₹ 15,000 का निवेश करके एक साझेदारी शुरू की। लेकिन बाद में एक वित्तीय आपातकाल स्थिति के कारण, 8 महीने बाद अविनाश को अपना निवेश वापस लेना पड़ा। पहले बारह महीनों के लाभ को किस अनुपात में दोनों के बीच साझा किया जाना चाहिए?
(a) 3:2 (b) 1:1
(c) 2:3 (d) 1:2

44. निम्नलिखित प्रश्न में तीन कथन दिए गये हैं। प्रश्न और कथन को पढ़िए और निश्चित कीजिए कि कौन-सा/कौन-से कथन प्रश्न के उत्तर के लिए आवश्यक हैं।
धारा के अनुकूल दिशा में तैर रही एक नाव को 45 किमी. की दूरी को तय करने में कितना समय लगेगा?
(i) प्रवाह की गति 3 किमी./घंटा है।
(ii) स्थिर पानी में नाव की गति 12 किमी./घंटा है।
(iii) नाव धारा के अनुकूल दिशा में 33.75 किमी की दूरी को 2 घंटे 15 मिनट में तय करती है।
(a) केवल (i) और (ii)
(b) केवल (iii)
(c) या तो (i) और (ii) या (iii)
(d) कोई दो

45. एक वृत्त के अंदर दो जीवा AB और CD बिंदु P पर प्रतिच्छेद करती हैं। यदि AB = 25 सेमी, CD = 10 सेमी और BP = 5 सेमी, तो DP ज्ञात कीजिए।
(a) 5 सेमी (b) 10 सेमी
(c) 15 सेमी (d) 20 सेमी

46. निम्नलिखित में से कौन-सा सत्य है?
(a) $\frac{29}{6} > \frac{43}{12}$ (b) $\frac{29}{6} = \frac{43}{12}$
(c) $29 < \frac{43}{12}$ (d) $\frac{29}{6} = \frac{53}{12}$

47. यदि बहुभुज के अन्तःकोणों का योगफल 1710 डिग्री है, तब बहुभुज की भुजाओं की संख्या ज्ञात कीजिए।
(a) 8 (b) 9
(c) 10 (d) इनमें से कोई नहीं

48. चार सिक्कों को एक साथ उछालने की प्रतिदर्श समष्टि क्या है?
(a) 8 (b) 64
(c) 32 (d) 16

49. एक निश्चित धनराशि चक्रवृद्धि ब्याज की एक योजना में निवेश की जाती है। 1 वर्ष के बाद 3900 रुपए की धनराशि प्राप्त होती है और 2 वर्ष के बाद 5070 रुपए धनराशि प्राप्त होती है। ब्याज दर (प्रतिशत में) क्या है?
(a) 25 (b) 30
(c) 35 (d) 37.5

50. यदि x वस्तुओं का मूल्य y रु० हो, तो z वस्तुओं का मूल्य क्या होगा?
(a) xy रु० (b) yz रु०
(c) $\frac{xz}{y}$ रु० (d) $\frac{yz}{x}$ रु०

सामान्य हिंदी

निम्नलिखित गद्यांश को ध्यानपूर्वक पढ़ें तथा गद्यांश में वर्णित तथ्यों के आधार पर उत्तर दें। (51-55)

भारतीय राष्ट्रवादी नेता मोहनदास करमचंद गांधी का जन्म 2 अक्टूबर, 1869 को पोरबंदर के काठियावाड़, भारत में हुआ था। उन्हें महात्मा गाँधी के नाम से पुकारा जाता है। उनकी पढ़ाई लंदन, इंग्लैंड से पूरी हुई, परन्तु वर्ष 1893 में वे दक्षिण अफ्रीका चले गए, जहाँ वे 20 वर्षों तक भारतीयों के खिलाफ रंगभेद कानून का विरोध करते रहे। सत्याग्रह या अहिंसक सविनय अवज्ञा के जरिए प्रदर्शन करने के अगुआ के रूप में वे अपने समय के एक बड़े राजनैतिक और आध्यात्मिक नेता बन गए। आज पूरी दुनिया में स्वतंत्रता संग्रामों में सत्याग्रह को सर्वाधिक ताकतवर दर्शनों में एक माना जाता है।

गाँधी जब 46 वर्ष की आयु में भारत लौटे, तो उन्होंने पूरे देश की यात्रा आरंभ की और कई स्थानीय विवादों को निपटाने में मदद की। गाँधी की अपार सफलता से उन्हें देशभर में इतनी प्रशंसा मिली कि उस दौर के एक प्रख्यात लेखक ने गांधी जी को महात्मा की पदवी दे डाली।

उन्होंने स्वराज्य (होम रूल) आंदोलन का समर्थन किया और भारतीय राष्ट्रीय कांग्रेस के नेता बन गए, जहाँ उन्होंने स्वतंत्रता प्राप्त करने के लिए अहिंसक असहयोग की नीति को बढ़ावा दिया। उनका लक्ष्य गरीब किसानों तथा श्रमिकों के अत्याचारी कराधान तथा भेदभाव के विरोध करने में मदद करना था। उन्होंने गरीबी हटाने, महिलाओं की मुक्ति तथा जाति-पांति के भेदभाव को समाप्त करने के लिए संघर्ष किया। उनका अंतिम लक्ष्य भारत के लिए स्वराज हासिल करना था।

51. दक्षिण अफ्रीका में महात्मा गांधी ने किसके खिलाफ लड़ाई लड़ी?
(a) मांसाहार
(b) भारतीयों के खिलाफ अन्यायपूर्ण कानून
(c) स्थानीय जनसंख्या
(d) पुर्तगाली साम्राज्यवादी

52. स्वतंत्रता प्राप्त करने के लिए गाँधी ने किन नीतियों की वकालत की थी?
(a) हिंसा का प्रयोग किए बिना भेद-भाव के खिलाफ लड़ना
(b) सरलता, शाकाहार तथा उपवास
(c) अतिशय तथा अत्याचारी कराधान के खिलाफ विरोध
(d) स्वराज्य (होम रूल) आंदोलन में सक्रिय भागीदारी

53. दक्षिण अफ्रीका से वापस लौटने के तुरंत बाद गांधी ने अपना समय कैसे व्यतीत किया था?
(a) उन्होंने भेद-भावपूर्ण कानून के खिलाफ लड़ाई लड़ी
(b) उन्होंने स्वराज्य (होम रूल) आंदोलन को संगठित किया
(c) उन्होंने नमक निर्माण के ख़िलाफ लड़ाई लड़ी
(d) उन्होंने स्थानीय झगड़ों को सुलझाया

54. प्रस्तुत अनुच्छेद में 'महान आत्मा' पद के लिए कौन-से एक शब्द का प्रयोग हुआ है?
(a) राष्ट्रवादी (b) महात्मा
(c) अहिंसक (d) आध्यात्मिक

55. महात्मा गाँधी किसके अग्रगामी थे?
(a) सत्याग्रह (b) छापामारी युद्ध
(c) दंगे (d) शाकाहार

निर्देश: (56-60) निम्नलिखित गद्यांश को ध्यानपूर्वक पढ़िए तथा उस पर आधारित प्रश्नों के उत्तर चुनिए:

स्वतंत्रता संग्राम मनुष्य में उत्तम और स्पृहणीय विशेषताएँ पैदा करता है और भारतीय स्वतंत्रता संग्राम भी इसका अपवाद नहीं है। महात्मा गाँधी के नेतृत्व में यह युद्ध बिना किसी ईर्ष्या-द्वेष तथा खून-खराबे के लड़ा गया था। गाँधी जी इसे सत्याग्रह कहते थे। इसके पीछे उनकी शिक्षा, धार्मिक आस्था तथा अन्य उपलब्धियों का उतना हाथ नहीं था जितना उनके सदाचरण और व्यवहार का। इस स्वतंत्रता आंदोलन को स्मरण रखने का मुख्य कारण यह है कि यह जनतांत्रिक था अर्थात इसमें देश के हर वर्ग और जाति के लोग सम्मिलित थे, चाहे वे धनी हो या गरीब, नर हों या नारी हों अथवा विभिन्न संप्रदायों के। इसके साथ ही यह एक धर्मनिरपेक्ष और स्वतंत्रता कर्मियों का संघर्षशील राष्ट्रीय आंदोलन था। स्वतंत्र भारत के नागरिक के रूप में हम आज जनतांत्रिकता और धर्म-निरपेक्षता का लाभ उठा रहे हैं। हम सोच नहीं सकते कि इतने बड़े देश में अपना शासन करने के लिए हम अपना प्रतिनिधि नहीं चुन सकते थे या कोई गंदा कानून लागू कर दिया जाता तो हम उसके विरुद्ध आवाज नहीं उठा सकते थे और हम अपनी आवाज स्वतंत्रतापूर्वक व्यक्त नहीं कर सकते थे।

56. उपयुक्त गद्यांश में प्रयुक्त 'स्पृहणीय' शब्द का अर्थ है-
(a) प्राप्त करने योग्य
(b) प्राप्त की हुई
(c) त्याग करने योग्य
(d) त्याग की हुई

57. उपर्युक्त गद्यांश में लेखक ने मुख्य रूप से बताया है कि-
(a) आजादी में क्रांतिकारियों की विशेष भूमिका थी।
(b) आजादी के संघर्ष में कृषकों का क्या योगदान था।
(c) गुलाम देश की दशा कैसी थी।
(d) महात्मा गाँधी के नेतृत्व में राष्ट्रीय आंदोलन कैसा था।

58. उपर्युक्त गद्यांश के लेखक का उद्देश्य क्या था?
(a) धार्मिक आस्थाओं और सदव्यवहार को बढ़ावा देना।
(b) भारतीय स्वतंत्रता संग्राम की विशेषता बताना।
(c) अंग्रेजी राज्य के दोष गिनाना।
(d) जनतांत्रिकता से हानि बताना।

59. धर्मनिरपेक्षता से अभिप्राय है-
(a) सभी धर्मों का आदर
(b) धर्म में हस्तक्षेप न करना
(c) धर्म की अवज्ञा
(d) किसी भी धर्म को न मानना

60. कैसे माना जाए कि हमारा स्वतंत्रता संग्राम जनतांत्रिक था?
(a) यह महात्मा गाँधी के सद्व्यवहार और सदाचरण का प्रतीक था।
(b) इसमें हिन्दू और मुसलमान सम्मिलित हुए थे।
(c) यह स्वतंत्रता- प्रेमियों का आंदोलन था।
(d) इसमें सभी जातियों, वर्गों, धर्मों के लोगों ने भाग लिया था।

61. अधिसूचना का अंग्रेजी अनुवाद है-
(a) Statement (b) Endorsement
(c) Enclosed (d) Notification

62. Testimonial का हिन्दी अनुवाद है-
(a) अनुशंसा पत्र (b) प्रशंसा पत्र
(c) प्रमाण पत्र (d) परिचय पत्र

63. मुख्य बिजली के बल्बों के ऑर्डर के निरस्तीकरण की सूचना देते हुए किसे पत्र लिखेंगे?
(a) संभरक
(b) बल्ब विभाग
(c) उपलब्धता विभाग
(d) अध्यक्ष महोदय

64. कार्यालय आदेश किसके लिए निकाले गए आदेशों की सूचना है?
(a) मंत्रालय
(b) संबद्ध विभाग- प्रभाग
(c) अनुभव
(d) सभी विकल्प सही हैं

65. छोटे संबंधियों को पत्र में संबोधन क्या लिखेंगे?
(a) चिरंजीव (b) पूजनीय
(c) परमपूज्य (d) हितैषी

66. अपने कार्यालय से अनुभव प्रमाण-पत्र लेने के लिए किसे आवेदन-पत्र लिखेंगे?
(a) संस्थापक महोदय
(b) व्यवस्थापक महोदय
(c) प्रचारक महोदय
(d) संपादक महोदय

67. 'यमुना' का पर्यायवाची है-
(a) कालिन्दिनी (b) भागीरथी
(c) यामिनी (d) कालिन्दी

68. 'जंगल' शब्द का पर्यायवाची है-
(a) प्रमोद (b) विश्रान्ति
(c) कान्तार (d) दिव

69. निम्नलिखित में कौन सा शब्द 'निशीथ' का पर्यायवाची नहीं है-
(a) रात्रि (b) रजनी
(c) तम (d) निशा

70. 'क्रोध' शब्द का पर्यायवाची है-
(a) संताप (b) अमर्ष
(c) वैमनस्य (d) भीति

71. 'एडियाँ रगड़ना' मुहावरे का सही अर्थ क्या होगा?
(a) एड़ियाँ साफ करना
(b) परिश्रम करना
(c) बहुत दौड़-धूप करना
(d) परेशान करना

72. 'सावन हरे न भादों सूखे'- लोकोक्ति का सही अर्थ क्या है?
(a) सावन में हरा और भादों में सूखा
(b) न सावन में हरा, न भादों में सूखा
(c) असंभव बात
(d) सदा एक सी दशा

73. 'दिनों का फेर होना'- मुहावरे का अर्थ बताएँ।
(a) अजीब हालत होना
(b) बहुत जल्दी जल्दी होना
(c) भाग्य का चक्कर
(d) दिन काटे न कटना

74. 'यह मुँह और मसूर की दाल'- लोकोक्ति का अर्थ बताएँ।
(a) मजबूरी में आदमी सब कुछ करता है।
(b) केवल ऊपरी दिखावा।
(c) पुराना गौरव समाप्त।
(d) अपनी औकात से बढ़कर होना या करना।

75. भविष्य में होने वाला' के लिए एक शब्द है-
(a) भावी (b) गत
(c) विगत (d) आभास

76. जो हर समय अपना मतलब साधता हो, उसे क्या कहा जाता है?
(a) परमार्थी (b) स्वार्थी
(c) स्वारथी (d) मतलबी

77. जिसकी कोई उपमा न दी जा सके के लिए शब्द होगा-
(a) अनुपम (b) अल्पज्ञ
(c) ज्ञानी (d) अनुयायी

78. 'पैसे से मनुष्य की जीवन जीने की इच्छा बलवती होती है।' रेखांकित वाक्यांश के लिए एक शब्द है-
(a) जिजीविषा (b) चतुरानन
(c) जीविका (d) इनमें से कोई नहीं

79. निम्नलिखित में से कौन-सा शब्द 'पक्षी' का पर्यायवाची नहीं है?
(a) दिन (b) खग
(c) पंथी (d) विहग

80. निम्नलिखित में से कौन-सा शब्द 'पुत्री' का पर्यायवाची नहीं है?
(a) दुहिता (b) दौहित्र
(c) तनया (d) सुता

81. 'तिमिर' शब्द का विलोम है–
(a) आलोक (b) किरण
(c) रंगीन (d) रंगहीन

82. कौन-सा वाक्य शुद्ध है?
(a) दही खट्टी है (b) दही खट्टा है
(c) दही खटास है (d) दही खटाई है

83. 'उक्त' शब्द का विलोम है–
(a) अनुक्त (b) उपयुक्त
(c) अनुपयुक्त (d) उपर्युक्त

84. कौन-सा वाक्य शुद्ध है?
(a) सुरेश को एक पाती लिखना है
(b) सुरेश ने एक पाती लिखना है
(c) सुरेश के लिए एक पत्र लिखनी है
(d) सुरेश के लिए एक पत्र लिखना है

85. 'निर्दय' शब्द का विलोम है–
(a) सहृय (b) सहृदय
(c) सदय (d) सभय

86. 'उन्मीलन' शब्द का विलोम है–
(a) अनुमीलन (b) निमीलन
(c) अवमीलन (d) मीलन

87. कौन-सा वाक्य शुद्ध है?
(a) यह आंखों से देखी घटना है
(b) यह आंखों देखी घटना है
(c) यह आंखों द्वारा देखी गई घटना है
(d) यह आंखों द्वारा देखी सुनी-सुनी घटना है

88. 'उत्कर्ष' शब्द का विलोम है–
(a) अकर्ष (b) अनुत्कर्ष
(c) अपकर्ष (d) आकर्ष

89. 'आविर्भाव' शब्द का विलोम है–
(a) अनाविर्भाव (b) विभाव
(c) अविर्भाव (d) तिरोभाव

90. अशुद्ध वर्तनी वाला शब्द है–
(a) पारलौकिक (b) निश्चेष्ठ
(c) दुर्धर्ष (d) आशीर्वाद

91. कौन-सा वाक्य शुद्ध है?
(a) आईन्स्टीन के पास विलक्षण बुद्धि थी।
(b) आईस्टीन के पास विचित्र बुद्धि थी
(c) आईस्टीन के पास अलौकिक बुद्धि थी
(d) आईस्टीन के पास दैवीय बुद्धि थी।

92. शुद्ध वर्तनी वाला शब्द है–
(a) धोबिन (b) धोबिनी
(c) धोबनी (d) धोबीन

93. कौन-सा वाक्य शुद्ध है?
(a) शरतकालीन दिनों में चन्द्रमा की शोभा देखने योग्य होती है
(b) शरद काल के दिनों में चन्द्रमा की शोभा देखने योग्य होती है
(c) शरत काल में चन्द्रमा की शोभा देखने योग्य होती है
(d) शरत काल के दिनों में चन्द्रमा की शोभा देखने योग्य होती है

94. शुद्ध वर्तनी वाला शब्द है-
(a) भगीरथी (b) भागीरथी
(c) भगिरथी (d) भागिरथी

95. शुद्ध वर्तनी वाला शब्द है–
(a) विरिहिणी (b) विरहणी
(c) विरहिणी (d) विरिहणी

96. अशुद्ध वर्तनी वाला शब्द है–
(a) प्रज्वलित (b) समुज्जवल
(c) उज्जवल (d) समुज्वल

97. 'जिसका जन्म छोटी जाति (निचले वर्ण) में हुआ हो, के लिए उपयुक्त शब्द है–
(a) अण्डज (b) शूद्र
(c) अन्त्यज (d) अछूत

98. 'जिसका इलाज न हो सके' उसके लिए उपयुक्त शब्द है–
(a) असाध्य (b) दु:साध्य
(c) साधनहीन (d) श्रमसाध्य

99. 'जो सब कुछ जानता है' के लिए उपयुक्त शब्द है–
(a) त्रिकालज्ञ (b) बहुज्ञ
(c) ज्ञानी (d) सर्वज्ञ

100. 'जिसे जीता न जा सके' उसके लिए उपयुक्त शब्द है–
(a) अजेय (b) अज्ञेय
(c) अपराजेय (d) दुर्जेय

कंप्यूटर ज्ञान

101. ...... गूगल द्वारा जारी इंटरनेट ब्राउजर है।
(a) फॉयरफॉक्स (b) क्रोम
(c) नेटस्केप (d) सफारी

102. FTP का तात्पर्य है-
(a) फाइल ट्रांसफर प्रोग्राम
(b) फाइल ट्रांसफर पोर्ट
(c) फाइल ट्रांसफर प्रोटोकॉल
(d) फाइल ट्रांसफर पिन

103. ब्राउजर में वह बॉक्स जहाँ हम यूआरएल टाइप कर सकते हैं, ...कहलाता है।
(a) स्टेटस बार (b) एड्रेस बार
(c) टेक्स्ट बार (d) स्क्रॉल बार

104. एमएस वर्ड में 'Ctrl + U' निम्न कार्य करता है-
(a) हाइलाइट किये गए शब्द या वाक्य को रेखांकित करता है
(b) शब्द या वाक्य को बोल्ड करता है
(c) आपको नियंत्रित करता हैं
(d) फॉन्ट के आकार को कम करता है

105. एमएस वर्ड में, डॉक्यूमेंट के आरंभ में एक सूची जिसमें अध्यायों के नाम या शीर्षक, पृष्ठ संख्याओं के साथ होते हैं, ... कहलाती है।
(a) इंडेक्स
(b) रेफरेंसेज
(c) टेबल ऑफ कंटेन्ट्स
(d) टेबल ऑफ फिगर्स

106. निम्नलिखित में से कौन एक कम्प्यूटर हार्डवेयर नहीं है?
(a) माउस (b) की-बोर्ड
(c) मॉनिटर (d) एंटीवाइरस

107. एमएस वर्ड में प्रिंटिंग के दौरान निम्नलिखित में से किस पेज ओरिएंटेशन का उपयोग किया जाता है?

(a) रेगुलर (b) पोट्रेट
(c) स्टैंडर्ड (d) प्लेन

108. एमएस वर्ड 2007 में, कुंजी "Ctrl + =" का क्या प्रभाव होता है?
(a) सुपरस्क्रिप्ट (b) ऑल कैप्स
(c) सबस्क्रिप्ट (d) शैडो

109. ...एक सेकंडरी मेमोरी डिवाइस है।
(a) सी.पी. यू. (b) फ्लॉपी डिस्क
(c) ए. एल.यू. (d) माउस

110. स्टैंडर्ड इंटरनेट प्रोटोकॉल है-
(a) TCP/IP (b) FTP
(c) UDP (d) WWW

111. एक उपयोगकर्ता जब कंप्यूटर ऑन करता है, तब ऑपरेटिंग सिस्टम के आरम्भ होने की प्रक्रिया कहलाती हैं-
(a) स्टारिंग (b) बूटिंग
(c) लोडिंग (d) टर्न ऑन

112. निम्नलिखित में से किस फाइल में रेडीमेड स्टाइल हैं, जिनका उपयोग डॉक्यूमेंट के लिए किया जा सकता है?
(a) मैजिक वैंड्स (b) टेम्पलेट्स
(c) लेटर्स (d) प्रेजेंटेशन

113. CD-ROM का तात्पर्य है-
(a) कॉम्पैक्ट डिस्क रीड ओन्ली मेमोरी
(b) कॉम्पैक्ट डिस्क रीड ओन्ली मशीन
(c) कॉमर्शियल डिस्क रीड ओन्ली मेमोरी
(d) कॉम्पैक्ट डिस्केटे रीड ओन्ली मेमोरी

114. सबसे पहली गणना करने वाली डिवाइस है-
(a) कैल्कुलेटर (b) डिफरेंस इंजन
(c) एबैकस (d) एनालिटिकल इंजन

115. निम्नलिखित में से कौन-सी लाइन स्पेसिंग एमएस वर्ड 2007 में अमान्य है?
(a) मल्टिपल (b) ट्रिपल
(c) सिंगल (d) डबल

116. ईमेल द्वारा भेजे गए अवांछित संदेशों को ...... कहा जाता है।
(a) विज्ञापन (b) प्रचार
(c) स्पैम (d) सूचनापत्र

117. माइक्रोसॉफ्ट वर्ड 2007 तथा माइक्रोसॉफ्ट एक्सेल 2007 फाइल्स के डिफॉल्ट एक्सटेंशन क्रमश: ..... तथा ..... हैं।
(a) .docxsl (b) .docx, .xlsx
(c) .doc, .xml (d) .docx, .xml

118. एमएस एक्सेल में वह सिंगल स्प्रेडशीट जिसमें पंक्तियाँ तथा स्तंभों द्वारा आयोजित सेल होती हैं, ...कहलाती है।
(a) वर्कनोट (b) टेबल
(c) वर्कशीट (d) पेज

119. एमएस एक्सेल में, पिछले वर्कशीट में स्थानांतरित करने के लिए किस शार्ट कट कुंजी का उपयोग किया जाएगा?
(a) Alt + PgUp (b) Alt + PgDn
(c) Crtl + PgUp (d) Ctrl + PgDn

120. पूरे डॉक्यूमेंट को देखने के लिए निम्नलिखित में से किस प्रिंट कमांड का चुनाव करना चाहिए?
(a) प्रिंट प्रीव्यू (b) प्रिंट 1-5
(c) प्रिंट ऑल (d) प्रिंट नल

121. एमएस एक्सल में, कॉलमों को A से लेकर Z कॉलम पहुँचने तक नम्बर्ड किया जाता है। Z कॉलम के बाद, सीरीज ...... से शुरू हो जाती है और इसी प्रकार आगे बढ़ती रहती है।
(a) AA, AB,.... (b) A1, A2
(c) 1A, 2B.... (d) 11A, 22B...

122. एक वेबसाइट ......कुकी होती है।
(a) गैर- अस्थिर (b) अस्थायी
(c) अस्थिर (d) सैद्धांतिक

123. ई-मेल का पूर्ण रूप होता है-
(a) इलेक्ट्रॉनिक मैन
(b) इलेक्ट्रॉनिक मेल
(c) इलेक्ट्रोमैग्नेटिक मेल
(d) इंजन मेल

124. में इंटरनेट के माध्यम ..... का मुख्य उद्देश्य आपके कम्प्यूटर में इंटरनेट के से अनाधिकृत एक्सेस की रोकथाम करना होता है।
(a) पॉपअप ब्लॉकर (b) स्पाईवेयर ब्लॉकर
(c) फॉयरवॉल (d) स्पैम असैसिन

125. निम्न में से क्या एक कम्प्यूटर क्लासीफिकेशन (वर्गीकरण) है?
(a) सुपर कम्प्यूटर (b) एंड्रॉयड
(c) विंडोज (d) मैक ओएस

126. एमएस एक्सेल में, सेव फाइल का एक्स्टेंशन क्या है?
(a) .xls (b) .xbs
(c) xksce (d) xos

127. एमएस वर्ड 2007 में, हम कैरेक्टर्स को निम्नलिखित मैनर "diamond" में किस प्रकार सेट कर सकते हैं?
(a) छोटे फॉन्ट्स का उपयोग करके
(b) टेक्स्ट को शीर्ष पर इंडेन्ट करके
(c) स्ट्राइकथ्रू के रूप में फॉन्ट को सेट करना
(d) स्मार्ट आर्ट का उपयोग करके

128. प्राप्त मेल को किसी दूसरे व्यक्ति को भेजने के लिए आपको उसी मेल को ....करना पड़ेगा।
(a) रिप्लाई टू (b) रिप्लाई ऑल
(c) फॉरवर्ड (d) कॉपी

129. एक मेगाबाइट के बराबर कितने बाइट होते हैं?
(a) 210 वाइट (b) 230 वाइट
(c) 220 वाइट (d) 240

130. किस प्रकार एमएस एक्सेल में सेल के निर्धारित सेट में नम्बरों की गणना की जाती है, को जानने के लिए किस व्यंजक (एक्स्प्रेशन) का इस्तेमाल किया जाता है?
(a) फॉर्मूला (b) डाटा
(c) फील्ड (d) क्वेरी

131. एमएस वर्ड डॉक्यूमेंट 2007 में, निम्न में से कौन-सी शॉर्टकट की डॉक्यूमेंट में से किसी भाग को कॉपी करने के लिए प्रयुक्त होती है?
(a) CTRL+N (b) CTRL + C
(c) CTRL + O (d) CTRL + S

132. एमएस वर्ड में किसी ऑपरेशन को 'undo' करने के लिए इनमें से किस शॉर्टकट कुंजी का उपयोग किया जाता है?
(a) Ctrl + X (b) Ctrl + Z
(c) Ctrl + O (d) Ctrl+N

133. एक वर्ड प्रॉसेसर का सर्वश्रेष्ठ रूप से उपयोग निम्न के लिए किया जाता है-
(a) चित्र को पेंट करने के लिए
(b) स्टोरी टाइप करने के लिए
(c) डायग्राम बनाने के लिए
(d) आय और व्यय निकालने

134. एक कम्प्यूटर में मात्र एक ही प्रॉसेसर होता है जिसे निम्न नाम से जाना जाता है-
(a) यूनिप्रॉसेसर (b) मल्टीथ्रेडेड
(c) मल्टीप्रॉसेसर (d) मल्टी-मीटर

135. एक स्टैंडर्ड कीबोर्ड में कितनी 'Ctrl' की उपलब्ध होती है?
(a) 1 (b) 3
(c) 2 (d) 4

136. निम्नलिखित में से किस कुंजी का इस्तेमाल एक वर्ड या लाइन को डिलीट करने के लिए किया जाता है?
(a) Alt (b) Insert
(c) Shift (d) Backspace

137. एक कम्प्यूटर के चार प्रमुख कार्यों का निम्न में से कौन-सा क्रम सही है?

(a) प्रॉसेस, आउटपुट, इनपुट, स्टोरेज
(c) इनपुट, आउटपुट, प्रॉसेस, स्टोरेज
(b) प्रॉसेस, स्टोरज, इनपुट आउटपुट
(d) इनपुट, प्रॉसेस, प्रॉसेस, आउटपुट, स्टोरेज

138. 'TXT' एक्सटेंशन, सामान्य रूप से किस प्रकार की फाइल को संदर्भित करता है ?
(a) टेक्स्ट फाइल
(b) ऑडियो फाइल
(c) इमेज फाइल
(d) एडोब एक्रोबेट फाइल

139. निम्न में से कौन-सी एक इनपुट डिवाइस नहीं है ?
(a) ओसीआर (b) मॉनिटर
(c) कीबोर्ड (d) एमआईसीआर

140. इंटरनेट एक .... है।
(a) नेटवर्क्स का नेटवर्क
(b) होस्ट
(c) वेबसाइट
(d) सर्वर

141. 8 बिट से कितनी बाइनरी संख्याएं निर्मित की जा सकती हैं ?
(a) 64 (b) 16
(c) 128 (d) 256

142. एक कम्प्यूटर लैंग्वेज नहीं है।
(a) C++ (b) LOTUS
(c) BASIC (d) JAVA

143. एमएस एक्सेल 2007 में .... मैथ फंक्शन का एक उदाहरण है।
(a) IF. (b) AND
(c) COUNT (d) SQRT

144. कम्प्यूटर में एंटीवायरस इसके लिए इंस्टॉल किया जाता है-
(a) कम्प्यूटर को वायरस से सुरक्षित रखने के लिए
(c) कम्प्यूटर को आग से सुरक्षित रखने के लिए
(b) मेमोरी साइज बढ़ाने के लिए
(d) अन्य प्रोग्राम इंस्टॉल करने के लिए

145. ...... का उपयोग अप्रत्यक्ष रूप से उन कार्यों को पूर्ण करने के लिए किया जा सकता है जो एक अनधिकृत प्रयोक्ता प्रत्यक्ष रूप से पूर्ण नहीं कर सकता है।
(a) जोम्बी (b) ट्रोजन हॉर्स
(b) वॉर्म (d) लॉजिक बॉम्ब

146. रिसाइकिल बिन क्या है ?
(a) फाइल्स डिलीट करने के लिए सॉफ्टवेयर
(b) डाउनलोड्स के लिए एक डिफॉल्ट फोल्डर
(c) टेम्प फाइल्स के लिए एक डिफॉल्ट फोल्डर
(d) डिलीट की गई फाइल्स के लिए एक अस्थाई स्टोरेज

147. एमएस एक्सेल में, निम्न में से कौन-सा शब्द संकेतिका (लीजेंड्स) से संबंधित है ?
(a) क्लिपआर्ट (c) वुड आर्ट
(b) ऑपरेटर (d) चार्ट

148. एक डॉक्यूमेंट में वो सेक्शन जो टॉप और बॉटम मार्जिन पर दिखते हैं, निम्न कहलाते हैं-
(a) स्क्रॉल वार
(c) हेडर एवं फुटर
(b) क्विक एक्सेस टूलबार एवं स्टेटस बार
(d) रूलर और टास्कबार

149. इंटरनेट एक्सप्लोरर एक है-
(a) कंपनी
(b) सर्च इंजन
(c) इंटरनेट
(d) वेब ब्राउजर

150. इनमें से क्या एक आउटपुट डिवाइस है ?
(a) एमआईसी (b) स्पीकर
(b) माउस (d) की बोर्ड

व्याख्या सहित उत्तर

1. (b) महासागरों की औसत लवणता 35% होती है। सागरीय जल में पाये जाने वाले लवणों का प्रतिशत इस प्रकार है-सोडियम क्लोराइड-27.21% (सर्वाधिक), मैग्नेशियम क्लोराइड-3.80%, मैग्नेशियम सल्फेट-1.65%, कैल्शियम सल्फेट-1.26% आदि। उल्लेखनीय है कि सागरीय जल में कुल 47 प्रकार के लवण पाये जाते हैं।

2. (b) 1942 में आए क्रिप्स प्रस्तावों की विफलता तथा जापानी आक्रमण के बढ़ते खतरे ने भारतीय जनमानस को निराश तथा बेचैन कर दिया। इसी परिस्थिति में 14 जुलाई, 1942 ई. को वर्धा में आयोजित कांग्रेस कार्यसमिति की बैठक में 'भारत छोड़ो आंदोलन' पर एक प्रस्ताव पारित किया गया। 7 अगस्त, 1942 ई. को ऑल इंडिया कांग्रेस कमेटी द्वारा वर्धा प्रस्तावों की पुष्टि कर दी गयी। बंबई (मुंबई) कांग्रेस ने थोड़े बहुत संशोधनों के बाद 8 अगस्त, 1942 ई. को भारत छोड़ो प्रस्ताव पास कर दिया। जिसका फल भारत छोड़ो आंदोलन था। गांधीजी ने देशवासियों को हिंसक साधन अपनाने के लिए नहीं भड़काया था बल्कि यह कहा था कि किसी भी परिस्थिति में यह आंदोलन रोका नहीं जाएगा। यहीं पर उन्होंने करो या मरो का नारा दिया था।

3. (b) पश्चिमी हिमालय पर 1800 से 3000 मी. की ऊंचाई पर शीतोष्ण कोणधारी वन पाये जाते हैं। यहां 2500 मी. तक चौड़ी पत्ती वाले वृक्ष मिलते हैं। जिनमें चीड़, देवदार, नीला पाइन (ब्लू पाइन) एल्डर, पोपलर प्रमुख हैं। 2500 मी. से ऊपर के भाग में सिल्वर फर तथा पीला पाइन वृक्ष मिलते हैं। 900 से 1800 मी. की ऊंचाई पर चीड़ के वृक्ष अधिकता में पाये जाते हैं।

4. (b) कणों के आकार के आधार पर मिट्टी को चार प्रकारों में बांटा गया है-चिकनी मिट्टी, दोमट मिट्टी, बलुई मिट्टी, रेतीली मिट्टी। जिस मिट्टी के कण बड़े आकार के होते हैं, उसमें जल धारण क्षमता सबसे कम होती है। इनके आकार इस प्रकार हैं-मोटी बालू (2.0-20 मिमी.), महीन बालू (20-0.2 मिमी.), सिल्ट (02-0.02 मिमी.) क्ले (.002 मिमी. से कम)

5. (d) दिए गए कूट के विकल्प सही हैं। पं. नेहरू 15 अगस्त, 1947 से 27 मई, 1964 तक, श्रीमती इंदिरा गांधी 24 जनवरी, 1966 से 24 मार्च, 1977 तक फिर 14 जनवरी, 1980 से 31 अक्टूबर, 1984 तक तथा अटल बिहारी वाजपेयी (1998 से 2004 तक) (इसके पहले 13 दिन तक प्रधानमंत्री रहे थे)। गुलजारी लाल नंदा 27 मई, 1964 से 9 जून, 1964 तक कार्यकारी प्रधानमंत्री रहे, पुन: 11 जनवरी, 1966 से 24 जनवरी, 1966 तक कार्यकारी प्रधानमंत्री रहे।

6. (b) संविधान का अनुच्छेद 243-झ (243 I) पंचायतों की वित्तीय स्थिति के पुनर्विलोकन के लिए वित्त आयोग के गठन का प्रावधान करता है। विस्तृत अध्ययन के लिए भारतीय संविधान के अनुच्छेद 243-झ का अवलोकन किया जा सकता है।

7. (b) एक्स-किरणों की खोज 1895 में रोयंट्जन द्वारा की गयी थी। इसके उत्पादन हेतु कूलिज नलिका का उपयोग किया जाता है। यह एक विद्युत चुंबकीय विकिरण है। इसकी तरंगदैर्ध्य 1 से 100 Å तक होती है। इन किरणों का निर्वात में वेग 2×10^8 मीटर प्रति सेकेंड होता है एक्स-किरणें फोटोग्राफिक प्लेट को प्रभावित करती हैं।

8. (c) ग्रेफाइट से कागज पर सरलता से लिखा जा सकता है इसलिए इसे पेंसिल की लैड बनाने में प्रयोग किया जाता है। ग्रेफाइट का प्रयोग विद्युत आर्क तथा शुष्क सेलों में इलेक्ट्रोड के रूप में भी किया जाता है।

9. (c) ऑक्सीजन की उपस्थिति में कार्बन का परमाणु जब पूरा जलता है तो कार्बन डाईऑक्साइड

का निर्माण होता है तथा जब कार्बन का परमाणु आक्सीजन की कम मात्रा में अधूरा जलता है तो कार्बन मोनोआक्साइड बनती है। मीथेन गैस दलदली स्थानों पर उत्पन्न होती है इसलिए इसे मार्श गैस भी कहते हैं। गोबर गैस तथा जैविक पदार्थों से भी मीथेन गैस उत्पन्न होती है। नाइट्रस ऑक्साइड हास्य गैस कहलाती है।

10. (b) सोडियम जल से हल्का होता है सोडियम जल के संपर्क में आने पर जल उठता है। जबकि एल्युमिनियम, मैग्नीशियम तथा मैंगनीज जल से भारी होने के कारण पानी में डूब जाते हैं।

11. (d) निद्रा रोग (स्लीपिंग सिकनेस) ट्रिपैनोसोमा नामक प्रोटोजोआ के कारण उत्पन्न होता है। यह एक परजीवी है, जो सी-सी मक्खियों के शरीर में आश्रय लेता है। इन मक्खियों के काटने से जीवाणु शरीर में प्रवेश कर जाते हैं जिससे लसिका ग्रंथियां बढ़ जाती हैं और शरीर में दर्द तथा कमजोरी महसूस होती है। रोगी दिन में भी नींद से बोझिल मालूम पड़ता है और ऊंघता रहता है। इसके उपचार के लिए ट्रिपसेंमाइड इंजेक्शन का पूरा कोर्स लेना चाहिए।

12. (c) मलेरिया रोग प्लाजमोडियम प्रोटोजोआ (परजीवी) से होता है। इस रोग की तीन अवस्थाएं होती हैं-प्रथम अवस्था में सिर दर्द के साथ ठंड लगकर बुखार आता है, दूसरी अवस्था में बुखार सिर दर्द के साथ बढ़कर अधिक हो जाता है और तीसरी अवस्था में पसीना आता है, दर्द कम हो जाता है और बुखार उतर जाता है। इसके उपचार में क्लोरोक्वीन, केमोक्वीन आदि का सेवन करना चाहिए।

13. (a)

14. (c) इलेक्ट्रॉनिक वाणिज्य या ई-कॉमर्स से तात्पर्य है ऑनलाइन कारोबार करना या वस्तुओं और सेवाओं की वेब संग्रहों के माध्यम से बिक्री और खरीद करना। ई-कामर्स ने इलेक्ट्रॉनिक दुकानदारी की छोटी सी अवधारणा से विकसित होते हुए व्यापार और बाजार प्रक्रिया के वे सभी पहलू अपने दामन में समेट लिए हैं जो इंटरनेट और विश्वव्यापी प्रौद्योगिकियों का मात्र एक सेट न रहकर ग्राहकों को उत्पाद और सेवाएं पूरी तरह पहुंचाने में सहायता व समर्थन देता है।

15. (d)

16. (c) रंगास्वामी कप-हॉकी, रिलायंस कप-क्रिकेट, रोवर्स कप-फुटबाल तथा वेलिंग्टन कप-नौकायन से संबंधित है।

17. (d) थाईलैंड का पुराना नाम स्याम, ताइवान का पुराना नाम फारमोसा, इराक का पुराना नाम मेसोपोटामिया तथा म्यांमार का पुराना नाम बर्मा था। म्यांमार की राजधानी यांगून, इराक की राजधानी बगदाद, थाईलैंड की राजधानी बैंकॉक है।

18. (c) प्रांतों में द्वैध शासन व्यवस्था भारत शासन अधिनियम, 1919 के द्वारा लागू की गई थी जबकि भारत शासन अधिनियम 1935 द्वारा प्रांतों में द्वैध शासन व्यवस्था समाप्त कर दी गई थी। भारत परिषद् अधिनियम, 1892 के अंतर्गत व्यवस्थापिका सभा के सदस्यों को कार्यकारिणी परिषद् के बजट पर बहस का अधिकार मिला। सदस्य प्रश्न भी पूछ सकते थे। परोक्ष निर्वाचन को भी स्वीकार किया गया। भारत परिषद् अधिनियम, 1909 के द्वारा मुसलमानों के लिए पृथक मताधिकार तथा पृथक् निर्वाचक मण्डल की व्यवस्था की गई। इसके द्वारा भारतीयों को विधि-निर्माण तथा प्रशासन दोनों में भागीदारी मिली।

19. (b) रेग्युलेटिंग एक्ट, 1773-सर्वोच्च न्यायालय की स्थापना (बंगाल का गवर्नर जनरल वारेन हेस्टिंग्ज), भारतीय शासन अधिनियम, 1909 सांप्रदायिक निर्वाचक मंडल का प्रारंभ (वायसराय लॉर्ड मिंटो), भारत शासन अधिनियम, 1919-प्रांतों में द्वैध शासन का प्रारम्भ (वायसराय चेम्सफोर्ड) तथा भारत शासन अधिनियम 1935-प्रांतों में स्वायत्तता के लिए प्रावधान (वायसराय लार्ड वेलिंगटन) था।

20. (a) होमरूल लीग की स्थापना (सितंबर, 1916 में) श्रीमती ऐनी बेसेंट द्वारा, भारत सेवक समाज की स्थापना (1905 में) गोपाल कृष्ण गोखले द्वारा, स्वराज्य दल का गठन (मार्च 1923 में) मोतीलाल नेहरू व चितरंजन दास द्वारा तथा हिंदू विश्वविद्यालय की स्थापना पं. मदन मोहन मालवीय द्वारा की गई।

21. (d) सिंधु सभ्यता अपने नगर-नियोजन एवं जल-निकास प्रणाली के लिए विख्यात है। मोहनजोदड़ो तथा हड़प्पा इस सभ्यता के विशिष्ट नगर हैं जो क्रमश: सिंधु तथा रावी नदी के तट पर स्थित है। सैंधव निवासियों के जीवन का मुख्य उद्यम यद्यपि कृषि कर्म था किंतु सभ्यता की विशिष्ट पहचान उसके व्यापार-वाणिज्य से थी। सीप उद्योग, मनका उद्योग, मृद्भांड उद्योग एवं धातुओं को गलाने एवं ढालने की कला से लोग परिचित थे।

22. (c) संभवत: बाबर कुषाणों के बाद पहला शासक था जिसने काबुल एवं कंधार को अपने कब्जे में रखा। इसने मुगल साम्राज्य की स्थापना की। आलम खां के आत्म समर्पण के बाद पूरा पंजाब बाबर के कब्जे में आ गया था। 6 मई, 1529 को बाबर ने घाघरा के युद्ध में बंगाल एवं बिहार की संयुक्त सेना को पराजित किया। परिणामस्वरूप बाबर का साम्राज्य ऑक्सस से घाघरा एवं हिमालय से ग्वालियर तक फैल गया। आधुनिक उत्तर प्रदेश का क्षेत्र भी बाबर के साम्राज्य में सम्मिलित था बाबर ने राजपूताना के प्रमुख शासक चित्तौड़ के महाराणा सांगा को फतेहपुर सीकरी के निकट खानवा के युद्ध में 17 मार्च, 1527 को हरा दिया था किंतु राजस्थान के अन्य राज्यों पर उसका अधिकार नहीं हो पाया था।

23. (d) शेरशाह को 'व्यवस्था के सुधारक' के रूप में जाना जाता है। शेरशाह की वित्त व्यवस्था के अन्तर्गत सरकारी आय का सबसे बड़ा स्रोत जमीन पर लगने वाला कर था। शेरशाह के शासन काल में सर्वेक्षण शुल्क एवं संग्रह शुल्क भी देना पड़ता था, जिनकी दरें क्रमश: भू-राजस्व की 2.5 एवं 5% थी। शेरशाह ने भूमि की माप के लिए 32 इंच या 39 अंगुल वाला सिकंदरी गज व सन की डंडी का प्रयोग किया। करेंसी सुधार शेरशाह का दूसरा महत्वपूर्ण सुधार था। इसने सोने, चांदी एवं तांबे के आकर्षक सिक्के चलवाये। इन सिक्कों का अनुकरण मुगल शासकों ने किया। इसने 178 ग्रेन का चांदी का रुपया एवं 380 ग्रेन का तांबे का दाम चलवाया। शेरशाह ने प्रशासनिक सुधारों के अंतर्गत केंद्रीयकरण को वरीयता दी। सूबों को सरकारों तथा सरकारों को परगनों में बांटकर सैन्य तथा प्रशासनिक अधिकारियों को नियुक्त किया। सैनिक सुधारों में घोड़ों को दागने तथा सैनिकों का हुलिया लिखने के साथ ही उन्हें नकद वेतन देकर उसने अलाउद्दीन खिलजी की पद्धति को पुनर्जीवित किया।

24. (c) मोतीलाल नेहरू बाल संग्रहालय की स्थापना वर्ष 1957 में लखनऊ में की गई थी।

25. (b) नवाबगंज पक्षी अभयारण्य उत्तर प्रदेश के उन्नाव जिले में स्थित है।

26. (c) उत्तर प्रदेश में खरीफ फसल की बुआई जून-जुलाई के दौरान होती है।

27. (d) सूची-I तथा सूची-II का सुमेलन निम्नवत है-

सूची-I (फसलों के भारतीय संस्थान)	सूची-II (स्थान जहां स्थित हैं)
भारत सब्जी अनुसंधान संस्थान (IIVR)	वाराणसी
भारतीय दलहन अनुसंधान संस्थान (IIPR)	कानपुर
भारतीय गन्ना अनुसंधान संस्थान (IISR)	लखनऊ
भारतीय बागवानी अनुसंधान (IIHR)	बंगलुरु

28. (d) खुर्जा उत्तर प्रदेश के बुलंदशहर जिले में स्थित एक कस्बा है। यहां केंद्रीय ग्लास एवं सिरैमिक अनुसंधान संस्थान, कोलकाता द्वारा एक केंद्र की स्थापना अगस्त, 1981 में उत्तर प्रदेश सरकार के नियमित वित्तीय समर्थन देने की सहमति के बाद की गई।

29. (c)

30. (d) क्रेताओं और विक्रेताओं की संख्या पूर्ण प्रतियोगिता में कम न होकर अधिक होती है।

31. (a) प्रतिवर्ष 28 जनवरी को दुनिया भर में डेटा गोपनीयता दिवस (DPD) का आयोजन किया जाता है। इस दिवस के आयोजन का प्राथमिक उद्देश्य आम लोगों को डेटा गोपनीयता के प्रति संवेदनशील बनाना और गोपनीयता प्रथाओं एवं सिद्धांतों के प्रसार को बढ़ावा देना है। इस वर्ष

'डेटा गोपनीयता दिवस' की थीम है- 'प्राइवेसी मैटर्स।' अत: विकल्प (a) सही है।

32. (d) भारत हर साल 13 फरवरी को सरोजिनी नायडू के जन्मदिन को भारत के राष्ट्रीय महिला दिवस के रूप में मनाता है। सरोजिनी नायडू भारत की पहली महिला राज्यपाल थीं और 'भारत कोकिला' के नाम से भी प्रसिद्ध थीं। उनका जन्म 13 फरवरी, 1879 को हुआ था। उन्होंने देश की स्वतंत्रता के लिए भारतीय राष्ट्रीय आंदोलन में सक्रिय रूप से भाग लिया। अंतर्राष्ट्रीय महिला दिवस हर साल 8 मार्च को मनाया जाता है।

33. (a) पाथवे टू गॉड महात्मा गांधी द्वारा लिखित एक पुस्तक है। यह मूल रूप से वर्ष 1971 में भारत में प्रकाशित हुई थी। महात्मा गांधी भारत के राष्ट्रपिता हैं। उनका जन्म 2 अक्टूबर 1869 को हुआ था। उन्होंने 1924 में भारतीय राष्ट्रीय कांग्रेस के बेलगाम सत्र के दौरान अध्यक्ष के रूप में कार्य किया। 30 जनवरी 1948 को बंदूक की गोली से उनकी हत्या कर दी गई थी।

34. (a) एम. विश्वेश्वरैया द्वारा लिखित पुस्तक "प्लांड इकोनॉमी फॉर इंडिया" भारत में आर्थिक नियोजन शुरू करने का प्रयास था जो एक प्रसिद्ध इंजीनियर और राजनीतिज्ञ एम. विश्वेश्वरैया ने 1934 में अपनी पुस्तक 'प्लान्ड इकोनॉमी फॉर इंडिया' के माध्यम से किया था।

35. (c) प्रतिवर्ष 3 मार्च को विश्व वन्यजीव और वनस्पतियों के बारे में जागरूकता बढ़ाने हेतु विश्व वन्यजीव दिवस (World Wildlife Day) मनाया जाता है। 20 दिसंबर, 2013 को संयुक्त राष्ट्र महासभा ने 3 मार्च को विश्व वन्य जीव दिवस के रूप में मानने का निर्णय लिया था। अत: विकल्प (c) सही है।

36. (d) TDS का पूर्ण रूप है 'टैक्स डीडक्टेड एट सोर्स'। यह उस स्रोत पर कर एकत्र करने के लिए पेश किया गया था जहां से किसी व्यक्ति की आय उत्पन्न होती है। सरकार TDS का उपयोग एक उपकरण के रूप में कर चोरी को कम करने के लिए करती है।

37. (c) भारत माता मंदिर महात्मा गांधी काशी विद्यापीठ (वाराणसी) के प्रांगण में है। इसका निर्माण शिवप्रसाद गुप्त ने कराया और उद्घाटन वर्ष 1936 में गांधीजी द्वारा किया गया। अत: विकल्प (c) सही है।

38. (b) होली हिमालय (Holy Himalaya) पुस्तक हिमालयी क्षेत्र की परंपरा और दृश्य (कुमाऊं तथा गढ़वाल) को दर्शाती है, इसके लेखक ई. शर्मन ओकले (E. Sherman Oakley) हैं। अत: विकल्प (b) सही है।

39. (c) उत्तर प्रदेश का अवध क्षेत्र मुख्यत: "सोहर और कव्वाली" के लिए जाना जाता है।

40. (b) एक माँ को अपनी बेटी के साथ खेलने के लिए इनडोर गेम चुनना पड़ता है जो पैर की चोट के कारण अपने घर से बाहर जाने में असमर्थ है। वह कैरम बोर्ड, शतरंज और ताश चुनेगी।

41. (a)

42. (b) मंगलगढ़ का किला चरखारी के एक पहाड़ी पर बना हुआ है तथा इसके आसपास अनेक ऐतिहासिक इमारते हैं। यह हमीरपुर से 106 किलोमीटर दूर और महोबा से लगभग 20 किलोमीटर दूर है। यह स्थान मध्यप्रदेश राज्य के अंतर्गत आता है। मंगलगढ़ दुर्ग के नीचे पहाड़ी की तलहटी में बसी बस्ती चरखारी के नाम से विख्यात है इसका पुराना नाम महराज नगर था। मंगलगढ़ के इतिहास के अनुसार चरखारी नगर का विकास सन् 1761 में राजा खुमान सिंह के शासन में हुआ था। राजा खुमान सिंह ने सन् 1782 तक शासन किया। इनके पुत्र का नाम विज विक्रमवीर था। खुमान सिंह के बाद उनके पुत्र विक्रम वीर राजा बनें। राजा विज विक्रमवीर की मृत्यु 1829 में हुई। इसके पश्चात रतन सिंह राजा हुए। चन्देल शासनकाल में यहाँ पर अनेक तालाब निर्मित हुए थे तथा उनके किनारे अनेक मन्दिर निर्मित हुए थे। ये सभी मंदिर चंदेलकालीन थे।

43. (b) उमर का निवेश = 10000

अविनाश का निवेश = 15000

अविनाश 8 महीनों के लिए निवेश करता है तथा उमर पूरे वर्ष के लिए

प्रश्नानुसार,

$$\text{पूरे वर्ष के बाद लाभ अनुपात} = \frac{10000 \times 12}{15000 \times 8} = \frac{1}{1}$$

अत: लाभ अनुपात = 1 : 1.

44. (c) कथन (1) का अवलोकन करने पर

धारा की गति = 3 किमी./घंटा

कथन (ii) का अवलोकन करने पर

स्थिर पानी में नाव की गति = 12 किमी./घंटा

कथन (i) और (ii) की जानकारी से,

धारा के अनुकूल दिशा में गति = धारा की गति + स्थिर पानी में नाव की गति

$= 3 + 12$

$= 15$

धारा के अनुकूल दिशा में 45 किमी. जाने में लगा समय

$= \frac{45}{15}$

= 3 घंटे

कथन (iii) का अवलोकन करने पर

$$\text{धारा के अनुकूल दिशा में गति} = \frac{33.75}{2.25}$$

= 15 किमी./घंटा

धारा के अनुकूल दिशा में 45 किमी. की दूरी तय करने में लगा समय $= \frac{45}{15} = 3$ घंटे

इसका उत्तर या तो (i) और (ii) या (iii) होगा।

45. (b) AB = 25 सेमी

$AP = AB - BP = 25 - 5 = 20$

CD = 10 सेमी

BP = 5 सेमी

DP = ?

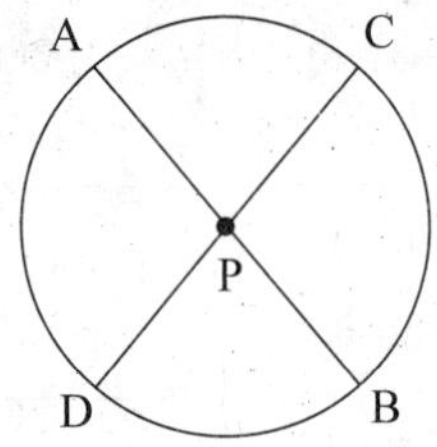

AB और CD बिन्दु P पर प्रतिच्छेद करती है। तो

$AP \times BP = CD \times DP$

$20 \times 5 = 10 \times x$

$(x) = 10$ cm

DP = 10 cm

46. (a) $= \frac{29}{6} > \frac{43}{12}$

$= 4.83 > 3.5$

47. (d) बहुभुज के आंतरिक कोणों का योग = 1710°

भुजाओं की संख्या $(n) = x$

बहुभुज के आंतरिक कोणों का योग $= (n-2) \times 180$

प्रश्नानुसार,

$(n-2) \times 180 = 1710$

$n - 2 = \frac{1710}{180}$

$n - 2 = 9.5$

$n = 7.5$

48. (d) उछाले गये सिक्कों की संख्या = 4

∴ उछाले गये 4 सिक्कों की प्रतिदर्श समष्टि

$= (2)^4$

$= 16$

49. (b) 1 वर्ष बाद चक्रवृद्धि ब्याज = 3900

2 वर्ष बाद चक्रवृद्धि ब्याज = 5070

ब्याज की दर = r

3900 पर 1 वर्ष का ब्याज

$= (5070 - 3900)$

$= 1170$

मूलधन = 3900

ब्याज (r) = 1170

समय (t) = 1 वर्ष

$$\text{ब्याज} = \frac{\text{मूलधन} \times \text{दर} \times \text{समय}}{100}$$

$$1170 = \frac{3900 \times r \times 1}{100}$$

$$r = \frac{1170 \times 100}{3900}$$

ब्याज (r) = 30%

50. (d) x वस्तुओं का मूल्य = y रु०

$\therefore$ 1 वस्तु का मूल्य = $\frac{y}{x}$ रु०

$\therefore$ z वस्तुओं का मूल्य = $\frac{yz}{x}$ रु०

51. (b) दक्षिण अफ्रीका में महात्मा गाँधी ने भारतीयों के खिलाफ हो रहे अन्यायपूर्ण रंगभेद कानून के खिलाफ लड़ाई लड़ी।

52. (a) स्वतंत्रता प्राप्त करने के लिए गाँधी ने हिंसा का प्रयोग किये बिना भेद-भाव को समाप्त करने के लिए संघर्ष किया तथा अहिंसक असहयोग की नीति को बढ़ावा दिया।

53. (d) गाँधी जी जब 46 वर्ष की आयु में भारत लौटे, तो उन्होंने पूरे देश की यात्रा आरम्भ की और कई स्थानीय विवादों को निपटाने में मदद की।

54. (b) प्रस्तुत अनुच्छेद में 'महान आत्मा' पद के लिए 'महात्मा' शब्द का प्रयोग हुआ है।

55. (a) महात्मा गाँधी सत्याग्रह या अहिंसक सविनय अवज्ञा के जरिये विरोध प्रदर्शन करने के अगुआ के रूप में वे अपने समय के एक बड़े राजनैतिक और आध्यात्मिक नेता बन गये। आज पूरी दुनिया में स्वतंत्रता संग्रामों में सत्याग्रह को सर्वाधिक ताकतवर दर्शनों में एक माना जाता है।

56. (a) उपर्युक्त गद्यांश में प्रयुक्त 'स्पृहणीय, शब्द का अर्थ 'प्राप्त करने योग्य' है।

57. (d) उपर्युक्त गद्यांश में लेखक 'महात्मा गाँधी के नेतृत्व में राष्ट्रीय आंदोलन कैसा था' को मुख्य रुप से बताया है।

58. (b) उपर्युक्त गद्यांश में लेखक का उद्देश्य भारतीय स्वतंत्रता संग्राम की विशेषता बताना था।

59. (a) दिये गये गद्यांश के अनुसार धर्मनिरपेक्षता का अभिप्राय 'सभी धर्मों का आदर करना है।'

60. (d) हमारा स्वतंत्रता संग्राम जनतांत्रिक था क्योंकि इसमें सभी जातियों, वर्गों, धर्मों के लोगों ने भाग लिया था।

61. (d) अधिसूचना का अंग्रेजी अनुवाद Notification है। जबकि Statement का 'कथन', Endorsement का 'पुष्टि' या 'पृष्ठांकन' एवं Enclosed का हिन्दी अर्थ 'संलग्न' होता है।

62. (b) Testimonial का हिन्दी अनुवाद 'प्रशंसा पत्र' होता है, जबकि अनुशंसा पत्र की अंग्रेजी recommendation, प्रमाण पत्र की अंग्रेजी Certificate तथा परिचय पत्र की अंग्रेजी Identity है।

63. (a) मुख्य बिजली के बल्बों के ऑर्डर के निरस्तीकरण की सूचना देने के लिए संभरक (Supplire) को पत्र लिखा जाना चाहिए।

64. (d) कार्यालय आदेश मंत्रालय, संबद्ध विभाग-प्रभाग, अनुभाग इत्यादि के लिए निकाले गये आदेशों की सूचना है।

65. (a) छोटे सम्बन्धियों को पत्र मे 'चिरंजीव' सम्बोधन लिखना उचित है।

66. (b) जब आप एक कम्पनी अथवा संस्था को छोड़कर किसी दूसरी कम्पनी में नौकरी के लिए आवेदन करते हैं, तब यह नई कम्पनी आपसे पूर्व अनुभवों के प्रमाण पत्र की माँग करती है। यह अनुभव प्रमाण-पत्र आपको वह कम्पनी अथवा संस्था देती है, जहाँ आपने पूर्व में अपनी सेवाएं दी हैं। अनुभव प्रमाण-पत्र को प्राप्त करने के लिए कम्पनी/संस्था के किसी मुख्य कार्यकर्ता या व्यवस्थापक महोदय को पत्र लिखा जाता है।

67. (d) दिये गये विकल्पों में यमुना का पर्यायवाची 'कालिन्दी' है। जबकि यामिनी रात्रि का पर्यायवाची है, भागीरथी गंगा का पर्यायवाची है। यमुना के अन्य पर्यायवाची शब्द हैं, जैसे सूर्यतनया, भानुजा, सूर्यसुता, तरणितनुजा आदि।

68. (c) जंगल शब्द का पर्यायवाची शब्द कान्तार है। जंगल के अन्य पर्यायवाची शब्द हैं – विपिन, कानन, वन आदि।

69. (c) निर्दिष्ट विकल्पों में तम् अंधकार का पर्याय है, जबकि निशीथ के पर्याय रात्रि, रजनी और निशा हैं। अत: विकल्प (c) सही है।

70. (b) क्रोध शब्द का पर्यायवाची शब्द अमर्ष है न कि संताप, वैमनस्य और भीति है।

71. (c) 'एड़ियाँ रगड़ना' मुहावरे का अर्थ है **'बहुत दौड़-धूप करना'**। शेष सभी असंगत हैं।

72. (d) 'सावन हरे न भादों सूखे' लोकोक्ति का अर्थ है 'सदा एक सी दशा'।

73. (c) 'दिनों का फेर होना' मुहावरे का अर्थ 'भाग्य का चक्कर होना' होता है।

74. (d) 'यह मुँह और मसूर की दाल' लोकोक्ति का अर्थ 'अपनी औकात से बढ़कर होना या करना होता है।

75. (a) भविष्य में होने वाला के लिए एक शब्द 'भावी' होगा।

76. (b) 'जो हर समय अपना मतलब साधता हो' का एक शब्द 'स्वार्थी' होगा। दूसरो का भला चाहने वाला 'परमार्थी'। 'जो केवल अपने मतलब से सम्बन्ध रखता हो'- 'मतलबी'। जो खुद रथ चलाता हो 'स्वारथी'।

77. (a)

1. अनुपम - जिसकी कोई उपमा न दी जा सके।
2. अल्पज्ञ - जो बहुत कम जानता हो।
3. ज्ञानी - जो किसी विषय का ज्ञान रखता हो।
4. अनुयायी - जो किसी का अनुसरण करते हो।

78. (a) 'पैसे से मनुष्य की **जीवन जीने की इच्छा** बलवती होती है।' वाक्य में रेखांकित वाक्यांश 'जीवन जीने की इच्छा' के लिए एक शब्द 'जिजीविषा' है जबकि 'जीविका'-जीवन निर्वाह को साधन' तथा 'चतुरानन' जिसके चार आनन (मुख) हो के लिए एक शब्द है।

79. (c) 'पंथी' पक्षी का पर्यायवाची नहीं है। पंथी विशेषण शब्द है। जबकि द्विज, खग, विहग, पखेरू, परिंदा, चिड़िया, शकुंत अंडज, विहंग आदि पक्षी के पर्यायवाची शब्द हैं।

80. (b) **'दौहित्र'** पुत्री का पर्यायवाची नहीं है बल्कि बेटी का "बेटा" अर्थात् नाती को दौहित्र कहते हैं। जबकि 'पुत्री' का पर्यायवाची है- दुहिता, तनया, सुता, नंदिनी, तनुजा, आत्मजा, बेटी आदि।

81. (a) तिमिर शब्द का विलोम आलोक है, न कि किरण, रंगीन और रंगहीन है।

82. (b) दिये गये विकल्पों में विकल्प (b) दही खट्टा है, सही है। ध्यातव्य हो कि दही शब्द पुल्लिंग के अर्थ में प्रयोग किया जाता है। दूध एवं दूध से बने पदार्थ, हमेशा पुल्लिंग होते हैं।

83. (a) उक्त का विलोम 'अनुक्त' होता है अत: (a) सही है। जबकि उपयुक्त का विलोम 'अनुपयुक्त' होता है।

84. (d) निर्दिष्ट विकल्पों में विकल्प (d) सुरेश के लिए एक पत्र लिखना है, शुद्ध वाक्य है। जबकि अन्य तीनों व्याकरण की दृष्टि से गलत हैं।

85. (b) निर्दय का विलोम 'सहृदय' होता है।

86. (b) उन्मीलन का विलोम दिये गये विकल्पों में विकल्प (b) निमीलन उपयुक्त है। अन्य तीनों विकल्प गलत हैं।

87. (b) विकल्प (b) यह आंखों देखी घटना है, शुद्ध वाक्य है। ध्यातव्य हो कि आंखों की उपयोगिता देखने में ही होती है। अतएव इसके साथ किसी भी कारक विभक्ति का प्रयोग उचित नहीं है।

88. (c) उत्कर्ष का विलोम अपकर्ष है। अन्य तीनों विकल्प त्रुटिपूर्ण हैं।

89. (d) आविर्भाव का विलोम शब्द तिरोभाव होता है। अत: विकल्प (d) सही है। जबकि विभाव का विलोम अनुभाव होता है।

90. (b) अशुद्ध वर्तनी वाला शब्द है निश्चेष्ट है जबकि इसका शुद्ध रूप निश्चेष्ट होता है।

91. (a) दिये गये विकल्पों में विकल्प (a) आईस्टीन के पास विलक्षण बुद्धि थी, सही है। अन्य तीनों विकल्प त्रुटिपूर्ण हैं।

92. (a) शुद्ध वर्तनी वाला शब्द है 'धोबिन' है। अत: विकल्प (a) सही है।

93. (d) दिये गये विकल्पों में विकल्प (c) शरतकाल में चंद्रमा की शोभा देखने योग्य होती है सही है। अन्य व्याकरण की दृष्टि से गलत हैं। क्योंकि काल और दिन एक साथ प्रयोग नहीं होते हैं।

94. (b) दिये गये विकल्पों में विकल्प (b) 'भागीरथी' शुद्ध विकल्प है। अन्य तीनों त्रुटिपूर्ण हैं।

95. (c) शुद्ध वर्तनी वाला शब्द है 'विरहिणी'। अत: विकल्प (c) सही है। अन्य तीनों विकल्प गलत हैं।

96. (d) अशुद्ध वर्तनी वाला शब्द 'समुज्वल' है। जबकि अन्य तीनों विकल्प प्रज्वलित, समुज्जवल एवं उज्जवल सही हैं।

97. (c) जिसका जन्म छोटी जाति में हुआ हो,' के लिए उपयुक्त शब्द 'अन्त्यज' होता है।

98. (a) जिसका इलाज न हो सके' उसके लिए उपयुक्त शब्द है– 'असाध्य'।

99. (d) जो सब कुछ जानता हो उसे 'सर्वज्ञ' कहा जाता है। अत: विकल्प (d) सही है।

100. (a) 'जिसे जीता न जा सके' उसके लिए उपयुक्त शब्द है– अजेय।

101. (b) क्रोम गूगल द्वारा जारी इंटरनेट ब्राउजर है।

102. (c) इसका पूरा नाम File Transfer Protocol है। File ट्रांसफर करने के लिए हमें FTP का प्रयोग करना होता है।

103. (b) ब्राउजर में एड्रेस बार बॉक्स जहाँ हम यूआरएल टाइप कर सकते हैं। किसी भी लिंक को सर्च करने के लिए यहाँ यूआरएल टाइप किया जाता उसे एड्रेस बार में लिखते है।

104. (a) MS-Word में किसी वर्ड को Underline करने के लिए Shortcut Key Ctrl + U का प्रयोग किया जाता है।

105. (b) MS Word में document के आरंभ में एक सूची जिसमें अध्यायों के नाम या शीर्षक, पृष्ठ संख्याओं के साथ होते हैं, टेबल ऑफ कंटेन्ट्स कहलाती है।

106. (d) एंटीवायरस एक प्रकार का Software है। जिसके द्वारा Computer में आने वाले वायरस अर्थात् ऐसे Software जो System को हानि पहुँचाते हैं से कम्प्यूटर को बचाया जाता है।

107. (b) पोट्रेट - MS Word में प्रिंटिंग के दौरान पेज ओरिएंटेशन में पोट्रेट option का उपयोग किया जाता है।

108. (c) MS Word 2007 में Shortcut Key Ctrl + = का उपयोग सबस्क्रिप्ट के लिए किया जाता है।

109. (b) Floppy Disk एक Secondary Memory Device है। यह एक portable disk है।

110. (a) यह एक Standard Internet Protocol है जिसका पूरा नाम Transmission Control Protocol/ Internet Protocol है। यह एक कम्यूनिकेशन प्रोटोकॉल है।

111. (b) User जब Computer on करता है। Operating System के प्रारंभ होने की प्रक्रिया Booting कहलाती है।

112. (b) Templates रेडीमेड स्टाइल हैं। जिनका उपयोग के document के लिए किया जाता है।

113. (a) CD-Rom का पूरा नाम Compact Dick Read Only Memory है।

यह ROM का एक प्रकार है एवं यह Primary Memory है।

114. (c) सबसे पहली गणना करने वाली डिवाइस थी Abacus, भारत एवं चीन में आज भी प्राथमिक शिक्षा में इसका उपयोग किया जाता है।

115. (b) MS Word 2007 में यह Option Home रिबन में उपस्थित होता है। अत: ट्रिपल लाइन स्पेसिंग एमएस - वर्ड 2007 में अमान्य है।

116. (c) ई-मेल द्वारा भेजे गए अवांछित संदेशों को Spam कहा जाता है।

117. (b) MS-Word तथा MS Excel 2007 में डिफाल्ट एक्सटेंशन क्रमश: .docx तथा .xlsx का उपयोग किया जाता है।

118. (c) MS Excel में Single स्प्रेडशीट जिसमें पंक्तियाँ तथा स्तम्भ द्वारा बने Cells होते हैं Worksheet कहते हैं।

119. (c) MS Excel में पिछले वर्कशीट में स्थानांतरित करने के लिए Ctrl + Pg Up Shortkey का उपयोग किया जाता है।

120. (a) प्रिंट के पहले पूरे document को देखने के लिए Print Preview Command का उपयोग किया जाता है।

121. (a) एम एस एक्सेल में A से लेकर Z कॉलम के बाद AA, AB, AC, AD ......, AZ सीरीज शुरू हो जाती है। इसके बाद BA, BB, BC .... BZ सीरीज आती है।

122. (b) एक वेबसाइट ट्रान्सिएंट अथवा अस्थायी कुकी होती है अर्थात् वेब साइट को बनाया या हटाया जा सकता है।

123. (b) ई-मेल का पूरा नाम इलेक्ट्रॉनिक मेल होता है। इसमें किसी सूचना को एक व्यक्तिगत पते द्वारा दूसरे व्यक्तिगत पते पर सॉफ्ट कॉपी के रूप में प्रेषित किया जाता है।

124. (c) पेज ब्रेक्स वे विभाजक होते हैं जो एक वर्कशीट को प्रिंटिंग के लिए अलग-अलग पृष्ठों में विभाजित करते हैं।

125. (a) सुपर कम्प्यूटर एक प्रकार का कम्प्यूटर क्लासिफिकेशन है। जबकि विंडोज, एंड्रायड व मैक ऑपरेटिंग सिस्टम के प्रकार है।

126. (a) एम एस एक्सेल में सेव फाइल का एक्सटेंशन .xls है।

127. (c) एम एस वर्ड 2007 में कैरेक्टर्स को "diamond" में सेट करने के लिए "स्ट्राइक थ्रू' का उपयोग किया जाता है।

128. (c) प्राप्त मेल यदि किसी अन्य व्यक्ति को ज्यों-का-त्यों भेजना हो तो, मेल के टूल बार पर उपस्थित "फारवर्ड" को क्लिक करना होता है। इसमें मेल को फारवर्ड करने के पहले उसे सिलेक्ट कर लिया जाता है।

129. (c) 1 मेगाबाइट = 220 बाइट होता है इसका वास्तविक मान 1048576 बाइट के बराबर या लगभग 106 बाइट के बराबर होता है।

130. (a) एम एस एक्सेल का उपयोग गणनाओं आदि के उद्देश्य से किया जाता है। इसके लिए इसके मेनु बार में फार्मूला आइकन बना होता है। इसमें डिफाल्ट रूप में सैकड़ों सूत्र होते हैं।

131. (b) एम एस वर्ड डाक्यूमेंट 2007 में, किसी भाग को कॉपी करने के लिए CTRL + C का उपयोग किया जाता है। इसके लिए कॉपी किये जाने वाले भाग को सिलेक्ट करके कन्ट्रोल और C टेब एक साथ दबाते हैं।

132. (b) एम एस वर्ड में किसी ऑपरेशन को अनडू करने के लिए CTRL + Z शार्टकट कुंजी का उपयोग किया जाता है। जबकि Redu करने के लिए CTRL + Y का उपयोग किया जाता है।

133. (b) वर्ड प्रोसेसर का उपयोग किसी टेक्स्ट को टाइप करने के लिए किया जाता है। इसमें डायग्राम अथवा चित्र नहीं बनाए जा सकते हैं। चित्र एवं डायग्राम बनाने के लिए Paint का उपयोग किया जाता है। जबकि आय-व्यय निकालने के लिए एम एस एक्सेल का उपयोग किया जाता है।

134. (a) एक कम्प्यूटर में मात्र एक ही प्रोसेसर होता है। इसलिए इसे यूनि-प्रोसेसर के नाम से जाना जाता है। (यूनि = One = एक)

135. (c) एक स्टैंडर्ड की-बोर्ड में 2 कंट्रोल कुंजियाँ होती हैं। जो क्रमश: बोर्ड पर सबसे नीचे की कतार में दायें और बायें होती हैं।

136. (d) बैक-स्पेस (Back Space) कुंजी का उपयोग किसी वर्ड अथवा लाइन को हटाने अथवा एडिटिंग करने के लिए किया जाता है।

137. (d) कम्प्यूटर को कोई सूचना अथवा कार्य दिया जाता है जिसे इनपुट कहते हैं। उसके बाद प्रोसेस, आउटपुट और स्टोरेज क्रमश: पद है।

138. (a) TXT एक्टेंशन किसी टेक्स्ट फाइल को संदर्भित करता है। यह एक्स्टेंशन वर्ड फाइल, वर्ड डाक्यूमेंट आदि के लिए उपयोग किये जाते हैं।

139. (b) ओसीआर, कीबोर्ड, MICR माउस, माइक, कैमरा आदि इनपुट डिवाइस हैं। जबकि मॉनिटर, प्रिंटर, स्पीकर आदि आउटपुट डिवाइस हैं।

140. (a) इंटरनेट शब्द का अर्थ है- नेटवर्क्स का नेटवर्क। इसके अंतर्गत हजारों-लाखों वेबसाइट्स, मिलियन पेज तथा अरबों बाइट डाटा पड़ा होता है। यह ई-सूचना का एक माध्यम है।

141. (d) प्रश्नानुसार 1 bit में 4 बायनरी संख्याओं का जोड़ा बनता है।

अत: 8 bit में [(4)2]2 = 256 बायनरी संख्याएँ निर्मित की जा सकती हैं।

142. (b) C++, Java, Basic Net आदि Computer Languages होती हैं जबकि Lotus का Comp. language से कोई संबंध नहीं है।

143. (d) MS Excel में 2007 के वर्जन में SQRT (Square root) वर्गमूल निकालने के लिए एक Maths का function होता है।

144. (a) कम्प्यूटर में Antivirus का Installation इसलिए किया जाता है क्योंकि वायरस आ जाने से उसकी वर्किंग स्पीड एवं डेटा स्टोरेज में Problems आने लगती है जिसके कारण कम्प्यूटर में कई S/W यूज करने में भी बहुत सी समस्याएँ होती हैं।

145. (b) Trojan Horses एक प्रोग्राम होता है, हम जिनका यूज उन Functions को Complete करने के लिए करते हैं जो Unauthorized user के द्वारा नहीं किये जा सकते।

146. (d) Recycle Bin का कार्य, कम्प्यूटर में हम जो भी Data Delete करते हैं वह Recycle Bin में Store होता है। हम उसे पुन: Restore कर सकते है किन्तु शर्त यह है कि वह Recycle Bin में उपस्थित (Save) हो।

147. (d) MS-Excel में जब भी यदि हम Graphical Chart बनाते हैं तो हमें विन्डो पर Symbol Bar या Options Show होते हैं, जिन्हें Leg- ends कहा जाता है।

148. (b) एक विन्डो या Document में वो सेक्शन जो Window के सबसे ऊपर व नीचे Show होते हैं। Header (ऊपर) व Footer (नीचे) कहलाते हैं।

149. (d) इंटरनेट Explorer एक ग्राफिकल Web Browser की Series होती है। Developed by Microsoft and Including in the Microsoft Window line of operating system, which was started in 1995.

150. (b) Output Devices का अर्थ है जो भी निर्देश हम कम्प्यूटर को देते है वह उन निर्देशों का पालन करके उसका Result हमें Output के रूप में देता है। यह Hardware का एक पार्ट होता है जिसे छुआ जा सकता है। यह सूचना के किसी भी प्रकार के Data, Sound आदि को Output Devices (Monitor, Printer Speaker आदि) के द्वारा हम तक पहुँचाता है।

❑❑❑

9 प्रैक्टिस सेट

सामान्य ज्ञान

1. निम्न में से किस राज्य की सीमा बांग्लादेश से नहीं मिलती?
(a) मिजोरम (b) त्रिपुरा
(c) मणिपुर (d) मेघालय

2. भारत के सी.ए.जी. नियंत्रक एवं महालेखा परीक्षक कार्य करते हैं-
(a) नागरिक स्वतंत्रता के संरक्षक के रूप में
(b) लोक वित्त संरक्षक के रूप में
(c) सरकार के मुख्य विधिक सलाहकार के रूप में
(d) उपर्युक्त सभी के संरक्षक के रूप में

3. जिस समिति की अनुशंसा पर देश में पंचायती राज लागू किया गया, उसके प्रमुख थे-
(a) जीवराज मेहता (b) बलवंत राय मेहता
(c) श्री मन्नारायण (d) जगजीवन राम

4. 'सामुदायिक विकास कार्यक्रम' कब लागू किया गया था?
(a) 26 जनवरी, 1950
(b) 15 अगस्त, 1950
(c) 2 अक्टूबर, 1952
(d) 1 जून, 1975

5. निम्न में से किसने 'निकास का सिद्धान्त' का प्रतिपादन किया था?
(a) दादा भाई नौरोजी
(b) गोपाल कृष्ण गोखले
(c) लोकमान्य तिलक
(d) मदन मोहन मालवीय

6. भार के अनुसार पानी (H_2O) में हाइड्रोजन का प्रतिशत है-
(a) 44.45% (b) 5.55%
(c) 88.89% (d) 11.11%

7. लाल रक्त कणिकाएं मुख्यतया बनती हैं-
(a) यकृत में (b) गुर्दे में
(c) हृदय में (d) अस्थि मज्जा में

8. निम्नलिखित का सही क्रम नीचे दिए गए कूट से ज्ञात कीजिए-
1. सी. राजगोपालाचारी योजना
2. वेवेल योजना
3. माउंट बेटन योजना
4. कैबिनेट मिशन योजना
कूट:
(a) 1, 2, 3 एवं 4 (b) 2, 3, 4 एवं 1
(c) 1, 2, 4 एवं 3 (d) 2, 1, 3 एवं 4

9. निम्नलिखित में से किसने असहयोग आन्दोलन के दौरान विदेशी कपड़ों को जलाया जाना एक निष्ठुर बर्बादी बताया था?
(a) रवीन्द्रनाथ टैगोर
(b) मोहम्मद अली जिन्ना
(c) लॉर्ड रीडिंग
(d) मोतीलाल नेहरू

10. काफी संख्या में लोग अमृतसर के जलियांवाला बाग में 13 अप्रैल, 1919 ई. को एकत्रित हुए थे, गिरफ्तारी के विरोध में-
(a) स्वामी श्रद्धानंद और मजरुल हक
(b) मदन मोहन मालवीय और मोहम्मद अली जिन्ना
(c) महात्मा गांधी और अबुल कलाम आजाद
(d) डॉ. सैफुद्दीन किचलू और डॉ. सत्यपाल

11. देव समाज का संस्थापक निम्न में से कौन था?
(a) वल्लभभाई पटेल
(b) दादाभाई नौरोजी
(c) शिवनारायण अग्निहोत्री
(d) रामकृष्ण परमहंस

12. 'प्लानिंग एंड द पुअर' पुस्तक के लेखक हैं-
(a) डी.आर. गाडगिल
(b) वी.एस. मिनहास
(c) चरण सिंह
(d) रुद्र दत्त

13. ''द ऑडेसिटी ऑफ होप'' का लेखक कौन है?
(a) अल गोर (b) बराक ओबामा
(c) हिलेरी क्लिंटन (d) बिल क्लिंटन

14. महाबलिपुरम के रथ मंदिरों का निर्माण किसने कराया था?
(a) नरसिंह वर्मन (b) समुद्र गुप्त
(c) हर्ष (d) पुलकेशिन-II

15. निम्न में से किसे ''दक्षिण गंगोत्री'' के नाम से जाना जाता है?
(a) कावेरी नदी का उद्गम स्थल
(b) वह स्थान जहां से पेरीयार नदी उत्तर की तरफ बहती है
(c) भारत का प्रथम अंटार्कटिक शोध केंद्र
(d) केरल में रॉकेट छोड़ने का केंद्र

16. सूची-I को सूची-II के साथ सही सुमेलित कीजिए और सूचियों के नीचे दिए गए कूट का प्रयोग कर उत्तर चुनिए-

सूची-I (जनजाति)	सूची-II (राज्य)
(A) कुकी	(i) केरल
(B) बक्करवाल	(ii) गुजरात
(C) मोपला	(ii) मणिपुर
(D) डाफर	(iv) जम्मू-कश्मीर

कूट:

	(A)	(B)	(C)	(D)
(a)	(iii)	(i)	(iv)	(ii)
(b)	(ii)	(iv)	(i)	(iii)
(c)	(iii)	(iv)	(i)	(ii)
(d)	(iii)	(ii)	(i)	(iv)

17. नरसिम्हन समिति संबंधित है-
(a) भूमि सुधार से
(b) बैकिंग क्षेत्र में सुधार से
(c) श्रम सुधार से
(d) कृषि सुधार से

18. प्रकाश-संश्लेषण हेतु सर्वाधिक क्रियाशील प्रकाश है-
(a) बैंगनी प्रकाश (b) लाल प्रकाश
(c) नीला प्रकाश (d) हरा प्रकाश

19. वर्ष 2011 की जनगणना के अनुसार साक्षरता दर के संदर्भ में निम्नलिखित राज्यों का सही अवरोही क्रम है-
(a) बिहार, उत्तर प्रदेश, राजस्थान, मध्य प्रदेश
(b) उत्तर प्रदेश, बिहार, मध्य प्रदेश, राजस्थान
(c) राजस्थान, मध्य प्रदेश, बिहार, उत्तर प्रदेश
(d) मध्य प्रदेश, बिहार, राजस्थान, उत्तर प्रदेश

20. निम्नलिखित में से कौन-सा ग्रह सबसे कम समय में सूर्य का चक्कर लगाता है?

(a) प्लूटो (b) बुध
(c) पृथ्वी (d) शनि

21. निम्नलिखित में से कौन-सा पारिस्थितिकी तंत्र पृथ्वी के सर्वाधिक क्षेत्र पर फैला हुआ है?
(a) मरुस्थलीय (b) घास के मैदान
(c) पर्वतीय (d) सामुद्रिक

22. निम्नलिखित में से कौन-सी मिट्टी चाय बागानों के लिए उपयुक्त है?
(a) अम्लीय (b) क्षारीय
(c) जलोढ़ (d) रेगुर

23. निम्नलिखित राज्यों में से किस एक में पेट्रो-रसायन उद्योगों के लिए आदर्श दशाएं पायी जाती हैं?
(a) गुजरात (b) महाराष्ट्र
(c) तमिलनाडु (d) उत्तर प्रदेश

24. इंडियन इंस्टीट्यूट ऑफ नेचुरोपेथी एंड यौगिक साइंस स्थित है-
(a) पुणे में (b) लखनऊ में
(c) हैदराबाद में (d) बंगलुरू में

25. प्रतिवर्ष 13 फरवरी को महिला दिवस मनाया जाता है, स्मृति में-
(a) इंदिरा गांधी की
(b) कमला नेहरू की
(c) सरोजिनी नायडू की
(d) रानी लक्ष्मीबाई की

26. मैग्सेसे पुरस्कार विजेता पहले भारतीय कौन थे?
(a) इन्दिरा गांधी (b) टी.एन. शेषन
(c) किरन बेदी (d) विनोबा भावे

27. निम्नलिखित महाद्वीपों में से किस एक में जनसंख्या वृद्धि की दर न्यूनतम है?
(a) उत्तरी अमेरिका (b) दक्षिणी अमेरिका
(c) ऑस्ट्रेलिया (d) यूरोप

28. 2011 की जनगणना के अनुसार उत्तर प्रदेश की जनसंख्या भारत की जनसंख्या की कितनी प्रतिशत है?
(a) 14.2 (b) 15.5
(c) 16.16 (d) 18.2

29. निम्नलिखित युग्मों में से कौन-सा सही सुमेलित नहीं है?
(a) लाल बहादुर शास्त्री गन्ना विकास संस्थान - मेरठ
(b) पिकप - लखनऊ
(c) राज्य वर्ग विकास एवं विपणन निगम लिमिटेड - आगरा
(d) यू.पी.एफ.सी. (उत्तर प्रदेश वित्तीय निगम) - कानपुर

30. उत्तर प्रदेश में आई.टी. सिटी की स्थापना की जा रही है-
(a) इलाहाबाद में (b) कानपुर में
(c) लखनऊ में (d) वाराणसी में

31. प्लाज्मा झिल्ली किससे बनी होती है ?
(a) प्रोटीन
(b) लिपिड
(c) कार्बोहाइड्रेट
(d) उपर्युक्त में से एक से अधिक

32. भारत में किस दिन राष्ट्रीय किसान दिवस मनाया जाता है ?
(a) 20 दिसंबर (b) 21 दिसंबर
(c) 22 दिसंबर (d) 23 दिसंबर

33. यदि रक्त में ऑक्सीजन की सान्द्रता घटती है, तो साँस लेने की दर-
(a) घटती है
(b) बढ़ती है
(c) में कोई परिवर्तन नहीं होता है
(d) उपर्युक्त में से एक से अधिक

34. 'हंसावली', राजस्थानी साहित्य की एक प्रारम्भिक रचना किसके द्वारा रचित है ?
(a) हेमचन्द्र (b) असाइत
(c) श्रीधर व्यास (d) ईसरदास

35. उत्तर प्रदेश के मेरठ नगर में प्रथम स्वतंत्रता संग्राम का प्रारम्भ कब हुआ ?
(a) 28 मई, 1857
(b) 10 अप्रैल,1857
(c) 17 जून, 1857
(d) 10 मई, 1857

36. लोक नृत्य 'राहुला' का सम्बन्ध उत्तर प्रदेश के निम्नलिखित में से किस एक क्षेत्र से है ?
(a) बुन्देलखण्ड क्षेत्र से
(b) पूर्वी क्षेत्र से
(c) पश्चिमी क्षेत्र से
(d) मध्य क्षेत्र से

37. .... को फ़ारसी में 'रज़्मनामा' के रूप में अनुवादित किया गया था।
(a) अर्थशास्त्र (b) रामायण
(c) महाभारत (d) ऋग्वेद

38. बाबरनामा का चगताई से फारसी में अनुवाद किसने किया था ?
(a) हुमायूं ख्वाजा
(b) रेज़ुद्दीन अताश
(c) अबुल फजल
(d) अब्दुर रहीम खान-ए-खाना

39. उर्दू का प्रथम नाटक 'इंद्रसभा' कब और किसके द्वारा लिखा गया ?
(a) गिरजाघर (1835)
(b) मियां अमानत (1835)
(c) महावत खां (1859)
(d) रोशनलाल (1835)

40. भारत में किस दिन को राष्ट्रीय स्वैच्छिक रक्तदान दिवस के रूप में मनाया जाता है ?
(a) 1 अक्टूबर (b) 10 अक्टूबर
(c) 12 अक्टूबर (d) 29 अक्टूबर

41. सी-यू-की या 'द रिकॉर्ड्स ऑफ द वेस्टर्न वर्ल्ड' किसके द्वारा लिखा गया था-
(a) मार्को पोलो (b) फाह्यान
(c) ह्वेन-त्सांग (d) अब्दुर रज्जाक

42. पहली बार टेस्ट क्रिकेट मैच कब खेला गया था ?
(a) 1877 (b) 1888
(c) 1898 (d) 1900

43. निम्नलिखित को हल कीजिए।

$$8 \div 8 \times \frac{8+8}{8 \div 8 \times 8 + 8} = ?$$

(a) 1 (b) $\frac{1}{128}$
(c) 128 (d) 64

44. एक दुकानदार किसी वस्तु के अंकित मूल्य पर 10% की छूट देता है और फिर भी 20% का लाभ कमाता है। यदि वस्तु का अंकित मूल्य ₹ 1,200 है, तो उसका क्रय मूल्य ज्ञात कीजिए।
(a) ₹ 900 (b) ₹ 950
(c) ₹ 800 (d) ₹ 850

45. तीन संख्याओं का माध्य 32 है। आँकड़ों के इस समूह की परास (range) 28 है, जबकि दो सबसे छोटी संख्याओं का अंतर 8 है। तीनों संख्याओं में से सबसे बड़ी संख्या ज्ञात कीजिए।
(a) 50 (b) 51
(c) 52 (d) 48

46. 8 आदमी, 9 घंटे प्रतिदिन कार्य करके किसी कार्य को 20 दिन में पूरा कर सकते हैं। 7 आदमी, 10 घंटे प्रतिदिन कार्य करके उसी कार्य को कितने दिन में पूरा करेंगे?
(a) $\frac{103}{5}$ दिन (b) $\frac{21}{2}$ दिन
(c) $\frac{144}{7}$ दिन (d) 21 दिन

47. 3 सेमी, 4 सेमी और 5 सेमी भुजाओं वाले तीन छोटे-छोटे घनों को पिघलाकर एक बड़ा घन बनाया जाता है। तीनों छोटे घनों के पृष्ठीय क्षेत्रफलों के योग और बड़े घन के पृष्ठीय क्षेत्रफल का अनुपात ज्ञात कीजिए।

(a) 27 : 64 (b) 18 : 25
(c) 9 : 4 (d) 25 : 18

48. अनुष्का ने एक बैग में चार रबड़, कुछ पेंसिलें और कुछ शार्पनर रखे हैं। शार्पनरों की संख्या, पेंसिलों की संख्या के एक-चौथाई के बराबर है। यदि इन तीनों वस्तुओं की कुल संख्या 49 है, तो उसके पास कितनी पेंसिलें हैं?

(a) 20 (b) 24
(c) 16 (d) 36

49. 20 सेमी लम्बाई, 15 सेमी चौड़ाई और 10 सेमी ऊँचाई का एक बर्तन कितने लीटर पानी समाविष्ट करेगा ?

(a) 3 लीटर (b) 4 लीटर
(c) 5 लीटर (d) 1 लीटर

50. $\frac{3}{8}, \frac{9}{20}$ और $\frac{15}{16}$ का लघुत्तम समापवर्त्य (LCM) ज्ञात कीजिए।

(a) $\frac{16}{9}$ (b) $\frac{3}{4}$
(c) $\frac{45}{4}$ (d) $\frac{9}{16}$

सामान्य हिंदी

निर्देश: (51-55) निम्नलिखित गद्यांश को ध्यानपूर्वक पढ़िए तथा उस पर आधारित प्रश्नों के उत्तर चुनिए:

विधाता रचित इस सृष्टि का सिरमौर मनुष्य। उसकी कारीगरी का सर्वोत्तम नमूना इस मानव को ब्रह्माण्ड का लघु रूप मानकर भारतीय दार्शनिकों ने 'यत् पिण्डे तत् ब्रह्माण्डे की कल्पना की थी। उनकी यह कल्पना मात्र कल्पना नहीं थी, प्रत्युत यथार्थ भी थी क्योंकि मानव मन में जो विचारणा के रूप में घटित होता है, उसी का कृति रूप ही तो सृष्टि है। मन तो मन, मानव का शरीर भी अप्रतिम है। देखने में इससे भव्य, आकर्षक एवं लावण्यमय रूप सृष्टि से अन्यत्र कहाँ है ? अद्भुत एवं अद्वितीय है मानव-सौन्दर्य ! साहित्यकारों ने इसके रूप-सौन्दर्य के वर्णन के लिए कितने ही अप्रस्तुतों का विधान किया है और इस सौन्दर्य राशि से सभी को आप्यायित करने के लिए अनेक काव्य सृष्टियाँ रच डाली हैं।

साहित्यशास्त्रियों ने भी इसी मानव की भावनाओं का विवेचन करते हुए अनेक रसों का निरूपण किया है। परन्तु वैज्ञानिक दृष्टि से विचार किया जाए तो मानव शरीर को एक जटिल यन्त्र से उपमित किया जा सकता है। जिस प्रकार यन्त्र के एक पुर्जे में दोष आ जाने पर सारा यन्त्र गड़बड़ा जाता है, बेकार हो जाता है उसी प्रकार मानव शरीर के विभिन्न अवयवों में से यदि कोई एक अवयव भी बिगड़ जाता है तो उसका प्रभाव सारे शरीर पर पड़ता है। इतना ही नहीं, गुर्दे जैसे कोमल एवं नाजुक हिस्से के खराब हो जाने से यह गतिशील वपुयन्त्र एकाएक अवरुद्ध हो सकता है, व्यक्ति की मृत्यु हो सकती है। एक अंग के विकृत होने पर सारा शरीर दण्डित हो, वह कालकवलित हो जाए यह विचारणीय है।

यदि किसी यन्त्र के पुर्जे को बदलकर उसके स्थान पर नया पुर्जा लगाकर यन्त्र को पूर्ववत सुचारु एवं व्यवस्थित रूप से क्रियाशील बनाया जा सकता है तो शरीर के विकृत अंग के स्थान पर नव्य निरामय अंग लगाकर शरीर को स्वस्थ एवं सामान्य क्यों नहीं बनाया जा सकता ? शल्य-चिकित्सकों ने इस दायित्वपूर्ण चुनौती को स्वीकार किया तथा निरन्तर अध्यवसाय पूर्णसाधना के अनन्तर अंग-प्रत्यारोपण के क्षेत्र में सफलता प्राप्त की। अंग-प्रत्यारोपण का उद्देश्य है कि मनुष्य दीर्घायु प्राप्त कर सके। यहाँ यह ध्यातव्य है कि मानव शरीर हर किसी के अंग को उसी प्रकार स्वीकार नहीं करता, जिस प्रकार हर किसी का रक्त उसे स्वीकार्य नहीं होता। रोगी को रक्त देने से पूर्व रक्त वर्ग का परीक्षण अत्यावश्यक है, तो अंग-प्रत्यारोपण से पूर्व ऊतक परीक्षण अनिवार्य है। आज का शल्य-चिकित्सक गुर्दे, यकृत, आँत, फेफड़े और हृदय का प्रत्यारोपण सफलतापूर्वक कर रहा है। साधन-सम्पन्न चिकित्सालयों में मस्तिष्क के अतिरिक्त शरीर के प्रायः सभी अंगों का प्रत्यारोपण सम्भव हो गया है

51. मानव को सृष्टि का लघु रूप माना गया है क्योंकि-

(a) मानव-मन में जो घटित होता है, वही सृष्टि में घटित होता है।
(b) मानव सृष्टि का सिरमौर है।
(c) मन की शक्ति अपराजेय है।
(d) लघु मानव ही विधाता की सच्ची सृष्टि है।

52. वैज्ञानिक दृष्टि का अपेक्षाकृत अभाव होता है-

(a) साहित्यकार में
(b) साहित्यशास्त्री में
(c) शल्य-चिकित्सक में
(d) वैज्ञानिक में

53. मानव शरीर को यन्त्रवत् कहा गया है क्योंकि-

(a) मानव शरीर दृढ़ माँसपेशियों और अवयवों से निर्मित है।
(b) मानव शरीर यन्त्र की भाँति लावण्यमय होता है।
(c) अवयव रूपी पुर्जों के विकृत होने से शरीर यन्त्रवत् निष्क्रिय हो जाता है।
(d) मानव शरीर विधाता की सृष्टि की अनुपम कृति है।

54. शल्य चिकित्सकों द्वारा स्वीकार की गई दायित्वपूर्ण चुनौती थी-

(a) जीर्ण शरीर के स्थान पर स्वस्थ शरीर देना
(b) मानव शरीर को मृत्यु से बचाना
(c) अंग-प्रत्यारोपण द्वारा शरीर को सामान्य बनाना
(d) शल्य-चिकित्सा का महत्त्व स्थापित करना

55. अनुच्छेद में प्रयुक्त 'निरामय' शब्द का पर्याय है-

(a) सुन्दर (b) स्वस्थ
(c) अद्भुत (d) नवीन

निर्देश: (56-60) निम्नलिखित गद्यांश को ध्यानपूर्वक पढ़िए तथा उस पर आधारित प्रश्नों के उत्तर चुनिए:

धरातल से युद्ध की विभीषिकाओं को सदा-सदा के लिए समाप्त करने के लिए गाँधीजी ने विश्व को अहिंसा रूपी अस्त्र प्रदान किया। गाँधी जी कहा करते थे कि प्रेम और अहिंसा के द्वारा विश्व के कठोर से कठोर हृदय को भी कोमल बनाया जा सकता है। उन्होंने इस सिद्धान्तों का परीक्षण भी किया और वे 'नितान्त' सफल सिद्ध हुए। हिंसा से हिंसा बढ़ती है, 'घृणा, घृणा', को जन्म देती है और प्रेम से प्रेम की अभिवृद्धि होती है। अतः यह निश्चित है कि बिना प्रेम और अहिंसा के विश्व में शान्ति स्थापित नहीं हो सकती। शान्ति के अभाव में मानव जाति का विकास सम्भव नहीं। प्रत्येक राष्ट्र का स्वर्णिम-वही कहा जाता है, जबकि वहाँ पूर्ण शांति और सुख रहा हो तथा उत्तमोत्तम रचनात्मक कार्य किए जाते हों। भौतिक दृष्टि से व्यापार और कृषि की उन्नति भी शांतिकाल में ही सम्भव होती हैं, अतः हम यदि विश्व का कल्याण चाहते हैं तो हमें युद्ध का बहिष्कार करना ही होगा। अहिंसा और प्रेम की भावना से विश्व में शान्ति स्थापित करनी होगी, तभी विश्व में सुखमय एवं शांतिमय राज्य की स्थापना सम्भव होगी।

56. विश्व में शांति क्यों आवश्यक है ?

(a) मानव जाति के विकास के लिए
(b) उत्तमोत्तम रचनात्मक कार्य के लिए
(c) व्यापार और कृषि की उन्नति के लिए
(d) कठोर से कठोर हृदय को भी कोमल बनाने के लिए

57. विश्व शांति की स्थापना के लिए सबसे आवश्यक है-

(a) हिंसा और भय
(b) अहिंसा और प्रेम
(c) आत्मीयता और समीपता
(d) परिश्रम और ज्ञान

58. कठोर से कठोर हृदय को भी कोमल बनाया जा सकता है-

(a) सत्य पालन द्वारा
(b) मौन पालन द्वारा
(c) अहिंसा द्वारा
(d) भय द्वारा

59. किसी भी राष्ट्र के स्वर्णिम युग के प्रमुख तत्त्व हैं-
(a) धन और वैभव
(b) धन और सम्मान
(c) आध्यात्म और उपासना
(d) शान्ति, सुख और रचनात्मक कार्य

60. 'नितान्त' शब्द का उपयुक्त पर्याय है-
(a) भलीभाँति (b) बिल्कुल
(c) विधिवत् (d) निम्न

61. तदर्थ का अंग्रेजी समानार्थी शब्द हो सकता है-
(a) painstaking (b) Ad hoc
(c) thorough (d) meticulous

62. यथा संशोधित का अंग्रेजी रूपांतरण है।
(a) As recommended
(b) As a result
(c) As amended
(d) as a rule

63. दैनिक हिन्दुस्तान में संवाददाता के पद के लिए किसे आवेदन-पत्र लिखेंगे?
(a) कार्यकारी महोदय
(b) प्रचारक महोदय
(c) संपादक महोदय
(d) अधिकारी महोदय

64. बस स्टैण्ड के पास आवारा लड़कों के व्यवहार को बताते हुए तथा उनके खिलाफ छेड़खानी के विरुद्ध एफआईआर दर्ज करवाने के लिए किसे आवेदन-पत्र लिखेंगे?
(a) थानाध्यक्ष महोदय
(b) संस्थापक महोदय
(c) बस स्टैंड अधिकारी
(d) अधिकारी महोदय

65. औपचारिक पत्र में इनमें से कौन-सा विकल्प नहीं होगा?
(a) विषय (b) पता
(c) अभिवादन (d) दिनांक

66. व्यवसाय संबंधी पत्र में संबोधन क्या होगा?
(a) आदरणीय (b) महोदय
(c) परमपूज्य (d) प्रिय

67. 'नैसर्गिक का विपरीतार्थक शब्द है-
(a) अनुर्वर (b) आविर्भाव
(c) प्राकृत (d) कृत्रिम

68. एक की वर्तनी शुद्ध है-
(a) अधिकारिक (b) आधिकारिक
(c) अधिकारक (d) अधीकारिक

69. 'वह कवि जो तत्काल कविता करे', के लिए एक शब्द है-'
(a) सुकवि (b) रससिद्ध कवि
(c) महाकवि (d) आशुकवि

70. इनमें से 'वसुधा' का पर्यायवाची शब्द है-
(a) विपुला (b) शर्वरी
(c) धेनुका (d) पयस्विनी

71. 'आधा तीतर आधा बटेर' लोकोक्ति का क्या अर्थ है?
(a) बेमेल चीजों का सम्मिश्रण
(b) संकर चिड़िया
(c) अनुपम वस्तु
(d) समान कार्यों का मिश्रण

72. निम्नलिखित में से किस मुहावरे का अर्थ 'शर्मिंदा होना' नहीं है?
(a) पानी-पानी होना
(b) अपना-सा मुँह लेकर रह जाना
(c) टका-सा मुँह लेकर रहना
(d) मुँह में पानी आना

73. 'चन्द्रहास' का पर्यायवाची शब्द है-
(a) तीर (b) तलवार
(c) भाला (d) धनुष-बाण

74. इनमें से कौन-सा शब्द 'कनक' का समानार्थी नहीं है?
(a) सोना (b) मक्का
(c) धतूरा (d) गेहूँ

75. निम्नलिखित में से कौन-सा शब्द 'पहाड़' का पर्यायवाची नहीं है?
(a) अचल (b) अचला
(c) गिरि (d) अद्रि

76. 'सब कुछ जानने वाले' के लिए एक शब्द है-
(a) ज्ञानी (b) महाज्ञानी
(c) सर्वज्ञ (d) जानकार

77. इनमें से 'प्रथम' का उपयुक्त विपरीतार्थक शब्द होगा-
(a) प्रधान (b) गौण
(c) अंतिम (d) प्रत्यक्ष

78. निम्नलिखित में एक वाक्य जो शुद्ध है, वह है-
(a) उसने मुक्तकण्ठ से बड़ाई की।
(b) उसने मुक्तहस्त धन लुटाया।
(c) समस्त प्राणिमात्र का कल्याण करो।
(d) आपकी आयु चालीस वर्ष है।

79. 'उत्तराधिकार में प्राप्त सम्पत्ति'- इन अनेक शब्दों के लिए एक शब्द है-
(a) धरोहर (b) उत्तराधिकृत
(c) रिक्थ (d) परिसम्पत्ति

80. 'चोर' का पर्यायवाची शब्द है-
(a) खनक (b) उदक
(c) धूसर (d) थलचर

81. निम्न में वर्तनी की दृष्टि से शुद्ध शब्द है-
(a) पुज्य (b) परिक्षण
(c) प्रान (d) परीक्षा

82. निम्नलिखित में से एक वर्तनी शुद्ध है-
(a) नुपूर (b) स्मर्ण
(c) कवयित्री (d) परिस्थिती

83. 'भौतिक' का विलोम शब्द है-
(a) आध्यात्मिक (b) दार्शनिक
(c) सांस्कृतिक (d) राजनीतिक

84. 'प्राची' शब्द का विपरीतार्थक है-
(a) उदीची (b) प्रतीची
(c) नवीन (d) समीची

85. 'समष्टि' का विलोम शब्द है-
(a) विशिष्ट (b) व्यष्टि
(c) अशिष्ट (d) अपुष्टि

86. निम्नलिखित में से विलोम शब्दों की दृष्टि से एक युग्म गलत है, वह है-
(a) विधि-निषेध (b) आह्वान-विसर्जन
(c) आग्रह-विग्रह (d) अमिय-हलाहल

87. विलोम शब्द की दृष्टि से इनमें से सही युग्म है-
(a) आकीर्ण-विकीर्ण (b) ईप्सित-अभीप्सित
(c) आदृत-निरादृत (d) दोष-सदोष

88. शुद्ध वर्तनी वाले शब्द का चयन करें।
(a) दैदीप्यमान (b) देदीपमान
(c) दैदीपमान (d) देदीप्यमान

89. निम्नलिखित में से अशुद्ध वर्तनी वाला शब्द है-
(a) कौतूहल (b) अनधिकार
(c) निरपेक्ष (d) पौराणीक

90. निम्नलिखित वाक्यों में शुद्ध वाक्य है-
(a) मुझसे यह काम सम्भव नहीं हो सकता।
(b) वह बिल्कुल भी बात नहीं करना चाहता।
(c) यह कविता अनेक भाव प्रकट करती है।
(d) इन दोनों में केवल यही अन्तर है।

91. निम्नलिखित में से एक वाक्य शुद्ध है, वह है-
(a) इसके बावजूद भी हमसे हिन्दी लिखने में बहुत भूल हो जाती है।
(b) इसके बावजूद भी हमसे हिन्दी लिखने में बहुत भूलें हो जाती है।
(c) इसके बावजूद भी हम लोगों से हिन्दी लिखने में बहुत भूल हो जाती है।
(d) इसके बावजूद हम लोगों से हिन्दी लिखने में बहुत भूलें हो जाती हैं।

92. अशुद्ध वाक्य का चयन कीजिए।
(a) पुलिस द्वारा डाकुओं का पीछा किया गया।
(b) देश की वर्तमान मौजूदा हालात ठीक नहीं है।
(c) मैं पुस्तकालय में नित्य समय पर पहुँचता हूँ।
(d) तुम चिन्ता न करो, मैं कोई न कोई रास्ता निकालूँगा।

93. 'परंपरा से चली आ रही बात' के लिए प्रयुक्त होने वाला शब्द है-

(a) प्रतिश्रुति (b) व्याजस्तुति
(c) अनुलोम (d) अनुश्रुति

94. 'जिसके पास कुछ न हो' वाक्यांश के लिए एक शब्द है-

(a) अक्षम (b) अकिंचन
(c) अज्ञ (d) असमर्थ

95. 'स्वेद से उत्पन्न होने वाला' वाक्यांश के लिए एक शब्द है-

(a) स्वेदज (b) अण्डज
(c) पिण्डज (d) उभयज

96. 'अपरिणीत' शब्द निम्नलिखित में से किस वाक्यांश के लिए प्रयुक्त होता है ?

(a) जिसका परिणाम न निकलता हो।
(b) जिसका विवाह न हुआ हो।
(c) जिसका विवाह हो चुका हो।
(d) जो देखने में प्रीतिकर न हो।

97. निम्नलिखित में से किस वाक्यांश के लिए 'दुर्निवार' शब्द प्रयुक्त होता है ?

(a) जिसे दूर करना कठिन हो।
(b) जिसपर वार करना कठिन हो।
(c) जिसे देख पाना कठिन हो।
(d) जिसे जीत पाना कठिन हो।

98. 'अनियमित' के लिए उचित वाक्यांश चुनें।

(a) जिस पर कोई नियंत्रण न हो
(b) जो नियमानुकूल न हो
(c) जिसके संबंध में कोई निर्णय न हुआ हो
(d) जिसका निवारण न हो सकता हो

99. जो स्त्री सूर्य भी न देख सके वाक्यांश के लिए एक शब्द है.

(a) शास्त्रज्ञा (b) असूर्यम्पश्या
(c) स्त्रैण (d) दुर्निवार

100. 'कुछ खास शर्तों पर किसी कार्य को करने का समझौता' के लिए एक शब्द है।

(a) कर्मठता (b) बेलदारी
(c) ठेकेदारी (d) संविदा

कंप्यूटर ज्ञान

101. एमएस एक्सेल 2007 में, आप संख्याओं की सीरिज जोड़ने के लिए किस बटन पर क्लिक करेंगे ?

(a) ऑटोसम बटन
(b) इंसर्ट बटन
(b) क्विक टोटल बटन
(d) टोटल बटन

102. एमएस वर्ड 2007 में, पेज लेआउट मेनू में निम्न में से कौन-सी कमांड उपलब्ध नहीं होती है ?

(a) जूम (b) पेज सेटअप
(b) पेज बैकग्राउंड (d) पैराग्राफ

103. मैग्नेटिक स्टोरेज डिवाइस का एक उदाहरण है-

(a) ओएमआर
(b) सीडी - रोम डिस्क
(c) हार्ड डिस्क
(d) मेमोरी स्ट्रिप

104. एक कम्प्यूटर के तीन मुख्य अवयव निम्न होते हैं-

(a) सीपीयू, मेमोरी, टेप
(b) आई/ ओ, प्रिंटर, माउस
(c) टेप, मेमोरी, फ्लॉपी डिस्क
(d) सीपीयू, आई/ओ, मेमोरी

105. हेल्प (सहायता) खोलने के लिए किस फ़ंक्शन कुंजी(की) का उपयोग किया जाता है ?

(a) F1 (b) F2
(c) F4 (d) F3

106. वीजीए का पूर्ण रूप है-

(a) वीडियो ग्राफिक्स ऐरे
(b) वर्चुअल ग्राफिक्स ऐक्सेस
(c) विजुअल ग्राफिक्स एडाप्टर
(d) वोलाटाइल ग्राफिक्स एडॉप्टर

107. निम्न में से कौन-सा एक ईमेल सिस्टम नहीं है ?

(a) www.google.com
(b) www.hotmail.com
(b) www.outlook.com
(d) www.yahoomail.com

108. जबकि mail system में संदेशों का आदान-प्रदान होता है। निम्नलिखित में से किसमें सबसे ज्यादा संचयन किया जा सकता है ?

(a) मेगाबाइट (b) टेराबाइट
(c) गिगाबाइट (d) किलोबाइट

109. एमएस एक्सेल का उपयोग निम्न के लिए किया जाता है-

(a) डॉक्यूमेंट्स
(b) स्प्रेडशीट्स
(c) प्रस्तुतिकरण
(d) सेंडिंग मैसेज

110. निम्नलिखित में कौन-सी शॉर्टकट की सिलेक्ट किए गए टेक्स्ट को अंडरलाइन करने के लिए इस्तेमाल की जाती है ?

(a) Ctrl+Shift+U
(b) Ctrl + U
(c) Ctrl + Shift + D
(d) Ctrl + D

111. वह कोड .... है जो इनपुट के कुछ विशिष्ट क्रम को चिन्हित करता है या घटनाओं के असंभाव्य अनुक्रम के द्वारा निश्चित यूजर आईडी से संचालित किया जा रहा होता है।

(a) ट्रैप डोर्स (b) लॉजिक बॉम्बे
(c) ट्रोजन हॉर्स (d) वायरस

112. वह कम्प्यूटर यूनिट जिसका उपयोग जोड़ने, घटाने, गुणा तथा भाग गणितीय संक्रियाएँ करने के लिए किया जाता है, निम्न कहलाती है-

(a) अर्थमेटिक एवं लॉजिक यूनिट
(c) कंट्रोल यूनिट
(b) प्राइमरी मेमोरी
(d) सेकंडरी मोमोरी

113. एमएस एक्सेल में, एक .... को ऊपर - बाएँ कोने में सेल के द्वारा तथा नीचे - दाएं कोने में सेल द्वारा चिन्हित किया जाता है जिन्हें एक कोलन द्वारा अलग किया जाता है।

(a) वर्क शीट (b) सेल रेफरेंस
(c) मान (d) रेंज

114. निम्नलिखित में से कौन-सी शॉर्टकट की एक नया डॉक्यूमेंट खोलती है ?

(a) Ctrl+N (b) Ctrl+C
(c) Ctrl + S (d) Ctrl+F

115. आईपी का पूर्ण रूप है-

(a) इनफॉर्मेशन प्रोटोकॉल
(b) असेम्बली लैंग्वेज
(c) इंटरनेट प्रोटोकॉल
(d) मशीन लैंग्वेज

116. लो लेवल लैंग्वेज को इस नाम से भी जाना जाता है-

(a) सोर्स कोड (c) मिडिल वेयर
(b) असेम्बली लैंग्वेज (d) मशीन लैंग्वेज

117. निम्नलिखित में से क्या 'टाइटिल केस' का एक उदाहरण है ?

(a) Dear Sir (b) Dear sir
(c) dear Sir (d) dear sir

118. एक्सेल में 'D2' जैसे एक अल्फा न्यूमेरिक संयोजक का अर्थ निम्न होता है-

(a) वर्कबुक एड्रेस (b) सेल एड्रेस
(c) वर्कशीट एड्रेस (d) फाइल का नाम

119. सीपीयू इनसे बना होता है-

(a) एएलयू + सीयू
(b) रॉम + एएलयू
(c) रैम + रॉम
(d) इनमें से कोई नहीं

120. एक्सेल फाइल, एक वर्क बुक कहलाती है, क्योंकि-
(a) इसमें टेक्स्ट और डाटा हो सकता है।
(b) इसे परिवर्तित किया जा सकता है।
(c) इसमें वर्कशीट तथा चार्ट शीट सहित अनेक शीट हो सकती है।
(d) इसे बनाने के लिए बहुत परिश्रम करना पड़ता है।

121. आप कम्प्यूटर ऑन करने और विडोज में लॉग ऑन करने पर कौन-सा स्क्रीन एरिया देखते है?
(a) हार्ड डिस्क (b) डेस्कटॉप
(c) मॉनिटर (d) स्टार्ट मेनू

122. एमएस वर्ड का वैध फॉर्मेट है-
(a) jpeg (b) Png
(c) doc (d) exe

123. ई-मेल भेजते समय...... लाइन, संदेश की सामग्री के विषय में अवगत कराता है।
(a) टू (b) कन्टेट
(c) सीसी (d) सब्जेक्ट

124. 1024 जीबी इसके बराबर होता है-
(a) 1TB (b) 1PB
(c) 1GB (d) 1MB

125. सिलेक्ट की गई सेल्स से एमएस एक्सेल 2007 में एक चार्ट बनाने के लिए किस की- बोर्ड शॉर्टकट (दबाई जाने वाली बटन या बटनें) का उपयोग किया जाता है?
(a) F5 (b) F2
(c) F11 (d) F7

126. जब आप इस सेवा से जुड़ते हैं, तो आपका कम्प्यूटर आपके इंटरनेट सर्विस आपके इंटरनेट सर्विस प्रोवाइड (ISP) पर एक सर्वर के साथ कम्यूनिकेट करता है। यह किसे संदर्भित करता है?
(a) मॉडम (b) इंट्रानेट
(c) इंटरनेट (d) सर्वर

127. पीडीसी का पूर्ण रूप है-
(a) पास्ट डोमेन कंट्रोलर
(b) पोस्ट डिजिटल कार्ड
(c) प्राइमरी डोमेन कंट्रोलर
(d) प्राइमरी डोमेन कार्ड

128. क्या होता है जब आप एमएस एक्सेल में एक कॉलम का चयन करते है और CTRL, SHIFT और Plus (+) को एक साथ दबाते है?
(a) टास्क मैनेजर विंडो खुलती है।
(b) चयनित कॉलम के सभी संख्यात्मक मानों का योग हो जाता है।
(c) चयनित कॉलम से पहले एक नया कॉलम जुड़ जाता है।
(d) एक नई वर्कशीट, एक नई वर्क बुक में जुड़ जाती है।

129. निम्नलिखित में से एक स्टोरेज डिवाइस कौन-सी है?
(a) सिर्फ पेन ड्राइव (b) सिर्फ सीडी
(c) सिर्फ हार्ड डिस्क (d) उपरोक्त सभी

130. निम्नलिखित में से कौन-सा एक सर्च इंजन नहीं है?
(a) बिंग (b) आस्क
(c) याहू (d) सफारी

131. निम्न में से कौन-सा विकल्प, एमएस एक्सेल में बॉर्डर को हटा सकता है?
(a) एंटर दबाना
(b) नो बॉर्डर का चयन करना
(c) फॉर्मुला का उपयोग
(d) एक्सेल में संभव नहीं है

132. कम्प्यूटर का मस्तिष्क होता है-
(a) सीपीयू (b) जीपीयू
(c) एमपीयू (d) रैम

133. एक कम्प्यूटर, वायरस से कैसे संक्रमित हो जाता है?
(a) जब एक फॉयरवॉल उपस्थित होता है।
(b) जब एंटीवायरस सॉफ्टवेयर एक्टिव होता है।
(c) जब इंटरनेट से अज्ञात सॉफ्टवेयर डाउनलोड किया जाता है।
(d) जब लोकल कम्प्यूटर में एमएस ऑफिस सॉफ्टवेयर पर कार्य किया जाता है।

134. कम्प्यूटर्स के लिए मॉनीटर को जोड़ने के लिए एनॉलॉग स्टैंडर्ड .... हैं।
(a) वीडियो ग्राफिक्स ऐरे (वीजीए) पोर्ट
(b) यूनिवर्सल सीरियल बस (यूएसबी) पोर्ट
(c) इंटरनेट पोर्ट
(d) फॉयरवॉयर पोर्ट

135. एमएस एक्सेल में .... को 1 से क्रमांक दिया जाता है तथा....... को A से क्रमांक दिया जाता है।
(a) कॉलम रो, (b) रो, स्लाइड
(c) स्लाइड्स रो, (d) रो, कॉलम

136. एमएस एक्सेल में, रो D10 और D15 से, कॉलम D में न्यूमेरिक वैल्यू को जोड़ने के लिए, इस फॉर्मूला का उपयोग किया जाना चाहिए।
(a) SUM (D 10, D15)
(b) COUNT (D10, D11, D12, D13, D14, D15)
(c) SUM (D10D 15)
(d) COUNT (D10, D15)

137. क्या एक ई-मेल का प्रिंट लिया जा सकता है?
(a) हां, यह संभव है।
(b) नहीं, यह संभव नहीं है।
(c) प्रिंट ऑप्शन उपलब्ध नहीं है।
(d) उपरोक्त में से कोई नहीं

138. कम्प्यूटिंग शब्दावली में आईएसपी का पूर्ण रूप है?
(a) इंटरनेट सिस्टम प्रोग्रामिंग
(b) इंटरनेट सर्विस प्रोवाइडर
(c) इंटरनेट सेशन प्लान
(d) इंटरनेट सेशन प्रोग्रामिंग

139. कम्प्यूटर द्वारा इस्तेमाल किए जाने वाले प्रोग्राम तथा डेटा कहाँ उपलब्ध रहते हैं?
(a) आउटपुट (b) स्टोरेज
(c) इनपुट (d) प्रोसेसिंग यूनिट

140. एमएस एक्सेल 2007 में निम्न में से कौन-सी फंक्शन कुंजी स्पेलिंग को एक्टिवेट करती है?
(a) F5 (b) F9
(c) F7 (d) Shift + F

141. डिफॉल्ट रूप से, एक्सेल तीन वर्कशीट प्रदान करता है। अगर आपको उनमें से मात्र दो की आवश्यकता है, तो आप तीसरे को किस प्रकार डिलीट करेंगे?
(a) तीसरी शीट को डिलीट करने के लिए शीट टैब पर राइट क्लिक करें और संदर्भित मेनू से डिलीट का चयन करें।
(b) शीट पर क्लिक करें और व्यू मेनू से डिलीट का चयन करें।
(c) तीसरी शीट के शीट टैब पर लेफ्ट क्लिक करें और संदर्भित मेनू से डिलीट का चयन करें।
(d) उपरोक्त में से कोई नहीं

142. एक प्रोग्राम या फाइल का एक लघु ग्राफिकल प्रतिरूप है।
(a) इमेज (b) बटन
(c) लिंक (d) आइकॉन

143. एमएस वर्ड 2007 डॉक्यूमेंट को ..... तक अधिकतम जूम किया जा सकता है।
(a) 150% (b) 400%
(c) 100% (d) 500%

144. माइक्रोसॉफ्ट ऑफिस एक ..... है।
(a) शेयरवेयर
(b) पब्लिक - डोमेन सॉफ्टवेयर
(c) ओपेन सोर्स सॉफ्टवेयर
(d) एप्लीकेशन सूट

145. विश्व का पहला सिंगल चिप माइक्रोप्रोसेसर है।
(a) इन्टेल 8086 (b) इन्टेल 8008
(c) इन्टेल 8080 (d) इन्टेल 4004

146. .... स्वतंत्र कम्प्यूटर का एक समूह है जा एक-दूसरे से कम्युनिकेशन मीडिया के माध्यम से जुड़े होते हैं।

(a) इंटरनेट
(b) सर्वर
(c) ई-मेल
(d) नेटवर्क

147. एमएस वर्ड 2007 में निम्नलिखित में से कौन जानकारी को कट नहीं करेगा ?

(a) Ctrl + C दबाना
(b) Ctrl + x दबाना
(c) राइट क्लिक करना और कट ऑप्शन को सिलेक्ट करना
(d) कट विकल्प को क्लिपबोर्ड ग्रुप से चयन करना

148. निम्न में से क्या एक कम्प्यूटर का मूल कार्य नहीं है ?

(a) टेक्स्ट कॉपी करना
(b) डाटा प्रोसेस करना
(c) इनपुट स्वीकार करना
(d) डाटा स्टोर करना

149. 'जेपीजी' एक्सटेंशन सामान्य रूप से किस प्रकार की फाइल को संदर्भित करता है ?

(a) सिस्टम फाइल
(b) एमएस एन्कार्टा
(c) एनिमेशन या मूवी फाइल
(d) इमेज फाइल

150. विण्डोज 98, एक .... है।

(a) ऑपरेटिंग सिस्टम
(b) प्रोसेसिंग सिस्टम
(c) ग्राफिक सिस्टम
(d) ड्रॉइंग सिस्टम

व्याख्या सहित उत्तर

1. (c) बांग्लादेश भारत का पूर्वी पड़ोसी देश है जो तीन ओर से भारत से घिरा है और दक्षिण में बंगाल की खाड़ी को स्पर्श करता है। बांग्लादेश डेल्टाई प्रदेश है जो विश्व के सबसे बड़े डेल्टा (गंगा ब्रह्म पुत्र डेल्टा) पर स्थित है। यहां धान (खाद्यान्न) व जूट (नकदी फसल) पैदा होती है। यही कारण है कि इस देश को 'सोनार वाला' कहा जाता है। भारत के प. बंगाल, असम, मेघालय, त्रिपुरा, मिजोरम इस देश के पड़ोसी सीमावर्ती राज्य हैं।

2. (b) भारत में स्वतंत्र लेखा परीक्षा का कार्य नियंत्रक महालेखा परीक्षक को सौंपा गया है। संविधान के भाग 5 के अनुच्छेद 148-151 में इसका वर्णन है। यह सार्वजनिक धन का संरक्षक तथा भारत की लेखा परीक्षा तथा लेखा प्रणालियों का निष्पक्ष प्रधान होता है, उसे राष्ट्रीय वित्त का संरक्षक कहा जाता है।

3. (b) 'सामुदायिक विकास कार्यक्रम' व 'राष्ट्रीय प्रचार सेवा, की विफलता के बाद बलवंत राय मेहता की अध्यक्षता में 1957 में एक समिति का गठन किया गया। इस समिति ने अपनी रिपोर्ट लगभग एक वर्ष में केंद्र सरकार को सौंपी। इस समिति की सिफारिश के आधार पर पं. नेहरू जी ने 2 अक्टबर, 1959 को राजस्थान के नागौर जिले में 'प्रजातांत्रिक विकेंद्रीकरण की योजना का श्रीगणेश किया जिसे पंचायती राज कहा गया।

4. (c) **5.** (a)

6. (d) जल में हाइड्रोजन एवं आक्सीजन के अणुभार का अनुपात= $H_2O = H : O$

$= 2 : 16$

$= 1 : 8$

इसलिए जल में हाइड्रोजन का प्रतिशत अंश= 1/9× = 1/9

अथवा = 11.11%

7. (d) जब तक मनुष्य जीवित रहता है, उसकी रक्त कोशिकाएं परिपक्व और नष्ट होती रहती है तथा पुन: नई कोशिकाएं जन्म लेती रहती हैं। लाल रक्त कोशिकाएं सामान्यत: चार महीने तक जीवित रहती है। लाल रक्त कोशिकाओं का निर्माण अस्थिमज्जा, लसीका ग्रंथियों और प्लीहा में होता है।

8. (a) घोषणाओं का क्रम इस प्रकार है-

1. सी. राजगोपालाचारी योजना	सन् 1944 ई.
2. वेवेल योजना	सन् 1945 ई.
3. कैबिनेट मिशन योजना	सन् 1946 ई.
4. माउण्टबेटन योजना	सन् 1947 ई.

9. (a) रवीन्द्रनाथ टैगोर ने प्रारम्भ में असहयोग एवं बहिष्कार की नीति का समर्थन किया था, परन्तु बाद में वे गांधीजी के असहयोग एवं बहिष्कार आन्दोलन के आलोचक बन गए थे। विदेशी वस्त्रों के संदर्भ में रवीन्द्रनाथ टैगोर का मानना था, कि विदेशी वस्त्रों में बहिष्कार की आग प्रत्येक विदेशी वस्तु एवं विचार के बहिष्कार तक फैल सकती है। ऐसी असहिष्णुता भारत के साथ अन्य देशों के सम्बन्धों तथा पूर्व-पश्चिम की संस्कृतियों के मिलन में बाधक बन सकती है।

10. (d) डॉ. सैफुद्दीन किचलू और डॉ. सत्यपाल की गिरफ्तारी का विरोध करने के लिए 13 अप्रैल, 1919 ई. को वैशाखी के दिन अमृतसर के जलियांवाला बाग में एक सभा हुई, जिस पर जनरल डायर ने बिना कोई चेतावनी दिए गोलियां चलवा दी थीं, जिसमें लगभग एक हजार लोग मारे गए तथा तीन हजार घायल हुए थे। जलियांवाला बाग हत्याकाण्ड के समय पंजाब का लेफ्टिनेन्ट गवर्नर माइकल ओ. डायर था, इसने जनरल डायर की इस कार्यवाही का समर्थन किया था। इस घटना के विरोध में रवीन्द्रनाथ टैगोर ने अपनी सर की उपाधि वापस कर दी थी। भारतीय सदस्य शंकरन ने इस हत्याकाण्ड के विरोध में वायसराय की कर्मकारिणी परिषद् से इस्तीफा दे दिया था।

11. (c) **12.** (b)

13. (b) ड्रीम्स फ्राम माई फादर, द ऑडेसिटी ऑफ होप' यह दोनों पुस्तकें अमेरिकी राष्ट्रपति बराक ओबामा द्वारा लिखी गई हैं।

14. (a) मामल्ल शैली का विकास नरसिंह वर्मन् प्रथम महामल्ल के काल में हुआ। इसके अन्तर्गत दो प्रकार के स्मारक बने-मण्डप तथा एकाश्मक मंदिर, जिन्हें 'रथ' कहा गया है। इस शैली में निर्मित सभी स्मारक मामल्लपुर (महाबलीपुरम्) में विद्यमान हैं। रथ अथवा एकाश्मक मंदिरों का निर्माण कठोर चट्टानों को काटकर किया गया है। प्रमुख रथ हैं द्रोपदी रथ, नकुल-सहदेव रथ, अर्जुन रथ, भीम रथ, धर्मराज रथ, गणेश रथ।

15. (c) अंटार्कटिक विश्व का पांचवां बड़ा महाद्वीप है। यह दक्षिणी गोलार्द्ध में अवस्थित है, एवं अकेला ऐसा महाद्वीप है जो पूरी तरह निर्जन और वीरान है पूर्णत: हिमाच्छदित रहने के कारण इसे 'श्वेत महाद्वीप' भी कहा गया है। अंटार्कटिक पहुंचाने वाले प्रथम भारतीय रामचरण जी (1960 ई.) थे। 1981 ई. से यहां प्रतिवर्ष भारतीयों का अभियान दल आने लगा है एवं भारत ने इस महाद्वीप पर भू-संरचना, मौसम, पर्यावरण, जीवाश्म आदि वैज्ञानिक परीक्षण हेतु यहां एक स्थायी मानवयुक्त केंद्र 'दक्षिणी गंगोत्री' स्थापित किया। 1987 ई. में भारतीय शोध केंद्र 'मैत्री' की स्थापना की गई।

16. (c) सही सुमेलित है-

सूची-I (जनजाति)	सूची-II (राज्य)
(A) कुकी	(iii) मणिपुर
(B) बक्करवाल	(iv) जम्मू-कश्मीर
(C) मोपला	(i) केरल
(D) डाफर	(ii) गुजरात

17. (b) **18.** (b) **19.** (a)

20. (b) सूर्य के सर्वाधिक नजदीक ग्रह बुध है, जो सबसे गर्म और सर्वाधिक छोटा ग्रह है। यह मात्र 88 दिन में ही सूर्य की परिक्रमा कर लेता है।

21. (d) पृथ्वी का कुल क्षेत्रफल 51,0100448 वर्ग किमी. है। सम्पूर्ण पृथ्वी का 70.78% जल तथा

.22% स्थल है। इस प्रकार स्थल के दो गुने से धिक क्षेत्रफल पर सामुद्रिक पारिस्थितिकी तन्त्र ना हुआ है।

22. (a)

23. (a) पेट्रो-केमिकल उद्योग के लिए सर्वाधिक युक्त दशाएं गुजरात राज्य की हैं। यहां का समुद्र ीय क्षेत्र पेट्रोलियम उत्पादन के लिए प्रसिद्ध है। ारात में समुद्री बन्दरगाह होने के साथ-साथ ां अनेक तेल शोधक कारखाने भी स्थित हैं जो -रसायन के लिए एक आदर्श अवस्था है। भारत प्रथम पेट्रो-केमिकल उद्योग गुजरात के अंकलेश्वर स्थापित किया गया था।

24. (a)

25. (c) सरोजिनी नायडू का जन्म 13 फरवरी, 68 ई. को हैदराबाद में डॉ. अघोरनाथ चट्टोपाध्याय घर हुआ था। 'भारत कोकिला' के नाम से प्रसिद्ध जिनी नायडू की स्मृति में प्रतिवर्ष 13 फरवरी को हेला दिवस' मनाया जाता है।

26. (d) एशिया के नोबेल पुरस्कार के रूप में ख्यात मैग्सेसे पुरस्कार जनसेवा, सरकारी सेवा, कारिता व रचनात्मकता, सामुदायिक नेतृत्व एवं राष्ट्रीय सद्भावना हेतु, रेमन मैग्सेसे फाउंडेशन फलीपींस) द्वारा प्रतिवर्ष प्रदान किया जाता है। यह स्कार वर्ष 1957 से शुरू किया गया। इस पुरस्कार तहत 50,000 डालर की राशि प्रदान की जाती विनोबा भावे पहले भारतीय हैं जिन्हें सामुदायिक त्व के क्षेत्र में योगदान हेतु वर्ष 1958 में यह स्कार दिया गया था।

27. (d) महाद्वीपों की जनसंख्या वृद्धि दर–

(1) उत्तरी अमेरिका 0.9%

(2) द. अमेरिका 2.3%

(3) आस्ट्रेलिया 1.5%

(4) यूरोप 0.3% है।

28. (c) वर्ष 2011 की जनगणना के अंतिम कड़ों के अनुसार, उत्तर प्रदेश की जनसंख्या भारत जनसंख्या की 16.50 प्रतिशत है। निकटस्थ उत्तर कल्प (c) में निहित है।

29. (a) लाल बहादुर शास्त्री गन्ना विकास संस्थान ब्रनऊ में स्थित है। इसकी स्थापना उत्तर प्रदेश गन्ना सान संस्थान के नाम से 1975 में की गई थी। अन्य थान एवं उनके स्थान सही सुमेलित हैं।

30. (c) उत्तर प्रदेश में आई.टी.सिटी (IT City) स्थापना लखनऊ में प्रस्तावित है जिसका निर्माण ी क्षेत्र के विकासकर्ताओं (Private Developers) किया जा रहा है।

31. (d)

32. (d) भारत हर वर्ष 23 दिसंबर को राष्ट्रीय किसान स या किसान दिवस मनाता है। यह दिन पूर्व प्रधानमंत्री री चरण सिंह की जयंती का प्रतीक है। उन्होंने 28 ाई, 1979 से 14 जनवरी, 1980 तक भारत के प्रधानमंत्री के रूप में कार्य किया। श्री चरण सिंह का जन्म 1902 में उत्तर प्रदेश के मेरठ जिले के नूरपुर में हुआ था। वे एक किसान नेता थे। 23 दिसंबर, 1978 को, उन्होंने किसान ट्रस्ट की स्थापना की, जिसका उद्देश्य भारत के ग्रामीण जनता को अन्याय के खिलाफ शिक्षित करना था।

33. (b) **हाइपोक्सिमिया:** जब रक्त में ऑक्सीजन का स्तर कम हो जाता है, तो इसका परिणाम हाइपोक्सिमिया होता है। इससे हमें अधिक सांस लेनी पड़ती है, जिससे रक्त में ऑक्सीजन का स्तर बढ़ जाता है।

रक्त में ऑक्सीजन और कार्बन डाइऑक्साइड के स्तर का श्वसन पर प्रभाव:

1. रक्त शरीर में ऑक्सीजन के वाहक के रूप में कार्य करता है।
2. ऑक्सीजन अणु रक्त में लाल रक्त कोशिकाओं में मौजूद हीमोग्लोबिन घटक से बंधते हैं।
3. साँस द्वारा ली गई हवा से ऑक्सीजन ली जाती है, जिससे रक्त में ऑक्सीजन की सांद्रता बढ़ जाती है, जो पूरे शरीर में फैलती है।
4. फेफड़ों में वापस लौटते समय, रक्त में कार्बन डाइऑक्साइड का स्तर बढ़ जाता है, जिससे यह फेफड़ों से बाहर हवा में बाहर निकल जाता है।
5. हाइपोक्सिमिया: जब रक्त में ऑक्सीजन का स्तर कम हो जाता है, तो इसका परिणाम हाइपोक्सिमिया होता है।
6. इससे हमें अधिक सांस लेनी पड़ती है, जिससे रक्त में ऑक्सीजन का स्तर बढ़ जाता है।

34. (b) राजस्थानी साहित्य की एक प्रारम्भिक रचना 'हंसावली' असाइत द्वारा रचित थी।

35. (d) 10 मई, 1857

36. (a) बुन्देलखण्ड क्षेत्र से

37. (c) महाभारत को महर्षि वेद व्यास ने लिखा था। महाभारत में एक लाख श्लोक और 18 पर्व हैं। महाभारत को जयसंहिता और शतसाहस्त्री संहिता भी कहा जाता है। भगवद गीता पांडव राजकुमार और उनके मार्गदर्शक भगवान कृष्ण के बीच एक संवाद है। महाभारत की 6वीं पुस्तक के अध्याय 23-40 में भगवद गीता है।

38. (d) बाबर ने अपनी जीवनी यानि बाबरनामा लिखी है जिसे तुजुक-ए-बाबरी के नाम से भी जाना जाता है। बाबर और जहांगीर मुगल साम्राज्य के केवल दो सम्राट हैं जिन्होंने अपनी आत्मकथाएं लिखी हैं। बाबरनामा को इस्लामी साहित्य में पहली सच्ची आत्मकथा के रूप में भी जाना जाता है। बाबरनामा को चगताई तुर्की भाषा में लिखा गया था, जो बाबर की मातृभाषा थी। अब्दुर रहीम खान-ए-खाना ने इसका फारसी में अनुवाद किया था। वह बैरम खान का पुत्र था।

39. (b) मियां अमानत (1835)

40. (a) 1 अक्टूबर को भारत में राष्ट्रीय स्वैच्छिक रक्तदान दिवस के रूप में मनाया जाता है। इस दिन का उद्देश्य रक्तदान के महत्त्व और इस नेक काम से जुड़े लाभों के बारे में जागरूकता फैलाना है। इंडियन सोसाइटी ऑफ ब्लड ट्रांसफ्यूजन एंड इम्यूनोहेमेटोलॉजी ने पहली बार इस दिन को 1975 में 1 अक्टूबर को मनाया था। इस वर्ष के रक्तदान कार्यक्रम की विषयवस्तु "गिव ब्लड एंड कीप द वर्ल्ड-बीटिंग" है।

41. (c) ह्वेन-त्सांग ने हर्षवर्धन के दरबार का भ्रमण करने के बाद 'सी-यू-की' पुस्तक लिखी। सी-यू-की का अर्थ है "पश्चिमी देशों का रिकॉर्ड"। ह्वेन-त्सांग सम्राट हर्ष के शासनकाल में भारत आया था। ह्वेन-त्सांग पांच साल तक नालंदा विश्वविद्यालय में रहे। ह्वेन-त्सांग कामरूप के शासक भास्कर वर्मन के अतिथि थे। ह्वेन-त्सांग ने कन्नौज को एक सुंदर शहर बताया था। पु सोंगलिंग एक किंग राजवंश चीनी लेखक थे। पु सोंगलिंग स्ट्रेंज स्टोरीज के लेखक थे।

42. (a) 15 मार्च 1877 में क्रिकेट की दुनिया का पहला टेस्ट क्रिकेट खेला गया था। यह मैच 19 मार्च तक खेला गया था। इस पहले टेस्ट क्रिकेट मैच में इंग्लैंड और ऑस्ट्रेलिया की टीमें आमने-सामने पहली बार उतरी थीं। इसका शुभारंभ मेलबर्न क्रिकेट ग्राउंड में हुआ था।

43. (a) $8 \div 8 \times \dfrac{8+8}{8 \div 8 \times 8 + 8}$

$$= \frac{8}{8} \times \frac{16}{\frac{8}{8} \times 8 + 8}$$

$$= 1 \times \frac{16}{16}$$

$$= 1$$

44. (a) वस्तु का अंकित मू. = ₹ 1200

छूट = 10%

लाभ = 20%

क्रय मू. $= 1200 \times \frac{90}{100} \times \frac{100}{120}$

$= 900$

45. (d) तीन संख्याओं का माध्य = 32

परास = 28

छोटी संख्याओं का अंतर = 8

माना संख्याएँ $= x, y, z$

माध्य $= \frac{x+y+z}{3} = 32$

$x + y + z = 96$ ...(i)

प्रश्नानुसार,

परास = सबसे बड़ी सं. - सबसे छोटी सं.

$x - z = 28$

$x = 28 + z$ ...(ii)

दो सबसे छोटी संख्याओं का अंतर = 8

$y - z = 8$

$y = 8 + z$ ...(iii)

x व y का मान समी. (i) में रखने पर,

$28 + z + 8 + z + z = 96$

$36 + 3z = 96$

$3z = 60$

$z = 20$

z का मान समी. (iii) में रखने पर,

$$y = 8 + 20$$
$$y = 28$$

y व z का मान समी. (i) में रखने पर,

$$x + y + z = 96$$
$$x + 28 + 20 = 96$$
$$x = 96 - 48$$

सबसे बड़ी सं. $x = 48$

46. (c) 8 आदमी 9 घंटे कार्य करके कार्य पूरा करते है = 20 दिनों

7 आदमी 10 घंटे कार्य करके कार्य पूरा करते हैं = ?

$$D_2 = \frac{M_1 \times D_1 \times h_1}{M_2 \times h_2} = \frac{8 \times 9 \times 20}{7 \times 10}$$

$$D_2 = \frac{144}{7} \text{ दिन}$$

47. (d) बड़े घन का आयतन =

$$a^3 = (a_1)^3 + (a_2)^3 + (a_3)^3$$
$$a^3 = (3)^3 + (4)^3 + (5)^3$$
$$a^3 = 27 + 64 + 125$$
$$a^3 = 216$$
$$a = 6$$

छोटे घनों के पृष्ठीय क्षेत्रफलों का योग : बड़े घन का पृष्ठीय क्षे.

$$6a_1^2 + 6a_2^2 + 6a_3^2 : 6a^2$$
$$6 \times 3 \times 3 + 6 \times 4 \times 4 + 6 \times 5 \times 5 : 6 \times 6 \times 6$$
$$54 + 96 + 150 : 216$$
$$300 : 216$$
$$25 : 18$$

48. (d) अनुष्का के पास रबर = 4

पेंसिलें $= x$

शार्पनर $= \frac{x}{4}$

प्रश्नानुसार,

$$4 + x + \frac{x}{4} = 49$$
$$x + \frac{x}{4} = 49 - 4$$
$$\frac{4x + x}{4} = 45$$
$$5x = 45 \times 4$$
$$x = \frac{45 \times 4}{5}$$
$$x = 36$$

49. (a) 20 सेमी लम्बाई, 15 सेमी चौड़ाई और 10 सेमी ऊँचाई के बर्तन में समाविष्ट पानी

$$= \frac{20 \times 15 \times 10}{1000} = 3 \text{ लीटर}$$

50. (c) $\frac{3}{8}, \frac{9}{20}, \frac{15}{16}$ का LCM

$$= \frac{\text{अंशों का ल.स.}}{\text{हरों का म.स.}}$$

$$= \frac{3, 9, 15 \text{ का LCM}}{8, 20, 16 \text{ का HCF}}$$

$$= \frac{3 \times 3 \times 5}{4}$$

$$= \frac{45}{4}$$

51. (a) दिये गये गद्यांश के अनुसार मानव को सृष्टि का लघु रूप माना गया है क्योंकि मानव मन में जो घटित होता है, वही सृष्टि में घटित होता है।

52. (b) वैज्ञानिक दृष्टि का अपेक्षाकृत साहित्यशास्त्री में अभाव होता है।

53. (c) मानव शरीर को यंत्रवत् कहा जाता है क्योंकि अवयव रूपी पुर्जों के विकृत होने से शरीर यंत्रवत् निष्क्रिय हो जाता है।

54. (c) शल्य चिकित्सकों द्वारा स्वीकार की गई दायित्वपूर्ण चुनौती अंग प्रत्यारोपण द्वारा शरीर को सामान्य बनाना है।

55. (b) अनुच्छेद में प्रयुक्त शब्द 'निरामय' का पर्याय स्वस्थ है।

56. (a) दिये गये गद्यांश के अनुसार विश्व में शांति मानव जाति के विकास के लिए आवश्यक है।

57. (b) गांधी जी का मानना है कि विश्व शांति की स्थापना में अंहिसा एवं प्रेम सबसे आवश्यक अस्त्र है।

58. (c) गाँधी जी का मानना है कि अंहिसा द्वारा कठोर से कठोर हृदय को भी कोमल बनाया जा सकता है।

59. (d) दिये गये गद्यांश के अनुसार किसी भी राष्ट्र के स्वर्णिम युग के प्रमुख तत्त्व शांति, सुख एवं रचनात्मक कार्य हैं।

60. (b): दिये गये शब्द 'नितान्त' का पर्याय 'बिलकुल' है।

61. (b) तदर्थ का अंग्रेजी समानार्थी शब्द Ad hoc होगा

62. (c) यथा संशोधित का अंग्रेजी रूपांतरण है- As amended

63. (c) दैनिक हिन्दुस्तान में संवाददाता के पद के लिए 'संपादक महोदय' को पत्र लिखेंगे।

64. (a) बस स्टैण्ड के पास आवारा लड़कों के व्यवहार को बताते हुए तथा उनके खिलाफ छेड़खानी के विरुद्ध एफआईआर दर्ज करवाने के लिए 'थानाध्यक्ष' को आवेदन पत्र लिखा जाता है।

65. (c) औपचारिक पत्र उन लोगों को लिखा जाता है, जिनसे हमारा कोई निजी सम्बन्ध नहीं होता। इस प्रकार के पत्रों का प्रयोग कार्यालयों व सरकारी काम-काजों में होता है। औपचारिक पत्र में विषय, पता, दिनांक का प्रयोग होता है, जबकि अभिवादन का प्रयोग अनौपचारिक पत्रों में किया जाता है।

66. (b) व्यवसाय संबंधी पत्र औपचारिक पत्र अन्तर्गत आते हैं। व्यवसाय संबंधी पत्रों में संबोधन के 'महोदय' शब्द का प्रयोग किया जाता है।

67. (d) नैसर्गिक का विपरीतार्थक शब्द कृ है। नैसर्गिक अर्थात् प्राकृतिक, प्रकृति द्वारा प्रदत्त ज कृत्रिम का अर्थ है– मानव द्वारा बनाया गया।

68. (b) आधिकारिक की वर्तनी शुद्ध है।

69. (d) वह कवि जो तत्काल कविता क लिए एक शब्द आशुकवि है।

70. (a) विपुला वसुधा का पर्यायवाची शब्द

71. (a) 'आधा तीतर आधा बटेर' लोकोक्ति अर्थ है–बेमेल चीजों का सम्मिश्रण।

72. (d) दिये गए मुहावरों में 'मुँह में पानी अ का अर्थ 'जी ललचाना' होता है न कि 'शर्मि होना'। शेष-पानी पानी होना, अपना-सा मुँह र रह जाना तथा टका-सा मुँह लेकर रहना का के भाव (अर्थ) 'शर्मिन्दा होना' होता है।

73. (b) 'चन्द्रहास' का पर्यायवाची शब्द तल है इसको खड्ग भी कहा जाता है। एक ही या भाव का बोध कराने वाले शब्दों को पर्याय शब्द कहते हैं।

74. (b) 'मक्का' शब्द 'कनक' का समा नहीं है जबकि सोना, गेहूँ व धतूरा, कनक समानार्थी शब्द हैं।

75. (b) 'अचला' शब्द पहाड़ का पर्याय नहीं है। यह पृथ्वी का पर्यायवाची शब्द है ज अचल, गिरि तथा अद्रि पहाड़ के पर्यायवाची हैं। पहाड़ के अन्य पर्यायवाची शब्द–नग, महीधर, शैल, नगपति, तुंग, धरणीधर आदि हैं। के पर्याय हैं-भू-भूमि, अचला, धरा, धरित्री, ध वसुधा इत्यादि।

76. (c) सब कुछ जानने वाले के लिए शब्द सर्वज्ञ है।

77. (c) 'प्रथम' का उपयुक्त विपरी तार्थक अंतिम होगा।

78. (b) 'उसने मुक्तहस्त धन लुटाया' वाक्य है। उसने मुक्तकंठ से बड़ाई की में बड़ाई जगह प्रशंसा शब्द उचित होगा। समस्त प्राणिमात्र कल्याण करो में समस्त अनावश्यक शब्द है। आ आयु चालीस वर्ष है में आपकी की जगह उ शब्द आएगा।

79. (c) उत्तराधिकार में प्राप्त सम्पति को कहा जाता है।

80. (a) 'चोर' का पर्यायवाची शब्द खनक

81. (c) दिए गए शब्दों में शुद्ध वर्तनी शब्द 'परीक्षा' है। शेष शब्द पुज्य, परिक्षण तथा वर्तनी की दृष्टि से अशुद्ध हैं जिनका शुद्ध रूप क्र पूज्य, परीक्षण तथा प्राण है।

82. (c) कवयित्री शब्द की वर्तनी शुद्ध है।

83. (a) 'भौतिक' शब्द का विलोम शब्द आध्यात्मिक है। भौतिक शब्द का प्रयोग सांसारिक वस्तुओं अर्थात् ऐसी वस्तु जिन्हें हम देख अथवा स्पर्श कर सकते हैं, के संदर्भ में किया जाता है, जबकि 'आध्यात्मिक' शब्द का प्रयोग इस लोक से इतर वस्तुओं के संदर्भ में किया जाता है।

84. (b) 'प्राची' शब्द का विपरीतार्थक शब्द प्रतीची है। प्राची का अर्थ पूर्व दिशा तथा प्रतीची का अर्थ पश्चिम दिशा होता है।

85. (b) 'समष्टि' शब्द का विपरीतार्थक शब्द व्यष्टि होता है। समष्टि शब्द का प्रयोग समाज या समूह के संदर्भ में किया जाता है, जबकि व्यष्टि का प्रयोग व्यक्ति के संदर्भ में किया जाता है।

86. (c) प्रश्न में दिए गए विलोम शब्दों के युग्मों में से 'आग्रह-विग्रह' विकल्प असंगत है। 'आग्रह' का विलोम शब्द अनाग्रह या दुराग्रह तथा 'विग्रह' का विलोम संधि होता है।

87. (c) प्रश्न में दिए गए विलोम शब्दों के युग्मों में से 'आदृत-निरादृत' शब्द-युग्म सही है। 'आदृत' शब्द का अर्थ सम्मानित होता है, जबकि 'निरादृत' शब्द का अर्थ तिरस्कृत या अपमानित होता है।

88. (d)

89. (d) 'पौराणीक' शब्द की वर्तनी अशुद्ध है। इसका शुद्ध रूप पौराणिक होगा।

90. (c) **91.** (d)

92. (b) प्रश्नगत विकल्पों में से विकल्प (b) 'देश की वर्तमान मौजूदा हालात ठीक नहीं है।' अशुद्ध है। प्रस्तुत वाक्य में प्रयुक्त 'वर्तमान' और 'मौजूदा' दोनों शब्द एक ही अर्थ को प्रकट कर रहे हैं, जिस कारण वाक्य में पुनरुक्ति दोष आ गया है।

93. (d) **94.** (b) **95.** (a) **96.** (b)

97. (a)

98. (b) 'अनियमित' के लिए उचित वाक्यांश– जो नियमानुकूल न हो। अन्य वाक्यांश इस प्रकार हैं–

जिस पर कोई नियंत्रण न हो-अनियंत्रित

जिसके संबंध में कोई निर्णय न हुआ हो- अनिर्णीत

जिसका निवारण न हो सकता हो- अनिवारणीय

99. (b) 'जो स्त्री सूर्य भी न देख सके' वाक्यांश के लिए 'असूर्यम्पश्या' शब्द का प्रयोग होता है। वहीं 'शास्त्रज्ञा'-शास्त्र को अच्छी तरह से जानने वाली के लिए, स्त्रैण-स्त्री के वश में रहने वाला तथा दुर्निवार– जिसे जल्दी रोका या हटाया ना जा सके, के संदर्भ में एक शब्द का प्रयोग किया जाता है।

100. (d) 'संविदा' का अर्थ होता है कुछ खास शर्तों पर कार्य करने के लिए समझौता करना। अन्य विकल्प गलत हैं।

101. (a) MS Excel में जब भी हमें संख्याओं की Series को जोड़ना होता है। जैसे- 2+4+6+ तो हम Autosum button का करते हैं। यह window पर ही maths function में show होता है।

102. (a) MS Word 2017 में किसी भी Page को प्रिन्ट करने से पहले 1 यदि उसका layout देखना चाहते हैं तो उसे Zoom करके नहीं देखा जा सकता है।

103. (c) Hard Disk एक टाइप का Magnetic Storage Device भी होता है जिसमें एक पतला फीता होता है जिस पर मैग्नेटिक इंक से Coading की जाती है। इसका यूज रीड/राइट दोनों के लिए होता है।

104. (d) Computer में मुख्यत: तीन Components होते हैं- 1) CPU (Central Processing Unit) 2) I/O (Input/Output) 3) Memory

105. (c) सहायता खोलने के लिए F1 फंक्शन कुंजी का उपयोग किया जाता है। एक फंक्शन कुंजी कुछ कार्यों को करने के लिए कंप्यूटर कीबोर्ड पर एक कुंजी है। फंक्शन कुंजियों को F1 से F12 तक कंप्यूटर कीबोर्ड के शीर्ष पर व्यवस्थित किया जाता है। कुंजी अक्सर CTRL कुंजी, ALT कुंजी और SHIFT कुंजी जैसे अन्य कुंजी के साथ संयोजन में उपयोग की जाती हैं। फंक्शन कुंजियाँ सामान्य कंप्यूटर फंक्शंस के लिए कुछ दिलचस्प शॉर्टकट प्रदान करती हैं जो हर रोज कंप्यूटिंग में उपयोगी हो सकते हैं।

106. (a) VGA Stands for Video Graphics Array यह एक Standard Monitor या Display Interface होता है जो मुख्यत: कम्प्युटरों में यूज होता है। यह वास्तव में 1987 में IBM के द्वारा Developed किया गया था। जिसमें 640 x 480 pixels का Resolution था।

107. (a) Google एक सर्च इंजन है। यह एक ऐसा Program है जो इंटरनेट पर उपलब्ध सूचनाओं में से किसी विशेष सूचना को ढूँढ़कर स्क्रीन पर Display करता है।

108. (c) 1 Terabyte = 1024 gigabytes -1 Tb.

1 gigabyte = 1024 megabytes (Gb)

1 megabyte = 1024 kilobytes (Mb).

109. (b) MS Excel का युज Spread sheet बनाने के लिए किया जाता है। जिसका उपयोग Row व Column में डेटा अरेंज करने और Fastly Calculation करने के लिए होता है। जैसे - Marksheet, Salarysheet, कोटेशन etc.

110. (c) According to question, U stands for underline इसीलिए Ctrl + U बटन का यूज किसी भी Latter या Word को Underlin करने के लिए करते हैं।

111. (a) ट्रैप डोर्स वह कोड है, जो इनपुट के 'विशिष्ट क्रम को कुछ चिन्हित करता है या घटनाओं के असंभाव्य अनुक्रम के द्वारा निश्चित यूजर आईडी से संचालित किया जा रहा होता है।

112. (a) ALU अर्थमेटिक एवं लाजिक यूनिट है। जिसके द्वारा जोड़ने घटाने, गुणा तथा भाग जैसी गणितीय संक्रियाएँ कर सकते हैं।

113. (d) एम. एस. एक्सेल में एक रेंज को ऊपर-बाएँ कोने में सेल के द्वारा तथा नीचे दाएँ कोने में सेल द्वारा चिन्हित किया जाता है। जिन्हें एक कोलन द्वारा अलग किया जाता है।

114. (a) Ctrl + N एक शॉर्टकट की है जो कि एक नया डाक्यूमेंट खोलती है।

115. (c) IP का पूरा नाम इन्टरनेट प्रोटोकॉल है।

116. (d) Low Level Language को Machine Language के नाम से भी जाना जाता है।

117. (a) Dear sir एक टाइटिल केस का उदा. है।

118. (b) एक्सेल में "D2" जैसे एक अल्फा न्यूमेरिक संयोजक का अर्थ Cell Address से होता है।

119. (a) सीपीयू (CPU-Central Processing Unit) को कंप्यूटर का हृदय या मस्तिष्क कहा जाता है। यह कंट्रोल यूनिट (Cu) एरिथमैटिक लॉजिक यूनिट (ALU) तथा प्राथमिक मेमोरी से मिलकर बना होता है।

120. (c) एक्सेल फाइल एक वर्कबुक कहलाती है, क्योंकि इसमें वर्कशीट तथा चार्टशीट सहित अनेक शीट्स हो सकती हैं।

121. (c) Desktop computer on करने और Window में Log on करने पर सक्रिय एरिया देखने में use किया जाता है, और कम्प्यूटर Start होने के बाद जो Screen दिखाई देती है, वह Desktop होता है।

122. (c) doc MS Word का वैध फार्मेट है और इसका उपयोग Microsoft Office में भी किया जाता है।

123. (d) Subjec -E-mail भेजते समय संदेश की सामग्री के विषय की जानकारी देता है।

124. (a) 1 Byte = 8 bit

1024 Byte = 1 KB

1024KB = 1MB

1024 MB = 1GB

1024 GB = 1T. B.

125. (c) F-11, MS Exel 2007 में एक चार्ट बनाने के लिए use होता है।

126. (c) INTERNET - यह एक Search Engine है। जब आप इस सेवा से जुड़ते हैं तो आपका Computer Internet server के साथ Communicate करता है।

127. (c) pdc का पूर्ण रूप Primary domain controller है, यह एक controlling unit है।

128. (c) CTRL, SHIFT और PLUS (+) को एक साथ दबाते हैं तो चयनित कॉलम से पहले एक नया कॉलम जुड़ जाता है।

129. (d) STORAGE device - Pendrive, Hard Disk, CD

130. (d) सफारी आइओयस (IOS) के लिए एक ब्राउज़र है। वेबकिट, सफारी के लिए एक डिफ़ॉल्ट सर्च इंजन के रूप में उपयोग किया जाने वाला सर्च इंजन है। आइओयस (IOS) का उपयोग केवल एप्पल (Apple) फोन में किया जाता है।

131. (b) एम. एस. एक्सेल में सेलों में से बार्डर हटाने के लिए उसके होम पेज पर उपस्थित "नो बार्डर" ऑप्शन का चयन किया जाता है।

132. (a) CPU को कम्प्यूटर का मस्तिष्क कहा जाता है। इसका पूरा 'सेंट्रल प्रोसेसिंग यूनिट' है। इसमें कम्प्यूटर के मुख्य हार्ड पार्ट्स और सॉफ्ट पार्ट्स होते हैं।

133. (c) जब इंटरनेट से अज्ञात सॉफ्टवेयर डाउनलोड किया जाता है तो कभी-कभी ये साफ्टवेयर कम्प्यूटर से रखे डेटा को करप्ट कर देता है। इसे वायरस कहा जाता है।

134. (a) कम्प्यूटर्स के लिए मॉनीटर को जोड़ने के लिए एनालॉग स्टैंडर्ड वीडियो ग्राफिक्स एरे (VGA) पोर्ट है।

135. (d) एम एस एक्सेल में रो को 1 से क्रमांक दिया जाता है तथा कॉलम को A से क्रमांक दिया जाता है। रो क्षैतिज लाइन को तथा कॉलम ऊर्ध्वाधर लाइन को कहा जाता है।

136. (b) एम एस एक्सेल में रो D10 और D15 से कॉलम D में न्यूमेरिक वेल्यू को जोड़ने के लिए = Sum (D 10 : D 15) सूत्र का प्रयोग किया जाता है। इसके लिए डिफॉल्ट रूप से एम एस एक्सेल के होम पेज पर मेनु बार में ऑप्शन होते हैं।

137. (a) ई-मेल का प्रिंट लिया जा सकता है। इसके लिए मेल के मुख्य पेज को ओपन करके या तो Print ऑप्शन क्लिक करते हैं या फिर Cntr + D दबाते हैं तथा पेज PDF के रूप में सेव भी कर सकते हैं।

138. (b) आई एस पी का पूरा नाम इन्टरनेट सर्विस प्रोवाइडर है।

139. (b) कम्प्यूटर द्वारा इस्तेमाल किये जाने वाले प्रोग्राम और डेटा कम्प्यूटर की मेमोरी में रहते हैं। यह कम्प्यूटर की हार्ड डिस्क के अंदर संचित रहती है। RAM तथा ROM कम्प्यूटर की MEMORY के प्रकार हैं।

140. (c) एम एस एक्सेल 2007 में, F7 कुंजी स्पेलिंग को एक्टीवेट करती है। F7 सातवीं फंक्शन कुंजी है।

141. (a) एक्सेल में किसी वर्कशीट को डिलीट करने के लिए निम्न पद करते हैं।

- Select the sheet of excel
- Now right click on it
- select the delete option

142. (d) अलग-अलग एप्स या फाइल या फोल्डर आदि के लिए मॉनीटर को स्क्रीन पर अलग-अलग चौकोर डिब्बेनुमा संरचनाएँ बनी होती हैं। जिससे आइकॉन कहा जाता है। इस पर Single या double click करके उसे Open किया जाता है।

143. (d) एम एस वर्ड 2007 डाक्यूमेंट को अधिकतम 500% तक Zoom किया जा सकता है। इसमें न्यूनतम Zoom 10% होता है तथा सामान्य कार्य करते समय डाक्यूमेंट 120-150% Zoom पर रहता है।

144. (d) माइक्रोसॉफ्ट ऑफिस एक एप्लीकेशन सूट है। इसके अलग-अलग वर्जन जैसे MS- Office - 2003, MS - office, 2007, MS office 2010 आदि उपलब्ध हैं।

145. (d) इंटेल 4004 विश्व का पहला सिंगल चिप माइक्रोप्रोसेसर है। इंटेल 4004 एक 4 बिट CPU है जिसे 1971 में इंटेल कार्पोरेशन द्वारा बनाया गया था।

146. (d) नेटवर्क स्वतंत्र कम्प्यूटर का एक समूह है जो एक-दूसरे से कम्यूनिकेशन मीडिया के माध्यम से जुड़े होते हैं। ये कम्प्यूटर के साफ्ट भाग होते हैं।

147. (a) एम एस वर्ड 2007 में Ctrl + C दबाने पर सिलेक्ट किया गया डाटा कापी किया जाता है तथा Original data उसी रूप में उसी स्थान पर बना रहता है।

148. (a) कम्प्यूटर के मूल कार्यों में इनपुट स्वीकार करना, डाटा प्रोसेस करना तथा डाटा स्टोर करना आदि आते हैं। टेक्स्ट कॉपी करना कम्प्यूटर का मुख्य कार्य नहीं है

149. (d) Jpg इमेज फाइल के लिए एक्सटेंशन है। इसको पेंट (Paint) में बनाये गए डायग्राम, चित्र आदि को सेव करने के लिए उपयोग में लाया जाता है।

150. (a) विण्डोज 98 एक ऑपरेटिंग सिस्टम है। इसे 'मेमफिस' भी कहा जाता है। यह विंडोज 9x शृंखला के OS में दूसरी प्रमुख रिलीज है। यह विंडोज ड्राइवर मॉडल (WDM) का उपयोग करने वाला पहला आपरेटिंग सिस्टम है।

❑❑❑

10 प्रैक्टिस सेट

सामान्य ज्ञान

1. निम्नलिखित में से कौन-सा सही सुमेलित नहीं है ?

(राज्य)		(गर्म झरने)
(a) हिमाचल प्रदेश	–	मणिकर्ण
(b) ओडिशा	–	तप्तापानी
(c) महाराष्ट्र	–	वजेश्वरी
(d) गुजरात	–	नारायणी

2. निम्नलिखित में से कौन सही सुमेलित नहीं है ?

(a) कम्पनी अधिनियम-2013
(b) भारतीय संविदा अधिनियम-1870
(c) साझेदारी अधिनियम-1932
(d) वस्तु विक्रय अधिनियम-1930

3. पूर्वी उत्तर प्रदेश की पहली केबल कार सेवा निम्नलिखित में से किस जनपद में प्रारंभ हुई ?

(a) इटावा (b) महाराजगंज
(c) जौनपुर (d) मिर्जापुर

4. तुलसी के पौधे का औषधीय महत्त्व निम्नलिखित की उपस्थिति के कारण है -

(a) अकार्बनिक अम्ल
(b) कार्बनिक अम्ल
(c) फिनोल एवं फ्लेवोनॉयड्स
(d) लीथियम बाइकार्बोनेट

5. हाइड्रोजन सल्फाइड प्रदूषक का मुख्य स्त्रोत है-

(a) सड़ते हुए वनस्पति एवं पशु पदार्थ
(b) ऑटो मोबाइल
(c) तेल रिफाइनरी
(d) ताप विद्युत संयंत्र

6. भारत की जनगणना 2011 के अनुसार, उत्तर प्रदेश के निम्नलिखित शहरों में से कौन-सा शहर 'मिलियन शहर' नहीं है ?

(a) आगरा (b) प्रयागराज
(c) मेरठ (d) मुरादाबाद

7. भारतीय संविधान की प्रस्तावना में, इसके सभी नागरिकों को कौन-सा न्याय प्रदान करने की व्यवस्था की गयी है ?

(a) सामाजिक, धार्मिक व राजनीतिक
(b) सामाजिक, आर्थिक व सांस्कृतिक
(c) सामाजिक, राजनीतिक व सांस्कृतिक
(d) सामाजिक, आर्थिक व राजनीतिक

8. 2011 की जनगणना के अनुसार, निम्नलिखित में से भारत के किस केन्द्र शासित प्रदेश में न्यूनतम लिंगानुपात पाया जाता है ?

(a) चंडीगढ़
(b) दमन एवं दीव
(c) अंडमान-निकोबार द्वीप समूह
(d) लक्षद्वीप

9. 'तमरिया' जनजाति भारत के निम्नलिखित किस राज्य में पाई जाती है ?

(a) पश्चिम बंगाल (b) राजस्थान
(c) झारखंड (d) मध्य प्रदेश

10. ब्लैक पॉटरी के लिए 'जियोग्राफिकल इंडिकेशन टैग' उत्तर प्रदेश में निम्नलिखित में से किस स्थान से संबंधित है ?

(a) नजीबाबाद (b) खुर्जा
(c) निजामाबाद (d) कासगंज

11. सूची-I को सूची-II से सुमेलित कीजिए तथा नीचे दिए गए कूट का प्रयोग करके सही उत्तर का चयन कीजिए-

सूची-I (मिट्टी)	सूची-II (राज्य)
(A) जलोढ़	(1) राजस्थान
(B) काली	(2) उत्तर प्रदेश
(C) लाल	(3) महाराष्ट्र
(D) मरुस्थलीय	(4) आंध्र प्रदेश

कूट:-

	A	B	C	D
(a)	1	4	3	2
(b)	2	3	4	1
(c)	4	2	1	3
(d)	3	4	2	1

12. पारंपरिक लोक-नाट्य "भांड-पाथर" किस राज्य/केन्द्र शासित प्रदेश से संबंधित है ?

(a) जम्मू-कश्मीर
(b) गुजरात
(c) उत्तर प्रदेश
(d) असम

13. घटते उत्पादकता के क्रम में अधोलिखित में कौन-सा पारितंत्र क्रम सही है ?

(a) सागर, झील, घास का मैदान और मैंग्रोव
(b) मैंग्रोव, सागर, घास का मैदान और झील
(c) मैंग्रोव, घास का मैदान, झील और सागर
(d) सागर, मैंग्रोव, झील और घास का मैदान

14. भारतीय संविधान के किस अनुच्छेद के अन्तर्गत, अन्तर्राष्ट्रीय समझौतों को प्रभावी बनाने हेतु संसद राज्य सूची के विषय पर कानून बना सकती है ?

(a) अनुच्छेद-252 (b) अनुच्छेद-249
(c) अनुच्छेद-250 (d) अनुच्छेद-253

15. कानपुर, उत्तर प्रदेश स्थित भीतरगाँव मंदिर के संदर्भ में, निम्नलिखित कथनों में से कौन-सा/से कथन सही है/हैं ?

(1) इस मंदिर का निर्माण 5वीं सदी ई. से 6ठी सदी ई. के मध्य हुआ।

(2) ईंटों से निर्मित यह भारत के प्राचीनतम मंदिरों में से एक है।

नीचे दिए गए कूट का प्रयोग करके सही उत्तर का चयन कीजिए-

कूट:-

(a) केवल 1 (b) केवल 2
(c) 1 और 2 दोनों (d) न तो 1 ना ही 2

16. दो एक जैसे बल्बों को किस प्रकार जोड़ने पर अधिक रोशनी मिलेगी ?

(1) दोनों श्रेणी क्रम में जुड़े हों

(2) दोनों समान्तर क्रम में जुड़े हों

नीचे दिए गए कूट का प्रयोग करके सही उत्तर का चयन कीजिए-

कूट:-

(a) (1) में अधिक
(b) (2) में अधिक
(c) (1) और (2) दोनों में समान
(d) कुछ कहा नहीं जा सकता

17. निम्नलिखित में से कौन सही सुमेलित नहीं है ?

पूर्व मध्यकालीन उत्तर प्रदेश के शहर		वर्तमान अवस्थिति
(a) कोल/कोइल	-	अलीगढ़
(b) महोत्सव नगर	-	महोबा
(c) महोदय श्री	-	कन्नौज
(d) जेजाक भुक्ति	-	कौशाम्बी

18. संगम योजना का मुख्य उद्देश्य है-
(a) विकलांगों की कल्याण वृद्धि करना
(b) नदियों को परस्पर जोड़ना
(c) नदियों को प्रदूषण मुक्त करना
(d) राष्ट्रीय एकता को बढ़ावा देना

19. सूची-I का सूची-II के साथ मिलान कीजिए, नीचे दिए गए कूट में से अपने उत्तर का चयन कीजिए-

सूची-I पंचवर्षीय योजना	सूची-II प्रयुक्त विकास मॉडल
A. प्रथम	1. एस. चक्रवर्ती मॉडल
B. द्वितीय	2. हैरोड-डोमर मॉडल
C. तृतीय	3. अशोक रुद्र मॉडल
D. चतुर्थ	4. महालनोबिस मॉडल

कूट:-

	A	B	C	D
(a)	1	3	2	4
(b)	2	4	1	3
(c)	3	1	2	4
(d)	2	1	4	3

20. निम्नलिखित में से किस सुल्तान ने साम्राज्य की सीमाओं की सुरक्षा हेतु एक विशेष सेना को नियुक्त किया ?
(a) इल्तुतमिश
(b) नासिरुद्दीन महमूद
(c) बलबन
(d) अलाउद्दीन खिलजी

21. निम्नलिखित में से कौन एक पोलिनेशिया द्वीप समूह का भाग नहीं है ?
(a) टोंगा (b) तुवालू
(c) ताहिती (d) तीनिअन

22. निम्नलिखित खाद्य पदार्थों में से कौन-सा सभी आवश्यक एमीनो अम्लों का सर्वोत्तम स्त्रोत है ?
(a) केला (b) दाल
(c) अंडा (d) मछली

23. मकड़ियों द्वारा उत्पादित रेशम कहलाता है-
(a) टसर रेशम (b) गोसामर रेशम
(c) मूँगा रेशम (d) अहिंसा रेशम

24. निम्नलिखित में से किस वर्ष वर्तमान उत्तर प्रदेश का प्राय: संपूर्ण क्षेत्र बंगाल प्रेसीडेंसी से अलग करके आगरा प्रेसीडेंसी के अधीन कर दिया गया ?
(a) 1832 ई. (b) 1833 ई.
(c) 1834 ई. (d) 1835 ई.

25. 'ब्रिटिश उपनिवेशवाद' के विरुद्ध भोजपुरी में लोकप्रिय कविता "फिरंगिया" लिखने वाले कवि का क्या नाम था ?
(a) मनोरंजन (b) रंजन प्रसाद
(c) त्रिलोकी सिंह (d) राजेन्द्र पाण्डेय

26. सूची-I को सूची-II से सुमेलित कीजिए तथा नीचे दिए गए कूट से सही उत्तर का चयन कीजिए-

सूची-I (फल)	सूची-II (सबसे बड़ा उत्पादक)
(A) आम	(1) जम्मू और कश्मीर
(B) लीची	(2) केरल
(C) नारियल	(3) बिहार
(D) सेब	(4) उत्तर प्रदेश

कूट:-

	A	B	C	D
(a)	4	3	1	2
(b)	1	2	3	4
(c)	4	3	2	1
(d)	1	2	4	3

27. भारत शहरी वेधशाला (ऑब्जर्वेटरी) निम्नलिखित में से किस स्थान पर स्थित है ?
(a) देहरादून (b) नई दिल्ली
(c) चंडीगढ़ (d) वाराणसी

28. पौधों में गूटी लगाने का कार्य किस उद्देश्य की पूर्ति हेतु किया जाता है ?
(a) कीटों के नियन्त्रण हेतु
(b) वानस्पतिक प्रसारण के लिए
(c) बीजों के अंकुरण हेतु
(d) खरपतवार के नियंत्रण हेतु

29. "काशी लालिमा निम्नलिखित में से किस फसल की प्रजाति है ?
(a) गाजर (b) भिंडी
(c) प्याज (d) टमाटर

30. निम्नलिखित में से किस/किन राजा/राजाओं को जनता द्वारा प्रत्यक्ष रूप से चुना गया ?
(1) हर्षवर्धन
(2) गोपाल
(3) यशोवर्मन
(4) नन्दिवर्मन पल्लवमल्ल
नीचे दिए गए कूट का प्रयोग करके सही उत्तर का चयन कीजिए-
कूट:-
(a) केवल (1), (2) और (4)
(b) केवल (2), (3) और (4)
(c) केवल (2) और (4)
(d) केवल (2) और (3)

31. टेस्ट शतक बनाने वाला पहला भारतीय बल्लेबाज कौन था ?
(a) सी के नायडू
(b) लाला अमरनाथ
(c) अंशुमान गायकवाड़
(c) दिलीप सरदेसाई

32. भारत की पुरुष क्रिकेट टीम ने किस टीम के खिलाफ विदेशी धरती पर अपनी पहली टेस्ट जीत दर्ज की ?
(a) न्यूजीलैण्ड (b) इंग्लैंड
(c) वेस्टइंडीज (d) ऑस्ट्रेलिया

33. उत्तर प्रदेश प्रकाशन विभाग द्वारा कौन सी मासिक पत्रिका प्रकाशित की जाती है ?
(a) उत्तर प्रदेश संदेश
(b) उत्तर प्रदेश मासिक
(c) नया दौर
(d) उपरोक्त सभी

34. उत्तर प्रदेश में स्वतंत्र रूप से 'मत्स्य विभाग' की स्थापना किसकी अधीनता में और कब की गई ?
(a) श्री पी. के. नारायण, 1985
(b) डॉ. बी. रेड्डी, 1947
(c) डॉ. बी. सुन्तदराज, मत्स्य विकास अधिकारी, 1947
(d) डॉ. सुब्रामणियम स्वामी, 1950

35. धुरिया लोकनृत्य (Folk dance) है-
(a) पूर्वांचल का (b) अवध का
(c) बुन्देलखण्ड का (d) रोहेलखण्ड का

36. विश्व गैंडा दिवस किस दिन मनाया जाता है ?
(a) 23 सितंबर (b) 23 नवंबर
(c) 22 नवंबर (d) 22 सितंबर

37. बुद्धचरित की रचना करने वाले कवि अश्वघोष किस शासक के दरबार में थे ?
(a) गौतमीपुत्र श्री सातकर्णि
(b) बिन्दुसार
(c) कनिष्क
(d) अशोक

38. प्रवासी भारतीय दिवस 9 जनवरी को मनाया जाता है। यह दिवस पहली बार किस वर्ष मनाया गया था ?
(a) 2001 (b) 2002
(c) 2003 (d) 2004

. "द डे आई बिकम ए रनर" के लेखक कौन हैं ?
(a) अरविन्द घोष (b) सोहिनी चट्टोपाध्याय
(c) अरुंधति रॉय (d) शशि थरूर

. "द पॉवर्टी ऑफ पॉलिटिकल इकोनॉमी: हाउ इकोनॉमिक्स एबंडन द पुअर" नामक पुस्तक के लेखक कौन हैं ?
(a) मेघनाद देसाई
(b) डॉ. अश्विन फर्नांडिस
(c) विक्रम संपत
(d) उपर्युक्त में से एक से अधिक

. गरीबी उन्मूलन के लिए अंतर्राष्ट्रीय दिवस प्रत्येक वर्ष .... को मनाया जाता है।
(a) 15 अक्टूबर (b) 21 अक्टूबर
(c) 17 अक्टूबर (d) 18 अक्टूबर

. उत्तर प्रदेश में मत्स्य पालन का शुभारम्भ कब हुआ ?
(a) 1955 में (b) 1944 में
(c) 1942 में (d) 1947 में

3. 150 किमी. की दूरी को तय करने के लिए A उस समय से 2 घंटा कम समय लेगा जितना समय B लेता है। यदि A अपनी गति को आधा कर देता है, तो वह समान दूरी को तय करने के लिए B से 1 घंटा अधिक समय लेगा, तो B की गति (किमी/घंटा में) क्या है?
(a) 60 (b) 50
(c) 30 (d) 25

4. दिए गए प्रश्न पर विचार कीजिए और निर्णय लीजिए कि निम्नलिखित में से कौन-सा/से कथन प्रश्न का उत्तर देने के लिए पर्याप्त है/हैं।
क्या $(x - 5)$ सम है? x एक वास्तविक संख्या है।
कथन
1. $x - 15$ पूर्णांक है।
2. $x - 10$ विषम पूर्णांक है।
(a) दोनों कथन 1 और 2 पर्याप्त हैं।
(b) केवल कथन 2 पर्याप्त है जबकि केवल कथन 1 अपर्याप्त है।
(c) न तो कथन 1 और न ही 2 पर्याप्त है।
(d) केवल कथन 1 पर्याप्त है जबकि केवल कथन 2 अपर्याप्त है।

5. वह दो अंकीय संख्या ज्ञात कीजिए जो उसके अंकों के गुणनफल के तीन गुना है।
(a) 36 (b) 12
(c) 48 (d) 24

46. A, B और C ने 4 : 7 : 8 के निवेश के साथ एक व्यापार प्रारंभ किया। 1 वर्ष बाद, A अपना निवेश 50% बढ़ा देता है और C अपना निवेश आधा कर देता है। 2 वर्षों के बाद कुल लाभ ₹ 14400 है, B का हिस्सा क्या होगा?
(a) 12200 (b) 7800
(c) 4200 (d) 5600

47. 5 महिलाएँ एक काम का 8 दिनों में पूरा कर सकती हैं, जबकि 8 बच्चे उसी काम को 10 दिन में पूरा कर सकते हैं। 2 महिलाएं और 4 बच्चे काम को कितने दिन में पूरा करेंगे ?
(a) 12 (b) 8
(c) 10 (d) 40

48. $\sqrt{6}$, $\sqrt{8}$ और $\sqrt{21}$ का चतुर्थानुपाती क्या है ?
(a) $2\sqrt{7}$ (b) $8\sqrt{7}$
(c) $5\sqrt{7}$ (d) $3\sqrt{7}$

49. जब किसी संख्या को 16 से विभाजित किया जाता है तो शेषफल 4 प्राप्त होता है। जब संख्या के वर्ग को 16 से विभाजित किया जाता है, तो शेषफल क्या होगा?
(a) 1 (b) 2
(c) 3 (d) 0

50. A और B की मासिक आय का अनुपात 3 : 4 है और उनकी मासिक बचत का अनुपात 7 : 6 है। यदि A की आय B के व्यय के दोगुने के बराबर है, तो A और B के व्यय का अनुपात क्या है?
(a) 2 : 1 (b) 3 : 5
(c) 2 : 3 (d) 1 : 18

सामान्य हिंदी

निर्देश: (51-55) निम्नलिखित गद्यांश को ध्यानपूर्वक पढ़िए तथा उस पर आधारित प्रश्नों के उत्तर चुनिए:

विज्ञान आज के मानव जीवन का अविभाज्य एवं घनिष्ठ अंग बन गया है। मानव जीवन का कोई भी क्षेत्र विज्ञान के अश्रुनपूर्व आविष्कारों से अछूता नहीं रहा। इसी से आधुनिक युग विज्ञान का युग कहलाता है। आज विज्ञान ने पुरुष और नारी साहित्यकार और राजनीतिज्ञ, उद्योगपति और कृषक, पूँजीपति और श्रमिक, चिकित्सक और सैनिक, अभियन्ता और शिक्षक तथा धर्मज्ञ और तत्वज्ञ सभी को और सभी क्षेत्रों में किसी न किसी रूप में अपने अप्रतिम प्रदेय से अनुगृहीत किया है। आज समूचा परिवेश विज्ञानमय हो गया है। विज्ञान के चरण गृहिणी के रसोईघर से लेकर बड़ी-बड़ी प्राचीरों वाले भवनों और अट्टालिकाओं में ही दृष्टिगत नहीं होते, प्रत्युत वे स्थल और जल की सीमाओं को लाँघकर अन्तरिक्ष में भी गतिशील हैं। वस्तुत: विज्ञान अद्यतन मानव की सबसे बड़ी शक्ति बन गया है। इसके बल से मनुष्य प्रकृति और प्राणिजगत का शिरोमणि बन सका है। विज्ञान के अनुग्रह से वह सभी प्रकार की सुविधाओं और सम्पदाओं का स्वामित्व प्राप्त कर चुका है। अब वह ऋत ऋतुओं के प्रकोप से भयाक्रांत एवं संत्रस्त नहीं है। विद्युत ने उसे आलोकित किया है, उष्णता और शीतलता दी है, बटन दबाकर किसी भी कार्य को सम्पन्न करने की ताकत भी दी है। मनोरंजन के विविध साधन उसे सुलभ हैं। यातायात एवं संचार के साधनों के विकास से समय और स्थान की दूरियाँ बहुत कम हो गई हैं और समूचा विश्व एक परिवार सा लगने लगा है। कृषि और उद्योग के क्षेत्र में उत्पादन की तीव्र वृद्धि होने के कारण आज दुनिया पहले से अधिक धन-धान्य से सम्पन्न है। शिक्षा और चिकित्सा के क्षेत्र में विज्ञान की देन अभिनन्दनीय है। विज्ञान के सहयोग से मनुष्य धरती और समुद्र के अनेक रहस्य हस्तामलक करके अब अन्तरिक्ष लोक में प्रवेश कर चुका है। सर्वोपरि विज्ञान ने मनुष्य को बौद्धिक विकास प्रदान किया है और वैज्ञानिक चिन्तन-पद्धति दी है। वैज्ञानिक चिन्तन-पद्धति से मनुष्य अन्धविश्वासों और रूढ़ि परम्पराओं से मुक्त होकर स्वस्थ एवं संतुलित ढंग से सोच-विचार कर सकता है और यथार्थ एवं सम्यक जीवन जी सकता है। इससे मनुष्य के मन को युगों के अन्धविश्वासों, भ्रमपूर्ण और दकियानूसी विचारों, भय और अज्ञानता से मुक्ति मिली है। विज्ञान की यह देन स्तुत्य है। मानव को चाहिए कि वह विज्ञान की इस समग्र देन को रचनात्मक कार्यों में सुनियोजित करे।

51. विज्ञान मानव की सबसे बड़ी शक्ति इसलिए कही गई है, क्योंकि इसके बल से मनुष्य-
(a) विद्युत शक्ति का स्वामी है।
(b) प्रकृति और प्राणिजगत का सिरमौर है।
(c) सभी भौतिक सुविधाओं से सम्पन्न है।
(d) अन्तरिक्ष के क्षेत्र में हस्तक्षेप कर सकता है।

52. वैज्ञानिक चिन्तन-पद्धति ने मनुष्य का सबसे बड़ा उपकार यह किया है कि उसे मुक्ति मिली है-
(a) सन्तुलित अनुचिन्तन से
(b) पुरानी शिष्ट औपचारिकताओं से
(c) भ्रमपूर्ण रूढ़िवादी विचारणा से
(d) प्राचीन सांस्कृतिक परम्पराओं से

53. विश्व के परिवारवत् लगने का प्रमुख कारण है-
(a) यातायात एवं संचार साधनों का विकास
(b) विज्ञान की गतिशील शक्तियाँ
(c) विज्ञान की जीवन से घनिष्ठता
(d) विश्व बन्धुत्व की भावना का विकास

54. 'हस्तामलक' शब्द से अभिप्रेत है-
(a) अस्पष्ट परन्तु सायास बोधगम्य
(b) पास में रखे आँवले की तरह

(c) हाथी के लिए आँवले की तरह
(d) स्पष्ट और अनायास बोधगम्य

55. वैज्ञानिक चिन्तन' पदबंध से आशय है-
(a) परम्परागत चिन्तन
(b) भावात्मक चिन्तन
(c) वैज्ञानिकों द्वारा किया गया चिन्तन
(d) स्वस्थ एवं सन्तुलित चिन्तन

निर्देश: (56-60) निम्नलिखित गद्यांश को ध्यानपूर्वक पढ़िए तथा उस पर आधारित प्रश्नों के उत्तर दीजिए:

अहिंसात्मक अभ्यास का मार्ग ही अलग है। फौज में प्रतिदिन कवायद, कसरत, क्रूरतापूर्ण शिकार इत्यादि कराए जाते हैं। अहिंसात्मक अभ्यास इससे बिल्कुल भिन्न है। उसका साधन यदि एक शब्द में कहना चाहें, तो बस, संयम है। यहाँ संयम व्यापक अर्थ में उन तमाम नियमों के लिए व्यवहृत किया है. जिनका जिक्र हिन्दुओं के तथा दूसरे धर्मों के धर्मग्रन्थों में पाया जाता है। ये साधारण सदाचार के नियम सख्ती से पालन करके सीखे जाते हैं। इन सब नियमों का झुकाव अहिंसा और सत्य की ओर ही होता है। गाँधी जी ने बार-बार लिखा है कि ईश्वर पर विश्वास इसका एक बहुत बड़ा सहायक होता है। यदि इस अहिंसात्मक प्रवृत्ति को जागृत और पुष्ट करने में समय लगाया जाए, बचपन से ही अभ्यास कराया जाए और इस पर पूरा ध्यान दिया जाए, तो निर्भरता इत्यादि जो इसके मुख्य बाह्य रूप देखने में आते हैं, अवश्य ही प्राप्त किए जा सकते हैं। यह कहना कि यह मनुष्य के लिए सम्भव नहीं, बे बुनियाद बात है।

56. उक्त अनुच्छेद में फौजी की गतिविधियों का इसलिए उल्लेख किया गया है कि-
(a) अहिंसात्मक अभ्यास की उससे पृथकता प्रतिपादित की जा सके।
(b) फौज का महत्त्व निरूपित किया जाए।
(c) फौज के क्रिया-कलापों को बताया जा सके।
(d) सैनिक शिक्षा की अनिवार्यता संकेतित की जाए।

57. निर्भयता आदि गुणों को सीखने के लिए आवश्यक है-
(a) युवावस्था में सत्य का आचरण
(b) प्रत्येक अवस्था में निडर रहना
(c) बचपन से ही अहिंसात्मक प्रवृत्ति का अभ्यास
(d) बचपन में सैनिक शिक्षा का अभ्यास

58. धर्मग्रंथ में सर्वाधिक बल दिया गया है-
(a) सहिष्णुता पर
(c) भक्ति और ज्ञान पर
(b) धर्म-पालन पर
(d) सदाचार के नियमों पर

59. 'व्यवहृत' शब्द का पर्याय है-
(a) निषेध (b) आचरित
(c) आगमन (d) विचरण

60. उपर्युक्त गद्यांश का सर्वाधिक उपयुक्त शीर्षक है-
(a) बेबुनियाद बात
(c) अहिंसा का मार्ग
(b) ईश्वरभक्ति और सत्य
(d) सदाचार का महत्त्व

61. Allowances का हिंदी अनुवाद है-
(a) करार (b) स्वीकार्य
(c) वेतनमान (d) भत्ते

62. साक्ष्यांकित का अंग्रेजी समानार्थी शब्द हो सकता है-
(a) Attested (b) invalidate
(c) authenticate (d) verify

63. परिपत्र के संबंध में कौन-सा कथन सही है ?
(a) सबसे ऊपर परिपत्र संख्या लिखी जाती है।
(b) इसमें सम्बोधन की आवश्यकता नहीं होती।
(c) इसमें विषय का संकेत नहीं रहता।
(d) (a), (b) और (c)

64. अर्द्धशासकीय पत्र के सन्दर्भ में कौन-सा कथन गलत है ?
(a) इसका स्वरूप व्यक्तिगत पत्र के समान होता है।
(b) यह पत्र अन्य पुरुष में लिखा जाता है।
(c) औपचारिक शब्दों से आरंभ करने की आवश्यकता नहीं होती।
(d) प्राय: समान स्तर के अधिकारी के साथ ऐसा पत्र व्यवहार होता है।

65. माता-पिता द्वारा पुत्र को लिखे गये पत्र में माता-पिता द्वारा क्या अभिवादन किया जाना चाहिए ?
(a) शुभाशीर्वाद (b) सादर प्रणाम
(c) सादर नमस्कार (d) प्रणाम

66. 'अधिसूचना' प्रकाशित होती है-
(a) सरकारी गजट में
(b) सरकारी पत्रिका में
(c) किसी भी पत्रिका में
(d) सामान्य पत्र के रूप में

67. 'किसी पर विजय प्राप्त करने की इच्छा रखने वाला' –वाक्यांश के लिए एक शब्द है–
(a) विजित (b) विजेता
(c) जिगीषु (d) जिज्ञासु

68. 'पैर से सिर तक' वाक्यांश के लिए एक शब्द है–
(a) शिख-नख (b) शिरोपर
(c) पादमस्तक (d) आपादमस्तक

69. 'अनुचित बात के लिए आग्रह करने वाल – वाक्यांश के लिए एक शब्द है–
(a) दुराग्रह (b) अनाग्रही
(c) दुराग्रही (d) कुआग्रही

70. 'जिसकी पहले से कोई आशा न हो' लिए एक शब्द है
(a) अप्रत्याशित (b) आशातीत
(c) आशाजनक (d) प्रत्याशित

71. 'राज्य द्वारा निकाला गया आधिकारि आदेश – वाक्यांश के लिए शब्द है–
(a) अधिनियम (b) अध्यादेश
(c) अधियाचना (d) अधिसूचना

72. 'वह स्त्री जिसका पति परदेश (विदेश गया हो' – वाक्य के लिए एक शब्द है
(a) नवोढ़ा (b) प्रवत्स्यतपतिका
(c) प्रोषितपतिका (d) आगतपतिका

73. 'पृथक्' का सही विलोम है–
(a) एकत्र (b) संयुक्त
(c) थकित (d) सुघटित

74. निम्नलिखित में एक शब्द 'उपयोग' व विलोम है–
(a) समुपयोग (b) निरुपयोग
(c) सदुपयोग (d) अनुपयोग

75. 'निषिद्ध' के लिए सही विलोम शब्द है-
(a) सिद्ध (b) अनिषिद्ध
(c) विहित (d) घृणित

76. निम्नलिखित में एक शब्द 'शुष्क' का विलो है–
(a) उष्ण (b) आर्द्र
(c) शीत (d) शिष्ट

77. निम्नलिखित में से एक शब्द 'स्थूल' व विलोम नहीं है–
(a) सूक्ष्म (b) तन्वी
(c) दुर्बल (d) शाश्वत

78. निम्नलिखित में से विलोम की दृष्टि से सह शब्द युग्म है–
(a) आग्रह - विग्रह
(b) अपकर्ष - उपकर्ष
(c) जारज - औरस
(d) उत्सर्जन - विसर्जन

79. 'सुलभ' का उपयुक्त विपरीतार्थक शब्द है
(a) दुष्प्राप्य (b) अलब्ध
(c) अप्राप्य (d) दुर्लभ

80. 'तृष्णा' का उपयुक्त विपरीतार्थक शब्द है
(a) वितृष्णा (b) निस्पृह
(c) संतुष्टि (d) वितृप्त

81. शुद्ध वर्तनी का चयन कीजिये-
(a) कवियित्री (b) कवित्री
(c) कवियत्री (d) कवयित्री

82. 'निषिद्ध' का सर्वथा उपयुक्त विपरीतार्थक शब्द है.
(a) निश्चित (b) विहित
(c) उचित (d) निर्मित

83. मानव मात्र को गीता के माहातम्य से परिचित होना अनिवार्य है। रेखांकित शब्द को शुद्ध करें-
(a) माहात्मय (b) माहात्म्य
(c) महात्म्य (d) महात्तम्य

84. पर्यायवाची की दृष्टि से एक वर्ग शुद्ध है–
(a) सिंह, पंचानन, नाहर, मृगारि
(b) सूर्य, रवि, दिनकर, तरणी
(c) अग्नि, पावक, अनल, पिशुन
(d) महेश, रमेश, भूतेश, सतीश

85. 'कच्चा चिट्ठा खोलना' का उपयुक्त अर्थ-
(a) सारा भेद खोल देना
(b) कच्चे काम को पक्का करना
(c) भेद छिपाना
(d) कान का कच्चा होना

86. 'त्रिशंकु होना' का उपयुक्त अर्थ है-
(a) चारों और ध्यान होना
(b) किसी ओर का न रहना
(c) तीन तरफ ध्यान होना
(d) केवल ऊपर देखना

87. निम्नलिखित में से एक 'पत्थर' का पर्यायवाची नहीं है?
(a) प्रस्तर (b) उमल
(c) पशम (d) पाहन

88. 'सहयोगी' का सर्वथा उपयुक्त विपरीतार्थक शब्द है?
(a) प्रतियोगी (b) प्रतिन्द्वन्द्वी
(c) प्रतिरोधी (d) प्रतिकूल

89. 'यमुना' का पर्यायवाची नहीं है–
(a) रविजा (b) तनुजा
(c) सूर्यजा (d) अर्कजा

90. निम्नलिखित में से कौन-सा विलोम युग्म सही नहीं है ?
(a) भद्र - अभद्र (b) भय साहस
(c) मूढ़ - ज्ञानी (d) मान्य-धान्य

91. निम्नलिखित शब्दों में से एक शब्द 'शंकर' का पर्यायवाची नहीं है–
(a) ललाटाक्ष (b) गंगाधर
(c) त्रिलोकन (d) शशधर

92. निम्नलिखित में से कौन-सा सही विलोम -युग्म नहीं हैं ?
(a) सदाचार - दुराचारी
(b) सम-विषम
(c) समर्थक - विरोधी
(d) समष्टि - व्यष्टि

93. सख्यभाव मिश्रित अनुराग को कहा जाता है।
(a) प्रणय (b) श्रद्धा
(c) प्रेम (d) सम्मान

94. एक की वर्तनी शुद्ध है–
(a) खिवैया (b) न्यौछावर
(c) अनान्नास (d) निर्पेक्ष

95. सफलता न मिलने पर दुःखी होना को क्या कहते हैं ?
(a) क्षोभ (b) दया
(c) दुःख (d) कृपा

96. खाने की इच्छा है-
(a) विभूक्षा (b) बुभुक्षा
(c) वीभुक्षा (d) भूभूक्षा

97. 'मीनाक्षी' का पर्यायवाची शब्द है–
(a) सुन्दरी (b) दुर्गा
(c) मछली (d) लक्ष्मी

98. 'हिरण्यगर्भ' का पर्यायवाची शब्द है–
(a) विष्णु (b) ब्रह्मा
(c) महेश (d) गणेश

99. कौन-सा शब्द 'नाग' का पर्यायवाची शब्द है–
(a) सर्प (b) अहि
(c) विषधर (d) तुरंग

100. कौन-सा शब्द 'दैत्य' का पर्यायवाची नहीं है?
(a) राक्षस (b) विषधर
(c) भूसुर (d) निशाचर

कंप्यूटर ज्ञान

101. URL का पूर्ण रूप है-
(a) यूनिवर्सल रिसोर्स लोकेटर
(b) यूनिफॉर्म रिसोर्स लोकेटर
(c) यूनिवर्सल रेस्पॉन्स लिंक
(b) यूनिवर्सल रेस्पॉन्स लोकेशन

102. एप्लीकेशन का उपयोग प्रस्तुतीकरण के लिए किया जाता है।
(a) एम.एस. वर्ड
(b) एम.एस. एक्सेल
(c) एम. एस. ऐक्सेस
(d) एम.एस. पॉवरपाइंट

103. निम्नलिखित में से कौन सशक्त पासवर्ड के लिए मानक नीति को संतुष्ट करता है ?
(a) inG3nlus (b) 54736us
(c) ingeni55 (d) In Geniu5

104. निम्न में से कौन संचालन तंत्र नहीं है ?
(a) माइक्रोसॉफ्ट विंडोज
(b) गूगल क्रोम
(c) मैक ओएस
(d) एंड्रायड ओएस

105. एम.एस. एक्सेल में, सिलेक्ट की गई सेल को कॉपी करने के लिए किस शॉर्टकट कुंजी का प्रयोग होता है ?
(a) Ctrl + A (b) Ctrl + C
(c) Ctrl + B (d) Ctrl + D

106. वर्ड दस्तावेज में किसी विशिष्ट शब्द को खोजने के लिए किस शॉर्टकट कुंजी का प्रयोग होता है ?
(a) CTRL+S (b) CTRL + R
(c) CTRL + F (d) CTRL + Y

107. कार्बन कॉपी (सीसी) का क्या उपयोग होता है ?
(a) सीसी में संदेश का प्राप्तकर्ता अन्य सभी प्राप्तकर्ताओं के लिए अदृश्य होता है।
(b) सीसी में संदेश का प्राप्तकर्ता अन्य सभी प्राप्तकर्ताओं के लिए दृश्य होता है।
(c) सीसी में संदेश का प्राप्तकर्ता केवल एक प्राप्तकर्ता के लिए अदृश्य होता है।
(d) उपरोक्त में से कोई नहीं

108. इंटरनेट एक .... है।
(a) स्थानीय क्षेत्र जालक्रम (लैन)
(b) चल क्षेत्र जालक्रम (मैन)
(c) संचयन क्षेत्र जालक्रम (सैन)
(d) विस्तृत क्षेत्र जालक्रम (वैन)

109. इनमें से किस आउटपुट डिवाइस पर प्राय: हार्ड कॉपी प्रदर्शित होती है ?
(a) मॉनिटर (b) प्रिंटर
(c) स्कैनर (d) की-बोर्ड

110. निम्न टेक्स्ट में कौन-सा एलाइनमेंट लागू किया है ?
(a) राइट (b) सेंटर
(c) लेफ्ट (d) जस्टीफाइड

111. एक्सेल किस प्रकार के चार्ट निर्मित कर सकता है ?
(a) केवल लाइन ग्राफ और पाई चार्ट
(b) केवल लाइन ग्राफ
(c) बार चार्ट, लाइन ग्राफ और पाई चार्ट
(d) केवल बार चार्ट और लाइन ग्राफ

112. वर्ड डाक्यूमेंट को प्रिंट करने के लिए किस शार्टकट कुंजी का प्रयोग होता है ?

(a) Ctrl + P (b) Ctrl + A
(c) Ctrl + B (d) Ctrl - Shift + P

113. ई-मेल एड्रेस में क्या सम्मिलित किया जाता है?
(a) डोमेन के नाम के बाद यूजर का नाम
(b) यूजर के नाम के बाद डोमेन का नाम
(c) यूजर के नाम के बाद पोस्टल एड्रेस
(d) यूजर के नाम के बाद स्ट्रीट एड्रेस

114. वह स्टोरेज डिवाइस जो लेजर और लाइटों का उपयोग सूचना पढ़ने और लिखने के लिए अपनी तकनीक के रूप में करती है, कहलाती है-
(a) मैग्नेटिक स्टोरेज
(b) क्लाउज स्टोरेज
(c) ऑप्टिकल स्टोरेज
(d) पेपर स्टोरेज

115. कम्प्यूटर के तीन के तीन मुख्य अवयव हैं-
(a) सी.पी. यू., मेमोरी, टेप
(b) टेप, मेमोरी, फ्लॉपी डिस्क
(c) आई. / ओ., प्रिंटर, माउस
(d) सी.पी. यू., आई./ओ. मेमोरी

116. विकल्प ....पैराग्राफ के बाएँ अथवा दाएँ मार्जिन से दूरी निर्धारित करता है।
(a) मेल मर्ज (b) शेडिंग
(c) इंडेन्ट (d) राइट एलाइनमेंट

117. SMTP का तात्पर्य है-
(a) स्विच मोड ट्रांसफर प्रोग्रामिंग
(b) स्विच मोड ट्रांसफर प्रोटोकॉल
(c) सिंपल मेल ट्रांसफर प्रोटोकॉल
(d) सिंपल मेन ट्रांसफर प्रोटोकॉल

118. एमएस एक्सेल 2007 में इलस्ट्रेशन ग्रुप निम्नलिखित में से किस टैब में उपलब्ध होते हैं?
(a) इनसर्ट (b) पेज लेआउट
(c) डेटा (d) व्यू

119. .... .एक ऑपरेटिंग सिस्टम नहीं है।
(a) डॉस (b) विंडोज
(c) लिनक्स (d) ओरैकल

120. एमएस एक्सेल में 'Ctrl' + '=' कुंजी का क्या प्रभाव होता है?
(a) फॉन्ट साइज बढ़ता है
(b) सुपरस्क्रिप्ट
(c) फॉन्ट साइज घटता है
(d) सब्स्क्रिप्ट

121. कम्प्यूटर और सर्वर का संग्रह जो एक-दूसरे से पूरे विश्व में राउटर और स्विचों के उपयोग द्वारा जुड़ा होते हैं, कहलाता है-
(a) फर्मवेयर (b) इंट्रानेट
(c) इंटरनेट (d) मिडिलवेयर

122. निम्नलिखित में से कौन एक फॉन्ट स्टाइल नहीं है?
(a) कैलिब्री (b) एरियल
(c) एरियल ब्लैक (d) एरियल व्हाइट

123. गूगल द्वारा विकसित ब्राउजर का नाम क्या है?
(a) गूगलीगूगल (b) क्रोम
(c) फॉयरफॉक्स (d) टाइटेनियम

124. PROM का तात्पर्य है-
(a) प्राइम रीड ओनली मेमोरी
(b) प्रोग्रामेबल रीड ओनली मेमोरी
(c) प्रोग्रामेबल रैंडम ओनली मेमोरी
(d) प्रोग्रामेबल रीड ओनली मशीन

125. क्या होता है जब आप एमएस एक्सेल में एक सेल सिलेक्ट करते हैं और " = B25" टाइप करते हैं?
(a) सिलेक्ट की गई सेल में "=B24 " दिखेगा
(b) सिलेक्ट की गई सेल में त्रुटि दिखेगी
(c) सिलेक्ट की गई सेल में वह मान दिखेगा जो सेल B25 में होगा
(d) सिलेक्ट की गई रिक्त होगी

126. रिमोट सर्वर से फाइल को लोकल ड्राइव में कॉपी करने की प्रक्रिया कहलाता है-
(a) डाउनलोडिंग (b) ब्राउजिंग
(c) अपलोडिंग (d) अटैचमेंट

127. FTP का विस्तृत रूप हैं-
(a) फाइल ट्रांसफर प्रोटोकॉल
(b) फाइल ट्रेनिंग प्रोटोकॉल
(c) फाइल ट्रांसफर प्रोग्राम
(d) फाइल्ड ट्रांसफर प्रोग्राम

128. एक्सेल में ......पंक्तियों और स्तम्भों के समूह से बना होता है।
(a) टेम्पलेट (b) वर्क पेज
(c) वर्कशीट (d) वर्क स्पेस

129. एमएस वर्ड में पैराग्राफ को सेंटर करने के लिए कौन-सी शॉर्ट-कट कुंजी है?
(a) Ctrl + E (b) Ctrl + R
(c) Ctrl + A (d) Ctrl + C

130. एम.एस वर्ड 2007 में 'फाइंड एंड रिप्लेस' विंडो खोलने के लिए कौन-सी शॉर्ट कट कुंजी है?
(a) CTRL+C (b) CTRL + R
(c) CTRL + F (d) CTRL + S

131. निम्नलिखित में से किस कुंजी का उपयोग डेस्कटॉप को 'जूम आउट' करने के लिए किया जाता है?
(a) Windows Logo Key + Home Key
(b) Windows Logo Key + Spacebar Key
(c) Windows Logo Key + Plus Key
(d) Windows Logo Key + Minus Key

132. एमएस वर्ड में, सिलेक्ट किए गए टेक्स्ट को इटैलिक करने के लिए किस शॉर्ट-कट कुंजी का उपयोग किया जाता है?
(a) Ctrl + J (b) Ctrl + I
(c) Ctrl+K (d) Ctrl + Alt + I

133. ..... वर्ल्ड वाइड वेब पर सूचना प्रसारण के लिए प्रयुक्त होता है।
(a) HITTP (b) HTTP
(c) HTPP (d) HPPT

134. JSP फाइल एक्सटेंशन का तात्पर्य है-
(a) जावा स्टैंडर्ड फाइल्स
(b) जावा सर्वर पाइप्स
(c) जावा सर्वर पेजेज
(d) जावा सर्वर पॉप अप्स

135. मेमोरी लोकेशन से डेटा कॉपी करने की प्रक्रिया कहलाती है-
(a) रीडिंग (b) हैंड शेकिंग
(c) कंट्रोलिंग (d) राइटिंग

136. इंटरनेट क्या है?
(a) इंटरनेट एक टेलीकॉम कंपनी है
(b) इंटरनेट कम्प्यूटरों की विश्वव्यापी नेटवर्किंग है
(c) इंटरनेट एक सैटेलाइट सिस्टम है
(d) इंटरनेट मिसाइलों को नियंत्रित करने की प्रणाली है

137. मुख्य स्क्रीन एरिया जो कि आप कम्प्यूटर को चालू करने के बाद देखते हैं-
(a) स्टार्ट मेनू (b) फाइल मैनेजर
(c) डेस्कटॉप (d) आपरेटिंग सिस्टम

138. ......कॉपीराइट सॉफ्टवेयर का अनाधिकृत उपयोग, प्रतिलिपिकरण या बिक्री है।
(a) लाइसेंस्ड सॉफ्टवेयर
(b) प्राइवेसी सॉफ्टवेयर
(c) पाइरेटेड सॉफ्टवेयर
(d) ओपेन सॉफ्टवेयर

139. एमएस 2007 में निम्नलिखित में से कौन-सा विकल्प क्लिपबोर्ड में नहीं होता है?
(a) पेस्ट (b) फॉर्मेट पेंटर
(c) कट (d) पेज सेटअप

140. एलसीडी, स्कैनर एवं प्रिंटर .... डिवाइस हैं।
(a) हार्डवेयर (b) ह्यूमनवेयर
(c) सॉफ्टवेयर (d) फर्मवेयर

141. SMTP का तात्पर्य है-

(a) सिम्पल मैसेज ट्रांसफर प्रॉसेस
(c) सिम्पल मैसेज टुगेदर प्रोटोकॉल
(b) सिम्पल मेल ट्रांसफर प्रॉसेस
(d) सिम्पल मेल ट्रांसफर प्रोटोकॉल

142. निम्न में से कौन एक मैलवेयर नहीं हैं ?

(a) वॉर्म (b) कुकीज
(c) वाइरस (d) ट्रोजन

143. टेराबाइट का मान है-

(a) 1024 पेटाबाइट
(b) 1024 गीगाबाइट
(c) 1024 मेगाबाइट
(d) 1024 किलोबाइट

144. एमएस एक्सेल में, परिणाम चाहे "सत्य" हो या " असत्य' निम्न में से किस फंक्शन में उपलब्ध होता है ?

(a) लॉजिकल (b) अर्थमेटिक
(c) एल्गोरिथ्म (d) लॉगरिथ्म

145. एमएस एक्सेल में प्रतीक... किसका संकेत करता है ?

(a) से बड़ा या इसके बराबर
(b) से कम या बराबर
(c) स्वत: योग
(d) दिनांक

146. निम्नलिखित में से कौन एक इंटरनेट ब्राउजर है ?

(a) विंडोज एक्सप्लोरर
(b) इंटरनेट एक्सप्लोरर
(c) www.google.com
(d) टास्क बार

147. संक्षेपण www का तात्पर्य है-

(a) विंडोज वेब वैन
(b) वर्ल्ड वाइड वेब
(c) वर्ल्ड विंडोज वेब
(d) वर्ल्ड वाइड वेव

148. कंप्यूटर और कीबोर्ड के बीच संचार में .... संचरण शामिल है।

(a) स्वचालित
(b) हाफ-ड्यूप्लेक्स
(c) फुल-ड्यूप्लेक्स
(d) सिम्पलेक्स

149. एमएस एक्सेल 2007 में, पंक्ति तथा स्तंभ के शीर्षकों को उनके स्थान पर स्थिर करने के लिए, ताकि वे वर्कशीट को स्क्राल करने पर स्क्रॉल न हों, किस कमांड का उपयोग करते हैं ?

(a) क्यू मेन पर अरेंज ऑल
(b) क्यू मेनू पर फ्रीज पैन्स कमांड
(c) होम मेनू पर एलाइनमेंट कमांड
(d) होम मेनू पर फिल्टर कमांड

150. एमएस वर्ड 2007 में, आप ड्रॉप कैप के लिए कितनी विभिन्न स्थितियाँ सेट कर सकते हैं ("नॉन पोजीशन " को छोड़कर) ?

(a) 1 (b) 4
(c) 2 (d) 6

व्याख्या सहित उत्तर

1. (d) दिए गए विकल्पों में से विकल्प (d) सत्य नहीं है।

नारायणी गर्म झरने का संबंध राजस्थान से है। नारायणी झरना नारायणी माता मन्दिर अलवर के निकट है। इसमें सदैव गर्म पानी निकलता रहता है। ऐसी मान्यता है कि इस पानी में नहाने से बीमारियाँ दूर हो जाती हैं।

2. (b) दिए गए विकल्पों में से विकल्प (b) सत्य नहीं है।

यह अधिनियम भारत में अंग्रेजी शासन के समय पारित हुआ था। यह अधिनियम संविदाओं के " निर्माण, निष्पादन और प्रवर्तनीयता से सम्बन्धित सामान्य सिद्धान्तों तथा क्षतिपूर्ति एवं गारण्टी जमानत और गिरवी तथा अभिकरण जैसी विशेष प्रकार की संविदाओं से सम्बन्धित नियम निर्धारित करता है।

3. (d) पूर्वी उत्तर प्रदेश की पहली केबल कार सेवा मिर्जापुर जनपद में शुरू की गई। यह विन्ध्याचल धाम के पवित्र त्रिकोण के काली खोह में प्रारम्भ की गई। इसका उद्घाटन अगस्त, 2021 में गृह मंत्री अमित शाह द्वारा किया गया। ₹ 16 करोड़ की यह रोपवे परियोजना दो भागों में विभाजित है। पहले भाग में 199 मी रोपवे आंगुतकों को अष्टभुजा तक ले जाएगा जबकि दूसरा भाग (102 मी) काली खोह तक जाएगा।

4. (c) तलसी के पौधे का औषधीय महत्त्व में उपस्थित विशिष्ट कार्बनिक यौगिकों फिनोल एवं फ्लेवोनॉयड्स के कारण होता है। तुलसी की पत्ती में 1.6-76% फिनोल एवं 1.5-2.25% फ्लोवोनॉयड्स पाए जाते हैं। ये ऐरोमेटिक पदार्थ ही तुलसी की विशिष्ट गन्ध का कारण होते हैं।

5. (a) वायु प्रदूषक हाइड्रोजन सल्फाइड (H_2S) का मुख्य स्रोत कार्बनिक पदार्थों तथा मानव एवं पशु अपशिष्ट के जीवाणुओं के टूटने से उत्पन्न होते हैं। यह कुछ मात्रा में सड़े हुए वनस्पति एवं पशु पदार्थ से, ताप विद्युत संयन्त्र से एवं वाहनों से निकलने वाले धुएँ से वायुमण्डल में मुक्त होती है।

6. (d) भारत की जनगणना 2011 के अनुसार उत्तर प्रदेश का मुरादाबाद शहर मिलियन शहर नहीं है। उत्तर प्रदेश में 10 लाख या उससे अधिक आबादी वाले नगरों की संख्या 12 (लखनऊ, कानपुरनगर, गाजियाबाद, आगरा, मेरठ, वाराणसी, इलाहाबाद, सहारनपुर, मुजफ्फरनगर, गौतमबुद्ध नगर, अलीगढ़ और बरेली) हैं।

7. (d) भारतीय संविधान की प्रस्तावना में सामाजिक, आर्थिक व राजनीतिक न्याय प्रदान करने की व्यवस्था की गई है। संविधान के परिचय अथवा भूमिका को प्रस्तावना कहते हैं। भारतीय संविधान की प्रस्तावना पण्डित नेहरू द्वारा पेश किए गए उद्देश्य प्रस्ताव पर आधारित है।

8. (b) 2011 की जनगणना के अनुसार, भारत के दमन और दीव केन्द्रशासित राज्यों में लिंगानुपात सबसे कम (710) है। भारत में केन्द्रशासित राज्यों का बढ़ता लिंगानुपात निम्नलिखित है। दमन-दीव एवं दादर और नगर हवेली < चण्डीगढ़ < दिल्ली

प्रति 1000 पुरुषों पर महिलाओं की संख्या को लिंगानुपात कहते हैं।

9. (c) 'तमरिया' जनजाति भारत के झारखण्ड राज्य से सम्बन्धित है। झारखण्ड की अन्य जनजाति मुण्डा, बिरहोर, ओरॉंव, खरिया, पहाड़िया आदि हैं।

10. (c) ब्लैक पॉटरी के लिए जियोग्राफिकल शंडकेशन टैग उत्तर प्रदेश के निजामाबाद (आजमगढ़) से सम्बन्धित है। यहाँ उत्पादित 80% ब्लैक पॉटरी का निर्यात किया जाता है। ब्लैक पॉटरी को बनाने में किसी प्रकार के कृत्रिम रंग का प्रयोग नहीं किया जाता है। आजमगढ़ उत्तर प्रदेश का एक जिला एक उत्पाद में ब्लैक पॉटरी से ही सम्बन्धित है।

11. (b) दिए गए विकल्पों में से विकल्प (b) सत्य है। जलोढ़ मिट्टी उत्तर प्रदेश, बिहार, पश्चिम बंगाल तथा पंजाब में पाई जाती है। काली मिट्टी महाराष्ट्र, गुजरात तथा आन्ध्र प्रदेश राज्यों में पाई जाती है। लाल मिट्टी ओडिशा एवं झारखण्ड आदि राज्यों में पाई जाती है। मरुस्थलीय मिट्टी राजस्थान में पाई जाती है।

12. (a) पारम्परिक लोक-नाट्य 'भांड-पाथर' जम्मू-कश्मीर राज्य से सम्बन्धित है। भांड-पाथर में भाण्ड का अर्थ खड़ा होना तथा पाथर का अर्थ नाटक होता है। भांड बारह प्रकार के भांड पाथर के बारे में बताते हैं।

13. (c) मैंग्रोव, घास का मैदान, झील और सागर घटते उत्पादकता के क्रम में सही हैं। प्रकृति में जीवों के

विभिन्न समुदाय एक साथ रहते हैं और परस्पर एक-दूसरे के साथ-साथ अपने भौतिक पर्यावरण के साथ भी। पारिस्थितिकी इकाई के रूप में अन्योन्यक्रिया करते हैं, इस तन्त्र को परितन्त्र कहते हैं। मैंग्रोव की औसत उत्पादकता 3300-6000 ग्राम कार्बन प्रति (मी)^2 प्रतिवर्ष, स्थलीय पारितन्त्र की औसत उत्पादकता 160 ग्राम कार्बन प्रति (मी)^2 प्रतिवर्ष एवं समुद्र की 60 ग्राम कार्बन प्रति (मी)^2 प्रतिवर्ष होती है।

14. (d) भारतीय संविधान के अनुच्छेद-253 ने संसद को यह शक्ति प्रदान की है कि वह किसी अंतर्राष्ट्रीय सन्धि, करार, अभिसमय, को कार्य रूप देने के लिए समूचे देश या उसके किसी भाग के लिए कोई विधि बना सके।

15. (d) कानपुर (उत्तर प्रदेश) के भीतरगाँव में स्थित मन्दिर ईंटों से निर्मित सबसे पुराना मन्दिर है। इसका निर्माण गुप्त साम्राज्य के दौरान 5वीं-6वी शताब्दी में किया गया था। इस मन्दिर को सबसे प्राचीन हिन्दू पवित्र स्थान भी माना जाता है। इसने उत्तर भारत में मन्दिर वास्तुकला की वृहद नागर शैली का मार्ग प्रशस्त किया।

16. (b) समान्तर क्रम संयोजन में बल्ब अधिक रोशनी प्रदान करते हैं क्योंकि प्रत्येक बल्ब को एक समान वोल्टेज प्राप्त होता है तथा तुल्य प्रतिरोध का मान भी कम होता है जबकि श्रेणीक्रम संयोजन में प्रत्येक बल्ब के एक्रॉस वोल्टेज का मान समान नहीं होता है तथा प्रतिरोध का मान उच्च होता है।

17. (d) जेजाक भुक्ति पूर्व मध्यकालीन के समय चन्देल वंश के शासकों का क्षेत्र था, जो यमुना एवं नर्मदा नदी के बीच में स्थित था, वर्तमान में यह क्षेत्र बुन्देलखण्ड का क्षेत्र है, जो उत्तर प्रदेश एवं मध्य प्रदेश राज्य की संयुक्त सीमा क्षेत्र में अवस्थित है। चन्देल शासकों ने 9वीं शताब्दी लेकर 18वीं शताब्दी तक बुन्देलखण्ड में शासन किया।

18. (a) संगम योजना की शुरुआत 15 अगस्त, 1996 को की गई थी। इस योजना के अन्तर्गत ग्रामीण क्षेत्र में रहने वाले विकलांग व्यक्तियों को समूह में संगठित किया जाता है तथा विकलांगों के कल्याण के लिए गठित ऐसे प्रत्येक समूह को आर्थिक गतिविधियाँ संपन्न करने हेतु ₹15000 की सहायता की जाती है ताकि विकलांगों का समाज में उत्थान हो सके।

19. (b) प्रथम पंचवर्षीय योजना का कार्यकाल 1951 से 1956 तक था, जो हैरोड-डोमर - मॉडल पर आधारित था। द्वितीय पंचवर्षीय योजना पीसी महालनोबिस मॉडल पर आधारित था, जो 1956 से 1961 तक संचालित था। तृतीय पंचवर्षीय योजना का कार्यकाल वर्ष 1961 से 1966 तक था जो एस. चक्रवर्ती मॉडल पर आधारित था। चतुर्थ पंचवर्षीय योजना अशोक चक्र मॉडल पर आधारित थी, जो वर्ष 1969 से 1974 तक क्रियान्वित रही।

20. (d) दिल्ली सल्तनत के खिलजी वंश का दूसरा शासक अलाउद्दीन खिलजी 22 अक्टूबर, 1296 को दिल्ली का सुल्तान बना। इसने सेना को नकद वेतन देने तथा स्थायी सेना की नींव रखी। दिल्ली के शासकों में अलाउद्दीन खिलजी के पास सबसे विशाल स्थायी सेना थी, उसने घोड़ा दागने तथा सैनिकों का हुलिया लिखने की प्रथा की शुरुआत की थी।

21. (d) पोलिनेशिया द्वीप समूह न्यूजीलैण्ड देश का भाग है। पोलिनेशिया द्वीप मध्य एवं दक्षिणी प्रशान्त महासागर के बड़े हिस्से में फैला द्वीप है। टोंगा, तुवाल, ताहिती इस द्वीप समूह के भाग हैं, जबकि तीनिअन इस दीप समूह का भाग नहीं है। इसके अतिरिक्त पापुआ न्यूगिनी, सोलोमन द्वीप, कैरोलीन द्वीप समूह पोलिनेशिया द्वीप के भाग हैं।

22. (c) अण्डा सभी आवश्यक अमीनो अम्लों या प्रोटीन का बेहतरीन स्रोत होता है। इसमें लगभग 6.4 gm या 12.6% प्रोटीन पाया जाता है।

23. (b) मकड़ियों द्वारा उत्पादित रेशम गोसामर रेशम कहलाती है, यह रेशम खूंटी के खेतों एवं कम झाड़ियों वाले स्थानों पर पाया जाता है। यह छोटी मकड़ियों द्वारा बनाया जाता है। भारत रेशम के सभी वाणिज्यिक रूपों मलबरी, ट्रॉपिकल, टसर, ओक टसर, ईरी एवं मूंगा का उत्पादन करने वाला अकेला देश है।

24. (b) वर्तमान उत्तर प्रदेश का प्रायः सम्पूर्ण क्षेत्र बंगाल प्रेसीडेन्सी से अलग करके उत्तर-पश्चिमी प्रान्त (आगरा प्रेसीडेन्सी) के अधीन वर्ष 1833 में कर दिया गया था। उत्तर-पश्चिमी प्रान्त ब्रिटिश भारत का एक प्रशासनिक क्षेत्र था, जो विभिन्न मिलाए गए एवं जीते गए प्रान्तों से मिलकर बना था, जो वर्ष 1833 से 1902 तक अस्तित्व में रहा।

25. (a) ब्रिटिश भोजपुरी में लोकप्रिय कविता 'फिरंगिया' लिखने वाले कवि मनोरंजन प्रसाद सिन्हा थे। यह भोजपुरी भाषा के कवि, लेखक तथा कॉलेज (छपरा) के प्राचार्य थे। उन्होंने वर्ष में 1931 में असहयोग आन्दोलन के दौरान ब्रिटिशों के विरुद्ध भोजपुरी कविता फिरंगिया लिखी थी।

26. (c) **आम** भारत में आम का कुल उत्पादन लगभग 200 लाख टन होता है, जिसमें सबसे ज्यादा आम का उत्पादन (लगभग 50 लाख टन) उत्तर प्रदेश राज्य में होता है।

लीची बिहार राज्य में देश का सर्वाधिक लीची का उत्पादन होता है। राज्य में देश के कुल लीची उत्पादन का 40% उत्पादन किया जाता है।

नारियल केरल राज्य में देश का सर्वाधिक नारियल का उत्पादन होता है।

सेब सबसे बड़ा उत्पादक राज्य/केन्द्रशासित प्रदेश जम्मू-कश्मीर है। देश में कुल सेब उत्पादन का लगभग 60% उत्पादन जम्मू-कश्मीर करता है।

27. (b) भारत शहरी वेधशाला नई दिल्ली में स्थित है। दिल्ली का जन्तर-मन्तर एक खगोलीय वेधशाला है। अन्य 4 जन्तर-मन्तर सहित इस वेधशाला का निर्माण महाराजा जयसिंह द्वितीय द्वारा 18वीं शताब्दी में कराया गया था। जयसिंह द्वारा दिल्ली सहित उज्जैन, जयपुर व मथुरा में वेधशालाओं का निर्माण कराया गया था। दिल्ली की वेधशाला (जन्तर-मन्तर) समरकन्द की वेधशाला से प्रेरित है।

28. (b) पौधों में गूटी लगाना एक कृत्रिम कायिक प्रवर्धन तकनीक है जो वानस्पतिक प्रसारण के लिए प्रयुक्त की जाती है। यह तकनीक प्रायः पुराने वृक्षों द्वारा कायिक। प्रवर्धन हेतु प्रयोग की जाती है, क्योंकि उनकी शाखाएँ मोटी होती हैं और उन्हें आसानी से मोड़ा नहीं जा सकता है। ऐसे वृक्षों में वायवीय दाब लगाने हेतु शाखा के एक भाग से छाल का वलय हटा देते हैं, इसे वलयन (Girdling) कहते हैं। इस वलयित भाग को आवश्यक तत्त्व युक्त मृदा एवं मांस या रुई से लपेटकर नमी प्रदान की जाती है। मांस, मृदा या रुई में नमी को बनाए रखने एवं इसे सूक्ष्मजीवों से सुरक्षित रखने हेतु उस पर पॉलीथिन बाँध दी जाती है। इस प्रक्रिया को गूटी बांधना कहते हैं। कुछ समय पश्चात इस नम भाग पर जड़े निकल आती हैं। अब इस अदभुत शाखा को जनक पादप से पृथक कर मिट्टी में रोप दिया जाता है, जिससे नया पादप प्राप्त होता है।

29. (b) 'काशी लालिमा भिण्डी की प्रजाति है। यह लाल रंग की भिण्डी है, जिसे भारतीय सब्जी अनुसंधान संस्थान (IIVR-Indian Institude of Vegetable Research), वाराणसी द्वारा विकसित किया गया है। यह ग्रीष्मकाल एवं खरीफ (वर्षा) ऋतु दोनों के लिए उपयुक्त है।

30. (b) बंगाल क्षेत्र पर हर्षवर्द्धन की मृत्यु के बाद अराजकता का माहौल उत्पन्न हो गया तथा यह क्षेत्र शासक विहीन हो गया ऐसे में वहाँ के प्रमुख नागरिकों/जनता ने गोपाल नामक एक सुयोग्य सेनानायक को अपना शासक चुन लिया जिसने बंगाल तथा आस-पास के क्षेत्रों में पाल वंश की स्थापना की। नन्दिवर्मन पल्लवमल्ल - जनता की सहमति से पल्लव राजवंश की दूसरी शाखा से राजा चुना गया, इसकी शादी राष्ट्रकूट शासक दन्तिदुर्ग की पुत्री रेवा के साथ की गई थी। इसने काँची का मुक्तेश्वर मन्दिर का निर्माण कराया।

31. (b) टेस्ट क्रिकेट में भारत की ओर से पहला शतक लाला अमरनाथ ने लगाया था।

32. (a) 1967-68 में, भारत ने न्यूजीलैंड के खिलाफ उपमहाद्वीप के बाहर अपनी पहली श्रृंखला जीती। 20 फरवरी, 1968 को मंसूर अली खान पटौदी के नेतृत्व में कैरिस्ब्रुक, डुनेडिन, न्यूजीलैंड में भारत ने अपना पहला विदेशी टेस्ट जीता। यह श्रृंखला भारत की पहली विदेशी टेस्ट जीत के साथ शुरू हुई और भारत के पक्ष में 3-1 से बराबरी पर समाप्त हुई।

33. (d) उपरोक्त सभी

34. (c) डॉ. बी. सुन्तदराज, मत्स्य विकास अधिकारी, 1947

35. (c) बुन्देलखण्ड का

36. (d) विश्व गैंडा दिवस हर साल 22 सितंबर को मनाया जाता है यह दिन पशुओं को बचाने की दिशा में

कार्य करने का अवसर प्रदान करता है, जो दशकों से शिकारियों का लक्ष्य रहा है। चीन, वियतनाम, मलेशिया और कोरिया जैसे कई दक्षिण-पूर्व एशियाई देशों में गैंडे के सिंग की बड़ी मांग है। चीनी इसे एक कामोद्दीपक के रूप में उपयोग करते हैं और इसके साथ पारंपरिक दवाएं बनाते हैं। पहले से कहीं अधिक, गैंडों को अब देखभाल और संरक्षण की आवश्यकता है। दुनिया भर के संगठन और गैर-लाभकारी समूह अवैध शिकार विरोधी उपायों में संलग्न हैं। भारत, भारतीय एक सिंग वाले गैंडे का निवास स्थान है, जो आमतौर पर असम और पड़ोसी देश नेपाल और भूटान में पाया जाता है। गैंडे हिमालय की तलहटी में लंबे घास के मैदान और जंगलों में रहना पसंद करते हैं।

37. (c) कनिष्क काल (लगभग 1900 वर्ष) के अश्वघोष और अन्य बौद्ध विद्वानों ने संस्कृत में लिखना शुरू किया। पहले बुद्ध की शिक्षा प्राकृत भाषा में थी लेकिन बाद में राजाओं ने इस प्रथा को धीरे-धीरे समय की जरूरतों के अनुसार बदल दिया। वह एक बौद्ध लेखक थे और बौद्ध लेखकों में बहुत प्रसिद्ध थे। उन्होंने बुद्धचरित लिखा जो बुद्ध की जीवनी है। यह संस्कृत भाषा में लिखी गई है। उन्होंने सूत्रालंकार भी लिखा है।

38. (c) प्रवासी भारतीय दिवस 9 जनवरी को मनाया जाता है। यह भारत सरकार के साथ प्रवासी भारतीय समुदाय के जुड़ाव को मजबूत करने और उन्हें अपनी जड़ों से फिर से जोड़ने के लिए मनाया जाता है। यह दिवस पहली बार 2003 में मनाया गया था। इसी दिन 1915 में महात्मा गांधी दक्षिण अफ्रीका से भारत लौटे थे। उन्हें महान 'प्रवासी' की उपाधि मिली।

39. (b) हार्पर कॉलिन्स को सोहिनी चट्टोपाध्याय द्वारा लिखित 'द डे आई बिकम ए रनर' ए वुमेन हिस्ट्री ऑफ इंडिया थ्रू द लेंस ऑफ स्पोर्ट के प्रकाशन की घोषणा करते हुए गर्व हो रहा है।

40. (a) भारत में जन्मे ब्रिटिश अर्थशास्त्री मेघनाद देसाई ने "द पॉवर्टी ऑफ पॉलिटिकल इकोनॉमी: हाउ इकोनॉमिक्स एबंडन द पुअर" नामक एक नई किताब लिखी है।

41. (c) गरीबी उन्मूलन के लिए अंतर्राष्ट्रीय दिवस 17 अक्टूबर को दुनिया भर में प्रत्येक वर्ष मनाया जाने वाला एक अंतर्राष्ट्रीय पर्यवेक्षण है। इस आयोजन का पहला आयोजन पेरिस, फ्रांस में 1987 में हुआ।

42. (b) 1944 में

43. (c) A अपनी गति को आधा करने के बाद कुल मिलाकर (2 + 1) 3 घंटा अधिक समय ले रहा है।

$$\frac{150}{A/2} - \frac{150}{A} = 3$$

$$A = 50 \text{ km/h}$$

प्रश्नानुसार,

$$\frac{150}{B} - \frac{150}{50} = 2$$

$$B = 30 \text{ km/h}$$

44. (b) केवल कथन 2 पर्याप्त है जबकि केवल कथन 1 अपर्याप्त है।

45. (d) विकल्प के अनुसार,

संख्या = 24

46. (d) A : B : C

लाभ $\rightarrow$ $4 \times 1 + 6 \times 1 : 7 \times 2 : 8 \times 1 + 4 \times 1$

10 : 14 : 12

= ₹ 5600

47. (c) $5W \times 8 = 8C \times 10$

$W/C = 2/1$

माना महिलाओं की दक्षता 2 और बच्चो की क्षमता 1 है।

कुल काम - $5 \times 2 \times 8 = 80$

2 महिलाओं और 4 बच्चों द्वारा किया गया कार्य = 2W + 4C

$2 \times 2 + 4 \times 1 = 8$

दिनों की संख्या = 80/8 = 10 दिन।

48. (a) a,b और c का चतुर्थानुपाती = $(b \times c)/a$

चतुर्थानुपाती $\sqrt{6}$, $\sqrt{8}$ और $\sqrt{21} = (\sqrt{21} \times \sqrt{8}) / \sqrt{6}$

$\Rightarrow \sqrt{8} \times \sqrt{4}$

$\Rightarrow 2\sqrt{7}$

49. (d) संख्या = 16 + 4 = 20

संख्या का वर्ग = $20^2 = 400$

$\frac{400}{16}$ = शेष 0

50. (d) A : B

आय $\rightarrow$ 3 : 4 = $3x$ $4x$

बचत $\rightarrow$ 7 : 6 = $7y$ $6y$

$3x = 2(4x - 6y)$

$12y = 5x$

$x : y = 12 : 5$

व्यय $\rightarrow$ $(3x - 7y) : (4x - 6y)$

51. (b) गद्यांश के अनुसार विज्ञान मानव की सबसे बड़ी शक्ति इसलिए कही गयी है क्योंकि इसके बल से मनुष्य प्रकृति और प्राणिजगत का सिरमौर है।

52. (c) वैज्ञानिक चिन्तन-पद्धति से मानव जीवन में व्याप्त भ्रमपूर्ण रुढ़िवादी विचारधाराओं से मुक्ति मिली है।

53. (a) यातायात एवं संचार साधनों के विकास से समय एवं स्थान की दूरियाँ बहुत कम हो गयी हैं जिसके फलस्वरूप समूचा विश्व एक परिवार-सा प्रतीत होने लगा है।

54. (d) दिये गये गद्यांश के अनुसार 'हस्तामलक' का अभिप्राय स्पष्ट और अनायास बोधगम्य से हैं।

55. (d) दिये गये गद्यांश के अनुसार, 'वैज्ञानिक चिंतन' का आशय स्वस्थ एवं संतुलित चिंतन' है।

56. (a) अहिंसात्मक अभ्यास की उससे पृथकता प्रतिपादित की जा सके इसलिए उक्त अनुच्छेद में फौजी की गतिविधियों का उल्लेख किया गया है।

57. (c) बचपन से ही अहिंसात्मक प्रवृत्ति का अभ्यास से ही निर्भरता आदि गुणों का अभ्यास किया जा सकता है।

58. (d) धर्मग्रंथ में सदाचार के नियमों पर सर्वाधिक बल दिया गया है।

59. (b): 'व्यवहृत' शब्द का पर्याय 'आचरित' है।

60. (d) उपर्युक्त गद्यांश का सर्वाधिक उपयुक्त शीर्षक 'सदाचार का महत्त्व' है।

61. (d) Allowances का हिंदी अनुवाद है- भत्ते

62. (a) साक्ष्यांकित का अंग्रेजी समानार्थी शब्द हो सकता है- Attested

63. (d) परिपत्र के सम्बन्ध में सभी कथन सही हैं। परिपत्र सरकारी पत्र का ही एक रूप है। एक ही विषय को, एक ही प्रेषक द्वारा अपने अधीनस्थ समस्त अधिकारियों कर्मचारियों को सूचना देने के लिए प्रयोग किया जाने वाला पत्र परिपत्र कहलाता है। परिपत्र की विशेषताएँ-

1. परिपत्र में सबसे ऊपर पत्रांक संख्या या परिपत्र संख्या लिखी जाती है।

2. ये पूर्णत: औपचारिक होते हैं।

3. इसमें विषय का उल्लेख किया जाता है।

4. इसमें संबोधन हेतु महोदय/ महोदया का प्रयोग होता है।

5. इसमें स्वनिर्देश हेतु भवदीय/ भवदीया का प्रयोग होता है।

64. (b) किसी सरकारी अधिकारी द्वारा अन्य सरकारी अधिकारी/कर्मचारी/गैर सरकारी व्यक्ति को सरकारी कार्य के संदर्भ में किसी खास मामले की ओर ध्यान आकर्षित कराने, विचार-विमर्श, सहमति, स्पष्टीकरण, सूचनाओं के आदान-प्रदान करने आदि हेतु व्यक्तिगत स्तर पर लिखा गया पत्र 'अर्द्ध-सरकारी पत्र' कहलाता है। अर्द्धसरकारी पत्र उत्तम पुरुष (प्रथम पुरुष) में मित्रतापूर्ण भाषा में लिखा जाता है। इसमें अभिवादन तथा संबोधन का विशेष महत्त्व होता है।

65. (a) माता-पिता द्वारा पुत्र को लिखे गये पत्र में माता-पिता द्वारा 'शुभाशीर्वाद' का अभिवादन किया जाना चाहिए। ऐसे पत्र अनौपचारिक पत्र के अन्तर्गत आते हैं। इन्हें 'गैर सरकारी पत्र' भी कहते हैं। अनौपचारिक पत्रों के अनेक रूप प्रचलित हैं, जिन्हें लोग अपने दैनिक जीवन के व्यवहार में लाते हैं। यथा (1) सम्बन्धियों के पत्र, (2) बधाई पत्र, (3) शोक पत्र (4) परिचय पत्र, (5) निमंत्रण पत्र (6) विविध पत्र।

66. (a) अधिसूचना' सरकारी गजट में प्रकाशित होती है। अंग्रेजी भाषा में इसे 'NOTIFICATION' कहते हैं। सरकारी स्तर पर अधिसूचना का प्रयोग भारतीय गजटों में प्रकाशित सरकारी नियम आदेश, अधिकार और नियुक्तियों की सूचना के प्रसंग में होता है।

67. (c) 'जिगीषु' का प्रयोग 'किसी पर विजय प्राप्त करने की इच्छा रखने वाला' वाक्य के लिए, एक शब्द के रूप में प्रयोग किया जाता है। वहीं 'जो जीत लिया गया हो' उसे 'विजित' तथा 'जिसने विजय प्राप्त की हो' 'विजेता' तथा 'जानने की इच्छा रखने वाले' के लिए एक शब्द 'जिज्ञासु' का प्रयोग होता है।

68. (d) 'पैर से सिर तक' वाक्यांश के लिए एक शब्द 'आपादमस्तक' है। शिख-नख की जगह नख-शिख शब्द का प्रयोग होता है, जिसका अर्थ होता है– पैर के नाखून से सिर के बाल तक।

69. (c) 'अनुचित बात के लिए आग्रह करने वाला' वाक्यांश के लिए एक शब्द 'दुराग्रही' का प्रयोग होता है।

70. (a) 'अप्रत्याशित' एकल शब्द का प्रयोग 'जिसकी पहले से कोई आशा न हो' के लिए किया जाता है। आशातीत– जो आशा से अधिक हो, आशाजनक– ऐसी बात जिससे कार्य पूर्ण होने की उम्मीद जगे, प्रत्याशित– जिसकी पहले से कोई आशा हो।

71. (b) 'अध्यादेश' शब्द 'राज्य द्वारा निकाला गया आधिकारिक आदेश' वाक्यांश के लिए है। 'अधिनियम' शब्द– शासन द्वारा जारी किया गया कानून के लिए तथा 'अधिसूचना' शब्द अधिकारिक सूचना के संदर्भ में जो विशेषत: राजपत्र में प्रकाशित हुई हो।

72. (c) वह स्त्री जिसका पति परदेश (विदेश) गया हो, वाक्य के लिए एक शब्द 'प्रोषितपतिका' है। 'नवोढ़ा'– नयी ब्याही हुई स्त्री, प्रवत्स्यपतिका– वह स्त्री जिसका पति विदेश जाने को हो और जो उसके वियोग की कल्पना से दुखी हो। आगत-पतिका- वह स्त्री जिसका पति अभी परदेश से लौटा हो।

73. (b) संयुक्त का पृथक् तथा एकत्र का विकीर्ण विलोम शब्द है।

74. (d) 'उपयोग' शब्द का विलोम 'अनुपयोग' है। सदुपयोग का विलोम दुरुपयोग है।

75. (c) निषिद्ध के लिए सही विलोम शब्द विहित है। घृणित याघृणा शब्द का विलोम प्रेम, स्नेह। सिद्ध का विलोम असिद्ध है।

76. (b) 'शुष्क' का विलोम आर्द्र है। उष्ण का शीत व शिष्ट का विलोम अशिष्ट है।

77. (d) शाश्वत का विलोम अनित्य होता है। स्थूल का विलोम सूक्ष्म, तन्वी व दुर्बल होता है।

78. (c) जारज – औरस
आग्रह – दुराग्रह
अपकर्ष – उत्कर्ष

79. (d) 'सुलभ' का उपयुक्त विपरीतार्थक शब्द 'दुर्लभ' है जबकि दुष्प्राप्य अथवा अप्राप्य का विलोम शब्द प्राप्त है और 'लब्ध' का विपरीतार्थक शब्द –'अलब्ध' अथवा प्रदान है।

80. (a) 'तृष्णा' का उपयुक्त विपरीतार्थक शब्द वितृष्णा है जबकि 'संतुष्टि' का विपरीतार्थक शब्द 'असंतुष्टि' है।

81. (d) शुद्ध वर्तनी वाला शब्द कवयित्री है। यह कवि का स्त्रीलिंग है।

82. (b)

83. (b) मानव मात्र को गीता के माहातम्य से परिचित होना अनिवार्य है। रेखांकित शब्द के स्थान पर 'माहात्म्य' शब्द प्रयुक्त होगा। जो कि वर्तनी के दृष्टि से शुद्ध शब्द है ।

84. (a)

85. (a) 'कच्चा चिट्ठा खोलना का अर्थ है - सारी भेद खोल देना। मेरा हिस्सा दे दो नहीं तो तुम्हारा सारा कच्चा चिट्ठा खोल दूंगा। जबकि कान का कच्चा होना का अर्थ है - हर एक की बात मान लेना।

86. (b) 'किसी ओर का न रहना' - 'त्रिशंकु होना' का उपयुक्त अर्थ है। अन्य विकल्प असंगत हैं।

87. (c)

88. (a) 'सहयोगी' का सर्वथा उपयुक्त विपरीतार्थक शब्द 'प्रतियोगी' होता है जबकि 'प्रतिकूल' का विपरीतार्थक शब्द 'अनुकूल' होता है।

89. (b) यमुना के पर्यायवाची रविजा सूर्याजा, सुर्यसुता, अर्कजा कृष्णा और कालिन्दी है जबकि तनुजा पुत्री का पर्यायवाची शब्द है।

90. (d) भद्र- अभद्र, भय साहस व मूढ़ ज्ञानी एक-दूसरे के विपरीतार्थक शब्द हैं, किन्तु मान्य का विलोम शब्द 'अमान्य' होगा अत: 'मान्य-धान्य' विलोम -युग्म नहीं है।

91. (d) शंकर के पर्यायवाची शब्द ललाटाक्ष, गंगाधर त्रिलोचन, महेश, शिव, महादेव आदि हैं जबकि शशधर चन्द्रमा का पर्यायवाची शब्द है।

92. (a) सदाचार का विलोम शब्द 'दुराचार' होता है न कि दुराचारी । अन्य सभी विकल्प विलोम युग्म की दृष्टि से सही हैं।

'बर्बर' का विलोम शब्द है-

93. (a) सख्यभाव मिश्रित अनुराग को 'प्रणय' कहा जाता है। प्रेम का अर्थ प्रीति या प्यार होता है।

94. (c) अनान्नास की वर्तनी शुद्ध है। शेष निम्नवत है–

शुद्ध	अशुद्ध
खेवैया	खिवैया
न्योछावर	न्यौछावर
निरपेक्ष	निर्पेक्ष

95. (a) सफलता न मिलने पर दु:खी होने को क्षोभ कहते हैं। कृपा का अर्थ 'अनुग्रह' होता है।

96. (b) खाने की इच्छा है- बुभुक्षा। शेष विकल्प तर्क संगत नहीं हैं।

97. (a) मीनाक्षी का पर्यायवाची शब्द सुन्दरी होता है। मीनाक्षी का आशय मीन की तरह आंख वाली होता है।

98. (b) हिरण्यगर्भ का पर्यायवाची शब्द नहीं है। ब्रह्म के अन्य पर्यायवाची शब्द है–पितामह, स्वयंभू, चतुरानन, स्त्रष्टा प्रजापति, कमलासन, हंसवाहन आमभू। विष्णु का पर्याय अच्युत, जनार्दन, चक्रपाणि, मुकुन्द, नारायण गरुड़ध्वज आदि। है। महेश का पर्याय शिव, उमापति महादेव, त्रिपुरारि, देवाधिदेव, मदनारि, चन्द्रमौलि आदि है। गणेश का पर्याय हेरम्ब, विघ्नविनाशक गणपति, लम्बोदर, एकदन्त विनायक, गजानन आदि है।

99. (d) नाग का पर्यायवाची तुरंग नहीं है। तुरंग का पर्यायघोड़ा होता है, जबकि सर्प, अहि और विषधर नाग के पर्याय है।

100. (c) विकल्पों में दैत्य का पर्याय भूसुर नहीं होता जबकि अन्य तीनों विकल्प इसके पर्याय है। भुसूर का पर्याय ब्राह्मण होता है।

101. (b) Full form of URL = Uniform Resource Locator URL The address of world wide web

102. (d) Application used for presentation Ms power point. MS Word - Word processor uses - Resume letter's, Calendar, Business Cards, Reports आदि बनाने में।

103. (a) inGınlus सशक्त पासवर्ड के लिए मानक नीति को संतुष्ट करता है।

104. (b) गूगल क्रोम एक संचालन तंत्र नहीं है। संचालन तंत्र सॉफ्टवेयर का समूह है जो कि आँकड़ों एवं निर्देशक के संचरण को नियंत्रित करता है। गूगल क्रोम एक वेब ब्राउजर है।

105. (b) एम.एस. एक्सेल में सिलेक्ट की गई सेल को कॉपी करने के लिए Ctrl + C शार्टकट कुंजी का प्रयोग होता है।

106. (c) वर्ड दस्तावेद में किसी विशिष्ट शब्द को खोजने के लिए Ctrl + F शार्टकट कुंजी का प्रयोग होता है।

107. (b) कार्बन कॉपी (सीसी) में संदेश का प्राप्तकर्ता अन्य सभी प्राप्तकर्ताओं के लिए दृश्य होता है।

108. (d) इंटरनेट एक विस्तृत क्षेत्र जालक्रम है। वैन - WAN - Wide Area Network

109. (b) प्रिंटर Output Device पर प्राय: हार्डकॉपी प्रदर्शित होती है। Speaker, Monitor Output Devices I

110. (c) [Type - A quote from ... quote text base] में सेंटर एलाइनमेंट लागू किया गया है।

111. (c) बार चार्ट, लाइन ग्राफ और पाई चार्ट को एक्सेल निर्मित कर सकता है।

112. (a) Ctrl + P वर्ड डाक्यूमेन्ट को प्रिंट करने के लिए प्रयोग होता है।

113. (b) ई-मेल एड्रेस में यूजर के नाम के बाद डोमेन का नाम सम्मिलित किया जाता है। परमाणु पत्र ई-मेल इलेक्ट्रॉनिक मेल का संक्षिप्त रूप है।

114. (c) वह स्टोरेज डिवाइस जो लेजर और लाइटों का उपयोग सूचना पढ़ने और लिखने के लिए अपनी तकनीक के रूप में करती है ऑप्टिकल स्टोरेज कहलाती है। यह आमतौर पर चपटी व गोलाकार होती है। इसका निर्माण Polycarbonate के उपयोग से होता है।

115. (c) कम्प्यूटर में तीन प्रमुख अवयव सी. पी. यू. आई/ ओ मेमोरी, CPU - सेन्ट्रल प्रोसेसिंग यूनिट, इलेक्ट्रॉनिक विद्युत परिपथ तंत्र है CPU ।

116. (c) पैराग्राफ में बाएँ अथवा दाएँ मार्जिन से दूरी निर्धारित इंडेन्ट करता है।

117. (c) SMTP का तात्पर्य सिंपल मेल ट्रांसफर प्रोटोकॉल है।

118. (a) एमएस एक्सेल 2007 में इलस्टेशन ग्रुप इनसर्ट टैब में उपलब्ध है।

119. (d) औरेकल एक ऑपरेटिंग सिस्टम नहीं है। भारत की सरकारी रेडियो सेवा 1920।

120. (d) एम एस एक्सेल में 'Ctrl+' ' ' कुंजी का सब्स्क्रिप्ट होता है।

121. (c) कम्प्यूटर और सर्वर के संग्रह को इन्टरनेट कहा जाता है। इसके माध्यम से अनेकों ई-सूचनाओं के क्षण के अंदर प्राप्त अथवा प्रसारित किया जा सकता है।

122. (d) कैलिब्री, एरियल तथा एरियल ब्लैक अलग-अलग प्रकार के फॉट स्टाइल है। एरियल व्हाइट फांट स्टाइल नहीं है। फान्ट स्टाइल आप्शन में किसी टेक्स्ट को अलग-अलग बनावट वाले फान्ट के रूप में लिखा जा सकता है।

123. (b) गूगल द्वारा विकसित ब्राउजर क्रोम है। इसे गूगल क्रोम भी कहा जाता है। गूगल विश्व का सबसे बड़ा सर्च इंजन है।

124. (b) PROM का अर्थ प्रोग्रामेबल रीड ओनली मेमोरी है। इसे फील्ड F-PROM भी कहा जाता है। यह डिजिटल मेमोरी का एक रूप है। जहाँ बिट की सेंटिंग फ्यूज द्वारा लॉक होती है।

125. (c) जब एम एस एक्सेल में किसी सेल को सिलेक्ट किया जाता है और उसमें "=B25" टाइप किया जाता है तो सिलेक्ट किए गए सेल में वह मान दिखता है जो B25 नम्बर के सेल में दिया होता हैं।

126. (a) रिमोट सर्वर से फाइल को लोकल ड्राइव में कॉपी करने की प्रक्रिया डाउनलोडिंग कहलाती है। इस प्रकार लोकल ड्राइव से फाइल को किसी अन्य सर्वर पर भेजने की प्रक्रिया को अपलोडिंग कहा जाता है।

127. (a) FTP का विस्तृत रूप फाइल ट्रांसफर प्रोटोकॉल है। इसके द्वारा इंटरनेट आधारित TCP/IP नेटवर्क पर संचिकाओं या Files का आदान प्रदान किया जाता है। इसे यूजर द्वारा यूजर बेस्ड पासवर्ड से काम में लाया जाता है।

128. (c) एक एम एस एक्सेल फाइल में पंक्तियों और स्तम्भों के परस्पर मिलने से जिस पेज का निर्माण होता है उसे " वर्कशीट" (Worksheet) कहा जाता है। MS-Excel 2003 में एक एम एस फाइल में डिफॉल्ट रूप से तीन एम एस एक्सेल शीट्स पायी जाती हैं।

129. (a) एम एस वर्ड में पैराग्राफ को सेंटर में लाने के लिए Ctrl + E शॉर्टकट कुंजी का उपयोग किया जाता है। इसके अतिरिक्त पैराग्राफ को पेज के बीच में लाने के लिए वर्ड के होम पेज पर एलाइमेंट हेतु आइकॉन मेनु बार में बने होते हैं।

130. (c) एम एस वर्ड में 2007 में "फाइंड एंड रिप्लेस" विंडो खोलने के लिए Ctrl + F शार्ट कट कुंजी का उपयोग किया जाता है। साथ ही इसमें होम - टेब की मेनु बार पर इसके लिए ऑप्शन दिया होता है।

131. (d) विंडोस लोगों कुंजी + माइनस कुंजी का उपयोग डेक्स्ट टॉप को "जूम आउट" करने के लिए किया जाता है।

132. (b) एम एस वर्ड में, सिलेक्ट किए गए टेक्स्ट को इटैलिक करने लिए Ctrl + 1 शार्टकट कुंजी का उपयोग किया जाता है। इसके लिए फार्मेटिंग बार में | आइकॉन भी बना होता है।

133. (b) HTTP वर्ल्ड वाइड वेब पर सूचना प्रसारण के लिए प्रयुक्त होता है

134. (c) जावा सर्वर पेजेस के लिए JSP फाइल एक्सटेंशन का उपयोग किया जाता है। जावा कम्प्यूटर में प्रयुक्त की जाने वाली भाषा का एक प्रकार है।

135. (a) मेमोरी लोकेशन से डेटा कॉपी करने की प्रक्रिया रीडिंग कहलाती है।

136. (b) विश्व के सभी कम्प्यूटर नेटवर्कों के मध्य अर्न्तसंबंधों को इन्टरनेट कहा जाता है। इसके माध्यम से विश्व के सभी भागों के मध्य शीघ्रता से सूचनाओं का आदान-प्रदान किया जा सकता है।

137. (c) कम्प्यूटर को चालू करके दिखाई देने वाले मुख्य स्क्रीन को डेस्कटॉप कहा जाता है। यह कंम्प्यूटर के मुख्य पेज को निरूपित करता है। जिस पर कम्प्यूटर के अंदर संग्रहित समस्त सूचनाओं तक पहुँचनें हेतु विभिन्न मार्ग होते हैं।

138. (c) पायरेटेड सॉफ्टवेयर कॉपीराइट सॉफ्टवेयर का अनाधिकृत उपयोग प्रतिलिपिकरण या बिक्री है। इस प्रकार का उपयोग अवैध तथा अकानून माना जाता है।

139. (d) एम. एस. 2007 पर क्लिप बोर्ड पर पेस्ट, कट, कॉपी, सेव, प्रिंट आदि विकल्प पाये जाते हैं। परंतु इस पर पेज सेटअप विकल्प नहीं होता है।

140. (a) एलसीडी, स्कैनर और प्रिंटर कम्प्यूटर की हार्डवेयर डिवाइस है। इसी प्रकार माउस, CPU, मॉनिटर की बोर्ड आदि भी हार्डवेयर डिवाइस है। कम्प्यूटर प्रोग्राम, नेटवर्क, सॉफ्टवेयर भाग हैं।

141. (d) SMTP = सिम्पल मेल ट्रांसफर प्रोटोकॉल। यह इलेक्ट्रॉनिक मेल के प्रसारण के लिए एक इंटरनेट का मानक है। यह एक TCP/IP ईमेल भेजने और प्राप्त करने में इस्तेमाल किया प्रोटोकॉल है।

142. (b) कुकीज मैलवेयर नहीं है। मेलवेयर के अंतर्गत वार्म, वायरस और ट्रोजन आदि आते हैं। ये किसी भी कम्प्यूटर में इंटरनेट के माध्यम में डाउनलोड हो जाते हैं तथा उस कम्प्यूटर के डाटा को करप्ट कर देते हैं।

143. (b) 1 टेराबाइट = 1024 गीगाबाइट के बराबर होता है तथा 1

गीगाबाइट लगभग 106 बाइट के बराबर होता है।

144. (a) एमएस एक्सेल में परिणाम चाहें सत्य हो या असत्य हो वह लॉजिकल फंक्शन में उपलब्ध रहता है।

145. (c) एमएस एक्सेल में प्रतीक "......" स्वत: योग का संकेत् है। इसमें डाटा को विभिन्न प्रकार से आंकलन किया जाता है। इसे स्टेटिस्टीक्स के सभी आंकलन आसानी से किये जा सकते हैं।

146. (c) इन्टरनेट एक्सप्लोरर एक इंटरनेट ब्राउजर हैं। इसी प्रकार फायरफॉक्स् गूगल, क्रोम आदि भी इंटरनेट ब्राउजर के प्रकार है।

147. (b) WWW = वर्ल्ड वाइड वेब है। यह किसी भी सर्वर के URL के पहले तीन अक्षर बनाता है।

148. (d) कंप्यूटर और कीबोर्ड के बीच संचार में सिम्पलेक्स ट्रांसमिशन शामिल है, क्योंकि यहां डेटा-फ्लो एक ही दिशा में होता है। सिंप्लेक्स ट्रांसमिशन एक प्रकार का ट्रांसमिशन मोड है। इस प्रकार के ट्रांसमिशन मोड में, डेटा को केवल एक दिशा के माध्यम से भेजा जा सकता है अर्थात संचार यूनिडायरेक्शनल होता है। हम संदेश भेजने वाले को वापस सन्देश नहीं भेज सकते।

149. (b) एमएस एक्सेल 2007 में रो और कॉलम के शीर्षकों को उनके स्थान पर स्थिर करने के लिए व्यू मेनू पर फ्रीज- पैन्स कमांड का उपयोग करते हैं ताकि वे वर्कशीट को स्क्रॉल करने पर स्क्रॉल न हो।

150. (c) एम एस वर्ड में 2007 में, ड्रॉप कैप के लिए 2 अलग-अलग स्थितियाँ सेट कर सकते हैं।

❑❑❑

11 प्रैक्टिस सेट

सामान्य ज्ञान

1. निम्नलिखित में से कौन भारतीय संविधान के अनुसार सही सुमेलित नहीं है ?

(a) पंचायतें - भाग-IX
(b) नगरपालिकाएं - भाग-IX क
(c) सहकारी समितियाँ - भाग-IX ख
(d) अधिकरण - भाग-X

2. निम्न में से कौन सही सुमेलित नहीं है ?

मौलिक अधिकार		अनुच्छेद
(a) अस्पृश्यता का अंत	-	अनु. 17
(b) गिरफ्तारी एवं निरोध विरुद्ध संरक्षण	-	अनु. 23
(c) धर्म की स्वतंत्रता	-	अनु. 25
(d) अल्पसंख्यकों के हितों का संरक्षण	-	अनु. 29

3. "नवरात्रि" को सरस्वती पूजा के रूप में निम्न राज्य में मनाया जाता है-

(a) केरल में (b) कर्नाटक में
(c) तमिलनाडु में (d) तेलंगाना में

4. निम्नलिखित अम्लों में से किस अम्ल का प्रयोग कार-बैटरियों में किया जाता है ?

(a) एसीटिक अम्ल
(b) हाइड्रोक्लोरिक अम्ल
(c) सल्फ्यूरिक अम्ल
(d) नाइट्रिक अम्ल

5. ठोस अशुद्धियों के शुद्धीकरण के लिए निम्नलिखित में से कौन-सी प्रक्रिया उपयोगी नहीं है ?

(a) आसवन (b) उर्ध्वपातन
(c) क्रिस्टलीकरण (d) उपरोक्त सभी

6. सफेद प्रकाश में उपस्थित निम्नलिखित रंगों में से कौन-सा रंग शीशा के प्रिज्म द्वारा सबसे कम विचलित होता है ?

(a) हरा रंग (b) लाल रंग
(c) बैंगनी रंग (d) नारंगी रंग

7. त्रिकोष्ठीय हृदय पाया जाता है-

(a) स्तनधारियों में (b) पक्षियों में
(c) उभयचरों में (d) मछलियों में

8. निम्नलिखित में से कौन-सा सही सुमेलित नहीं है ?

अधिनियम		वर्ष
(a) राजद्रोही सभाओं को रोकने का अधिनियम	-	1908
(b) विस्फोटक पदार्थ अधिनियम	-	1908
(c) भारतीय फौजदारी कानून संशोधन अधिनियम	-	1908
(d) समाचार-पत्र (अपराधों के लिए प्रोत्साहन) अधिनियम	-	1908

9. सूची-I को सूची-II के साथ सुमेलित कीजिए तथा नीचे दिए गए कूट से सही उत्तर का चयन कीजिए-

सूची-I	सूची-II
(A) रम्पा विद्रोह	**1. 1859-60**
(B) पाबना किसान विद्रोह	**2. 1879-80**
(C) बंगाल नील विद्रोह	**3. 1860-63**
(D) जयंतिया विद्रोह	**4. 1873-76**

कूट:

	A	B	C	D
(a)	2	1	3	4
(b)	2	4	1	3
(c)	1	2	3	4
(d)	4	2	1	3

10. दिल्ली सल्तनत के किस शासक ने अपने आप को "खलीफा" घोषित कर दिया था ?

(a) बलबन
(b) अलाउद्दीन खिलजी
(c) मुबारक खिलजी
(d) मुहम्मद बिन तुगलक

11. निम्नलिखित अधिनियमों में से किसके द्वारा भारत परिषद् (इंडिया कौंसिल) को समाप्त किया गया ?

(a) मार्ले-मिन्टो सुधार 1909
(b) भारत सरकार अधिनियम 1919
(c) भारत सरकार अधिनियम 1935
(d) भारत स्वतंत्रता अधिनियम 1947

12. निम्नलिखित में से कौन-सा सही सुमेलित नहीं है ?

संगठन		व्यक्ति
(a) यंग बंगाल आंदोलन	-	हेनरी विवियन डेरोजियो
(b) बहिष्कृत हितकारिणी सभा	-	ज्योतिबा फुले
(c) थियोसोफिकल सोसाइटी	-	कर्नल आल्काट
(d) यूनाइटेड इंडियन एसोसिएशन पेट्रियोटिक	-	सर सैयद अहमद खां

13. सूची-I को सूची-II के साथ सुमेलित कीजिए तथा नीचे दिए गए कूट में से सही उत्तर का चयन कीजिए-

सूची-I (फसल)	सूची-II (मौसम)
(A) सूरजमुखी	**1. खरीफ (वर्षा)**
(B) खरबूजा	**2. जायद (गर्मी)**
(C) कपास	**3. रबी (सर्दी)**
(D) अलसी	**4. सभी मौसम**

कूट:

	A	B	C	D
(a)	3	4	1	2
(b)	4	2	1	3
(c)	3	4	2	1
(d)	2	3	4	1

14. जेनेटिक उद्योग में सम्मिलित है-

(a) कृषि
(b) मछली पकड़ना
(c) शिकार करना
(d) खनन

15. निम्नलिखित भारत की नदियों में से कौन कर्क रेखा को दो बार पार करती है ?

(a) माही
(b) चंबल
(c) नर्मदा
(d) उपर्युक्त में से कोई नहीं

16. "तुलबुल" परियोजना किस नदी पर है ?
(a) सतलुज (b) झेलम
(c) रावी (d) व्यास

17. भारत सरकार द्वारा राष्ट्रीय हरित अधिकरण (एन.जी.टी.) की स्थापना हुई थी-
(a) 2007 में (b) 2008 में
(c) 2009 में (d) 2010 में

18. भारत की पहली सेमी हाई स्पीड ट्रेन "वन्दे भारत' चलती है-
(a) वाराणसी से नई दिल्ली के मध्य
(b) नई दिल्ली से जम्मू के मध्य
(c) नई दिल्ली से मुंबई के मध्य
(d) नई दिल्ली से लखनऊ के मध्य

19. निम्नलिखित शैल समूहों में से कौन भारत में अधिकतम मात्रा में कोयला प्रदान करता है ?
(a) धारवाड़ समूह (b) गोंडवाना समूह
(c) विंध्यन समूह (d) टर्शियरी समूह

20. फरवरी 2020 में गठित राम मंदिर ट्रस्ट के संबंध में सूची-I को सूची-II के साथ सुमेलित कीजिए तथा नीचे दिए गए कूट में से सही उत्तर का चयन कीजिए।

सूची-I (नाम)	सूची-II (पद)
(A) महंत नृत्य गोपाल दास	1. मंदिर निर्माण समिति के प्रमुख
(B) स्वामी गोविंद देव गिरि	2. ट्रस्ट के महासचिव
(C) श्री चंपत राय	3. ट्रस्ट के कोषाध्यक्ष
(D) श्री नृपेंद्र मिश्र	4. राम मंदिर ट्रस्ट के अध्यक्ष

कूट:

	A	B	C	D
(a)	1	2	3	4
(b)	4	3	2	1
(c)	2	4	1	3
(d)	3	2	4	1

21. प्रथम "खेलो इंडिया विश्वविद्यालय" खेल कहाँ आयोजित हुए ?
(a) भुवनेश्वर (b) नई दिल्ली
(c) पुणे (d) कोलकाता

22. उत्तर प्रदेश में "किसान समृद्धि आयोग" का गठन किस वर्ष में हुआ था ?
(a) 2016 (b) 2017
(c) 2018 (d) 2019

23. निम्नलिखित जनपदों में से किसमें साक्षरता दर सबसे कम है ?
(a) बुलंदशहर (b) श्रावस्ती
(c) कुशीनगर (d) उन्नाव

24. उत्तर प्रदेश राज्य में कुल सिंचित क्षेत्र का नहर सिंचाई क्षेत्र कितने प्रतिशत है ?
(a) 30 प्रतिशत (b) 29 प्रतिशत
(c) 28 प्रतिशत (d) 27 प्रतिशत

25. सूची-I को सूची-II के साथ सुमेलित कीजिए तथा नीचे दिए गए कूट में से सही उत्तर का चयन कीजिए।

सूची-I	सूची-II
(A) पीतल का सामान	1. मेरठ
(B) माचिस	2. सहारनपुर
(C) खेल का सामान	3. मुरादाबाद
(D) लकड़ी पर नक्काशी	4. बरेली

कूट:

	A	B	C	D
(a)	4	3	2	1
(b)	3	4	1	2
(c)	2	1	3	4
(d)	1	2	4	3

26. उत्तर प्रदेश के प्रमुख लोक नृत्य कौन-से हैं ?
(a) बिहू, घूमर, गरबा
(b) चरकुला, कर्मा, पांडव
(c) राउनाच, भांगडा, राउफ
(d) लावणी, कथक, कथकली

27. व्यापार सुविधा केन्द्र एवं क्राफ्ट म्यूजियम की स्थापना उत्तर प्रदेश के जनपद में हुई-
(a) प्रयागराज (b) वाराणसी
(c) अयोध्या (d) अमेठी

28. निम्नलिखित में से कौन सही सुमेलित नहीं है ?

	संस्थाएँ	स्थापना
(a)	अंतर-राज्य परिषद्	- 1990
(b)	राष्ट्रीय विकास परिषद्	- 1954
(c)	केंद्रीय सतर्कता आयोग	- 1964
(d)	राष्ट्रीय मानवाधिकार आयोग	- 1993

29. "वांग्ला उत्सव" निम्न राज्य में मनाया जाता है-
(a) मिजोरम में (b) मेघालय में
(c) मणिपुर में (d) त्रिपुरा

30. जीवाश्मी-ईंधनों में एकमात्र ऊर्जा का चरम स्त्रोत है-
(a) पृथ्वी (b) सूर्य
(c) समुद्र (d) चन्द्रमा

31. जैन विद्या शोध संस्थान उत्तर प्रदेश के किस नगर में है ?
(a) सहारनपुर (b) मेरठ
(c) लखनऊ (d) आगरा

32. वाराणसी घराने की गायकी का जनक किसे माना जाता है ?
(a) हुसैन खां
(b) वाजिद अली शाह
(c) पं. बड़े रामदास जी मिश्र
(d) पं. राम सहाय

33. "NEFT" में E का पूर्ण रूप क्या है ?
(a) इलेक्शन (b) एक्सचेंज
(c) एक्साइज (d) इलेक्ट्रोनिक

34. निम्नलिखित में से किसने तारीख-ए-फ़िरोज़ शाही लिखी है ?
(a) अमीर खुसरो (b) ज़ियाउद्दीन बरनी
(c) अल-बिरूनी (d) फ़िरिश्ता

35. निम्नलिखित में से कौन सा (ग्रन्थ - लेखक) सुमेलित नहीं है ?
(a) एकलिंग महाकाव्य - महाराणा कुम्भा
(b) प्रबन्ध चिन्तामणि - मेरुतुंगाचार्य
(c) हम्मीर महाकाव्य - नयनचन्द्र सूरी
(d) प्रबन्ध कोष - राजशेखर

36. अलाउद्दीन खिलजी की दक्षिण की विजय में अंतर्दृष्टि प्रदान करने वाला लेख "खजाइन उल फुतूह" निम्नलिखित में से किस लेखक द्वारा लिखा गया है ?
(a) जियाउद्दीन बरनी
(b) अमीर खुसरो
(c) अबुल फ़ज़ल
(d) मलिक मोहम्मद जायसी

37. क्रिकेट विश्व कप में पहला दोहरा शतक किसने बनाया है ?
(a) सचिन तेंदुलकर (b) रोहित शर्मा
(c) क्रिस गेल (d) मार्टिन गुप्टिल

38. क्रिकेट की 'बॉडीलाइन श्रृंखला' किस वर्ष में खेली गई ?
(a) 1932-33 (b) 1934-35
(c) 1945-46 (d) 1960-61

39. क्रिकेट के नियमों को पहली बार .... ई. में लिखा गया था ?
(a) 1474 ई. (b) 1447 ई.
(c) 1774 ई. (d) 1744 ई.

40. अंतर्राष्ट्रीय अंहिसा दिवस किस दिन मनाया जाता है ?
(a) 10 दिसंबर (b) 30 जनवरी
(c) 2 अक्टूबर (d) 23 मार्च

41. निम्नलिखित में से कौन सही ढंग से सुमेलित नहीं है ?

(a) पंकज आडवाणी: बिलियड्र्स
(b) अंजलि भागवत: शूटिंग
(c) मुहम्मद अनस याहिया: बॉक्सिंग
(d) दीपा मलिक: एथलेटिक्स

42. विश्व में सबसे अधिक ग्रैंड स्लैम जीतने वाली महिला खिलाड़ी कौन है ?

(a) स्टेफी ग्राफ
(b) सेरेना विलियम्स
(c) मार्टिना नवरातिलोवा
(d) मार्गरेट स्मिथ कोर्ट

43. किसी बेलनाकार वस्तु के वक्र सतह का क्षेत्रफल 660 वर्ग सेमी है। यदि इसके आधार की परिधि 44 सेमी है, तो उस वस्तु का आयतन ज्ञात करें।

(a) 4620 क्यूबिक सेमी
(b) 2310 क्यूबिक सेमी
(c) 6930 क्यूबिक सेमी
(d) 1155 क्यूबिक सेमी

44. एक व्यापारी के पास 16 क्विंटल गेहूँ था। उसने कुछ हिस्सा 17% लाभ और बाकी हिस्सा 27% लाभ पर बेच दिया, इस प्रकार उसे कुल 21% लाभ हुआ, उसने 27% लाभ पर कितना गेहूँ बेचा?

(a) 960 kg (b) 640 kg
(c) 320 kg (d) 1280 kg

45. 5 वर्षों में 7% वार्षिक दर से एक राशि पर ₹ 5320 का साधारण ब्याज बन जाता है। यह राशि कितनी है?

(a) ₹ 18240 (b) ₹ 12160
(c) ₹ 15200 (d) ₹ 9120

46. $(x + 11)(3 - 5x)$ में x के गुणांक हैं।

(a) 33 (b) –5
(c) 3 (d) –52

47. 77 और 275 का महत्तम समापवर्तक क्या होगा?

(a) 12 (b) 11
(c) 7 (d) 25

48. एक भाई अपनी बहन से 6 साल बड़ा है। सात साल पहले उनकी उम्र का गुणनफल 72 था। भाई की उम्र क्या है?

(a) 13 साल (b) 12 साल
(c) 6 साल (d) 19 साल

49. 648 किमी की यात्रा करने के लिए, एक एक्सप्रेस ट्रेन राजधानी से 12 घंटे अधिक लेती है। यदि एक्सप्रेस ट्रेन की गति दुगुनी कर दी जाती है, तो वह राजधानी की तुलना में 6 घंटे कम समय लेती है। राजधानी की गति क्या है?

(a) 36 किमी/घंटा (b) 18 किमी/घंटा
(c) 45 किमी/घंटा (d) 27 किमी/घंटा

50. A काम का 80% 20 दिन में करता है। फिर वह B को बुलाता है तथा वे दोनों मिलकर बचा हुआ काम 3 दिन में पूरा करते हैं। पूरा काम अकेले करने में B को कितना समय लगेगा?

(a) 75 दिन (b) 37.5 दिन
(c) 17.5 दिन (d) 35 दिन

सामान्य हिंदी

निर्देश [51-54]: दिये गए गद्यांश के आधार पर उत्तर दीजिए।

लक्ष्मण ने अकृत्रिम भ्रातृस्नेह के कारण बड़े भाई का साथ दिया। उन्होंने राज-पाट छोड़ कर अपना शरीर रामचंद्र को अर्पण किया। यह बहुत बड़ी बात की। पर उर्मिला ने इससे भी बढ़कर आत्मोत्सर्ग किया। उसने अपनी आत्मा की अपेक्षा अधिक प्यारा अपना पति राम जानकी के लिए दे डाला और यह आत्मसुखोत्सर्ग उसने तब किया जब उसे ब्याह कर आये हुए कुछ ही समय हुआ था। उसने अपने सांसारिक सुख के सबसे अच्छे अंश से हाथ धो डाला। जो सुख विवाहोत्तर उसे मिलता उसकी बराबरी 14 वर्ष पति वियोग के बाद का सुख कभी नहीं कर सकता। नवोढ़त्व को प्राप्त होते ही जिस उर्मिला ने रामचंद्र और जानकी के लिए अपने सुख-सर्वस्व पर पानी डाल दिया उसी के लिए अंतर्दर्शी आदि कवि के शब्द भण्डार में दरिद्रता।

51. लक्ष्मण राम के साथ वनवास के लिए क्यों गए?

(a) रामचंद्र की सेवा के लिए।
(b) पिता की आज्ञा के कारण।
(c) भाई के प्रति अत्यधिक प्रेम के कारण।
(d) उर्मिला से दूर जाने के लिए।

52. लेखक को क्या दुःख-

(a) रामचंद्र राज-पाट छोड़कर वनवास को चले गए।
(b) लक्ष्मण भी भाई राम के साथ वनवास को चले गए।
(c) उर्मिला का लक्ष्मण से वियोग हो गया।
(d) रचनाकारों ने उर्मिला के विषय में कुछ नहीं लिखा।

53. उर्मिला ने क्या बलिदान नहीं दिया ?

(a) लक्ष्मण से विवाह किया।
(b) अपनी बहन सीता का वियोग सहा।
(c) लक्ष्मण को रामचंद्र के साथ वनवास के लिए जाने दिया।
(d) सांसारिक सुखों का त्याग किया।

54. 'उसने अपने सांसारिक सुख के सबसे अच्छे अंश से हाथ धो डाला।' इस पंक्ति से लेखक का क्या तात्पर्य है ?

(a) उर्मिला को श्री रामचंद्र के साथ रहने का सौभाग्य नहीं मिला।
(b) उर्मिला को नवोढ़त्व में पति के साथ के सुख का त्याग करना पड़ा।
(c) उर्मिला को अपनी बहन जानकी के वियोग को सहन करना पड़ा।
(d) वह विवाह कर पिता के घर से पति गृह आ गई।

निर्देश [55-57]: दिये गए गद्यांश के आधार पर उत्तर दीजिए।

शीलयुक्त व्यवहार मनुष्य की प्रकृति और व्यक्तित्व को उद्‌घाटित करता है। उत्तम प्रशंसनीय और पवित्र आचरण ही शील है। शीलयुक्त व्यवहार प्रत्येक व्यक्ति के लिए हितकर है। इससे मनुष्य की ख्याति बढ़ती है। शीलवान व्यक्ति सबका हृदय जीत लेता है। शीलयुक्त व्यवहार से कटुता दूर भागती है। इससे आशंका और संदेह की स्थितियाँ कभी उत्पन्न नहीं होती। इससे ऐसे सुखद वातावरण का सृजन होता है, जिसमें सभी प्रसन्नता का अनुभव करते हैं। शीलवान व्यक्ति अपने संपर्क में आने वाले सभी लोगों को सुप्रभावित करता है। <u>शील इतना प्रभुत्वपूर्ण होता है कि किसी कार्य के बिगड़ने की नौबत नहीं आती</u>। अधिकारी-अधीनस्थ शिक्षक-शिक्षार्थी, छोटों-बड़ों आदि सभी के लिए शीलयुक्त व्यवहार समान रूप से आवश्यक है। शिक्षार्थी में यदि शील का अभाव है, तो वह अपने शिक्षक से वांछित शिक्षा प्राप्त नहीं कर सकता। शीलवान अधिकारी या कर्मचारी में आत्मविश्वास की वृद्धि स्वत: ही होने लगती है और साथ ही उनके व्यक्तित्व में शालीनता आ जाती है। इस अमूल्य गुण की उपस्थिति में अधिकारी वर्ग और अधीनस्थ कर्मचारियों के बीच तथा शासक और शासित के बीच मधुर और प्रगाढ़ संबंध स्थापित होते हैं और प्रत्येक वर्ग की कार्यकुशलता में वृद्धि होती है। इस गुण के माध्यम से छोटे-से- छोटा व्यक्ति बड़ों की सहानुभूति अर्जित कर लेता है। शील कोई दुर्लभ और दैवी गुण नहीं है। इस गुण को अर्जित किया जा सकता है। पारिवारिक संस्कार इस गुण को विकसित और विस्तारित करने में बहुत बड़ी भूमिका अदा करते हैं।

55. निम्नलिखित में से कौन-सा कथन शील के संबंध में गलत है ?

(a) शीलयुक्त व्यवहार से सुखद वातावरण का निर्माण होता है।
(b) शील एक दैवी गुण है।

(c) पारिवारिक संस्कार शील को विकसित करने में महत्त्वपूर्ण भूमिका निभाते हैं।
(d) शीलयुक्त व्यवहार छोटों बड़ों में समान रूप से आवश्यक है।

56. गद्यांश में रेखांकित अंश की उचित व्याख्या होगी।

(a) शील प्रभु द्वारा दिया जाता है।
(b) किसी कार्य के बिगड़ने पर शील प्रभुत्व स्थापित कर लेता है।
(c) जहाँ शील का प्रभुत्व होता है वहाँ कोई कार्य बिगड़ने नहीं पाता।
(d) जहाँ कार्य बिगड़ता है वहाँ शील का प्रभुत्व होता है।

57. गद्यांश में कौन-सा शब्द 'दुष्प्रभावित' का विलोम है?

(a) कुप्रभावित (b) प्रगाढ़
(c) सुप्रभावित (d) आशंका

निर्देश [58]: दिये गए गद्यांश के आधार पर उत्तर दीजिए।

भारतीय दर्शन सिखाता है कि जीवन का एक आशय और लक्ष्य है, आशय की खोज हमारा दायित्व है, और अंत में उस लक्ष्य को प्राप्त कर लेना हमारा विशेषाधिकार है। इस प्रकार दर्शन जो कि आशय को उद्घाटित करने की कोशिश करता है और जहाँ तक उसे इसमें सफलता मिलती है, वह इस लक्ष्य तक अग्रसर होने की अक्रिया है। कुल मिलाकर आखिर यह लक्ष्य क्या है? इस अर्थ में यथार्थ की प्राप्ति वह है जिसमें पा लेना केवल जानना नहीं है, बल्कि उसी का अंश हो जाना है। इस उपलब्धि में बाधा क्या है? बाधाएँ कई हैं, पर इनमें प्रमुख है- अज्ञान। अशिक्षित आत्मा नहीं है, यहाँ तक कि यथार्थ संसार भी नहीं है, यह दर्शन ही है जो उसे शिक्षित करता है, और अपनी शिक्षा से उसे उस अज्ञान से मुक्ति दिलाता है, जो यथार्थ दर्शन नहीं होने देता। इस प्रकार एक दार्शनिक होना एक बौद्धिक अनुगमन करना नहीं है, बल्कि एक शक्तिप्रद अनुशासन पर चलना है, क्योंकि सत्य की खोज में लगे हुए सही दार्शनिक को अपने जीवन को इस प्रकार आचरित करना पड़ता है ताकि उस यथार्थ से एकाकार हो जाए जिसे वह खोज रहा है। वास्तव में यही जीवन का एक मात्र सही मार्ग है और सभी दार्शनिकों को इसका पालन करना होता है, और दार्शनिक ही नहीं, बल्कि सभी मनुष्यों को, क्योंकि सभी मनुष्यों के दायित्व और नियति एक ही है।

58. उपर्युक्त गद्यांश का समुचित शीर्षक चुनिए।

(a) जीवन का एक आशय
(b) मनुष्य की नियति
(c) भारतीय दर्शन और जीवन
(d) अज्ञान से मुक्ति

निर्देश [59-60]: दिये गए गद्यांश के आधार पर उत्तर दीजिए।

हम इस बात को जानते हैं कि तुम हमारे प्रेम के कारण वनवास के कष्टों को सहन करने के लिए तैयार हो लेकिन घर पर रह कर हमारे साथ स्नेह को तुम और भी अधिक रक्षा कर सकती हो। सबसे बड़ी बात यह है कि हमारे न रहने पर माँ जब व्याकुल होगी, तब तुम संतोषजनक बातें कहकर उन्हें समझाना। लेकिन सीता पर इन बातों का कुछ भी प्रभाव न पड़ा। सीता साधारण स्त्री न थीं. वे अपने कर्त्तव्य को समझती थीं। इसलिए इन सभी बातों के उत्तर देकर वे बनवास के लिए अपनी इच्छा को तोड़ न सकी। यहाँ यह बात बताने की आवश्यकता नहीं है कि सीता को जो यह अमर कीर्ति प्राप्त हुई प्रत्येक स्त्री के लिए वे प्रातः स्मरणीय हो सकी इसका कारण यह नहीं है कि वे राजा जनक की बेटी थी और राजा दशरथ की पुत्र वधू थीं रामचन्द्र की पत्नी होना भी उनका कोई विशेष कारण नहीं है। उस कीर्ति का एक मात्र कारण है अपने धर्म और कर्त्तव्य के लिए उनका कष्ट सहन अपनी सत्य निष्ठा और धर्म-परायणता, चरित्र-बल और कष्ट सहन के लिए उनको जो अमर कीर्ति संसार के लिए इतिहास में मिल सकी, उसको बताने की आवश्यकता नहीं।

59. सीता जी को अमर कीर्ति किस कारण प्राप्त हुई?

(a) राजा जनक की पुत्री होने के कारण
(b) राजा दशरथ की पुत्रवधू होने के कारण
(c) रानी कौशल्या की सेवा करने के कारण
(d) अपने धर्म और कर्त्तव्य के लिए उनका कष्ट सहना

60. उपयुक्त गद्यांश का शीर्षक बताइये।

(a) सीता का त्याग
(b) सीता की सेवा-भावना
(c) धर्म और कर्त्तव्य परायण सीता
(d) सीता का सर्मपण

61. लेखा परीक्षा का अंग्रेजी समानार्थी शब्द है-

(a) Audit (b) Survey
(c) Overlook (d) shrug off

62. 'विसंगति' शब्द के लिए सही अंग्रेजी शब्द क्या होगा?

(a) Disorder (b) Discrepancy
(c) Discretion (d) Dismiss

63. किसी राजपत्रित अधिकारी की नियुक्ति, पदोन्नति, अवकाश स्वीकृति और उनके स्थानांतरण की सूचना को राजपत्र में प्रकाशित करने के लिए किस पत्र का प्रयोग किया जाता है?

(a) परिपत्र
(b) शासनादेश
(c) अधिसूचना
(d) कार्यालय स्मृति-पत्र

64. कार्यालयी आदेश सदैव प्रेषित होता है-

(a) कनिष्ठ से वरिष्ठ को
(b) वरिष्ठ से कनिष्ठ को
(c) दोनों ओर से
(d) व्यक्तिगत रूप से वरिष्ठ से कनिष्ठ को

65. निम्न में कौन-सा कार्यालयी पत्र नहीं है?

(a) प्रार्थना पत्र
(b) प्रेस विज्ञप्ति
(c) संपादक के नाम पत्र
(d) निमंत्रण पत्र

66. व्यावसायिक पत्र के संबंध में सही कथन कौन-सा है-

1. ऐसे पत्रों में किसी विशिष्ट नियम या शब्दावली अथवा रूपरेखा की कोई आवश्यकता नहीं होती है।
2. ऐसे पत्रों में संबोधन 'महोदय, महाशय' आदि शब्दों द्वारा किया जाता है।
3. किसी भी कंपनी के मैनेजर से सामग्री या माल से संबंधित पत्राचार होता है।

(a) केवल 1 सही है
(b) 1 और 2 सही है
(c) 2 और 3 सही है
(d) केवल 3 सही है

67. 'मूर्त' शब्द का विलोम–

(a) अमूर्त (b) प्रतिमूर्त
(c) अदृष्ट (d) अनाहत

68. 'रुख' का पर्यायवाची शब्द है–

(a) विटप (b) प्रसून
(c) तड़का (d) हेरम्ब

69. 'जंगम' का विलोम शब्द है–

(a) अगम (b) दुर्गम
(c) स्थावर (d) चंचल

70. कौन-सा शब्द 'ब्रह्मा' का पर्यायवाची नहीं है?

(a) कमलासन (b) चतुरानन
(c) चतुर्मुख (d) चतुर्भुज

71. 'सृष्टि' का विलोम शब्द है–

(a) विसृष्टि (b) प्रलय
(c) व्यष्टि (d) समष्टि

72. कौन-सा शब्द 'भ्रमर' का पर्यायवाची नहीं है?

(a) टिकटिक (b) चंचरीक
(c) शिलीमुख (d) मिलिन्द

73. 'ईप्सित' का विलोम शब्द है–

(a) अभिप्सित (b) अनीप्सित
(c) परोप्सित (d) सुनीप्सित

74. 'साहचर्य' का विलोम शब्द है–
(a) वैमनस्य (b) असहयोग
(c) विनियोग (d) अलगाव

75. निम्नलिखित वाक्यों में शुद्ध वाक्य है?
(a) श्री कृष्ण के अनेकों नाम हैं
(b) भगवान श्रीकृष्ण के अनेकों नाम का उल्लेख मिलता है
(c) श्रीकृष्ण को अनेकों नामों से पुकारा जाता है
(d) श्रीकृष्ण के अनेक नाम हैं

76. 'विराट्' का विलोम शब्द है–
(a) वृहद् (b) वृहत्
(c) छोटापन (d) क्षुद्र

77. 'सम' शब्द का विलोम है-
(a) खसम (b) भसम
(c) विषम (d) कसम

78. 'लोक' शब्द का विलोम है-
(a) द्युलोक (b) अलोक
(c) विलोक (d) परलोक

79. निम्नलिखित में से कौन-सा शब्द 'कमल' का पर्यायवाची नहीं है ?
(a) नीरज (b) उत्पल
(c) अरविन्द (d) वारिद

80. निम्नलिखित में से कौन-सा शब्द 'सूर्य' का पर्यायवाची नहीं है ?
(a) दिनकर (b) दिवाकर
(c) हिमकर (d) प्रभाकर

81. निम्नलिखित में से कौन-सा शब्द 'बिजली' का पर्यायवाची नहीं है ?
(a) तड़ित (b) चंचला
(c) सौदामिनी (d) चंचरी

82. 'जिस पर आक्रमण हो' - वाक्यांश के लिए उचित शब्द चुनें।
(a) आक्रमण (b) आक्रामक
(c) आक्रांत (d) आत्मघाती

83. पृथ्वी, ग्रहों, तारों आदि का स्थान - वाक्यांश के लिए उचित शब्द होगा ?
(a) समंदर (b) अन्तरिक्ष
(c) धरती (d) विश्व

84. दूसरों की बातों में दखल देना के लिए एक शब्द क्या होगा ?
(a) हस्तक्षेप (b) आक्षेप
(c) दूरदर्शी (d) उपकारी

85. 'जो देने योग्य है' के लिए एक शब्द है-
(a) गेय (b) देय
(c) पेय (d) दान

86. निम्न में वर्तनी की दृष्टि से अशुद्ध शब्द है-
(a) प्रादेशिक (b) माधुर्य
(c) व्याप्त (d) प्रमाणिक

87. अशुद्ध शब्द है-
(a) अनसूया (b) ऐनक
(c) सन्कट (d) संशय

88. सही वर्तनी वाला शब्द है-
(a) सहृद (b) शुश्रूषा
(c) श्पर्धा (d) शसीम

89. शुद्ध शब्द कौन-सा है ?
(a) चिन्ह (b) कृप्या
(c) दवाईयाँ (d) निर्भर

90. आँख खुलना मुहावरे का सही अर्थ है-
(a) ज्ञान होना
(b) भ्रम में होना
(c) आँख किरकिराना
(d) लज्जा दूर होना

91. कौन-सा शब्द 'अहि' का पर्यायवाची नहीं है–
(a) उरग (b) सरीसृप
(c) पवनाश (d) सिंधुर

92. 'नेकी कर दरिया में डाल' लोकोक्ति का उपयुक्त अर्थ है-
(a) मदद करके मदद की उम्मीद करना
(b) उपकार करके उपकार की बात को भूल जाना
(c) घृणा के बदले प्रेम करना
(d) कष्ट सहकर परोपकार करना

93. इनमें एक 'लहर' का पर्यायवाची शब्द नहीं है–
(a) वीचि (b) दुकूल
(c) तरंग (d) हिलोर

94. 'मृगेन्द्र' का पर्यायवाची शब्द है–
(a) कुरंग (b) केसरी
(c) भुजंग (d) तुरंग

95. इनमें से एक शब्द 'देवता' का पर्याय है–
(a) अलकेश (b) विबुध
(c) अनीक (d) ज्योतिष्क

96. 'षट्पद' का पर्यायवाची शब्द है–
(a) तितली (b) भ्रमर
(c) मकड़ी (d) केकड़ा

97. 'बगीचा' का पर्यायवाची शब्द है–
(a) निर्जन (b) व्यंजन
(c) आराम (d) कल्पशाल

98. इनमें से एक शब्द 'मछली' का पर्यायवाची नहीं है–
(a) मत्स्य (b) मीन
(c) शफरी (d) जलोदरी

99. इनमें से 'तुरंग' शब्द का पर्याय है–
(a) वाजि (b) अम्बुधर
(c) विजन (d) किंकर

100. विहंगम दृष्टि–
(a) गहरी नजर (b) तीखी नजर
(c) मंद नजर (d) सरसरी नजर

कंप्यूटर ज्ञान

101. नेटवर्क में कम्प्यूटर लोकल नेटवर्क से बाहर तब तक ऐक्सेस नहीं किया जा सकता है, जब तक कि .... की कम्प्यूटर लोकल नेटवर्क से बाहर तब तक अनुमति न दी जाए।
(a) इंट्रानेट (b) मिडिलवेयर
(c) इंटरनेट (d) मॉडम

102. एमएस वर्ड एप्लीकेशन में पंक्तियों तथा स्तंभों की न्यूनतम संख्या होती है-
(a) 1 × 1 (b) 1 × 2
(c) 2 × 1 (d) 2 × 2

103. एमएस वर्ड में प्रिंट प्रिव्यू का क्या उपयोग है ?
(a) डॉक्यूमेंट को रक्षित करना
(b) डॉक्यूमेंट को डिलीट
(c) डॉक्यूमेंट को कॉपी करना
(d) यह देखना कि प्रिंट करने पर डॉक्यूमेंट कैसा दिखेगा

104. Wi-Fi का पूर्ण रूप-
(a) वायरलेस फोकस
(b) वायर्ड फिडेलिटी
(c) वायरलेस फिडेलिटी
(d) वायर्ड फोकस

105. निम्नलिखित में से कौन-सी मेमोरी परिवर्तनशील होती है ?
(a) RAM (b) PROM
(c) ROM (d) EPROM

106. वह बार जो डोक्यूमेंट में आपका वर्तमान स्टेटस दर्शाता है.........कहलाता है।
(a) स्टेटस बार (b) फॉर्मेट बार
(c) स्टैंडर्ड बार (d) टाइटिल बार

107. कोई उपयोगकर्ता .... के माध्यम से वेबसाइट को सीधे एक्सेस कर सकता है ?
(a) URL (b) सर्च इंजन
(c) WRL (d) फॉयर वाल

108. हार्ड कॉपी शब्द का उपयोग इसे परिभाषित करने के लिए किया जाता है--
(a) हार्ड डिस्क सूचना स्टोर करने
(b) प्रिंटेड आउटपुट

(c) हार्ड बोर्ड पर लिखने
(d) उपरोक्त कोई भी नही

109. एमएस एक्सल 2007 में, कुछ सेलों को जोड़ने और कंटेन्ट को जुड़ी हुई सेल के मध्य में रखने के लिए किस टूल का उपयोग किया जाता है ?
(a) एलाइनमेंट टैब के सेंटर आइकॉन पर राइट क्लिक
(b) एलाइनमेंट टैब के मर्ज एवं सेंटर आइकॉन पर राइट क्लिक
(c) एलाइनमेंट टैब के सेंटर आइकॉन पर क्लिक
(d) एलाइनमेंट टैब के मर्ज एवं सेंटर आइकॉन पर क्लिक

110. एमएस वर्ड 2007 में, एक डॉक्यूमेंट से कॉपी या कट किए गए भाग को अन्य डोक्यूमेंट में पेस्ट करने के लिए निम्नलिखित में से कौन-सी शॉर्ट-कट कुंजी प्रयुक्त होती है ?
(a) CTRL+C (b) CTRL + X
(c) CTRL + V (d) CTRL + N

111. एमएस वर्ड 2007 में, फॉन्ट आकार (साइज) टूल में उपलब्ध सबसे बड़ा व सबसे छोटा फॉन्ट आकार (साइज) क्या है ?
(a) 68, 4 (b) 70, 8
(c) 74, 10 (d) 72, 8

112. आकृति/चित्र के अवांछित भागों को हटाने की प्रक्रिया निम्न कहलाती है-
(a) कंटिग (b) मूविंग
(c) हाइडिंग (d) क्रॉपिंग

113. एमएस वर्ड में, पोर्टट और लैंडस्केप होते है-
(a) पेज ओरिएंटेशन
(b) पेज नंबर
(c) पेज टेक्स्ट स्टाइल
(d) पेज प्रिंट

114. ....विशिष्ट रूप से डिजाइन किए गए कम्प्यूटर है जो जटिल गणनाओं को अत्यंत तेजी के साथ करते हैं।
(a) सर्वर (b) लैपटाप
(c) सुपर कम्प्यूटर (d) मेनफ्रेम

115. निम्नलिखित में से क्या एक एमएस एक्सेल 2007 चार्ट नहीं है ?
(a) डोनट (b) राडार
(c) सरफेस (d) बुकमार्क

116. जंक ई-मेल इस नाम से जाना जाता है-
(a) एरर (b) स्पूफ
(c) स्पैम (d) स्पूल

117. एक कम्प्यूटर की कौन-सी यूनिट, कम्प्यूटर के पार्ट्स के प्रबंधन के लिए उत्तरदायी होती है ?
(a) लॉजिक यूनिट
(b) कंट्रोल यूनिट
(c) अर्थमेटिक यूनिट
(d) उपरोक्त में से कोई नहीं

118. एमएस एक्सेल में, सेल्स की रेंज के लिए वह सेल रेफरेंस, जिसका आरंभ B1 में होता है और कॉलम G व रो 10 तक जाता है, निम्न है
(a) GI-G10 (b) B1;G10
(c) BI.G10 (d) BI: G10

119. एमएस वर्ड 2007 के .... में लाइन स्पेसिंग होती है।
(a) होम टैब (b) क्यू टैब
(c) इन्सर्ट टैब (d) रिव्यू टैब

120. निम्न में से किस कुंजी का उपयोग, एक्टिर विंडो को मिनिमाइज करने के लिए किया जाता है ?
(a) Windows Logo Key + Home Key
(b) Windows Logo Key + Spacebar Key
(c) Windows Logo Key + Up Arrow Key
(d) Windows Logo Key + Down Arrow Key

121. सिलेक्ट किए गए टेक्स्ट को डिलीट करने के लिए किस कुंजी को इस्तेमाल किया जाता है ?
(a) Alt key (b) End key
(c) Ctrl key (d) Delete key

122. किसी शैक्षिक संस्थान के डोमेन नेम में सामान्य रूप से इनमें से क्या होना चाहिए ?
(a) .org (b) .com
(c) .edu (d) .inst

123. SMS का विस्तृत रूप क्या है ?
(a) शॉर्ट मैसेज सर्विस
(b) सिम्पल मेल सर्विस
(c) शॉर्ट मेल सर्विस
(d) सिम्पल मैसेज सर्विस

124. डम्ब टर्मिनल में यह होता है--
(a) एक अंत स्थापित माइक्रोप्रोसेसर
(b) एक्सटेंसिव मेमोरी
(c) इन्डिपेंडेंट प्रोसेसिंग कैपबिलिटी
(d) कीबोर्ड और एक स्क्रीन

125. कम्प्यूटर्स द्वारा डाटा स्टोर करने और गणनाएँ करने के लिए किस अंक प्रणाली का उपयोग किया जाता है ?
(a) बाइनरी (b) डेसिमल
(c) ऑक्टल (d) हेक्साडेसिमल

126. कम्प्यूटर हार्डवेयर पर रन करता है और अन्य सॉफ्टवेयर के लिए एक प्लेटफॉर्म के रूप में सेवा प्रदान करता है।
(a) एप्लीकेशन साफ्टवेयर
(b) सिस्टम सॉफ्टवेयर
(c) ऑपरेटिंग सिस्टम
(d) उपरोक्त में से कोई नहीं

127. .... एक अस्थायी मेमोरी होती है।
(a) रैंडम एक्सेस मेमोरी
(b) रीड एक्सेस मेमोरी
(c) रीड एज मेमोरी
(d) रैंडम एज मेमोरी

128. एमएस एक्सल 2007 में..... विकल्प, होम टैब के "सेल" ग्रुप्स में उपलब्ध नहीं होता है।
(a) इन्सर्ट (b) सॉर्ट
(c) फॉर्मेट (d) डिलीट

129. कम्प्यूटर रिर्सोस को हानि नहीं पहुंचाता है-
(a) वॉर्म (b) ट्रॉजन हॉर्स
(c) वायरस (d) फायरवॉल

130. एमएस वर्ड में, सेलेक्ट किए गए टेक्स्ट को 'दाएँ' एलाइन करने के लिए निम्न शॉर्टकट कुंजी का उपयोग किया जाता है--
(a) Ctrl+R (b) Ctrl+U
(c) Ctrl+J (d) Ctrl+L

131. इनमें से वह एकमात्र कौन-सा मुक्त द्वेषी प्रोग्राम है, जिसे किसी अन्य आतिथेय प्रोग्राम की आवश्यकता नहीं होती है ?
(a) ट्रैप डोर (b) ट्रोजन हॉर्स
(c) वाइरस (d) वॉर्म

132. .... नेटवर्क में कम्प्यूटर लोकल नेटवर्क से बाहर तक तक एक्सेस नहीं किया जा सकता है, जब तक कि इसकी अनुमति ना दी जाए।
(a) इंट्रानेट (b) मिडिलवेयर
(c) इंटरनेट (d) मॉडम

133. एमएस एक्सेल में 'मर्ज एंड सेंटर' फीचर का क्या उपयोग होता है ?
(a) यह दो सेलों के अंकीय मानों को जोड़ता है
(b) यह दो सेलों दो शब्दों को जोड़ता है
(c) यह दो सेलों को एक सेल में जोड़ता है
(d) यह सेलों की रेंज की पूर्ण गणना करता है

134. इंटरनेट क्या है ?
(a) हैम्बर्गर स्टैंड
(b) वर्ल्ड वाइड वेब
(c) हेयर पीस
(d) वे कम्प्यूटर जो एक नेटवर्क के माध्यम से एक-दूसरे से जुड़े होते हैं

135. यूनिफॉर्म रिसोर्स लोकेटर (URL) क्या होता है ?
(a) यह प्रयोक्ता के ईमेल संदेश के लिए ईमेल एड्रेस होता है
(b) यह कम्प्यूटर नेटवर्क में कम्प्यूटर का एड्रेस होता है
(c) यह एक वेबसाइट एड्रेस है, जैसे www.flipkart.com
(d) यह मोबाइल फोन का सिम नंबर होता है

136. ASCII का तात्पर्य है-
(a) अमेरिकन स्टेबल फॉर इंटरनेशनल इंटरचेंज
(b) अमेरिकन स्टैंडर्ड केस फॉर इंस्टीट्यूशनल इंटरचेंज
(c) अमेरिकन स्टैंडर्ड कोड फॉर इन्फॉर्मेशन इंटरचेंज
(d) अमेरिकन स्टैंडर्ड कोड फॉर इंटरचेंज इन्फॉर्मेशन

137. निम्नलिखित में से कौन एक्सेल 2007 में मान्य जूम परसेंटेज नहीं है ?
(a) 10 (b) 300
(c) 100 (d) 500

138. वह डिवाइस जो कम्प्यूटर या राउटर को ब्रॉडबैंड नेटवर्क से जोड़ती है, ... कहलाती है।
(a) मॉडम (b) मेमोरी कॉर्ड
(c) फॉयरवाल (d) जम्प ड्राइव

139. एमएस वर्ड में अंतिम कार्य को पुनः करने के लिए किस शॉर्टकट कुंजी का उपयोग किया जाता है ?
(a) Ctrl + Z (b) Ctrl + K
(c) Ctrl + W (d) Ctrl+Y

140. McAfee एक .... है।
(a) ऑपरेटिंग सिस्टम
(b) वाइरस
(c) एंटी-वाइरस
(d) सिस्टम सॉफ्टवेयर

141. निम्नलिखित में से किस कुंजी का उपयोग डेस्कटॉप को जूम- इन करने के लिए किया जाता है ?
(a) Windows Logo Key + Home Key
(b) Windows Logo Key + Spacebar Key
(c) Windows Logo Key + Plus Key
(d) Windows Logo Key + Minus Key

142. एमएस वर्ड में सिलेक्ट किए गए टेक्स्ट को बोल्ड करने के लिए किस शॉर्ट-कट कुंजी का उपयोग किया जाता है ?
(a) Space + H
(b) Shift + B
(c) Ctrl + B
(d) Alt + B

143. .... इंटरनेट की मूलभूत संचार भाषा या प्रोटोकॉल है।
(a) TCTP / ITP
(b) TCP/IP
(c) TCDP/IEP
(d) TCMP/IKP

144. .... छोटा क्षेत्र होता है जो छोटे भौगोलिक क्षेत्र को कवर करता है।
(a) वैन (b) लैन
(c) मैन (d) ब्रिज

145. की बोर्ड पर .... कुंजी का उपयोग कर्सर के बाईं ओर टाइप किए गए टेक्स्ट को मिटाने के लिए किया जाता है।
(a) कैप्स लॉक (b) बैकस्पेस
(c) डिलीट (d) कर्सर कंट्रोल

146. निम्नलिखित में से कौन एमएस एक्सेल में एक्टिव सेल का कंटेन्ट प्रदर्शित करता है ?
(a) एक्टिव सेल (b) मेनू बार
(c) फॉर्मूला बार (d) नेम बॉक्स

147. इंटरनेट ब्राउजर चालू करने का सबसे तेज तरीका है-
(a) प्रोग्राम को सेलेक्ट करना
(b) स्टार्ट बटन पर क्लिक करना
(c) डेस्कटॉप पर उपलब्ध शॉर्टकट पर डबल क्लिक करना
(d) विंडोज बटन दबाना

148. माउस में, रोलर बॉल का कार्य है-
(a) सिस्टम तक सिग्नल मूवमेंट करना
(b) सेलेक्शन करने के लिए
(c) माउस का कम्प्यूटर सिस्टम के कनेक्शन के लिए
(d) कम्प्यूटर सिस्टम को माउस से संलग्न करना

149. निम्नलिखित में से कौन ऑपरेटिंग सिस्टम का उदाहरण है ?
(a) माइक्रोसॉफ्ट विंडोज
(b) माइक्रोसॉफ्ट एक्सेस
(c) माइक्रोसॉफ्ट वर्ड
(d) माइक्रोसॉफ्ट एक्सेल

150. निम्नलिखित में से क्या एक्सटर्नल मेमोरी नहीं है ?
(a) डीवीडी
(b) स्कैनर
(c) पेनड्राइव
(d) हार्ड डिस्क

व्याख्या सहित उत्तर

1. (d)

(a) पंचायतें	- भाग-IX
(b) नगरपालिकाएं	- भाग-IX क
(c) सहकारी समितियाँ	- भाग-XI (ख)
(d) अधिकरण	- भाग-XIV क (भाग-X अनुसूचित जाति और जनजातीय क्षेत्र)

अत: विकल्प (d) सही उत्तर है।

2. (b)

मौलिक अधिकार	अनुच्छेद
(a) अस्पृश्यता का अंत	अनुच्छेद-17
(b) गिरफ्तारी एवं निरोध विरुद्ध संरक्षण	अनुच्छेद-22

[अनु. 23-बलात श्रम व मानव के दुर्व्यापार का निषेध]

(c) धर्म की स्वतंत्रता	अनुच्छेद-25
(d) अल्पसंख्यकों के हितों का संरक्षण	अनुच्छेद-29

3. (a) भारत के विभिन्न हिस्सों में अलग-अलग तरीकों से त्यौहार मनाये जाते हैं। केरल में नवरात्रि के अंतिम तीन दिन, अष्टमी, नवमी और विजयदशमी को ज्ञान और शिक्षा की देवी माँ सरस्वती की पूजा की जाती है।

4. (c) कार-बैटरियों में सल्फ्यूरिक अम्ल का प्रयोग किया जाता है। इसका रासायनिक सूत्र H_2SO_4 है। सल्फ्यूरिक अम्ल सबसे सक्रिय अकार्बनिक एसिड है, जो लगभग सभी धातुओं और उनके ऑक्साइड के साथ अभिक्रिया करता है। इसके बिना बैटरी को निर्वहन और चार्ज करना पूरी तरह असंभव है।

5. (a) ठोस अशुद्धियों के शुद्धीकरण की महत्वपूर्ण तकनीकों में क्रिस्टलीकरण, उर्ध्वपातन उपयोगी है। आसवन विधि, ठोस अशुद्धियों के शुद्धीकरण हेतु उपयोगी नहीं है। किसी मिश्रित द्रव के अवयवों को उनकी वाष्पन-सक्रियताओं के अंतर के आधार पर उन्हें अलग करने की विधि आसवन है। यह पृथक्करण की भौतिक विधि है न कि रासायनिक परिवर्तन अथवा रासायनिक अभिक्रिया।

6. (b) जब सफेद प्रकाश की एक किरण एक शीशे के प्रिज़्म के माध्यम से गुजरती है, तो सात रंगों की पट्टी (बैंड) का निर्माण करती है, इसे "श्वेत प्रकाश का स्पेक्ट्रम" कहा जाता है। सफेद प्रकाश का फैलाव या वर्ण-विक्षेपण इसलिए होता है, क्योंकि पारदर्शी माध्यम से गुजरते समय, विभिन्न रंगों की रोशनी का अपवर्तन कोण भिन्न होता है। वहीं लाल रंग, शीशा के प्रिज्म द्वारा सबसे कम विचलित होता है और वर्णक्रम के ऊपरी भाग पर बनता है तो वहीं बैंगनी रंग, सबसे अधिक विचलित होता है और वर्णक्रम के निचले भाग पर बनता है।

7. (c) उभयचरों में त्रिकोष्ठीय हृदय पाया जाता है। मछलियों में द्वि-कोष्ठीय हृदय पाया जाता है। पक्षियों और स्तनधारियों में चतुर्कोष्ठीय हृदय पाया जाता है।

8. (a)

	अधिनियम	वर्ष
(a)	राजद्रोही सभाओं को रोकने का अधिनियम	- 1907 ई.
(b)	विस्फोटक पदार्थ अधिनियम	- 1908 ई.
(c)	भारतीय फौजदारी कानून संशोधन अधिनियम	- 1908 ई.
(d)	समाचार-पत्र (अपराधों के लिए प्रोत्साहन) अधिनियम	- 1908 ई.

9. (b)

	सूची-I	सूची-II
(A)	रम्पा विद्रोह	2. 1879-80
(B)	पाबना किसान विद्रोह	4. 1873-76
(C)	बंगाल नील विद्रोह	1. 1859-60
(D)	जयंतिया विद्रोह	3. 1860-63

10. (c) मुबारक शाह खिलजी दिल्ली का प्रथम सुल्तान था, जिसने स्वयं को खलीफा घोषित किया तथा अल-वसिक-विल्लाह की उपाधि धारण की। उसने गुजरात के हिन्दू, जिसने हाल ही में इस्लाम धर्म ग्रहण किया था, खुसरो शाह को अपना मंत्री बनाया।

11. (c) भारत सरकार अधिनियम, 1935 द्वारा स्थापित भारत परिषद् (इंडिया कौंसिल) को समाप्त कर दिया गया और इंग्लैंड में भारत सचिव को सलाहकारों की टीम मिल गई। इसके अलावा भारतीय संघीय न्यायालय व संघ लोक सेवा आयोग की स्थापना भी इसी अधिनियम के अंतर्गत हुई थी।

12. (b)

संगठन		व्यक्ति
1. यंग बंगाल आंदोलन	-	हेनरी विवियन डेरोजियो
2. बहिष्कृत हितकारिणी सभा	-	डॉ. बी.आर. अम्बेडकर
3. थियोसोफिकल सोसाइटी	-	कर्नल आल्कॉट
4. यूनाइटेड इंडियन पेट्रियोटिक एसोसिएशन	-	सर सैयद अहमद खां

13. (b)

	फसल	मौसम
(A)	सूरजमुखी	4. सभी मौसम
(B)	खरबूजा	2. जायद (गर्मी)
(C)	कपास	1. खरीफ (वर्षा)
(D)	अलसी	3. रबी (सर्दी)

14. (a) जेनेटिक उद्योग में कृषि सम्मिलित है। फसलों की जीनोम कृषि; Bt बैंगन, Bt कपास आदि, इसी श्रेणी में आती हैं। जीवित जीवों के प्रजनन और प्रजनन की गतिविधियों में शामिल उद्योग यानी पक्षियों, पौधों, जानवरों आदि को एक आनुवंशिक या जेनेटिक उद्योग के रूप में जाना जाता है।

15. (a) माही नदी, पश्चिम भारत की एक प्रमुख नदी है। इसका उद्‌गम मध्य प्रदेश के धार जिले के समीप मिन्डा ग्राम की विंध्याचल पर्वत श्रेणी से हुआ है। यह दक्षिणी अरावली में जयसमंद झील से प्रारंभ होती है। इसकी कुल लंबाई 576 किमी. है और यह मध्य प्रदेश, राजस्थान व गुजरात में बहती है। यह भारत की एकमात्र नदी है जो कर्क रेखा को दो बार काटती है।

16. (b) "तुलबुल परियोजना" जम्मू-कश्मीर में झेलम नदी पर स्थित है। इस परियोजना पर 1985 में कार्य शुरू किया गया था ताकि गर्मियों के मौसम में झेलम नदी को नौवहन योग्य बनाया जा सके। इस परियोजना को उस वक्त रोक दिया गया था, जब पाकिस्तान ने यह शिकायत की थी कि भारत ने 1960 की सिन्धु जल संधि का उल्लंघन किया है।

17. (d) राष्ट्रीय हरित अधिकरण (एनजीटी) की स्थापना 18 अक्टूबर, 2010 को राष्ट्रीय हरित अधिकरण अधिनियम, 2010 के तहत की गई थी। एनजीटी की स्थापना के साथ भारत एक विशेष पर्यावरण न्यायाधिकरण स्थापित करने वाला विश्व का तीसरा देश बन गया। इससे पूर्व आस्ट्रेलिया व न्यूजीलैंड ने ऐसे निकाय की स्थापना की थी।

18. (a) भारत की पहली सेमी हाई स्पीड ट्रेन "वन्दे भारत" वाराणसी से नई दिल्ली के मध्य संचालित की जा रही है। वन्दे भारत, जिसे ट्रेन 18 के नाम से भी जाना जाता है, की शुरुआत 23 फरवरी, 2019 को गई थी। यह ट्रेन भारत सरकार के "मेक इन इंडिया" कार्यक्रम के तहत इंटीग्रल कोच फैक्ट्री, पेराम्बूर (चेन्नई) द्वारा डिजाइन व निर्मित है।

19. (b) भारत में कोयला दो प्रमुख भूगर्भिक युगों के शैलक्रम में पाया जाता है- इनमें पहला, गोंडवाना, जिसकी आयु 200 लाख वर्ष से कुछ अधिक है और दूसरा, टर्शियरी, जो लगभग 55 लाख वर्ष पुराना है। गोंडवाना क्षेत्र का कोयला उच्च श्रेणी का होता है। इसमें राख की मात्रा कम तथा ताप उत्पादन शक्ति अधिक होती है। इसमें गंधक (सल्फर) की मात्रा न्यून होती है। गोंडवाना कोयला क्षेत्र में देश के कुल कोयले का 98% से अधिक संचित भंडार तथा लगभग 98% कोयला उत्पादन होता है।

20. (b) फरवरी, 2020 में गठित राम मंदिर ट्रस्ट से संबंधित प्रमुख पदों व व्यक्तियों का नाम निम्नवत् है-

	(नाम)	(पद)
(A)	महंत नृत्य गोपाल दास	- राम मंदिर ट्रस्ट के अध्यक्ष
(B)	स्वामी गोविंद देव गिरि	- ट्रस्ट के कोषाध्यक्ष
(C)	श्री चंपत राय	- ट्रस्ट के महासचिव
(D)	श्री नृपेंद्र मिश्र	- मंदिर निर्माण समिति के प्रमुख

21. (a) प्रथम "खेलो इंडिया विश्वविद्यालय" खेल का आयोजन ओडिशा की राजधानी भुवनेश्वर में 22 फरवरी से 1 मार्च के बीच किया गया, जिसमें भारत के विश्वविद्यालयों के बीच खेल स्पर्धाओं का आयोजन हुआ। यह भारत में विश्वविद्यालयी स्तर की सबसे बड़ी स्पर्धा है। इसका आयोजन संयुक्त रूप से युवा मामले और खेल मंत्रालय तथा भारतीय खेल प्राधिकरण के साथ भारतीय विश्वविद्यालय संगठन, भारतीय ओलंपिक संघ और राष्ट्रीय खेल महासंघ द्वारा किया गया।

22. (b) उत्तर प्रदेश में किसानों की आय को दोगुनी करने के लक्ष्य की प्राप्ति हेतु प्रदेश की सरकार द्वारा वर्ष 2017 में "किसान समृद्धि आयोग" का गठन किया गया। इस आयोग के अध्यक्ष राज्य के मुख्यमंत्री होते हैं तथा उपाध्यक्ष प्रदेश के कृषि मंत्री तथा नीति आयोग के सदस्य प्रो. रमेश चन्द्र को बनाया गया है।

23. (b) उत्तर प्रदेश में साक्षरता दर (न्यूनतम साक्षरता दर वाले 5 जनपद) निम्न जनपदों में इस प्रकार है-

- श्रावस्ती (46.74%)
- बहराइच (49.36%)
- बलरामपुर (49.51%)
- बदायूँ (51.29%)
- रामपुर (53.34%)

24. (a) उत्तर प्रदेश में कुल सिंचित क्षेत्र का 30 प्रतिशत हिस्सा नहर सिंचाई क्षेत्र के अंतर्गत है। इन नहर परियोजनाओं में शारदा, बेतवा, बाणसागर, गंडक, सरयू, कनहर आदि प्रमुख हैं।

25. (b)

सूची-I	सूची-II
(A) पीतल का सामन	3. मुरादाबाद
(B) माचिस	4. बरेली
(C) खेल का सामान	1. मेरठ
(D) लकड़ी पर नक्काशी	2. सहारनपुर

26. (b) उत्तर प्रदेश के प्रमुख लोकनृत्यों में चरकुला, कर्मा, पांडव आदि शामिल हैं।

27. (b) व्यापार सुविधा केन्द्र एवं क्राफ्ट म्यूजियम की स्थापना उत्तर प्रदेश के वाराणसी जनपद में हुई। भारतीय प्रधानमंत्री श्री नरेन्द्र मोदी द्वारा 22 दिसम्बर, 2016 को व्यापार सुविधा केन्द्र के प्रथम चरण के तहत म्यूजियम, क्राफ्ट बाजार और प्रवेश प्लाजा का लोकार्पण किया गया था।

28. (b)

संस्थाएँ	स्थापना
(a) अंतर-राज्य परिषद्	- 1990 ई.
(b) राष्ट्रीय विकास परिषद्	-1952 ई.
(c) केन्द्रीय सतर्कता आयोग	- 1964 ई.
(d) राष्ट्रीय मानवाधिकार आयोग	- 1993 ई.

29. (b) "वांग्ला उत्सव" मेघालय राज्य में मनाया जाता है। यह गारो समुदाय द्वारा नवम्बर के महीने में मनाया जाने वाला फसल कटाई से संबंधित उत्सव है।

30. (b) जीवाश्म ईंधन कई वर्षों पहले बना एक प्राकृतिक ईंधन है। इसका निर्माण लगभग 65 करोड़ वर्ष पूर्व जीवों के उच्च दाब और ताप में दबने से हुआ था। यह ईंधन पेट्रोल, डीजल आदि के रूप में प्राप्त होता है। इसका उपयोग वाहन चलाने, खाना पकाने, रोशनी करने आदि के लिए किया जाता है। जीवाश्मी ईंधनों में एकमात्र ऊर्जा का चरम स्रोत सूर्य है।

31. (c) लखनऊ

32. (c) पं. बड़े रामदास जी मिश्र

33. (d)"NEFT" का अर्थ National Electronic Funds Transfer है। यह एक ऑनलाइन भुगतान प्रणाली है जिसका उपयोग व्यक्तियों और संगठनों द्वारा फंड ट्रांसफर करने के लिए किया जा सकता है। जिन व्यक्तियों के पास बैंक खाते नहीं हैं, वे अपने मूल विवरण प्रदान करके इस सुविधा का लाभ उठाने के लिए NEFT सक्षम शाखाओं में धन जमा कर सकते हैं।

34. (b) तारीख-ए-फिरोजशाही भारत में दिल्ली सल्तनत काल के दौरान भारतीय-फारसी इतिहासलेखन पर एक पुस्तक है। इसे जियाउद्दीन बरनी ने लिखा था। जियाउद्दीन बरनी एक मुस्लिम राजनीतिक विचारक थे जो मुहम्मद बिन तुगलक और फिरोज शाह तुगलक के शासनकाल के दौरान रहते थे।

35. (a) एकलिंग महाकाव्य (जिसे एकलिंगी महात्म्य भी कहा जाता है) 15वीं शताब्दी में कान्हा व्यास द्वारा रचित एक संस्कृत कविता (अतः युग्म (a) गलत है) है। यह एक भक्ति पाठ है जो राजस्थान के उदयपुर में स्थित भगवान शिव को समर्पित एक हिंदू मंदिर एकलिंगजी के गुणों का गुणगान करता है। कविता में मंदिर और उसके इतिहास का विस्तृत विवरण भी है।

36. (b) अबुल हसन यमीनुद्दीन खुसरो (1253-1325) जिन्हें अमीर खुसरो के नाम से जाना जाता है, भारतीय उपमहाद्वीप के एक सूफी संगीतकार, कवि और विद्वान थे। वह सांस्कृतिक इतिहास में एक प्रतिष्ठित व्यक्ति थे। वह दिल्ली के निजामुद्दीन औलिया के आध्यात्मिक शिष्य थे। उन्होंने मुख्य रूप से फारसी में, और हिंदवी में भी कविता लिखी। खुसरो को कभी-कभी "भारत का तोता" (तूती-ए-हिंद) कहा जाता है। खुसरो ने दक्षिण में अलाउद्दीन खिलजी की विजयों का विवरण प्रस्तुत करते हुए करते हुए खज़ाइन उल-फ़ुतुह (विजय के खजाने) को लिखा। उन्होंने अलाउद्दीन के निर्माण कार्यों, युद्धों और प्रशासनिक सेवाओं का भी उल्लेख किया है। इसके बाद उन्होंने पांच मसनवी के साथ एक खम्सा (पंचक) की रचना की, जिसे खमसा-ए-खुसरो (खुसरो का खम्सा) के नाम से जाना जाता है, इसे 1298 में पूरा किया गया। दो ऐतिहासिक कविताएँ जिनके लिए उन्हें जाना जाता है, वे नूह सिपिहर ("द नाइन हेवन्स") और तुगलक-नामा ("द बुक ऑफ तुगलक") हैं।

37. (c) वन- डे विश्व कप में पहला दोहरा शतक क्रिस गेल ने जिम्बाब्वे के खिलाफ बनाया था, जिसमें उन्होने 215 रन बनाए थे।

38. (a) बॉडीलाइन एक रणनीति के रूप में तैयार की गयी थी जो मुख्य रूप से 1932-33 में इंग्लैंड और ऑस्ट्रेलिया के बीच एशेज श्रृंखला में उपयोग की जा सके। इसमें लेग स्टंप पर या उसके बाहर बाउंसर को उछालने की रणनीति शामिल है, जिससे गेंद शॉर्ट पिच होती है ताकि यह बल्लेबाज के शरीर पर पहुंच जाए।

39. (d)

40. (c) भारतीय स्वतंत्रता आंदोलन के नेता और अहिंसावादी नीति तथा दर्शन शास्त्र के प्रणेता महात्मा गांधी के जन्मदिन अर्थात 2 अक्टूबर को अंतर्राष्ट्रीय अहिंसा दिवस के रूप में मनाया जाता है। 15 जून 2007 की महासभा प्रस्ताव के अनुसार, जिसने स्मरणोत्सव की स्थापना की, अंतर्राष्ट्रीय दिवस "शिक्षा और जन जागरूकता सहित अहिंसा के संदेश को प्रसारित करने का एक अवसर है" यह दिन महात्मा गांधीजी के लिए विश्वव्यापी सम्मान को दर्शाता है। उल्लेखनीय यह है कि लाल बहादुर शास्त्री जी का जन्मदिन भी 2 अक्टूबर को है।

41. (c) केरल के मुहम्मद अनस याहिया एक भारतीय धावक हैं, जो 400 मीटर की रेस में माहिर हैं. 400 मीटर में उनका राष्ट्रीय रिकॉर्ड है

42. (d) विश्व में सबसे अधिक ग्रैंड स्लैम जीतने वाली महिला खिलाड़ी मार्गरेट स्मिथ कोर्ट हैं जिन्होंने अभी तक 24 ग्रैंड स्लैम जीते हैं इसके बाद सेरेना विलियम्स: 23 स्टेफी ग्राफ: 22 हेलेन विल्स मूडी: 19 का नम्बर आता है।

43. (b) वक्र सतह का क्षेत्रफल $= 2\pi rh$

$$660 = 44 \times h$$
$$h = 15$$
$$\left\{ \begin{aligned} 2\pi r &= 44 \\ r &= 7 \end{aligned} \right\}$$
$$\text{आयतन} = \pi r^2 h$$
$$= \frac{22}{7} \times 7^2 \times 15$$
$$= 2310 \text{ cubic cm}$$

44. (b) Alligation विधि से,

17% 27%

21%

6 : 4

$\because$ 10 = 1600 किग्रा.

$\therefore$ 4 = 640 किग्रा.

45. (c) Hot trick

यदि मूलधन = 100%
तो साधारण ब्याज = rt%

$\because$ 35% = ₹ 5320

$\therefore$ मूलधन 100% $= \frac{5320}{35} \times 100$

= ₹ 15200

46. (d) $(x + 11)(3 - 5x)$

$= 3x + 33 - 5x^2 - 55x$

$= -5x^2 - 52x + 33$

x का गुणांक $= -52$

47. (b) सबसे बड़ी संख्या 11 से दोनों विभाज्य हैं, इसलिए 77 एवं 275 का म.स. = 11

48. (d) 7 वर्ष पहले

बहन	भाई
x	$x+6$

$$x(x+6) = 72$$

$$x = 6$$

भाई की वर्तमान उम्र $= (x+6)+7$

$= (6+6)+7$

$= 19$ वर्ष

49. (d) एक्सप्रेस ट्रेन की गति $= r$ (माना)

गति दुगुनी करने पर समय 12 + 6 = 18 घंटे कम लगेगा

$$\frac{648}{r} - \frac{648}{2r} = 18$$

$r = 18$ किमी./घंटा

पुनः राजधानी ट्रेन की गति $= x$(माना)

$$\frac{648}{18} - \frac{648}{x} = 12$$

$x = 27$ किमी./घंटा

50. (b) A का समय $= 20 \times \frac{100}{80}$

$= 25$ दिन

A + B का समय $= 3 \times \frac{100}{2}$

$= 15$ दिन

A   A + B
25   15
3   5
(75)

$\frac{75}{2} = 37.5$ दिन

51. (c) गद्यांश के अनुसार भाई के प्रति अत्यधिक प्रेम के कारण लक्ष्मण राम के साथ वनवास के लिए गए। गद्यांश के प्रथम पंक्ति में ही स्पष्ट कथन है कि लक्ष्मण ने अकृत्रिम भ्रातृस्नेह के कारण बड़े भाई का साथ दिया।

52. (d) गद्यांश के अनुसार लेखक को दुःख है कि रचनाकारों ने उर्मिला के विषय में कुछ नहीं लिखा। 'अंतर्दर्शी आदि कवि के शब्द भण्डार में दरिद्रता!' से लेखक ने साहित्यकारों की उर्मिला विषयक उपेक्षा की ओर संकेत किया है।

53. (a) उर्मिला का लक्ष्मण के साथ विवाह करना बलिदान नहीं बल्कि उर्मिला के जीवन का प्राप्य था। अपनी बहन सीता का वियोग सहना, लक्ष्मण (अपने पति) को रामचन्द्र के साथ वनवास के लिए जाने देना तथा सांसारिक सुखों का त्याग करना उर्मिला द्वारा किये गये प्रमुख बलिदान हैं।

54. (b) 'उसने अपने सांसारिक सुख के सबसे अच्छे अंश से हाथ धो डाला।' इस पंक्ति से लेखक का तात्पर्य है कि उर्मिला को नवोढ़त्व (नवविवाहिता होने का भाव) में पति के साथ के सुख का त्याग करना पड़ा।

55. (b) शील कोई दुर्लभ और दैवी गुण नहीं है। इस गुण को अर्जित किया जा सकता है। पारिवारिक संस्कार इस गुण को विकसित और विस्तारित करने में बहुत बड़ी भूमिका अदा करते हैं।

56. (c) रेखांकित अंश 'शील इतना प्रभुत्वपूर्ण होता है कि किसी कार्य के बिगड़ने की नौबत नहीं आती' का अर्थ है, जहाँ शील का प्रभुत्व होता है, वहाँ कोई कार्य बिगडने नहीं पाता.

57. (c) उपर्युक्त गद्यांश के अनुसार 'दुष्प्रभावित' शब्द का विलोम सुप्रभावित है।

58. (c) उपरोक्त गद्यांश का उचित शीर्षक भारतीय दर्शन और जीवन है।

59. (d) उपर्युक्त गद्यांश के अनुसार सीता जी की अमर कीर्ति का एकमात्र कारण है अपने धर्म और कर्त्तव्य के लिए उनका कष्ट सहना।

60. (c) उपर्युक्त गद्यांश का शीर्षक 'धर्म और कर्त्तव्य परायण सीता' है।

61. (a) लेखा परीक्षा का अंग्रेजी समानार्थी शब्द है- Audit

62. (b) 'विसंगति' शब्द के लिए सही अंग्रेजी शब्द 'Discrepancy' होगा। एक विसंगति तब होती है जब दो चीजों के बीच अंतर होता है जो समान होनी चाहिए।

63. (c) किसी राजपत्रित अधिकारी की नियुक्ति, पदोन्नति, अवकाश स्वीकृति और उनके स्थानांतरण की सूचना को राजपत्र में प्रकाशित करने के लिए अधिसूचना का प्रयोग किया जाता है।

64. (b) कार्यालयीं आदेश सदैव वरिष्ठ से कनिष्ठ को प्रेषित किया जाता है। किसी मंत्रालय के कार्यालय द्वारा कर्मचारियों के लिए समय-समय पर निकाले गये आदेशों की सूचना 'कार्यालय आदेश' कहलाता है। इसमें सदैव राजभाषा का प्रयोग होता है तथा इसका प्रभाव क्षेत्र एक कार्यालय तक ही सीमित होता है। इसमें वाक्यों की रचना उत्तम पुरुष शैली में होती है।

65. (d) दिये गये विकल्पों में से निमंत्रण पत्र' कार्यालयी पत्र का प्रकार नहीं है। यह सामाजिक पत्र के अन्तर्गत आता है। सामाजिक पत्र ऐसे पत्र हैं, जिन्हें सामान्य लोग अपने दैनिक जीवन के व्यवहार में लाते हैं, जैसे- संबंधियों के नाम पत्र, बधाई पत्र, शोक पत्र, निमंत्रण पत्र आदि। शेष विकल्प कार्यालयी पत्र के अन्तर्गत आते हैं।

66. (c) दिये गये कथनों में से कथन (2) और कथन (5) सही हैं। जो पत्र व्यापारिक मामलों के सम्बन्ध में व्यापारियों अथवा कम्पनियों की ओर से लिखे जाते हैं, व्यावसायिक पत्र कहे जाते हैं। ऐसे पत्रों में विशिष्ट नियम या शब्दावली अथवा रूपरेखा की आवश्यकता होती हैं।

67. (a) 'मूर्त' शब्द का विलोम अमूर्त है। अन्य विकल्प असंगत हैं। कुछ अन्य विलोम शब्द हैं-

शब्द	विलोम
अनाहत	आहूत
आविर्भाव	तिरोभाव
अभिज्ञ	अनभिज्ञ
अमृत	विष, गरल, हलाहल

68. (a) रुख का पर्यायवाची शब्द विटप होता है। रुख का अन्य पर्यायवाची शब्द है-वृक्ष, पेड़, द्रुम, पादप, विटप आदि। हेरम्ब गणेश का पर्यायवाची शब्द है।

69. (c) जंगम का विलोम स्थावर होता है। दुर्गम का विलोम सुगम होता है। अगम का विलोम सुगम और चंचल का स्थिर होता है।

70. (d) विकल्पों में ब्रह्मा का पर्यायवाची चतुर्भुज नहीं है। चतुर्भुज का पर्याय विष्णु होता है। विष्णु के अन्य पर्यायवाची शब्द हैं- नारायण, हरि, चक्रपाणि, मुकुन्द, जनार्दन, गोविन्द, लक्ष्मीपति आदि। ब्रह्मा के पर्यायवाची शब्द हैं- कमलासन, विरचि, पितामह, चतुरानन, प्रजापति, स्वयंभू आदि।

71. (b) सृष्टि का विलोम प्रलय होता है, जबकि व्यष्टि का विलोम समष्टि होता है।

72. (a) भ्रमर के पर्यायवाची हैं- चंचरीक, अलि, मिलिन्द, सारंग तथा शिलीमुख। टिकटिक शब्द भ्रमर का पर्यायवाची नहीं है। तितली का पर्यायवाची है।

73. (b) ईप्सित का विलोम अनीप्सित होता है।

74. (d) साहचर्य का विलोम अलगाव होता है। असहयोग का विलोम सहयोग होता है। वैमनस्य का विलोम सौमनस्य होता है।

75. (d) चारों विकल्पों में शुद्ध वाक्य है-श्रीकृष्ण के अनेक नाम हैं।

76. (d) विराट का विलोम क्षुद्र होता है। वृहत का विलोम लघु एवं छोटापन का बड़ापन होता है।

77. (c) 'सम' शब्द का विलोम 'विषम' है। अन्य विकल्प असंगत हैं।

78. (d) 'लोक' शब्द का विलोम 'परलोक' होता है। जबकि अलोक अशुद्ध है इसका शुद्ध रूप आलोक होगा। आलोक का विलोम तिमिर होगा। अन्य विकल्प असंगत हैं।

79. (d) 'वारिद', कमल का पर्यायवाची नहीं है। यह बादल का पर्यायवाची शब्द है जबकि नीरज, उत्पल तथा अरविन्द, कमल के पर्यायवाची शब्द हैं। कमल के अन्य पर्यायवाची शब्द कंज, शतदल, पुण्डरीक, इन्दीवर, सरोज, पंकज, तामरस, पुष्कर आदि हैं।

80. (c) 'हिमकर' सूर्य का पर्यायवाची नहीं है। यह 'चन्द्रमा' का पर्यायवाची है जबकि दिनकर, दिवाकर तथा प्रभाकर, सूर्य के पर्यायवाची हैं। सूर्य के अन्य पर्यायवाची

शब्द- रवि, अर्क, तरणि, पतंग, मार्तण्ड, अंशुमाली, आदित्य, सविता, भास्कर आदि हैं।

81. (d) 'चंचरी', बिजली का पर्यायवाची नहीं हैं। यह भ्रमरी (भौंरी) का पर्यायवाची है जबकि तड़ित, चंचला तथा सौदामिनी, बिजली के पर्यायवाची हैं। बिजली के अन्य पर्यायवाची शब्द- चपला, दामिनी, विद्युत, क्षणप्रभा, घनवल्ली, चंचला, तड़ित आदि हैं।

82. (c) जिस पर आक्रमण हो वाक्यांश के लिये उचित शब्द हैं- आक्रांत। अन्य इस प्रकार हैं-

जो अपनी हत्या आप करे - आत्मघाती

आक्रमण करने वाला - आक्रामक

सीमा का बलात उल्लंघन - आक्रमण

83. (b) 'पृथ्वी, ग्रहों, तारों आदि का स्थान' वाक्यांश के लिए उचित शब्द है- अंतरिक्ष।

84. (a) 'दूसरों की बातों में दखल देना' के लिये एक शब्द है- 'हस्तक्षेप'।

आक्षेप - व्यंग्यपूर्ण दोषारोपण करना।

दूरदर्शी - जो आगे की सोचता हो।

उपकारी - उपकार करने वाला।

85. (b) वाक्य एक शब्द

जो देने योग्य है - देय

जो पीने योग्य हो - पेय

जो गाने योग्य हो - गेय

दिया जाने वाला - दान

86. (d) दिये गये शब्दों में अशुद्ध वर्तनी वाला शब्द प्रमाणिक है। इसका शुद्ध रूप 'प्रामाणिक' होगा। शेष शब्दों की वर्तनी शुद्ध है।

87. (c) उपर्युक्त विकल्पों में से वर्तनी की दृष्टि से अशुद्ध शब्द 'सन्कट' है, इसका शुद्ध रूप 'संकट होगा। अन्य अनसूया, ऐनक, संशय वर्तनी की दृष्टि से शुद्ध हैं।

88. (b) उपर्युक्त विकल्पों में से 'शुश्रूषा' शुद्ध वर्तनी वाला शब्द है। सहृद की शुद्ध वर्तनी - सुहृद, श्पर्धा की शुद्ध वर्तनी - स्पर्धा तथा शसीम की शुद्ध वर्तनी - ससीम है।

89. (d) उपर्युक्त विकल्पों में से 'निर्भर' शब्द शुद्ध है। शेष शब्द अशुद्ध हैं जिनका शुद्ध रूप इस प्रकार है-

चिन्ह - चिह्न, कृप्या - कृपया, दवाईयाँ - दवाइयाँ।

90. (a) 'आँख खुलना' मुहावरे का सही अर्थ - ज्ञान होना या वास्तविकता से अवगत होना है।

91. (d) दिये गये विकल्पों में 'अहि' का पर्यायवाची शब्द 'सिंधुर' नहीं है। सिंधुर का आशय हाथी से है, जबकि उरग, सरीसृप, पवनाश सर्प के पर्यायवाची शब्द हैं।

92. (b) 'नेकी कर दरिया में डाल' लोकोक्ति का उपयुक्त अर्थ- उपकार करके उपकार की बात को भूल जाना है।

93. (b) लहर के पर्यायवाची शब्द हैं - वीचि, तरंग, हिलोर, जबकि दुकूल का आशय किनारा से है।

94. (b) मृगेन्द्र का पर्यायवाची शब्द केसरी है। इसके अन्य पर्यायवाची शब्द व्याघ्र, मृगारि, मृगराज, पुण्डरीक, व्याघ्र आदि हैं, जबकि भुजंग सर्प का पर्याय है, तुरंग, घोड़े का पर्याय है।

95. (b) दिये गये विकल्पों में देवता का पर्याय विबुध है। देवता के अन्य पर्यायवाची शब्द हैं- सुर, अमर, देव, आदित्य, गीर्वाण आदि।

96. (b) षट्पद का पर्यायवाची शब्द भ्रमर है। इसके अन्य पर्याय हैं- भंवस, अलि, द्विरेफ, मधुप आदि।

97. (c) बगीचा का पर्यायवाची शब्द आराम है। निर्जन, व्यंजन या कल्पशाल का बगीचा से कोई आशय नहीं।

98. (d) मछली का पर्यायवाची शब्द मीन, मत्स्य शफरी है, जबकि जलोदरी मछली से सम्बन्ध नहीं रखता।

99. (a) तुरंग का पर्यायवाची शब्द है- वाजि। इसके अन्य पर्याय वाले शब्द है - घोटक, घोड़ा, सैन्धव, हय, रवि-पुत्र, अर्बा, वाह।

100. (a) इप्सित शब्द का विलोम अनीप्सित है, अभीप्सित, अधीप्सित एवं कुत्सित शब्द इससे पृथक शब्द है।

101. (a) किसी कम्प्यूटर का नेटवर्क लोकल नेटवर्क से बाहर तब तक एक्सेस नहीं किया जा सकता है जब तक कि उसे इंट्रानेट (Intranet) की अनुमति न दी जाये।

102. (a) एमएस वर्ड एप्लीकेशन में पंक्तियों तथा स्तंभों की न्यूनतम संख्या 1x1 होती है। ये न्यूनतम संख्या है इसमें केवल एक सेल बना होता है।

103. (d) एमएस वर्ड में प्रिंट प्रिव्यु का उपयोग, प्रिंट किये जाने वाले पेंज के फार्मेट तथा अरेंजमेंट आदि को देखने के लिए किया जाता है। ताकि अंतिम प्रिंट में यदि किसी प्रकार की व्यवस्था में परिवर्तन करना हो तो वह प्रिंट प्राप्त करने के पहले किया जा सके।

104. (b) Wi-Fi का पूरा नाम वायरलेस फिडेलिटी है। इस सुविधा का उपयोग एक स्रोत के द्वारा अनेक कम्प्यूटर तथा मोबाइल फोन आदि को इन्टरनेट से कनेक्ट करना है। इसमें वायर अथवा केबल की आवश्यकता नहीं होती है।

105. (a) RAM की मेमोरी परिवर्तनशील होती है। कम्प्यूटर में मेमोरी दो प्रकार की होती है। ये क्रमश: RAM और ROM हैं।

106. (a) स्टेटस बार, डाक्यूमेंट में वर्तमान स्टेटस दर्शाता है। एक स्टेटस बार इंटरनेट ब्राउजर और प्रोग्राम विंडो का निचला हिस्सा है जो वेब पृष्ठ की वर्तमान स्थिति प्रदर्शित करता है।

107. (a) कोई उपयोगकर्ता URL के माध्यम से वेबसाइट को सीधे एक्सेस कर सकता है। प्रत्येक वेबसाइट का अलग तथा व्यक्तिगत URL होता है। अत: इससे अलग-अलग वेब पेजेस को सीधे खोला जा सकता है।

108. (b) किसी डाक्यूमेंट, शीट, चित्र अथवा डायग्राम आदि का प्रिंटर की सहायता से लिया गया "प्रिंट आउट" हार्ड कॉपी होता है। जबकि वे फाइलें जो कम्प्यूटर के अंदर ही ओपन की जा सकती है उन्हें सॉफ्ट कॉपी कहा जाता है।

109. (d) एम.एस. एक्सेल 2007 में सेलों को जोड़ने और कंटेंट को जुड़ी हुई सेलों के मध्य रखने के लिए सबसे पहले सेलों का चयन करके उसके बाद मेनू बार पर दिये गए मर्ज सेल ऑप्शन पर क्लिक करेंगे। इसके बाद मेनू बार पर ही दिखाई देने वाले सेंटर अलाइनमेंट आइकन पर क्लिक करते हैं।

110. (c) एमएस वर्ड 2007 में, एक डाक्यूमेंट से कॉपी या कट किए गए भाग को अन्य डॉक्यूमेंट में पेस्ट करने के लिए ctrl + v शार्टकट कुंजी प्रयुक्त होती है। या इसके लिए मेनू बार में पेस्ट आइकन भी बना होता है।

111. (d) एमएसवर्ड 2007 में, फॉन्ट आकार (साइज) टुल में उपलब्ध सबसे बड़ा व सबसे छोटा फॉन्ट आकार (साइज) 72,8 है।

112. (d) आकृति/चित्र के अवांछित भागों को हटाने की प्रक्रिया cropping कहलाती है चित्र को छोड़कर बाहरी आवरण को हटाना क्रॉपिंग कहलाता है।

113. (a) एमएस वर्ड में पोर्टेट और लैंडस्केप होते हैं- पेज ओरिएंटेशन। इसमें पेज को आड़ा और खड़ा किया जाता है।

114. (c) विशिष्ट रूप से डिजाइन किए गए कम्प्यूटर को जो जटिल गणनाओं को अत्यन्त तेज गति से करता है- सुपर कम्प्यूटर को परम कम्प्यूटर कहा जाता है और यह तेज गति से गणना करने वाला कम्प्यूटर है।

115. (d) एमएसएक्सेल 2007 में "बुकमार्क्स" चार्ट नहीं है। यह एक ब्राउजर साइड है।

116. (b) स्पैम को जंक ई-मेल के नाम से जाना जाता है। स्पैम में जो सूचनाएँ बाहर से आती हैं वह Inbox में न आकर स्पैम में संग्रहित होती हैं।

117. (b) एक कम्प्यूटर की Control Unit कम्प्यूटर के पार्टस के प्रबन्धन के लिए उत्तरदायी होती है। Control unit पूरे कम्प्यूटर को सुरक्षित रखती है।

118. (d) एमएस एक्सेल में सेल्स की रेंज के लिए वह सेल रेफरेंस जिसका आरम्भ B1 में होता है और कॉलम G व रो 10 तक जाता है- B1 : G10 है एक्सेल के कॉलम B1 को सिलेक्ट करने तथा रो G10 को सिलेक्ट करने पर B1:G10 बनेगा।

119. (a) एमएस वर्ड 2007 के hometab में लाइन स्पेसिंग होती है।

120. (d) Windows Logo key + Down arrow key कुंजी का उपयोग एक्टिव विंडो को मिनिसाइज करने के लिए किया जाता है। इसके मिनिमाइज होने से नये पेज पर चले जाते हैं।

121. (d) सिलेक्ट किए गए टेक्स्ट को डिलीट करने के लिए Delete Key कुंजी को इस्तेमाल किया जाता है। जो टेक्स्ट सिलेक्ट किया गया सिर्फ उतना ही delete होता है जिससे त्रुटियों में सुधार कर सकते हैं।

122. (c) किसी शैक्षिक संस्थान के डोमेन नेम में समान्य रूप से होना चाहिए। एक्सटेन्शन के लिए. edu का प्रयोग किया जाता है।

123. (c) SMS का विस्तृत रुप - Short Message Service SMS लिखकर अपनी सूचनाओं का आदान प्रदान किया जाता है

124. (b) डम्ब टर्मिनल में Keyboard और एक स्क्रीन होता है इसमें Mother board नहीं होता।

125. (a) कम्प्यूटर्स द्वारा स्टोर करने और गणनाएँ करने के लिए बाइनरी (Binary) अंक प्रणाली का उपयोग किया जाता है। बाइनरी अंक प्रणाली में 0-1 तक लिखा होता है।

126. (c) ऑपरेटिंग सिस्टम कम्प्यूटर हार्डवेयर पर रन करता है और अन्य सॉफ्टवेयर के लिए एक प्लेटफॉर्म के रूप में सेवा प्रदान करता है।

127. (a) RAM एक अस्थायी मेमोरी होती है। यह CPU के mother board में होती है।

128. (b) एमएस एक्सेल 2007 में होम टैब के सेल ग्रुप में sort नहीं होता है।

129. (d) फायरवॉल कम्प्यूटर रिसोर्स को हानि नहीं पहुँचाता है। यह एक प्रकार का सुरक्षा कवच होता है।

130. (a) एमएस वर्ड में सिलेक्ट करने के लिए Ctrl + A का उपयोग किया जाता है तथा सिलेक्ट किए हुए टेक्स्ट को दाएँ ले जाने के लिए Ctrl + R का उपयोग किया जाता है।

131. (d) वार्म (Worm) एक मुक्त द्वेषी प्रोग्राम है इसे किसी अन्य आतिथेय प्रोग्राम की आवश्यकता नहीं होती है। ये अवांछित कम्प्यूटर प्रोग्राम है जो डेटा के लिए हानिकारक होते हैं

132. (a) इंट्रानेट नेटवर्क में कम्प्यूटर लोकल नेटवर्क से बाहर तब तक एक्सेस नहीं किया जा सकता है, जब तक मुख्य कम्प्यूटर द्वारा उसकी अनुमति न दी जावे। यह अति छोटे एरिया में कार्य करता है।

133. (c) एम एस एक्सेल में इकाई को सेल कहा जाता है। ये सेल Row और Column में विन्यस्त होते है। दो या दो से अधिक सेलों को मिलाकर बड़ा खण्ड बनाने के लिए 'मर्ज' फीचर का प्रयोग होता है और टेक्स्ट को सेंटर में लाने के लिए 'सेंटर' फीचर का यूज किया जाता है।

134. (d) इंटरनेट, कम्प्यूटर मशीनों के नेटवर्क को कहा जाता है। इसके माध्यम से विभिन्न मशीनों के मध्य डाटा शेयर किया जा सकता है। इसमें सूचनाएँ सर्वर द्वारा प्रचारित होती है।

135. (b) यूनिफार्म रिसोर्स लोकेटर (URL) किसी वेब साइट का एड्रेस होता है। जब इसे सर्च बार पर टाइप किया जाता है तो उसी पते से सम्बन्धित सभी पेजों तथा वेबसाइट को ओपन कर देता है।

136. (c) ASCII का पूरा नाम अमेरिकन स्टैंडर्ड कोड फॉर इन्फॉर्मेशन इंटरचेंज है। यह कम्प्यूटर में उपयोग करने वाले वर्ण- इन्कोड करने का एक मानक है। इसमें संख्या एवं अंग्रेजी वर्णमाला को जुटाया गया है।

137. (d) एम एस एक्सेल 2007 में 500% पर जूम नहीं किया जा सकता है। इसकी अधिकतम सीमा 400% होती है।

138. (a) मॉडम डिवाइस का उपयोग कम्प्यूटर या राउटर को ब्राडबैण्ड से जोड़ने के लिए किया जाता है। यह टीवी के एण्टीना की तरह सिग्नल पकड़ने का कार्य करता है।

139. (d) एमएस वर्ड में Redo करने के लिए Ctrl + Y शॉर्ट कट कुंजी का उपयोग किया जाता है। जबकि Undo करने के लिए Ctrl + Z कुंजी उपयोग करते है।

140. (c) McAFee एक एण्टी वायरस सॉफ्टवेयर है। इसी प्रकार NP- AV एक एण्टी वायरस नेट प्रोटेक्टर है।

141. (c) विंडोज लोगो कुंजी + प्लस कुंजी के एक साथ दबाकर डेस्कटॉप को जूम इन किया जाता है।

142. (b) एम एस वर्ड में जिस टेक्स्ट को बोल्ड करना होता है उसे सिलेक्ट करके शार्ट कट कुंजी Ctrl + B को दबाते हैं। इसके अतिरिक्त होम पेज के मेनू बार में B आइकॉन के क्लिक कर सकते है।

143. (b) इंटरनेट की मूलभूत संचार भाषा या प्रोटोकॉल TCP या IP है।

144. (b) LAN छोटा क्षेत्र होता है। जो भौगोलिक क्षेत्र को कवर करता है। इसका पूरा नाम लोकल एरिया नेटवर्क (Local Area Network) होता है।

145. (b) की-बोर्ड पर बेकस्पेस कुंजी का उपयोग कर कर्सर के बायीं ओर टाइप किये गए टेक्स्ट को मिटाने के लिए किया जाता है और एक- एक करके शब्दों को मिटाया जाता है।

146. (c) एम एस एक्सेल में जिस सेल को सिलेक्ट किया जाता है इसे एक्टिव सेल कहा जाता है तथा इसके अंदर के कन्टेन्ट और उसके केल्कुलेशन को फॉर्मूला बार में देखा जा सकता है।

147. (c) इन्टरनेट ब्राउजर को शीघ्रता से चालू करने के लिए डेस्कटॉप पर स्थित आइकन पर डबल क्लिक किया जाता है।

148. (a) माउस में रोलर बॉल, सिस्टम तक सिग्नल मूवमेंट करवाती है। माउस का रोलर डेस्कटॉप पर कर्सर के ऊपर-नीचे, दायें-बायें या कहीं भी मूवमेंट में भी सहायक होता है।

149. (a) मॉइक्रोसॉफ्ट विंडोज एक प्रकार का ऑपरेटिंग सिस्टम है। इसके अलग-अलग वर्जन जैसे विंडोज - 98, विंडोज - 2003, विंडोज- 2007 उपलब्ध हैं।

150. (b) डीवीडी, पेनड्राइव और हार्ड डिस्क कम्प्यूटर के एक्सटर्नल मेमोरी के हिस्से हैं। जबकि स्कैनर में डाटा का संग्रहण नहीं किया जा सकता। यह किसी हार्ड कॉपी वाले डेटा को स्कैन कर उसे सॉफ्ट कॉपी में बदलने का कार्य कर सकता है।

❑❑❑

12 प्रैक्टिस सेट

सामान्य ज्ञान

1. मो जंगल जामी योजना निम्नलिखित में से किस राज्य की पहल है ?
(a) उत्तराखंड (b) ओडिशा
(c) छत्तीसगढ़ (d) झारखंड

2. भारतीय संविधान का कौन-सा अनुच्छेद भारत के नियंत्रक एवं महालेखापरीक्षक (CAG) की नियुक्ति और निष्कासन से संबंधित है ?
(a) अनुच्छेद 124 (b) अनुच्छेद 148
(c) अनुच्छेद 280 (d) अनुच्छेद 356

3. सतत् विकास के लिये 2030 एजेंडा" का महत्त्व क्या है ?
(a) यह 2030 तक मंगल ग्रह पर उपनिवेश (colonizing) बनाने की योजना की रूपरेखा प्रस्तुत करता है।
(b) यह गरीबी, असमानता और जलवायु परिवर्तन से निपटने के लिये वैश्विक लक्ष्य तय करता है।
(c) यह 2030 तक वैश्विक निरस्त्रीकरण के लिये एक रूपरेखा स्थापित करता है।
(d) इसका लक्ष्य 2030 तक विश्व शांति प्राप्त करना है।

4. भारतीय संविधान का कौन-सा अनुच्छेद राज्यपाल को क्षमादान देने और कुछ विशिष्ट मामलों में सजा को निलंबित करने, कम करने अथवा परिवर्तित करने की शक्ति प्रदान करता है ?
(a) अनुच्छेद 72 (b) अनुच्छेद 21
(c) अनुच्छेद 151 (d) अनुच्छेद 161

5. पूर्वी एशिया शिखर सम्मेलन पहल निम्नलिखित में से किससे संबंधित है ?
(a) G-20 (b) BRICS
(c) ASEAN (d) SAARC

6. सतकोसिया टाइगर रिजर्व निम्नलिखित में से किस राज्य में स्थित है ?
(a) तमिलनाडु (b) राजस्थान
(c) कर्नाटक (d) ओडिशा

7. मध्य कालीन इतिहास में दक्षिण भारत के 'पोलिगार' कौन थे ?
(a) साधारण जमींदार
(b) महाजन
(c) क्षेत्रीय प्रशासकीय और सैन्य नियंत्रण अधिकारी
(d) नवधनाढ्य व्यापारी

8. बाल गंगाधर तिलक को 'अशांति का जनक' किसने कहा ?
(a) लॉर्ड कर्जन (b) विन्सेंट स्मिथ
(c) वेलेंटाइन चिरोल (d) हेनरी कॉटन

9. भारतीय संविधान का निम्नलिखित में से कौन-सा अनुच्छेद राष्ट्रपति को अंतर-राज्य परिषद स्थापित करने की शक्ति प्रदान करता है ?
(a) अनुच्छेद 262 (b) अनुच्छेद 263
(c) अनुच्छेद 280 (d) अनुच्छेद 340

10. भारत में संविधान दिवस मनाया जाता है-
(a) 26 जनवरी को (b) 26 नवंबर को
(c) 15 अगस्त को (d) 15 नवंबर को

11. 'सोल ऑफ स्टील' चैलेंज निम्नलिखित में से किस राष्ट्रीय उद्यान में होने वाले अभियानों से संबंधित है ?
(a) बांधवगढ़ राष्ट्रीय उद्यान
(b) काजीरंगा राष्ट्रीय उद्यान
(c) नागरहोल राष्ट्रीय उद्यान
(d) नंदा देवी राष्ट्रीय उद्यान

12. निम्नलिखित में से कौन-सा खाद्य सुरक्षा और मानक अधिनियम, 2006 के अनुसार भारतीय खाद्य सुरक्षा एवं मानक प्राधिकरण (FSSAI) का कार्य नहीं है ?
(a) किसी भी मामले पर सलाह देने के उद्देश्य से वैज्ञानिक और तकनीकी समितियों की स्थापना करना
(b) खाद्य व्यवसाय संचालकों को पंजीकृत या लाइसेंस देना
(c) प्रयोगशालाओं और निरीक्षण एजेंसियों की मान्यता प्रदान करना
(d) खाद्य व्यवसाय संचालकों से कर वसूल करना

13. उत्तर प्रदेश में खादी ग्रामोद्योग बोर्ड का गठन किस वर्ष किया गया था ?
(a) वर्ष 1955 (b) वर्ष 1960
(c) वर्ष 1965 (d) वर्ष 1970

14. निम्नलिखित में से किस बायोम को अनुकूलतम बायोम कहा जाता है ?
(a) सदाबहार वर्षा वन बायोम
(b) मानसूनी पर्णपाती वन बायोम
(c) सवाना बायोम
(d) सागरीय बायोम

15. निम्नलिखित में से किस सशस्त्र बल ने सेवानिवृत्त फाइटर डॉग्स को 'थेरेपी डॉग्स' के रूप में नियुक्त करने का निर्णय लिया है ?
(a) भारत तिब्बत सीमा पुलिस (ITBP)
(b) भारतीय सेना
(c) केंद्रीय औद्योगिक सुरक्षा बल (CISF)
(d) सीमा सुरक्षा बल (BSF)

16. निम्नलिखित में से कौन-सा "बंजुल फॉर्मूला" से संबंधित है ?
(a) भारत - यूएस '2 + 2' संवाद
(b) भारत-अफ्रीका मंच शिखर सम्मेलन
(c) सार्क
(d) भारत-जापान आर्थिक मंच

17. किस मिशन का उद्देश्य भारत में कृषि को अधिक उत्पादक, टिकाऊ, लाभकारी और जलवायु अनुकूल बनाना है ?
(a) राष्ट्रीय संतत् कृषि मिशन (NMSA)
(b) राष्ट्रीय ग्रामीण आजीविका मिशन (NRLM)
(c) स्वच्छ भारत अभियान (स्वच्छ भारत मिशन)
(d) डिजिटल इंडिया मिशन

18. निम्नलिखित में से किस ग्रह के दो छोटे उपग्रह "फोबोस और डेमोस" हैं ?
(a) शुक्र ग्रह (b) मंगल ग्रह
(c) बृहस्पति ग्रह (d) शनि ग्रह

19. हिंदी निम्नलिखित में से किस भाषा समूह से संबंधित है ?

(a) इंडो-आर्यन (b) भारोपीय
(c) द्रविड़ (d) ऑस्ट्रिक

20. निम्नलिखित में से कौन-सा चक्रीय प्रवास का प्रकार नहीं है ?

(a) पुनर्प्रवास
(b) श्रृंखला प्रवासन
(c) मौसमी प्रवासन
(d) उपर्युक्त में से कोई नहीं

21. 73वें संविधान संशोधन अधिनियम के अनुसार पूर्ण पंचायती राज व्यवस्था स्थापित करने वाला पहला राज्य था-

(a) राजस्थान (b) आंध्र प्रदेश
(c) कर्नाटक (d) मध्य प्रदेश

22. निम्नलिखित में से किसे 'लोकतंत्र की मुद्रा' कहा जाता है ?

(a) संसद की कार्य प्रणाली
(b) सोशल मीडिया
(c) प्रिंट मीडिया
(d) जनमत

23. विन्ध्य क्रम की चट्टानों का विस्तार भारत के किस क्षेत्र में है ?

(a) कृष्णा घटी, नाल्लामलाई पहाड़ी क्षेत्र व चेयार घाटी
(b) राजस्थान के चित्तौड़गढ़ से बिहार के सासाराम तक
(c) कर्नाटक का बेल्लारी जिला, बलाघाट एवं छोटानागपुर
(d) दामोदर, महानदी और गोदावरी एवं उसकी सहायक नदियों का क्षेत्र

24. भारत सरकार द्वारा चीनी के सम्बन्ध में दोहरी कीमत नीति किस वर्ष अपनाई गयी थी ?

(a) वर्ष 1973 (b) वर्ष 1975
(c) वर्ष 1977 (d) वर्ष 1979

25. काली गर्दन वाले सारस सर्दियों के मौसम में तिब्बत और चीन से भारत के किस राज्य में प्रवास करने आते हैं ?

(a) उत्तराखंड (b) त्रिपुरा
(c) अरुणाचल प्रदेश (d) दार्जिलिंग

26. डूरंड कप फुटबॉल टूर्नामेंट का आयोजन पहली बार कहाँ किया गया था ?

(a) डगशाई (b) अम्बासा
(c) तेजपुर (d) हिंगांग

27. विश्व अंगदान दिवस किस दिन मनाया जाता है ?

(a) 11 जनवरी (b) 17 अप्रैल
(c) 13 अगस्त (d) 21 नवंबर

28. काली मृदा में प्रचुर मात्रा में पाया जाता है-

(a) कैल्शियम कार्बोनेट
(b) पोटाश
(c) मैगनीशियम
(d) उपरोक्त सभी

29. बिंदेश्वर पाठक द्वारा सुलभ इंटरनेशनल की स्थापना किस वर्ष की गई थी ?

(a) 1982 (b) 1970
(c) 1975 (d) 1990

30. 'सुस्वागतम' पोर्टल निम्नलिखित में से किसके द्वारा लॉन्च किया गया है ?

(a) वित्त मंत्रालय
(b) सर्वोच्च न्यायालय
(c) नीति आयोग
(d) शिक्षा मंत्रालय

31. उत्तर प्रदेश में वनों के वैज्ञानिक प्रबन्ध हेतु प्रथम 'कार्य योजना वन विभाग' कब स्थापित किया गया ?

(a) 1909 ई. (b) 1884 ई.
(c) 1854 ई. (d) 1896 ई.

32. उत्तर प्रदेश में सुरक्षित वनों की वन सम्पदा के उपयोग का अधिकार किसे दिया गया है ?

(a) उत्तर प्रदेश वन विभाग
(b) उत्तर प्रदेश वन जीव परिषद
(c) उत्तर प्रदेश वन निगम
(d) उत्तर प्रदेश वन रक्षण विभाग

33. निम्नलिखित में से किस प्राचीन भारतीय ऋषि ने 'मीमांसा-सूत्र' लिखा था ?

(a) बादरायण (b) चरक
(c) जैमिनी (d) पाणिनी

34. उत्तर प्रदेश की कौन सी जनजाति बिजनौर जिले के ग्रामीण क्षेत्रों में निवास करती है ?

(a) बुक्सा (b) थारू
(c) माहीगीर (d) खरवार

35. नेताजी सुभाष चंद्र बोस की नई जीवनी 'बोस: द अनटोल्ड स्टोरी ऑफ एन इनकन्वीनिएंट नेशनलिस्ट' किसने लिखी है ?

(a) अनुज धार (b) विष्णु दे
(c) चंद्रचूड़ घोष (d) रमेश शिल

36. SLR का पूर्ण रूप क्या है ?

(a) बंध्याकरण तरलता अनुपात (स्टरलाइजेशन लिक्विडिटी रेश्यो)
(b) स्टॉक तरलता अनुपात (स्टॉक लिक्विडिटी रेश्यो)
(c) राज्य तरलता अनुपात (स्टेट लिक्विडिटी रेश्यो)
(d) सांविधिक तरलता अनुपात (स्टेचुरी लिक्विडिटी रेश्यो)

37. भारत में, 'सुशासन दिवस' .... के जन्मदिन पर मनाया जाता है।

(a) जवाहरलाल नेहरु
(b) इंदिरा गाँधी
(c) अटल विहारी वाजपेयी
(d) सरदार वल्लभभाई पटेल

38. 'इंडियाज नॉलेज सुप्रीमेसी: द न्यू डॉन' नामक पुस्तक के लेखक कौन हैं ?

(a) अरविंद मंडलोई
(b) डॉ. श्रीराम चौलिया
(c) डॉ. अश्विन फर्नांडीस
(d) तमल बंद्योपाध्याय

39. टेनिस ग्रैंड स्लैम खिताब जीतने वाली पहली भारतीय महिला खिलाड़ी कौन थी ?

(a) इशिता लखानी
(b) शिखा ओबेराय
(c) रश्मि चक्रवर्ती
(d) सानिया मिर्जा

40. अर्जुन पुरस्कार से सम्मानित होने वाली प्रथम भारतीय महिला कौन थी ?

(a) दीपू घोष (बैडमिंटन)
(b) ऐनी लम्सडन (हॉकी)
(c) मीना शाह (बैडमिंटन)
(d) शांता रंगास्वामी (क्रिकेट)

41. प्रथम भारतीय महिला क्रिकेट कमेंटेटर कौन थी ?

(a) अंजुम चोपड़ा
(b) डायना इडुलजी
(c) अंजू जैन
(d) चंद्रा नायडू

42. प्रथम भारतीय महिला क्रिकेट कप्तान कौन थीं ?

(a) डायना इडुलजी (b) पूर्णिमा राव
(c) संध्या अग्रवाल (d) शांता रंगास्वामी

43. एक जौहरी सोने की लटकन बनाता है। वह इसे बनाने के लिए 50 ग्राम तांबे का उपयोग करता है। यदि 1 किलो तांबे का मूल्य ₹ 420 है, तो आभूषण में इस्तेमाल होने वाले ताँबे का मूल्य क्या है?

(a) ₹ 20 (b) ₹ 19
(c) ₹ 21 (d) ₹ 22

44. यदि समीकरण $x^2 - x - 1 = 0$ के मूल α और β हैं, तब $\frac{\alpha}{\beta}$ और $\frac{\beta}{\alpha}$ मूल वाला समीकरण क्या होगा?

(a) $x^2 + 3x - 1 = 0$
(b) $x^2 + x - 1 = 0$
(c) $x^2 - x + 1 = 0$
(d) $x^2 + 3x + 1 = 0$

45. मान ज्ञात कीजिए–
$129 \div [46 - \{93 \div \} 35 - 132 \div \overline{11 \times 3})\}] = 9$

(a) 3 (b) 5
(c) 7 (d) 1

46. एक इवेंट मैनेजमेंट कंपनी ने एक कार्यक्रम आयोजित किया और प्रति व्यक्ति प्रवेश शुल्क ₹ 250/- तय किया गया था। औसतन, प्रत्येक परिवार से 2 व्यक्तियों ने कार्यक्रम में भाग लिया और इस कार्यक्रम में भाग लेने वाले 300 परिवार थे। कंपनी द्वारा प्रविष्टि शुल्क से प्राप्त कुल राशि में से 50% राशि व्यवस्था पर व्यय की गई। व्यवस्था पर खर्च की गई राशि कितनी थी?

(a) ₹ 1,500,000 (b) ₹ 1,20,000
(c) ₹ 1,0,5000 (d) ₹ 75,000

47. एक टंकी को भरने में जितना समय B लेता है, उसके चौथाई समय में पाइप A उसे भर देता है। पाइप C उस टंकी को भरने में पाइप A द्वारा लिए गए समय से तीन गुना समय लेता है। यदि तीनों पाइपों को एक साथ चालू किया जाता है तो टंकी को भरने में 33 घंटे लगते हैं। यदि पाइप C को चालू न किया जाए तो टंकी को भरने में कितने घंटे का समय लगेगा?

(a) 42.4 (b) 41.5
(c) 42.1 (d) 41.8

48. A ₹ 28,000 के निवेश के साथ एक व्यवसाय शुरू करता है। B, 5 महीने के बाद व्यवसाय से जुड़ता है। 2 महीनों के बाद C जुड़ता है। यदि एक वर्ष के बाद उनके लाभ का अनुपात 4 : 2 : 3 है, तो ₹ में B और C द्वारा किया गया निवेश ज्ञात कीजिए।

(a) ₹ 20,000, ₹ 30,000
(b) ₹ 50,000, ₹ 20,000
(c) ₹ 12,000, ₹ 25,200
(d) ₹ 24,000, ₹ 50,400

49. इनमें से कौन केन्द्रीय प्रवृत्ति की माप है–

(a) बारंबारता
(b) संचयी बारंबारता
(c) माध्य
(d) वर्ग-सीमा

50. प्रियम प्रीतम से 9 वर्ष युवा है। पाँच वर्ष पहले प्रियम की चार गुना आयु प्रीतम की तीन गुना आयु के बराबर थी। प्रियम की वर्तमान आयु ज्ञात कीजिए।

(a) 30 वर्ष (b) 32 वर्ष
(c) 28 वर्ष (d) 33 वर्ष

सामान्य हिंदी

निर्देश [51-53]: दिये गए गद्यांश के आधार पर उत्तर दीजिए।

तत्परता हमारी सबसे मूल्यवान संपत्ति है। इसके द्वारा विश्वसनीयता प्राप्त होती है। वे लोग जो सदैव जागरूक रहते हैं, तत्काल कर्मरत हो जाते हैं और जो समय के पाबन्द हैं, वे सर्वत्र विश्वास के पात्र समझे जाते हैं। वे मालिक जो स्वयं कार्यतत्पर होते हैं, अपने कर्मचारियों के लिए प्रेरणा का स्रोत बनते हैं और काम की उपेक्षा करने वालों के लिए अंकुश का काम करते हैं। वे अनुशासन का साधन भी बनते हैं। इस प्रकार अपनी उपयोगिता और सफलता में अभिवृद्धि करने के साथ-साथ वे दूसरों की उपयोगिता और सफलता के भी साधन बनते हैं। एक आलसी व्यक्ति हमेशा ही अपने कार्य को भविष्य के लिए स्थगित करता जाता है, वह समय से पिछड़ता जाता है और इस प्रकार अपने लिए ही नहीं दूसरों के लिए भी विक्षोभ का कारण बनता है। उसकी सेवाओं का कोई आर्थिक मूल्य नहीं समझा जाता है। कार्य के प्रति उत्साह और उसे शीघ्रता से संपन्न करना। कार्य तत्परता के दो प्रमुख उपादान है जो समृद्धि की प्राप्ति में उपयोगी बनते हैं।

51. उपर्युक्त अवतरण का उपयुक्त शीर्षक दीजिए–

(a) कार्य कुशलता (b) कार्य उपयोगिता
(c) कार्य तत्परता (d) जागरूकता

52. जीवन में सफल सिद्ध होने के लिए आवश्यक उपादानों में से एक प्रमुख उपादान क्या है?

(a) कार्य की आर्थिक समझ
(b) जागरूकता
(c) अनुशासन
(d) तत्परता

53. गद्यांश का उचित संक्षेपण कौन-सा होगा?

(a) तत्परता हमारी मूल्यवान निधि है। इससे हम तत्पर होकर काम करते हैं और समय पर काम करके सफलता प्राप्त करते हैं।
(b) जागरूक व्यक्ति सदैव उत्साहित होकर तत्परता से अपने कार्य में जुट जाते हैं और अनुशासित होकर उसे समय पर पूरा कर डालते हैं। समय पर कार्य करने से वे अपने कार्य क्षेत्र में सभी के विश्वास पात्र बन जाते हैं। और यही विश्वसनीयता सफलता का साधन बनती हैं। यही तत्परता सफलता और समृद्धि का प्रमुख उपादान है।
(c) सफलता के लिए तत्परता का होना आवश्यक है। अनुशासन में रहकर कार्य समय से पूरा करके सफलता मिलती है।
(d) उत्साह और शीघ्रता कार्य तत्परता के दो प्रमुख उपादान हैं जो जागरूक होकर कार्य करने को बाध्य करते हैं। जिससे कार्य समयानुसार पूरा होता है और सफलता मिलती है।

निर्देश [54-58]: दिये गए गद्यांश के आधार पर उत्तर दीजिए।

साहस की जिंदगी सबसे बड़ी जिंदगी होती हैं। ऐसी जिंदगी की सबसे बड़ी पहचान यह है कि वह बिल्कुल निडर, बिल्कुल बेखौफ होती है। साहसी मनुष्य की पहली पहचान है कि वह इस बात की चिंता नहीं करता कि तमाशा देखने वाले लोग उसके बारे में क्या सोच रहे हैं। दूसरों की परवाह किए बगैर जीने वाला आदमी दुनिया की असली ताकत होता है और मनुष्यता को प्रकाश भी ऐसे ही आदमी से मिलता है। साहसी मनुष्य उन सपनों में भी रस लेता है जिनका कोई व्यावहारिक अर्थ नहीं है। साहसी मनुष्य सपने उधार नहीं लेता, वह अपने विचारों में रमा हुआ अपनी ही किताब पढ़ता है। झुंड में चलना और झुंड में चरना तो भैंस और भेड़ का काम है। साहसी मनुष्य तो सिंह के समान होता है जो अकेला होने पर भी मरन रहता है। अर्नाल्ड बेनेट ने एक जगह लिखा "जो आदमी उपयुक्त अवसर मिलने पर भी साहस से काम न ले सका, वह कभी भी सुखी नहीं हो सकता। समय पर साहस न दिखाने वाला व्यक्ति अपने भीतर एक आवाज सुनता है जो उसे बराबर कहती है, "तुम साहस नहीं दिखा सके, तुम कायर की तरह भाग खड़े हुए।"

54. साहसी मनुष्य क्या उधार नहीं लेता?

(a) सपने (b) विचार
(c) बुद्धि (d) अवसर

55. साहसी मनुष्य किसके समान है?

(a) भैंस (b) भेड़
(c) सिंह (d) जानवर

56. दुनिया की परवाह किए बिना जीने वाले व्यक्ति से किसको प्रकाश मिलता है?

(a) दुनिया को (b) समाज को
(c) मनुष्यता को (d) आम आदमी को

57. लेखक ने कैसे जीवन को महान बताया है?

(a) विवेकशील जीवन को
(b) कमजोर
(c) स्वावलंबनपूर्ण
(d) हिम्मती जीवन को

58. इनमें से कौन-सा 'व्यावहारिक' शब्द के लिए पर्यायवाची शब्द नहीं है ?

(a) व्यवहारशील
(b) आदर्शवादी
(c) व्यवहार में लाने के योग्य
(d) व्यवहार कुशल

निर्देश [59-60]: दिये गए गद्यांश के आधार पर उत्तर दीजिए।

समय का आदर करना ही उसका सदुपयोग करना है। जो व्यक्ति समय की सही कीमत जान लेता है, वही जीवन में सफलता प्राप्त कर पाता है। यह धन से भी अधिक महत्त्वपूर्ण है। धन खोने पर वापस पाया जा सकता है परन्तु बीता हुआ समय नहीं लौटाया जा सकता है। छात्रों के जीवन में इसका अधिक महत्त्व है। जो छात्र इस उम्र में समय की कद्र करना सीख जाते हैं, वह भविष्य में तरक्की की ऊँचाईयों को छू लेते हैं। चाणक्य, गाँधी जी, अशोक आदि ने समय का सदुपयोग कर अपने पैरों के निशान छोड़ दिए। जीवन का प्रत्येक क्षण भविष्य का निर्माता है। जो लोग इसके महत्त्व को नहीं समझ पाते, वे केवल हाथ मलते रह जाते हैं। हम चाहे विश्राम कर लें परंतु समय कभी विश्राम नहीं करता। समय के प्रति सजगता मानव जीवन के लिए उपयोगी है। अत: छात्रों को समय की कीमत पहचानकर इसका सार्थक उपयोग करना चाहिए।

59. 'समय का सदुपयोग' का क्या अर्थ है ?

(a) उसको संभालकर रखना
(b) उसे व्यर्थ न करना
(c) उसका अनादर करना
(d) राज्य मण्डी परिषद् भर्ती परीक्षा

60. छात्रों के लिए समय का सदुपयोग अधिक आवश्यक क्यों है ?

(a) जो इसकी महत्ता समझते है वह सफल होते है।
(b) सदुपयोग करने से सदा विफल होते हैं।
(c) कभी भी सफल नहीं होते हैं।
(d) सदा पीछे रहते हैं।

61. प्रशासनिक शब्दावली में 'Reference' का हिन्दी रूप है-

(a) परिवीक्षा (b) प्रतिभूति
(c) संदर्भ (d) पंजीयन

62. 'Authentication' शब्द का हिन्दी समानार्थक शब्द है-

(a) प्रमाणीकरण (b) प्रमाणित
(c) प्रामाणिक (d) सही

63. व्यक्तिगत पत्र के संबंध में असत्य कथन है-

(a) इसके अंतर्गत बड़ों की तरफ से छोटो को पत्र लिखे जाते हैं।
(b) इसके अंतर्गत छोटों की तरफ से बड़ों को पत्र लिखे जाते हैं।
(c) इन पत्रों में सरलता और अपनी कुशलता के समाचार होते हैं।
(d) इन पत्रों में आपसी संबंध का कोई प्रभाव पत्र पर नहीं पड़ता है।

64. निम्नलिखित में से कौन-सा पत्र वैयक्तिक पत्र की श्रेणी में आएगा ?

(a) व्यापारिक पत्र
(b) प्रार्थना-पत्र
(c) मित्र को पत्र
(d) सम्पादक के नाम पत्र

65. निम्नलिखित में से कौन-सी पत्र की विशेषता नहीं है ?

(a) संक्षिप्तता (b) प्रेषक
(c) क्रमबद्धता (d) विनयशीलता

66. गंदगी की समस्या से पीड़ित मुहल्लेवासियों की ओर से नगरपालिकाध्यक्ष को लिखा गया पत्र निम्नलिखित में से किस श्रेणी के अंतर्गत आएगा ?

(a) प्रार्थना-पत्र (b) आवेदन पत्र
(c) व्यापारिक पत्र (d) शिकायती पत्र

67. निम्न में से किस शब्द की वर्तनी सही है ?

(a) विधाता (b) सर्वश्रेष्ट
(c) भूमीगत (d) इनमें से कोई नहीं

68. निम्नलिखित में से कौन-सा शब्द 'हवा' का पर्यायवाची नहीं है ?

(a) अनल (b) अनिल
(c) पवन (d) समीर

69. निम्नलिखित में से कौन-सा शब्द 'आँख' का पर्यायवाची नहीं है ?

(a) अक्षि (b) नयन
(c) दृग (d) दृगम्बु

70. निम्नलिखित में कौन-सा शब्द 'नम' का पर्यायवाची नहीं है ?

(a) गीला (b) भीगा
(c) आर्द्र (d) आर्द्रा

71. 'सम्मुख' शब्द का विलोम है-

(a) विमुख (b) प्रमुख
(c) पार्श्व (d) समक्ष

72. निम्नलिखित शब्दों पर विचार कीजिए-

1. अधोगती 2. अध्यापीका
3. साहित्यकार 4. तिमिर

किस विकल्प में सभी शब्द शुद्ध हैं ?

(a) 2, 3 और 4 (b) 1 और 2
(c) 1, 3 और 4 (d) 3 और 4

73. "संन्यासी" का विलोम शब्द है-

(a) संतापी (b) इनमें से कोई नहीं
(c) गृहस्थ (d) विरक्त

74. 'जो कम खर्च करता हो'। इस वाक्यांश के लिए एक शब्द होगा।

(a) कंजूस (b) लोभी
(c) मितव्ययी (d) मक्खीचूस

75. प्राणदा के लिए अनेक शब्द है-

(a) प्राण रहने का मंत्र
(b) जीवन देने वाली दवा
(c) जीवन चाहने वाली राह
(d) प्राण रहने का अभ्यास

76. किस विकल्प में सही विलोम-युग्म है ?

(a) नूतन - पुरातन
(b) निषिद्ध - तुच्छ
(c) कर्कश - खुरखुरा
(d) जोड़ - मेल

77. किस विकल्प में सही विलोम-युग्म हैं ?

(a) नेकी - भलाई
(b) तरुण - किशोर
(c) विभक्त - पृथक
(d) दीर्घकाय - कृशकाय

78. 'आविर्भाव' का विलोम शब्द है-

(a) तिरोभाव (b) विरक्ति
(c) अंत (d) अधोगति

79. किस विकल्प में सही विलोम-युग्म नहीं हैं ?

(a) अमावस्या-पूर्णिमा
(b) आचार-अनाचार
(c) गुप्त-मुक्त
(d) कुटिल-सरल

80. शुद्ध वर्तनी वाला शब्द छाँटिए-

(a) परिक्षा (b) मुमूर्षु
(c) मूमुर्षु (d) परीखा

81. "नागर" का पर्याचवाची शब्द है-

(a) नगर (b) देवनागरी
(c) चतुर (d) ढोल

82. निम्न में वर्तनी की दृष्टि से शुद्ध शब्द है-

(a) अधीकार (b) अनुशरण
(c) अध्ययन (d) अगामी

83. किस विकल्प में सभी शब्द परस्पर पर्यायवाची हैं ?

(a) पार्वती, रुद्राणी, भवानी
(b) दानव, निशाचर, अंबक
(c) मनोरथ, स्पृहा, निलय
(d) रीता, रिक्त, तिक्त

84. 'किनारे लगना' मुहावरे का उपयुक्त अर्थ है-
(a) किसी कार्य का समाप्त होना
(b) डूबने से बचना
(c) लहरों द्वारा किसी वस्तु को किनारे फेंकना
(d) नदी पार करने में असफल होना

85. किस विकल्प में सभी शब्द परस्पर पर्यायवाची हैं?
(a) कनक, कंचन, निनाद
(b) वदन, आनन, आस्य
(c) नियति, विधि, धीवर
(d) आशुग, तीर, प्राज्ञता

86. 'लालसा' शब्द के दो पर्यायवाची हैं-
(a) इच्छा, आकांक्षा
(b) इच्छा, बल
(c) बल, आकांक्षा
(d) आकांक्षा, निराशा

87. 'किसी व्यक्ति या सिद्धान्त का समर्थन करने वाला' पद के लिए एक शब्द है-
(a) अनुदान (b) अनुयायी
(c) अनुपथी (d) अनुभवी

88. 'ईश्वर में विश्वास रखने वाला'- इस शब्द समूह के लिए एक शब्द बताइये।
(a) आस्तिक (b) भक्त
(c) नास्तिक (d) श्रद्धावान

89. 'उपकार को मानने वाला'- इस शब्द समूह के लिए एक शब्द बताइए।
(a) कृपालु (b) कृतज्ञ
(c) कृतघ्न (d) आज्ञाकारी

90. 'जो दिखाई न दे'-इस शब्द समूह के लिए एक शब्द बताइए।
(a) अदृश्य (b) अमर
(c) निष्प्राण (d) नेत्रहीन

91. जानने की इच्छा रखने वाला'-इस शब्द समूह के लिए एक शब्द बताइए।
(a) पिपासु (b) उत्साही
(c) जिज्ञासु (d) इनमें से कोई नहीं

92. 'जिसके पार देखा जा सके' वाक्यांश के लिए एक शब्द है-
(a) पारदर्शक (b) पादर्शन
(c) पारदर्शनीय (d) अपारदर्शक

93. 'बिना देखरेख का जानवर' वाक्यांश के लिए एक शब्द है-
(a) पालत (b) जंगली
(c) अमेर (d) खूंखार

94. "कोल्हू का बैल होना" का अर्थ है-
(a) बुरी तरह काम में लगे रहना।
(b) मन लगाकर काम नहीं करना।
(c) निर्धन होना।
(d) बहुत दिनों बाद दिखाई देना।

95. 'आँसू पीकर रह जाना' मुहावरे का सही अर्थ है-
(a) आँसू बहने न देना।
(b) अन्न के अभाव में आँसू से भूख मिटाना।
(c) गुस्सा होना।
(d) चुपचाप दुःख सह लेना।

96. 'बिल्ली को पहले ही दिन मारना चाहिए' का अर्थ है-
(a) रौव पहले ही दिन पड़ता है, बाद में नहीं।
(b) भय का शमन शुरू में ही कर देना चाहिए।
(c) जिस व्यक्ति के आश्रय में रहना, उसी को हानि पहुंचाना।
(d) बुरा समय आते ही सचेत हो जाना चाहिए।

97. 'खयाली पुलाव' पकाना-मुहावरे का अर्थ है-
(a) गुणात्मक वृद्धि होना
(b) भूला हुआ दुःख पुनः याद आना
(c) असंभव बातों की कल्पना करना
(d) उपद्रव मचाना

98. 'आ बैल मुझे मार' इस कहावत का सही अर्थ बताइए।
(a) छेड़छाड़ करना।
(b) जानबूझ कर मुसीबत में पड़ना।
(c) बलशाली के सामने वीरता दिखाना।
(d) कायर होते हुए भी वीरता का प्रदर्शन करना।

99. 'बात का धनी' मुहावरे का अर्थ है-
(a) वायदे का पक्का
(b) बहुत बातें करना।
(c) बात से धनी होना।
(d) समझदार होना।

100. 'अति का भला न बरसना, अति की भली न धूप' लोकोक्ति का अर्थ है-
(a) अधिक बारिश होना।
(b) अधिक धूप निकलना।
(c) किसी भी बात या वस्तु का अधिक होना ठीक नहीं।
(d) बरसात में धूप निकलना।

कंप्यूटर ज्ञान

101. कम्प्यूटर में इंटरनेट की एक्सप्लोरिंग के लिए प्रयुक्त होने वाला सॉफ्टवेयर प्रोग्राम ..... कहलाता है।
(a) वेब ब्राउजर
(c) वेब सर्वर
(b) सॉफ्टवेयर सर्विस
(d) डेटाबेस

102. - ADD, MOVE, CMP नीमानिक्स (स्मृति संकेत) निम्न में प्रयुक्त होते हैं-
(a) प्रोग्रामिंग C
(b) DOS
(c) C++
(d) असेम्बली लैंग्वेज

103. निम्नलिखित में से कौन सशक्त पासवर्ड के लिए मानक नीति को संतुष्ट करता है?
(a) Goldfish (b) 6014fish
(c) goldfi55 (d) 6oldfish

104. इंटेल कोर क्या है?
(a) एक स्मृति इकाई
(c) एक विद्युत प्रदाय इकाई
(b) सूचना प्रसंस्करण सॉफ्टवेयर
(d) केंद्रीय संसाधन एकक

105. एम.एस. एक्सेल में, सूत्र निम्न से शुरू होता है-
(a) धन (+) चिन्ह से
(b) ऋण (-) चिन्ह से
(c) / से बड़ा (>) चिन्ह से
(d) बराबर (=) चिन्ह से

106. एक वर्ड दस्तावेज में समस्त विषयवस्तु का चयन करने के लिए कौन-सी लघु रीति कुंजी है?
(a) CTRL+C (b) CTRL + Z
(c) CTRL+V (d) CTRL+A

107. आउटलुक में निम्न टूल का क्या उपयोग होता है?
(a) सेलेक्ट किए गए आइटम को डिलीटेड आइटम्स फोल्डर में पहुंचाता है
(b) वर्तमान आयटम को प्रिंट करता है
(c) नया आइटम निर्मित करता है, जैसे कि ईमेल संदेश या एपॉइंटमेंट
(d) उपरोक्त में से कोई नहीं

108. आइपी एड्रेस क्या है?
(a) यह प्रयोक्ता के ई-मेल संदेश के लिए ई-मेल एड्ड्रेस होता है
(b) यह कम्प्यूटर नेटवर्क में कम्प्यूटर का एड्रेस होता है
(c) यह वेबसाइट का यूआरएल होता है, जैसे कि www.flipkart.com
(d) यह मोबाइल फोन का सिम नंबर होता है

109. प्रोसेसर चिप की स्पीड को में मापा जाता है।
(a) Mbps
(b) MHz
(c) बिट्स प्रति सेकंड
(d) बाइट्स प्रति सेकंड

110. एमएस वर्ड में, वह अक्षर जो उठा हुआ होता है और बेसलाइन के ऊपर छोटा होता है, निम्न कहलाता है-
(a) आउटलाइन्ड (b) सुपरस्क्रिप्ट
(c) रेज्ड (d) सब्स्क्रिप्ट

111. एमएस एक्सेल में, निम्न में से कौन-सी विधि सेल में डेटा की प्रविष्टि के लिए प्रयुक्त नहीं हो सकती है ?
(a) ऐरो कुंजी दबाना
(b) एस्केप कुंजी दबाना क्लिक करना
(c) टैब कुंजी दबाना
(d) फॉर्मूला बार की एंटर बटन पर

112. निम्नलिखित में से कौन एमएस एक्सेल 2007 में फंक्शन लाइब्रेरी कैटेगरी में नहीं उपलब्ध होती है ?
(a) लॉजिकल (b) फाइनेंशियल
(c) सिरीज (d) टेक्स्ट

113. एमएस वर्ड 2007 में .... विकल्प लैंडस्केप ड्रॉप डाउन में उपलब्ध होता है।
(a) पेज साइज (b) पेपर साइज
(c) पेज ओरिएंटेशन (d) फॉन्ट स्टाइल

114. एप्पल आइफोन में प्रयुक्त होने वाला एक OS होता है।
(a) iOS (b) एंड्रॉयड किटकैट
(c) एंड्रॉयड (d) LTE

115. डेटा के मापने के लिए प्रयुक्त होने वाली सबसे छोटी इकाई निम्न है-
(a) बाइट (b) निब्बल
(c) बिट (d) बी.सी.डी.

116. निम्न में से क्या एप्लीकेशन सॉफ्टवेयर का उदाहरण नहीं है ?
(a) वर्ड प्रोसेसिंग
(b) डी.ओ.एस.
(c) कम्प्यूटर ग्राफिक्स
(d) स्प्रेड शीट

117. पेज लेआउट टैब में, इंडेन्ट एवं स्पेसिंग विकल्प ग्रुप (एमएस वर्ड में) उपलब्ध होते हैं-
(a) पेज सेटअप (b) अरेंज
(c) पेज बैकग्राउंड (d) पैराग्राफ

118. अरबों इंटरकनेक्टेड वेबपेजों के संग्रह इसके उपयोग द्वारा ट्रांसफर किए जाते हैं-
(a) HTTP
(b) SMTP
(c) FTP
(d) उपरोक्त में से कोई नहीं

119. विकल्प अधूरी ई-मेल को बिना भेजे इसे रक्षित करने में आपकी सहायता करता है।
(a) ड्राफ्ट के रूप में रक्षित करें
(b) इन्बॉक्स
(c) प्रेषित आइटम
(d) ट्रैश

120. एमएस एक्सेल 2007 में, वर्तनी संबंधी त्रुटियों की जाँच के लिए प्रूफिंग टैब में कौन-सा विकल्प प्रयुक्त होता है ?
(a) स्पेलिंग (b) थिसॉरस
(c) रिसर्च (d) ट्रांसलेट

121. कम्प्यूटर की सर्वाधिक तेज, सर्वाधिक शक्तिशाली तथा सर्वाधिक मूल्यवान श्रेणी .... कहलाती है।
(a) सुपर कम्प्यूटर
(b) मेनफ्रेम कम्प्यूटर
(c) पर्सनल कम्प्यूटर
(d) डेस्कटॉप कम्प्यूटर

122. ....वह शार्टकट कुंजी है जिसका उपयोग एमएस वर्ड में मार्जिन के बीच समान रूप से कंटेट वितरित करने के लिए किया जाता है।
(a) CTRL+L (b) CTRL+R
(c) CTRL+E (d) CTRL+J

123. एक ...... एक एल्गोरिदम का दृश्य या चित्रमय निरूपण है।
(a) प्रोग्राम (b) डाटा
(c) सिस्टम (d) फ्लोचार्ट

124. स्प्रेडशीट का निर्माण करने और फॉर्मेट करने के लिए प्रयुक्त होने वाला एक शक्तिशाली टूल है-
(a) एडॉब फोटोशाप सीएस
(b) माइक्रोसाफ्ट ऑफिस पॉवर प्वाइंट
(c) माइक्रोसॉफ्ट ऑफिस एक्सेल
(d) मोजिला फॉयरफॉक्स

125. वेबसाइट के पहले पेज को निम्न कहा जाता है-
(a) बुकमार्क पेज
(b) होमपेज
(c) एचटीएमएल स्क्रिप्ट पेज
(d) जावा स्क्रिप्ट पेज

126. 4 बिट्स का समूह इस रूप में जाना जाता है-
(a) बाइट (b) किलोबाइट
(c) निब्बल (d) मेगाबाइट

127. एमएसवर्ड में, एक शब्द की जगह उसके पर्यायी शब्द को बदलने के लिए इसका इस्तेमाल किया जाता है ?
(a) थिसॉरस
(b) खोजो और बदलो (फाइंड और रिप्लेस)
(c) कॉपी और पेस्ट
(d) खोजो और ठीक करो (फाइंड और करेक्ट)

128. एक सिस्टम सॉफ्टवेयर है जो टेक्स्ट और डाटा की एडिटिंग को सुविधाजनक बनाता है।
(a) एमएस पॉवरप्वाइंट
(b) एमएस पब्लिशर
(c) एमएस पेंट
(d) एडीटर्स

129. स्मार्ट आर्ट इसका फीचर है-
(a) फोटोशॉप (b) टैली
(c) कोरलड्रॉ (d) एमएसवर्ड 2007

130. किस बटन का उपयोग, एक्टिव विंडो को टास्कबार तक लाने के लिए किया जाता है ?
(a) क्लोज (b) रिस्टोर
(c) मिनिमाइज (d) हेल्प

131. URLS के दो मूलभूत भाग हैं-
(a) ICP/IP
(b) TCP and FTP
(c) TCP/IP and ISP
(d) The protocol and the domain name

132. एक से अधिक प्रोसेसर वाला कम्प्यूटर कहलाता है-
(a) यूनिप्रॉसेसर (b) मल्टीथ्रेटेड
(c) मल्टीप्रॉसेसर (d) मल्टीथ्रेटेडेड

133. डाटा को लॉजिकल ऑर्डर में व्यवस्थित करना कहलाता है।
(a) सॉर्टिंग (b) क्लासीफाइंग
(c) संचिंग (d) रिप्रोड्यूसिंग

134. निम्नलिखित में से कौन-सा एक हार्डवेयर है ?
(a) असेम्बलर (b) कम्पाइलर
(c) सर्वर (d) इंटरप्रीटर

135. कम्प्यूटर का मुख्य प्रॉसेसर इसके द्वारा संघटित किया जाता है।
(a) मदरबोर्ड (b) की-बोर्ड
(c) पॉवर सप्लाई (d) मॉनीटर

136. एक्सेल, डेटा और टाइम को इस रूप में स्टोर करता है-

(a) टेक्स्ट डेटा (b) फॉर्मूलास
(c) नंबर्स (d) बूलियन

137. एक एंटीवाइरस साफ्टवेयर नहीं है-
(a) डीबीएमएस (b) एवास्ट
(c) मैकेफी (d) अवीरां

138. ....का उपयोग, डाटा और पासवर्ड की सुरक्षा के लिए किया जाता है।
(a) एन्क्रिप्शन (b) ऑथेंटिकेशन
(c) वेरिफिकेशन (d) कम्प्यूटर

139. एक पेज के प्रिंटिंग एरिया से बाहर का रिक्त स्थान होता है।
(a) मार्जिन (b) फूटर
(c) हेडर (d) क्लिपआर्ट

140. आप एक बिजनेस लेटर लिखने के लिए किस एप्लीकेशन का उपयोग करेंगे ?
(a) एमएस वर्ड (b) एमएस पॉवरप्वाइंट
(c) एमएस एक्सेल (d) एमएस ऐक्सेस

141. योटाबाइट (YB) इसके बराबर होता है-
(a) 2^{30} बाइट (b) 2^{50} बाइट
(c) 2^{70} बाइट (d) 2^{80} बाइट

142. एक बाइट, डाटा के एक .... को संभाल सकता है।
(a) बिट (b) कैरेक्टर
(c) बाइनरी डिजिट (d) न्यूमेरिक

143. स्प्रेडशीट, फोटो एडिटिंग, पॉवरप्वाइंट, वर्ड डॉक्यूमेंट निम्न का उदाहरण है-
(a) एप्लीकेशन सॉफ्टवेयर
(b) सिस्टम सॉफ्टवेयर
(c) प्लेटफॉर्म सॉफ्टवेयर
(d) ओएस सॉफ्टवेयर

144. स्पीकर एक..........डिवाइस होता है।
(a) आउटपुट (b) मेमोरी
(c) इनपुट (d) स्टोरेज

145. निम्नलिखित में से कौन-सी एक कम्प्यूटर लैंग्वेज है ?
(a) जावा (b) एंड्रायड
(c) विंडोज (d) मैक ओएस

146. एमएस एक्सेल में, "VALUE " इसे संदर्भित करता है-
(a) मान का जोड़
(b) मान में त्रुटि
(c) अंकीय मान का सबस्क्रिप्ट
(d) फॉन्ट वैल्यू

147. निम्नलिखित में से क्या एक एक्सेल चार्ट है ?
(a) टेबल ऑफ कंटेन्ट्स
(b) स्मार्ट आर्ट
(c) 3-D बार
(d) बुकमार्क

148. मोजिला फायरफॉक्स निम्न के अंतर्गत आता है ?
(a) कम्पाइलर
(b) ब्राउजर
(c) आईपी एड्रेस
(d) ऑपरेटिंग सिस्टम

149. किसी कम्युनिकेशन चैनल के माध्यम से एक कम्प्यूटर से किसी फाइल की कॉपी, दूसरे कम्प्यूटर में ले जाना निम्न कहलाता है ?
(a) फाइल एन्क्रिप्शन
(b) फाइल मॉडिफिकेशन
(c) फाइल ट्रांसफर
(d) फाइल कॉपिंग

150. पोर्ट्रेट और लैंडस्केप मोड, ...के दो प्रकार के होते हैं।
(a) पेज ओरिएंटेशन (b) पेज ले आउट
(c) पेपर साइज (d) पेज कलर

व्याख्या सहित उत्तर

1. (a) ओडिशा सरकार ने 'मो जंगल जामी योजना' शुरू की है जिसका उद्देश्य राज्य के जिलों में आदिवासियों और वनवासियों के बीच वन अधिकारों को बढ़ावा देना है। यदि इस योजना को लागू किया जाता है तो ओडिशा केंद्र सरकार द्वारा प्रस्तावित व्यक्तिगत अधिकारों के अतिरिक्त सामुदायिक वन अधिकारों को मान्यता देने वाला भारत का पहला राज्य बन जाएगा। इस योजना का उद्देश्य लाभार्थियों को उनके अधिकारों के अनुसार भूमि का स्वामित्व तथा वन संसाधनों तक पहुँच प्रदान कर अनुसूचित जनजाति और वन क्षेत्र में रहने वाली आबादी के लिये आजीविका एवं खाद्य सुरक्षा सुनिश्चित करना है। ओडिशा में बड़ी संख्या में ऐसे गाँव और अनुसूचित जनजाति परिवार हैं जिन्हें इस योजना से लाभान्वित करने का लक्ष्य रखा गया है। 62 विभिन्न जनजातियों के साथ ओडिशा की जनजातीय आबादी, कुल आबादी का 22.85% है जिसमें 13 विशेष रूप से कमजोर जनजातीय समूह (PVTG) शामिल हैं।

2. (b) अनुच्छेद 148 - भारत के नियंत्रक-महालेखापरीक्षक से सम्बंधित है। भारत के एक नियंत्रक-महालेखापरीक्षक होगा जिसको राष्ट्रपति अपने हस्ताक्षर और मुद्रा सहित अधिपत्र द्वारा नियुक्त करेगा और उसे उसके पद से केवल उसी रीति से और उन्ही आधारों पर हटाया जाएगा जिस रीति से और जिन आधारों पर सर्वोच्च न्यायालय के न्यायाधीश को हटाया जाता है।

3. (b) 2015 में संयुक्त राष्ट्र के सदस्य देशों द्वारा अपनाए गए सतत् विकास के लिये 2030 एजेंडा में 17 सतत विकास लक्ष्य (एसडीजी) शामिल हैं, जिनका उद्देश्य गरीबी, असमानता और जलवायु परिवर्तन सहित विभिन्न वैश्विक चुनौतियों का समाधान करना है। अतः विकल्प (b) सही है।

4. (d) भारतीय संविधान का अनुच्छेद 161 राज्य के राज्यपाल को क्षमादान करने और कुछ विशिष्ट मामलों में सजा को निलंबित करने, कम करने अथवा परिवर्तित करने की शक्ति प्रदान करता है। किसी भी राज्य के राज्यपाल को ऐसे सभी मामलों में क्षमादान, सजा को निलंबित करने, कम करने और परिवर्तित करने की शक्ति प्राप्त है, जहाँ किसी ऐसे कानून का उल्लंघन किया गया हो जो कि राज्य की कार्यकारी शक्तियों के अधीन हो। वहीं भारतीय संविधान के अनुच्छेद 72 में राष्ट्रपति को अधिकार दिया गया है कि वह किसी अपराध के लिये दोषी करार दिये गए व्यक्ति को क्षमादान देने अर्थात् दंडादेश का निलंबन, प्राणदंड स्थगन, राहत और माफी प्रदान कर सकता है। ध्यातव्य है कि राष्ट्रपति उन सभी मामलों में अपनी इस शक्ति का प्रयोग कर सकता है, जहाँ सजा कोर्ट मार्शल द्वारा सुनाई गई हो, जहाँ किसी ऐसे कानून का उल्लंघन किया गया हो जो कि संघ की कार्यकारी शक्तियों के अधीन हो और जहाँ किसी अपराध के लिये मृत्यु दंड दिया गया हो। अतः विकल्प (d) सही है।

5. (c) EAS की स्थापना वर्ष 2005 में दक्षिण-पूर्व एशियाई देशों के संगठन (ASEAN) के नेतृत्व वाली पहल के रूप में की गई थी। EAS हिंद-प्रशांत क्षेत्र में एकमात्र नेतृत्वकर्ता मंच है जो रणनीतिक महत्त्व के राजनीतिक, सुरक्षा और आर्थिक मुद्दों पर चर्चा करने हेतु सभी प्रमुख भागीदारों को एक साथ लाता है। EAS स्पष्टता, समावेशिता, अंतर्राष्ट्रीय कानून के प्रति सम्मान, आसियान केंद्रीयता और प्रेरक शक्ति के रूप में आसियान की भूमिका जैसे सिद्धांतों पर काम करता है। पूर्वी एशिया समूह का विचार पहली बार वर्ष 1991 में तत्कालीन मलेशियाई प्रधानमंत्री महाथिर मोहम्मद ने प्रस्तावित किया था। पहला शिखर सम्मेलन 14 दिसंबर, 2005 को कुआलालंपुर, मलेशिया में आयोजित किया गया था। सदस्यः EAS में 18 सदस्य शामिल हैं: 10 आसियान देश (ब्रुनेई, कंबोडिया, इंडोनेशिया, लाओस, मलेशिया,

म्याँमार, फिलीपींस, सिंगापुर, थाईलैंड और वियतनाम) तथा आठ संवाद भागीदार (ऑस्ट्रेलिया, चीन, भारत, जापान, न्यूजीलैंड, कोरिया गणराज्य, रूस एवं संयुक्त राज्य अमेरिका) अत: विकल्प (c) सही है।

6. (d) सतकोसिया टाइगर रिजर्व रिजर्व ओडिशा में स्थित है, जो चार जिलों में फैला हुआ है: अंगुल, कटक, बौध और नयागढ़। यह रिजर्व 1136.70 वर्ग कि.मी के विशाल क्षेत्र को कवर करता है, जिसमें 523.61 वर्ग कि.मी. को मुख्य क्षेत्र के रूप में नामित किया गया है। अत: विकल्प (d) सही है।

7. (c) दक्षिण भारत के नायक शासकों द्वारा नियुक्त प्रादेशिक प्रशासनिक और सैन्य राज्यपालों के एक वर्ग के लिये 'पोलिगार' सामंती खिताब था अर्थात 'पोलिगार' क्षेत्रीय प्रशासकीय और सैन्य नियंत्रक कहलाते थे। वे (मदुरै देश के पोलिगार) सिंचाई परियोजनाओं, किलों और धार्मिक संस्थानों के निर्माण के द्वारा प्रशासनिक सुधार स्थापित करने में सहायक थे। देवी "काली" की पूजा करने वाले पोलिगारों ने अपने क्षेत्र को औरंगजेब द्वारा कब्जा करने की अनुमति नहीं दी। दक्षिण भारत में, वीरपांड्य कट्टाबोम्मन, धीरन चिन्नामलाई, मावीरन अलगुमुथु कोन, पुली थेवर, मारुथनायगम पिल्लै, मारुडू बंधु और उयालवाड़ा नरसिम्हा रेड्डी कुछ 'पोलिगार' थे जो ब्रिटिश शासन के खिलाफ विद्रोह में खड़े थे। अत: विकल्प (c) सही है।

8. (c) बाल गंगाधर तिलक को भारतीय अशांति के जनक के रूप में जाना जाता है। यह उपाधि उन्हें वी. चिरोल द्वारा दी गई थी। वी.चिरोल अर्थात वैलेंटाइन चिरोल एक प्रमुख ब्रिटिश पत्रकार थे। उन्होंने बाल गंगाधर तिलक को "भारतीय अशांति के जनक" की उपाधि दी। तिलक वर्ष 1890 में भारतीय राष्ट्रीय कॉन्ग्रेस में शामिल हुए। वह भारतीय स्वतंत्रता आंदोलन के पहले नेता थे और स्वराज के पहले और सबसे मजबूत समर्थकों में से एक थे। वह अपने प्रसिद्ध उद्धरण "स्वराज यह मेरा जन्मसिद्ध अधिकार है और मैं इसे लेकर ही रहूँगा!" के लिये जाने जाते हैं। अत: विकल्प (c) सही है

9. (b) अनुच्छेद 262: संविधान का यह अनुच्छेद अंतर-राज्यीय जल विवादों के अधिनिर्णयन का प्रावधान करता है। अनुच्छेद 263: यह राष्ट्रपति को राज्यों के बीच विवादों के समाधान करने के लिये एक अंतर-राज्य परिषद स्थापित करने की शक्ति प्रदान करता है। अनुच्छेद 280: इस अनुच्छेद के तहत भारत के राष्ट्रपति को एक वित्त आयोग का गठन करना आवश्यक है। अनुच्छेद 340: यह पिछड़े वर्गों की स्थितियों की जाँच के लिये आयोग की नियुक्ति से संबंधित है।

10. (b) संविधान दिवस (Constitution Day) को राष्ट्रीय विधि दिवस के रूप में भी जाना जाता है, यह दिन भारत में संविधान को अपनाने की याद दिलाता है। वर्ष 1949 में इसी दिन अर्थात 26 नवंबर, 1949 को संविधान सभा द्वारा औपचारिक रूप से भारत के संविधान को अंगीकृत किया गया जिसे आगे चलकर 26 जनवरी, 1950 को लागू किया गया। केंद्रीय सामाजिक न्याय और अधिकारिता मंत्रालय ने 19 नवंबर, 2015 को भारत सरकार द्वारा 26 नवंबर को 'संविधान दिवस' के रूप में मनाने के निर्णय को अधिसूचित किया था। अत: विकल्प (b) सही है।

11. (d) उत्तराखंड में 'सोल ऑफ स्टील' चैलेंज शुरू किया गया है जिसका उद्देश्य ऊँचे स्थानों पर व्यक्ति की सहनशक्ति का परीक्षण करना है। इस अभियान का सामान्य क्षेत्र नंदा देवी राष्ट्रीय उद्यान होगा। सोल ऑफ स्टील की अवधारणा कौशल समूहों को संयोजित करना और चुनौतियों का निर्माण करना है जो उच्च ऊँचाई वाले वातावरण में जीवित रहने, स्थिर होने और बढ़ने की मानव क्षमता को मजबूत करेगी। यह यूरोप में लंबी दूरी की ट्रायथलॉन चुनौती की तर्ज पर आधारित 'आयरनमैन ट्रायथलॉन' प्रणाली है, जो किसी व्यक्ति के धैर्य और धीरज का परीक्षण करती है। अत: विकल्प (d) सही है।

12. (d) भारतीय खाद्य सुरक्षा एवं मानक प्राधिकरण (FSSAI) के पास खाद्य सुरक्षा एवं मानक अधिनियम, 2006 के अनुसार कई कार्य हैं, जैसे कि- किसी भी मामले पर सलाह देने के उद्देश्य से वैज्ञानिक एवं तकनीकी समितियों की स्थापना। खाद्य व्यवसाय ऑपरेटरों का पंजीकरण या लाइसेंस प्रदान करना। निरीक्षण एवं जाँच करना और प्रयोगशालाओं तथा निरीक्षण एजेंसियों को मान्यता प्रदान करना। हालाँकि इसके शासनादेश में खाद्य व्यवसाय संचालकों से कर एकत्र करना शामिल नहीं है। अत: विकल्प (d) सही है।

13. (b) उत्तर प्रदेश में खादी ग्रामोद्योग बोर्ड का गठन वर्ष 1960 में किया गया था। इसका उद्देश्य ग्रामीण क्षेत्रों में छोटे-छोटे उद्योगों तथा कम पूंजी निवेश के उद्योगों को स्थापित कर अधिक रोजगार के अवसर उपलब्ध करना एवं ग्रामीण अर्थव्यवस्था को मजबूत बनाना है। खादी ग्रामोद्योग के अंतर्गत संचालित योजनाएँ-मुख्यमंत्री ग्रामोद्योग योजना, प्रधानमंत्री रोजगार सृजन कार्यक्रम, ग्रामीण रोजगार सृजन कार्यक्रम आदि अत: विकल्प (b) सही है।

14. (a) सदाबहार वर्षा वन बायोम पादप तथा प्राणियों के विकास तथा वृद्धि के अनुकूलतम दशाएँ प्रदान करता है क्योंकि इसमें वर्ष भर उच्च वर्षा तथा तापमान रहता है। इसी कारण इसे अनुकूलतम बायोम कहते हैं। इस बायोम का विस्तार सामान्यत: 10 डिग्री उत्तर तथा 10 डिग्री दक्षिण अक्षांशों के मध्य पाया जाता है। इसका सर्वाधिक विकास तथा विस्तार अमेजन बेसिन, कांगो बेसिन तथा इंडोनेशिया क्षेत्र में हुआ है। अत: विकल्प (a) सही है

15. (a) वर्ष 2021 में, भारत-तिब्बत सीमा पुलिस (ITBP) ने एक अनूठी पहल शुरू की है जिसने एक नया दृष्टिकोण प्रस्तुत किया, उन्होंने सेवानिवृत्त कुत्तों (डॉग्स-Dogs) को "थेरेपी डॉग्स" के रूप में पुन: उपयोग करने हेतु एक कार्यक्रम शुरू किया। ये कुत्ते ITBP नेशनल ट्रेनिंग सेंटर फॉर डॉग्स एंड एनिमल्स में प्रशिक्षण पाते हैं तथा चिकित्सा उपचार प्राप्त करने वाले कर्मियों की उपचार प्रक्रिया में सहायता के साथ-साथ विशेष आवश्यकता वाले बच्चों का समर्थन करने हेतु उपयोग किये जाते हैं। अत: विकल्प (a) सही है।

16. (b) बंजुल फॉर्मूला वर्ष 2006 में अफ्रीकी यूनियन (AU) द्वारा अपनाया गया था, इसका मतलब था कि भारत अफ्रीकी यूनियन के माध्यम से भारत-अफ्रीका मंच शिखर सम्मेलन में केवल 15 राष्ट्राध्यक्षों या सरकार को आमंत्रित करेगा। अत: विकल्प (b) सही है। अफ्रीका में शिखर सम्मेलन आयोजित करते समय, 15 देशों को शामिल करने का बंजुल फॉर्मूला अधिक प्रबंधनीय है। यह AU सिद्धांतों का पालन करता है। बंजुल प्रारूप में स्थायी और रोटेशनल सदस्य होते हैं। पाँच स्थायी सदस्य अफ्रीकी विकास के लिये नवीन आर्थिक साझेदारी के संस्थापक हैं। दक्षिण अफ्रीका, नाइजीरिया, सेनेगल, अल्जीरिया और मिस्र महत्त्वपूर्ण देश हैं, लेकिन अफ्रीका के सभी हिस्सों से पर्याप्त क्षेत्रीय प्रतिनिधित्व की कमी है; ऐसे में क्षेत्रीय आर्थिक समुदाय (REC) वह संतुलन प्रदान करते हैं।

17. (a) राष्ट्रीय सतत् कृषि मिशन (National Mission for Sustainable Agriculture-NMSA) का लक्ष्य स्थान-विशिष्ट एकीकृत/समग्र कृषि प्रणालियों को बढ़ावा देकर मृदा में उचित नमी और संरक्षण उपायों के माध्यम से प्राकृतिक संसाधनों का संरक्षण करके भारत में कृषि को अधिक उत्पादक, टिकाऊ, लाभकारी और जलवायु अनुकूल बनाना है। अत: विकल्प (a) सही है।

18. (b) मंगल सौरमंडल में सूर्य की ओर से चौथा ग्रह है। पृथ्वी से इसकी आभा रक्तिम दिखती है, इसीलिये इसे लाल ग्रह भी कहा जाता है। मंगल ग्रह का अक्षीय झुकाव 25 डिग्री है। यह लगभग पृथ्वी के समान है, जो कि 4 डिग्री के अक्षीय झुकाव पर स्थित है। मंगल ग्रह के दिनों को सोल (Sols) कहा जाता है, जो 'सौर दिवस' का लघु रूप है। मंगल के लाल दिखने का कारण इसकी चट्टानों में लोहे का ऑक्सीकरण, जंग लगना और धूल कणों की उपस्थिति है, इसलिये इसे लाल ग्रह भी कहा जाता है। मंगल ग्रह पर सौरमंडल का सबसे बड़ा ज्वालामुखी स्थित है, जिसे ओलंपस मॉन्स (Olympus Mons) कहते हैं। मंगल के दो छोटे उपग्रह हैं- फोबोस और डीमोस। अत: विकल्प (b) सही है।

19. (b) हिंदी, भारोपीय भाषा समूह का हिस्सा है। भारोपीय और चीन-तिब्बती भाषा समूह विश्व में सबसे बड़े दो भाषा समूह हैं। कुछ भारतीय भाषाएँ जैसे असमिया, गुजराती, हिंदी, कश्मीरी और सिंधी और एशियाई भाषाएँ जैसे फारसी तथा कई यूरोपीय भाषाएँ जैसे अंग्रेजी, फ्रेंच, जर्मन, ग्रीक, इतालवी एवं स्पेनिश इस समूह से संबंधित हैं। इस उपमहाद्वीप में उपयोग की जाने वाली अन्य भाषाएँ विभिन्न समूहों से संबंधित हैं। उदाहरण के लिये, पूर्वोत्तर में बोली जाने वाली भाषाएँ तिब्बती-बर्मा समूह से संबंधित हैं; दक्षिण भारत में बोली जाने वाली भाषाएँ, तमिल, तेलुगु,

कन्नड़ और मलयालम, प्रविड़ समूह से संबंधित हैं और झारखंड तथा मध्य भारत के कुछ हिस्सों में बोली जाने वाली भाषाएँ ऑस्ट्रो-एशियाटिक समूह से संबंधित हैं। अत: विकल्प (b) सही है।

20. (d) क्रमिक प्रवासन से तात्पर्य छोटी बस्ती और छोटे पैमाने के प्रवासन से शुरू होकर कई वर्षों में बड़े पैमाने पर शहरी पदानुक्रम की ओर पलायन करना है। जैसे कि जंगली क्षेत्र से गाँव, फिर शहर और बाद में उपनगर (यदि उपलब्ध हो) तथा अंत में शहर की ओर जाना। चक्रीय प्रवासन: कम-से-कम एक प्रवास और पुनर्प्रवास के साथ मूल व गंतव्य के बीच चक्रीय प्रवासन का अनुभव होता है। मौसमी प्रवास, चक्रीय प्रवास का एक बहुत ही सामान्य रूप है, यह ज्यादातर कृषि क्षेत्र में जहाँ श्रम की मांग हो, मौसमी घटनाओं द्वारा संचालित है। पुनर्प्रवास एक बार के उत्प्रवास को संदर्भित करता है, जिसमें व्यक्ति मेजबान क्षेत्र के बाहर प्रवास कर अपने क्षेत्र में वापस आता है। शृंखला प्रवासन जीवन चक्र के विभिन्न चरणों में परिवारों का एक स्थान से दूसरे स्थान पर प्रवास, जो बाद में लोगों को उनके गृह स्थान से इस नए स्थान पर लाता है। अत: विकल्प (d) सही है।

21. (d) मध्य प्रदेश राज्य को 73वें संविधान संशोधन अधिनियम के अनुसार पूर्ण पंचायती राज व्यवस्था स्थापित करने वाला पहला राज्य होने का गौरव प्राप्त हुआ है। अत: विकल्प (d) सही है। चूँकि 73वाँ संविधान संशोधन अधिनियम पंचायती राज संस्थानों में अनुसूचित जाति, अनुसूचित जनजाति, अन्य पिछड़ा वर्ग और महिलाओं के लिये सीटों के आरक्षण का प्रावधान करता है। तदनुसार स्थानीय प्रशासन में इनकी भागीदारी सुनिश्चित करने हेतु वर्ष 2007 में, मध्य प्रदेश पंचायती राज संस्थानों में महिलाओं को 50% आरक्षण प्रदान करने वाला भारत का पहला राज्य बना। यद्यपि राजस्थान, भारत का पहला राज्य था जिसने बलवंत राय मेहता समिति की सिफारिश पर 2 अक्तूबर,1959 को नागौर जिले में पंचायती राज संस्था की शुरुआत की।

22. (d) जनमत (Public Opinion) को 'लोकतंत्र की मुद्रा' कहा जाता है। अत: विकल्प (d) सही है। सोशल मीडिया प्लेटफॉर्म दिनो-दिन सार्वजनिक चर्चा और जनमत निर्माण के प्राथमिक आधार बनते जा रहे हैं। यह ऐसा माध्यम है जहाँ लोग दैनिक जीवन के विषयों से लेकर राष्ट्रीय महत्त्व के मुद्दों तक बहस और संवाद करने में सक्षम हुए हैं।

23. (b) विन्ध्य क्रम की चट्टानों का विस्तार राजस्थान के चित्तौड़गढ़ से बिहार के सासाराम तक है। विन्ध्य क्रम की परतदार चट्टानों में बलुआ पत्थर मिलते हैं।

24. (d) भारत सरकार द्वारा चीनी के सम्बन्ध में दोहरी कीमत नीति वर्ष 1979 में अपनाई गयी थी। इस नीति के तहत प्रत्येक चीनी फैक्ट्री को अपने कुल उत्पादन का एक निश्चित प्रतिशत हिस्सा सरकार द्वारा निर्धारित कीमत पर उत्पादन लेवी के रूप में देना पड़ता है। उत्पादन का यह हिस्सा सार्वजनिक वितरण प्रणाली के माध्यम से जनता को पहुँचता है। अत: विकल्प (d) सही है।

25. (c) काली गर्दन वाले सारस सर्दियों के मौसम में तिब्बत और चीन से भारत के अरुणाचल प्रदेश के पश्चिम कामेंग और सांगती में प्रवास करने आते हैं। ये पक्षी लद्दाख और भूटान में भी पाए जाते हैं। अत: विकल्प (c) सही है।

26. (a) डूरंड कप फुटबॉल टूर्नामेंट का आयोजन पहली बार डगशाई, हिमाचल प्रदेश में वर्ष 1883 में हुआ था। यह दुनिया में तीसरा सबसे पुराना और एशिया का सबसे पुराना फुटबॉल टूर्नामेंट माना जाता है।

27. (c) प्रतिवर्ष 13 अगस्त को विश्व अंगदान दिवस मनाया जाता है। भारत में प्रतिवर्ष 27 नवंबर को राष्ट्रीय अंगदान दिवस मनाया जाता है। अत: विकल्प (c) सही है।

28. (d) काली मृदा का रंग काला होता है तथा इन्हें 'रेगुर' मृदाएँ भी कहा जाता है। काली मृदा कपास की कृषि के लिये उपयुक्त होती है तथा काली कपास मृदा के नाम से भी जाना जाता है। यह माना जाता है कि जलवायु तथा जनक शैलों ने काली मृदा के बनने में महत्त्वपूर्ण योगदान दिया है। इस प्रकार की मृदाएँ दक्कन पठार (बेसाल्ट) क्षेत्र के उत्तर पश्चिमी भागों में पाई जाती हैं और लावा जनक शैलों से बनी है। ये मृदाएँ महाराष्ट्र, सौराष्ट्र, मालवा, मध्य प्रदेश और छत्तीसगढ़ के पठार पर पाई जाती हैं और दक्षिण पूर्वी दिशा में गोदावरी और कृष्णा नदियों की घाटियों तक फैली हैं। काली मृदा बहुत महीन कणों अर्थात् मृत्तिका से बनी है। यह अपनी नमी धारण करने की क्षमता के लिये जानी जाती हैं। इसके अलावा ये मृदाएँ कैल्शियम कार्बोनेट, मैगनीशियम, पोटाश और चूने जैसे पौष्टिक तत्त्वों से परिपूर्ण होती हैं। परंतु इनमें फास्फोरस की मात्रा कम होती है। गर्म और शुष्क मौसम में इन मृदाओं में गहरी दरारें पड़ जाती हैं जो उनके उचित वातायन में मदद करता है। गीली होने पर ये मृदाएँ चिपचिपी हो जाती है तथा इनकी जुताई करना मुश्किल हो जाता है। इसलिये इसकी जुताई मानसून प्रारंभ होने की पहली बौछार से ही शुरू कर दी जाती है। अत: विकल्प (d) सही है।

29. (b) श्री बिंदेश्वर पाठक ने वर्ष 1970 में सुलभ इंटरनेशनल की स्थापना की। सुलभ इंटरनेशनल एक सामाजिक सेवा संगठन है जो मुख्यत: मानव अधिकार, पर्यावरणीय स्वच्छता, ऊर्जा के गैर पारंपरिक स्रोतों और शिक्षा द्वारा सामाजिक परिवर्तन आदि क्षेत्रों में कार्य करती है। इस संस्था के 50,000 समर्पित स्वयंसेवक हैं। श्री बिंदेश्वर पाठक ने सुलभ शौचालयों के द्वारा बिना दुर्गंध वाली बायोगैस के प्रयोग की खोज की। इस सुलभ तकनीकि का प्रयोग भारत सहित अनेक विकाशसील राष्ट्रों में बहुतायत से होता है। सुलभ शौचालयों से निकलने वाले अपशिष्ट का खाद के रूप में प्रयोग को भी प्रोत्साहित किया। अत: विकल्प (b) सही है।

30. (b) हाल ही में सर्वोच्च न्यायालय (Supreme Court-SC) ने 'सुस्वागतम' पोर्टल लॉन्च करने की घोषणा की, जो अधिवक्ताओं, आगंतुकों, प्रशिक्षुओं और अन्य लोगों को स्वयं को ऑनलाइन पंजीकृत करने तथा शीर्ष न्यायालय (Apex Court) में प्रवेश के लिये ई-पास (E-Passes) प्राप्त करने में सक्षम बनाएगा। अत: विकल्प (b) सही है।

31. (b) 1884 ई.

32. (c) उत्तर प्रदेश वन निगम

33. (c) मीमांसा-सूत्र जैमिनी (जामिनी) द्वारा लिखा गया था जिसमें न्याय-वैशेषिक प्रणाली शामिल है और वैध ज्ञान की अवधारणा पर बल दिया गया है। पूर्व मीमांसा के अनुसार, वेद शाश्वत हैं और सभी ज्ञान के अधिकारी हैं। मीमांसा के दर्शन के अनुसार, वेद शाश्वत हैं और सभी ज्ञान के अधिकारी हैं और धर्म का अर्थ है वेदों द्वारा निर्धारित कर्तव्यों की पूर्ति। इसमें कहा गया है कि वेदों का सार धर्म है। धर्म के पालन से व्यक्ति पुण्य अर्जित करता है जो मृत्यु के बाद स्वर्ग की ओर ले जाता है।

34. (d) खरवार

35. (c) 'बोस : द अनटोल्ड स्टोरी ऑफ एन इनकनवीनिएंट नेशनलिस्ट' शीर्षक वाली नेताजी सुभाष चंद्र बोस की एक नई जीवनी की रचना, शोधकर्ता और 'मिशन नेताजी' के संस्थापक चंद्रचूड़ घोष ने की है। इसे पेंगुइन रैंडम हाउस इंडिया द्वारा अपनी वाइकिंग छाप के तहत प्रकाशित किया गया।

36. (d) SLR- सांविधिक तरलता अनुपात एक प्रकार का रिजर्व है जिसे वाणिज्यिक बैंकों को उधारकर्ताओं को अपना पैसा जमा करने से पहले बनाए रखने की आवश्यकता होती है। SLR दरों को विनियमित करना भारतीय रिजर्व बैंक की मौद्रिक नीति का एक घटक है। भारतीय रिजर्व बैंक बैंकों (बैंकिंग विनियमन अधिनियम, 1949 के तहत) के लिए अपनी संपत्ति का एक निश्चित अनुपात SLR के रूप में रखने की सीमा निर्धारित करता है। बैंकों द्वारा SLR के रूप में निम्नलिखित प्रकार की संपत्तियां आरक्षित की जा सकती हैं: नकद या सोना (अत्यधिक तरल संपत्ति) भारतीय रिजर्व बैंक ने सरकारी प्रतिभूतियों को मंजूरी दी भारतीय रिजर्व बैंक द्वारा निर्दिष्ट कोई अन्य संपत्ति यह सभी अनुसूचित वाणिज्यिक बैंकों, केंद्रीय और राज्य सहकारी बैंकों और जमा स्वीकार करने वाली गैर-बैंकिंग वित्तीय कंपनियों (NBFC) के लिए अनिवार्य है। NBFC (जो जमा स्वीकार नहीं करते हैं), प्राथमिक कृषि ऋण समिति (PACS), और क्षेत्रीय ग्रामीण बैंक (RRB) SLR के अधिदेश के अंतर्गत नहीं आते हैं।

37. (c) सुशासन दिवस हर वर्ष 25 दिसंबर को मनाया जाता है। इस दिन देश पूर्व प्रधानमंत्री श्री अटल बिहारी वाजपेयी की जयंती मनाता है। सरकार में जवाबदेही के बारे में भारतीय लोगों के बीच जागरूकता को बढ़ावा देकर प्रधान मंत्री वाजपेयी को सम्मानित करने के लिए 2014 में सुशासन दिवस की स्थापना की गई थी।

38. (c) जनवरी 2023 में डॉ. अश्विन फर्नांडीस द्वारा लिखित 'इंडियाज नॉलेज सुप्रीमेसी: द न्यू डॉन' नामक पुस्तक का विमोचन किया गया। पुस्तक भारत के ज्ञान वर्चस्व, नए उभरते भारत में बदलते रुझानों को दर्शाने वाली यात्रा पर केंद्रित है। इसे डॉ. अश्विन फर्नांडीस ने लिखा है, जो मध्य पूर्व, अफ्रीका और दक्षिण एशिया में QS रैंकिंग के प्रमुख हैं।

39. (d) टेनिस में सानिया मिर्ज़ा ग्रैंड स्लैम खिताब जीतने वाली एकमात्र भारतीय महिला खिलाड़ी हैं। सानिया मिर्ज़ा 3 महिला युगल और 3 मिश्रित युगल समेत कुल 6 ग्रैंड स्लैम ख़िताब अपने नाम कर चुकी हैं। उन्होंने कभी एकल ख़िताब नहीं जीता है।

40. (b) अर्जुन पुरुस्कार प्राप्त करने वाली महिला का नाम ऐनी लम्सडेन (Anne Lumsden) है जिन्हें वर्ष 1961 में हॉकी के लिए यह पुरस्कार मिला था।

41. (d) देश की पहली महिला क्रिकेट कमेंटेटर चंद्रा नायडू थीं। वे भारतीय क्रिकेट टीम के पहले कप्तान कर्नल सीके नायडू की बेटी थीं।

42. (d) शांता रंगास्वामी 1976 में भारतीय महिला क्रिकेट टीम की पहली कप्तान थीं। उन्होंने भारत में 1976 से 1991 तक 616 मैच खेले। उनका जन्म 1 जनवरी 1954 को चेन्नई में हुआ था। उन्होंने क्रिकेट के लिए अर्जुन पुरस्कार जीता। अर्जुन पुरस्कार भारत में खेल के क्षेत्र में उत्कृष्ट उपलब्धियों के लिए दिया जाने वाला सर्वोच्च सम्मान है। रंगास्वामी भारत में महिला क्रिकेट के अग्रदूतों में से एक थीं। उन्होंने टेस्ट में भारत के लिए दूसरे सबसे ज्यादा रन बनाने वाले खिलाड़ी के रूप में अपना करियर समाप्त किया।

43. (c) 1 kg = 1000 g

$\because$ 1000 g ताँबे का मूल्य = ₹ 420

$\therefore$ 50 g ताँबे का मूल्य $= \frac{420}{1000} \times 50$

= ₹ 21

44. (d) $x^2 - x - 1$ का मूल α और β है तो–

$\alpha + \beta = 1, \alpha . \beta = -1$

समीकरण =

$$x^2 - \left(\frac{\alpha}{\beta} + \frac{\beta}{\alpha}\right)x + \frac{\alpha}{\beta} + \frac{\beta}{\alpha} = 0$$

$$x^2 - \left(\frac{\alpha^2 + \beta^2}{\alpha . \beta}\right)x + 1 = 0$$

$$x^2 - \frac{3}{-1}x + 1 = 0$$

$$x^2 + 3x + 1 = 0$$

45. (a) BODMAS नियम के प्रयोग से,

= 3

46. (d) प्रति व्यक्ति प्रवेश शुल्क = ₹ 250

कार्यक्रम में भाग लेने वाले व्यक्ति की संख्या = 300 × 2 = 600

व्यवस्था पर खर्च राशि = कुल राशि × 50%

$= 600 \times 250 \times \frac{50}{100}$

= ₹ 75000

47. (d)

		A : B : C
समय	→	1 : 4 : 3
कार्यक्षमता	→	12 : 3 : 4

टंकी का कुल भाग = 33 × 19

= 627

A तथा B का समय $= \frac{627}{15} = 41.8$ घंटे

48. (d)

लाभ = निवेशित पूँजी × समयावधि

28000 × 12 : B × 7 : C × 5 = 4 : 2 : 3

A और B को एक साथ लेने पर,

$$\frac{28000 \times 12}{B \times 7} = \frac{4}{2}$$

B = ₹ 24000

A और C को एक साथ लेने पर,

$$\frac{28000 \times 12}{C \times 5} = \frac{4}{3}$$

C = ₹ 50400

49. (c) माध्य

50. (b) 5 वर्ष पहले,

प्रियम × 4 = प्रीतम × 3

प्रियम : प्रीतम = 3 : 4

दोनों में उम्र का अंतर = 9 वर्ष

$\because$ 1 = 9 वर्ष

$\therefore$ 3 = 27 वर्ष (5 वर्ष पहले)

प्रियम की वर्तमान उम्र = 27 + 5 = 32 वर्ष

51. (c) दिए गए गद्यांश का उपयुक्त शीर्षक 'कार्य-तत्परता' होगा। गद्यांश के अनुसार तत्परता हमारी सबसे मूल्यवान संपत्ति है। इसके द्वारा विश्वसनीयता प्राप्त होती है।

52. (d) उपर्युक्त गद्यांश के अनुसार जीवन में सफल सिद्ध होने के लिए आवश्यक उपादानों में से प्रमुखतम उपादान 'तत्परता' है।

53. (b) गद्यांश का उचित संक्षेपण इस प्रकार है- जागरूक व्यक्ति सदैव उत्साहित होकर तत्परता से अपने कार्य में जुट जाते हैं। और अनुशासित होकर उसे समय पर पूरा कर डालते हैं। समय पर कार्य करने से वे अपने कार्य क्षेत्र में सभी के विश्वास पात्र बन जाते हैं और यही विश्वसनीयता सफलता का साधन बनती है। यही तत्परता सफलता और समृद्धि का प्रमुख उपादान है।

54. (a) दिये गये गद्य खण्ड के अनुसार साहसी मनुष्य सपने उधार नहीं लेता है।

55. (c) साहसी मनुष्य सिंह के समान है जो अकेला होने पर भी मग्न रहता है।

56. (c) दुनिया की परवाह किये बिना जीने वाले व्यक्ति से मनुष्यता को प्रकाश मिलता है।

57. (d) लेखक ने हिम्मती मनुष्य के जीवन को महान बताया है।

58. (b) प्रस्तुत विकल्पों में से व्यावहारिक शब्द के लिए 'आदर्शवादी' पर्यायवाची नहीं है।

59. (b) समय का सदुपयोग का अर्थ उसे व्यर्थ न करना तथा उसका सदुपयोग करना है।

60. (a) छात्रों के जीवन में समय का अधिक महत्त्व हैं, जो छात्र इस उम्र में समय की कद्र करना सीख जाते हैं, वह भविष्य में तरक्की की ऊँचाइयों को छू लेते हैं।

61. (c) प्रशासनिक शब्दावली में 'Reference' का हिन्दी रूप है- सन्दर्भ, हवाला देना।

62. (a) 'Authentication' शब्द का हिन्दी समानार्थक शब्द "प्रमाणीकरण" है।

63. (d) व्यक्तिगत पत्र के संबंध में असत्य कथन है- 'इन पत्रों में आपसी संबंध का कोई प्रभाव पत्र पर नहीं पड़ता है। व्यक्तिगत पत्र ऐसे पत्र हैं जो व्यक्तिगत मामलों के सम्बन्ध में पारिवारिक सदस्यों, मित्रों एवं अन्य प्रिय जनों को लिखा जाता है। इस प्रकार के पत्र का आधार व्यक्तिगत सम्बन्ध होता है। इन पत्रों में मन की भावनाओं को प्रमुखता दी जाती है न कि औपचारिकता को।

64. (c) वैयक्तिक अथवा व्यक्तिगत पत्र अनौपचारिक पत्र की श्रेणी में आते हैं। वैयक्तिक पत्र से तात्पर्य ऐसे पत्रों से हैं, जिन्हें व्यक्तिगत मामलों के सम्बन्ध में पारिवारिक सदस्यों, मित्रों एवं अन्य प्रियजनों को लिखा जाता है।

65. (b) एक पत्र की विशेषता निम्न है-

1. सरल भाषा शैली
2. विचारों की सुस्पष्टता
3. संक्षेप और सम्पूर्णता
4. प्रभावान्विति
5. बाहरी सजावट
6. विनयशीलता।

अत: प्रेषक एक पत्र की विशेषता नहीं है।

66. (d) गंदगी की समस्या से पीड़ित मुहल्लेवासियों की ओर से नगरपालिका अध्यक्ष को लिखा गया पत्र शिकायती पत्र की श्रेणी के अन्तर्गत आएगा।

67. (a) विधाता शब्द की वर्तनी सही है। शेष शब्द वर्तनी की दृष्टि से अशुद्ध हैं।

68. (a) 'अनल' हवा का पर्यायवाची नहीं है। यह आग का पर्यायवाची शब्द है, जबकि अनिल, पवन तथा समीर हवा के पर्यायवाची शब्द हैं। 'हवा' के अन्य पर्यायवाची शब्द–वात, मारुत आदि हैं।

69. (d) 'दृगम्बु' आँख का पर्यायवाची नहीं है। यह आँसू का पर्यायवाची है। जबकि अक्षि, नयन तथा दृग आँख के पर्यायवाची शब्द हैं। आँख के अन्य पर्यायवाची

शब्द- लोचन, नयन, नेत्र, चक्षु, अम्बक, विलोचन, प्रेक्षण आदि हैं।

70. (d) 'आर्द्रा' शब्द 'नम' का पर्यायवाची नहीं है जबकि गला, भीगा, आर्द्र तीनों नम के पर्यायवाची हैं। आर्द्रा एक नक्षत्र का नाम है जो आषाढ़ माह के अंतर्गत आता है। इस नक्षत्र में वर्षा एवं खेती का आरम्भ होना उत्तम माना जाता है।

71. (a) 'सम्मुख' शब्द का विलोम 'विमुख' है। जबकि प्रमुख का विलोम गौण होगा।

72. (d) साहित्यकार तथा तिमिर शुद्ध शब्द हैं, जबकि अधोगती तथा अध्यापीका का शुद्ध रूप अधोगति तथा अध्यापिका है। अत: विकल्प (d) सही है।

73. (c) "संन्यासी" का विलोम शब्द 'गृहस्थ' है जबकि 'विरक्त' का विलोम 'अनुरक्त' होता है।

74. (c) 'जो कम खर्च करता हो' वाक्यांश के लिये एक शब्द मितव्ययी' होगा। कंजुस ऐसे व्यक्ति को कहा जाता है जो पास धन होने पर भी अपनी आवश्यकताओं की पूर्ति के लिये उसका उपयोग न करता हो। लालच या लोभ की इच्छा रखने वाला व्यक्ति 'लोभी' कहलाता है। मक्खीचूस शब्द अत्यधिक कंजूस व्यक्ति के लिये प्रयुक्त किया जाता है।

75. (b) 'प्राणदा' शब्द 'जीवन देने वाली दवा' के लिये एक शब्द है। अन्य विकल्प तर्कसंगत नहीं हैं।

76. (a)

शब्द	विलोम
नूतन	पुरातन
कर्कश	मधुर
निषिद्ध	विहित
तुच्छ	महान

77. (d) दीर्घकाय-कृशकाय सही विलोम-युग्म हैं। अन्य सभी शब्द एक दूसरे के समानार्थी शब्द हैं।

नेकी - भलाई

तरूण - किशोर

विभक्त - पृथक

78. (a) 'आविर्भाव' का विलोम शब्द है-तिरोभाव विरक्ति का विलोम 'अनुरक्ति', अंत का विलोम प्रारंभ तथा अधोगति का विलोम 'ऊर्ध्वगति' है।

79. (c) 'गुप्त-मुक्त' सही विलोम युग्म नहीं हैं। शेष विलोम युग्म संगत हैं। गुप्त का विलोम शब्द प्रकट होगा।

80. (b) 'मुमूर्षु' शुद्ध वर्तनी वाला शब्द है, जबकि अन्य विकल्प परिक्षा, परीखा अशुद्ध शब्द हैं जिनका शुद्ध रूप होगा- **परीक्षा।**

81. (c) दिये गये विकल्पों में "नागर" का पर्यायवाची शब्द 'चतुर' है। नागर के अन्य पर्यायवाची शब्द है- विज्ञ, दक्ष, निपुण, कुशल, प्रवीण, पटु आदि।

82. (c) 'अध्ययन' शब्द वर्तनी की दृष्टि से शुद्ध है-

अशुद्ध शब्द	शुद्ध शब्द
1. अधीकार	- अधिकार
2. अनुशरण	- अनुसरण
3. अगामी	- आगामी

83. (a) विकल्प (a) में दिए गए सभी शब्द परस्पर पर्यायवाची हैं। पार्वती शब्द के अन्य पर्यायवाची उमा, गौरी, गौरा, गिरिजा, सती, दुर्गा, शिवा, भवानी, ईश्वरी, हेमवती आदि हैं।

84. (a) 'किनारे लगना' मुहावरे का सही अर्थ- किसी कार्य का समाप्त होना है।

85. (b) वदन, आनन, आस्य मुख के पर्यायवाची हैं।

86. (a) 'लालसा' शब्द के दो पर्यायवाची इच्छा, आकांक्षा हैं। लालसा के अन्य पर्यायवाची-अभिलाषा, चाह, कामना, मनोरथ, स्पृहा, ईहा, वांछा इत्यादि।

87. (b)

वाक्यांश	एक शब्द
किसी व्यक्ति या सिद्धान्त का समर्थन करने वाला	अनुयायी
वह जो प्रयोग या अध्ययन द्वारा अनुभव प्राप्त किया हो	अनुभवी
जिसे बुलाया न गया हो	अनाहूत
जिसकी आशा न की जाय	अप्रत्याशित

88. (a) 'ईश्वर में विश्वास रखने वाला' शब्द समूह के लिए एक शब्द है- 'आस्तिक'।

'ईश्वर में विश्वास न रखने वाला' शब्द समूह के लिए एक शब्द 'नास्तिक' होता है।

89. (b) उपकार को मानने वाला-कृतज्ञ

कृपा करने वाला-कृपालु

किए हुए उपकार को न मानने वाला-कृतघ्न

90. (a) जो दिखाई न दे- अदृश्य

जिसकी मृत्यु न हो-अमर

जिसमें प्राण न हो-निष्प्राण

जो नेत्र विहीन हो-नेत्रहीन

91. (c) जानने की इच्छा रखने वाला-जिज्ञासु

पीने का इच्छुक-पिपासु

उत्साह से युक्त-उत्साही

92. (a) 'जिसके पार देखा जा सके' वाक्यांश के लिए एक शब्द 'पारदर्शक' होता है। शेष सभी विकल्प त्रुटिपूर्ण हैं।

93. (c) 'बिना देख रेख का जानवर' वाक्यांश के लिए एक शब्द 'अनेर' होता है।

94. (a) "कोल्हू का बैल होना" मुहावरे का अर्थ है- बुरी तरह काम में लगे रहना।

95. (d) 'आँसू पीकर रह जाना' मुहावरे का अर्थ है- चुपचाप दु:ख सह लेना। वाक्य प्रयोग- बेटे की मौत पर पंडित जी आँसू पीकर रह गये। जबकि 'लाल पीला होना' का अर्थ गुस्सा होना होता है।

96. (b) 'बिल्ली को पहले ही दिन मारना चाहिए' मुहावरे का अर्थ हैं-'भय का शमन शुरू में ही कर देना चाहिए। अन्य विकल्प असंगत हैं।

97. (c) 'खयाली पुलाव पकाना' मुहावरे का अर्थ है- 'असंभव बातों की कल्पना करना'।

वाक्य प्रयोग-शीर्ष पर पहुंचने के लिए हमें कठिन परिश्रम करना पड़ेगा, सिर्फ खयाली पुलाव पकाने से कुछ हासिल नहीं होता है।

98. (b) 'आ बैल मुझे मार' कहावत का सही अर्थ 'जानबूझ कर मुसीबत में पड़ना' है।

99. (a) 'बात का धनी' मुहावरे का अर्थ 'वायदे का पक्का' होगा।

वाक्य प्रयोग-सौरभ बात का धनी व्यक्ति हैं।

100. (c) 'अति भला न बरसना, अति की भली न धूप' लोकोक्ति का अर्थ 'किसी भी बात या वस्तु का अधिक होना ठीक नहीं'।

101. (a) कम्प्यूटर में इंटरनेट की एक्स्प्लोरिंग के लिए वेब ब्राउजर का उपयोग किया जाता है। कुछ प्रमुख वेब ब्राउजर इन्टरनेट एक्स्प्लोरर, गूगल क्रोम, मोजिला फायरफोक्स आदि हैं।

102. (d) –, ADD, MOVE, CMP नीमानिक्स असेम्बली लैंग्वेज में प्रयुक्त होते है। यह कम्प्यूटर तथा अन्य प्रोग्राम करने योग्य डिवाइसों की निम्नस्तरीय प्रोग्राम भाषा है।

103. (a) GOLDFISH एक सशक्त पासवर्ड है क्योंकि इसे याद करना आसान है तथा इसमें अंग्रेजी वर्णमाला के अक्षरों के साथ-साथ नम्बर का उपयोग भी किया गया है।

104. (d) इंटेल कोर एक केंद्रीय संसाधन इकाई है। यह दुनिया की सबसे बड़ी सेमी-कंडक्टर कंपनी है। इंटेल ने ही सबसे पहले माइक्रोप्रोसेसर बनाना चालू किया और आज सारी कम्प्यूटर कंपनी इंटेल चिप का यूज करती हैं।

105. (d) एम एस एक्सेल में सूत्र की शुरुआत में हमेशा बराबर का चिन्ह "=" लगाया जाता है। इसके बाद गणितीय सवाल को सिलेक्ट या टाइप किया जाता है।

106. (d) एक वर्ड डॉक्यूमेंट में समस्त विषयवस्तु को यदि एक साथ सिलेक्ट करना होता है तो उसके लिए शार्ट कट कुंजी Ctrl + A होती है। समूचे डॉक्यूमेंट को एक साथ सिलेक्ट करने के लिए होम टूल - बार पर आइकन भी बना होता है। जिसे क्लिक करके भी पूरे डाटा को एक साथ सिलेक्ट किया जा सकता है।

107. (c) आउटलुक में इस टूल का उपयोग नया पेज ओपन करने या नया आयटम निर्मित करने के लिए किया जाता है। इसके द्वारा ईमेल संदेश या एपाइंटमेंट आदि भेजा जाता हैं।

108. (b) प्रत्येक कम्प्यूटर सिस्टम का एक एड्रेस होता है उसे IP एड्रेस कहा जाता है। इसके द्वारा किसी कम्प्यूटर सिस्टम की पहचान की जा सकती है क्योंकि यह सभी कम्प्यूटर सिस्टम के लिए अलग-अलग होता हैं।

109. (b) प्रोसेसर चिप की स्पीड को मेगा हट्‌र्ज (MHz) में मापा जाता है। 1 मेगाहट्‌र्ज 1000000 हट्‌र्ज के बराबर होता है।

110. (b) एम एस वर्ड में, बेसलाइन के ऊपर उठा हुआ छोटा अक्षर, 'सुपर स्क्रिप्ट' कहलाता है। इसका उपयोग संख्याओं पर पावर लगाने, विशेषता दर्शाने आदि के लिए किया जाता है।

111. (b) एम एस एक्सेल में डेटा की प्रविष्टि के लिए ऐरो कुँजी, टैब कुँजी, फार्मूला बार की एंटर बटन पर क्लिक करना आदि का उपयोग किया जा सकता है। परन्तु ESC कुँजी का उपयोग फाइल से बाहर निकलने के लिए किया जाता है।

112. (c) एम एस एक्सेल 2007 में फंक्शन लाइब्रेरी कैटेगरी में सीरीज उपलब्ध नहीं है। इसके अंतर्गत लॉजिकल, फाइनेंशियल और टेक्स्ट आदि आते हैं।

113. (c) एम एस वर्ड 2007 में, विकल्प लैंडस्केप पेज ओरिएन्टेशन ड्रॉप डाउन में उपलब्ध होता है। यह वर्ड की पेज सेटिंग के अंतर्गत आता है।

114. (a) iOS एप्पल आइफोन में प्रयुक्त होने वाला एक आपरेटिंग सिस्टम है। इसे i-phone OS भी कहा जाता है। यह एंड्राइड के बाद दूसरा सर्वाधिक उपयोग होता है।

115. (c) डेटा के मापन की सबसे छोटी इकाई बिट है। Bit को Unit of Information भी कहा जाता है।

116. (b) DOS एप्लीकेशन सॉफ्टवेयर का उदाहरण नहीं है। DOS एक ऑपरेटिंग सिस्टम है। यह पुराना कम्प्यूटर ऑपरेटिंग सिस्टम है जिसे बाद में माइक्रोसॉफ्ट कंपनी द्वारा खरीद लिया गया था।

117. (d) पेज लेआऊट टैब इंडेन्ट और स्पेसिंग ऑप्शन " पैराग्राफ " विकल्प के अंतर्गत आते है। इस विकल्प के अंतर्गत टेबल या टेक्स्ट में लाइनिंग, बैकग्राउंड कलर, A to Z अरेंजमेंट, बुलेट नंबरिंग आदि ऑप्शन भी आते हैं।

118. (a) अरबों इंटरकनेक्टेड वेब पेजों के संग्रह HTTP के उपयोग द्वारा ट्रांसफर किए जाते हैं। इसका पूरा नाम हाइपर टेक्स्ट ट्रांसफर प्रोटोकॉल है। यह एक एप्लीकेशन प्रोटोकॉल है।

119. (a) किसी भी ईमेल प्रणाली में यदि किसी मेल को सेव करना है तो उसे बिना किसी को भेजे ड्राफ्ट के रूप में रक्षित किया जा सकता है। या फिर यदि स्वयं के ईमेल पते पर भेजा जाए तो इसे इन्बॉक्स में सेव किया जा सकता है।

120. (a) एम एस एक्सेल 2007 में, वर्तनी संबंधी त्रुटियों की जाँच के लिए प्रुफिंग टैब में Spelling विकल्प प्रयुक्त होता है। इसके उपयोग द्वारा कम्प्यूटर में फीड डिक्शनरी की सहायता से गलत स्पेलिंग को सही किया जा सकता है।

121. (a) सुपर कम्प्यूटर उन संगणकों को कहा जाता है, जो वर्तमान समय में गणना शक्ति तथा कुछ अन्य मामलों में सबसे आगे होते है। इसमें कई प्रोसेसर एक साथ काम करते हैं। भारत का सुपर कम्प्यूटर "परम" है।

122. (d) Ctrl + J एमएस वर्ड में मार्जिन के बीच समान रूप से कंटेंट वितरित करने के लिए किया जाता है।

123. (d) फ्लोचार्ट, एल्गोरिद्म का एक चित्रमय प्रतिनिधित्व है। फ्लोचार्ट में प्रोग्रामिंग लैंग्वेज की बारीकियाँ शामिल नहीं होती हैं।

124. (c) माइक्रोसॉफ्ट ऑफिस एक्सेल एक ऐसा अनुप्रयोग है जिसमें गणितीय, सांख्यिकी गणना के साथ ही बहुत बड़ी मात्रा के डाटा को व्यवस्थित किया जा सकता है।

125. (b) वेबसाइट के पहले पेज को होम पेज कहते है। होम पेज को मुख्य पेज भी कहा जाता है।

126. (c) निब्बल 4 बिट्स का एक समूह है।

1 मेगाबाइट = 1024 किलोबाइट

1 किलोबाइट = 1024 बाइट

127. (a) थिसॉरस, एम एस वर्ड में शब्दों के पर्यायवाची शब्द को बदलने के लिए प्रयोग किया जाता है।

128. (d) एडीटर्स सिस्टम सॉफ्टवेयर टेक्स्ट और डाटा को एडिटिंग की सुविधा प्राप्त करवाता है। MS पेंट में पेंटिंग की जाती है। MS पावर प्वाइंट में पीपीटी स्लाइड बनती है।

129. (d) स्मार्ट आर्ट, एमएस वर्ड 2007 का फीचर है यह किसी टैक्स्ट को अट्रेक्टिव और सुन्दर बनाता है।

130. (c) मिनिमाइज बटन एक्टिव विंडो को टास्कबार में लाने के लिए प्रयोग किया जाता है जबकि मैक्सीमाइज बटन विंडो को टास्कबार से स्क्रीन पर ले जाता है।

131. (d) सूचना प्रौद्योगिकी के क्षेत्र में URL, यूनिफार्म रिसोर्स आइडेन्टीफायर का एक सबसेट होता है जिससे ज्ञात होता है कि आइडेन्टीफाइड रिसोर्स एवं उसे पुन: प्राप्त करने का तरीका कहाँ उपलब्ध है। URL में प्रोटोकॉल और डोमेन नेम होता है।

132. (c) एक से अधिक प्रोसेसर वाला कम्प्यूटर को मल्टीप्रोसेसर कहा जाता है। सुपर कम्प्यूटर भी एक मल्टीप्रोसेसर कम्प्यूटर है।

133. (a) डाटा को लॉजिकल ऑर्डर में व्यवस्थित सार्टिंग से किया जाता है। सॉर्ट प्रक्रिया से एक्सेल में डाटा, नम्बर या अल्फाबेट के अनुसार व्यवस्थित किया जाता है।

134. (c) सर्वर एक हार्डवेयर है जिसे क्लाइंट की सेवा के लिए डिजाइन किया जाता है। असेम्बलर, कम्पाइलर और इंटरप्रीटर सभी सॉफ्टवेयर है।

135. (a) मदरबोर्ड एक प्रिन्टेड परिपथ बोर्ड होता है। इसे मेन बोर्ड या सिस्टम बोर्ड भी कहते हैं। मदरबोर्ड में मुख्य प्रोसेसर संघटित होता है।

136. (c) एक्सेल एक स्प्रेडशीट है जिसे माइक्रोसॉफ्ट द्वारा तैयार किया गया है। इसमें डेटा और टाइम नंबर्स में स्टोर होते हैं।

137. (a) DBMS, डाटाबेस मैनेजमेंट सिस्टम है जो डेटा को मैनेज करता है। बाकी एंटीवायरस सॉफ्टवेयर है। एंटीवायरस कम्प्यूटर को वायरस से सुरक्षा प्रदान करता है।

138. (a) ऑथेंटिकेशन किसी व्यक्ति या संस्था द्वारा प्रस्तुत किसी कथन या तथ्य को प्रमाणित करने की प्रक्रिया है। जबकि एनक्रिप्शन जानकारी को एक एल्गोरिथम की सहायता से परिवर्तित करने की प्रक्रिया है। डाटा और पासवर्ड की सुरक्षा के लिए एन्क्रिप्शन प्रयोग होता है।

139. (a) पेज के प्रिंटिंग एरिया से बाहर के रिक्त स्थान को मार्जिन कहते हैं जबकि ऊपर के स्थान को हेडर और नीचे के स्थान को फूटर कहते हैं।

140. (a) एमएस वर्ड, माइक्रोसॉफ्ट ऑफिस स्वीट में शामिल है। यह हमें टाइपिंग, एडिटिंग, फार्मेटिंग एवं प्रिंटिंग की सुविधा प्रदान करता है। बिजनेस लेटर एमएस वर्ड में लिखे जाते हैं।

141. (d) योटाबाइट (YB) डिजिटल सूचना (डाटा) को स्टोर करने के लिए किया जाता है। योटाबाइट 2^{80} बाइट के बराबर है।

142. (b) बाइट संगणन व दूरसंचार में सूचना की इकाई होता है। एक बाइट, डाटा के कैरेक्टर को संभाला करता है। 1 बाइट 8 बिट से मिलकर बना होता है।

143. (a) स्प्रेडशीट, फोटो एडिटिंग, पावर प्वाइंट, वर्ड डाक्यूमेंट एप्लीकेशन सॉफ्टवेयर का उदाहरण है। एप्लीकेशन सॉफ्टवेयर, जो केवल ऐप्स भी कहलाता है, किसी विशिष्ट कार्य के लिए प्रयुक्त कम्प्यूटर सॉफ्टवेयर कहलाता है।

144. (a) स्पीकर एक आउटपुट डिवाइस है। स्पीकर वैद्युत संकेतों को ध्वनि में परिवर्तित करता है।

145. (a) जावा एक कम्प्यूटर प्रोग्रामिंग लैंग्वेज है जिसका उपयोग करके कम्प्यूटर प्रोग्राम की स्पष्टता, गुणवत्ता और विकास के समय में सुधार लाने के उद्देश्य से है।

146. (b) एम एस एक्सेल एक स्प्रेडशीट अनुप्रयोग है जिसकी रचना और वितरण माइक्रोसॉफ्ट ने अपनी माइक्रोसॉफ्ट विन्डोस और मैक ओएस के लिए किया। "#VALUE" मान में त्रुटि को संदर्भित करता है।

147. (c) 3-D बार एक एक्सेल चार्ट है। एक्सेल एक स्प्रेडशीट अनुप्रयोग है।

148. (b) वेब ब्राउजर एक प्रकार का सॉफ्टवेयर होता है। मोजिला फायरफॉक्स, ओपेरा, गूगल क्रोम वेब ब्राउजर हैं।

149. (c) फाइल ट्रांसफर द्वारा एक कम्यूनिकेशन चैनल के माध्यम से एक कम्प्यूटर से कॉपी फाइल को दूसरे कंप्यूटर में ट्रांसफर किया जाता है।

150. (a) पेज ओरिएंटेशन दो प्रकार के होते हैं- जब हम खड़े पेज पर काम करते हैं तो पोट्रेट प्रयोग करते हैं और जब ओड पेज पर काम करते हैं तो उसे लैंडस्केप कहते हैं।

❑❑❑

13 प्रैक्टिस सेट

सामान्य ज्ञान

1. सूची-I को सूची-II से सुमेलित कीजिए और सूचियों के नीचे दिए गए कूट से सही उत्तर चुनिए–

सूची-I (आचार्य)	सूची-II (सिद्धान्त)
(A) लकुलीश	1. आजीवक
(B) नागार्जुन	2. शून्यवाद
(C) भद्रबाहु	3. पाशुपत
(D) घोसाल	4. जैन

कूटः

	A	B	C	D
(a)	2	3	4	1
(b)	3	2	4	1
(c)	1	2	3	4
(d)	3	1	4	2

2. निम्नलिखित में से कौन-सा युग्म सही सुमेलित नहीं है?

	अभिलेख		शासक
(a)	नासिक	–	गौतमीपुत्र
(b)	हाथीगुम्फा	–	खारवेल
(c)	भीतरी	–	पुलकेशिन द्वितीय
(d)	गिरनार	–	रुद्रदामन प्रथम

3. निम्नलिखित में से कौन-सा युग्म सही सुमेलित नहीं है?

	(यात्री)		(देश)
(a)	इब्न बतूता	–	मोरक्को
(b)	मार्कोपोलो	–	इटली
(c)	अब्दुर रज्जाक	–	तुर्की
(d)	नूनिज	–	पुर्तगाल

4. निम्नलिखित घटनाओं पर विचार कीजिए तथा इन्हें कालक्रमानुसार व्यवस्थित कीजिए–
   1. मुहम्मद तुगलक द्वारा राजधानी का स्थानान्तरण
   2. अफगान षड्यंत्र
   3. जलालुद्दीन खिलजी की हत्या
   4. तराइन का द्वितीय युद्ध

   नीचे दिए गए कूट से सही उत्तर चुनिए–
   कूटः
   (a) 4, 3, 2, 1 (b) 3, 1, 2, 4
   (c) 1, 2, 3, 4 (d) 1, 2, 4, 3

5. निम्नलिखित घटनाओं पर विचार कीजिए–
   1. गांधी-इरविन समझौता
   2. साम्प्रदायिक पंचाट (निर्णय)
   3. द्वितीय गोलमेज सम्मेलन
   4. नेहरू रिपोर्ट

   उपरोक्त घटनाओं को उनके कालक्रमानुसार व्यवस्थित कीजिए तथा नीचे दिए गए कूट से सही उत्तर चुनिए–
   कूटः
   (a) 3, 2, 1, 4 (b) 3, 1, 4, 2
   (c) 4, 3, 2, 1 (d) 4, 1, 3, 2

6. 'ऑपरेशन रुबिकॉन' वह कूट शब्द था जिसे भारत में ब्रिटिश सरकार द्वारा निम्नलिखित में से किस संदर्भ में प्रयोग में लाया जाना था?
   (a) जेल में गांधीजी का आमरण अनशन
   (b) जय प्रकाश नारायण की गतिविधियाँ
   (c) गोलमेज सम्मेलन में गांधीजी की सहभागिता
   (d) उपरोक्त में से कोई नहीं

7. निम्नलिखित में से कौन-सा एंजाइम प्रोटीनों को ऐमीनो अम्लों में विघटित करता है?
   (a) पेप्सिन (b) लैक्टेस
   (c) यूरिएस (d) जाइमेस

8. निम्नलिखित हॉर्मोनों में से कौन-सा एक स्त्रीलिंग हॉर्मोन है?
   (a) ऐन्ड्रोस्टेरोन (b) टेस्टोस्टेरोन
   (c) एस्ट्रोजन (d) थायरॉक्सिन

9. निम्नलिखित में से कौन-सा बहुलक जैव-निम्नीकृत नहीं किया जा सकता?
   (a) सैलुलोस (b) स्टार्च
   (c) प्रोटीन (d) पी.वी.सी.

10. समुद्री घास निम्नलिखित तत्त्व का मुख्य तथा महत्त्वपूर्ण स्रोत है–
    (a) आयोडीन
    (b) क्लोरीन
    (c) ब्रोमीन
    (d) उपरोक्त में से कोई नहीं

11. निम्नलिखित में से कौन सही सुमेलित नहीं है?
    (a) विटामिन D – सुखण्डी
    (b) विटामिन C – मसूढ़ों से खून आना
    (c) विटामिन A – गठिया
    (d) विटामिन B_1 – बेरीबेरी

12. मकड़ियों द्वारा उत्पादित रेशम कहलाता है–
    (a) टसर रेशम (b) मूंगा रेशम
    (c) गॉसमिर रेशम (d) अहिंसा रेशम

13. लाई-फाई के सम्बन्ध में निम्नलिखित में से कौन-सा कथन सही नहीं है?
    (a) लाई-फाई का विस्तृत रूप 'लाइट-फिडेलिटी' (प्रकाश तदरूपता) है।
    (b) भारत में लाई-फाई का सफल परीक्षण 29 जनवरी, 2018 को सूचना एवं प्रसारण मंत्रालय ने किया था।
    (c) लाई-फाई द्वारा 10 जी.बी./सेकण्ड डाटा को 1 किमी की परिधि में भेजा जा सकता है।
    (d) इसका क्रियान्वयन ऑप्टिकल फाइबर नेटवर्क द्वारा किया जाता है।

14. प्रकाश-संश्लेषण प्रक्रिया के लिए निम्नलिखित में से किसकी उपस्थिति आवश्यक नहीं है?
    (a) सूर्य का प्रकाश
    (b) ऑक्सीजन
    (c) जल
    (d) कार्बन डाइऑक्साइड

15. निम्नलिखित में से कौन-सा युग्म सही सुमेलित नहीं है?
    (a) अमरबेल – तना परजीवी
    (b) चन्दन – जड़ परजीवी

(c) आर्किड - अधिपादप (एपिफाइड)

(d) घटपर्णी - जलोद्भिद

16. सूची-I को सूची-II से सुमेलित कीजिए और सूचियों के नीचे दिए गए कूट से सही उत्तर चुनिए–

सूची-I (फसल/पौधारोपण)	सूची-II (सर्वाधिक उत्पादक राज्य)
(A) जूट	1. केरल
(B) चाय	2. उत्तर प्रदेश
(C) गन्ना	3. असम
(D) रबर	4. पश्चिम बंगाल

कूट:

	A	B	C	D
(a)	4	3	2	1
(b)	3	1	2	4
(c)	2	4	3	1
(d)	1	2	3	4

17. विभिन्न प्रकार की मिट्टियों की जल-धारण क्षमता का घटता हुआ क्रम है–

(a) मृत्तिका > गाद > बालू

(b) मृत्तिका > बालू > गाद

(c) बालू > गाद > मृत्तिका

(d) गाद > बालू > मृत्तिका

18. सूची-I को सूची-II से सुमेलित कीजिए तथा सूचियों के नीचे दिए गए कूट से सही उत्तर चुनिए–

सूची-I (बाँध)	सूची-II (नदी)
A. दुलहस्ती	1. चम्बल
B. गाँधीसागर	2. चिनाब
C. ऊकाई	3. तापी
D. तवा	4. तवा

कूट:

	A	B	C	D
(a)	1	2	3	4
(b)	3	2	1	4
(c)	2	3	1	4
(d)	2	1	3	4

19. सूची-I को सूची-II से सुमेलित कीजिए और सूचियों के नीचे दिए गए कूट से सही उत्तर चुनिए–

सूची-I (राष्ट्रीय उद्यान)	सूची-II (राज्य)
A. इन्तानकी	1. झारखण्ड
B. बेतला	2. तमिलनाडु
C. सिरोही	3. नागालैण्ड
D. गुईन्दी	4. मणिपुर

कूट:

	A	B	C	D
(a)	2	1	3	4
(b)	4	3	2	1
(c)	3	1	4	2
(d)	3	4	1	2

20. वर्ष 2011 की जनगणना में निम्नलिखित में से किस राज्य की जनसंख्या में कमी आई?

(a) नागालैंड (b) केरल

(c) सिक्किम (d) मणिपुर

21. वर्ष 2011 की जनगणना के अनुसार भारत में नगरीय जनसंख्या देश की कुल जनसंख्या की प्रतिशत थी–

(a) 28.50 (b) 31.16

(c) 37.60 (d) 39.20

22. उत्तर प्रदेश में निम्नलिखित में से कौन-सा शहर निर्यात-विकास केन्द्र नहीं है?

(a) आगरा (b) इलाहाबाद

(c) खुर्जा (d) मेरठ

23. पंडित दीनदयाल उपाध्याय पशु चिकित्सा विज्ञान विश्वविद्यालय एवं गौ रक्षा अनुसंधान अवस्थित है–

(a) लखनऊ में (b) मेरठ में

(c) अयोध्या में (d) मथुरा में

24. उत्तर प्रदेश का कौन-सा जनपद दशहरी आम का सर्वोच्च उत्पादक है?

(a) आगरा (b) लखनऊ

(c) वाराणसी (d) प्रतापगढ़

25. निम्नलिखित में से कौन-सा युग्म सही सुमेलित है?

(शहर)		(विशेषता)
(a) वाराणसी	-	संस्कृति एवं धर्म
(b) लखनऊ	-	प्रदेश की राजधानी
(c) झांसी	-	औद्योगिक केन्द्र
(d) मुरादाबाद	-	पीतल उद्योग

26. उत्तर प्रदेश के लोकायुक्त की पदधारण अवधि है–

(a) 5 वर्ष (b) 6 वर्ष

(c) 7 वर्ष (d) 8 वर्ष

27. प्रसिद्ध 'ठुमरी' गायिका गिरिजा देवी का जन्म किस शहर में हुआ था?

(a) लखनऊ (b) अलीगढ़

(c) मुरादाबाद (d) वाराणसी

28. उत्तर प्रदेश का सबसे पूर्वी शहर निम्नलिखित में से कौन-सा है?

(a) बलिया (b) आजमगढ़

(c) बाराबंकी (d) बस्ती

29. भारतीय संविधान के अनुच्छेद 170 के अनुसार किसी राज्य की विधान सभा के सदस्यों की न्यूनतम तथा अधिकतम संख्या क्रमशः हो सकती है–

(a) 40 तथा 400

(b) 50 तथा 450

(c) 50 तथा 500

(d) 60 तथा 500

30. निम्नलिखित में से कौन-सा युग्म सही सुमेलित नहीं है–

संस्था	स्थापना का वर्ष
(a) केन्द्रीय अन्वेषण ब्यूरो	- 1963
(b) केन्द्रीय सतर्कता आयोग	- 1964
(c) भ्रष्टाचार निरोधक कानून	- 1985
(d) प्रवर्तन निदेशालय	- 2000

31. उत्तर प्रदेश के मथुरा और आगरा नगरों को पर्याप्त जल उपलब्ध कराने हेतु कौन-सी परियोजना चलाई जा रही है?

(a) पूर्वी गंगा नहर परियोजना

(b) गोकुल बैराज परियोजना

(c) जमरानी बांध परियोजना

(d) गंगा बैराज परियोजना

32. उत्तर प्रदेश में स्थित टाण्डादारी झील का निर्माण कैसे हुआ है?

(a) छोटी-छोटी झीलों के समूह से

(b) वर्षा के पानी से

(c) भूकंप की दरार से

(d) उपरोक्त में से किसी से नहीं

33. निम्नलिखित में से किस भाषा में अमोघवर्ष ने कविराजमार्ग लिखा था?

(a) तमिल (b) संस्कृत

(c) कन्नड़ (d) तेलुगु

34. "विक्ट्री सिटी" उपन्यास के लेखक कौन हैं?

(a) सलमान रुश्दी

(b) जफर रुश्दी

(c) पद्मा लक्ष्मी

(d) उपर्युक्त में से एक से अधिक

35. "द डे आई बिकम ए रनर" के लेखक कौन हैं?

(a) अरविन्द घोष

(b) सोहिनी चट्टोपाध्याय

(c) अरुंधति रॉय

(d) शशि थरूर

36. 'वेस्टर्न लेन' के लेखक कौन हैं?

(a) चेतना मारू (b) अरविन्द घोष

(c) डेज़ी रॉकवेल (d) गीतांजलि श्री

37. 'ऑपरेशन खात्मा' नामक एक नई पुस्तक किसके द्वारा लिखी गई है ?
(a) आर सी गंजू (b) अश्विनी भटनागर
(c) दुर्जोय दत्ता (d) दोनों 1 और 2

38. "द बैटल ऑफ़ बिलॉन्गिंग" पुस्तक के लेखक कौन हैं ?
(a) शशि थरूर (b) जय रतन
(c) कपिल सिब्बल (d) जयराम रमेश

39. संयुक्त राष्ट्र महासभा ने किस वर्ष 1 अक्टूबर को अंतर्राष्ट्रीय वृद्धजन दिवस के रूप में नामित किया ?
(a) 1990 (b) 1992
(c) 1994 (d) 1996

40. अंतरराष्ट्रीय क्रिकेट में 100 विकेट लेने वाली प्रथम भारतीय महिला कौन थी ?
(a) नीतू डेविड (b) शुभांगी कुलकर्णी
(c) झूलन गोस्वामी (d) डायना इडुलजी

41. विश्व जनसंख्या दिवस कब मनाया जाता है ?
(a) 10 जुलाई (b) 11 जुलाई
(c) 12 जुलाई (d) 13 जुलाई

42. किसके सम्मान में हर साल 12 जुलाई को राष्ट्रीय सादगी दिवस (National Simplicity Day) मनाया जाता है ?
(a) हेनरी डेविड थोरियो (Henry David Thoreau)
(b) वुडरो विल्सन (Woodrow Wilson)
(c) डेविड ह्यूम (David Hume)
(d) जॉन लोके (John Locke)

43. एक दुकानदार एक वस्तु को एक निश्चित मूल्य पर खरीदता है और उसे 10% लाभ पर बेचता है। यदि वह उस वस्तु को 5% कम मूल्य पर खरीदता है और 20% लाभ पर बेचता है, तो वह ₹ 120 अधिक लाभ अर्जित करता है। वस्तु का क्रय मूल्य ज्ञात कीजिए।
(a) 2500 (b) 3000
(c) 2000 (d) 3500

44. ट्रेन X और Y एक-दूसरे से 100 किमी दूर हैं और वे समान समय में एक-दूसरे की ओर चलना शुरू करती हैं। ट्रेन X की गति और ट्रेन Y की गति क्रमशः 20 किमी/घंटे और 5 किमी/घंटे है। कितने घंटे चलने के बाद वे 25 किमी की दूरी पर होंगी?
(a) 5 घंटे (b) 6 घंटे
(c) 8 घंटे (d) 3 घंटे

45. 5, 25 और 75 का चौथा समानुपाती ज्ञात कीजिए।
(a) 325 (b) 275
(c) 125 (d) 375

46. यदि $\sqrt{1+\cot^2 A} = \frac{2}{\sqrt{3}}$ तो $\sin^2 A - \cos^2 A$ का मान क्या होगा?
(a) $\frac{2}{3}$ (b) $\frac{1}{2}$
(c) $\frac{3}{4}$ (d) $\frac{4}{5}$

47. 24 सेमी परिमाप वाले एक समबाहु त्रिभुज का क्षेत्रफल क्या है?
(a) $64\sqrt{3}$ सेमी^{2} (b) $32\sqrt{3}$ सेमी^{2}
(c) $16\sqrt{3}$ सेमी^{2} (d) $48\sqrt{3}$ सेमी^{2}

48. एक बेलनाकार टैंक और एक बेलनाकार बोतल की ऊँचाई का अनुपात 10 : 3 है, जबकि उनके व्यास का अनुपात क्रमशः 9 : 2 है। यदि टैंक पानी से 80% भरा हुआ है तो उससे कितनी बोतलें भरी जा सकती हैं?
(a) 46 (b) 54
(c) 62 (d) 70

49. यदि A + B = 75° और A – B = 15° है, तो 2(1 + cos 2B) (1 + tan A) का मान ज्ञात कीजिए।
(a) 0 (b) 4
(c) 1 (d) 6

50. ₹ 5,000 की राशि पर 1 वर्ष के लिए 10% प्रति वर्ष की दर से साधारण ब्याज समान ब्याज दर पर 2 वर्षों के लिए चक्रवृद्धि ब्याज पर निवेश किया जाता है। अर्जित साधारण ब्याज पर चक्रवृद्धि ब्याज कितना है?
(a) ₹ 100 (b) ₹ 25
(c) ₹ 125 (d) ₹ 105

सामान्य हिंदी

निर्देश [51-55]: दिये गए गद्यांश के आधार पर उत्तर दीजिए।

ईर्ष्या का काम जलाना है; मगर, सबसे पहले वह उसी को जलाती है जिसके हृदय में उसका जन्म होता है। आप भी ऐसे बहुत से लोगों को जानते होंगे जो ईर्ष्या और द्रेष की साकार मूर्ति हैं, जो बराबर इस फिक्र में लगे रहते हैं कि कहाँ सुनने वाले मिलें कि अपने दिल का गुबार निकालने का मौका मिले। श्रोता मिलते ही उनका ग्रामोफोन बजने लगता है और वे बड़े ही होशियारी के साथ एक-एक काण्ड इस ढंग से सुनाते हैं, मानों विश्व कल्याण को छोड़कर उनका और कोई ध्येय नहीं हो। मगर, जरा उनके अपने इतिहास को भी देखिए और समझने की कोशिश कीजिए कि जबसे उन्होंने इस सुकर्म का आरंभ किया है, तबसे वे अपने क्षेत्र में आगे बढ़े हैं या पीछे हटे हैं। यह भी कि अगर वे निंदा करने में समय और शक्ति का अपव्यय नहीं करते तो आज उनका स्थान कहाँ होता।

51. ईर्ष्या का काम है-
(a) रूलाना (b) हँसाना
(c) जलाना (d) नचाना

52. गद्यांश में प्रयुक्त 'ध्येय' का क्या अर्थ है ?
(a) लक्ष्य (b) इच्छा
(c) आदर्श (d) मूल्य

53. गद्यांश में ईर्ष्यालु व्यक्तियों की:
(a) प्रशंसा की गई है।
(b) खिल्ली उड़ाई गई है
(c) स्तुति की गई है
(d) उपासना की गई है।

54. 'अपव्यय' का क्या अर्थ होता है ?
(a) खर्च (b) कम खर्च
(c) अधिक खर्च (d) फिजूल खर्च

55. गद्यांश का उपयुक्त शीर्षक क्या होगा ?
(a) ईर्ष्या (b) निंदा
(c) ईर्ष्या से लाभ (d) अपव्यय

निर्देश [56-59]: दिये गए गद्यांश के आधार पर उत्तर दीजिए।

नम्रता ही स्वतंत्रता की माता है। लोग भ्रमवश अहंकार को इसकी माता समझ बैठते हैं। वह उसकी सौतेली माता है, जो उसका सत्यानाश करती है। चाहे वह सम्बन्ध ठीक हो या न हो पर इस बात को सब लोग मानते हैं कि आत्म-संस्कार के लिए थोड़ी-बहुत मानसिक स्वतंत्रता आवश्यक है चाहे उस स्वतंत्रता में अभिमान और नम्रता दोनों का मेल हो और चाहे वह नम्रता ही से उत्पन्न हो। यह बात निश्चित है कि जो मनुष्य मर्यादापूर्वक जीवन व्यतीत करना चाहता है, उसके लिए वह गुण अनिवार्य है। अपठित गद्यांश के आधार पर बताएँ।

56. स्वतंत्रता की माता कौन है ?
(a) क्रोध (b) नम्रता
(c) अहंकार (d) योग्यता

57. स्वतंत्रता की सौतेली माँ कौन है ?
(a) क्रोध (b) नम्रता
(c) अहंकार (d) योग्यता

58. आत्म-संस्कार के लिए आवश्यक है-
(a) मानसिक स्वतंत्रता
(b) आर्थिक स्वतंत्रता
(c) राजनीतिक स्वतंत्रता
(d) भौगोलिक स्वतंत्रता

59. प्रस्तुत गद्यांश का शीर्षक बताएँ-
(a) आत्मबल (b) नैतिक बल
(c) अभिमान (d) स्वतन्त्रता

निर्देश [60]: दिये गए गद्यांश के आधार पर उत्तर दीजिए।

आनंद और खुशी की खोज में हम सारा जीवन लगे रहते हैं। बाह्य शिष्टाचारों से खुशी तो प्राप्त होती है किन्तु

वह क्षणिक होती है। आत्मिक खुशी तो हमें अपने अन्दर ही तलाशनी होती है। हमारे अंत:करण में आनंद का सरोवर और खुशी का खजाना सदैव विद्यमान रहता है। ये यादों और अनुभूतियों का वह भंडार घर है, जहाँ हमारा अंत:करण आज तक की सभी यादों और अनुभूतियों को संग्रहीत करके रखता है। यह बहुत बुद्धिमान और चतुर है। यह आपका आज्ञाकारी दास भी हैं इसके विशाल संग्रह में से आत्मिक आनंद को प्राप्त करना है तो इसे उसी दिशा में निर्देशित करना होगा। बाह्य मन को कुछ देर के लिए शांत, स्थिर और गतिहीन कीजिए और अन्तर्मन को निर्देश दीजिये कि वह अपने संग्रह में से नकारात्मक यादों अनुभूतियों को मिटा कर आपके लिए आनंद के अनमोल सच्चे मोती निकाल कर लाये। निरंतर अपने अंत:करण को यही आज्ञा देते रहिये और धीरे-धीरे वह कब आपको आत्मिक आनन्द और जीवन- स्फूर्ति से सराबोर कर देगा, आपको पता भी नहीं चलेगा।

60. उपर्युक्त गद्यांश को ध्यान से पढ़िए और उपयुक्त शीर्षक का चयन कीजिए:
(a) आनंद की खोज
(b) अन्तर्मन - यादों का भंडार घर
(c) अन्तर्मन
(d) अन्तर्मन की शक्ति

61. 'Amendment' के लिए सही पारिभाषिक शब्द है-
(a) सहमति (b) अनुमोदन
(c) संशोधन (d) परिवर्तन

62. 'REIMBURSE' के लिए सही पारिभाषिक शब्द है-
(a) संपूर्ण (b) प्रतिपूर्ति
(c) आपूर्ति (d) क्षतिपूर्ति

63. जब कोई सरकारी पत्र ज्ञापन या कार्यालय ज्ञापन एक साथ अनेक प्रेषतियों को भेजा जाए उसे क्या कहते हैं?
(a) आदेश (b) अनुस्मारक पत्र
(c) अधिसूचना (d) परिपत्र

64. जब एक अधिकारी दूसरे अधिकारी को व्यक्तिगत नाम से पत्र लिखता है उसे क्या कहते हैं?
(a) शासकीय पत्र
(b) अर्द्ध शासकीय पत्र
(c) टिप्पणी
(d) कार्यालयी ज्ञापन

65. एक विद्यार्थी को अपने स्कूल के प्रधानाचार्य को अभिनिवेदन में क्या लिखना चाहिए?
(a) आपका
(b) भवदीय
(c) आपका आज्ञाकारी शिष्य
(d) आपका सेवक

66. मच्छरों के प्रकोप के सम्बन्ध में शिकायत पत्र लिखना हो तो किसे लिखेंगे?
(a) माननीय स्वास्थ्य अधिकारी को
(b) प्रधानमंत्री जी को
(c) मा. प्रधानाध्यापक जी को
(d) मा. शिक्षाधिकारी को

67. निम्नलिखित शब्दों पर विचार कीजिए:
(1) तेलांजली (2) विभिषिका
(3) विस्मरण (4) हितैषी
किस विकल्प में सभी शब्द शुद्ध है?
(a) 1, 2 और 4 (b) 1, 2 और 3
(c) 3 और 4 (d) 2 और 3

68. निम्नलिखित शब्दों में किस समूह के सभी शब्द शुद्ध हैं?
1. प्रसुन, गदर्भ, शुशुप्ति
2. पंकज, परम्परा, गंगा
3. चंचल, कन्या, घन्टा
4. लख्य, कृप्या, अभीनेत्री
(a) 1, 4 (b) 3
(c) 2 (d) 2, 3

69. निम्न में से किस शब्द की वर्तनी सही है?
(a) अभ्यंतरीक
(b) आभ्यंतरिक
(c) अभ्यांतरिक
(d) इनमें से कोई नहीं

70. निम्नलिखित शब्दों पर विचार कीजिए :
1. अतिशयोक्ति 2. दुरगति
3. मरीची 4. नीरधि
किस विकल्प में सभी शब्द शुद्ध हैं?
(a) 2 और 3 (b) 1 और 2
(c) 1, 3 और 4 (d) 2, 3 और 4

71. वर्तनी की दृष्टि से शुद्ध शब्द का चयन करें।
(a) अभ्यस्थ (b) अहिल्या
(c) तत्व (d) महत्त्व

72. निम्नलिखित में से किस शब्द में स्वर व्यंजन संबंधी अशुद्धि नहीं है?
(a) आरोज़ (b) इसाई
(c) ऊर्जस्वी (d) औत्सुक्य

73. 'कोप' का विलोम शब्द है-
(a) कृपा (b) असंतुष्ट
(c) खेद (d) इनमें से कोई नहीं

74. किस विकल्प में सही विलोम-युग्म है?
(a) करुण - निष्ठुर
(b) आस्तिक - अधार्मिक
(c) संकल्प - अकल्प
(d) सुदूर - विस्तार

75. कौन-सा विकल्प का विलोम-जोड़ा सुमेलित नहीं है?
(a) सरल-जटिल (b) साकार-निराकार
(c) सादर-निरादर (d) साक्षर-अक्षर

76. निम्न में से 'नश्वर' का विलोम है-
(a) आदर (b) शाश्वत
(c) अनियमित (d) अमर

77. निम्न में से 'संयुक्त' शब्द के विलोम शब्द की पहचान करें।
(a) वियुक्त (b) पाहन
(d) वियोग (c) चालुक्य

78. 'अथ' का विलोम शब्द क्या होगा?
(a) इल्तिजा (b) इति
(c) इल्म (d) इधर

79. 'अनिवार्य' का विलोम शब्द है
(a) जरूरी (b) वैकल्पिक
(c) पसंद (d) गैरजरूरी

80. 'अनी' शब्द का सही पर्यायवाची बताइए।
(a) स्वादिष्ट (b) शफरी
(c) सेना (d) सेतु

81. 'वनिता' शब्द का पर्यायवाची शब्द है-
(a) महिला (b) शफरी
(c) विधु (d) जानकी

82. 'पत्नी' शब्द के पर्यायवाची शब्द हैं-
(a) विभावरी, रजनी (b) चंचला, तड़ित
(c) भार्या, प्राणप्रिया (d) वधू, तनुजा

83. 'पांडवों को तेरह वर्ष तक वन में रहना पड़ा।' वाक्य के रेखांकित शब्द की जगह कौन-सा पर्यायवाची शब्द उपयुक्त हो सकता है?
(a) मृगांक (b) उपवन
(c) रण्य (d) जंगल

84. 'जलवृष्टि के कारण चारों ओर हरियाली छा गई' वाक्य के रेखांकित शब्द की जगह कौन-सा पर्यायवाची शब्द उपयुक्त हो सकता है?
(a) बादल (b) वर्षा
(c) काली घटा (d) बूँद

85. 'उर्मि और वीचि' निम्नलिखित में से किस शब्द के पर्यायवाची शब्द है?
(a) सरस्वती (b) लहर
(c) घी (d) लक्ष्मी

86. 'पिनाकी और चंद्रमौलि' निम्नलिखित में से किस शब्द के पर्यायवाची हैं?
(a) विष्णु (b) महादेव
(c) ब्रह्मा (d) इंद्र

87. 'सामिषभोजी' शब्द का क्या तात्पर्य है ?
(a) जो मांस का सेवन करता है।
(b) जो मांस का सेवन नहीं करता है।
(c) जो शाकाहारी है।
(d) जो शाक और मांस दोनों का सेवन करता है।

88. 'जिसने ऋण चुका दिया हो'- इस शब्द समूह के लिए एक शब्द बताइये।
(a) ऋणी (b) उऋण
(c) कृतज्ञ (d) कर्जदार

89. किस वाक्यांश के लिए प्रयुक्त शब्द सार्थक नहीं है ?
(a) झाग से भरा हुआ - फेनिल
(b) जो वचन से परे हो - वाचाल
(c) शराब बनाने वाला - कलवार
(d) जंगल में लगने वाली आग - दावानल

90. निम्नलिखित वाक्यांशों के लिए एक शब्द में से कौन-सा सुमेलित नहीं है ?
(a) जो वर्णन के बाहर हैं - वर्णनातीत
(b) जो देखा नहीं जा सकता - अदृश्य
(c) जो आमिष नहीं खाता - सामिष
(d) जो पहरा देता है- प्रहरी

91. जो मुश्किल से प्राप्त हो, उसे कहते हैं:
(a) अलभ्य (b) सुलभ
(c) दुर्लभ (d) अलंध्य

92. अवसर के अनुरूप बदल जाने वाले को कहते हैं:
(a) यथास्थितिवादी (b) आदर्शवादी
(c) भाववादी (d) अवसरवादी

93. भूमि के अन्दर की जानकारी रखनेवाले को कहा जाता है:
(a) भूगर्भवेत्ता (b) पुरातत्ववेत्ता
(c) नृतत्वशास्त्री (d) भूकम्पवेत्ता

94. 'अपनी करनी पार उतरनी' लोकोक्ति का अर्थ है-
(a) अपने अच्छे कर्म से ही व्यक्ति का कल्याण होता है।
(b) बुरे कर्मों का फल बुरा होता है।
(c) अपना कर्म अपना होता है।
(d) इनमें से कोई नहीं

95. 'आटा गीला होना' मुहावरे का अर्थ है-
(a) अप्रासंगिक बातें करना।
(b) कठिनाई में पड़ना।
(c) कठिन परिश्रम करना।
(d) हर प्रकार का अनुभव होना।

96. फूँक- फूँक कर पैर रखना' मुहावरे का अर्थ है-
(a) धीरे-धीरे चलना।
(b) डर कर कदम रखना।
(c) पैर रखते हुए फूँक मारना।
(d) सोच विचार कर काम करना।

97. 'बेकार आदमी व्यर्थ के काम करता है।' अर्थ किस लोकोक्ति से संबंधित है ?
(a) अंधा बाँटे रेवड़ी, फिर-फिर अपनों को देय
(b) कहने से धोबी गधे पर नहीं चढ़ता
(c) ठाली बनिया क्या करें, इस कोठी के धान उस कोठी में धरै
(d) अंधे के हाथ बटेर लगना

98. निम्नलिखित मुहावरों को उनके सही अर्थों के साथ मिलान करने वाले विकल्प को चुनें-

1.	**गीदड़ भभकी**	**A. विरोध करना**
2.	**घड़ो पानी पड़ना**	**B. क्रोध दबाना**
3.	**गुस्सा पीना**	**C. लज्जित होना**
4.	**आवाज उठाना**	**D. व्यर्थ की हाँकना**

(a) 1-A, 2-B, 3-C, 4-D
(b) 1-D, 2-C, 3-A, 4-B
(c) 1-C, 2-A, 3-B, 4-B
(d) 1-D, 2-C, 3-B, 4-A

99. आयु में छोटा होने पर भी वह सबके कान कतरता है।' वाक्य में रेखांकित मुहावरे का सही अर्थ होगा-
(a) कमर कसना
(b) बहुत चतुर होना
(c) काम तमाम करना
(d) खटाई में पड़ना

100. 'जनता में सरकार का पतन नेताओं के अलग-अलग मत होने से हुआ है।' वाक्य में रेखांकित अर्थ के लिए सही मुहावरा होगा-
(a) ढाक के तीन पात
(b) डेढ़ चावल की खिचड़ी पकाना
(c) ताली एक हाथ से नहीं बजती
(d) टेढ़ी उंगली से घी निकालना

कंप्यूटर ज्ञान

101. PDF का पूर्ण रूप होता है-
(a) प्लेटफॉर्म डिपेंडेन्ट फाइल्स
(b) प्लेन डाटा फाइल्स
(c) पोर्टेबल डॉक्यूमेंट फॉर्मेट
(d) पोर्टेबल डिपेंडेन्ट फॉर्मेट

102. एमएस वर्ड में, Ctrl + I का क्या कार्य होता है ?
(a) सिलेक्ट किए गए टेक्स्ट को बोल्ड कर देता है।
(b) सिलेक्ट किए गए टेक्स्ट को इटैलिक कर देता है।
(c) सिलेक्ट किए गए टेक्स्ट को अगले बड़े आकार में रूपांतरित कर देता है।
(d) कैरिज रिटर्न जोड़ती है।

103. फायरवॉल क्या है ?
(a) एक स्थापित नेटवर्क जो कि रिफरेंस प्वाइंट को परफॉर्म करता है।
(b) एक वायरस जो मैक्रोज को संक्रमित करता है।
(c) सॉफ्टवेयर का इस्तेमाल एक पब्लिक नेटवर्क से प्राइवेट नेटवर्क को अलग करने में इस्तेमाल किया जाता है।
(d) एक पूर्वनिर्धारित एन्क्रिप्शन कुंजी, जिसका इस्तेमाल इनक्रिप्ट और डिक्रिप्ट डाटा ट्रांसमिशन में किया जाता है।

104. एक माइक्रोकम्प्यूटर में कम से कम एक इनपुट यूनिट, एक आउटपुट यूनिट, एक माइक्रोप्रोसेसर यूनिट तथा एक .... शामिल होता है।
(a) मेमोरी यूनिट (b) प्रिंटर
(c) नेटवर्क. (d) स्टेब्लाइजर

105. जब डाटा लिस्ट फॉर्मेट में हो, तब एमएस वर्ड में ...... का इस्तेमाल इसे स्पष्ट तौर पर प्रदर्शित करने के लिए होता है।
(a) लाइन स्पेसिंग (b) बुलेट
(c) केस चेंज (d) सॉर्टिंग

106. ....हर भागीदार के सहयोग को स्क्रीन पर उन लोगों के लिए दर्शाता है जो इस वार्ता में बाहरी तौर पर हिस्सेदार हैं।
(a) राउटर
(b) होस्ट
(c) मल्टीकास्ट बैक बोन (MBONE)
(d) इंटरनेट रिले चैट (IRC)

107. एक सैटेलाइट को डाटा प्रेषित करने से संबंधित शब्द निम्न है-
(a) डाउनलिंक (b) डिमॉड्यूलेट
(c) मॉड्यूलेट (d) अपलिंक

108. एमएस वर्ड 2007 में, फाइल एक्स्टेंशन की चौड़ाई ....कैरेक्टर्स की होती है।
(a) 4 (b) 3
(c) 2 (d) 5

109. आपको मि. कार्तिक से एक मेल प्राप्त हुआ और उसी मेल को आपको मि. राजेश को भेजना है। आपको मेल भेजने के लिए किस विकल्प का चयन करना होगा ?
(a) रिप्लाई (b) फॉरवर्ड
(c) न्यू (d) रिप्लाई ऑल

110. डॉक्यूमेंट को इसमें स्टोर किया जा सकता है-

(a) सिर्फ ड्राइव
(b) सिर्फ सब- फोल्डर्स
(c) सिर्फ फोल्डर
(d) उपरोक्त सभी

111. कम्प्यूटर सुरक्षा में,...... का अर्थ है कि कम्प्यूटर सिस्टम परिसंपत्तियों को केवल अधिकृत पक्षों (पार्टियों) द्वारा संशोधित किया जा सकता है।

(a) गोपनीयता
(b) उपलब्धता
(c) अखंडता
(d) प्रमाणिकता

112. निम्न में से किसका उपयोग, कीबोर्ड को कम्प्यूटर से जोड़ने के लिए किया जा सकता है ?

(a) वीडियो ग्राफिक्स ऐरे (वीजीए) पोर्ट
(b) यूनिवर्सल सीरियल बस (यूएसबी) पोर्ट
(c) इंटरनेट पोर्ट
(d) फॉयरवॉयर पोर्ट

113. एमएस एक्सेल में वर्तमान समय प्रविष्ट करने के लिए किस शॉर्टकट की को दबाया जाता है ?

(a) Ctrl+Shift+<
(b) Ctrl + Shift +;
(c) Ctrl + Alt + T
(d) Ctrl+Tab+T

114. एमएस एक्सेल में 'सॉर्ट' फीचर का क्या उद्देश्य होता है ?

(a) यह सेल्स की रेंज के लिए नाम क्रिएट करता है।
(b) यह किसी मान के लिए सेल्स की रेंज को फिल्टर करता है।
(c) यह रो को समूहित करता है और एक आउटलाइन को बनाता है।
(d) यह सेल्स की रेंज को वर्णक्रम या अंकीय क्रम में व्यवस्थित करता है।

115. ब्राउजर क्या होता है ?

(a) एक एचटीएमएल सिस्टम
(b) एक सर्वर
(c) वह साफ्टवेयर प्रोग्राम जो आपको www डॉक्यूमेंट देखने में सक्षम बनाता है
(d) नेटवर्क के एक वेब पेज पर तार्किक और कभी - कभी भौगोलिक स्थिति के संकेत के लिए पदानुक्रमित योजना

116. निम्नलिखित में क्या एक वेब ब्राउजर नहीं है ?

(a) गूगल क्रोम
(b) मोजिला फायरफॉक्स
(c) विजुअल स्टुडियो
(d) इंटरनेट एक्सप्लोरर

117. इनमें से क्या एलगोरिथम का आलेखी निरूपण है ?

(a) सिंटैक्स (b) फ्लो चार्ट
(c) प्रोग्राम (d) बार ग्राफ

118. एमएस वर्ड में कर्सर के बाईं ओर के अक्षर को डिलीट करने के लिए आप निम्न में से किस कुंजी का उपयोग करेंगे ?

(a) एंटर (b) बैकस्पेस
(c) डिलीट (d) इन्सर्ट

119. ....का उपयोग,, एक्सेल में एक्टिव सेल को सेल A1 में मूव कराने के लिए किया जाता है।

(a) Ctrl + Home (b) Page Up
(c) Home (d) Page Down

120. WAN का पूर्ण रूप है-

(a) वाइड एरिया नेटवर्क
(c) वर्ल्ड एरिया नेटवर्क
(b) वाइड एजेंट नेटवर्क
(d) वाइड एरिया न्युट्रल

121. एमएस वर्ड डॉक्युमेंट में एक टेबल में रो और कॉलम की न्यूनतम संख्या.......होती है।

(a) 1×1 (b) 1×2
(c) 2×1 (d) 2×2

122. निम्न में से कौन-सी कुंजियाँ सभी विंडोज को पारदर्शी बना देती है, जिससे आप अपने डेस्कटॉप को देख सकते हैं ?

(a) Windows Logo + Home key
(b) Windows Logo + Spacebar Key
(c) Windows Logo + Plus Key
(d) Windows Logo + Minus Key

123. प्रिंट लेने से पहले डॉक्यूमेंट को देखने के लिए किस विकल्प का इस्तेमाल किया जाता है

(a) पेस्ट (b) कट
(c) फॉर्मेट प्वांइटर (d) प्रिंट प्रिव्यू

124. इंटरनेट को इस नाम से जाना जाता है ?

(a) NOT (b) NET
(c) NAT (d) NFT

125. आईपी एड्रेस की लंबाई.........होती है।

(a) 32 बिट (b) 8 बिट
(c) 64 बिट (d) 16 बिट

126. मुख्य मेमोरी से डिस्क की मूविंग प्रक्रिया निम्न कहलाती है-

(a) ट्रांसफरिंग (b) कैचिंग
(c) स्वैपिंग (d) स्पूलिंग

127. कम्प्यूटरीकृत स्प्रेडशीट के उपयोग का क्या एक लाभ नहीं है ?

(a) फ्लेक्सिबिलिटी मूविंग एन्ट्रीज
(b) गणना की गति
(c) तालिकाएं बनाने की क्षमता
(d) आरंभिक सेट-अप की लागत

128. यूजरनेम व पासवर्ड को सत्यापित करने की प्रक्रिया निम्न रूप से जानी जाती है-

(a) लॉजिक (b) प्रमाणीकरण
(c) चेकइन (d) प्राधिकरण

129. एक........वॉयस रिकग्निशन सिस्टम (आवाज पहचानने की प्रणाली) के लिए इनपुट प्रदान करता है।

(a) ओएमआर (b) एमआइसीआर
(c) ओसीआर (d) माइक्रोफोन

130. .... वह शॉर्टकट कुंजी है जिसका उपयोग एमएस वर्ड में लिखित सामग्री को बीच में एलाइन करने के लिए किया जाता है ?

(a) CTRL+L (b) CTRL + R
(c) CTRL + E (d) CTRL + J

131. एमएस एक्सल 2007 वर्कशीट में स्तम्भों की अधिकतम सीमा..........होती है

(a) 18384 (b) 1024
(c) 16384 (d) 256

132. डीएसएल इसका एक उदाहरण है-

(a) नेटवर्क
(b) ब्रॉडबैंड
(c) वायरलेस डिवाइस
(d) स्पेक्ट्रा बैंड

133. शब्द 'फायरवॉल' निम्न में से प्रयुक्त होता है।

(a) घर की सुरक्षा
(b) कम्प्यूटर की सुरक्षा
(c) इंटरनेट की सुरक्षा
(d) किसी की सुरक्षा

134. मशीन कोड कम्प्यूटर की मूलभूत भाषा है, इसमें निम्न का एक लंबा अनुक्रम सम्मिलित होता है।

(a) अक्षरांकीय संप्रतीक
(b) मशीन प्रतीक
(c) इकाई एवं शून्य
(d) A's एवं B's

135. एमएस एक्सेल में सभी उपरोक्त सेलों के योग करने हेतु फॉर्मूला के निर्माण के लिए....... दबाया जाता है ?

(a) Ctrl +=
(b) Alt +=
(c) Ctrl + Alt + A
(d) Alt + Tab + A

136. ....का उपयोग वर्ड डॉक्यूमेंट में परिचर्चित शब्दों तथा विषयों की सूची बनाने के लिए किया जाता है, उन पृष्ठों के साथ जिन पर वे दिखाई देते हैं।
(a) बुकमार्क (b) इन्डेक्स
(c) हाइपरलिंक (d) टेबल

137. इंटरनेट एक्सप्लोरर निम्न के अंतर्गत आता है-
(a) ऑपरेटिंग सिस्टम
(b) कम्पाइलर
(c) आइ.पी. एड्रेस
(d) ब्राउजर

138. निम्नलिखित में से कौन स्टोरेज का माध्यम नहीं है ?
(a) स्कैनर
(b) हार्ड डिस्क
(c) डिजिटल ऑप्टिकल डिस्क
(d) कॉम्पेक्ट डिस्क

139. एमएस वर्ड में, बॉर्डर का उपयोग .... में किया जा सकता है।
(a) केवल सेल्स (b) केवल टेक्स्ट
(c) केवल पैराग्राफ (d) उपरोक्त सभी

140. एमएस वर्ड 2007 में, निम्न में से कौन-सा कमांड होम मेनू में उपलब्ध नहीं होता है ?
(a) फाइंड (b) सेलेक्ट
(c) रिप्लेस (d) टेबल

141. एमएस वर्ड .... फीचर नियत वर्तनी, टाइपिंग, छोटे से बड़े अक्षरों में परिवर्तन अथवा व्याकरण की त्रुटियों को स्वत: शुद्ध करता है।
(a) ऑटोफिक्स (b) ऑटोमार्क
(c) ऑटोस्पेल (d) ऑटोकरेक्ट

142. वह मेमोरी जो वैद्युत रूप से प्रोग्राम योग्य एवं पराबैंगनी होती है.........कहलाती है।
(a) ROM (b) EPROM
(c) PROM (d) RAM

143. DRAM निम्न के लिए प्रयुक्त होता है-
(a) डाइरेक्ट रैंडम ऐक्सेस मेमोरी
(b) डायनेमिक रैंडम ऐक्सेस मेमोरी
(c) डायनेमिक रीड ऐक्सेस मेमोरी
(d) डायनेमिक रीड एक्सेस मशीन

144. एमएस- डॉस में, आप डिस्प्ले सिस्टम डेट के लिए कौन-सा कमांड देखेंगे ?
(a) कमांड (b) फॉर्मेट कमांड
(c) डेट कमांड (d) डिस्क कमांड

145. ....माइक्रोप्रोसेसर आधारित एक कंप्यूटिंग यंत्र है।
(a) मेनफ्रेम
(b) पर्सनल कम्प्यूटर
(c) सुपर कम्प्यूटर
(d) एनालॉग कम्प्यूटर

146. 'OS' कम्प्यूटर संक्षिप्ति का सामान्य अर्थ है-
(a) ऑप्टिकल सेंसर
(b) ऑपरेटिंग सिस्टम
(c) ओपेन सॉफ्टवेयर
(d) ऑर्डर ऑफ सिग्निफिकेशन

147. एमएस एक्सल में अगले वर्कशीट में जाने के लिए किस शार्टकट कुंजी का उपयोग करेंगे ?
(a) Alt + PgUp
(b) Alt + PgDn
(c) Ctrl + PgUp
(d) Ctrl + PgDn

148. 'CD' कम्प्यूटर संक्षिप्ति का सामान्य अर्थ होता है-
(a) चेंज डाटा
(b) कॉम्पेक्ट डिस्क
(c) कॉपी डेंसिटी
(d) कमांड डिस्क्रिप्शन

149. एमएस वर्ड 2007 में "सेव ऐज" फंक्शन के लिए कुंजी है-
(a) F12 (b) F6
(c) F10 (d) F11

150. निम्नलिखित में से किस वर्ड प्रोसेसिंग यूटिलिटी का उपयोग समानार्थ शब्दों को खोजने के लिए करेंगे ?
(a) स्पेलिंग (b) थीसोरस
(c) ग्रामर (d) वर्ड काउंट

व्याख्या सहित उत्तर

1. (b) सही सुमेलित–

आचार्य		सिद्धांत
(A) लकुलीश (भगवान शिव के 24वे अवतार)	→	पाशुपत शैव धर्म
(B) नागार्जुन (बौद्धाचार्य)	→	शून्यवाद
(C) भद्रबाहु (श्रुत केवली जैन मुनियो के अंतिम आचार्य)	→	जैन
(D) घोसाल (आजीवक संप्रदाय से संबंधित)	→	आजीवक

2. (c) सही सुमेलित–

अभिलेख		शासक
1. नासिक	→	गौतमीपुत्र शातकर्णी
2. हाथीगुम्फा	→	खारवेल
3. भीतरी	→	स्कंद गुप्त
4. गिरनार	→	रुद्रदामन प्रथम
5. ऐहोल	→	पुलकेशिन द्वितीय

3. (c) सही सुमेलित–

यात्री		देश
1. इब्नबतूता (1333–1342 ई.)	→	मोरक्को
2. मार्कोपोलो (1288–1292 ई.)	→	इटली
3. अब्दुर रज्जाक (1442 –1443 ई.)	→	ईरान
4. नूनिज (1535–1537 ई.)	→	पुर्तगाल

4. (a)

5. (d) सही कालानुक्रम–
1. नेहरू रिपोर्ट (28 अगस्त, 1928)
2. गाँधी इरविन समझौता (5 मार्च, 1931)
3. द्वितीय गोलमेज सम्मेलन (7 सितंबर, 1931)
4. सांप्रदायिक पंचाट (16 अगस्त, 1932)

6. (a) अंग्रेज गाँधीजी की लोकप्रियता से चिंतित थे। अंग्रेजो ने 'ऑपरेशन रूबिकॉन' शब्द का प्रयोग जेल में गाँधीजी के आमरण अनशन के लिए करते थे।

7. (a) पेप्सिन पाचन तंत्र में प्रमुख प्रोटीन प्रोटियोलिटिक एंजाइमों में से एक है। पाचन की प्रक्रिया के दौरान पेप्सिन जटिल आहार प्रोटीन पर कार्य करता है और पेप्टाइड्स और अमीनो एसिड में टूट जाता है। जिसे आंतों द्वारा आसानी से अवशोषित कर लिया जाता है।

8. (c) एस्ट्रोजन हार्मोन को स्त्रीलिंग हार्मोन भी कहा जाता है। यह महिला प्रजनन प्रणाली के विकास और विनियमन के लिए जिम्मेदार होता है। महिलाओं में तीन प्रमुख एस्ट्रोजन होते हैं, जिनमें एस्ट्रोजेनिक हार्मोनल गतिविधियाँ होती है– एस्ट्रोन, एस्ट्राडियोल और एस्ट्रिओल।

9. (d) पी.वी.सी. बहुलक जैव-निम्नीकृत नहीं किया जा सकता है। प्राकृतिक बहुलक पादपों तथा जंतुओं में पाए जाते हैं।

उदाहरण के लिए प्रोटीन, सेलुलोस, स्टार्च तथा कुछ रेजिन और रबर। पी.वी.सी. एक प्रकार का संश्लेषित बहुलक है, जो मानव निर्मित बहुलकों के उदाहरण है।

10. (a) समुद्री घास आयोडीन तत्व का मुख्य तथा महत्वपूर्ण स्रोत है। फ्लोरिडा के दक्षिण में सबसे बड़ा समुद्री घास का मैदान है। समुद्री घास ऑक्सीजन का भी महत्वपूर्ण स्रोत है, इस कारण इसे 'समुद्र का फेफड़ा' कहा जाता है।

11. (c) विटामिन A दो फॉर्म में पाए जाते हैं, कैरोटीन और रेटिनॉल। यह आँखों के लिए बहुत जरूरी है। विटामिन A की कमी से ज्यादातर आँखों की बीमारियाँ होती है, जैसे- रतौंधी, आँख के सफेद हिस्से में धब्बे। विटामिन डी रक्त में कैल्शियम का स्तर बनाए रखने में मदद करती है और हड्डियों को मजबूत करती है।

12. (c) मकड़ियों द्वारा उत्पादित रेशम गॉसमिर रेशम कहलाता है। शोधकर्त्ताओं ने मकड़ी के रेशम से दिल के मांसपेशीय टिशू बनाए है।

13. (d) लाई-फाई का पूरा अर्थ है लाइट फिडेलिटी। इसका आविष्कार 2011 में हेराल्ड हास ने किया था। यह एक तरह की वायरलैस नेटवर्किंग सुविधा है। लाई-फाई द्वारा 10 Gbps डाटा को 1 कि.मी. की परिधि में भेजा जा सकता है। भारत में लाई-फाई का सफल परीक्षण 29 जनवरी, 2018 को सूचना एवं प्रसारण मंत्रालय ने किया था।

14. (b) प्रकाश संश्लेषण के लिए अनेक उत्तरदायी कारक होते हैं, जिनमें कुछ भीतरी तथा कुछ बाह्य कारक होते हैं। बाह्य कारकों में सूर्य का प्रकाश, कार्बन डाइऑक्साइड तापमान तथा जल है तथा आंतरिक कारकों में पर्णहरित, पत्तियाँ आदि।

15. (d) घटपर्णी नेपेंथेसी कुल का कीटभक्षी पौधा है ये पौधे मुख्यत: शाक होते हैं और दलदली या अधिक नम जगहों में उगते हैं।

16. (a) सही सुमेलित-

फसल		सर्वाधिक उत्पादक राज्य
जूट	→	पश्चिम बंगाल
चाय	→	असम
गन्ना	→	उत्तर प्रदेश
रबर	→	केरल

17. (b) मृत्तिका > बालू > गाद

18. (d) सही सुमेलित-

बाँध		नदी
दुलहस्ती (जम्मू-कश्मीर)	→	चिनाब
गाँधीसागर (मध्य प्रदेश)	→	चंबल
उकाई (गुजरात)	→	तापी
तवा (मध्य प्रदेश)	→	तवा

19. (c) सही सुमेलित-

राष्ट्रीय उद्यान		राज्य
इन्तानकी	→	नागालैंड
बेतला	→	झारखंड
सिरोही	→	मणिपुर
गुईन्दी	→	तमिलनाडु

20. (a) जनगणना 2011 में नागालैंड राज्य की जनसंख्या में कमी आयी है। यहाँ की जनसंख्या वृद्धि दर (- 0.58) प्रतिशत थी। अन्य राज्य केरल, सिक्किम तथा मणिपुर राज्य में जनसंख्या वृद्धि दर क्रमश: 4.91, 12.89 तथा 24.50 प्रतिशत थी।

21. (b) वर्ष 2011 की जनगणना के अनुसार भारत की कुल जनसंख्या 1,210,854,977 तथा नगरीय जनसंख्या 37,71,05760 है। अत: भारत में नगरीय जनसंख्या का देश की कुल जनसंख्या का 31.16 प्रतिशत थी।

22. (b) उत्तर प्रदेश के इलाहाबाद में निर्यात-विकास केंद्र की स्थापना नहीं की गई है।

23. (d) मथुरा में पंडित दीनदयाल उपाध्याय पशु चिकित्सा विज्ञान विश्वविद्यालय तथा गौ रक्षा अनुसंधान अवस्थित है।

24. (b) दशहरी आम आम की एक किस्म है, जो अपनी भीनी खुशबू और स्वाद के लिए विदेशों में भी मशहूर है। उत्तर प्रदेश की राजधानी लखनऊ दशहरी आम का सर्वोच्च उत्पादक जनपद है।

25. (c)

26. (d) उत्तर प्रदेश के लोकायुक्त की पदधारण अवधि 8 वर्ष है। इसके पूर्व लोकायुक्त का कार्यकाल 6 वर्ष था।

27. (d) गिरिजा देवी सेनिया और बनारस घराने की एक प्रसिद्ध भारतीय शास्त्रीय गायिका थीं। ठुमरी गायन को परिष्कृत करने तथा इसे लोकप्रिय बनाने में इनका बहुत बड़ा योगदान है। इनका जन्म 8 मई, 1929 को वाराणसी शहर में हुआ था।

28. (a) उत्तर प्रदेश का सबसे पूर्वी जिला बलिया है, जो बिहार राज्य की सीमाओं से लगा हुआ है।

29. (d) भारतीय संविधान के अनुच्छेद-170 के अनुसार किसी राज्य की विधानसभा के सदस्यों की संख्या न्यूनतम 60 तथा अधिकतम 500 हो सकती है।

30. (d)

31. (b) गोकुल बैराज परियोजना

32. (c) भूकंप की दरार से

33. (c) कविराजमार्ग कन्नड़ भाषा में वाकपटुता, काव्यशास्त्र और व्याकरण पर प्राचीन उपलब्ध कृति है। यह प्रसिद्ध राष्ट्रकूट राजा अमोघवर्ष प्रथम द्वारा प्रेरित या आंशिक रूप से लिखा गया था और कुछ इतिहासकारों का दावा है कि यह आंशिक रूप से संस्कृत ग्रंथ काव्यादर्श पर आधारित है। कुछ इतिहासकारों का मानना है कि कविराजमार्ग को राजा के दरबार में कन्नड़ भाषा के सिद्धांतकार श्री विजया, एक कवि ने सह-लिखित किया होगा। इस नाम का शाब्दिक अर्थ 'कवियों के लिए शाही पथ' है और इसे कवियों और विद्वानों (कविशिक्षा) के लिए एक मार्गदर्शक पुस्तक के रूप में लिखा गया था। इस लेखन में पहले के कन्नड़ कविता और साहित्य के संदर्भों से, यह स्पष्ट है कि पूर्ववर्ती सदियों में गद्य और कविता में कार्य का एक बड़ा समूह मौजूद रहा होगा।

34. (a) सलमान रुश्दी

35. (b) हार्पर कॉलिन्स प्रकाशन से सोहिनी चट्टोपाध्याय द्वारा लिखित 'द डे आई बिकम ए रनर: ए वुमेन हिस्ट्री ऑफ इंडिया थ्रू द लेंस ऑफ स्पोर्ट' के प्रकाशन की घोषणा हुई है।

36. (a) चेतना मारू

37. (d) 'ऑपरेशन खात्मा' नामक पुस्तक दो पत्रकारों आर. सी. गंजू और अश्विनी भटनागर की चश्मदीद गवाहियाँ हैं। जम्मू-कश्मीर पुलिस के स्पेशल ऑपरेशंस ग्रुप के ऑपरेशन में जम्मू-कश्मीर लिबरेशन फ्रंट (JKLF) के 22 आतंकवादी मारे गए। वेब सीरीज बनाने के लिए इस पुस्तक को एक अंतरराष्ट्रीय फिल्म प्रोडक्शन हाउस द्वारा भी अधिग्रहित किया गया है।

38. (a) शशि थरूर की पुस्तक "द बैटल ऑफ बिलॉन्गिंग" को प्रभा खेतान फाउंडेशन के सिग्नेचर इवेंट किताब में लॉन्च किया गया था। यह शशि थरूर की 22वीं पुस्तक है, जो भारत में वर्तमान सामाजिक, राजनीतिक और सांस्कृतिक मुद्दों को उजागर करती है।

39. (a) वृद्ध व्यक्तियों का अंतर्राष्ट्रीय दिवस प्रत्येक वर्ष 1 अक्टूबर को मनाया जाता है। संयुक्त राष्ट्र महासभा ने 14 दिसंबर 1990 को वृद्ध व्यक्तियों का अंतर्राष्ट्रीय दिवस के लिए 1 अक्टूबर का दिन तय किया था। यह दिन बुजुर्ग लोगों की भलाई और विशेष जरूरतों पर केंद्रित है।

40. (d) एकदिवसीय मैचों के लिए भारतीय क्रिकेट टीम की पहली महिला कप्तान डायना एडुल्जी थी। अंतरराष्ट्रीय महिला क्रिकेट में 100 विकेट लेने वाली प्रथम महिला हैं!

41. (b) जनसंख्या मुद्दों के महत्त्व पर ध्यान केंद्रित करने के लिए 11 जुलाई को विश्व जनसंख्या दिवस प्रतिवर्ष मनाया जाता है।

42. (a) हेनरी डेविड थोरियो (Henry David Thoreau) को सम्मानित करने के लिए राष्ट्रीय सादगी दिवस (National Simplicity Day) 12 जुलाई को प्रतिवर्ष मनाया जाता है।

43. (b)

क्रय मू.	विक्रय मू.	
100%	110%	↓ +4%
95%	114%	

20% लाभ

$\because$ 4% = ₹ 120

क्रय मूल्य $\therefore$ 100% = ₹ 3000

44. (d)

100 डिग्री.

X ———————— Y

20 किमी/घंटा   5 किमी/घंटा

समय $= \dfrac{(100-25)}{20+5} = \dfrac{75}{25} = 3$ घंटे

45. (d) Hot trick

a, b और c का चौथा समानुपाती $= \dfrac{b \times c}{a}$

$\dfrac{25 \times 75}{5} = 375$

46. (b) $\sqrt{1+\cot^2 A} = \dfrac{2}{\sqrt{3}}$

$\sqrt{\text{cosec}^2 A} = \dfrac{2}{\sqrt{3}}$

$\text{cosec}A = \dfrac{2}{\sqrt{3}}$

$A = 60°$

$\sin^2 60° - \cos^2 60° = \dfrac{3}{4} - \dfrac{1}{4}$

$= \dfrac{1}{2}$

47. (c) भुजा $= \dfrac{24}{3} = 8$ सेमी

समबाहु त्रिभुज का क्षेत्रफल

$= \dfrac{\sqrt{3}}{4} \times (\text{भुजा})^2$

$= \dfrac{\sqrt{3}}{4} \times 64$

$= 16\sqrt{3}$ सेमी^{2}

48. (b) बोतल की संख्या

$= \dfrac{\text{टैंक का आयतन} \times 80\%}{\text{1 बोतल का आयतन}}$

$= \dfrac{\pi\, 9^2 \times 10 \times \dfrac{80}{100}}{\pi\, 2^2 \times 3}$

$= 54$

49. (d) $A + B = 75°$ ...(i)

$A - B = 15°$ ...(ii)

$A = 45°, B = 30°$

$2(1 + \cos 2B)(1 + \tan A)$

$2(1 + \cos 60°)(1 + \tan 45°)$

$2 \times \dfrac{3}{2} \times 2 = 6$

50. (d) साधारण ब्याज $= \dfrac{5000 \times 1 \times 10}{100}$

$=$ ₹ 500

₹ 500 पर चक्रवृद्धि ब्याज निकाला है–

$= 500\left(1 + \dfrac{10}{100}\right)^2$

$= 500\left(\dfrac{11}{10}\right)^2$

$= 605$

चक्रवृद्धि ब्याज = ₹ 605 – 500 = 105

51. (c) उपर्युक्त गद्यांश की प्रथम पंक्ति के अनुसार 'ईर्ष्या का काम 'जलाना' है; मगर, सबसे पहले वह उसी को जलाती है जिसके हृदय में उसका जन्म होता है।'

52. (a) दिये गये गद्य खण्ड में प्रयुक्त 'ध्येय' शब्द का अर्थ 'लक्ष्य' है जो गद्य की पंक्तियों द्वारा स्पष्ट होता है।

53. (b) दिये गये गद्यांश में ईर्ष्यालु व्यक्ति की खिल्ली उड़ाई गयी है' लेखक के विश्लेषणानुसार गद्य का सार है कि दिमाग की सकारात्मक ऊर्जा का प्रयोग सतत् उत्तम प्रयासों के सन्दर्भ में होना चाहिए न कि ईर्ष्या के वशीभूत होकर नकारात्मकता का भण्डार बन जाने में। ईर्ष्या द्वेष के भाव सर्वप्रथम उसे ही अपना लक्ष्य बनाते हैं जिसके मन में ये भाव उत्पन्न होते हैं।

54. (d) 'अपव्यय' दो शब्दों से मिलकर बना है। यह शब्द 'अप' उपसर्ग और 'व्यय' शब्द के संयोग से बना है, जिसका अर्थ 'फिजूल खर्च' है। अत: अपव्यय का सही अर्थ 'फिजूल खर्च' होगा।

55. (a) दिये गये गद्यांश का सर्वाधिक उपयुक्त शीर्षक 'ईर्ष्या ' होना चाहिए क्योंकि दिये गये गद्यांश में ईर्ष्या के जन्म, उत्पन्न दोषों तथा ईर्ष्या से लोगों की मानसिकता किस प्रकार नकारात्मकता की ओर बढ़ चलती है आदि का वर्णन किया गया है।

56. (b) गद्यांश के अनुसार 'नम्रता' स्वतंत्रता की माता है।

57. (c) गद्यांश के अनुसार स्वतंत्रता की सौतेली माँ 'अहंकार' है।

58. (a) आत्म संस्कार के लिए 'मानसिक स्वतंत्रता' आवश्यक है, भले ही उस स्वतंत्रता में अभिमान या नम्रता दोनों हो या वह केवल नम्रता से ही उत्पन्न हो।

59. (d) प्रस्तुत गद्यांश का उचित शीर्षक 'स्वतंत्रता' है।

60. (d)

61. (c) 'Amendment' के लिए सही पारिभाषिक शब्द है- 'संशोधन'।

62. (b) 'REIMBURSE' के लिए सही पारिभाषिक शब्द है- 'प्रतिपूर्ति'।

63. (d) जब कोई सरकारी पत्र ज्ञापन या कार्यालय ज्ञापन एक साथ अनेक प्रेषितियों को भेजा जाए, तो उसे 'परिपत्र' कहते हैं। इसे गश्तीपत्र भी कहते हैं। इसमें प्रेषक एक ही अधिकारी होता है तथा पाने वाले अनेक होते हैं।

64. (b) सरकारी अधिकारियों के मध्य, सरकारी काम से व्यक्तिगत शैली में लिखे जाने वाले पत्र अर्द्धशासकीय पत्र कहलाते हैं। इनका उद्देश्य, सरकारी कार्यों में तत्परता और तीव्रता प्रदान करना है साथ ही किसी विशेष बात की ओर ध्यान आकृष्ट करना हैं

65. (c) एक विद्यार्थी को अपने स्कूल के प्रधानाचार्य को अभिनिवेदन में 'आपका आज्ञाकारी शिष्य' लिखना चाहिए।

66. (a) मच्छरों के प्रकोप के सम्बन्ध में शिकायत पत्र लिखना हो तो माननीय स्वास्थ्य अधिकारी को लिखा जाएगा। अन्य विकल्प संगत नहीं हैं।

67. (c) विस्मरण तथा हितैषी शुद्ध शब्द हैं जबकि तेलांजली और विभिषिका की शुद्ध वर्तनी तिलांजलि तथा विभीषिका होगा।

68. (c) दिये गये विकल्पों में (पंकज, परम्परा, गंगा) वर्तनी की दृष्टि से शुद्ध शब्द समूह हैं। शेष विकल्प त्रुटिपूर्ण हैं।

69. (b) दिये गये विकल्पों में 'आभ्यंतरिक' शब्द की वर्तनी शुद्ध है। किसी शब्द के अंत में 'इक' प्रत्यय के प्रयोग से शब्द के आदि में 'अ' का 'आ' तथा 'इ/ई' का 'ऐ' हो जाता है। जैसे- अभ्यंतर + इक = आभ्यंतरिक।

70. (c) दिये गये विकल्पों में अतिशयोक्ति, मरीची तथा नीरधि वर्तनी की दृष्टि से शुद्ध शब्द हैं, जबकि दुरगति शब्द अशुद्ध है, इसका शुद्ध रूप 'दुर्गति' होगा।

71. (b)

अशुद्ध	**शुद्ध**
अभ्यस्थ	अभ्यस्त
अहिल्या	अहल्या
तत्व	तत्त्व
महत्त्व	महत्त्व

72. (c) दिये गये विकल्पों में से 'ऊर्जस्वी' शब्द में स्वर व्यंजन संबंधी अशुद्धि नहीं है। शेष शब्द अशुद्ध हैं, जिनका शुद्ध रूप इस प्रकार है- 'आरोज्ञ का आरोग्य', 'इसाई का ईसाई' तथा 'औतसुक्य का उत्सुक'।

73. (a) 'कोप' का विलोम शब्द 'कृपा' होता है। असंतुष्ट का विलोम संतुष्ट तथा खेद का विलोम प्रसन्नता या हर्ष होता है।

74. (a) करुण-निष्ठुर विलोम युग्म सही है। शेष असंगत हैं। आस्तिक-नास्तिक, सुदूर-सन्निकट, संकल्प-विकल्प विलोम होगा।

75. (d) दिये गये विकल्पों में से 'साक्षर-अक्षर' विलोम सुमेलित नहीं है। 'साक्षर' का विलोम शब्द 'निरक्षर' होता है। अन्य विकल्प सही सुमेलित हैं।

76. (b)

शब्द	**विलोम**
नश्वर	शाश्वत
आदर	अनादर
अनियमित	नियमित
अमर	मर्त्य

77. (a)

शब्द	विलोम
संयुक्त	वियुक्त
वियोग	संयोग
परुष	कोमल
पत्थर	मोम

78. (b) दिये गये विकल्पों में से 'अथ' का विलोम शब्द 'इति' होता है, तथा 'इधर' का विलोम शब्द 'उधर' होगा।

79. (b) अनिवार्य का विलोम 'वैकल्पिक' होता है। विकल्प में दिये गये अन्य शब्द पसंद का विलोम नापसंद एवं जरूरी का विलोम गैर जरूरी होता है।

80. (c) 'अनी' शब्द का सही पर्यायवाची 'सेना' है। स्वादिष्ट, शफरी, सेतु इत्यादि असंगत हैं।

81. (a) 'वनिता' शब्द का पर्यायवाची शब्द महिला है। महिला के अन्य पर्यायवाची- अबला, रमणी, औरत, कामिनी, मादा, नारी।

82. (c) पत्नी शब्द के पर्यायवाची शब्द- भार्या, प्राणप्रिया।

रात्रि का पर्यायवाची-विभावरी, रजनी।

विद्युत का पर्यायवाची-चंचला, तड़ित आदि हैं।

83. (d) दिये गये वाक्य 'पांडवों को तेरह वर्ष तक वन में रहना पड़ा' के रेखांकित शब्द 'वन' की जगह पर्यायवाची शब्द 'जंगल' उपयुक्त होगा। 'वन' के अन्य पर्यायवाची शब्द हैं- अरण्य, कानन, कांतार, विटप, विपिन इत्यादि।

84. (b) दिये गये वाक्य 'जलवृष्टि के कारण चारों ओर हरियाली छा गई' के रेखांकित शब्द 'जलवृष्टि' की जगह पर्यायवाची शब्द 'वर्षा' उपयुक्त होगा। 'वर्षा' के अन्य पर्यायवाची शब्द हैं- बरसात, बारिश, वृष्टि, जलार्णव, मेह, पावस, चौमासा, बरखा, वृष्टि इत्यादि।

85. (b)

शब्द	पर्यायवाची शब्द
सरस्वती	भारती, शारदा, इला, ब्राह्मी, महाश्वेता
लहर	उर्मि, वीचि, लहर, तरंग, हिलोर
घी	घृत, अमृत, नवनीत
लक्ष्मी	इन्दिरा, पद्मा, कमला, हरिप्रिया, चंचला

86. (b)

शब्द	पर्यायवाची शब्द
विष्णु	अच्युत, जनार्दन, विश्वम्भर, विश्वरूप
महादेव	पिनाकी, चन्द्रमौलि, नीलकंठ, चंद्रशेखर
ब्रह्मा	पितामह, स्वयंभू, हिरण्यगर्भ, लोकेश, आत्मभू
इन्द्र	पुरन्दर, सुरपति, देवराज, विडौजा,

87. (a) जो मांस का सेवन करता है, 'सामिषभोजी' कहलाता है। जिस भोजन में मांस, मछली इत्यादि का प्रयोग किया जाता है वह सामिष भोजन कहलाता है।

88. (b) 'जिसने ऋण चुका दिया हो' वाक्यांश के लिए एक शब्द 'उऋण' होता है।

वाक्यांश	एक शब्द
जिसने ऋण/उधार लिया हो-	ऋणी
जो उपकार को मानता हो-	कृतज्ञ

89. (b) वाक्यांश 'जो वचन से परे हो- वाचाल' प्रयुक्त शब्द सार्थक नहीं है जबकि-

जो वचन से परे हो - वचनातीत

अत्यधिक बोलने वाला - वाचाल

90. (c) 'जो आमिष (मांस) नहीं खाता - सामिष' वाक्यांशों के लिए एक शब्द में यह सुमेलित नहीं है क्योंकि सामिष एवं आमिष दोनों ही शब्दों का अर्थ है- जो मांस खाता है।

91. (c) जो मुश्किल से प्राप्त हो उसे 'दुर्लभ' कहते हैं। शेष शब्दों के विवरण इस प्रकार हैं-

जो प्राप्त न हुआ हो- अलभ्य/अप्राप्य

जो आसानी से प्राप्त हो- सुलभ

जिसे लांघा न जान सके- अलंघ्य

92. (d) अवसर के अनुरूप बदल जाने वाला - अवसरवादी

93. (a) भूमि के अंदर की जानकारी रखने वाला - भूगर्भवेत्ता। प्राचीन संस्कृति तथा सभ्यता से जुड़े हुए तत्वों की जानकारी रखने बाला - पुरातत्त्ववेत्ता

मानव की उत्पत्ति और विकास आदि का अध्ययन करने वाला - नृतत्त्वशास्त्री

भूकम्प से सम्बन्धित तथ्यों का अध्ययन करने वाला - भूकंपवेत्ता

94. (*) 'अपनी करनी पार उतरनी' लोकोक्ति का अर्थ-अपने कर्म का फल स्वयं भोगना पड़ता है। इन विकल्प में लोकोक्ति का कोई भी सटीक अर्थ नहीं है।

95. (b) 'आटा गीला होना' मुहावरे का अर्थ 'कठिनाई में पड़ना ' होता है।

96. (d) 'फूंक-फूँक कर पैर रखना' मुहावरे का अर्थ 'सोच विचार कर काम करना' है।

वाक्य प्रयोग-सौरभ विश्वविद्यालय के काम में फूंक-फूंक कर पैर रखता है।

97. (c)

मुहावरा/लोकोक्ति	अर्थ
ठाली बनिया क्या करै, इस कोठी के धान उस कोठी में धरै	बेकार आदमी व्यर्थ के काम करता है।
अंधा बांटे रेवड़ी, फिर-फिर अपनो को दे	अधिकार मिलने पर अपने ही लोगों का फायदा करना।
कहने से धोबी गधे पर नहीं चढ़ता	अपनी इच्छा से कार्य करना।
अंधे के हाथ बटेर लगना	बिना परिश्रम के अच्छी वस्तु हाथ लगना।

98. (d) सही सुमेलन इस प्रकार है-

मुहावरा	अर्थ
गीदड़ भभकी	व्यर्थ की हाँकना
घड़ों पानी पड़ना	लज्जित होना
गुस्सा पीना	क्रोध दबाना
आवाज उठाना	विरोध करना

99. (b) दिये गये वाक्य 'आयु में छोटा होने पर भी वह सबके कान कतरता है' में रेखांकित मुहावरे का सही अर्थ होगा-बहुत चतुर होना। ऐसा वाक्यांश, जो सामान्य अर्थ का बोध न कराकर किसी विलक्षण अर्थ का प्रतीत कराए, मुहावरा कहलाता है। मुहावरा अरबी भाषा का शब्द है, जिसका अर्थ है बातचीत करना।

100. (b) दिये गये वाक्य 'जनता में सरकार का पतन नेताओं के अलग-अलग मत होने से हुआ है' में रेखांकित अर्थ के लिए सही मुहावरा होगा- डेढ़ चावल की खिचड़ी पकाना।

अन्य मुहावरे 'ढाक के तीन पात' का अर्थ है- सदा एक सा बने रहना। 'ताली एक हाथ से नहीं बजती' का अर्थ है- झगड़ा एक ओर से नहीं होता तथा 'टेढ़ी उंगली से घी निकालना' का अर्थ है- आसानी से काम न होना।

101. (c) PDF का पूर्ण रूप पोर्टेबल डाक्यूमेंट फॉर्मेट है। PDF सबसे लोकप्रिय ई-बुक फॉर्मेट है।

102. (c) एमएस वर्ड में Ctrl + I सेलेक्ट किए गए टेक्स्ट को इटैलिक कर देने के लिए प्रयोग होता है।

103. (c) फॉयरवॉल कम्प्यूटर सिस्टम या नेटवर्क का एक हिस्सा है जिसका निर्माण अनाधिकृत उपयोग को रोकने और अधिकृत संप्रेषण को अनुमति देने के लिए किया जाता है।

104. (a) माइक्रोप्रोसेसर एक ऐसी डिजिटल इलेक्ट्रॉनिक युक्ति है जिसमें लाखों ट्रांजिस्टरों को एकीकृत परिपथ के रूप में प्रयोग कर तैयार किया जाता है। माइक्रोकम्प्यूटर में मेमोरी यूनिट होती है।

105. (b) एमएस वर्ड एडिटिंग, फॉरमेटिंग और प्रिंटिंग की सुविधा प्रदान करता है लिस्ट फॉर्मेट में बुलेट का इस्तेमाल किया जाता है।

106. (d) इंटरनेट रिले चैट (IRC) एक इंस्टैंट मैसेजिंग प्रोटोकॉल है। इसके द्वारा लोग चैट कर सकते हैं।

107. (d) अपलिंक द्वारा डाटा जमीन से सैटेलाइट को भेजा जाता है। डाउनलिंक सैटेलाइट द्वारा डाटा पृथ्वी पर भेजा जाता है।

108. (a) एमएस वर्ड 2007 हमें एडिटिंग, टाइपिंग, फॉर्मेटिंग एवं प्रिंटिंग की सुविधा प्रदान करता है। एमएस वर्ड 2007 में फाइल एक्स्टेंशन की चौड़ाई 4 कैरेक्टर्स होती है।

109. (b) हमें प्राप्त मेल को भेजने के लिए फॉरवर्ड विकल्प का चयन करना होगा।

110. (d) डॉक्यूमेंट को ड्राइव, फोल्डर, सब-फोल्डर्स सभी में स्टोर किया जाता है।

111. (c) अखंडता का अर्थ है कम्प्यूटर सिस्टम परिसंपत्तियों को केवल अधिकृत पक्षों द्वारा संशोधित किया जा सकता है।

112. (b) कीबोर्ड को कम्प्यूटर से यूएसबी (यूनिवर्सल सीरियल बस) द्वारा जोड़ा जाता है। USB पोर्ट इंटेल एवं अन्य टेक्नोलॉजी कम्पनियों ने मिलकर बनाया।

113. (b) वर्तमान समय प्रविष्ट करने के लिए एमएस एक्सेल में Ctrl + Shift +; का प्रयोग होता है।

114. (d) सोर्ट, प्रक्रिया में व्यवस्थित किया जाता है। एक्सेल में सोर्ट द्वारा सेल को नूमेरिकल या अल्फाबेट के अनुसार व्यवस्थित किया जाता है।

115. (c) ब्राउजर एक प्रकार का सॉफ्टवेयर होता है, जो विश्वव्यापी वेब या स्थानीय सर्वर पर उपलब्ध लेख, छवियाँ, चल-चित्रों को देखने तथा अन्य इंटरनेट सुविधाओं के प्रयोग करने में प्रयुक्त होता है।

गूगल क्रोम, मोजिला, आदि ब्राउजर है।

116. (c) विजुअल स्टूडियो वेब ब्राउजर नहीं है। गूगल क्रोम, मोजिला फायरफॉक्स, इन्टरनेट एक्सप्लोरर वेब ब्राउजर हैं।

117. (b) फ्लो चार्ट, क्रमदर्शी आरेख या प्रवाह तालिका वस्तुत: कलन विधि का चित्रात्मक प्रदर्शन है। इसमें विभिन्न रेखाओं एवं आकृतियों का प्रयोग किया जाता है जो कि विभिन्न प्रकार के निर्देशों के लिए प्रयोग की जाती है।

118. (b) बैकस्पेस, एमएस वर्ड में अक्षर को डिलीट करने के लिए किया जाता है। एमएस वर्ड माइक्रोसॉफ्ट ऑफिस का भाग है।

119. (a) एक्सेल में एक्टिव सेल को A1 में मूव कराने के लिए Ctrl + Home का प्रयोग किया जाता है। एक्सेल एक स्प्रेडशीट है।

120. (a) WAN का पूर्ण रूप वाइड एरिया नेटवर्क है। WAN विशाल भौगोलिक क्षेत्रों तक विस्तृत नेटवर्क है।

121. (a) एमएस वर्ड में टेबल की न्यूनतम संख्या 1 × 1 है।

122. (b) Windows Logo Key + Spacebar key विंडोज को पारदर्शी बना देती है। जिससे आप अपने डेस्कटॉप को देख सकते है।

123. (d) प्रिंट लेने से पहले डाक्यूमेंट को देखने के लिए प्रिंट प्रिव्यू का प्रयोग किया जाता है। Ctrl + P, प्रिंट के लिए कमांड इस्तेमाल होती है।

124. (b) इंटरनेट को NET के नाम से भी जाना जाता है। इंटरनेट दुनिया भर में फैले हुए छोटे-बड़े कम्प्यूटरों का एक विशाल नेटवर्क है जो टेलीफोन लाइनों के माध्यम से एक-दूसरों से संपर्क स्थापित करते हैं।

125. (a) IP एड्रेस की लंबाई 32 बिट होती है। IP एड्रेस एक संख्यात्मक लेबल है जो अपने नोड्स के बीच संचार के लिए इंटरनेट प्रोटोकॉल का प्रयोग करने वाले कम्प्यूटर नेटवर्क में भाग ले रहे है। डिवाइसेस को आवंटित किया जाता है।

126. (c) स्वैपिंग प्रक्रिया का मतलब अदला-बदली है। मुख्य मेमोरी से डिस्क की मूविंग प्रक्रिया स्वैपिंग कहलाती है।

127. (d) आरंभिक सेट-अप की लागत कम्प्यूटरीकृत स्प्रेडशीट का लाभ नहीं है। बाकी सभी स्प्रेडशीट के लाभ है। MS Excel एक स्प्रेडशीट है।

128. (b) प्रमाणीकरण, किसी व्यक्ति या संस्था द्वारा प्रस्तुत किसी कथन या तथ्य को प्रमाणित करने की प्रक्रिया है। यूजर नेम और पासवर्ड को स्थापित करने के लिए प्रमाणीकरण प्रयोग की जाती है।

129. (d) माइक्रोफोन एक इनपुट डिवाइस है। यह वॉयस रिकग्निशन सिस्टम में वॉयस इनपुट के लिए प्रयोग किया जाता है।

130. (c) MS Word, माइक्रोसॉफ्ट ऑफिस स्वीट में शामिल है। यह हमें एडिटिंग, फार्मेटिंग, टाइपिंग, प्रिंटिंग की सुविधा प्रदान करता है। Ctrl + E का प्रयोग वर्ड में लिखित सामग्री को बीच में एलाइन करने के लिए किया जाता है।

131. (c) एमएस एक्सेल 2007 वर्कशीट एक स्प्रेडशीट - अनुप्रयोग है। इसमें कॉलम की 16384 और रो की 1048576 अधिकतम सीमा है।

132. (b) डीएसएल एक ब्रॉडबैंड का उदाहरण है। डीएसएल का फुल फार्म डिजिटल सब्सक्राइब लाइन है।

133. (b) फायरवॉल कम्प्यूटर सिस्टम या नेटवर्क का हिस्सा है जिसका निर्माण अनधिकृत उपयोग को रोकने और अधिकृत संप्रेषण को अनुमति देने के लिए किया जाता है। फायरवाल इंटरनेट की सुरक्षा भी करता है।

134. (b) मशीन कोड कम्प्यूटर की मूलभूत भाषा है इसमें सिर्फ 0,1 का अनुक्रम प्रयोग होता है। इसे बाइनरी लैंग्वेज भी कहते हैं।

135. (b) एम.एस. एक्सेल एक स्प्रेडशीट है। इनमें सभी सेलों के लिए Alt + = का प्रयोग हुआ है।

136. (b) वर्ड डाक्यूमेंट में परिचर्चित शब्दों तथा विषयों की सूची बनाने के लिए इन्डेक्स का प्रयोग किया जाता है।

137. (d) इंटरनेट एक्सप्लोरर एक प्रकार का वेब ब्राउजर है। ब्राउजर एक सॉफ्टवेयर है जो सर्च के लिए प्रयोग होता है। मोजिला फायरफोक्स, ओपेरा, गूगल क्रोम वेब ब्राउजर हैं।

138. (a) स्कैनर एक स्टोरेज डिवाइस नहीं है। स्कैनर एक ऐसा उपकरण है जो चित्रों, मुद्रित पाठ्य सामग्री, हस्त लेखन या वस्तु को प्रकाशीय रूप से स्कैन करता है।

139. (d) एमएस वर्ड माइक्रोसॉफ्ट ऑफिस में शामिल एक लोकप्रिय संसाधक है। यह हमें टाइपिंग, एडिटिंग, फार्मेटिंग एवं प्रिंटिंग की सुविधा प्रदान करता है। एमएस वर्ड में बॉर्डर सभी में प्रयोग होता है।

140. (d) एमएस वर्ड में होम मेनू में टेबल कमान्ड नहीं होती है। टेबल कमान्ड टेबल के निर्माण के लिए प्रयोग की जाती है।

141. (d) ऑटोकरेक्ट एमएस वर्ड 2007 में वर्तनी, व्याकरण की त्रुटियों को स्वत: शुद्ध करता है।

142. (b) EPROM ऐसी चिप है जो कम्प्यूटर के बंद होने के बाद डाटा को स्टोर रखती है। यह वैद्युत रूप से प्रोग्राम योग्य एवं पराबैंगनी होती है।

143. (b) DRAM, डायनेमिक रैंडम ऐक्सेस मेमोरी है।

144. (c) एमएस डॉस, एक पुराना संगणक संचालन प्रणाली है। एमएस- डॉस में डेट देखने के लिए डेट कमांड देखेंगे।

145. (b) पर्सनल कम्प्यूटर ऐसा कम्प्यूटर तंत्र है जो विशेष रूप से व्यक्तिगत अथवा छोटे समूह के द्वारा प्रयोग में लाये जाते हैं।

146. (b) 'OS' का अर्थ ऑपरेटिंग सिस्टम है। ऑपरेटिंग सिस्टम सॉफ्टवेयर का एक समूह है जो कि आँकड़ों एवं निर्देश के संचरण को नियंत्रित करता है।

147. (d) Ctrl + PgDn, एमएस एक्सल में अगले वर्कशीट में जाने के लिए प्रयोग की जाती है।

148. (b) 'CD' का मतलब काम्पैक्ट डिस्क है। यह डाटा स्टोर करने के लिए बाहरी डिवाइस है।

149. (a) F12 एक फंक्शन कुंजी है, जो MS वर्ड 2007 में सेव (संरक्षित) करने के लिए प्रयोग की जाती है।

150. (b) थीसॉरस का प्रयोग समानार्थी शब्दों को खोजने के लिए किया जाता है।

❑❑❑

14 प्रैक्टिस सेट

सामान्य ज्ञान

1. निम्नलिखित सभ्यताओं का उत्तर से दक्षिण का सही क्रम कौन-सा है?

(a) माया-एजटेक-मुइस्का-इंका
(b) माया-मुइस्का-इंका-एजटेक
(c) एजटेक-मुइस्का-माया-इंका
(d) एजटेक-माया-मुइस्का-इंका

2. एक ही पत्र जब एक साथ कई प्रेषितियों को भेजा जाता है तो इसे कहते हैं-

(a) परिपत्र (b) ज्ञापन
(c) विज्ञप्ति (d) अधिसूचना

3. निम्नलिखित में से कौन सही सुमेलित नहीं है?

	सूची-I (राजवंश)	सूची-II (सिक्को की धातुएं)
(a)	कुषाण	स्वर्ण से ताम्र
(b)	गुप्त	स्वर्ण एवं रजत
(c)	सातवाहन	स्वर्ण
(d)	कलचुरि	स्वर्ण, रजत एवं ताम्र

4. असम में सर्वप्रथम चाय कम्पनी की स्थापना कब हुई थी?

(a) 1835 में (b) 1837 में
(c) 1839 में (d) 1841 में

5. सूची I को सूची II से सुमेलित कीजिए तथा सूचियों के नीचे दिए गए कूट से सही उत्तर चुनिए-

	सूची-I		सूची-II
(A)	हॉकिन्स	1.	1615-1619
(B)	टॉमस रो	2.	1608-1611
(C)	मनुची	3.	1585-1586
(D)	राल्फ फिच	4.	1653-1708

कूट:

	A	B	C	D
(a)	1	2	3	4
(b)	2	1	4	3
(c)	1	2	4	3
(d)	2	1	3	4

6. निम्नलिखित युग्मों में से कौन-सा सही सुमेलित नहीं है?

(a) वी. डी. सावरकर- दी इण्डियन वार ऑफ इण्डिपेण्डेंस
(b) आर.सी. मजूमदार- दी सेपॉय म्यूटिनी एण्ड रिवोल्ट ऑफ 1857
(c) राधाकमल मुखर्जी- अवध इन रिवोल्ट (1887-1858)
(d) एस.बी.चौधरी- दी इण्डियन म्यूटिनीज (1857-1859)

7. अपनी पुस्तक "इस्ट्रोडयूसिंग कल्चरल ज्यॉग्राफी" में जे.ई. स्पेन्सर एवं डब्ल्यू.एल. टॉमस ने विश्व को कितने सांस्कृतिक क्षेत्रों में विभाजित किया है?

(a) 9 (b) 10
(c) 11 (d) 12

8. निम्नलिखित में से कौन सही सुमेलित है?

	फसल		प्रजाति
(a)	धान	-	गोविन्द
(b)	गेहूं	-	शुष्क सम्राट
(c)	अरहर	-	पारस
(d)	मटर	-	प्रकाश

9. 1857 के विद्रोह के दौरान बहादुर शाह ने किसे साहब-ए-आलम बहादुर' का खिताब दिया था?

(a) अजीमुल्ला (b) बिरजिस कद्र
(c) बख्त खान (d) हसन खान

10. सूची-I को सूची-II के साथ सुमेलित कीजिए तथा सूचियों के अन्त में दिए गए कूट से सही उत्तर चुनिए-

	सूची-I (क्रान्तिकारियों के नाम)		सूची-II (स्थान)
(A)	नाना साहेब	1.	दिल्ली
(B)	नवाब हामिदअली खान	2.	कानपुर
(C)	मौलवी अहमद उल्लाह	3.	लखनऊ
(D)	मनी राम दीवान	4.	असम

कूट:

	A	B	C	D
(a)	1	2	4	3
(b)	1	2	3	4
(c)	2	1	4	3
(d)	2	1	3	4

11. सूची-I को सूची-II के साथ सुमेलित कीजिए तथा सूचियों के अन्त में दिए कूट से सही उत्तर चुनिए-

	सूची-I		सूची-II
(A)	पाण्डिचेरी	1.	डच
(B)	गोवा	2.	फ्रेंच
(C)	ट्रानकेबार	3.	पोर्तगीज
(D)	मद्रास	4.	डेनिश (डेन)

कूट:

	A	B	C	D
(a)	2	3	4	1
(b)	1	2	3	4
(c)	3	4	1	2
(d)	4	1	2	3

12. निम्नलिखित में से कौन भारतीय संविधान के अर्न्तगत सही सुमेलित नहीं है?

(a) पंचायत - भाग 9
(b) नगरपालिकाएं - भाग 9
(c) सहकारी समितियां - भाग 9-ख
(d) अधिकरण - भाग 10

13. सूची-I को सूची-II के साथ सुमेलित कीजिए तथा सूचियों के अंत में दिए कूटों से सही उत्तर चुनिए-

	सूची-I		सूची-II
(A)	सातवीं अनुसूची	1.	भाषाएं
(B)	आठवीं अनुसूची	2.	दल परिवर्तन के आधार पर निरर्हता
(C)	नवीं अनुसूची	3.	विधायी शक्तियों का वितरण
(D)	दसवीं अनुसूची	4.	कुछ अधिनियमों का विधिमान्यकरण

कूट:

	A	B	C	D
(a)	3	1	2	4
(b)	2	3	4	1
(c)	3	1	4	2
(d)	4	2	1	3

14. निम्नलिखित राज्यों को 2011 जनगणना के अनुसार उनके नगरीकरण के अवरोही क्रम में व्यवस्थित कीजिए तथा राज्यों के नीचे दिए कूटों से सही उत्तर चुनिए:

1. केरल 2. मिजोरम

3. गोवा 4. तमिलनाडु

कूट:

(a) 3, 2 4, 1 (b) 1, 2, 3 4

(c) 3, 4, 1, 2 (d) 4, 1 2 3

15. सूची-I को सूची-II के साथ सुमेलित कीजिए तथा सूचियों के अन्त में दिए कूट से सही उत्तर चुनिए–

सूची-I (कार्यक्रम)	सूची-II (शुरू करने का वर्ष)
(A) स्वर्णजयंती ग्राम स्वरोजगार योजना	1. 1997
(B) स्वर्णजयन्ती शहरी रोजगार योजना	2. 1989
(C) जवाहर रोजगार योजना	3. 1999
(D) राष्ट्रीय ग्रामीण स्वास्थ्य मिशन	4. 2005

कूट:

	A	B	C	D
(a)	1	2	3	4
(b)	2	1	3	4
(c)	3	1	2	4
(d)	4	3	2	1

16. सेबी अधिनियम पारित हुआ था

(a) 1956 में (b) 1962 में

(c) 1992 में (d) 2013 में

17. निम्नलिखित में से कौन सही रूप से सुमेलित नहीं है?

(a) यीस्ट - किण्वन

(b) कैसीन - दुग्ध प्रोटीन

(c) एलोवेरा - आवृतबीजी

(d) घटपर्णी - परजीवी आवृतबीजी

18. निम्नलिखित में से कौन-सा सही सुमेलित है?

(a) थर्मेरिसिस्टर - इलेक्ट्रॉनिक थर्मामीटर

(b) संधारित्र - थर्मामीटर

(c) बाईपोलर जंक्शन ट्रान्जिस्टर - दिष्टकारी

(d) जंक्शन डायोड - आवर्धक

19. निम्नलिखित में से कौन सही रूप से सुमेलित नहीं है?

पादक पोषक तत्व	कार्य
(a) नाइट्रोजन	वृद्धि एवं विकास
(b) फॉस्फोरस	जड़ का विकास
(c) पोटैशियम	स्टोमेटा के खुलने का एवं बन्द होने का नियंत्रण
(d) बोरॉन	रोग प्रतिरोधकता

20. निम्नलिखित में से कौन-सा सही सुमेलित नहीं है।

(a) स्वप्रीतिरक्षित रोग - सन्धिवात संधिशोध

(b) आनुवांशिक रोग - क्षयरोग

(c) पामा रोग - चिचड़ी

(d) मानसिक रोग - मनोविदेलता

21. निम्नलिखित में से कौन-सा 'बर्ड फ्लू' का कारक है?

(a) $H_5 N_1$ (b) $H_1 N_1$

(c) जीका (d) रेट्रो

22. पारिस्थितिकीय पदछाप के माप की इकाई है–

(a) भूमण्डलीय हेक्टेयर

(b) नैनोमीटर

(c) हॉपस क्यूबिक फूट

(d) क्यूबिक टन

23. सूची-I सूची-II के साथ सुमेलित कीजिए तथा सूचियों के अन्त में दिए कूटों से सही उत्तर दीजिए–

सूची-I (जैवमण्डल आरक्षित क्षेत्र)	सूची-II (राज्य)
(A) सिमिलीपाल	1. हिमाचल प्रदेश
(B) दिहांग-दिबांग	2. उत्तराखंड
(C) नोकरेक	3. अरुणाचल प्रदेश
(D) कोल्ड डेजर्ट	4. ओडिशा
	5. मेघालय

कूट:

	A	B	C	D
(a)	1	3	5	4
(b)	1	5	2	4
(c)	4	5	2	1
(d)	4	3	5	1

24. निम्नलिखित में से कौन-सा अभयारण्य सही सुमेलित नहीं है–

पक्षी बिहार	स्थान
(a) समसपुर	रायबरेली
(b) नवाबगंज	इलाहाबाद
(c) बखीरा	सन्त कबीर नगर
(d) सण्डीला	हरदोई

25. निम्नलिखित में से किस स्थान पर मुड़िया पूर्णिमा मेला का आयोजन किया जाता है?

(a) बहेश्वर (b) कन्नौज

(c) गोवर्धन (d) सरधना

26. उत्तर प्रदेश के निम्नलिखित में से किस मण्डल में प्रथम समाजवादी अभिनय विद्यालय खोला गया था?

(a) इलाहाबाद (b) अलीगढ़

(c) आगरा (d) वाराणसी

27. सूची-I को सूची-II के साथ सुमेलित कीजिए तथा सूचियों के नीचे दिए गए कूट से सही उत्तर चुनिए–

सूची-I (जिला)	सूची-II (उत्पाद)
(A) अलीगढ़	1. विद्युत करघा के उत्पाद
(B) फिरोजाबाद	2. ताले
(C) मुरादाबाद	3. पीतल के बर्तन
(D) टांडा	4. चूड़ियां

कूट:

	A	B	C	D
(a)	1	2	3	4
(b)	2	4	3	1
(c)	2	3	4	1
(d)	4	3	2	1

28. निम्नलिखित में से किसने शम्भू महाराज को हिन्दुस्तानी शास्त्रीय संगीत की शिक्षा दी?

(a) नत्थू खान

(b) रहीमुद्दीन खान

(c) नीरज कुमार सिंह

(d) अब्दुल करीम खान

29. सूची-I तथा सूची-II को सुमेलित कीजिए तथा सूचियों के नीचे दिए गए कूट से सही उत्तर चुनिए–

सूची-I	सूची-II
(A) राष्ट्रीय पर्यावरण अनुसंधान संस्थान अभियान्त्रिकी	1. राजामुन्द्री
(B) केन्द्रीय खाद्य प्रौद्योगिकी अनुसंधान संस्थान	2. नागपुर
(C) केन्द्रीय आलू अनुसंधान संस्थान	3. शिमला
(D) केन्द्रीय तम्बाकू अनुसंधान संस्थान	4. मैसूर

कूट:

	A	B	C	D
(a)	2	3	4	1
(b)	2	4	3	1
(c)	3	4	2	1
(d)	1	2	3	4

30. निम्नलिखित में से कौन लोक संस्कृति को स्पष्ट करता है?

(a) अधिक सभ्य लोगों की सांस्कृतिक परिपाटी

(b) नगरीय लोगों की सांस्कृतिक परिपाटी

(c) सामान्य लोगों की सांस्कृतिक परिपाटी

(d) आधुनिक समाज के लोगों की सांस्कृतिक परिपाटी

31. 'फियरलेस गवर्नेंस' पुस्तक के लेखक कौन हैं ?

(a) वी. नारायणसामी

(b) स्वाति चतुर्वेदी

(c) पी. चिदंबरम

(d) किरण बेदी

32. 8 जुलाई को किस दिवस के रूप में मनाया जाता है ?

(a) अंतर्राष्ट्रीय न्याय के लिए विश्व दिवस (World Day for International Justice)

(b) अंतर्राष्ट्रीय नेल्सन मंडेला दिवस (International Nelson Mandela Day)

(c) राष्ट्रीय 7-इलेवन दिवस (National 7-Eleven Day)

(d) विश्व पर्यटन दिवस (World Tourism Day)

33. 26 जुलाई को कौन सा दिवस मनाया जाता है जिसे ऑपरेशन विजय की सफलता के नाम पर रखा गया है ?

(a) कारगिल विजय दिवस (Kargil Vijay Diwas)

(b) शहीद दिवस (Shaheed Diwas)

(c) विजयीभवा (Vijayeebhawa)

(d) उपरोक्त में से कोई नहीं

34. 1 जुलाई को किस रूप में मनाया जाता है ?

(a) डॉक्टर दिवस (Doctor's Day)

(b) डाक कर्मचारी दिवस (Postal Worker Day)

(c) कनाडा दिवस (Canada Day)

(d) उपरोक्त सभी

35. आई. सी. सी. क्रिकेट विश्वकप में शतक लगाने वाली प्रथम भारतीय महिला खिलाड़ी कौन थी ?

(a) थिरुष कामिनी

(b) मिताली राज

(c) स्मृति मंडाना

(d) पूनम राउत

36. विश्व का पहला क्रिकेट क्लब कब और कहाँ बना था ?

(a) 1760 ई. हैम्बलेडॉन

(b) 1760 ई.,मैरिलबोन

(c) 1670 ई.,लंदन

(d) 1760 ई. मेलबर्न

37. भारत में सबसे पहले क्रिकेट क्लब का गठन किस समुदाय ने किया था ?

(a) पारसी (b) हिन्दू

(c) मुस्लिम (d) ईसाई

38. डॉ. ए.पी.जे. अब्दुल कलाम और अरुण तिवारी के द्वारा लिखी गयी पुस्तक का नाम क्या है ?

(a) गाइडिंग सेल्स

(b) ए वोइस फॉर फ्रीडम

(c) दी सी

(d) ए वोमेन्स लाइफ

39. 'लक्ष्य 3 बिलियन' पुस्तक .... द्वारा लिखी गई है।

(a) प्रणब मुख़र्जी

(b) शंकर दयाल शर्मा

(c) राम नाथ कोविंद

(d) एपीजे अब्दुल कलाम

40. "इन्डोमिटेबल स्प्रिट" नामक पुस्तक .... द्वारा लिखी गई है।

(a) दिलीप कुमार

(b) तुषार गाँधी

(c) डॉ. ए.पी.जे. अब्दुल कलाम

(d) अरुंधति रॉय

41. BHIM ऐप को प्रधान मंत्री नरेंद्र मोदी द्वारा लॉन्च .... को किया गया था-

(a) 15 अगस्त, 2016

(b) 31 अक्टूबर, 2016

(c) 26 जनवरी, 2016

(d) 30 दिसम्बर, 2016

42. मोबाइल मनी आइडेंटिफायर में कितने अंक होते हैं ?

(a) 4 (b) 5

(c) 6 (d) 7

43. 16% के लाभ को शामिल करते हुए, ऋषि ने जूतों के एक जोड़े की बिक्री ₹ 2,059 में की। जूतों का क्रय मूल्य कितना था?

(a) ₹ 1,775 (b) ₹ 1,800

(c) ₹ 1,780 (d) ₹ 1,760

44. 24.6 मी लम्बे तार को 12 : 29 के अनुपात में विभाजित किए जाने पर, बड़े टुकड़े की लम्बाई कितनी होगी?

(a) 7.7 मी (b) 17.4 मी

(c) 18.4 मी (d) 15.2 मी

45. किसी संख्या के वर्ग में उस संख्या के दो गुना को जोड़े जाने पर मान 3 प्राप्त होता है। इस संख्या के लिए संभावित उत्तर क्या हो सकता है?

(a) – 1 अथवा 3 (b) – 1 अथवा – 3

(c) 1 अथवा – 3 (d) 1 अथवा 3

46. $15x^2 + 8x - 12, 3x^2 + x - 2,$ $3x^2 - 2x, 9x^2 - 12x + 4$ का म.स. ज्ञात करें–

(a) $x - 2$ (b) $3x - 2$

(c) $x - 4$ (d) $3x - 4$

47. शीर्ष सहित किसी घनाभ के तीन फलकों का क्षेत्रफल 25 मी², 32 मी² और 32 मी² दिया हुआ है। घनाभ का आयतन कितना होगा?

(a) 160 मी³ (b) $\sqrt{3024}$ मी³

(c) 92 मी³ (d) 184 मी³

48. यदि त्रिभुज के कोण 1 : 2 : 3 के अनुपात में है, तो सबसे छोटा कोण क्या है?

(a) 30° (b) 25°

(c) 40° (d) 15°

49. 0.0324 का वर्गमूल ज्ञात कीजिए।

(a) 0.18 (b) 1.8

(c) 1.08 (d) 0.018

50. 5476 का वर्गमूल क्या है?

(a) 66 (b) 74

(c) 84 (d) 76

सामान्य हिंदी

निर्देश [51]: दिये गए गद्यांश के आधार पर उत्तर दीजिए।

उत्साह की गिनती अच्छे गुणों में होती है। किसी भाव के अच्छे या बुरे होने का निश्चय अधिकतर उसको प्रवृत्ति के शुभ या अशुभ के परिणाम के विचार से होता है। वही उत्साह जो कर्त्तव्य कर्मों के प्रति इतना सुन्दर दिखायी पड़ता है अकर्त्तव्य कर्मों की ओर होने पर वैसा श्लाघ्य

प्रतीत नहीं होता। आत्मरक्षा, पररक्षा, देश रक्षा आदि के निमित्त साहस की जो उमंग देखी जाती है उसके सौन्दर्य को परपीडन डकैती आदि कर्मों का साहस कभी नहीं पहुँच सकता। यह बात होते हुए भी विशुद्ध उत्साह या साहस की प्रशंसा संसार में थोड़ी बहुत होती ही है। अत्याचारियों या डाकूओं के शौर्य व साहस की कथाएं भी लोग तारीफ करते हुए भी सुनते हैं।

उपरोक्त गद्यांश के आधार पर निम्न प्रश्न के उत्तर दीजिए।

51.. गद्यांश का उपयुक्त शीर्षक बताइए-

(a) उत्साह (b) जोश
(c) घमंड (d) वीरता

निर्देश [52-55]: दिये गए गद्यांश के आधार पर उत्तर दीजिए।

कुन्ती अपने लाडले लाल को अपने हृदय के टुकड़े को, अपने प्यारे नवजात शिशु को नदी में छोड़ कर लौट आयी। वह छोटी नदी थी। वायु अनुकूल थी, दैव की गति जानी नहीं जाती। वह नदी चम्बल नदी में जाकर मिलती है। अब शिशु की पिटारी बहती- बहती चम्बल नदी में आयी। इटावा के पास चम्बल नदी आकर श्री यमुना जी में मिलती है अत: चम्बल के प्रवाह के साथ वह भी यमुना जी में आ गयी और और यमुना जी के साथ प्रयाग की ओर बढ़ी। तीर्थराज प्रयाग में जाकर श्री यमुना जी गंगा जी में मिल जाती है अत: अब वह मंजूषा शिशु को लेकर काशी की ओर बहने लगी। उसके साथ न कोई मल्लाह था न पथ प्रदर्शक भाग्य उसे स्वयं ही बहाकर ले जा रहा था काशीपुरी, पाटलिपुत्र आदि राज्यों की सीमा को पार करती हुई गंगा जी के प्रवाह के साथ वह मंजूषा बिना किसी रुकावट के आगे बढ़ी चली जा रही थी। आगे चलकर वह अंग देश की सीमा में पहुँची। अब मानो उसकी यात्रा समाप्त होगी उसी समय चंपा नगरी के राजा अधिरथ अपनी स्त्री राधा और अपने सेवकों के सहित गंगा स्नान करने आये थे। उन्होंने दूर से इस सुन्दर-सी पेटी को जाह्नवी की लहरों के साथ क्रीडा करते देखा। अंत में उन्होंने अपने सेवकों को आज्ञा दी सामने यह जो मंजूषा बहती जा रही है उसे पकड़ कर लाओ।

52. कुंती अपने नवजात सुकुमार शिशु को कहाँ छोड़कर आई थी?

(a) तालाब (b) नदी
(c) समुद्र (d) कुआ

53. मंजूषा को कौन लेकर जा रहा था?

(a) सेवक (b) मल्लाह
(c) पथप्रदर्शक (d) भाग्य

54. राजा अधिरथ ने सेवकों को क्या आज्ञा दी थी?

(a) मंजूषा को लाने की
(b) शिशु को लाने की
(c) सेना को लाने की
(d) राधा को लाने की

55. चम्पा नगरी के राजा किसके साथ गंगा स्नान करने आए थे?

(a) राधा और सेवक
(b) सेना और सेवक
(c) राधा और सेना
(d) सेना और शिशु

निर्देश [56-60]: दिये गए गद्यांश के आधार पर उत्तर दीजिए।

हिन्दी साहित्य इतिहास को चार भागों में बाँटा गया है।

1. आदिकाल, 2. भक्तिकाल, 3. रीतिकाल 4. आधुनिक काल

भक्तिकाल के संत कवि सूरदास जी को कौन नहीं जानता?

भक्तिकाल के कृष्णोपासक सूरदासजी ने सूरसागर, सूरसारावली, साहित्य लहरी आदिका अनमोल खजाना हिन्दी साहित्य को दिया है। उनके पदों में वात्सल्य, श्रृंगार एवं शांत रस के भाव प्राप्त होते हैं। उनके लिए कहा गया है कि 'सूर सूर तुलसी ससी उड़गन केशवदास' वे अष्टछाप के सर्वश्रेष्ठ कवि हैं। उनके काव्य की विशेषता यह है वे गेय पद है। उनकी अधिकतर रचना, ब्रजभाषा में पायी जाती है कहीं-कहीं भाषा के शब्द भी पाये जाते हैं। उनकी श्लेष, उपमा, उत्प्रेक्षा आदि वे जन्मांध थे लेकिन उनके पदों में जो वर्णन में जो वर्णन पाया जाता है वह सजीव है। ऐसा लगता ही नहीं है कि वे जन्मांध थे। उनकी मृत्यु 1580 ईस्वी में थी। हिन्दी साहित्य जगत में वे सदैव अमर हैं।

56. हिन्दी साहित्य के इतिहास को कितने भागों में बाँटा गया है?

(a) एक (b) चार
(c) तीन (d) दो

57. सूरदास जी कौन-से काल के संतकवि हैं?

(a) भक्तिकाल (b) आदिकाल
(c) आधुनिक काल (d) रीतिकाल

58. निम्नलिखित रचनाओं में से कौन-सी रचना सूरदास जी की नहीं है?

(a) रमैनी (b) सूरसारावली
(c) सूरसागर (d) साहित्य लहरी

59. सूरदास के पदों में कौन-सा रस नहीं पाया जाता?

(a) श्रृंगार रस (b) वात्सल्य रस
(c) शांत रस (d) भयानक रस

निर्देश [60]: दिये गए गद्यांश के आधार पर उत्तर दीजिए।

अपने प्रियजनों से रहित राज्य किस काम का? प्यारी मनुष्य जाति का सुख ही जगत के मंगल का मूल साधन है। बिना उसके सुख के अन्य सारे उपाय निष्फल हैं। धन की पूजा से ऐश्वर्य, तेज, बल और पराक्रम नहीं प्राप्त होता है। चैतन्य आत्मा की पूजा से ही ये पदार्थ प्राप्त होते हैं। चैतन्य-पूजा से ही मनुष्य का कल्याण हो सकता है। समाज का पालन करने वाली दूध की धारा जब मनुष्य का प्रेममय हृदय, निष्कपट मन और मित्रतापूर्ण नेत्रों से निकलकर बहती हैं तब वही जगत में सुख के खेतों को हरा-भरा और प्रफुल्लित करती हैं और वही उनमें फल भी लगाती है।

60. किससे रहित राज्य किस काम का?

(a) भद्र जनों से
(b) श्रेष्ठ जनों से
(c) प्रियजनों से
(d) शिक्षित जनों से

61. Approval शब्द से बना हिंदी पारिभाषिक शब्द है:

(a) अनुमोदित (b) अनुमोदन
(c) अभिनन्दन (d) मुदित

62. किस विकल्प में 'Indorsement' शब्द का समकक्ष हिन्दी पारिभाषिक शब्द सही है?

(a) अधिरोपण (b) अविश्वसनीय
(c) आक्षेप (d) पृष्ठांकन

63. यदि आपको अपने मित्र को पत्र लिखना पड़े तो संबोधन में लिखेंगे:

(a) आदरणीय मित्र!
(b) पूजनीय मित्र!
(c) प्रिय मित्र!
(d) महोदय!

64. कौन-सा कथन असत्य / गलत है?

(a) अर्धशासकीय पत्र मित्रतापूर्ण भाषा में लिखा जाता है।
(b) संबोधन के लिए 'प्रिय' लिखा जाता है।
(c) स्वनिर्देश के लिए 'आपका सद्भावी' (सिसेयरली) लिखा जाता है।
(d) इसमें भेजने वाला हस्ताक्षर करके पद का उल्लेख भी करता है।

65. सभी राज्य सरकारों को भेजा जाने वाला सरकारी पत्र कहलाता है-

(a) अनुस्मारक
(b) अधिसूचना
(c) परिपत्र
(d) कार्यालय आदेश

66. यदि सभी राज्य सरकारों को कोई एक सरकारी पत्र भेजा गया हो, तो उसे क्या कहते हैं?

(a) सूचना (b) परिपत्र
(c) आज्ञा पत्र (d) अधिसूचना

67. शुद्ध वर्तनी वाला शब्द चुनें।

(a) सुर्पनखा (b) सूर्पनखा

(c) सूर्पणखा (d) शूर्पणखा

68. आजकल अनुशासन के अभाव में विद्यार्थियों में उच्छृंखलता आती है। रेखांकित शब्द को शुद्ध करें-

(a) उत्श्रृंखलता (b) उच्चश्रृंखलता

(c) उच्छृंखलता (d) उच्छृंखलता

69. शुद्ध वर्तनी चुनिए-

(a) आशीर्वाद (b) आर्शीवाद

(c) आशिर्वाद (d) आर्शिवाद

70. निम्नलिखित में से वर्तनी की दृष्टि से शुद्ध शब्द है-

(a) अनुषंगिक (b) आनुषंगिक

(c) अनुषंगीक (d) अनुसंगिक

71. 'तीन लोक से मथुरा न्यारी' का अर्थ-

(a) तीनों लोकों में मथुरा न होना।

(b) सबसे निराला।

(c) मथुरा का बखान तीनों लोकों में हैं।

(d) बहुत सुन्दर मथुरा का होना

72. दिए गए विकल्पों में से शुद्ध शब्द का चयन कीजिये:

(a) मूल्यवान (b) क्लिष्ठ

(c) ब्रम्ह (d) पृथक

73. कौन-सा शब्द 'ऐहिक' शब्द का विलोम है ?

(a) भौतिक (b) सांसारिक

(c) पारलौकिक (d) ऐहलौकिक

74. निम्नलिखित में किस युग्म में सही विलोम है ?

(a) दुकूल-प्रतिकूल

(b) अजर-अविनाशी

(c) सत्कर्म-निष्कर्म

(d) विश्वास-अविश्वास

75. 'अमावस्या" का विलोम शब्द है-

(a) पूर्णिमा (b) प्रतिपदा

(c) कृष्णपक्ष (d) प्रज्ञा

76. 'निरक्षर' का विलोम शब्द चुनिए।

(a) अक्षर

(b) साक्षर

(c) अनपढ़

(d) इनमें से कोई नहीं

77. दिए गए बाई ओर के शब्दों को दाई ओर के उनके विलोम शब्दों से मिलाइए-

1.	उर्वर	A.	ऊसर
2.	बंजर	B.	उपजाऊ
3.	गरिमा	C.	दुराग्रह
4.	आग्रह	D.	लघिमा

(a) 1-C, 2-D, 3-C, 4-B

(b) 1-B, 2-A, 3-D, 4-C

(c) 1-A, 2-B, 3-D, 4-C

(d) 1-D, 2-C, 3-B, 4-A

78. किस विकल्प में सही विलोम-युग्म नहीं है ?

(a) सुगम-संगम (b) भोक्ता-भोग्य

(c) प्रसन्न-विषण्ण (d) समास - व्यास

79. अशुद्ध विलोम युग्म का चयन कीजिए।

(a) कर्कश-मधुर

(b) ऐश्वर्य-अनश्वर्य

(c) ऋजु-वक्र

(d) ऐहिक-लौकिक

80. निम्न में से 'पक्षी' शब्द का पर्यायवाची नहीं है-

(a) विहंग (b) गाछ

(c) खग (d) शकुन्त

81. 'जंगल' शब्द का पर्यायवाची शब्द नहीं है-

(a) कान्तार (b) अरण्य

(c) कानन (d) कौमुदी

82. निम्नलिखित समूहों में किस समूह के सभी शब्द परस्पर पर्यायवाची हैं ?

(a) तिमिर, अंधकार, अँधेरा, रजनी

(b) प्रभात, प्रभास, भोर, सुबह

(c) निशा, उषा, सन्ध्या, प्रभा

(d) चंचला, चपला, लक्ष्मी, विष्णुप्रिया

83. 'हिरण' शब्द का पर्यायवाची शब्द है-

(a) धूसर (b) तुरंग

(c) सारंग (d) शार्दूल

84. 'आँख' शब्द का पर्यायवाची बताइए।

(a) अक्स

(b) नजरिय

(c) लोचन

(d) इनमें से कोई नहीं

85. निम्नलिखित में से कौन-सा 'अंधकार' शब्द का पर्यायवाची शब्द नहीं है ?

(a) तिमिर (b) ध्वांत

(c) तमिस्त्र (d) निलय

86. निम्नलिखित में से कौन-से 'यमुना' के सही पर्यायवाची शब्द हैं ?

(a) अर्कसुता, रवितनया, कालिंदी

(b) चंचरीक, दुहिता, अर्कजा

(c) कालिंदी, क्षिति, शंकुत

(d) रवितनया, कालिंदी, बसुमती

87. रात में विचरण करने वाले प्राणी को कहा जाता है-

(a) निशाकर (b) बनचर

(c) तमचोर (d) निशाचर

88. जो खाने योग्य न हो-

(a) अखाद्य (b) पथ्य

(c) अपाच्य (d) अलभ्य

89. जिसके पास घर न हो-

(a) गृही (b) अनिकेत

(c) अभिषेक (d) अकिंचन

90. 'जो इंद्रियों की पहुँच से बाहर हो'- वाक्यांश के लिए एक शब्द बताइए।

(a) इंद्रियजित (b) इंद्रियानिग्रह

(c) इंद्रियातीत (d) इंद्रधनुष

91. 'तर्क के द्वारा जो माना गया हो'- वाक्यांश के लिए एक शब्द निम्नलिखित में से क्या होगा ?

(a) तर्कसम्मत (b) तर्कसंगत

(c) तकावी (d) तटस्थ

92. 'ऊपर की ओर उछाला हुआ' के लिए एक शब्द होगा-

(a) प्रक्षिप्त (b) उत्क्षिप्त

(c) आरोहण (d) उत्थान

93. 'जो आँखों के सामने हो' के लिये एक शब्द बताईये।

(a) सामाजिक (b) प्रत्यक्ष

(c) सुलभ (d) प्रियतम

94. 'कान में तेल डालना' मुहावरे का सही अर्थ है-

(a) परेशान करना (b) बहुत बोलना

(c) बदनाम करना (d) कुछ न सुनना

95. आप काज महा काज' का अर्थ है-

(a) अपना काम निकाल लेना सबसे बड़ी चतुराई है।

(b) मरने के बाद कौन देखने आता है। कि क्या हुआ ?

(c) काम को अपने आप करना सबसे अच्छा होता है।

(d) सबको अपने समान समझना सबसे बड़ा काम है।

96. कोयले की दलाली में मुँह काला का अर्थ है-

(a) कोयले का व्यापार करना

(b) बुरे काम से बुराई मिलना

(c) झूठ बोलना

(d) व्यापार में घाटा होना

97. 'कच्ची गोलियाँ खेलना' मुहावरे का सही अर्थ है-

(a) कंचे खेलना

(b) गोली खाना

(c) अनुभव होना

(d) अनुभव की कमी होना

98. उसने पहलवान को कुश्ती में हरा दिया। 'हरा दिया' के स्थान पर कौन-सा मुहावरा आ सकता है?
(a) नानी याद दिलवा दी
(b) नाकों चने चबवा दिए
(c) ऐसी की तैसी कर दी
(d) चारों खाने चित्त कर दिया

99. 'स्वाहा हो जाना' मुहावरे का अर्थ है-
(a) पूरी तरह जलकर नष्ट हो जाना
(b) घर में यज्ञ-हवन आदि कराना
(c) घी की आहुति देना
(d) कोई षडयंत्र हो जाना

100. 'लेना एक न देना दो' लोकोक्ति का अर्थ है-
(a) उधार वापस न करना
(b) किसी से उधार न लेना
(c) किसी से कुछ मतलब न रखना
(d) पैसों की लेनदेन करना

कंप्यूटर ज्ञान

101. मॉनिटर होता है-
(a) आउटपुट डिवाइस (b) इनपुट डिवाइस
(c) कम्प्यूटर (d) मेमोरी

102. एक ऑपरेटिंग सिस्टम नहीं है।
(a) DOS (b) Windows
(c) Java (d) Unix

103. निम्नलिखित में से कौन एक एंटीवायरस सॉफ्टवेयर नहीं है?
(a) नॉर्टन (b) कैसपर्सकी
(c) माई एसक्यूएल (d) मैक्एफी

104. नोटपैड फाइल का डिफॉल्ट फाइल एक्सटेंशन क्या है?
(a) PDF (b) TXT
(c) DOCX (d) MP3

105. निम्न में से कौन एमएस एक्सेल में वर्टिकल सेल को संदर्भित करता है, जिसमें जानकारी भी हो सकती है?
(a) स्तंभ
(b) होरिजंटल स्क्रॉलबार
(c) पंक्तियाँ
(d) इनमें से कोई नहीं

106. एमएस एक्सेल में, यदि सूत्रों के लिए पंक्तियों या स्तंभों में डेटा की आवश्यकता है, लेकिन शीट पर दृश्य नहीं होना चाहिए, तो आप-
(a) पंक्ति या स्तम्भ को फ्रीज कर सकते हैं
(b) पंक्ति या स्तम्भ को फिल्टर कर सकते हैं
(c) पंक्ति या स्तम्भ को छिपा सकते हैं
(d) पंक्ति या स्तम्भ को हटा सकते हैं

107. आप अपने प्रबंधक से ईमेल प्राप्त करते हैं। ईमेल में 5 एम. एस. वर्ड डॉक्यूमेंट संलग्न हैं। आप कितने संलग्न देख सकेंगे?
(a) 1 (b) 3
(c) 5 (d) 2

108. विद्यालय, कम्प्यूटर प्रयोगशाला या कार्यालयों में कम्प्यूटरों को जोड़ने के लिए किस प्रकार के नेटवर्क की आवश्यकता होती है?
(a) स्थानीय क्षेत्र जालक्रम (लैन)
(b) महानगरीय क्षेत्र जालक्रम (मैन)
(c) चाल क्षेत्र जालक्रम (मैन)
(d) विस्तृत क्षेत्र जालक्रम (वैन)

109. पर्सनल कम्प्यूटर का जनक कौन है?
(a) आगस्टा एडेमिंग
(b) चार्ल्स बैबेज
(c) एडवर्ड रॉबर्ट
(d) एलन ट्यूरिंग

110. एमएस वर्ड 2007 में, आप किन मेनू से हेडर व फूटर इन्सर्ट कर सकते हैं?
(a) इन्सर्ट मेनू (b) होम मेनू
(c) व्यू मेनू (d) पेज लेआउट मेनू

111. एमएस वर्ड में 'undo' के लिए किस आइकॉन का उपयोग किया जाता है?
(a) Ctrl + N (b) Ctrl + Z
(c) Ctrl + H (d) Ctrl + Y

112. इंटरनेट पर उपलब्ध सॉफ्टवेयर बग का नि: शुल्क रिपेयर कहलाता है-
(a) पैच (b) ऐड ऑन
(c) ट्यूटोरियल (d) एंटी बाग

113. एमएस वर्ड में, अंडरलाइन करने के लिए शॉर्टकट कुंजी है-
(a) Ctrl + U (b) Ctrl+Alt + U
(c) Alut + U (d) Alt+.Ctrl+U

114. ई-मेल भेजना निम्न के समान हैं-
(a) पत्र लिखना
(b) फोन पर बात करना
(c) चित्र बनाना
(d) पैकेज भेजना

115. वह हार्डवेयर डिवाइस जिसका उपयोग कम्प्यूटर से टेक्स्ट व ग्राफिकल को कागज पर प्रिंट करने के लिए किया जाता है, कहलाता है-
(a) जेरॉक्स (b) स्कैनर
(c) फैक्स (d) प्रिंटर

116. 8 बिट का संग्रह ..... कहलाता है।
(a) निब्बल (b) बाइट
(c) डबल-वर्ड (d) वर्ड

117. एमएस वर्ड में, लाइन स्पेस परिवर्तित करने के लिए अपनाया जाने वाला पहला चरण हैं-
(a) कंटेंट को पढ़ना
(b) कंटेंट की स्टाइल बदलना
(c) कंटेंट को सेलेक्ट करना
(d) पेज लेआउट टैब पर क्लिक करना

118. निम्नलिखित में से कौन एक अग्रणी वेब ब्राउजर है?
(a) HTTP
(b) इंटरनेट एक्सप्लोरर
(c) FTP
(d) उपरोक्त में से कोई नहीं

119. आज तक कम्प्यूटर की कुल पीढ़ियाँ ज्ञात हैं?
(a) दो (b) चार
(c) तीन (d) पाँच

120. एमएस एक्सेल 2007 में, चार्ट ग्रुप टैब में उपलब्ध होते हैं।
(a) इन्सर्ट (b) डेटा
(c) पेज लेआउट (d) व्यू

121. कम्प्यूटर सुरक्षा में, ... का अर्थ है कि एक कम्प्यूटर सिस्टम में सूचना केवल अधिकृत पक्षों के द्वारा पढ़ने के लिए ही उपलब्ध होती है।
(a) गोपनीयता (b) उपलब्धता
(c) अखंडता (d) प्रमाणिकता

122. निम्न में से कौन-सी शॉर्टकट की, फाइल्स व फोल्डर्स को स्थायी रूप से डिलिट कर देती है?
(a) SHIFT+Close
(b) SHIFT + A
(c) SHIFT + X
(d) SHIFT + DELETE

123. एमएस एक्सेल 2007 में, किस टैब का इस्तेमाल करते हुए चार्ट को बनाया जाता है?
(a) इन्सर्ट (b) डाटा
(c) व्यू (d) रिव्यू

124. एमएस एक्सेल 2007 में, एक सेल में एक लंबे टेक्स्ट को अनेक लाइनों में तोड़ने के लिए यूजर .... का उपयोग करता है।
(a) मर्ज और सेंटर (b) एंटर की
(c) रैप टेक्स्ट (d) एलाइनमेंट

125. सबसे पहले इंटरनेट का इस्तेमाल निम्न में से किसने किया था?

(a) सेना
(c) वित्तीय संस्थान
(b) विद्यालय तथा अस्पताल
(d) लोग

126. निम्नलिखित में से क्या एक ब्राउजर मेनू में उपलब्ध होता है ?
(a) ब्राउजर हिस्ट्री (b) मेल मर्ज
(c) स्मार्ट आर्ट (d) पेज लेआउट

127. इनमें से क्या एक हार्ड कॉपी आउटपुट डिवाइस है ?
(a) प्रिंटर (b) मॉनिटर
(c) पेन ड्राइव (d) जॉयस्टिक

128. एमएस वर्ड में, निम्न में से क्या डॉक्यूमेंट को स्क्रॉल अप और स्क्रॉल डाउन करने का सही तरीका नहीं है ?
(a) स्क्रॉल बार का उपयोग
(b) एंटर कुंजी का उपयोग
(c) एरो कुंजियों का उपयोग
(d) माउस स्क्रॉल का उपयोग

129. किस ऑइकॉन का उपयोग, नए वर्ड प्रॉसेसिंग डॉक्यूमेंट को खोलने के लिए किया जाता है ?
(a) Ctrl + B (b) Ctrl + N
(c) Ctrl + D (d) Ctrl + M

130. कौन-सा प्रोटोकॉल, इंटरनेट से जुड़ने वाले क्लाइंट को आईपी एड्रेस आवंटित करता है ?
(a) RCP (b) ASCII
(c) DHDP (d) DHCP

131. एमएस वर्ड में, Ctrl + C के बाद Ctrl + V दबाने से निम्नलिखित में से कौन-सा कार्य होगा ?
(a) कॉपी एवं पेस्ट
(b) कॉपी एवं फॉर्मेट
(c) कट एवं पेस्ट
(d) कॉपी एवं डिलीट

132. डेस्कटॉप स्क्रीन के बॉटम पर लम्बा क्षैतिज बार .... कहलाता है।
(a) मेनू बार (b) टूलबार
(c) टास्कबार (d) स्क्रॉलबार

133. एमएस वर्ड में, स्क्रीन पर ब्लीकिंग सिम्बल का नाम क्या है जो दर्शाता है कि अगला अक्षर कहाँ दिखेगा ?
(a) कर्सर (b) ऐरो कुंजी
(c) डिलीट कुंजी (d) रिटर्न कुंजी

134. टेलीकम्यूनिकेशन के द्वारा कम्प्यूटर स्टोर्ड मैसेज का विनिमय है।
(a) ई-मेल (b) ई-चार्स्ट
(c) ई-वेब (d) उपरोक्त सभी

135. डाटा को एक स्थान से दूसरे स्थान पर स्थानान्तरित करना निम्न कहलाता है-
(a) डाटा प्रॉसेसिंग
(b) डाटा कम्युनिकेशन
(c) डाटा एन्ट्री
(d) डाटा एन्क्रिप्शन

136. डाटा को एक लॉजिकल ऑर्डर में व्यवस्थित करना निम्न कहलाता है-
(a) सॉर्टिंग
(b) क्लासीफाइंग
(c) सर्चिंग
(d) रिपोड्रेसिंग

137. एमएस वर्ड 2007 में, निम्न में से कौन-सा टैब, रूलर को सक्रिय करने के लिए इस्तेमाल किया जाता है ?
(a) व्यू (b) इनसर्ट
(c) रिव्यू (d) रिफरेंसस

138. अधिकांश वेबसाइट में एक मुख्य पेज होता है जो पूरी वेबसाइट के पेजों के लिए एक डोरवे के रूप में काम करता है, इसे निम्न नाम से जाना जाता है।
(a) सर्च इंजन (b) ब्राउजर
(c) होम पेज (d) यूआरएल

139. प्रोजेक्शन डिस्प्ले का उपयोग निम्न के लिए किया जाता है-
(a) केवल सेमिनार
(b) केवल कक्षा
(c) केवल मार्केटिंग प्रेजेंटेशन
(d) उपरोक्त सभी के लिए

140. निम्नलिखित में से कौन-सी एक स्टोरेज डिवाइस नहीं है ?
(a) प्लॉटर्स
(b) पेन ड्राइव
(c) हार्ड डिस्क ड्राइव
(d) सीडी

141. वह इंटरफेस, जो वेब पेज से जोड़ने की अनुमति देता है, उसे कहते हैं।
(a) ब्राउजर
(b) टूल
(c) ऑपरेटिंग सिस्टम
(d) सर्वर

142. IP का पूर्ण रूप है-
(a) इंटरनेट प्रोटोकॉल (b) इंटरफेस प्रोग्राम
(c) इंटरनेट प्रोग्राम (d) इंटर्नल प्रोटोकॉल

143. अपने कम्प्यूटर की सुरक्षा के लिए और दूसरों को सिस्टम की हैकिंग से रोकने के लिए, आपको निम्न कार्य करना चाहिए।
(a) एम. एस. ऑफिस सॉफ्टवेयर का उपयोग नहीं करना चाहिए।
(b) सशक्त पासवर्ड बनाना चाहिए।
(c) सिस्टम से इंटरनेट ब्राउज नहीं करना चाहिए।
(d) कम्प्यूटर को डिस्कनेक्ट कर देना चाहिए।

144. एक विंडोज, सिस्टम मॉनिटर प्रोग्राम जो यह प्रदर्शित करता है कम्प्यूटर में कौन से प्रोग्राम तथा सेवाएँ चल रही हैं,.............कहलाता है-
(a) टास्क बार (b) डेस्कटॉप विंडो
(c) नेविगेशन पैन (d) टास्क मैनेजर

145. निम्न में से उन होरिजंटल सेल्स को क्या कहा जाता जिनमें सूचना समाहित है ?
(a) स्तम्भ (कॉलम)
(b) होरिजंटल स्कॉलबार
(c) पंक्ति (रो)
(d) रिबन

146. वे विभाजक होते हैं जो एक वर्कशीट को प्रिंटिंग के लिए अलग-अलग पृष्ठों में विभाजित करते हैं।
(a) प्रिंट एरिया (b) पेज ब्रेक्स
(c) सेक्शन्स (d) मार्जिनस

147. क्या बिना विषय का उल्लेख किए एक ईमेल भेजना संभव है ?
(a) नहीं
(b) हाँ
(c) विषय के लिए इसकी माँग होगी
(d) उपरोक्त में से कोई नहीं

148. निम्नलिखित में से कौन-सा एक सर्च इंजन है ?
(a) माइक्रोसॉफ्ट बिंग
(b) मोजिला फायरफॉक्स
(c) गूगल क्रोम
(d) एप्पल सफारी

149. निम्न में से क्या यूजर के प्रोग्राम तथा हार्डवेयर के मध्य मध्यस्थ के रूप में कार्य करता है ?
(a) ऑपरेटिंग सिस्टम (b) ब्राउजर
(c) कम्प्लायर (d) एडीटर

150. एमएस वर्ड में थिसॉरस टूल का उपयोग .... के लिए किया जाता है।
(a) सिर्फ वर्तनी संबंधी सुझाव
(b) सिर्फ व्याकरण विकल्पों
(c) सिर्फ समानार्थी तथा विपरीतार्थी शब्दों
(d) उपरोक्त में से कोई नही

व्याख्या सहित उत्तर

1. (d) सभ्यताओं का उत्तर से दक्षिण क्रम इस प्रकार है- ''एजटेक- माया- मुइस्का - इंका''

एजटेक सभ्यता का विस्तार मेसो अमेरिका के उत्तरी भाग पर माया सभ्यता का विस्तार मेसो अमेरिका के दक्षिणी भाग पर था मुइस्का सभ्यता का विस्तार अमेरिका महाद्वीप के कोलंबिया के पूर्वी भाग में जबकि इंका सभ्यता का विस्तार दक्षिणी अमेरिका के पश्चिमी भाग में था। मेसो अमेरिका के अन्तर्गत मध्य मैक्सिको से लेकर बेलिज, ग्वाटेमाला, अलसल्वाडोर, होण्डुरस निकारागुआ तथा उत्तरी कोस्टारिका तक का क्षेत्र शामिल है।

2. (a) एक ही पत्र जब एक साथ कई प्रेषितियों को भेजा जाता है तो इसे कहते हैं- परिपत्र - जब एक ही सूचना आदेश, निर्देश या सन्देश कई व्यक्तियों अथवा कार्यालयों को भेजना हो, ऐसी परिस्थिति में लिखा जाने वाला पत्र परिपत्र या गश्तीपत्र कहलाता है।

3. (c) सातवाहनों ने स्वर्ण सिक्कों का प्रचलन नहीं करवाया था अपितु उनके स्थान पर चांदी, तांबा, सीसा व पोटीन के सिक्कों का प्रयोग किया था।

4. (c) 'द असम कंपनी' भारत की सबसे पुरानी व्यावसायिक चाय कंपनी है जिसकी स्थापना 1839 में 5 लाख की पूंजी के साथ असम में की गई थी।

5. (b) मुगलकालीन यात्रियों/दूतों और उनके भारत भ्रमण का कालक्रम निम्नवत है–

सूची-I		सूची-II
हॉकिन्स	-	1608-1611
टामस रो	-	1615-1619
मनुची	-	1653-1708
राल्फ फिच	-	1585-1586

6. (c) विकल्प (c) सुमेलित नहीं है क्योंकि ''अवध इन रिवोल्ट (1857-1858) पुस्तक के लेखक रुद्रांग्शू मुखर्जी है न कि राधा कमल मुखर्जी शेष विकल्प सुमेलित है।

7. (c) अपनी पुस्तक 'इस्ट्रोड्यूसिंग कल्चरल ज्योग्राफी में जे.ई. स्पेन्सर एवं डब्ल्यू एल. टॉमस ने विश्व को कुल 11 सांस्कृतिक क्षेत्रों में विभाजित किया है।

8. (b) गोविन्द और शुष्क सम्राट धान की एक प्रजाति है जबकि पारस अरहर की और प्रकाश मटर की प्रजाति है।

9. (c) 1857 के क्रान्तिकारियों में एक उपेक्षित किंतु महत्वपूर्ण नेता बख्त खान था जिसने 11 मई 1858 को मुगल सेनानायक के रूप में विद्रोह का नेतृत्व संभाला था। बख्त खान को बहादुर शाह जफर द्वारा 'साहब ए-आलम बहादुर' का खिताब प्रदान किया गया था। जुलाई 1851 में दिल्ली में एक विद्रोह न्यायालय की स्थापना भी की गयी थी। जिसका प्रधान बख्त खान को बनाया गया था।

10. (d)

11. (a) सही सुमेलन इस प्रकार है–

सूची-I	सूची-II
(a) पांडिचेरी	1. फ्रेंच
(b) गोवा	2. पुर्तगीज
(c) ट्रानकेबार	3. डेनिश (डेन)
(d) मद्रास	4. डच

12. (d)

13. (c) सही सुमेलित विकल्प है–

(a) सातवीं अनुसूची	(i) विधायी शक्तियों का वितरण
(b) आठवीं अनुसूची	(ii) भाषाएं
(c) नवीं अनुसूची	(iii) कुछ अधिनियमों का विधिमान्यकरण
(d) दसवीं अनुसूची	(iv) दल-बदल परिवर्तन के आधार पर निरर्हता

14. (a) प्रश्न में उल्लिखित राज्यों के नगरीकरण का अवरोही क्रम इस प्रकार है–

गोवा- 62 % > मिजोरम- 52.1% > तमिलनाडु- 48.4% > केरल- 47.7% इस प्रकार प्रश्नगत विकल्प (a) सत्य है।

15. (c) प्रश्न में उल्लिखित कार्यक्रम और उनके प्रारंभ करने का वर्ष निम्नवत है–

सूची-I	सूची-II
स्वर्णजयन्ती ग्राम स्वरोजगार योजना	1999
स्वर्णजयन्ती शहरी रोजगार योजना	1997
जवाहर रोजगार योजना	1989
राष्ट्रीय ग्रामीण स्वास्थ्य मिशन	2005

16. (c)

17. (d) यीस्ट किण्वन से प्राप्त किया जाता है जबकि कैसीन दुग्ध प्रोटीन और एलोवेरा आवृतबीजी पादप होता है। घटपर्णी या नेपेथीय प्रायः नाइट्रोजन की पूर्ति हेतु कीटों का भक्षण करने वाले पादप होते हैं।

18. (a) थर्मेरिसिस्टर एक इलेक्ट्रॉनिक थर्मामीटर होता है, जो तापमान में परिवर्तन के साथ अपने प्रतिरोध को बदलता है।

19. (*) प्रश्न में उल्लिखित पादप पोषक तत्व और उनके कार्य विकल्पों में सुमेलित है। अर्थात् नाइट्रोजन का सम्बन्ध पौधों की वृद्धि एवं विकास से है, फास्फोरस का सम्बन्ध जड़ के विकास से पोटैशियम का सम्बन्ध स्टोमेटा के नियंत्रण से है जबकि बोरान का सम्बन्ध पादप रोग प्रतिरोधकता से है।

20. (b) तपेदिक अथवा क्षयरोग जीवाणु जनित संक्रामक रोग होता है न कि आनुवांशिक रोग। उल्लेखनीय है कि आनुवांशिक रोग उसे कहा जाता है कि जो पीढ़ी-दर पीढ़ी संचारित होता रहता है।

21. (a) 'बर्डफ्लू' एक संक्रामक रोग है, जो मुख्यतः मुर्गियों को प्रभावित करता है। H_5N_1 वायरस जनित यह रोग मनुष्यों में मुर्गियों के माध्यम से अथवा संक्रमित व्यक्तियों के माध्यक से संचारित होता है। टैमी फ्लू इस व्याधि हेतु महत्वपूर्ण औषधि है।

22. (a) यह मनुष्य के जीवन को पूर्णरूप में धारणीय करने के लिए आवश्यक न्यूनतम भूमि को पारिस्थितिकीय पदछाप कहते हैं। यह पद छाप (पद चिन्ह) पृथ्वी के पारिस्थितिक तंत्रों पर मानवीय मांग का एक मापक है जिसकी इकाई भूमण्डलीय हेक्टेयर है।

23. (d)

24. (b) नवाबगंज पक्षी अभ्यारण्य उत्तर प्रदेश के उन्नाव जिले में अवस्थित है न कि इलाहाबाद में। इस प्रकार प्रश्नगत विकल्प (b) सुमेलित नहीं है जबकि शेष विकल्प सुमेलित है।

25. (c) मुड़िया पूर्णिमा मेला का आयोजन आषाढ़ मास की पूर्णिमा अर्थात् गुरू पूर्णिमा को गोर्वधन मथुरा-वृन्दावन में आयोजित किया गया है।

26. (a) इलाहाबाद मंडल के चाका विकास खंड के दादपुर गांव में 23 अप्रैल 2016 को उत्तर प्रदेश के मुख्यमंत्री अखिलेश यादव द्वारा उत्तर प्रदेश के पहले 'समाजवादी'' अभिनव विद्यालय'' का उद्घाटन किया गया।

27. (b) उत्तर प्रदेश के जिले और उनसे सम्बन्धित उत्पादों का सुमेल इस प्रकार है–

सूची-I (जिला)	सूची-II (उत्पाद)
अलीगढ़	ताला
फिरोजाबाद	चूड़ियां
मुरादाबाद	पीतल के बर्तन
टांडा	विद्युत करघा के उत्पाद

28. (b) **29.** (b) **30.** (c)

31. (d) पुडुचेरी की 24वीं उपराज्यपाल के रूप में लगभग पांच वर्षों की सेवा की जमीनी वास्तविकताओं के आधार पर, किरण बेदी ने 'फियरलेस गवर्नेंस' पुस्तक में शासन की अपनी यात्रा को लिखा है। इसे इंद्रा नूई

(पेप्सिको की पूर्व अध्यक्ष और CEO) और प्रोफेसर देबाशीष चटर्जी (निदेशक, IIM कोझीकोड) द्वारा लॉन्च किया गया था। इसे डायमंड बुक्स ने प्रकाशित किया है। पुडुचेरी की वर्तमान उपराज्यपाल (मई 2022 को) डॉ तमिलिसई सुंदरराजन हैं।

32. (b) दुनिया को एक बेहतर स्थान बनाने के लिए, हर साल 18 जुलाई को अंतर्राष्ट्रीय नेल्सन मंडेला दिवस (International Nelson Mandela Day) मनाया जाता है।

33. (a) कारगिल विजय दिवस (Kargil Vijay Diwas) 26 जुलाई को मनाया जाता है जिसे ऑपरेशन विजय की सफलता के नाम पर रखा गया है. कारगिल युद्ध 26 जुलाई को समाप्त हुआ था जो लगभग 60 दिनों तक जारी रहा था।

34. (d) 1 जुलाई को डॉक्टर दिवस, डाक कर्मचारी दिवस, कनाडा दिवस, चार्टर्ड अकाउंटेंट्स डे (Chartered Accountants Day), और राष्ट्रीय यू.एस. डाक टिकट दिवस (National U.S. Postage Stamp Day) के रूप में मनाया जाता है।

35. (a) थिरुष कामिनी

36. (a) दुनिया का पहला क्रिकेट क्लब हैम्बलेडान में 1760 ईस्वी में बना।

37. (a) 1848 में, मुंबई में पारसी समुदाय ने ओरिएंटल क्रिकेट क्लब का गठन किया, जो भारतीयों द्वारा स्थापित किया जाने वाला पहला क्रिकेट क्लब था।

38. (a) गाइडिंग सेल्स के सह-लेखक अरुण तिवारी और कलाम हैं। पुस्तक को कलाम और तिवारी के बीच संवाद के रूप में संरचित किया गया है। यह हमें राष्ट्रपति के व्यक्तित्व, विभिन्न भूमिकाओं में उनके जीवन के बारे में जानकारी देता है।

39. (a) 'लक्ष्य 3 बिलियन सतत विकास की ओर अभिनव समाधान' स्वर्गीय एपीजे अब्दुल कलाम और सृजन पाल सिंह द्वारा लिखी गयी एक पुस्तक है। पुस्तक बताती है कि भारत किस प्रकार गरीबी को मिटा सकता है। उन्होंने भारत विज़न 2020 का भी नेतृत्व किया, जो भारत को बदलने के लिए एक रोड मैप है। वे 2002 और 2007 के बीच भारत के राष्ट्रपति थे। डॉ कलाम को पद्म भूषण (1981), पद्म विभूषण (1990) और भारत रत्न (1997) से सम्मानित डॉक्टरेट की उपाधि दी गई। डॉ कलाम का जुलाई 2015 में निधन हो गया।

40. (c) डॉ. अब्दुल कलाम लोकप्रिय रूप से 'मिसाइल मैन ऑफ इंडिया' के रूप में जाना जाता था। अब्दुल कलाम का जन्म 15 अक्टूबर 1931 को रामेश्वरम, तमिलनाडु में हुआ था और 27 जुलाई 2015 को शिलांग में उनका निधन हो गया। उन्होंने 1998 में दूसरे पोखरण परमाणु परीक्षण में भी महत्वपूर्ण भूमिका निभाई। अब्दुल कलाम को वर्ष 2002 में भारत के 11 वें राष्ट्रपति के रूप में चुना गया था। उनकी प्रसिद्ध पुस्तक विंग्स ऑफ फायर: एन ऑटोबायोग्राफी, इंडिया 2020: ए विजन फॉर द न्यू मिलेनियम, द ल्यूमिनेस स्पार्क्स: ए बायोग्राफी इन वर्स एंड कलर इत्यादि।

41. (d) BHIM भारत इंटरफेस फॉर मनी का संक्षिप्त नाम है। यह यूनिफाइड पेमेंट्स इंटरफेस (यूपीआई) पर आधारित नेशनल पेमेंट्स कॉरपोरेशन ऑफ इंडिया (NPCI) द्वारा विकसित एक मोबाइल भुगतान ऐप है। इसका नाम बी. आर. अंबेडकर के नाम पर रखा गया है। इस एप्लिकेशन को तत्काल भुगतान सेवा (IMPS) के बुनियादी ढांचे पर बनाया गया है और यह उपयोगकर्ता को किसी भी दो दलों के बैंक खातों के बीच तत्काल धन हस्तांतरण करने की अनुमति देता है। वर्तमान में, ऐप में एकल लेनदेन के लिए 10,000 रुपये की लेनदेन की सीमा और 20,000 रुपये की दैनिक सीमा है। यह ऐप एक दिन में प्रति बैंक 20 लेनदेन की सीमा को भी लागू करता है। BHIM ऐप को प्रधानमंत्री नरेंद्र मोदी ने 30 दिसंबर, 2016 को लॉन्च किया था।

42. (d) मोबाइल मनी आइडेंटिफ़ायर या MMID उस बैंक ग्राहक के 7 अंकों की संख्या है जो मोबाइल बैंकिंग का उपयोग करता है। इस नंबर का उपयोग तब किया जाता है जब आप IMPS फंड ट्रांसफर विधि का उपयोग करके पैसे भेजने या प्राप्त करने का प्रयास करते हैं।

43. (a) जूतों का क्रय मूल्य

$= \dfrac{100}{(100 + \text{लाभ }\%)} \times \text{विक्रय मूल्य}$

$= \dfrac{2059}{116} \times 100 = ₹\, 1775$

44. (b) बड़े टुकड़े की लम्बाई

$= \dfrac{24{\cdot}6}{(12+29)} \times 29$

$= \dfrac{24{\cdot}6}{41} \times 29 = 17.4$ मी

45. (c) माना संख्या $= x$

प्रश्नानुसार,

$x^2 + 2x = 3$

$x^2 + 2x - 3 = 0$

$x^2 + 3x - x - 3 = 0$

$x(x+3) - 1(x+3) = 0$

$(x-1)(x+3) = 0$

$x = 1$ या -3

46. (b) $15x^2 + 8x - 12 = (3x-2)(5x+6)$

$3x^2 + x - 2 = (3x-2)(x+1)$

$3x^2 - 2x = x(3x-2)$

$9x^2 - 12x + 4 = (3x-2)^2$

अभीष्ट म.स. $= (3x-2)$

47. (a) माना घनाभ की लम्बाई, चौड़ाई तथा ऊँचाई क्रमश: l, b तथा h है।

प्रश्नानुसार,

घनाब का आयतन $= l \times b \times h$

$l^2 b^2 h^2 = 25 \times 32 \times 32$

$\Rightarrow lbh = \sqrt{25600}$

$\Rightarrow lbh = 160$

घनाब का आयतन $= l \times b \times h = 160$ घन मीटर

48. (a) माना त्रिभुज के कोण क्रमश: x, $2x$ व $3x$ हैं।

तब, प्रश्नानुसार,

$x + 2x + 3x = 180°$

$\Rightarrow 6x = 180°$

$\Rightarrow x = 30°$

$\therefore$ सबसे छोटा कोण $= 30°$

49. (a) $\sqrt{0{\cdot}0324} = \sqrt{\dfrac{324}{10000}} = \sqrt{\dfrac{(18)^2}{100^2}}$

$= \dfrac{18}{100} = 0.18$

50. (b)

2	5476
2	2738
37	1367
37	37
	1

अत: $\sqrt{5476} = \sqrt{2 \times 2 \times 37 \times 37}$

$= 2 \times 37$

$= 74$

51. (a) उपरोक्त गद्यांश के आधार पर उपयुक्त शीर्षक 'उत्साह' होना चाहिए।

52. (b) दिये गये गद्यांश के अनुसार कुंती अपने नवजात सुकुमार शिशु को नदी में छोड़कर लौट आयी थी।

53. (d) दिये गये गद्यांश के अनुसार मंजूषा को भाग्य स्वयं बहाकर ले जा रहा था।

54. (a) राजा अधिरथ ने सेवकों को आज्ञा दी कि बहती हुयी मंजूषा को पकड़ कर ले आओ।

55. (a) चम्पा नगरी के राजा, पत्नी राधा और सेवकों के साथ गंगा स्नान करने आए थे।

56. (b) हिन्दी साहित्य के इतिहास को चार भागों में बाँटा गया है- आचार्य रामचन्द्र शुक्ल के अनुसार-

आदिकाल- सं. 1050- 1375 वि.

भक्तिकाल - सं. 1375-1700 वि.

रीतिकाल- सं. 1700-1900 वि.

आधुनिक काल सं. 1900-1984 वि.

57. (a) सूरदास जी भक्तिकाल के संत कवि हैं।

आदिकाल के कवि - सरहपा, स्वयंभू, शालिभद्र सूरी, देवसेन

भक्तिकाल के कवि - सूरदास, तुलसीदास, जायसी, मीराबाई, कबीरदास आदि।

रीतिकाल के कवि - बिहारी, चिंतामणि, मतिराम, भूषण, देव आदि।

आधुनिक काल के कवि - भारतेंदु हरिश्चन्द्र, महावीर प्रसाद द्विवेदी, जयशंकर प्रसाद, सुमित्रानन्दन पंत, सूर्यकान्त त्रिपाठी निराला, महादेवी वर्मा आदि।

58. (a) दी गयी रचनाओं में से 'रमैनी' सूरदास की रचना नहीं है। यह कबीरदास की रचना है, इनकी प्रमुख रचनाएँ है- 1. रमैनी (चौपाई + दोहा) 2. साखी (दोहा में), सबद (गेय पद)। शेष रचनायें सूरदास जी की हैं।

59. (d) सूरदास जी के पदों से भयानक रस नहीं पाया जाता है। इनके पदों में श्रृंगार, वात्सल्य व शांत रस की प्रधानता प्राप्त होती हैं।

60. (c) दिये गये गद्यांश के अनुसार अपने प्रियजनों से रहित राज्य किस काम का ?

61. (b) Approval शब्द से बना हिंदी पारिभाषिक शब्द है: अनुमोदन, अन्य विकल्प अनुचित है।

62. (d) Indorsement के लिए पृष्ठांकन सही समकक्ष शब्द है। अन्य सभी अर्थ असंगत हैं।

63. (c) आपको अपने मित्र को पत्र लिखना पड़े तो संबोधन में लिखेंगे-प्रिय मित्र ! जबकि आदरणीय का प्रयोग अपने से बड़ों के लिए प्रयोग किया जाता है।

64. (d) 'इसमें भेजने वाला हस्ताक्षर करके पद का उल्लेख भी करता है।' यह कथन गलत है। अन्य विकल्प सही हैं।

65. (c) सभी राज्य सरकारों को भेजा जाने वाला सरकारी पत्र 'परिपत्र' कहलाता है। वह पत्र जो स्मरण दिलाए 'अनुस्मारक' कहलाता हैं।

66. (b) अधिकारियों आदि को सूचनार्थ भेजा जाने वाला अधिकारिक पत्र परिपत्र कहलाता है।

अर्थ - सूचित करना, कहना,

सूचना (Information) पत्र का समाचार, बताई गई बात आदि से होता है। आज्ञापत्र का अर्थ आदेश पत्र होता है अधिसूचना का अर्थ विशेष सूचना या विज्ञप्ति होता है।

67. (d) शूर्पणखा शब्द की वर्तनी शुद्ध है।

68. (c) रेखांकित शब्द 'उच्छृंखलता' वर्तनी के दृष्टि से त्रुटिपूर्ण है। इसके स्थान पर शुद्ध वर्तनी वाला शब्द 'उच्छृंखलता' प्रयुक्त होगा।

69. (a) 'आशीर्वाद' शुद्ध वर्तनी युक्त शब्द है। शेष सभी वर्तनी की दृष्टि से त्रुटिपूर्ण हैं।

70. (b) दिये गये शब्दों में 'आनुषंगिक' वर्तनी की दृष्टि से शुद्ध शब्द है। शेष त्रुटिपूर्ण शब्द हैं।

71. (b) तीन लोक से मथुरा न्यारी' का अर्थ है- 'सबसे निराला'। अन्य विकल्प तर्कसंगत नहीं हैं।

72. (a/d) दिये गये विकल्पों में मूल्यवान और पृथक दोनों शुद्ध शब्द हैं। वर्तनी की दृष्टि से क्लिष्ठ का शुद्ध रूप 'क्लिष्ट' तथा ब्रम्ह का 'ब्रह्म' होता है।

73. (c) (c) प्रश्नगत विकल्पों में से 'ऐहिक' शब्द का विलोम 'पारलौकिक' है। भौतिक का विलोम आध्यात्मिक है, लौकिक का विलोम सांसारिक हैं।

74. (d) दिये गये विकल्पों में विश्वास-अविश्वास विलोम की दृष्टि से सही शब्द-युग्म है। शेष विकल्प विलोम शब्द-युग्म की दृष्टि से त्रुटिपूर्ण हैं जिसका सही रूप इस प्रकार होगा-

अनुकूल-प्रतिकूल, अजर-जरा, सत्कर्म-दुष्कर्म

75. (a)

शब्द	विलोम
अमावस्या	पूर्णिमा
कृष्णपक्ष	शुक्लपक्ष
प्रज्ञा	अविवेक
कृतज्ञ	कृतघ्न

76. (b) 'निरक्षर' शब्द का विलोम 'साक्षर' होगा। जबकि 'अनपढ़' का विलोम 'पढ़ा-लिखा' तथा 'अक्षर' शब्द का विलोम 'क्षर' होता है।

77. (c)

शब्द	विलोम
उर्वर	ऊसर
बंजर	उपजाऊ
गरिमा	लघिमा
आग्रह	दुराग्रह

78. (a) 'सुगम संगम' युग्म सही विलोम युग्म नहीं है। सुगम का सही विलोम 'दुर्गम' होगा।

79. (d) 'ऐहिक-लौकिक' अशुद्ध विलोम युग्म हैं। ये दोनों शब्द परस्पर विलोमार्थी न होते हुए समानार्थी शब्द हैं। शेष सभी युग्मों में परस्पर विलोम शब्द निहित हैं, जबकि ऐहिक का विलोम पारलौकिक होता है।

80. (b) 'पक्षी' का पर्यायवाची शब्द-पतंग, खग, विहग, परिन्दा, चिड़िया, गगनचर, पखेरू विहंग, शकुन्त, अण्डज, खेचर आदि है। जबकि गाछ का पर्यायवाची द्रुम, वृक्ष, पेड़, पादप, विटप, तरू होता है।

81. (d) जंगल शब्द का पर्यायवाची अटवी, विपिन, कान्तार, अरण्य तथा कानन है जबकि कौमुदी, 'ज्योत्स्ना', चन्द्रिका, चन्द्रमरीची, चन्द्रकला का पर्यायवाची है।

82. (b) उपर्युक्त विकल्पों में दिया गया समूह (प्रभात, प्रभास, भोर, सुबह) प्रात: काल के पर्यायवाची शब्द हैं। अत: विकल्प (b) सही है।

83. (c) दिये गये विकल्पों में 'सारंग' शब्द 'हिरन' शब्द का पर्यायवाची शब्द है। हिरन के अन्य पर्यायवाची शब्द हैं-मृग, हरिण, कुरंग, सुरभी आदि। विकल्पों में दिये गये अन्य शब्द जैसे- धूसर, तुरंग एवं शार्दूल क्रमश: गर्दभ, अश्व एवं सिंह के पर्यायवाची शब्द हैं।

84. (c) 'आंख' का पर्यायवाची शब्द 'लोचन' होगा। इसके अन्य पर्यायवाची शब्द निम्न है-

आँख- नेत्र, नयन, लोचन, चक्षु, अंबक आदि।

अक्स-प्रतिबिम्ब, छाया, परछाई आदि।

नजरियां दृष्टिकोण, मत, परिप्रेक्ष्य आदि।

85. (d) दिये गये विकल्पों में से 'निलय' अंधकार का पर्यायवाची शब्द नहीं है। 'निलय' के पर्यायवाची शब्द हैं- गृह, वास, आलय, निकेतन, शाला, सदन इत्यादि।

86. (a) दिये गये विकल्पों में से 'यमुना' के सही पर्यायवाची शब्द हैं- अर्कसुता, रवितनया, कालिंदी, कृष्णा, अर्कजा, सूर्यसुता इत्यादि। शेष विकल्प असंगत हैं।

87. (d) रात मे विचरण करने वाले प्राणी को 'निशाचर' कहा जाता है। अन्य विकल्पों के अर्थ इस प्रकार हैं-

बनचर- (1) जंगल में रहने वाला पशु - वन्य पशु। (2) जंगली मनुष्य।

निशाकर-निशा करने वाला (चन्द्रमा)

88. (a) 'जो खाने योग्य न हो' अखाद्य कहलाता है। दिये गये शब्दों के अर्थ इस प्रकार हैं-

शब्द	अर्थ
पथ्य-	(1) पथ संबंधी (2) जो स्वास्थ्य के लिए उपयोगी हो। (3) रोगी को दिया जाने वाला हल्का भोजन।
अपाच्य-	(1) जो पच न सके (2) जो पकाया न जा सके।
अलभ्य-	(1) जो न मिलता हो। (2) दुर्लभ।

89. (b) "जिसके पास घर न हो" को 'अनिकेत' कहा जाता है अन्य विकल्पों के अर्थ इस प्रकार हैं-

शब्द	अर्थ
गृही-	गृहस्थ
अभिषेक-	(1) जल छिड़कना, (2) राजा के सिंहासनारोहण का अनुष्ठान
अकिंचन	(1) बहुत गरीब, (2) जिसके पास कुछ भी न हो

90. (c) जो इंद्रियों की पहुँच से बाहर हो- इंद्रियातीत, इंद्रियों पर किया जाने वाला वश- इंद्रियानिग्रह, इन्द्रियों को वश में करने वाला-इन्द्रियजीत

91. (a)

वाक्यांश	वाक्याशों के लिए एक शब्द
तर्क के द्वारा जो माना गया हो-	तर्कसम्मत
जो तर्क के आधार पर सही सिद्ध हो-	तर्कसंगत
किसी भी पक्ष का समर्थन न करने वाला-	तटस्थ
किसानों को सरकार द्वारा दिया जाने वाला ऋण-	तकावी

92. (b) दिये गये शब्दों का विवरण इस प्रकार है-

प्रक्षिप्त	फेंका हुआ
उत्क्षिप्त	ऊपर की ओर उछाला हुआ

आरोहण	सवार होना
उत्थान	उठना, उठाना

93. (b) जो आँखों के सामने हो- प्रत्यक्ष
जो आसानी से प्राप्त हो सके- सुलभ

94. (d) 'कान में तेल डालना' मुहावरे का सही अर्थ है कुछ न सुनना।

95. (c) 'आप काज महा काज' का अर्थ है काम को अपने आप करना सबसे अच्छा होता है।

96. (b) कोयले की दलाली में मुँह काला का अर्थ 'बुरे काम से बुराई मिलना' होता है।

97. (d) 'कच्ची गोलियाँ खेलना' मुहावरे का सही अर्थ 'अनुभव की कमी होना' है।

98. (d) उसने पहलवान को कुश्ती में हरा दिया। 'हरा दिया' के स्थान पर 'चारों खाने चित्त कर दिया' मुहावरे का प्रयोग हो सकता है। वाक्य प्रयोग- उसने पहलवान को कुश्ती में चारों खाने चित्त कर दिया।

99. (a) 'स्वाहा हो जाना' मुहावरे का अर्थ है- ' पूरी तरह जलकर नष्ट हो जाना।'

100. (c) 'लेना एक न देना दो' लोकोक्ति का अर्थ है- 'किसी से कुछ मतलब न रखना'।

101. (a) मॉनिटर एक आउटपुट डिवाइस होता है। कम्प्यूटर पर किये जाने वाले प्रत्येक कार्य को यह दिखाता है।

102. (c) Java एक ऑपरेटिंग सिस्टम नहीं है। जावा एक Pure object oriented Programming Language है।

103. (c) माई एस. क्यू. एल. एक एंटीवायरस सॉफ्टवेयर नहीं है। MYSQL एक डाटाबेस सिस्टम है। जो इंटरनेट पर बहुत सारी Websites प्रयोग करती है। MySQL SQL की बुनियाद पर बना है | SQL अर्थात् Struc- tured Query Language है।

104. (b) नौटपैड फाइल का डिफॉल्ट फाइल एक्सटेंशन TXT है। T एक टेक्स्ट फाइल का extension है जिसमें हम सिर्फ टेक्स्ट लिख सकते हैं।

105. (a) स्तंभ MS एक्सेल में वर्टिकल सेल को संदर्भित करता है, जिसमें जानकारी भी हो सकती है।

106. (c) MS एक्सेल में सूत्रों के लिए पंक्तियों या स्तम्भों में डेटा की आवश्यकता है, लेकिन शीट पर दृश्य नहीं होना चाहिए, तो पंक्ति या स्तम्भ को छिपा सकते हैं।

107. (c) ईमेल में SMS वर्ड डॉक्यूमेंट संलग्न हैं तो हम 5 संलग्न देख सकेंगे।

108. (a) LAN अर्थात् Local Area Network की आवश्यकता विद्यालय, कम्प्यूटर प्रयोगशाला या कार्यालयों में कम्प्यूटरों को जोड़ने के लिए होती हैं।

109. (c) एडवर्ड रॉबर्ट पर्सनल कम्प्यूटर के जनक हैं।

110. (a) इन्सर्ट मेनू से MS वर्ड 2007 में हेडर व फूटर इन्सर्ट कर सकते हैं।

111. (b) MS वर्ड में 'undo' के लिए आइकॉन Ctrl+Z का उपयोग किया जाता है।

112. (a) इंटरनेट पर उपलब्ध सॉफ्टवेयर बग का नि:शुल्क रिपेयर पैच कहलाता है।

113. (a) Ctrl + U एक शॉर्टकट की है, जिसका प्रयोग MS वर्ड में अंडरलाइन करने के लिए किया जाता है।

114. (a) ई-मेल भेजना पत्र लिखने के समान है।

115. (d) प्रिंटर एक हार्डवेयर डिवाइस है जिसका उपयोग कम्प्यूटर से टेक्स्ट व ग्राफिक्स को कागज पर प्रिंट करने के लिए किया जाता है।

116. (b) 8 बिट का संग्रह बाइट कहलाता है। बाइट संगणन व दूरसंचार में सूचना की इकाई होती है यह 8 बिट से मिलकर बना होता है। यह कम्प्यूटर स्मृति में दूसरी सबसे छोटी इकाई है। 1 बाइट में 8 बिट के बराबर जगह होती है।

117. (b) MS वर्ड में, लाइन स्पेस परिवर्तित करने के लिए अपनाया जाने वाला पहला चरण कंटेंट को सिलेक्ट करना है।

118. (c) निम्न में इंटरनेट एक्सप्लोरर एक अग्रणी वेब ब्राउजर हैं।

119. (d) आज तक कम्प्यूटर की कुल पाँच पीढ़ियाँ ज्ञात हैं।

120. (a) MS एक्सेल 2007 में, चार्ट ग्रुप इन्सर्ट टैब में उपलब्ध होते हैं।

121. (a) गोपनीयता का अर्थ है अधिकृत व्यक्ति तथा पक्षों द्वारा ही जानकारी उपलब्ध हों। सभी व्यक्तियों के लिए नहीं।

122. (d) SHIFT + delete के द्वारा file व फोल्डर्स को स्थाई रूप से Delete किया जाता है।

123. (a) चार्ट को Create करने के लिए Insert मेनु के Create chart Option का use किया जाता है।

124. (c) Wrap Text के द्वारा एक लंबे Text को अनेक line में तोड़ने के लिए use किया जाता है। यह MS- excel में प्रयोग होता है।

125. (a) सबसे पहले इंटरनेट कर प्रयोग सेना के लिए किया था।

126. (a) ब्राउजर इंटरनेट प्रयोग करने के लिए प्रयुक्त किया जाता है। ब्राउजर पर ब्राउजर हिस्ट्री होता है।

127. (a) Output device के द्वारा हमें सूचना प्राप्त होती है। जैसे- प्रिंटर एक हॉर्ड कॉपी आउटपुट डिवाइस है।

128. (c) Scroll up + down करने के लिए प्राय: Scroll Bar तथा माउस स्क्रॉल का उपयोग किया जाता है।

129. (b)

130. (d) DHCP- डायनामिक होस्ट कान्फ्रीगेशन प्रोटोकाल है जिसका प्रयोग TCP/IP में किया जाता है जो क्लाइंट को IP adress आवंटित करता है।

131. (a) CTRL+ C में COPY तथा CTRL + V से Past किया जाता है।

132. (c) टास्कबार, desktop के बॉटम पर लंबा क्षैतिज बार होता है। जिससे जो भी Task वर्तमान में स्थापित होता है। इसे दर्शाया जाता है।

133. (a) वर्ड में स्क्रिन पर Blinking symbol cursor होता है। जो अक्षर की वर्तमान स्थिति को दर्शाता है।

134. (a) E- Mail- इलेक्ट्रॉनिक मेल के द्वारा हम कोई भी जानकारी या सूचना का विनिमय कर सकते हैं।

135. (b) data को एक स्थान से दूसरे स्थान पर स्थानांतरित करना तथा सूचना आदान-प्रदान करना Data commnucation कहलाता है।

136. (a) Sorting - data को क्रमबद्ध तरीके से व्यवस्थित करना ही Sorting कहलाता है।

137. (a) MS-word के View का प्रयोग कर रूलर को सक्रिय किया जाता है।

138. (c) Home Page वेबसाइट का प्रथम पेज व मुख्य पेज होता है। इसी के बाद अन्य पेज Open होते हैं।

139. (d) Projection display का उपयोग सेमिनार, मार्केटिंग तथा Class Room के लिए किया जाता है। इसके माध्यम से जानकारी स्पष्ट रूप में प्रदान की जाती है।

140. (a) Plotters एक Output device है। इसका उपयोग प्रिंटर में किया जाता है।

141. (a) ब्राउजर इंटरफेस वेब पेज से जोड़ने की अनुमति देता है।

142. (a) इंटरनेट प्रोटोकॉल IP का पूर्ण रूप है।

143. (b) सशक्त पासवर्ड बना कर हम अपने कम्प्यूटर को सुरक्षित व दूसरों से हैकिंग करने से रोक सकते हैं।

144. (d) टास्क मैनेजर एक विंडोज सिस्टम मॉनिटर प्रोग्राम है जो यह प्रदर्शित करता है कि कम्प्यूटर में कौन-से प्रोग्राम तथा सेवाएँ चल रही हैं।

145. (b) पंक्तियाँ (रो) उन होरिजंटल सेल्स को कहा जाता है जिनमें सूचना समाहित होती है।

146. (c) पेज ब्रेक्स वे विभाजक होते हैं जो एक वर्कशीट को प्रिंटिंग के लिए अलग-अलग पृष्ठों में विभाजित करते हैं।

147. (b) हाँ, बिना विषय का उल्लेख किए ईमेल भेजना संभव है।

148. (a) माइक्रोसॉफ्ट बिंग एक सर्च इंजन है।

149. (a) ऑपरेटिंग सिस्टम यूजर के प्रोग्राम तथा हार्डवेयर के मध्य मध्यस्थ का कार्य करता है।

150. (c) MS वर्ड में थिसॉरस टूल का उपयोग सिर्फ समानार्थी तथा विपरीतार्थी शब्दों के लिए किया जाता है।

❑❑❑

15 प्रैक्टिस सेट

सामान्य ज्ञान

1. **'गोपथ ब्राह्मण' सम्बन्धित है–**
   (a) यजुर्वेद से (b) सामवेद से
   (c) अर्थवेद से (d) ऋग्वेद से
2. **वल्लभी विश्वविद्यालय स्थित था–**
   (a) बिहार में (b) उत्तर प्रदेश में
   (c) बंगाल में (d) गुजरात में
3. **महाभारत मूलतः किस रूप में जानी जाती थी?**
   (a) वृहत्कथा (b) ब्राह्मण
   (c) वृहत्संहिता (d) जयसंहिता
4. **किस अभिलेख से ज्ञात होता है, कि स्कन्दगुप्त ने हूणों को पराजित किया था?**
   (a) भीतरी स्तम्भ लेख
   (b) इलाहाबाद स्तम्भ-लेख
   (c) मन्दसौर अभिलेख
   (d) उदयगिरि अभिलेख
5. **इनमें से किसे शाहजहां ने 'शाह बुलंद इकबाल' की पदवी दी थी?**
   (a) दारा शिकोह (b) शूजा
   (c) औरंगजेब (d) मुराद
6. **इनमें से कौन उग्र राष्ट्रवाद के उल्लेखनीय नेताओं में से नहीं था?**
   (a) गोपाल कृष्ण गोखले
   (b) विपिन चंद्र पाल
   (c) लोकमान्य तिलक
   (d) लाला लाजपत राय
7. **स्वतंत्रता का नव-ग्रहीत तिरंगा पहली बार कब लहराया गया?**
   (a) 31 दिसम्बर, 1928
   (b) 31 दिसम्बर, 1929
   (c) 31 दिसम्बर, 1930
   (d) 31 दिसम्बर, 1931
8. **'ह्यूमस' उदाहरण है–**
   (a) मृदा संरचना का
   (b) क्रिस्टैलॉइड का
   (c) जैविक कोलॉइड का
   (d) उपर्युक्त में से कोई नहीं
9. **सारगासो समुद्र की विशिष्टता है–**
   (a) अति ठण्डा पानी
   (b) अति गर्म पानी
   (c) अत्याधिक लवणीय पानी
   (d) विशिष्ट समुद्री वनस्पति
10. **2011 की जनगणना में उत्तर प्रदेश के किस जिले में साक्षरता दर उच्चतम थी?**
    (a) गाजियाबाद (b) महोबा
    (c) कानपुर (d) वाराणसी
11. **भारत के संविधान के निर्माताओं ने मौलिक अधिकारों की अवधारणा को लिया था–**
    (a) यू.एस.ए. के संविधान से
    (b) आयरलैंड के संविधान से
    (c) कनाडा के संविधान से
    (d) सोवियत संघ के संविधान से
12. **2011 की जनगणना के अनुसार भारत की कुल जनसंख्या में नगरीय जनसंख्या का कितना प्रतिशत है?**
    (a) 31.8 प्रतिशत (b) 30.8 प्रतिशत
    (c) 32.2 प्रतिशत (d) 31.2 प्रतिशत
13. **किनके बीच सम्बन्धों की पुनर्रक्षा के लिए सरकारिया आयोग का गठन किया गया था?**
    (a) प्रधानमंत्री और राष्ट्रपति
    (b) विधायिका और कार्यपालिका
    (c) कार्यपालिका और न्यायपालिका
    (d) केंद्र और राज्य
14. **भारतीय संविधान में समानता का अधिकार 5 अनुच्छेदों द्वारा स्वीकृत है। वे हैं–**
    (a) अनुच्छेद 13-17
    (b) अनुच्छेद 14-18
    (c) अनुच्छेद 15-19
    (d) अनुच्छेद 16-20
15. **यदि भारत के राष्ट्रपति और उपराष्ट्रपति दोनों त्यागपत्र दे दें, तो ऐसी स्थिति में राष्ट्रपति के रूप में कौन कार्य करेगा?**
    (a) लोक सभा का अध्यक्ष
    (b) प्रधानमंत्री
    (c) गृहमंत्री
    (d) सर्वोच्च न्यायालय के मुख्य न्यायाधीश
16. **भारत की 'न्यायिक सक्रियता' सम्बन्धित है?**
    (a) प्रतिबद्ध न्यायपालिका से
    (b) जनहित याचिका से
    (c) जनहित पुनरावलोकन से
    (d) न्यायिक स्वतंत्रता से
17. **'लाल स्याही' बनाई जाती है–**
    (a) फिनॉल से (b) एनिलीन से
    (c) कांगो रेड से (d) इओसिन से
18. **फोटोग्राफी में स्थिर करने के रूप में प्रयुक्त होने वाला रासायनिक पदार्थ है–**
    (a) सोडियम थायोसल्फेट
    (b) बोरेक्स
    (c) सोडियम टेट्राथायोनेट
    (d) अमोनियम मोलिब्डेनम
19. **प्राकृतिक कपूर प्राप्त होता है–**
    (a) हिमालय पर्वत के उच्च स्थानों की चट्टानों से
    (b) वेनेजुएला में ऐन्जिल प्रपात के फेन (झाग) से
    (c) चीन तथा जापान के एक देशज वृक्ष से
    (d) अंडमान के निकट समुद्री ज्वार भाटा के अवसाद से
20. **मानव में बाल एवं नख में निम्नलिखित में से कौन-सा प्रोटीन विद्यमान है?**
    (a) ऑक्सिटोसिन (b) किरेटिन
    (c) वैसोप्रेसिन (d) ट्रिप्सिन
21. **प्रतिशतता के आधार पर वायुमंडल में सर्वाधिक पाई जाने वाली गैस कौन-सी है?**

(a) नाइट्रोजन (b) ऑक्सीजन
(c) हाइड्रोजन (d) कार्बन डाइऑक्साइड

22. गाय का दूध पीले-सफेद रंग का होता है, जिसका कारण उसमें निम्नलिखित में से किसकी उपस्थिति है?

(a) केसीन
(b) लैक्टोस
(c) केसीन के साथ-साथ कैरोटिन
(d) लैक्टोस के साथ-साथ ब्यूटिरिक ऐसिड

23. उत्तर प्रदेश में मान्यता प्राप्त स्टॉक एक्सचेंज कहाँ पर है?

(a) गाजियाबाद
(b) लखनऊ
(c) बरेली
(d) कानपुर

24. लखनऊ जिले की सीमा निम्नलिखित में से किस जिले की सीमा को स्पर्श नहीं करती है?

(a) बलिया (b) उन्नाव
(c) हरदोई (d) बाराबंकी

25. उत्तर प्रदेश में आलू का अनुसंधान केंद्र किस जिला में स्थित है?

(a) फर्रूखाबाद (b) मेरठ
(c) कानपुर (d) इलाहाबाद

26. उत्तर प्रदेश में कृषि उत्पादन बढ़ाने में कौन-सा कारक सबसे अधिक प्रभावी है?

(a) उन्नत किस्म के बीजों का बढ़ता प्रयोग
(b) कृषि सेवा केंद्रों का विकास
(c) कृषि साख सुविधा
(d) किसान क्रेडिट कार्ड योजना

27. केंद्र सरकार का 'मिशन इन्द्रधनुष' किससे सम्बन्धित है?

(a) दलहन उत्पादन
(b) सात-टीका निवारणीय रोगों के खिलाफ बच्चों का टीकाकरण
(c) कौशल विकास
(d) पर्यटन संवर्धन

28. सर्वोच्च न्यायालय के हाल के निर्णय (फैसले) के अनुसार, आई.टी. अधिनियम की धारा 66A किसका उल्लंघन करती है?

(a) अनुच्छेद-20
(b) अनुच्छेद-19(1)
(c) अनुच्छेद-14
(d) अनुच्छेद-25

29. केंद्रीय औषधीय एवं सुगंधित पौधों का अनुसंधान संस्थान कहाँ स्थित है?

(a) चित्रकूट में (b) सहारपुर में
(c) कानपुर में (d) लखनऊ में

30. "इन्डियन पार्लियामेंट्री डिप्लोमेसी-स्पीकर्स पर्स्पेक्टिव" नामक पुस्तक किसके द्वारा लिखी गई है?

(a) मीरा कुमार (b) सुमित्रा महाजन
(c) वी.एस.शेखावत (d) सोमनाथ चटर्जी

31. डेटा गोपनीयता दिवस हर साल विश्व स्तर पर किस दिन मनाया जाता है?

(a) 25 जनवरी (b) 26 जनवरी
(c) 27 जनवरी (d) 28 जनवरी

32. विश्व हिंदी दिवस हर साल 10 जनवरी को मनाया जाता है। यह पहली बार किस वर्ष मनाया गया था?

(a) 2000 (b) 2002
(c) 2004 (d) 2006

33. निम्नलिखित युग्मों पर विचार कीजिए:

	परंपरा	राज्य
1.	माधवराई मेला	- गुजरात
2.	नबाबरशा	- पश्चिम बंगाल
3.	नरोपा	- सिक्किम

उपरोक्त में से कितने जोड़े सही सुमेलित हैं?

(a) केवल एक (b) केवल दो
(c) सभी तीन (d) कोई नहीं

34. उत्तर प्रदेश राज्य में नगरीय निकायों के प्रमुख अधिकारियों के पुराने तथा उनके नए नामकरण के संबंध में कौन-सा युग्म सुमेलित है?

(a) नगर प्रमुख-महापौर
(b) उपनगर प्रमुख-उपमहापौर
(c) सभासद-पार्षद
(d) उपर्युक्त सभी

35. निम्न में से किस चित्रकार को उत्तर प्रदेश के विधानसभा में भित्ति-चित्र चित्रित करने का गौरव प्राप्त है?

(a) बद्रीनाथ आर्य को
(b) हरिहरलाल मेढ़ को
(c) जगन्नाथ मुरलीधर को
(d) नित्यानंद को

36. लोक कला संग्रहालय, कला परिवार कैसरबाग (लखनऊ) की स्थापना किस वर्ष की गई थी?

(a) वर्ष 1880 में (b) वर्ष 1889 में
(c) वर्ष 1892 में (d) वर्ष 1896 में

37. "द वर्ल्ड बिनिथ हिज फीट" किसकी जीवनी है?

(a) पुलेला गोपीचंद (b) नवाब पटौदी
(c) राहुल द्रविड़ (d) सचिन तेंदुलकर

38. स्वतंत्र भारत के लिए व्यक्तिगत रूप से पहला ओलंपिक पदक किसने जीता?

(a) ध्यानचंद
(b) के डी जाधव
(c) मिल्खा सिंह
(d) हरिश्चंद्र ब्रिजदार

39. ओलिंपिक चिह्न का क्या अर्थ है?

(a) खेलने की ललक
(b) चैलेन्ज
(c) निरंतरता
(d) अखंडता

40. वॉली, स्मैश, सर्विस शब्द किस खेल से सम्बंधित है?

(a) टेबल टेनिस (b) लॉन टेनिस
(c) वॉलीबॉल (d) हैंडबॉल

41. PMGSY का पूरा रूप क्या है?

(a) प्रधानमंत्री ग्रीन सड़क योजना
(b) प्रधानमंत्री गायन सड़क योजना
(c) प्रधानमंत्री गारंटी सड़क योजना
(d) प्रधानमंत्री ग्राम सड़क योजना

42. निम्नलिखित में से किस स्थान पर भारत का पहला गार्बेज कैफे है?

(a) छत्तीसगढ़ (b) झारखंड
(c) केरल (d) कानपुर

43. 27 भुजाओं वाले बहुभुज में विकर्णों की संख्या होती है–

(a) 320 (b) 324
(c) 322 (d) 325

44. $2x^2 + ax + b$ को $x - 3$ से विभाजित करने पर 31 और $x^2 + bx + a$ को $x - 3$ से विभाजित करने पर 24 शेष बचता है। तो $a + b$ का मान कितने के बराबर होगा?

(a) -7 (b) 23
(c) -23 (d) 7

45. कोई मूलधन किसी निश्चित साधारण ब्याज की दर से 10 वर्षों में दोगुना हो जाता है, कितने वर्षों में वह मूलधन तीन गुणा हो जाएगा?

(a) 15 वर्षों में (b) 20 वर्षों में
(c) 30 वर्षों में (d) 12 वर्षों में

46. 17 प्रशिक्षु एक दिन में 4 विशेषज्ञों के बराबर काम कर सकते हैं। एक तालाब को बनाने में 12 विशेषज्ञों और 9 प्रशिक्षुओं को 5 दिन का समय लगता है। उसी तालाब को 15

दिन में बनाने के लिए 4 विशेषज्ञों के साथ कितने प्रशिक्षुओं की आवश्यकता होगी?

(a) 4 (b) 6
(c) 5 (d) 3

47. 0.047619, जब एक साधारण भिन्न के रूप में लिखा जाता है, तो यह बराबर होता है–

(a) $\frac{1}{21}$ (b) $\frac{1}{19}$
(c) $\frac{1}{23}$ (d) $\frac{1}{17}$

48. महिमा को अपनी यात्रा सामान्य से 12 मिनट देरी से प्रारम्भ करने के कारण गंतव्य पर समय पर पहुँचने के लिए 45 किमी/घण्टा के स्थान पर 54 किमी/घण्टा की रफ्तार से जाना पड़ता है। यात्रा के दौरान तय की गई दूरी बताएँ।

(a) 75 किमी (b) 54 किमी
(c) 67.5 किमी (d) 90 किमी

49. 112, 72 और 90 का लघुत्तम समापवर्तक (LCM) है–

(a) 3780 (b) 7560
(c) 2520 (d) 5040

50. प्रत्यय ने कप का सेट ₹ 195 में खरीदा, लेकिन बाद में पुराना माल निकालने के लिए इसे ₹ 171.6 में बेच दिया। उसे कितने प्रतिशत की हानि हुई?

(a) 15 (b) 13
(c) 14 (d) 12

सामान्य हिंदी

निर्देश [51-53]: दिये गए गद्यांश के आधार पर उत्तर दीजिए।

अनुशासन जीवन की प्रत्येक स्थिति में आवश्यक है। अनुशासन सैनिक जीवन की आत्मा है। परिवार में सद्भाव बनाए रखने के लिए इसकी आवश्यकता पहले है। समाज और राष्ट्र में शांति और सद्भावपूर्ण संबंध बनाए रखने के लिए इसकी आवश्यकता भी है। ईश्वर की सृष्टि में यदि अनुशासन नहीं है तो अराजकता फैल जाएगी और यह विश्व तुरंत अस्त-व्यस्त हो जाएगा।

51. अनुशासन क्यों आवश्यक है?

(a) सद्भाव और शांति के लिए
(b) परिवार में सद्भाव और समाज तथा राष्ट्र में शांति और सद्भावपूर्ण संबंध बनाए रखने के लिए
(c) सैनिक जीवन को स्वस्थ बनाने के लिए
(d) स्थिति को कायम रखने के लिए

52. अनुशासन किसकी आत्मा है?

(a) सैनिक जीवन की
(b) हर व्यक्ति की
(c) ईश्वर की
(d) राष्ट्र और समाज की

53. विश्व के अस्त-व्यस्त होने का कारण है-

(a) अनुशासन होना
(b) अनुशासन न होना
(c) अराजकता फैलना
(d) सद्भाव न रहना

निर्देश [54-56]: दिये गए गद्यांश के आधार पर उत्तर दीजिए।

गद्यांश प्रेम की भाषा शब्द रहित है। नेत्रों की, कपोलों की मस्तक की भाषा भी शब्द रहित है। जीवन का तत्व भी शब्द से परे है। सच्चा आचरण- प्रभाव, शील, अचल-स्थिति- संयुक्त आचरण न तो साहित्य के लंबे व्याख्यानों से गठा जा सकता है न वेद की श्रुतियों के मीठे उपदेश से न अंजील से, न कुरान से, न धर्मचर्चा से, न केवल सत्संग से जीवन के अरण्य में घुसे हुए पुरुष के और मनुष्य के जीवन के मौन व्याख्यानों के छोटे हथौड़े की मंद-मंद चोटों की तरह प्रत्यक्ष होता है।

54. प्रेम की भाषा है-

(a) अर्थ रहित (b) भाव रहित
(c) ज्ञान-रहित (d) शब्द रहित

55. अरण्य' का शाब्दिक अर्थ होता है-

(a) वृक्ष (b) जंगल
(c) उपवन (d) पुष्प

56. 'यत्न' से आशय है-

(a) भाषण (b) रत्न
(c) प्रयास (d) परिश्रम

57. गद्यांश में किसकी महिमा का वर्णन है?

(a) आचरण (b) प्रेम
(c) जीवन (d) वेद

58. गद्यांश का उपयुक्त शीर्षक होगा-

(a) प्रेम की भाषा
(b) जीवन का अरण्य
(c) सच्चा आचरण
(d) मौन व्याख्यान

निर्देश [59-60]: दिये गए गद्यांश के आधार पर उत्तर दीजिए।

गद्यांश प्राचीन काल में नारी का स्थान समाज में अग्रगण्य था ऐसा कहा जाता था कि "जहाँ नारी की पूजा होती हैं, वहां देवताओं का निवास होता है। मध्य भारत के काल से नारी का पतन शुरू हुआ। मध्य काल तक तो नारी दासी या गुलाम बन गई। चहारदीवारी में कैद हो गई किन्तु 19वीं शताब्दी में राजा राम मोहन राय, स्वामी विवेकानन्द, दयानंद सरस्वती आदि समाज सुधारकों ने नारी जगत की काया पलट दी। नारी उत्थान की ओर बढ़ती गई। आज आधुनिक नारी ने जमीन से लेकर आसमान में अपना कब्जा जमाया है, नारी तू नारायणी उक्ति को सिद्ध कर दिया है। वास्तव में देखा जाय तो नर और नारी एक रथ के दो पहिये हैं। रथ को सुयोग्य ढंग से चलाने के लिए दोनों में संतुलन होना चाहिए। शिक्षित नारी परिवार की उद्धारक है। प्रत्येक घर में नारी का सम्मान होना चाहिए। समाज में प्रचलित कुप्रथाओं से लड़ना अनिवार्य हैं। नारी ने अपना स्थान जो प्राप्त किया है, उसे मजबूत बनाने के लिए नर और नारी दोनों को तत्पर रहना चाहिए।

59. प्राचीन काल में नारी का स्थान क्या था?

(a) प्राचीन काल में नारी दासी थी।
(b) प्राचीन काल में नारी का स्थान अग्रगण्य था।
(c) नारी को अपमानित किया जाता था।
(d) नारी का कोई स्थान नहीं था

60. "नारी त नारायणी" की सही व्याख्या क्या है?

(a) नारी नारायणी की तरह पूजनीय है।
(b) नारी का को कोई अधिकार नहीं
(c) नारी गुलाम थी
(d) नारी का मान सम्मान नहीं होना चाहिए

61. किस विकल्प में 'Adjournment' शब्द का समकक्ष हिन्दी पारिभाषिक शब्द सही है?

(a) विज्ञप्ति (b) संहिता
(c) अनुपूरक (d) स्थगन

62. पारिभाषिक शब्द TOPIC का क्या अर्थ है?

(a) विषय (b) प्रकरण
(c) पाठ्यक्रम (d) पाठ

63. अधिसूचना का प्रयोग किस क्षेत्र में नहीं किया जाता?

(a) नियम (b) आदेश
(c) कर्त्तव्य (d) अधिकार

64. शासकीय पत्र के सन्दर्भ में कौन-सा कथन गलत है?

(a) पत्र के सबसे ऊपर पत्र संख्या लिखते हैं।
(b) पत्र संख्या के ऊपर तिथि लिखी जाती है।
(c) पत्र के बाईं ओर 'सेवा में' लिखा जाता है।
(d) संबोधन 'महोदय' बाई ओर लिखा जाता है।

65. बाढ़ पीड़ितों की सहायता के संबंध में पत्र लिखा जाता है।

(a) लेखाधिकार महोदय को
(b) जिलाधिकारी को
(c) कुलपति महोदय को
(d) आचार्य महोदय को

66. यदि कोई पत्र सभी सम्बद्ध कार्यालयों को प्रेषित किया जाता है, तो उसे कहते हैं-

(a) वैयक्तिक पत्र
(b) कार्यालय आदेश
(c) अधिसूचना
(d) परिपत्र

67. निम्न में से कौन-सा शब्द शुद्ध है ?
(a) ज्योत्सना (b) पुन्य
(c) उनती (d) छमा

68. निम्न में कौन-सा शब्द अशुद्ध है ?
(a) पुष्प (b) पुज्य
(c) परिस्थिति (d) प्रशंसा

69. निम्नलिखित में से शुद्ध वर्तनी वाला शब्द कौन-सा है ?
(a) अध्यन (b) अधयन
(c) अध्ययन (d) आध्यन

70. निम्नलिखित में से शुद्ध वर्तनी वाला शब्द कौन-सा है ?
(a) उत्तरदाई (b) उत्तरदायी
(c) उतरदायी (d) उत्तरदाई

71. कौन-सा शब्द शुद्ध है ?
(a) छियालीस (b) छयालीस
(c) छियालिस (d) छयालिस

72. निम्न में से शुद्ध शब्द बताइए-
(a) उज्ज्वलन (b) उज्वलन
(c) उज्झलन (d) उजलन

73. 'उथला' शब्द का विलोम है-
(a) गहरा (b) छिछला
(c) समतल (d) उभार

74. 'स्वर्ग' शब्द का विलोम है-
(a) बैकुंठ (b) देवलोक
(c) नरक (d) परमधाम

75. 'राग' शब्द का विलोम है :
(a) अनुराग (b) विराग
(c) आस्ति (d) अनुरक्ति

76. 'सूक्ष्म' शब्द का विलोम है-
(a) स्थूल (b) बारीक
(c) क्षीण (d) पतला

77. 'स्वाधीन' शब्द का विलोम है-
(a) स्वतंत्र (b) स्वच्छंद
(c) पराधीन (d) निरंकुश

78. 'सन्मार्ग' शब्द का विलोम है-
(a) सहज मार्ग (b) सुमार्ग
(c) अमार्ग (d) कुमार्ग

79. 'घृणा' शब्द का विलोम है-
(a) प्रेम (b) नफरत
(c) प्रताड़ना (d) हिंसा

80. निम्नलिखित शब्दों के सही पर्यायवाची शब्द होंगे, क्रमशः-
पेड़, उत्तम, लता
(a) भूरूह, उत्कृष्ट, वल्ली
(b) विटप, मुख्य, बेल
(c) पादप, वल्लरि, श्रेष्ठ
(d) वृक्ष, प्रधान, विरुद्ध

81. निम्नलिखित शब्दों के सही पर्यायवाची शब्द होंगे, क्रमशः-
ब्रह्मा, सेवक, ग्रीष्म
(a) प्रजापति, चाकर, शीत
(b) नौकर, विधाता, ताप
(c) चतुरानन, भृत्य, निदाघ
(d) विधि, विप्र गरमी

82. किस विकल्प में सभी शब्द परस्पर पर्यायवाची नहीं हैं ?
(a) रसना, जिह्वा, जवान
(b) चाप, धनु, चपला
(c) निर्वाण, कैवल्य, मुक्ति
(d) कुबेर, राजराज, यक्षराज

83. अशुद्ध पर्याय समूह का चयन करें।
(a) अरविंद, कंज, नलिन
(b) आगार, निलय, धाम
(c) दस्यु, मोषक, खनक
(d) पीयूष, सुधा, दृग

84. रिक्त स्थान के लिए उचित पर्याय का चयन करें। हमें ऋषि-मुनियों की संतान होने का .... है।
(a) अभिमान (b) गर्व
(c) दर्प (d) घमंड

85. इनमें से कौन-सा शब्द 'अरुण' का समानार्थी नहीं है ?
(a) सूर्य (b) सूर्य का सारथी
(c) कुमकुम (d) बिम्बा फल

86. इनमें से कौन-सा शब्द 'उच्च' का समानार्थी नहीं है ?
(a) टीला (b) श्रेष्ठ
(c) बड़ा (d) उठा हुआ

87. 'इन्द्रियों को जीत लिया हो जिसने' वाक्यांश के लिए सही विकल्प का चयन कीजिये।
(a) इन्द्रजीत (b) इंद्र
(c) जितेन्द्रिय (d) इन्द्रिपति

88. निम्नलिखित प्रश्न में, चार विकल्पों में से उस सही विकल्प का चयन करें जो वाक्याशों के लिए एक शब्द का विकल्प है।
जो थोड़ा जानता है।
(a) अवज्ञ (b) अल्प
(c) अल्पज्ञ (d) सर्वज्ञ

89. निम्नलिखित प्रश्न में चार विकल्पों में से, उस सही विकल्प का चयन करें जो वाक्यांशो के लिए एक शब्द का विकल्प है।
जो इस लोक की बात है।
(a) अलौकिक (b) स्वर्गीय
(c) पाश्चात्य (d) लौकिक

90. सही विकल्प का चयन करें जो वाक्यांशों के लिए एक शब्द है।
आदि से अंत तक।
(a) अनादि (b) आद्योपांत
(c) समकालीन (d) समीचीन

91. सही विकल्प का चयन करें जो वाक्यांशों के लिए एक शब्द है।
जो सब कुछ जानता है।
(a) सर्वज्ञ (b) सर्वस्व
(c) सर्वत्र (d) ज्ञानी

92. 'जानने की इच्छा' के लिए एक शब्द है-
(a) इच्छ (b) आशा
(c) जिज्ञासा (d) अभिलाषा

93. 'किसी व्यक्ति या वस्तु को न अपनाना' वाक्यांश के लिए उपयुक्त शब्द का चयन कीजिए-
(a) बहिष्कार (b) परिष्कार
(c) तिरस्कार (d) परोपकार

94. 'घोड़े बेचकर सोना'- मुहावरे का अर्थ है-
(a) रुकावट होना (b) निश्चित होना
(c) हानि पहुँचना (d) संकट में पड़ना

95. नमक मिर्च लगाना' मुहावरे का सही अर्थ चुनिए।
(a) तीखा होना
(b) बढ़ा-चढ़ा कर कहना
(c) मसाला डालना
(d) इनमें से कोई नहीं

96. मुहावरों को उनके सही अर्थों से मिलान करें-

1. आँचल पसारना	A. प्रार्थना करना
2. उड़ती चिड़िया पहचानना	B. मन की बात जाने लेना
3. कंचन बरसना	C. लाभ ही लाभ होना
4. कलम तोड़ना	D. बहुत अच्छा लिखना

(a) 1-A, 2-B, 3-C, 4-D
(b) 1-D, 2-C, 3-A, 4-B
(c) 1-A, 2-C, 3-D, 4-B
(d) 1-C, 2-D, 3-A, 4-B

97. लोकोक्तियों को उनके सही अर्थों से मिलान करें-

1. मान न मान मैं तेरा मेहमान	A. बिलकुल अनपढ़
2. सुनिए सबकी करिए मन की	B. दोनों ही दुष्ट
3. काला अक्षर भैंस बराबर	C. जबरदस्ती गले पड़ना
4. जैसे नाग नाथ वैसे साँप नाथ	D. अंत:करण की बात माननी चाहिए

(a) 1-A, 2-B, 3-C, 4-D
(c) 1-A, 2-C, 3-D, 4-B
(b) 1-D, 2-C, 3-A, 4-B
(d) 1-C, 2-D, 3-A, 4-B

98. 'मस्ती में गाड़ी चला रहे सुमोन के सामने अचानक ट्रक आ जाने से वह <u>गहरी नींद से जाग गया</u>।' प्रस्तुत वाक्य के रेखांकित अंश के लिए उचित मुहावरा होगा-
(a) अपना रंग दिखाना
(b) गिरह बाँधना
(c) साये से भागना
(d) तंद्रा भंग हो जाना

99. 'छोटी-सी गलती पर पिताजी ने ऐसे <u>उपदेश दिए</u> कि मैं नतमस्तक हो गया।' प्रस्तुत वाक्य के रेखांकित अंश के लिए उचित मुहावरा होगा-
(a) अँचरा पसारना
(b) सूक्ति-बाण चलाना
(c) साये से भागना
(d) कल पड़ना

100. 'गोटी लाल करना' मुहावरे का अर्थ है:
(a) मन न लगना
(b) क्रोध को दबा देना
(c) रूठ कर न बोलना
(d) अपना प्रयोजन सिद्ध करना

कंप्यूटर ज्ञान

101. स्प्रेडशीट में डाटा को कैसे आयोजित किया जाता है?
(a) रेखाएँ एवं अंतराल (लाइन और स्पेस)
(b) परतें एवं समतल (लेयर और प्लेन)
(c) पंक्तियाँ एवं स्तम्भ (रो और कॉलम)
(d) ऊँचाई एवं चौड़ाई (हाइट और विथ)

102. एमएस वर्ड 2007 में, 'जूम' ऑप्शन यहां उपलब्ध होता है-
(a) स्क्रॉल बार
(b) होम टैब
(c) व्यू ऑप्शन टूलबार
(d) पेय लेआउट टैब

103. एमएस वर्ड 2007 में 15 लाइन्स में लाइन स्पेसिंग को बदलने के लिए किस शॉर्टकट की का इस्तेमाल किया जाता है?
(a) Ctrl+5 (b) Ctrl + 2
(c) Ctrl + 1 (d) Ctrl + 3

104. USB निम्न को संदर्भित करता है-
(a) स्टोरेज डिवाइस
(b) प्रोसेसर
(c) पोर्ट टाइप
(d) सीरियल बस स्टैंडर्ड

105. निम्न में कौन-सी एक स्टोरेज डिवाइस है जो डाटा/सूचना स्टोर करने के लिए दृढ़ स्थायी रूप से इंस्टॉल मैग्नेटिक डिस्क का उपयोग करती है?
(a) फ्लॉपी डिस्क (b) परमानेंट डिस्क
(c) हार्ड डिस्क (d) ऑप्टिकल डिस्क

106. कम्प्यूटर में निम्न होता है-
(a) सिर्फ सीपीयू (b) सिर्फ मदरबोर्ड
(c) सिर्फ मेमोरी (d) उपरोक्त सभी

107. निम्नलिखित टैब में से कौन-सी एक नई टिप्पणी (न्यू कमेंट) विकल्प एमएस एक्सेल 2007 में उपलब्ध है?
(a) डेटा (b) व्यू
(c) इनसर्ट (d) रिव्यू

108. एमएस एक्सेल में पूरे कॉलम को हाईलाइट करने के लिए किस शॉर्टकट की का उपयोग किया जाता है?
(a) Ctrl + Space bar
(b) Ctrl + C
(c) Ctrl+A
(d) Ctrl + Tab

109. एमएस वर्ड 2007 में, फॉन्ट साइज टूलबार में उपलब्ध सबसे छोटा सबसे बड़ा फॉन्ट साइज कितना होता है?
(a) 8 और 72
(b) 8 और 64
(c) 12 और 72
(d) उपरोक्त में से कोई नहीं

110. नेटवर्क का एक प्रकार नहीं है।
(a) LAN (b) WAN
(c) ZAN (d) SAN

111. माउस एक ....है।
(a) सिर्फ इनपुट डिवाइस
(b) सिर्फ आउटपुट डिवाइस
(c) इनपुट एवं आउटपुट डिवाइस दोनों
(d) सिर्फ स्पेशल डिवाइस

112. बाइट ..... निरूपित करता है।
(a) 1 बिट (b) 16 बिट्स
(c) 8 बिट्स (d) 8 बिट्स

113. संक्रमित फाइल क्या होती है?
(a) वह फाइल जो करप्ट हो गई हो और पढ़ने लायक न हो।
(b) एक फाइल जो वायरस से प्रभावित हो ।
(c) एक फाइल जो पासवर्ड द्वारा सुरक्षित होना
(d) एक फाइल जिसे छोटे आकार में कम्प्रेस किया गया हो ।

114. निम्न में से किसमें बाइट्स के बढ़ते क्रम को सही दिखाया गया है?
(a) किलोबाइट, गीगाबाइट, मेगाबाइट, पेंटाबाइट, टेराबाइट
(b) किलोबाइट, मेगाबाइट, गीगाबाइट, टेराबाइट, पेंटाबाइट
(c) किलोबाइट, मेगाबाइट, टेराबाइट, पेंटाबाइट, गीगाबाइट
(d) किलोबाइट, गीगाबाइट, मेगाबाइट, टेराबाइट, पेंटाबाइट

115. कुंजी, एक वर्कशीट में पिछली सेल को मूव कराने या एक डायलॉग बॉक्स में पिछले विकल्प को मूव कराने के लिए होती है।
(a) Shift + Tab (b) Ctrl + Tab
(c) Alt + Tab (d) ESc + Tab

116. एमएस वर्ड में, एक शब्द के नीचे एक लाल लहरदार रेखा किसकी ओर संकेत करती है?
(a) वर्तनी की त्रुटि (स्पेलिंग इरर)
(b) व्याकरणीय त्रुटि (ग्रामर इरर)
(c) विशिष्ट पाठ (हाईलाईटेड टेक्स्ट)
(d) शीर्षक वर्तिका (हेडिंग स्टाइल)

117. वह इन्टरनेट एड्रेस जो रोजाना नहीं बदलता है, कहलाता है-
(a) डायनामिक आईपी एड्रेस
(b) स्टैटिक आईपी एड्रेस
(c) यूनिक आईपी एड्रेस
(d) इनमें से कोई नहीं

118. वेब सर्च इंजन क्या है?
(a) एक सॉफ्टवेयर डो वर्ल्ड वाइड वेब से सूचना की खोज करता है।
(b) एक सॉफ्टवेयर जो कम्प्यूटर में दस्तावेजों की खोज करता है।
(c) एक सॉफ्टवेयर जो वर्ल्ड वाइड वेब से सूचना की खोज करता है।
(c) एक फीचर जो एक वेब पृष्ठ में पाठ या टेक्स्ट की खोज करता है।
(d) एक फीचर जो कम्प्यूटर में पाठ या टेक्स्ट की खोज करता है।

119. डॉक्यूमेंट में हेडर और फुटर इन्सर्ट करने का क्या उद्देश्य होता है ?

(a) डॉक्यूमेंट की समय दिखावट को बेहतर करने लिए
(b) पेज के आरंभ और अंत को चिन्हित करने लिए
(c) बड़े डॉक्यूमेंट को अधिक पठनीय बनाने लिए
(d) डॉक्यूमेंट प्रिंट होने पर पेज पर हेडर और फुटर दिखने के लिए।

120. एमएस एक्सेल 2007 में, आप कंडीशनल फॉर्मेटिंग लागू करते समय.......के विरुद्ध स्थितियों की जाँच कर सकते हैं।

(a) सिर्फ सेल का मान
(b) उपरोक्त दोनों
(c) सिर्फ सूत्र
(d) उपरोक्त में से कोई नहीं

121. निम्नलिखित में से कौन-सी शार्टकट की, सिलेक्ट किए गए टेक्स्ट को डबल अंडरलाइन करने के लिए इस्तेमाल की जाती है ?

(a) Ctrl+Shift+ U
(b) Ctrl + Shfit + D
(c) Shift + U
(d) Alt + D

122. इंटरनेट पर वस्तुओं के व्यापार की प्रक्रिया को निम्न नाम से जाना जाता है:

(a) ई-सेलिंग-एन-बाइंग
(b) ई-फाइनेंस
(c) ई-ट्रेडिंग
(d) ई-कॉमर्स

123. वे हार्डवेयर कम्पोनेंट, जो डेटा और अनुदेश प्राप्त करने में सक्षम होते हैं, वे चाहे अस्थायी हों या स्थायी .... कहलाते हैं।

(a) इनपुट डिवाइस
(b) आउटपुट डिवाइस
(c) कम्युनिकेशन डिवाइस
(d) स्टोरेज डिवाइस

124. वह स्क्रीन जो टच इनपुट को पहचानती है:

(a) नोट पैड (b) एंड्रॉयड स्क्रीन
(c) टच स्क्रीन (d) विंडो स्क्रीन

125. निम्न में से कौन-सी कम्प्यूटर प्रोग्रामिंग के लिए एक लैंग्वेज नहीं है ?

(a) विंडोज (b) बेसिक
(c) पास्कल (d) कोबॉल

126. मदरबोर्ड को निम्न नाम से भी जाना जाता है:

(a) इलेक्ट्रॉनिक बोर्ड
(b) प्रिंटेड सर्किट बोर्ड (पीसीबी)
(c) कम्बाइंड डिवाइस बोर्ड
(d) उपरोक्त में से कुछ नहीं

127. USB का विस्तृत रूप क्या है ?

(a) यूनिवर्सल सीरियल बस
(b) यूनिवर्सल सेम बस
(c) यूनिवर्स सीरिज बस
(d) अनइंटरप्टेड सेम बस

128. एमएस एक्सेल 2007 में एडिटिंग ग्रुप .... टैब में उपलब्ध होता है।

(a) होम (b) डेटा
(c) रिव्यू (d) पेज लेआउट

129. .... ग्राफों का उपयोग एक विशिष्ट आइटम के प्रतिशत को प्रदर्शित करने के लिए किया जाता है।

(a) बार (b) पाई
(c) लाइन (b) कॉलम

130. एमएस वर्ड 2007 डॉक्यूमेंट को बंद करने के लिए फाइल पुल डाउन मेनू में निम्न में से किस विकल्प का उपयोग किया जाता है ?

(a) क्विट (b) एक्जिट
(c) क्लोज (d) न्यू

131. कुंजी का उपयोग एक कीबोर्ड की वर्णाक्षर कुंजियों (एल्फाबेट की) का इस्तेमाल करते हुए बड़े अक्षर टाइप करने के लिए किया जाता है।

(a) कैप्स लॉक (b) डिलीट
(c) बैकस्पेस (d) कर्सर कंट्रोल

132. DNS का पूर्ण रूप होता है-

(a) डोमेन नेटवक सर्व
(b) डोमेन नेम सिस्टम
(c) डोमेन नेमिंग सॉफ्टवेयर
(d) डोमेन नेमिंग स्टैंडर्ड

133. क्लाइंट की ओर से सर्वर प्रॉसेस रिक्वेस्टण इससे जुड़ी होती है।

(a) डिवाइस (b) सिस्टम
(c) नेटवर्क (d) सुपर कम्प्यूटर

134. इंट्रानेट .... एक है।

(a) लैन
(b) एक समूह या संगठन के अंदर नेटवर्क
(c) वैन
(d) मैन

135. निम्न में से कौन-सी मेमोरी, कम्प्यूटर गठन स्विच ऑफ होने पर डाटा खो देती है ?

(a) रीड ओनली मेमोरी
(b) यूएसबी फ्लैश ड्राइव मेमोरी
(c) कॉम्पैक्ट डिस्क मेमोरी
(d) रैंडम ऐक्सेस मेमोरी

136. एक वर्कशीटों के संग्रह को क्या कहा जाता है ?

(a) एक्सेल लाइब्रेरी (b) एक्सेल रेंज
(c) एक्सेल डाटा (d) वर्कबुक

137. एमएस एक्सेल में, निम्न में से कौन-सा एक, सेल का सही निरुपण है ?

(a) A@15 (b) A$15
(c) A|15 (d) A15

138. गूगल क्रोम निम्न के अंतर्गत आता है-

(a) ब्राउजर (b) कम्पाइलर
(c) आईपी एड्रेस (d) ऑपरेटिंग सिस्टम

139. निम्न में से कौन-सी एक कम्प्यूटर प्रोग्रामिंग लैंग्वेज नहीं है ?

(a) SQL (b) JAVA
(c) MS-PPT (d) C–

140. निम्न में से क्या एक प्रकार का फॉण्ट स्टाइल नहीं है ?

(a) बोल्ड (b) रेगुलर
(c) इटैलिक्ट (d) स्मार्ट आर्ट

141. एक वर्ड डॉक्यूमेंट में, डिफॉल्ट रूप से किस पेज पर हेडर या फुटर प्रिंट किया जाता है ?

(a) पहले पेज पर
(b) प्रत्येक पेज पर
(c) ऑल्टरनेट पेज पर
(d) उपरोक्त में से कोई नहीं

142. 1024 जीबी निम्न के बराबर होता है-

(a) 1TB (b) 1GB
(c) 1PB (d) 1MB

143. वेब पेज लिखने के लिए निम्न में से किसका उपयोग किया जाता है ?

(a) URL (b) HTIP
(c) HTML (d) FTP

144. ट्रांजिस्टर .... के बने होते हैं।

(a) कैपासिटर (संधारित्र)
(b) रेसिस्टर (प्रतिरोधक)
(c) सेमीकंडक्टर्स (अर्द्धचालक)
(d) कंडक्टर्स (चालक)

145. 8 बिट का एक संग्रह .... कहलाता है।

(a) निब्बल (b) बाइट
(d) वर्ड (c) डबल-वर्ड

146. एमएस वर्ड 2007 में फाइंड, रिप्लेस, और चयनित विकल्प ग्रुप में उपलब्ध होते हैं।

(a) क्लिपबोर्ड (b) स्टाइलस
(c) एलाइनमेंट (d) एडिटिंग

147. याहू किसने विकसित किया था ?

(a) डेविड फिलो एवं जेरी यंग

(b) स्टीव केस एवं जेफ बेजोस

(c) विंट सर्र एवं रॉबर्ट कह

(d) डेनिस रिची एवं केन थॉम्प्सन

148. कीस्ट्रोक का इस्तेमाल, एमएस वर्ड 2007 डॉक्यूमेंट के आखिरी में जाने के लिए किया जाता है।

(a) Ctrl + Home

(b) Ctrl + End

(c) Top

(d) Escape

149. निम्न में इसे छोड़कर शेष सभी वास्तविक सुरक्षा निजता जोखिमों के उदाहरण हैं-

(a) हैकर

(b) स्पैम

(c) वायरस

(d) आइडेंटिटी थेफ्ट

150. एक्सेल में "A5" जैसे अक्षरांकीय संयोजन का अर्थ निम्न होता है-

(a) वर्क बुक एड्रेस

(b) सेल एड्रेस

(c) वर्कशीट एड्रेस

(d) फाइल का नाम

व्याख्या सहित उत्तर

1. (c) गोपथ ब्राह्मण अथर्ववेद का ब्राह्मण ग्रंथ है। ऐतरेय एवं कौषीतकि नामक ब्राह्मण ऋग्वेद के, शतपथ एवं तैत्तिरीय ब्राह्मण यजुर्वेद के तथा पंचविश या ताण्ड्य ब्राह्मण सामवेद का ब्राह्मण ग्रंथ है।

2. (d) वल्लभीपुर प्राचीन भारत का एक नगर था जो पांचवीं से आठवीं शताब्दी तक मैत्रक वंश की राजधानी रहा। मान्यतानुसार इसकी स्थापना 470 ई. में मैत्रक वंश के संस्थापक सेनापति भट्टारक ने की थी। यहां की प्रसिद्धि का महत्वपूर्ण कारण वल्लभी विश्वविद्यालय था जो तक्षशिला तथा नालन्दा की परम्परा में था।

3. (d)

4. (a) भीतरी अभिलेख में पुष्यमित्र एवं हूणों के साथ स्कन्दगुप्त के युद्ध का वर्णन मिलता है। यह अभिलेख उत्तर प्रदेश के गाजीपुर जिले में सैदपुर तहसील में भीतरी नामक स्थान पर प्राप्त हुआ है। हूणों का पहला भारतीय आक्रमण गुप्त सम्राट स्कंदगुप्त के शासनकाल 455 ई. में हुआ था। जिसमें हूणों को स्कंदगुप्त ने बुरी तरह परास्त किया था।

5. (a) शाहजहां के शासनकाल में उपनिषदों का फारसी भाषा में अनुवाद दाराशिकोह ने 'सिर-ए-अकबर' नाम से किया था। इसके अंतर्गत 52 उपनिषदों का अनुवाद किया। दारा को उसकी सहिष्णुता व उदारता के लिए लेनपूल ने 'लघु अकबर' की संज्ञा प्रदान की है। शाहजहां ने दाराशिकोह को 'शाह बुलंद' की उपाधि प्रदान की थी।

6. (a) 1906 ई. के बाद भारतीय राजनीति में कांग्रेस के अंदर उग्रवादी दल के उदय के साथ-साथ देश में क्रांतिकारी उग्रवादी दलों का भी आविर्भाव हुआ। उग्रवादी विचाराधारा के चार प्रमुख नेता थे– बाल गंगाधर तिलक, लाला लाजपत राय, विपिनचंद पाल तथा अरविंदघोष।

7. (b) दिसम्बर, 1929 में पं. जवाहर नेहरू की अध्यक्षता में कांग्रेस का ऐतिहासिक लाहौर अधिवेशन हुआ जिसमें संबंधित प्रस्ताव के पारित होने के बाद नेहरू ने 'पूर्ण स्वराज' का लक्ष्यघोषित किया। जैसे ही 31 दिसंबर 1929 को मध्य रात्रि काघंटा बजा, कांग्रेस अध्यक्ष जवाहर लाल नेहरू ने रावी के तट पर भारतीय स्वतंत्रता का नवग्रहीत तिरंगा झंडा फहराया।

8. (a) किसी भी मृदा में पाये जाने वाले सभी विच्छेदित कार्बनिक पदार्थों को ह्यूमस कहते हैं। ह्यूमस का निर्माण विभिन्न पादप एवं जन्तु अवशिष्टों के विच्छेदन द्वारा होता है। यह विच्छेदन मृदा में पाये जाने वाले कवक एवं जीवाणु आदि करते हैं।

9. (d) महासागरों में जब गर्म और ठंडी जल धाराएं चलती हैं, तो जहां एक-दूसरे का मिलन होता है "प्लांटक" नामक समुद्री वनस्पति पायी जाती है और इस स्थान पर मत्स्य या मछली का उत्पादन केंद्र पाया जाता है।

10. (c) उत्तर प्रदेश का सर्वाधिक साक्षरता दर वाला जिला गौतम बुद्ध नगर (80.1%) तथा न्यूनतम साक्षरता दर वाला जिला श्रावस्ती (46.7%) है। किंतु दिये गये विकल्पों में से सर्वाधिक जिले का चयन करना हो तो वह कानपुर नगर (79.7%) होगा। नोट- आयोग ने इस प्रश्न का उत्तर विकल्प (a) गाजियाबाद को माना है।

11. (a) भारतीय संविधान में सन्निहित मूल अधिकारों की अवधारणा, सर्वोच्च न्यायालय की शक्तियां व संगठन तथा उपराष्ट्रपति का पद संयुक्त राज्य अमेरिका के संविधान से लिया गया है।

12. (d) जनगणना 2011 के आंकड़ों के अनुसार कुल जनसंख्या में ग्रामीण जनसंख्या 68.8% तथा शहरी जनसंख्या 31.2% है। हिमाचल प्रदेश में सर्वाधिक ग्रामीण जनसंख्या प्रतिशतता तथा दिल्ली में सर्वाधिक नगरीय जनसंख्या प्रतिशतता पायी जाती है।

13. (d) केंद्र तथा राज्य संबंधों पर विचार करने के लिए 24 मार्च 1983 को न्यायमूर्ति रणजीत सिंह सरकारिया की अध्यक्षता में तीन सदस्यीय समिति का गठन किया गया था। इस समिति के अन्य सदस्य शिवरामन तथा एस. आर. सेन थे। इस समिति ने 1987 में अपनी रिपोर्ट केंद्र सरकार को सौंपी थी।

14. (b) भारतीय संविधान में समता का अधिकार अनुच्छेद 14 से 18 तक यथा रूप में वर्णित है।

अनुच्छेद-14–विधि के समक्ष समता

अनुच्छेद-15–धर्म मूलवंश जाति, लिंग और जन्मस्थान के आधार पर विभेद का प्रतिषेध

अनुच्छेद-16–लोक नियोजन के विषयों में अवसर की समानता

अनुच्छेद-17–अस्पृश्यता का अंत

अनुच्छेद-18–उपाधियों का अंत

15. (d) संविधान के अनुच्छेद-65 के अनुसार यदि मृत्यु, त्यागपत्र अथवा हटाए जाने की स्थिति में राष्ट्रपति का पद रिक्त हो तो पद का कार्यभार उप-राष्ट्रपति संभालेगा, तथा यदि किन्हीं कारणों से उपराष्ट्रपति भी उपलब्ध नहीं है, तो उच्चतम न्यायालय या मुख्य न्यायाधीश या उसके न रहने पर उसी न्यायालय का वरिष्ठतम् न्यायाधीश राष्ट्रपति के कृत्यों को सम्पादित करेगा। (राष्ट्रपति अधिकार अधिनियम 1969)।

16. (b) भारत के सर्वोच्च न्यायालय तथा उच्च न्यायालयों में दायर की जाने वाली जनहित याचिकाओं से 'न्यायिक सक्रियता' के सिद्धांत का प्रतिपादन होता है।

17. (d) स्याही या रोशनाई या मशि एक द्रव है। जिसमें बहुत से रंजक होते हैं। लाल स्याही इओसिन से बनाई जाती है।

18. (a) सोडियम थायोसल्फेट नामक रसायन का प्रयोग फोटोग्राफी में निगेटिव एवं पॉजिटिव के स्थायीकरण में किया है। इसका उपयोग सोने व चांदी के निष्कर्षण में भी होता है।

19. (c) प्राकृतिक कपूर चीन तथा जापान के एक देशज वृक्ष से प्राप्त होता है।

20. (b) मानव के बाल एवं नाखून में किरेटिन नामक प्रोटीन विद्यमान रहता है।

21. (a) पृथ्वी के चारों ओर से आकृत वायु के विस्तृत फैलाव को वायुमण्डल कहते हैं। वायुमण्डल की ऊपरी परत के अध्ययन को वायु विज्ञान एवं निचली परत के अध्ययन को ऋतु विज्ञान कहते हैं। आयतन के अनुसार वायुमण्डल में विभिन्न गैसों का मिश्रण इस प्रकार है- नाइट्रोजन 78.07% ऑक्सीजन 20.93% कार्बन डाईऑक्साइड 03% एवं अग्रि .93%।

22. (c) केसीन नामक प्रोटीन की उपस्थिति के कारण दूध का रंग सफेद और कैरोटिन की उपस्थिति के कारण पीला होता है। लैक्टोज़ की मौजूदगी से दूध में हल्की मिठास होती है।

23. (d) उत्तर प्रदेश में मान्यता प्राप्त एकमात्र स्टॉक एक्सचेंज, UPSEC (Uttar Pradesh Stock Exchange) कानुपर में स्थित है। यह भारत के प्रमुख स्टॉक एक्सचेंजों में से है।

24. (a) लखनऊ जिले की सीमा हरदोई सीतापुर, बारांबकी, रायबेरली तथा उन्नाव आदि जिलों की सीमाओं को स्पर्श करती है।

25. (b) उत्तर प्रदेश में आलू अनुसंधान केंद्र मोदीपुरम, मेरठ जिले में स्थित है।

26. (a) कृषि उत्पादन को बढ़ाने में सबसे अधिक प्रभावी कारक उन्नत किस्म के बीजों का प्रयोग है।

27. (b) 25 दिसम्बर, 2014 को मिशन इन्द्रधनुष कार्यक्रम की शुरुआत की गई। इसके तहत उन सभी बच्चों को कवर करने का लक्ष्य रखा गया है। जिनका या तो आंशिक रूप से टीकाकरण हुआ है, या जिन्हें टीका लगाया ही न गया हो। इस मिशन के तहत् 7 टीके लगाने का प्रावधान है। वे हैं–हेपेटाइटिस बी, डिप्थीरिया, काली खांसी, टिटनेस पोलियो, टी.बी. और खसरा।

28. (b) सर्वोच्च न्यायालय के निर्णय के अनुसार आई. टी. अधिनियम की धारा 66A वाक् एवं अभिव्यक्ति की स्वतंत्रता, अनुच्छेद-19 (1) का उल्लघंन करती है।

29. (d) केंद्रीय औषधीय एवं सुगंधित पौधों का अनुसंधान संस्थान लखनऊ में स्थित है।

30. (a) दिनांक 15 मार्च, 2015 को राष्ट्रपति भवन में तत्कालीन राष्ट्रपति श्री प्रणब मुखर्जी द्वारा पूर्व लोकसभा अध्यक्ष श्रीमति मीरा कुमार द्वारा लिखित पुस्तक 'इंडियन पार्लियामेंट्री डिप्लोमेसी-स्पीकर्स पर्स्पेक्टिव' का विमोचन किया था।

31. (d) डेटा गोपनीयता दिवस हर साल 28 जनवरी को विश्व स्तर पर मनाया जाता है।

32. (d) 10 जनवरी, 1975 को नागपुर में आयोजित प्रथम विश्व हिंदी सम्मेलन की वर्षगाँठ मनाने के संदर्भ में पहली बार यह दिवस वर्ष 2006 में मनाया गया था।वर्ष 1949 में भारत की संविधान सभा द्वारा आधिकारिक भाषा के रूप में हिंदी को अपनाए जाने वाले दिन को चिह्नित करने के लिये भारत में हर साल 14 सितंबर को राष्ट्रीय हिंदी दिवस मनाया जाता है। वर्ष 1960 में भारत सरकार द्वारा शिक्षा मंत्रालय के अधीन केंद्रीय हिंदी निदेशालय की स्थापना की गई थी।

33. (b) माधवराई मेला गुजरात के पोरबंदर जिले में अरब सागर तट के साथ एक छोटे से शहर माधवपुर में आयोजित किया जाता है। अत: पहला जोड़ा सही है। यह चैत्र महीने (मार्च/अप्रैल) के शुक्ल पक्ष के 9वें दिन भगवान कृष्ण और रुक्मिणी के विवाह का जश्न मनाने के लिए आयोजित किया जाता है।

नबाबरशा बंगाली कैलेंडर के पहले दिन पोहेला बोइशाख के नाम से भी जाना जाता है जो बांग्लादेश का आधिकारिक कैलेंडर भी है। अत: दूसरा जोड़ा सही है। यह त्यौहार 14 अप्रैल को बांग्लादेश में और 15 अप्रैल को भारतीय राज्यों पश्चिम बंगाल, त्रिपुरा और असम में बंगालियों द्वारा धार्मिक आस्था की परवाह किए बिना मनाया जाता है।

बौद्ध दार्शनिक और विद्वान नरोपा के जीवन का जश्न मनाने के लिए तिब्बती कैलेंडर में प्रत्येक 12 साल में नरोपा महोत्सव होता है। यह केंद्र शासित प्रदेश लद्दाख में मनाया जाता है। इसे "हिमालय के कुंभ" के रूप में भी जाना जाता है। नरोपा महोत्सव प्रसिद्ध हेमिस मठ में आयोजित किया जाता है, जो लेह से लगभग 40 किमी दूर स्थित है। अत: तीसरा जोड़ा सही नहीं है।

34. (d)

35. (c) जगन्नाथ मुरलीधर अहिवासी को उत्तर प्रदेश के विधानसभा में भित्ति-चित्र चित्रित करने का गौरव प्राप्त है।

36. (b) प्राचीन लोक कलाओं एवं परम्पराओं के मूल स्वरूप को अक्षुण्ण बनाये रखने एवं भविष्य के लिए सुरक्षित रखने के उद्देश्य से संस्कृति विभाग, उ0 प्र0 द्वारा फरवरी, 1989 में लोक कला संग्रहालय की स्थापना कैसरबाग में की गयी थी। वर्तमान में नवनिर्मित लोक कला संग्रहालय भवन, राज्य संग्रहालय परिसर, बनारसीबाग, लखनऊ में स्थापित है।

37. (a) पुलेला गोपीचंद एक पूर्व पेशेवर बैडमिंटन खिलाड़ी हैं। वह वर्तमान में भारतीय बैडमिंटन टीम के मुख्य राष्ट्रीय प्रशिक्षक हैं। उन्हें 1999 में अर्जुन पुरस्कार, 2009 में द्रोणाचार्य पुरस्कार और 2014 में पद्म भूषण मिला। वह प्रकाश पादुकोण के बाद 2001 में ऑल इंग्लैंड ओपन बैडमिंटन चैंपियनशिप जीतने वाले एकमात्र दूसरे भारतीय थे।

38. (b) खाशाबा दादासाहेब जाधव(के डी जाधव) एक भारतीय एथलीट थे। उन्हें एक ऐसे पहलवान के रूप में जाना जाता है, जिसने हेलसिंकी में 1952 के ग्रीष्मकालीन ओलंपिक में कांस्य पदक जीता था। हेलसिंकी में 1952 के ग्रीष्मकालीन ओलंपिक में स्वतंत्र भारत के लिए ओलंपिक पदक जीतने वाले पहले व्यक्तिगत एथलीट खाशाबा दादासाहेब जाधव का जन्म 15 जनवरी 1926 को हुआ था।

39. (c) ओलंपिक चिह्न का अर्थ है:- निरंतरता। ओलंपिक मोटो 'Citius-Altius-Fortius' है। ये तीन लैटिन शब्द हैं और हिंदी में इनका अर्थ 'और तेज़-और ऊंचा-और ताकतवर' है।

40. (b) वॉली, स्मैश, सर्विस शब्द लॉन टेनिस से सम्बंधित हैं।

41. (d) भारत सरकार के ग्रामीण विकास मंत्रालय के अंतर्गत प्रधानमंत्री ग्राम सड़क योजना (PMGSY) एक राष्ट्रव्यापी योजना है जिसमें असंगठित गांवों के लिए हर मौसम में उपयुक्त सड़क संयोजकता प्रदान करना है। इसे 25 दिसंबर, 2000 को लॉन्च किया गया था।

42. (a) भारत का पहला गार्बेज (कचरा) कैफे छत्तीसगढ़ के अंबिकापुर में अंबिकापुर नगर निगम द्वारा शुरू किया गया।

43. (b) किसी भी n भुजाओं वाले बहुभुज में विकर्णों की संख्या

$$= \frac{n}{2} \times (n-3)$$

यहाँ $n = 27$

∴ विकर्णों की संख्या

$$= \frac{27}{2} \times (27-3)$$

$$= \frac{27 \times 24}{2} = 324$$

44. (d) $2x^2 + ax + b$ ...(i)

$x^2 + bx + a$ ...(ii)

$(x-3)$ से दोनों समीकरण को भाग देने पर क्रमश: 31 और 24 शेष बचता है

अत: $(x-3)$ दोनों समीकरणों का एक गुणनखंड है।

$$x - 3 = 0$$
$$x = 3$$

समीकरण (i) से,

$2 \times 9 + a \times 3 + b = 31$

$3a + 3b = 13$ ...(iii)

समीकरण (ii) से,

$9 + 3b + a = 24$

$a + 3b = 15$ ...(iv)

समीकरण (iii) और (iv) को हल करने पर,

$a + b = 7$

45. (b) मान लिया कि मूलधन = ₹ 100

∴ प्रश्नानुसार 10 वर्ष बाद मिश्रधन

= 100 × 2 = ₹ 200

∴ ब्याज = ₹ (200 – 100)

= ₹ 100

$$\text{साधारण ब्याज} = \frac{\text{मूलधन} \times \text{दर} \times \text{समय}}{100}$$

$$\therefore \quad \text{दर} = \frac{100}{10} = 10\% \text{ वार्षिक}$$

अब, मिश्रधन = ₹ 300

∴ साधारण ब्याज = ₹ (300 – 100)

= ₹ 200

$\therefore$ समय $= \frac{200}{10} = 20$ वर्ष

46. (d) प्रश्नानुसार,

4 विशेषज्ञ = 17 प्रशिक्षु

$\therefore$ 1 विशेषज्ञ $= \frac{17}{4}$ प्रशिक्षु

$\therefore$ 12 विशेषज्ञ $= 12 \times \frac{17}{4}$

= 51 प्रशिक्षु

प्रश्नानुसार, 12 विशेषज्ञ + 9 प्रशिक्षु

= (51 + 9) प्रशिक्षु = 60 प्रशिक्षु

$$M_1D_1 = M_2D_2$$

$$60 \times 5 = (17 + x) \times 15$$

$$\Rightarrow 4 \times 5 = (17 + x)$$

$$\Rightarrow 20 = (17 + x)$$

$$\Rightarrow x = (20 - 17) = 3$$

47. (a) विकल्प (a) से

$$21)100(0.\overline{047619}$$

```
 84
 160
 147
 0130
  126
 0040
   21
   190
   189
     1
```

48. (b) यदि महिला के द्वारा यात्रा के दौरान तय की जाने वाली दूरी x किमी. है, तो

प्रश्नानुसार,

समय = दूरी/चाल

$$\frac{x}{45} - \frac{x}{54} = \frac{12}{60}$$

$$\Rightarrow \frac{x}{45} - \frac{x}{54} = \frac{12}{60}$$

$$\Rightarrow \frac{54x - 45x}{45 \times 54} = \frac{12}{60}$$

$$\Rightarrow \frac{9x}{45 \times 54} = \frac{1}{5}$$

$$\Rightarrow \frac{x}{54} = 1$$

$\therefore x = 54$ किमी

49. (d) 112, 72, 90 का लघुतम समापवर्तक

$$112 = 2 \times 2 \times 2 \times 2 \times 7$$

$$72 = 2 \times 2 \times 2 \times 3 \times 3$$

$$90 = 2 \times 3 \times 3 \times 5$$

$\therefore$ ल. स. $= 2 \times 2 \times 2 \times 2 \times 3 \times 3 \times 5 \times 7$

$= 2^4 \times 3^2 \times 5 \times 7 = 5040$

50. (d) कप के एक सेट का क्रय मूल्य = ₹ 195

विक्रय मूल्य = ₹ 171.6

हानि = ₹ (195 – 171.16)

= ₹ 23.4

प्रतिशत हानि $= \frac{23.4 \times 100}{195}$

= 12%

51. (b) परिवार में सद्भाव और समाज तथा राष्ट्र में शांति और सदभावपूर्ण संबंध बनाए रखने के लिए अनुशासन आवश्यक है।

52. (a) अनुशासन सैनिक जीवन की आत्मा है। अन्य विकल्प असंगत हैं।

53. (b) अनुशासन का न होना विश्व के अस्त-व्यस्त होने का कारण है।

54. (d) गद्यांश के अनुसार प्रेम की भाषा शब्द रहित है। यह नेत्र, कपोल आदि के माध्यम से व्यक्त किया जाता है।

55. (b) अरण्य का शाब्दिक अर्थ - जंगल, कानन, विपिन तथा कान्तार होता है।

56. (c) यत्न से आशय 'प्रयास' है।

57. (a) गद्यांश में आचरण की महिमा का वर्णन है। गद्य के अनुसार सच्चा आचरण प्रभावशील अचल स्थिति तथा संयुक्त आचरण का वर्णन है।

58. (c) गद्यांश का उपयुक्त शीर्षक 'सच्चा आचरण' होगा क्योंकि गद्यांश में सच्चे आचरण की महत्ता का वर्णन किया गया है।

59. (b) उपर्युक्त गद्यांश के अनुसार प्राचीन काल में नारी का स्थान समाज में अग्रगण्य था। मध्य काल से नारियों का पतन प्रारम्भ हुआ।

60. (a) नारी तू नारायणी' की सही व्याख्या है- 'नारी तू नारायणी (देवी) की तरह पूजनीय है।

61. (d) 'Adjournment' शब्द का समकक्ष हिन्दी पारिभाषिक शब्द स्थगन है।

62. (b) 'TOPIC' का सही हिंदी शब्द है 'प्रकरण'। जिसका अर्थ है- ग्रंथ पुस्तक का वह भाग जिसमें एक विषय का प्रतिपादन हो, परिच्छेद।

63. (c) अधिसूचना का प्रयोग कर्त्तव्य क्षेत्र में नहीं किया जाता है, अधिसूचना का प्रयोग नियम, आदेश, अधिकार के क्षेत्र में किया जाता है। अधिसूचना का प्रयोग अन्य क्षेत्रों में भी किया जाता है, जैसे- विज्ञप्ति निकालना, विशेष सूचना प्रदान करना आदि।

64. (b) शासकीय पत्र में तिथि हमेशा पत्र संख्या के नीचे लिखी जाती है। अत: कथन (b) गलत है।

65. (b) बाढ़ पीड़ितों की सहायता के संबंध में पत्र जिलाधिकारी को लिखा जाता है।

66. (d) यदि कोई पत्र सभी सम्बद्ध कार्यालयों को प्रेषित किया जाता है, तो उसे परिपत्र कहते हैं।

वैयक्तिक पत्र- यह पत्र मित्र, प्रेमी, प्रेमिका, सखी इत्यादि को प्रेषित किया जाता है।

कार्यालय आदेश- किसी कार्यालय में दिया गया आदेश पत्र। अधिसूचना ऐसी सूचना जो राजपत्र में प्रकाशित हो।

67. (a) प्रश्न में दिये गये चारों विकल्प वर्तनी की दृष्टि से विकल्प में प्रस्तुत अन्य शब्दों की शुद्ध वर्तनी निम्नलिखित है-

पुन्य - पुण्य

उन्नती - उन्नति

छमा - क्षमा

ज्योत्सना - ज्योत्स्ना

नोट-आयोग ने इस प्रश्न का सही उत्तर विकल्प (a) 'ज्योत्सना' माना है।

68. (b) दिये गये विकल्पों में से 'पुज्य' अशुद्ध शब्द है, जिसका शुद्ध रूप 'पूज्य' है। विकल्प में उपस्थित शेष शब्द शुद्ध वर्तनी वाले हैं।

69. (c) दिए गए प्रश्न में शुद्ध वर्तनी वाला शब्द 'अध्ययन है। शेष शब्द अशुद्ध हैं।

70. (b) दिए गए प्रश्न में शुद्ध वर्तनी वाला शब्द 'उत्तरदायी है। शेष विकल्प अशुद्ध हैं।

71. (a) दिये गये विकल्पों में शुद्ध शब्द 'छियालीस' है।

72. (a) दिये गये विकल्पों में शुद्ध शब्द 'उज्ज्वलन' है।

73. (c) 'उथला' का विलोम शब्द 'समतल' है जबकि गहरा, छिछला शब्द का विलोम है। समतल का उबड़ खाबड़ विलोम होगा।

74. (c) 'स्वर्ग' का विलोम शब्द 'नरक' है जबकि बैकुंठ, देवलोक तथा परमधाम, स्वर्ग के समानार्थी शब्द हैं।

75. (b) 'राग' का विलोम शब्द 'विराग' है जबकि अनुराग, राग का समानार्थी शब्द है। 'आसक्ति' का विलोम शब्द 'अनासक्ति' तथा 'अनुरक्ति' का विलोम शब्द 'विरक्ति' है।

76. (a) 'सूक्ष्म' का विलोम शब्द 'स्थूल' है। 'क्षीण' का विलोम 'पुष्ट' तथा 'पतला' का विलोम 'मोटा' होता है। 'बारीक' का विलोम भी 'मोटा' होता है।

77. (c) स्वाधीन शब्द का विलोम 'पराधीन' होता है। शेष शब्दों के विलोम इस प्रकार हैं-

शब्द	विलोम
स्वतंत्र	परतंत्र
स्वच्छंद	अस्वच्छंद
स्वाधीन	पराधीन
निरंकुश	अंकुश

78. (d) 'सन्मार्ग' का विलोम शब्द 'कुमार्ग' है। सहजमार्ग का असहज मार्ग होगा।

79. (a) 'घृणा' का विलोम शब्द 'प्रेम' हैं। शेष शब्दों के विलोम इस प्रकार हैं-

शब्द	विलोम
नफरत	मुहब्बत
प्रताड़ना	प्यार
हिंसा	अहिंसा

80. (b)

शब्द	पर्यायवाची शब्द
पेड़	विटप, पादप, वृक्ष तरू, द्रुम
उत्तम	बढ़िया, श्रेष्ठ, सर्वोत्तम, भव्य, उमदा, प्रवर
लता	बेल, वल्लरी, लतिका बल्ली।

81. (c) दिये गये विकल्पों में से चतुरानन, भृत्य, निदाघ क्रमशः ब्रह्मा, सेवक तथा ग्रीष्म के पर्यायवाची शब्द होंगे।

82. (b) चाप, धनु, चपला आपस में पर्यायवाची नहीं है। चाप व धनु आपस में पर्यायवाची हैं।

शब्द	पर्यायवाची शब्द
धनु	कमान, चाप, शरासन, धनुष, धनुही, कोदंड
चपला	विद्युत, दामिनी, बिजली, चंचला, तड़ित

83. (d) 'पीयूष, सुधा, दृग' अशुद्ध पर्याय समूह हैं। पीयूष एवं सुधा 'अमृत' के तथा 'दृग' आँख का पर्यायवाची शब्द है। शेष का विवरण निम्नवत् है-

कमल - अरविन्द, कंज, नलिन।

घर - आगार, निलय, धाम।

चोर- दस्यु, मोषक, खनक।

84. (b) रिक्त स्थान के लिए उचित पर्याय (शब्द) 'गर्व' प्रकार पूर्ण वाक्य होगा- हमें ऋषि-मुनियों की संतान होने का गर्व है।'

85. (d) 'बिम्बा फल' 'अरुण का समानार्थी नहीं है जबकि सूर्य, सूर्य का सारथी तथा कुमकुम, अरुण के समानार्थी शब्द हैं।

86. (c) बड़ा' शब्द 'उच्च' का समानार्थी नहीं है जबकि टीला, श्रेष्ठ तथा उठा हुआ, उच्च के समानार्थी शब्द हैं।

87. (c) इन्द्रियों को जीत लिया हो जिसने' वाक्यांश के लिए सर्वाधिक उचित विकल्प 'जितेन्द्रिय' है, जबकि इंद्र को जीतने वाले के लिए 'इंद्रजीत' शब्द प्रयुक्त होता है।

88. (c) वाक्यांश 'जो थोड़ा जानता है' के लिए सर्वाधिक उपयुक्त एक शब्द 'अल्पज्ञ' है। शेष विकल्पों के अर्थ निम्नलिखित हैं-

अल्प- थोड़ी कम।

सर्वज्ञ- जो सब कुछ जानता हो।

89. (d) वाक्यांश 'जो इस लोक की बात है' के लिए सर्वाधिक उपयुक्त शब्द 'लौकिक' है। शेष शब्दों के अर्थ निम्नलिखित हैं-

स्वर्गीय - स्वर्ग से सम्बन्धित

पाश्चात्य - पश्चिमी

अलौकिक - जो इस लोक से परे हो।

90. (b) वाक्यांश 'आदि से अंत तक' के लिए एक शब्द आद्योपान्त है जबकि जिसका प्रारम्भ न हो- अनादि, उसी समय होने वाला समकालीन अथवा समयोचित तथा तर्क- पूर्ण के लिए एक शब्द 'समीचीन' होगा।

91. (a) जो सब कुछ जानता है" के लिए एक शब्द 'सर्वज्ञ' है, जबकि 'जो सब कुछ हो' के लिए एक शब्द 'सर्वस्व', 'जो सभी जगह हो' के लिए सका तथा जिसे ज्ञान हो' के लिए 'ज्ञानी' शब्द प्रयुक्त होता है,

92. (c) जानने की इच्छा' के लिए सर्वाधिक उपयुक्त शब्द 'जिज्ञासा' है। आशा का अर्थ 'उम्मीद', 'भरोसा' या 'आसरा' है। इच्छा का शाब्दिक अर्थ 'रुचि', 'कामना' या 'चाह' है। अभिलाषा 'इच्छा' का समानार्थी शब्द है।

93. (a) किसी व्यक्ति या वस्तु को न अपनाना' के लिए उपयुक्त शब्द 'बहिष्कार' है, जबकि स्वच्छ और शुद्ध करने की क्रिया 'परिष्कार', उपेक्षापूर्वक त्यागने को 'तिरस्कार' एवं किसी की भलाई या हित करने की क्रिया 'परोपकार' है।

94. (b) धोड़े बेचकर सोना' मुहावरे का अर्थ है-' निश्चित होना' विशिष्ट अर्थ की प्रतीति कराने वाले वाक्यांश को 'मुहावरा' कहते हैं। इसके प्रयोग से भाषा में सजीवता और सरसता आती है। मुहावरा अरबी भाषा का शब्द है जिसका वास्तविक शब्दार्थ 'अभ्यास' या 'बातचीत' है।

95. (b) 'नमक मिर्च लगाना' मुहावरे का अर्थ 'बढ़ा-चढ़ा कर कहना' होता है।

वाक्य प्रयोग-कुछ लोगों की आदत नमक मिर्च लगाकर बात करने की होती है।

96. (a) सही सुमेलित है-

मुहावरा		अर्थ
आंचल पसारना	-	प्रार्थना करना
उड़ती चिड़िया पहचानना	-	मन की बात जान लेना
कंचन बरसना	-	लाभ ही लाभ होना
कलम तोड़ना	-	बहुत अच्छा लिखना

97. (d) सही सुमेलित है-

लोकोक्ति		अर्थ
मान न मान मैं तेरा मेहमान	-	जबरदस्ती गले पड़ना
सुनिए सबकी करिए मन की	-	अंत:करण की बात माननी चाहिए
काला अक्षर भैंस बराबर	-	बिलकुल अनपढ़
जैसे नाग नाथ वैसे साँप नाथ	-	दोनों ही दुष्ट

98. (d) दिये गये वाक्य के रेखांकित अंश 'गहरी नींद से जाग गया के लिए उचित मुहावरा होगा- तंद्रा भंग हो जाना।

99. (b) दिये गये वाक्य के रेखांकित अंश के लिए उचित मुहावरा 'सूक्ति बाण चलाना होगा जिसका अर्थ है- व्यंग्यपूर्ण चुभती बातें कहना। शेष विकल्प असंगत हैं।

100. (d) 'गोटी लाल करना' मुहावरे का अर्थ 'अपना प्रयोजन सिद्ध करना' है।

वाक्य प्रयोग-आप पाँच लाख के लोभ से ठेकेदारी हेतु लग गए अगर गोटी लाल हो जाती तो आप पाँच लाख के स्वामी होते।

101. (c) पंक्तियाँ एवं स्तंभ के रुप में स्प्रेडशीट में डाटा आयोजित किया जाता है।

102. (c) MS वर्ड 2007 में जूम ऑप्शन व्यू ऑप्शन टूलबार में उपलब्ध होता है।

103. (a) Ctrl + 5 एक शॉर्टकट की है जिसका उपयोग MS वर्ड 2007 में 1.5 लाइन्स में लाइन स्पेलिंग बदलने के लिए किया जाता है।

104. (c) USB पोर्ट टाइम को संदर्भित करता है।

105. (b) निम्न में हार्ड डिक्स एवं स्टोरेज डिवाइस है जो डाटा / सूचना स्टोर करने के लिए दृढ़ स्थायी रूप से इंस्टॉल मैग्नेटिक डिस्क का उपयोग करती है।

106. (d) उपरोक्त सभी उपकरण कम्प्यूटर में होते हैं।

107. (d) MS एक्सेल 2007 में रिव्यू न्यू कमेंट विकल्प उपलब्ध है।

108. (a) Ctrl + spacebar एक शार्टकट की है जिसका उपयोग MS एक्सेल में पूरे कॉलम को हाईलाइट करने के लिए उपयोग किया जाता है।

109. (a) MS वर्ड 2007 में फॉन्ट साइज टूलबार में उपलब्ध सबसे छोटा तथा सबसे बड़ा फॉन्ट साइज 8 और 72 होता है।

110. (c) ZAN नेटवर्क का एक प्रकार नहीं है।

111. (a) माउस संगणकों में इस्तेमाल होने वाला एक 'इनपुट' उपकरण है। यह कर्सर को चलाकर पटल के वांछित स्थान पर उसे ले जाने या विकल्प चुनने में मदद करता है।

112. (b) बाइट संगणन व दूरसंचार में सूचना की इकाई होता है। यह 8 बिट्स से मिलकर बना होता है। ये कम्प्यूटर स्मृति की दूसरी सबसे छोटी इकाई होती है।

113. (b) फाइल जो वायरस से प्रभावित है, उसे एक संक्रमित फाइल कहते हैं।

114. (b) बाइट्स का बढ़ता क्रम क्रमश: किलोबाइट, मेगावाट, गीगाबाइट, टेराबाइट, पेंटाबाइट है।

115. (a) एम एस एक्सेल में Shift + Tab कुंजी एक वर्कशीट में पिछली सेल को मूव कराने या एक डायलॉग बॉक्स में पिछले विकल्प को मूव कराने के लिए होती है।

116. (a) MS वर्ड में एक शब्द के नीचे लाल बहरदार रेखा वर्तनी की त्रुटि की ओर संकेत करती है।

117. (b) जो इंटरनेट एड्रेस हर दिन नहीं बदलता है उसे स्टेटिक आईपी एड्रेस कहा जाता है। स्टेटिक आईपी एड्रेस एक स्थायी आईपी एड्रेस होता है जो नेटवर्क एडमिनिस्ट्रेटर द्वारा किसी डिवाइस को सौंपा जाता है। इसका मतलब यह है कि आईपी एड्रेस नहीं बदलेगा, भले ही डिवाइस ऑफ हो या फिर से ऑन हो। स्टेटिक आईपी एड्रेस का उपयोग अक्सर उन डिवाइस के लिए किया जाता है जिन्हें इंटरनेट से एक्सेस करने की आवश्यकता होती है, जैसे वेब सर्वर और ईमेल सर्वर।

118. (a) वेब सर्च इंजन एक सॉफ्टवेयर है, जो वर्ल्ड वाइड वेब पर किसी भी Key Word की खोज करता है और उनका रिजल्ट देता है।

119. (a) डॉक्यूमेंट में हेडर और फुटर इन्सर्ट डॉक्यूमेंट प्रिंट होने पर पेज पर हेडर और फुटर देखने के लिए होता है।

120. (c) MS एक्सेल 2007 में, कंडीशनल फॉर्मेटिंग लागू करते समय सेल का नाम, सूत्र के विरुद्ध स्थितियों की जाँच कर सकते हैं।

121. (b) Ctrl + Shift + D एक शार्टकट की है जो कि सिलेक्ट किए गए टेक्स्ट को डबल अंडरलाइन करने के लिए इस्तेमाल की जाती है।

122. (d) ई-कॉमर्स या ई-व्यवसाय इंटरनेट के माध्यम से व्यापार का संचालन है; न केवल खरीदना और बेचना बल्कि ग्राहकों के लिए सेवाएँ और व्यापार के भागीदारों के साथ सहयोग भी इसमें शामिल हैं।

123. (d) स्टोरेज डिवाइस वे डिवाइस हैं जो डेटा और अनुदेश प्राप्त करने में सक्षम होते हैं यह स्थाई और अस्थाई दोनों प्रकार के होते हैं।

124. (b) टच स्क्रीन एक ऐसा पटल होता है जिसमें स्पर्श के माध्यम से भी डाटा भरा जा सकता है, और ऐसा करने में किसी कुंजीपटल की आवश्यकता नहीं होती है।

125. (a) पास्कल, बेसिक, कोबॉल यह सभी कम्प्यूटर प्रोग्रामिंग की लैंग्वेज है जबकि विंडोस एक सॉफ्टवेयर होता है।

126. (b) मदरबोर्ड अधिकतर इलेक्ट्रॉनिक संयंत्रों जैसे लैपटॉप, कम्प्यूटर आदि में लगा प्रिंटेंड परिपथ बोर्ड होता है। इसे मेन बोर्ड या सिस्टम बोर्ड भी कहते हैं।

127. (a) USB यूनिवर्सल सीरियल बस या व्यापक क्रमसंचरण विधि अंत में यह विभिन्न यंत्रों को कम्प्यूटर से जोड़ने की व्यवस्था है।

128. (a) MS एक्सेल 2007 में एडिटिंग ग्रुप होम टैब में उपलब्ध होता है।

129. (c) एक पाई चार्ट, पाई के टुकड़े के रूप में प्रतिशत मान को दिखाता है। एक रेखा चार्ट, क्रमबार अवलोकनों का एक दो आयामी स्कैटरप्लांट है।

130. (b) क्लोज का उपयोग MS वर्ड 2007 डॉक्यूमेंट को बंद करने के लिए फाइल पुन डाउन मेनू में किया जाता है।

131. (a) कैप्स लॉक कुंजी का उपयोग एक की बोर्ड की वर्णाक्षर कुंजियों का इस्तेमाल करते हुए बड़े अक्षर टाइप करने के लिए होता है ।

132. (b) डोमेन नेम सिस्टम DNS का पूर्ण रूप है।

133. (b) क्लाइंट की ओर से सर्वर प्रॉसेस रिक्वेस्टण नेटवर्क से जुड़ी होती है।

134. (b) इंट्रानेट एक समूह या संगठन के अदर नेटवर्क है।

135. (b) मेमोरी दो प्रकार की होती है अस्थिर और स्थिर RAM रैंडम एक्सैस मेमोरी आस्थिर मेमोरी होती है अर्थात् यह कम्प्यूटर के बंद होने पर अपना सारा डाटा खो देती है।

136. (d) एक वर्कशीटों के संग्रह को वर्कबुक कहा जाता है।

137. (d) एम एस एक्सेल में A 15 सेल का सही निरुपण है।

138. (a) गूगल क्रोम ब्राउजर के अंतर्गत आता है।

139. (c) निम्न में MS-PPT कम्प्यूटर प्रोग्रामिंग लैंग्वेज नहीं है।

140. (d) उपरोक्त में स्मार्ट आर्ट एवं प्रकार का फॉण्ट स्टाइल नहीं है।

141. (c) वर्ड डॉक्यूमेंट में, डिफॉल्ट रूप से प्रत्येक पेज पर हेडर या फुटर प्रिंट किया जाता है।

142. (a) 1024 GB अर्थात् 1024 गीगा बाइट 1 TB के बराबर होता है।

143. (c) HTML का प्रयोग वेब पेज लिखने के लिए किया जाता है।

144. (b) ट्रांजिस्टर सेमीकंडटर्स (अर्द्धचालक) के बने होते हैं।

145. (b) 8 बिट का एक संग्रह बाइट कहलाता है। अर्थात् 1 बाइट बिट । बिट कम्प्यूटर और सूचना तंत्रों में सूचना की सबसे छोटी इकाई होती है।

146. (d) MS वर्ड 2007 में, फाइंड, रिप्लेस और चयनित विकल्प एडिटिंग ग्रुप में उपलब्ध होते हैं।

147. (a) डेविड फिलों एवं जेसी यंग ने याहू को विकसित किया था। याहू एक खोज इंजन है।

148. (b) Ctrl+End की स्ट्रोक का प्रयोग MS वर्ड 2007 डॉक्यूमेंट के आखिरी में जाने के लिए किया जाता है।

149. (b) उपरोक्त में स्पैम को छोड़कर शेष सभी वास्तविक सुरक्षा निजता जोखिम के उदाहरण हैं।

150. (c) एक्सेल में "A5" जैसे अक्षरांकीय संयोजन का अर्थ सेल एड्रेस होता है।

❑❑❑